개별행정법연구

下

내일을여는지식 / 법 12

개별행정법연구

이상철 지음

한국학술정보㈜

머리말

본서는 그동안 행정법 분야의 다양한 심사실무와 연구경험을 바탕으로 발표해 온 논문들을 체계적으로 정리한 논문집인 동시에 행정법 분야의 사례연습 등 교육교재로 사용할 수 있도록 하였다.

행정법을 비롯하여 법률 분야를 전공하는 학부·대학원생과 법률연구자·공무원·일반인들에게 행정법 분야의 개별사례 분석자료와 관련 판례들을 파악할 수 있도록 제시함으로써 법률교재로서의 역할을 충분히 수행해 낼 수 있을 것이다. 특히, 행정법 사례연습, 실무행정법 또는 개별행정법 탐구, 행정법 해석의 실제와 행정입법 연구에 관심을 가진 분들에게 권하고 싶다.

본서의 주요 특징은 다음과 같다.

첫째, 저자의 다년간의 법률·행정 실무 경험을 바탕으로 기본적인 이론뿐만 아니라 스포츠행정법, 남북관계법, 국가유공자법, 문화재법, 행정심판법, 과징금법 분야 등 개별행정법을 중심으로 구체적 사례별 법해석론 또는 입법론을 제시하여 사례연구와 법적 탐구의 목적으로 활용할 수 있도록 하였다.

둘째, 본서는 대체로 행정법 각론 분야를 중심으로 주요 테마를 선정하고 이를 집중 분석한 사례연구라는 형식으로 체계화하였다. 따라서 몇 개의 특정한 행정법 사례를 집중 탐구하려는 목적을 가진 독자들은 개별제도에 대한 체계적 분석 없이 각양각색의 극히 단편적 사례들을 모아 모자이크 식으로 제시하는 유의 저서 혹은 하나의 개별법에 한정된 주제를 가지고 한 권으로 분석한 저서에 비하여 그 탐구목적을 나름대로 보다 효율적으로 달성할 수 있다.

셋째, 본서는 저자가 틈틈이 정리해 온 개별법 연구논문들을 정리한 것으로

시간의 경과에 따라 그동안 법령개폐가 이루어졌으나 연구 당시의 법제 내용을 파악할 수 있는 연혁적 가치가 있는 점을 고려하여 그 당시의 연구결과를 살려 본서에 반영하였다.

넷째, 본서는 주로 개별행정법 영역 중 스포츠행정법 분야에서 스포츠권 보장과 스포츠법제, 스포츠산업의 행정규제법, 남북관계법 분야에서 북한경제특구법, 북한개성공업지구법, 북한이탈주민보호법, 그 밖에 국가유공자예우법, 문화재보호법, 행정심판법, 과징금법 등에 관한 연구결과물들을 제시하고 있다. 아울러 상권에서는 자치입법을 중심으로 한 지방자치법과 지방재정법, 전자상거래법, 전파법, 어업법과 어업협정 등에 관한 연구결과물들을 제시하고 있다.

행정법이 행정에 특유한 공법인만큼 행정법의 실무연구란 결코 쉽지 않다는 생각이다. 따라서 이론연구에만 머물지 않고 행정현실에 대한 구체적 이해를 가지고 행정실무의 경험적 사고를 통하여 접근할 때 다양한 개별적·구체적 현실 적용문제를 바람직하게 해결해 나갈 수 있다고 생각한다. 저자는 행정법 분야의 실무경험을 쌓으면서 발표한 논문들을 이번에 책자로 정리하면서 향후 실무행정법 분야의 발전을 위해서는 실무계에서 더욱 체계적으로 개별법 연구·분석 작업을 추진하여야 할 필요성이 절실함을 느꼈다.

본서의 출간을 선뜻 맡아주신 한국학술정보(주)의 채종준 대표이사님과 편집팀 여러분에게 감사드린다.

2009년 5월
이상철

목 차

개별행정법연구(上)

제1장 지방자치법·지방재정법 / 17

제2장 전자상거래법·정보통신법 / 231

제3장 어업법·어업협정 / 449

제4장 그 밖의 행정법연구 / 515

個別行政法研究(下)

제5장 스포츠행정법 / 17

제 5 장

스포츠행정법

1 | 스포츠權 保障과 스포츠法制 改善方案[1]

Ⅰ. 現代福祉國家와 스포츠權

오늘날 스포츠施設業은 국민의 健康하고 快適한 생활을 지탱시켜 주는 중요한 기능을 수행하고 있으며, 現代福祉國家의 이념을 실현하고자 하는 국가의 중요한 정책분야의 하나로 자리 잡아 가고 있다. 인류의 가장 오랜 역사적 문화유산이라는 의미를 갖는 스포츠는 오늘날 국민의 기본적 권리인 스포츠權으로서 再認識되면서 현대적인 생활에서 차지하는 비중이 날로 높아 가고 있다. 現代産業社會를 살아가면서 우리는 과중한 정신적·육체적 노동, 자연환경의 오염, 치열한 생존경쟁을 겪는 만큼, 우리들의 정신과 육체의 健康은 끊임없이 위협받고 있어 스포츠와 健康에 대한 국민적 관심이 날로 높아 가고 있는 것이 현실이다. 이 같은 추세에 따라 스포츠權 및 스포츠施設業 등에 대한 학문적 관심도 높아지고 있다.

이 글에서는 우선 憲法상 스포츠權의 보장논의에 관하여 살펴본 후, 스포츠權의 보장이라는 관점에서 스포츠施設業에 관한 法的規制의 문제점 및 개선방안, 그리고 規制改善에 관한 구체적 事例로서 舞踊學院業에 관한 規制改善方案의 순서로 살펴본다. 특히 스포츠施設業에 대한 基本法이라 할 體育施設의設置·이용에관한法律(이하 '體育施設利用法')을 중심으로 하여 그 구체적인 法的 문제점을 도출하고 그에 대응하여 改善方案을

---

[1] 이 글은 『삶의 질 향상을 위한 법제개선연구』(법제처, 제5집, 2001년 12월에) 게재한 저자의 논문을 일부 재정리한 것이다.

찾아보고자 한다.

II. 基本權으로서의 스포츠權

1. 스포츠權의 意義

우선 '스포츠'란 健康을 증진하기 위한 身體活動과 餘暇活動이라고 하겠다. 스포츠는 개인의 건강증진과 휴식을 도모하기 위한 것일 뿐만 아니라 오늘날 개인적인 차원을 넘어 사회적 참여가 날로 높아 가는 領域이다.[2] 국내에서 최근 스포츠權에 대한 논의가 제기되고 있는바, 이들 논의를 바탕으로 스포츠權의 개념을 정리하여 본다면, 스포츠權이란 憲法상 보장된 스포츠에 참여할 權利라고 하겠다.[3] 이는 스포츠에 참여할 권리를 憲法상의 基本權으로 인식하고자 하는 것이다. 지금까지 基本權으로서의 '스포츠權'에 관한 憲法的 根據에 관하여는 여러 가지 견해가 제시되어 왔으나, 이들 견해는 최소한 스포츠權이 憲法상 보장되는 국민의 基本權이라는 점 자체에 관하여는 汎世界的으로 이를 받아들이는 일치된 입장을 취하고 있다고 본다.[4]

이웃 日本에서는 스포츠法學者들이 스포츠권을 헌법에 따라 보장되는 기본적 인권이며, 이는 국민이 국가에 대하여 請求할 수 있는 구체적 권리

---

2) 그러함에도 불구하고 스포츠가 종래 法學의 관심대상으로서 주목받지 못하여 온 것은 주로 스포츠가 私的自治에 맡겨져야 할 私法分野에 해당한다는 점, 道德이나 宗敎와 같이 스포츠의 영역도 법의 관여가 禁忌되는 領域의 하나라고 생각하여 온 점, 스포츠활동 중 발생한 사고에 대하여는 민·형사상의 免責을 받는 것이 타당하다는 점 등과 같은 思想이 형성되어 왔기 때문이라고 보인다. 심재영 외, "스포츠權의 法理에 關한 小考", 『한국체육학회지』 제38권제2호, 1999년, p.172.

3) 심재영 외, 앞의 논문, p.173.

4) 伊藤堯, "提唱 スポーツ 基本法", 『法律時報』, 1993年 65巻5号, 39頁. 松元忠土, "スポーツ權", 『法律時報』, 1993年 65巻5号, 60-63頁.

의 성질을 가지는 것으로서 국가는 이를 보장하지 아니하면 아니 되는 의무가 있으며, 현행의 스포츠振興法을 고쳐 이 같은 기본적 인권을 규정·반영하는 것보다는 새로이 스포츠基本法을 제정하는 것이 바람직하다는 견해가 제기되고 있으며, 스포츠법학회의 주요연구과제가 되고 있다는 발표가 확인되고 있다.[5]

우선 '스포츠'란 건강을 증진하기 위한 身體活動과 餘暇活動이라고 볼 수 있다. 스포츠는 개인의 건강증진과 휴식을 도모하기 위한 것일 뿐만 아니라 사회적 관심과 참여가 날로 높아 가는 분야이다. 그러함에도 불구하고 스포츠가 종래 法學의 觀心對象으로서 주목받지 못하여 온 것은 주로 스포츠가 私的自治에 맡겨져야 할 사법 분야에 해당한다는 점, 도덕이나 종교와 같이 스포츠의 領域도 法의 관여가 禁忌視되는 영역의 하나라고 생각하여 온 점, 스포츠 활동 중 발생한 사고에 대하여는 民·刑事上으로 免責을 받아야 타당하다는 점 등과 같은 사상이 형성되어 왔기 때문이라고 보인다.[6]

일본의 현행 스포츠振興法 제2조에서는 '스포츠'를 "운동경기나 신체활동(캠프활동 그 외의 야외활동을 포함한다) 신체의 건전한 발달을 도모하게 되는 것을 말한다."고 규정하였다. 그러나 동법 제3조제2항[7]에서는 "이 법이 규정하는 스포츠의 진흥에 관한 시책은 영리를 추구하는 스포츠를 진흥하기 위한 것은 아니다."라고 규정하여 일본의 스포츠진흥법은 營利를 추구하는 스포츠施設業을 그 規律對象에서 제외시키고 있다.[8] 따라서 일본에서는 이미 구미선진국의 일반적인 추세에 맞추어 민간분야의 體育施設業에 대하여 營業登錄·申告와 같은 行政規制를 하지 아니하고 自由業化하고 있다고 하겠다.

한편, 기본권으로서의 '스포츠權'에 관한 헌법적 근거에 관하여는 여러

---

5) 伊藤堯, 앞의 논문, 38頁.

6) 심재영외, 앞의 논문, p.172.

7) 第3條第2項: この法律に規定するスポーツの振興に關する施策は營利のためのスポーツを振興するためのものではない.

8) 伊藤堯, 앞의 논문, 38頁. 심재영 외, 앞의 논문, p.172.

가지 견해가 제시된다. 그러나 스포츠權이 헌법상 보장되는 국민의 기본권이라는 점에 관하여는 법세계적으로 이를 받아들이는 일치된 입장을 취하고 있다고 본다.[9)]

스포츠權은 일반적으로 自由權的 基本權이며, 동시에 社會權的 基本權으로서의 성질을 갖는다고 생각된다. 자본주의가 고도로 발달된 現代産業社會에서는 사회권적 기본권으로서의 스포츠權의 의미가 과거에 비하여 더욱 중시되는 경향도 있다. 이는 국가가 국민에 대하여 적절한 수준의 스포츠 環境을 조성하고 스포츠 활동에 참여할 수 있도록 보장하여 주어야 할 것이란 의미의 스포츠 活動條件 整備義務가 있음을 의미한다.[10)]

특히, 사회주의권 국가에서는 전통적으로 스포츠權 내지 이와 밀접한 관련성을 갖는 休息權·餘暇權을 社會權的 基本權으로서 明文化하고 있다. 이는 근로자의 기본권을 중시하려는 측면이 강하기 때문으로 보인다. 1977년 러시아 연방憲法 제41조[11)]에서는 休息權 및 餘暇權을 보장하는 규정을 두었다. 이는 스포츠權과 밀접한 관련성이 있다고 보인다. 즉 이 같은 休息權 및 餘暇權은 週當勤勞時間이 41시간을 초과하지 아니하도록 함으로써 보장되며, 일부의 무역·산업분야와 야간근로의 경우에는 근로자 기타 피용자에게 더욱 단축된 주당 근로시간이 보장되고, 또한 이 권리는 年間休

---

9) 伊藤堯. 앞의 논문. 39頁.

10) 국민은 국가에 대하여 일정한 請求權까지 행사할 수 있는 구체적인 權利라는 견해도 제시되고 있다. 손석정, 『스포츠법학』, 2000년도, p.51.

11) CONSTITUTION OF THE UNION OF SOVIET SOCIALIST REPUBLICS. Adopted at the Seventh (Special) Session of the Supreme Soviet of the USSR. Ninth Convocation On October 7, 1977; Article 41. 러시아연방 국민에게 休息權 및 餘暇權을 보장하되, 이는 週當勤勞時間이 41시간을 초과하지 아니하도록 함으로써 보장되며, 일부의 무역·산업분야와 야간근로의 경우에는 근로자 기타 피용자에게 더욱 단축된 주당 근로시간이 보장되고, 또한 이 권리는 연간휴가 및 주당휴식일, 문화·교육·健康管理機關의 네트워크 확충, 단체스포츠, 신체활동문화, 야외캠핑 및 여행의 제공을 통하여, 隣近레크리에이션施設 기타 자유시간의 합리적 사용을 통하여 이루어진다는 내용이다(Citizens of the USSR have the right to rest and leisure. This right is ensured by the establishment of a working week not exceeding 41 hours, for workers and other employees, a shorter working day in a number of trades and industries, and shorter hours for night work; by the provision of paid annual holidays, weekly days of rest, extension of the network of cultural, educational, and health‑building institutions, and the development on a mass scale of sport, physical culture, and camping and tourism; by the provision of neighborhood recreational facilities, and of other opportunities for rational use of free time……).

暇 및 주당휴식일, 문화·교육·건강관리기관의 네트워크 확충, 단체스포츠, 신체활동문화, 야외캠핑 및 여행의 제공을 통하여, 인근레크리에이션시설 기타 자유시간의 합리적 사용을 통하여 이루어진다는 내용을 규정하고 있다. 또한 1982년 중국憲法 제46조에서는 청년·소년·아동의 體力發達에 관한 國家의 義務를 규정하는 내용이 포함되어 있다.[12]

일본 법학계에서는 스포츠權이 憲法에서 보장되는 기본적 인권으로서 국민이 국가에 대하여 청구할 수 있는 구체적 권리이며, 국가는 이를 보장하지 아니하면 아니 되는 의무가 있다는 見解가 제시되고 있고, 이에 따라 새로이 스포츠基本法을 제정하는 것이 타당하다는 견해가 일본 내에서 주요 研究課題가 되고 있다.[13]

2. 國際社會의 스포츠權 論議

국제적으로는 UNESCO 등 國際機構를 중심으로 하여 스포츠權은 국민의 기본적 권리이며, 정부는 모든 국민들이 스포츠에 참가할 수 있도록 스포츠 활동의 條件을 整備할 義務가 있다는 내용을 비롯하여 신체활동의 自由權은 물론 나아가 社會權的 基本權으로서 스포츠권이 보장되어야 한다고 선언하였다.

구체적으로 살펴보면, 1968년 멕시코 국제올림픽대회 기간에 國際體育·스포츠協議會(ICSPE)는 스포츠는 靑少年의 조화롭고 완전한 교육에 있어서 꼭 필요한 부분이라고 宣言하여 스포츠의 敎育的 機能을 강조한 바 있고, 그 후, 1975년 브뤼셀에서 개최된 유럽회의 소속 21개 회원국의 스포츠담당長官會議가 'Sport for All 憲章'을 채택하였다. 동 헌장에서는 모든 개인은 스포츠에 참가할 권리를 가진다는 내용(제1조), 스포츠의 振興은 인간성

---

12) 第46條 後段: 國家는 청년·소년·아동을 배양하고, 품덕·지력·체력 등 여러 방면에서 전반적으로 발달시킨다. 許崇德, 『中國憲法』, 1996년도, p.282.
13) 伊藤堯, 앞의 논문, 38頁.

을 발전시키는 하나의 중요한 요소로서 장려되어야 한다는 내용(제2조), 公的機關은 私的機關의 權利를 侵害하지 아니하는 범위 안에서 많은 국민들이 스포츠에 참가할 수 있도록 條件整備義務가 있다는 내용(부속결의서 제1항) 등을 규정하였다.[14]

또한 1978년 프랑스 파리에서 개최된 제20차 UNESCO 총회에서 채택된 바 있는 '體育·스포츠國際憲章'에서는 인간은 누구나 자유롭게 신체적, 지적, 도덕적 능력을 신장시켜 보유할 수 있고, 體育·스포츠는 모든 사람의 基本的 權利라는 내용(전문 및 제1조 본문), 모든 사람은 인격의 충분한 발달을 위하여 필요불가결한 體育·스포츠의 機會를 保障받는 基本的 權利가 있고 체육·스포츠를 통하여 신체적, 지적, 도덕적 능력을 신장시키는 자유는 敎育 및 社會生活의 여러 관점에서 보장되어야 한다는 내용(제1조 제1항)을 담고 있다.

Ⅲ. 우리나라 憲法상의 스포츠權 保障

우리 憲法에 基本權으로서의 스포츠權을 직접적으로 明文化한 독립된 조항은 없다. 그러나 스포츠權을 包括하는 보다 상위의 개념 내지 광범위한 개념으로서 스포츠權을 내포하는 조항들은 존재한다고 보인다. 스포츠權이라는 개념을 직접적으로 明文化한 獨立된 條項이 없다고 하여 우리 憲法이 스포츠權을 보장하지 아니하는 것이라고 보아서는 아니 될 것이다.[15] 國民의 自由와 權利는 憲法에 열거되지 아니한 이유로 輕視되지 아니한다

---

14) "Sport for All 憲章"의 채택 이후 전 세계적으로 스포츠가 국민의 기본권이며 국민복지활동의 일환으로 인식되면서 당시 독일에서는 "Trimming 130", 노르웨이에서는 "TRIMM", 캐나다에서는 "Particip Action", 오스트레일리아에서는 "Life, Be in it", 체코슬로바키아에서는 "Spartakiade" 등으로 확산되었다. 體育靑少年部, 『體育靑少年行政10年史』, 1992년도, p.161.

15) 李相喆 외, "스포츠施設業에 대한 法的規制", 『스포츠와 법』 제2권, 한국스포츠법학회, p.243.

고 한 憲法 제37조제1항은 우리 憲法에 직접적인 明示規定이 없는 경우의 基本權도 엄연히 보장된다는 점을 전제로 하고 있는 조항이다.[16]

이같이 직접 명시되지 아니한 基本權도 憲法에 열거된 基本權과 마찬가지로 우리 국민이 憲法에 의하여 制度的으로 보장받는 권리이다. 이 같이 憲法에 명시규정이 없는 기본권에 대하여도 憲法 제37조제2항이 적용되므로 國家安全保障·秩序維持 또는 公共福利를 위하여 필요한 경우에 한하여 法律로 그 基本權을 제한할 수 있는 것이며, 제한하는 경우에도 그 기본권의 本質的인 내용을 침해할 수 없다.

우리 憲法에서 스포츠權 보장과 밀접히 관련된 기본권조항에는 구체적으로 人格權·幸福追求權(제10조), 身體의 自由(제12조제1항), 教育을 받을 權利(제31조제1항), 人間다운 生活을 할 權利(제34조제1항), 保健權(제36조제3항) 등이 포함된다고 본다. 이하 이들 조항을 좀 더 구체적으로 살펴보고자 한다.

우선 헌법 제10조에서는 "모든 國民은 人間으로서의 尊嚴과 價値를 가지며, 幸福을 追求할 權利를 가진다. 國家는 개인이 가지는 不可侵의 基本的 人權을 확인하고 이를 보장할 義務를 진다."고 규정하고 있다. 국민 모두가 인간으로서의 존엄과 가치를 가지며 각자의 행복을 추구함에 있어서 오늘날 스포츠가 개인생활과 사회생활에서 차지하는 중요성을 감안할 때, 스포츠는 교육·근로·프라이버시·언론·집회·종교 등의 다른 기본권과 같이 인간의 존엄과 가치 그리고 행복을 추구함에 있어서 하나의 필요불가결한 요소라고 보아야 할 것이다.

또한, 헌법 제12조제1항 전단에서는 모든 國民에게 身體의 自由를 보장하고 있다. 신체의 자유에는 신체활동인 스포츠와 레크리에이션이 포함된다. 물론 신체의 자유란 신체활동을 함에 있어 외부로부터 금지·제한·장해를 받지 아니할 자유를 가리킨다.

또한, 헌법 제31조제1항에서는 教育을 받을 權利를 보장하고 있다. 예부

---

16) 예를 들면, 一般的 行動自由權, 平和的 生存權, 休息權, 日照權, 抵抗權, 睡眠權 등은 憲法에 명시되지는 아니하였다고 하더라도 역시 국민의 基本權들로 보인다.

터 知·德·體를 교육의 3대요소로 중시하여 왔고, 현대 學校敎育에 있어서도 스포츠는 교육과정의 중요한 부분으로 인식되어 있으며, 인간은 어린 이시절부터 體育·레크리에이션의 身體活動을 통하여 광범위한 교육적 성과를 거두어 오고 있음은 주지의 사실인바,[17] 스포츠란 사회일반의 교육에 대한 관념 속에 오랜 역사를 통하여 함께 융합되어 있다고 보인다.

헌법 제34조제1항에서는 모든 國民은 人間다운 生活을 할 權利를 가진다고 규정하고 있다. 이는 인간으로서의 존엄성을 가지고 건강하고 문화적인 생활을 할 권리를 말한다. 오늘날 스포츠는 건강하고 문화적인 생활을 영위함에 있어 필수불가결한 요소가 되고 있다.[18]

헌법 제36조제3항에서는 모든 國民은 保健에 관하여 國家의 보호를 받는다고 규정하고 있다. 이 같은 保健權은 건강이 악화되어 질병에 걸리지 아니하고 건강하게 살 權利를 포함하는 것이며, 현대사회에 있어서는 신체적 건강뿐만이 아니라 정신적 건강이 더욱 중요한 의미를 가지며, 국민은 이 같은 스포츠를 통하여 질병에 걸리지 않고 신체적·정신적으로 건강한 생활을 영위할 권리를 가진다고 본다.

IV. 스포츠關聯法制 現況

1. 國民體育振興法制

國民體育振興法은 국민체육을 振興함으로써 국민의 체력을 증진하고 건

---

17) 1978년 제20차 UNESCO 총회에서 채택된 "體育·스포츠國際憲章" 제1조 본문에서 체육·스포츠는 모든 사람의 기본적 권리라는 내용과 모든 사람은 인격발달에 필요불가결한 체육·스포츠의 기회를 보장받는 기본적 권리가 있고 체육·스포츠를 통하여 신체적, 지적, 도덕적 능력을 신장시키는 자유는 교육 및 사회생활의 여러 관점에서 보장되어야 한다는 내용을 명시하고 있음은 이미 살펴본 바와 같다.

18) 심재영 외, 앞의 논문, p.175.

전한 정신을 함양하여 명랑한 국민생활을 영위하게 하며, 나아가 체육을 통하여 국위선양에 이바지하기 위하여 제정된 법이다. 동법에서는 체육[19]을 경기단체에 등록된 선수들이 행하는 운동경기활동인 전문체육과 一般國民의 健康 및 체력증진을 위하여 행하는 자발적이고 일상적인 체육활동인 生活體育으로 구분하여 이들 체육활동을 진흥하도록 하고 있다.

국가 및 지방자치단체에 대하여 國民體育振興에 관한 시책을 강구하고 국민의 자발적인 체육활동을 권장·보호 및 육성하여야 하도록 하고, 특히 문화관광부장관은 國民體育振興에 관한 基本施策을 수립·시행하도록 義務化하고 있고, 각 지방자치단체의 장은 이 같은 기본시책에 따라 당해 지방자치단체의 體育振興計劃을 수립·시행하여야 하도록 규정하고 있다. 또한 지방자치단체의 체육진흥계획의 수립 기타 체육진흥에 관한 중요사항을 협의하기 위하여 각 지방자치단체에 조례로 정하는 지역체육진흥협의회를 설치할 수 있다.

동법에서는 국민체육의 진흥을 위하여 국가·정부 및 지방자치단체와 일정요건에 해당하는 기업체나 정부투자기관에 대하여 필요한 구체적인 體育活動振興·勸獎에 관한 제도들을 마련하고 있는바, 주요사항을 살펴보면 다음과 같다.

우선, 정부는 국민의 체육의식을 고취하고 체육의 보급을 도모하기 위하여 매년 '체육의 날'과 '체육주간'을 설정하도록 하고, 체육의 날과 체육주간 및 그 행사에 관하여 필요한 사항을 규정하고 있다. 지방자치단체는 地域住民의 健康과 체력증진을 위하여 건전한 체육활동을 生活化할 수 있도록 시설 등 여건을 조성하고 지원하여야 한다. 지방자치단체는 그 행정구역 단위로 연 1회 이상 體育大會를 직접 개최하거나 체육단체로 하여금 이를 개최하도록 지원하여야 한다. 또한 지방자치단체별로 職場人體育大會를 연 1회 이상 개최하여야 한다. 그리고 학교는 학생의 학력증진과 체육활동의 육성에 필요한 조치를 강구하여야 하고, 그 밖에 국가 및 지방자치단체는

---

19) 동법 제2조제1호에서는 '체육'이라 함은 운동경기·야외운동 등 신체활동을 통하여 건전한 신체와 정신을 기르고 여가를 선용하는 것을 말한다고 정의하고 있다.

직장체육의 진흥에 필요한 시책을 강구하여야 한다. 상시 근무자 1천인 이상의 국가기관·공공단체의 장은 體育同好人組織과 體育振興管理委員會를 설치하는 등 직장인의 체력증진과 체육활동의 육성에 필요한 조치를 강구하여야 하도록 의무화하고 있으며, 아울러 직장인의 체력증진과 체육활동의 지도·육성을 위하여 生活體育指導者를 두도록 하고 있다. 정부투자기관관리기본법에 의한 정부투자기관과 상시 근무자 1천 인 이상의 공공단체의 장은 1종목 이상의 運動競技部를 설치·운영하고 경기지도자를 두도록 규정하고 있다.[20]

국가는 국민체육진흥을 위한 體育指導者의 양성과 자질향상을 위하여 필요한 시책을 강구하여야 한다. 이에 따라 체육지도자의 종류·등급·資格基準·練修·檢定 및 자격부여 등에 관한 법제를 마련하고 있다.

국가 및 지방자치단체는 국민의 體育活動에 필요한 시설의 적정한 확보와 이용에 필요한 시책을 강구하여야 한다. 직장에는 從業員의 체육활동에 필요한 시설을 설치·운영하여야 하며, 학교 및 직장의 체육시설은 학교교육 및 직장운영에 지장이 없는 범위 안에서 인근지역주민에게 開放·利用되도록 하고 있다. 국가 및 지방자치단체는 민간의 體育施設設置를 권장하고 건전하게 운영되도록 하여야 한다. 국가 및 지방자치단체는 국민이 餘暇를 선용할 수 있도록 하기 위하여 餘暇體育活動의 육성·지원에 필요한 시책을 강구하여야 한다. 국가 및 지방자치단체는 레크리에이션의 보급과 프로경기의 건전한 육성을 위하여 노력하여야 하며, 競馬와 競輪·競艇 등 국민여가체육활동이 건전하게 시행되도록 지도하여야 한다.

또한, 국가는 國民體育振興을 위하여 대통령령이 정하는 體育用具·機資材의 生産獎勵에 필요한 조치를 강구하여야 한다. 문화관광부장관은 국민체육진흥을 위하여 특히 필요하다고 인정할 때에는 체육용구 등을 생산하는 업체 중 優秀業體를 지정하여 서울올림픽기념국민체육진흥공단으로 하여금 國民體育振興基金에서 그 자금을 융자하게 할 수 있다. 문화관광

---

20) 법 제2조제6호에서 '체육지도자'라 함은 학교·직장·지역사회 또는 체육단체 등에서 체육을 지도하는 자로서 학교체육교사·생활체육지도자·경기지도자 등을 말한다고 정의하고 있다.

부장관은 체육시설의 설치를 위하여 필요하다고 인정할 경우에도 서울올림픽기념국민체육진흥공단으로 하여금 그 자금을 융자하게 할 수 있다. 정부는 고도의 정밀성 등으로 수입이 불가피한 體育用具 등에 대하여는 租稅特例制限法이 정하는 바에 의하여 租稅減免措置를 할 수 있다. 국가는 매 회계연도마다 예산의 범위 안에서 지방자치단체와 학교 등에 대하여 체육진흥에 필요한 경비의 일부를 보조한다. 국가 및 지방자치단체는 이 같은 체육진흥에 소요되는 시설비용 기타 경비를 지원하기 위하여 國民體育振興基金을 설치·운영하되, 이를 서울올림픽기념국민체육진흥공단이 독립된 회계로 관리·운용하도록 하고 있다. 동기금은 政府出捐金, 담배갑포장지 이용 광고사업수입금, 體育福票發行 收益金 등으로 충당하도록 하고 있다.

체육진흥을 위하여 競技團體의 사업활동에 대한 지도 및 지원, 체육경기대회의 개최와 國際交流, 선수양성 및 경기력향상 등 專門體育振興을 위한 사업 등을 목적사업으로 하는 대한체육회를 설립하여 운영하고 있다. 제24회 서울올림픽대회를 기념하고 國民體育振興을 위한 목적으로 특수법인 서울올림픽기념국민체육진흥공단을 설립하여 제24회 서울올림픽대회기념사업, 體育施設의 설치·관리사업, 體育科學의 연구 등을 위한 사업을 수행하고 있다.

2. 體育施設設置·利用法制

體育施設의設置·利用에관한法律은 體育施設의 設置·利用을 장려하고 體育施設業을 건전하게 발전시켜 국민의 健康增進과 餘暇善用에 이바지함을 목적으로 하고 있다. 동법은 국가와 지방자치단체는 국민의 체육활동에 필요한 體育施設의 적정한 설치·운영과 체육시설업의 건전한 육성을 위하여 필요한 施策을 강구하고 적절한 지도와 지원을 하도록 규정하고 있다.

동법에서는 公共體育施設로서 專門體育施設·生活體育施設 및 職場體

育施設을 규정하고 있는바, 국가와 지방자치단체는 국내·외 경기대회의 개최와 선수훈련 등에 필요한 운동장·체육관 등 체육시설을 설치·운영하여야 한다. 이들 체육관은 체육·문화 및 청소년활동 등 필요한 용도로 활용될 수 있도록 설치되어야 한다. 국가와 지방자치단체는 국민이 居住地와 가까운 곳에서 쉽게 이용할 수 있는 生活體育施設을 대통령령이 정하는 바에 따라 설치·운영하여야 한다. 일정한 직장의 장은 직장인의 체육활동에 필요한 體育施設을 설치·운영하여야 한다. 이 같은 직장의 범위와 체육시설의 설치기준을 마련하고 있다. 이들 전문체육시설·생활체육시설 및 직장체육시설 등 공공체육시설은 競技大會開催 또는 직장운영 등에 지장이 없는 범위 안에서 地域住民이 이용할 수 있도록 개방하여야 한다.

동법에서는 營業規制對象이 되는 體育施設業을 登錄體育施設業과 申告體育施設業으로 구분하여 등록체육시설업으로서 골프장업·스키장업·요트장업·조정장업·커누장업·빙상장업·자동차경주장업·승마장업·종합체육시설업의 9개 업종을, 신고체육시설업으로서 수영장업·체육도장업·볼링장업·테니스장업·골프연습장업·체력단련장업·에어로빅장업·당구장업·썰매장업·무도학원업·무도장업의 11개 업종을 규정하고 있다. 이들 體育施設業의 종류별 범위와 會員募集·施設規模·運營形態 등에 따라 그의 세부종류가 정하여져 있다.

이들 등록 및 신고 체육시설업자는 영업의 종류별로 시설기준에 적합한 시설을 설치하고 이를 유지·관리하도록 하고 있다. 문화관광부장관은 體育施設業의 건전한 육성을 위하여 필요하다고 인정하는 경우에는 體育施設의 이용 및 운영에 지장이 없는 범위 안에서 施設物의 設置 및 敷地面積을 일정하게 제한할 수 있다. 事業計劃의 승인을 얻은 자가 일정한 체육시설을 갖춘 때에는 營業을 개시하기 전에 관할시·도지사에게 당해 體育施設業의 登錄을 하여야 한다. 시·도지사는 골프장업 또는 스키장업에 대한 事業計劃의 承認을 얻은 자가 그 승인을 얻은 사업시설 중 일정규모 이상의 시설을 갖춘 때에는 미리 그 잔여시설을 모두 갖출 것을 조건으로 당해 體育施設業의 事前登錄을 받을 수 있도록 하고 있다. 체육시설업을 하고자 하는 자는 일정한 시설을 갖추어 시장·군수 또는 구청장에게 申告하여야 한다.

이 같은 등록절차에 앞서 미리 登錄體育施設業을 하고자 하는 자는 등록기준에 적합하도록 체육시설을 설치함에 있어서 영업종류별로 事業計劃書를 작성하여 특별시장·광역시장 또는 도지사의 承認을 얻어야 한다. 그리고 승인을 얻은 경우에는 複合民願을 손쉽게 해결하려는 관점에서 農地法의 규정에 의한 農地轉用許可, 산림법의 규정에 의한 산림 안에서의 立木伐採許可 등을 것으로 擬制하는 특례를 두고 있다. 시·도지사는 國土의 效率的 利用, 지역 간 균형개발, 재해방지, 自然環境保全 및 체육시설업의 건전한 육성 등 公共福利를 위하여 필요하다고 인정하는 경우에는 사업계획의 승인 또는 변경승인을 제한할 수 있다.

事業計劃의 承認에 있어서 사업계획의 取消 후 6月이 지나지 아니한 때에는 동일한 장소에서 그 事業計劃의 승인이 취소된 자에게 그 취소된 체육시설업과 같은 종류의 체육시설업에 대한 事業計劃의 承認을 할 수 없다. 다만, 회원을 모집하는 체육시설업에 대한 사업계획의 승인이 취소된 장소에서 회원을 모집하지 아니하는 體育施設業에 대한 사업계획을 承認하는 경우에는 예외로 하고 있다. 등록체육시설업에 대한 事業計劃의 承認을 얻은 자에 대하여는 그 사업지연을 방지하기 위하여 사업계획의 승인을 얻은 날부터 6연 이내에 그 사업시설의 설치공사를 着手·竣工하도록 노력하도록 하는 주의규정을 두고 있다. 시·도지사는 會員募集制 골프장업을 하고자 하는 자에게 회원을 모집하지 아니하는 골프장(대중골프장)을 직접 병설하게 할 수 있되, 대중골프장을 직접 병설하여야 할 자가 부득이한 사정으로 인하여 직접 병설이 곤란하다고 인정하는 경우에는 일정금액의 대중골프장조성비를 預置하게 할 수 있도록 하고 있다.

체육시설업자 또는 그 事業計劃의 承認을 얻은 자는 회원을 모집할 수 있으며, 회원을 모집하고자 할 때에는 회원모집개시일 15일전까지 시·도지사, 시장·군수 또는 구청장에게 會員募集計劃書를 작성·제출하여야하되, 회원의 종류·회원 수·모집시기·모집방법·모집절차, 會員募集總

金額 및 會員募集計劃書의 작성·제출 등에 관하여 필요한 사항을 규정하고 있다. 회원을 모집한 체육시설업자 또는 그 사업계획의 승인을 얻은 자는 회원자격의 양도·양수, 입회금액의 반환, 회원증의 확인·발급 및 회원대표기구의 구성·역할 등에 있어 회원의 권익보호를 위하여 대통령령이 정하는 사항을 지켜야 한다.

체육시설업자는 일정규모이상의 체육시설에 體育指導者를 일정한 체육지도자배치기준에 의하여 배치하여야 한다. 體育施設業者는 이용자가 體育施設을 안전하고 쾌적하게 이용할 수 있도록 安全管理要員配置·水質管理 등 安全·衛生基準을 지켜야 한다. 시·도지사는 골프장업의 시설의 農藥使用量 調査와 農藥殘留量 檢査를 하여야 한다. 체육시설업자는 소규모의 체육시설업자의 경우를 제외하고 당해 체육시설의 설치·운영과 관련되거나 그 體育施設안에서 발생한 被害에 대한 보상을 위하여 保險에 가입하여야 한다.

국가 또는 지방자치단체는 매 회계연도마다 豫算의 범위 안에서 지방자치단체가 설치하는 公共體育施設, 體育施設業의 保護 및 育成을 위하여 일정한 기준에 적합한 각종 體育施設 등에 대하여는 설치비용의 일부를 보조할 수 있다. 국가 또는 지방자치단체는 지역주민에게 개방·이용되는 학교 및 직장의 體育施設에 대하여 그 관리·보수에 필요한 경비를 보조할 수 있다. 그러나 이 법에 의한 각종규율에 위반하는 경우에는 行政刑罰에 처하거나 過怠料를 賦課·徵收하도록 규정하고 있다.

3. 靑少年修鍊活動支援法制

靑少年基本法은 청소년의 權利 및 責任과 가정·사회·국가 및 지방자치단체의 청소년에 대한 책임을 정하고, 靑少年育成政策에 관한 기본적인 사항을 규정하기 위하여 제정된 법이다. 靑少年은 사회구성원으로서 정당하게 대우받고 權益을 보장받으며, 스스로 생각하고 자유롭게 활동할 수 있도록 함과 아울러 미래사회의 主役으로서 국가와 사회가 필요로 하는 건전한 민주시민으로 자랄 수 있도록 하여야 할 것이다. 동법은 이와 같은 내용을 법의 基本理念으로 선언하고, 기본이념을 구현하기 위한 장기적·종합적 청소년육성정책을 추진함에 있어서 청소년의 創意性과 自律性에 기초한 능동적 삶의 실현, 청소년의 성장여건과 사회환경의 개선, 民主·福祉·統一祖國에 대비하는 청소년의 자질향상 등을 그 추진방향으로 정하고 있다.

이 같은 靑少年의 보호·육성과 스포츠活動은 매우 밀접한 관련성을 갖는다. 청소년의 건전한 성장·발육을 위하여는 정부가 적극적으로 청소년의 스포츠 활동을 육성·장려하여야 한다. 이 같은 立法目的을 달성하기 위하여 동법에서는 靑少年修鍊活動21)의 支援政策, 靑少年指導者22) 育成, 靑少年修鍊施設의 설치·활용시책, 靑少年修鍊地區의 指定 등에 관한 법제를 마련하고 있다. 이들 관련법제를 중심으로 살펴보고자 한다.

우선 국가 및 지방자치단체는 靑少年指導者의 양성과 자질향상을 위하여 필요한 시책을 강구하여야 한다. 文化觀光部長官은 청소년관련 분야의 경력 기타 자격을 갖춘 자로서 검정에 합격한 자에게 靑少年指導士의 자격을 부여한다. 문화관광부장관은 청소년지도사의 양성을 위하여 청소년단체·대학 등을 靑少年指導士 養成機關으로 지정할 수 있다. 청소년지도사 양성기관에 대하여 그 양성에 필요한 경비를 부담하여야 한다. 수련시설 및 청소년단체는 일정한 배치대상 및 배치기준에 맞추어 청소년의 건전한 수련활동을 지도하게 하기 위하여 靑少年指導士를 배치하여야 한다. 국가 및 지방자치단체는 수련시설 또는 靑少年團體등에서 자원하여 靑少年指導를 행하는 자에 대하여 예산의 범위 안에서 그 活動費의 전부 또는 일부를 지

---

21) 법 제2조제3호 '청소년수련활동'이라 함은 청소년이 생활권 또는 자연권에서 심신단련·자질배양·취미개발·정서함양과 사회봉사로 배움을 실천하는 체험활동을 말한다고 정의하고 있다.

22) 제2조제7호에서 '청소년지도자'라 함은 동법 제20조의 규정에 의한 청소년지도사와 수련시설·청소년이용시설·청소년단체·청소년관련기관 기타 지역사회 등에서 청소년육성 및 지도업무에 종사하는 자로 규정하고 있다.

급할 수 있다.

국가 및 지방자치단체는 일정한 修鍊施設[23]을 설치·운영하여야 한다. 국가는 지방자치단체의 修鍊施設의 設置·運營經費의 일부를 예산의 범위 안에서 보조할 수 있는 國庫補助金 支援制度를 두고 있다. 개인·법인 또는 단체가 수련시설을 설치·운영하고자 할 때에는 시·도지사의 許可를 받아야 한다. 그리고 이들 민간수련시설을 운영하기 전에 미리 시·도지사에게 登錄하도록 하여 설치허가 및 운영등록제를 병행하고 있다. 국가 또는 지방자치단체는 이들 民間修鍊施設을 설치·운영자에게 예산의 범위 안에서 그 설치 및 운영에 필요한 경비 일부를 보조할 수 있다.

民間修鍊施設의 許可를 받고자 하는 자는 시설 및 운영기준과 안전기준에 적합할 것, 修鍊施設의 설치·운영에 필요한 資金調達 能力이 있을 것 등 필요한 요건을 갖추어 신청하도록 하고 있다. 이 경우 허가요건 중 경미한 사항에 미달하는 경우에는 일정한 기간을 정하여 보완할 것을 전제로 條件附許可를 하고 등록증을 교부할 수 있도록 하고 있다.

민간수련시설을 설치·운영하는 자는 대통령령이 정하는 자격을 갖춘 자를 그 修鍊施設의 運營責任者로 선임하여야 하되, 법인이 운영하는 경우에는 그 任員 중에서 자격을 갖춘 자를 운영책임자로 선임하여야 한다. 수련시설을 설치·운영하는 개인 또는 법인·단체의 대표자가 運營責任者의 자격을 갖춘 때에는 운영책임자를 별도선임하지 아니할 수 있다. 국가 또는 지방자치단체가 설치한 수련시설은 이를 효율적으로 운영하기 위하여 청소년단체 등에 그 운영을 위탁할 수 있고, 修鍊施設의 운영을 委託받은 청소년단체 등 修鍊施設委託運營團體에 대하여 예산의 범위 안에서 위탁한 수련시설의 운영에 필요한 경비를 지원할 수 있다. 시·도지사는 수련시설을 설치·운영하는 자 또는 修鍊施設委託運營團體가 關聯法令에 위반하거나 수련시설이 시설·운영기준 또는 安全基準 등에 미달하게 된 때에는 그 시정을 명할 수 있다. 또한 修鍊施設을 설치·운영하는 자 또는 수련시설

---

[23] 법 제2조제5호에서 '청소년수련시설'이라 함은 수련활동의 실시를 주된 목적으로 하는 시설을 말한다고 정의하고 있다.

위탁운영단체가 정당한 사유 없이 청소년의 수련시설 이용을 제한하는 행위, 수련활동 외의 용도에 修鍊施設을 이용하는 행위, 不當한 金品을 받거나 제공하는 행위 등을 하지 못하도록 禁止하고 있다.

청소년수련시설 외의 시설로서 그 設置目的의 범위 안에서 수련활동의 실시와 청소년의 건전한 이용 등에 제공할 수 있는 시설인 청소년이용시설을 설치·운영하는 국가 또는 지방자치단체 기타 공공기관 등은 그가 설치·운영하는 시설을 청소년의 수련활동에 필요한 경우에 그 시설의 운영에 지장이 없는 범위 안에서 청소년의 수련활동에 제공하도록 협조하여야 한다. 국가 또는 지방자치단체는 靑少年利用施設을 설치·운영하는 個人·法人 또는 團體에 대하여 수련거리24)의 제공 기타 필요한 지원을 할 수 있으며, 예산의 범위 안에서 그 시설의 운영에 필요한 경비의 일부를 보조할 수 있다. 국가 및 지방자치단체는 개인·법인 또는 단체가 수련시설의 설치를 쉽게 할 수 있도록 土地·金融·稅制 기타 行政節次上의 지원을 할 수 있다. 개인·법인 또는 단체는 국가 및 지방자치단체가 설치하는 수련시설에 대하여 토지·금전 등을 出捐할 수 있다. 이 경우 출연자의 성명 등을 그 수련시설의 명칭으로 할 수 있다.

文化觀光部長官은 수련활동을 지원하기 위하여 필요한 경우에 명승고적지, 역사유적지 또는 자연경관이 수려한 지역으로서 수련활동에 적합하고 이용이 편리한 지역을 修鍊地區로 지정할 수 있고, 시·도지사는 수련활동을 지원하기 위하여 필요한 경우에 명승고적지, 역사유적지 또는 자연경관이 수려한 지역으로서 修鍊活動에 적합하고 이용이 편리한 지역을 修鍊地區로 지정할 수 있다. 문화관광부장관이 수련지구를 지정하고자 하는 때에는 그 지역을 관할하는 시·도지사의 의견을 들은 후 關係中央行政機關의 장과 協議하여야 하고, 시·도지사가 수련지구를 지정하고자 하는 때에는 관계 행정기관의 장과 협의하여야 한다. 또한, 지방자치단체의 장은 문화관광부장관에게 修鍊地區의 指定을 신청할 수 있다.

---

24) 법 제2조제4호에서 '청소년수련거리'라 함은 수련활동에 필요한 프로그램과 이에 관련되는 사업을 말한다고 정의하고 있다.

修鍊地區를 管轄하는 시·도지사는 修鍊地區造成計劃을 수립하여 문화관광부장관의 승인을 얻어 시행하여야 한다. 시·도지사는 수련지구를 지정한 경우에는 修鍊地區造成計劃을 수립·시행하여야 한다. 법인 또는 단체는 문화관광부장관의 승인을 얻어 일정한 규모 이하의 조성계획을 수립·시행할 수 있다. 법인 또는 단체는 수련지구를 지정한 시·도지사의 承認을 얻어 일정한 규모 이하의 造成計劃을 수립·시행할 수 있다. 修鍊施設을 설치하는 국가 및 지방자치단체 또는 수련시설의 설치 또는 造成計劃의 시행자는 修鍊施設의 설치 또는 조성계획의 시행에 필요한 土地·建築物 기타 토지의 定着物이나 이에 대한 所有權외의 權利를 收用 또는 使用할 수 있고, 이 경우 그 수용 및 사용에 관하여는 土地收用法을 적용하도록 규정하고 있다.

修鍊地區 안에서의 수련시설 및 기타 시설의 설치는 조성계획의 승인을 얻은 자가 이를 행한다. 이 경우 조성계획의 승인을 얻은 자가 법인 또는 단체인 때에는 修鍊施設의 許可를 받은 것으로 본다. 문화관광부장관은 필요하다고 인정하는 때에는 造成計劃의 承認을 얻은 자 외의 자에 대하여 수련지구 안에서의 수련시설 또는 기타 시설의 설치를 허가할 수 있다. 修鍊地區 안에서의 修鍊施設 및 기타 시설의 설치는 조성계획을 수립한 자가 이를 행한다. 다만, 造成計劃을 수립한 자 외의 자는 당해 造成計劃을 수립한 자의 承諾을 받은 경우에는 수련지구 안에서 수련시설 및 기타 시설을 설치할 수 있다.

V. 社會體育施設 營業規制의 改善方案

스포츠權의 보장을 위하여는 적절한 法的規制가 필요한 측면이 인정되지만, 불필요하고 과도한 規制는 오히려 스포츠의 振興을 가로막는 장애가 될 수도 있을 뿐만 아니라 民間企業의 經營에 지나치게 간섭하거나 자유로운 營業活動을 侵害하는 결과가 된다. 따라서 스포츠施設業에 대한 規制法制는 기본적으로 다음과 같은 立法政策상의 均衡原則에 알맞게 제정·시행되어야 할 것이라고 본다.

첫째, 우리 憲法의 여러 조항에 규정된 스포츠權에 관한 규정들이 국민의 일상생활에서 具現될 수 있도록 최대한 보장함으로써, 스포츠와 레크리에이션 기타 身體活動을 통하여 정신적·신체적으로 건강한 생활을 도모하도록 하여야 할 것이다. 국가는 社會權的 基本權으로서의 스포츠權을 보장하기 위하여 스포츠 활동의 振興 및 活性化, 바람직한 스포츠 環境 및 條件整備 등을 위한 시책을 강구하여야 할 것이다. 이는 스포츠權 보장을 위한 立法政策 등에 의하여 그 보장수준이 구체화될 것이다.

둘째, 또한 스포츠權 이외에 憲法상의 기본권인 營業活動의 自由 등 스포츠施設業을 운영하는 事業者의 經營權 역시 최대한 보장하여야 할 것이다. 스포츠施設 이용자인 일반국민의 스포츠 활동을 보호하기 위하여는 스포츠施設業에 대한 적절한 規制의 필요성이 인정되지만, 과도한 규제는 오히려 스포츠施設業의 振興을 저해하는 逆機能을 초래할 것이다. 따라서 입법과정을 통하여 상호 상반되는 목적 간에 立法政策的인 均衡과 調和가 유지되어야 할 것이다.

이하 이 같은 스포츠權의 보장을 위하여 바람직한 입법정책을 제시하고 그에 따른 일반국민의 스포츠權의 신장과 스포츠시설업자의 경영권보장의 조화를 도모하여 나아가면서 사회체육시설 관련영업에 대한 규제를 어떻게 합리적으로 개선·완화할 것인지 여부 등을 중심으로 검토하고자 한다.

1. 振興法的 性格의 强化

體育施設利用法은 제1조의 목적규정에서 밝히고 있는 바와 같이 체육시설의 설치·이용을 장려하고 體育施設業을 건전하게 발전시켜 국민의 健康增進과 여가선용에 이바지함을 그 立法目的으로 하고 있다. 이 같은 입법목적에 따라 동법에서는 체육시설의 설치·이용 장려와 體育施設業의 건전한 발전을 위한 규정들로서 법 제4조, 제6조, 제7조[25] 등을 두고 있다.

그런데 체육시설의 설치·이용을 장려하고 體育施設業을 건전하게 발전시키기 위한 이들 일부규정을 제외하면, 그 외의 대부분의 규정들, 즉 體育施設業의 施設基準(법 제11조, 제26조 내지 제29조), 事業計劃承認·承認取消 등(법 제12조 내지 제16조, 제31조, 제34조), 會員募集基準 등(법 제19조 및 제20조), 體育施設業의 登錄·申告·登錄取消 등(법 제21조 내지 제23조, 제30조, 제35조, 제36조), 罰則(법 제42조 내지 제44조) 등은 行政상 規制의 목적을 달성하기 위한 내용 또는 스포츠施設業者에게 각종 義務를 지우는 내용이라고 생각된다. 이 같은 관점에서 본다면, 體育施設利用法은 스포츠施設業의 건전한 발전과 振興을 위한 규정을 포함하지만, 정부의 스포츠施設業에 대한 관여와 規制에 상당한 비중을 두고 있는 법이라는 지적이 제기될 수 있다고 본다.

물론, 스포츠施設의 설치·이용을 장려하기 위한 조항들조차도 그 규정자체가 다른 한편 公共機關이나 民間企業에 재정적 부담을 지우는 등 또다른 規制와 負擔으로 작용한다는 점을 간과할 수 없다. 하나의 법조문에는 振興法的 要素와 規制法的 要素가 共存할 수 있는 것이다.[26]

이미 전술한 바와 같이, 스포츠權이란 관념이 최근 국내에서도 우리 憲法에 의한 自由權的 및 社會權的 基本權으로서 새롭게 認識되면서 그 중

---

25) 국가와 지방자치단체는 국민의 체육활동에 필요한 체육시설의 적정한 설치·운영과 體育施設業의 건전한 육성을 위하여 필요한 시책을 강구하고 적절한 지도와 지원을 하여야 한다는 내용(법 제4조), 국가와 지방자치단체는 국민이 거주지와 가까운 곳에서 쉽게 이용할 수 있는 생활체육시설을 대통령이 정하는 바에 따라 설치·운영하여야 한다는 내용(제6조), 직장의 장은 직장인의 체육활동에 필요한 체육시설을 설치·운영하여야 한다는 내용(제7조)이다.

26) 구체적으로, 體育施設利用法 제7조에서는 職場의 長은 직장인의 體育活動에 필요한 체육시설을 설치·운영하여야 한다고 규정하고, 동법시행령 제5조에서는 職場體育施設을 의무적으로 설치·운영하여야 하는 職場範圍를 원칙적으로 常時 勤務하는 직장인이 500인 이상인 직장으로 하고 있다. 이는 당해 직장의 직원들에게는 스포츠활동을 보장하여 줌으로써 健康增進과 餘暇善用에 이바지할 것이지만, 당해 직장을 운영하는 사업자에게는 시설과 운영에 따른 人的·物的 負擔을 지우는 규정이다.

요성이 날로 커지고 있다. 앞으로 政府에서는 스포츠활동에 대한 관여와 규제를 위주로 하는 規制法 體制에서 벗어나 스포츠활동을 적극 振興・奬勵하기 위한 振興法指向的인 體制로 전환시켜 나아가야 할 것이며, 새로이 스포츠振興法을 제정하는 방안27)도 적극 검토할 필요가 있다고 본다.28)

2. 施設中心 規制方式의 改善

현행 體育施設利用法은 스포츠施設業에 대한 規制를 함에 있어서 물적 기준인 施設基準 中心으로 구성되어 있다.

스포츠센터의 서비스품질에 관련된 한 研究報告에 따르면,29) 商業的인 스포츠센터의 인구통계학적 근거를 변수로 하여 서비스품질의 部分效用과 重要度를 분석한 결과, 스포츠센터가 부여하는 여러 변인 중 '施設' 및 '運營管理'는 상대적 중요도가 각각 全體效用範圍의 0퍼센트 및 1퍼센트로 나타난 반면, 당해 스포츠施設에의 '接近容易性' 및 '프로그램'의 상대적 중요도가 각각 全體效用範圍의 60퍼센트 및 39퍼센트로 나타났다.30) 現代 都市生活人들의 스포츠施設業에 대한 선호경향의 한 斷面을 파악하는 데 유익한 것으로 생각된다.

이 같은 연구결과를 참작할 때, 스포츠施設業의 이용자들의 관심이 양호한 施設인가의 여부보다는 뛰어난 '프로그램'의 개발・보급과 편리한 '接

---

27) 伊藤堯, 앞의 논문, p.41.

28) 외국의 立法例를 살펴보면, 프랑스의 體育振興에관한法律 제1조에서는 文化의 기본요소인 體育 및 스포츠活動을 진흥시키는 것은 國家의 責務라고 규정하였고, 뉴질랜드의 1973年 레크리에이션및스포츠法(Recreation and Sport Law 1973)에서는 中央行政機關으로서 '레크리에이션스포츠部'의 설치근거를 마련하고, 獨立法人으로서 '뉴질랜드레크리에이션스포츠委員會'를 설치하여 레크리에이션 및 스포츠에 관한 지원 및 振興政策의 수립・시행을 보장하도록 한 사례가 있다.

29) 최규철 외, "상업 스포츠센타 최적 서비스품질 유형에 따른 마케팅전략", 한국체육학회지, 제37권 제4호, 1998년, p.636-637.

30) 이 연구결과는 물론 1977년도 서울시 居住 男女를 모집단으로 하여 유층집락무선표집법에 의하여 샘플링한 4개의 일반스포츠센터 회원을 대상으로 한 것이어서 이를 一般化시키는 데에는 한계점이 있을 것이다.

近性'을 중시하고 있음을 엿볼 수 있다. 이는 종래 중시하여 온 편리하고 안전한 스포츠활동을 보장하기 위한 施設基準이 불필요하여졌다는 것을 의미하지는 않는다. 스포츠施設業의 인적·물적인 營業基準 중에서 스포츠 자체의 質的 要素가 중시되어야 할 것이며, 스포츠 프로그램의 最低水準 (minimum level)을 일반국민들의 상향된 욕구수준에 맞추어 끌어 올릴 필요가 있을 것이다.[31]

현재, 스포츠의 프로그램과 관련된 직접적인 營業基準은 설정되어 있지 않다고 보이고, 프로그램과 밀접한 관련이 있는 營業基準으로 생각할 수 있는 것이 體育指導者 配置基準이라고 하겠다. 體育施設利用法施行規則 에서는 스포츠施設業의 업종별 體育指導者 配置基準을 규정하고 있으나, 최소한의 기준을 설정하는 데 불과한 것으로 보이며,[32] 바람직한 스포츠 프로그램의 질적 향상을 위하여는 향후 施設中心規制에서 탈피하여 體育指導者 配置基準의 강화방안 또는 프로그램의 質的 最低水準을 보장할 수 있는 방안을 검토할 필요가 있다고 보인다.

3. 規制業種縮小 및 民間自律經營擴大

선진외국에 있어서는 스포츠施設業을 自由市場原理에 맡겨 사업자의 자유로운 營業活動을 최대한 보장하고, 정부가 規制하더라도 그 규제대상업종과 규제정도를 최소화하려는 추세에 있다. 우리나라에 있어서도 스포츠施設業을 振興하고 일반시민의 다양한 스포츠活動慾求를 충족시켜 주기 위

---

31) 體育施設利用法施行規則 別表 8의 업종별 體育指導者 配置基準을 살펴보면, 골프장업은 골프코스 18홀 이상 36홀 미만의 경우 1인 이상, 36홀 초과의 경우 2인 이상이고, 스키場業의 경우 슬로프 10면 이하 1인 이상, 슬로프 10면 초과 2인 이상이며, 에어로빅場의 경우 運動專用面積 300제곱미터 이하 1인 이상, 運動專用面積 300제곱미터 초과 2인 이상 등으로 규정하고 있다.

32) 구체적인 예를 들면, 에어로빅장업의 경우와 같이 현실적으로 體育指導者가 일정한 프로그램을 가지고 직접 實技指導를 하지 아니하면 스포츠를 행하기 어려우며, 300제곱미터의 공간 안에서 1인의 體育指導者만으로는 바람직하고 정상적인 프로그램을 실행하기 어려운 점이 있다고 보인다. 이와 같은 경우에 사업자는 費用節減 등의 측면에서 無資格者를 프로그램 進行講師로 채용하게 될 우려가 있다.

하여는 근본적으로 규제의 폭을 점차 축소하여 나아가면서 민간사업자의 自律經營 基盤을 조성하여 주어야 할 것으로 생각된다.

스포츠施設業은 현재 체육시설이용법상 규제업종인 體育施設業과 자유업종인 體育施設業으로 대분할 수 있는바, 登錄體育施設業 9개 업종과 申告體育施設業 11개 업종이 규제대상업종이라고 하겠다. 구체적으로 登錄體育施設業은 골프장업·스키장업·요트장업·조정장업·카누장업·빙상장업·자동차경주장업·乘馬場業·綜合體育施設業의 9개 업종이며, 申告體育施設業은 수영장업·체육도장업·볼링장업·테니스장업·골프연습장업·體力鍛鍊場業·에어로빅장업·당구장업·썰매장업·舞蹈學院業·무도장업의 11개 업종으로 되어 있다.[33] 이들 規制對象業種 및 營業範圍에 관하여는 다음과 같이 관련규정을 보다 明確하게 개정·보완할 필요가 있다고 보인다.

첫째, 體育施設에 관하여 살펴보면, '體育施設'이란 體育施設利用法 제2조제1호에서 '體育活動에 지속적으로 이용되는 施設과 그 附帶施設'로 정의하여 包括的인 槪念으로 규정하고 있으나, 동법 제3조에서는 體育施設의 種類는 대통령령으로 정하도록 위임하고, 동법시행령 제2조 및 별표1에서는 체육시설의 종류를 동 별표에 열거된 골프장 등 45개 종류와 기타 文化觀光部長官이 정하는 종류로 규정하여 列擧的·限定的인 槪念으로 파악하고 있어 과연 體育施設의 具體的 範圍를 어디까지로 보아야 할 것인가에 의문이 생긴다. 생각건대, 동법시행령 별표1에서 체육시설의 種類를 구체적으로 정하면서 모든 體育施設을 網羅하지 아니하고 일부 스포츠施設이 제외될 여지를 남긴 것은 논리적 矛盾이라고 보인다.[34]

---

33) 최근, 정부에서는 경제적으로 어려운 시기에 민간기업에 대한 지나친 규제를 완화하기 위하여 體育施設利用法改正法律案을 2000. 11. 國會에 제출한 바 있다. 行政規制基本法에 의한 정부의 規制整備計劃에 따라 申告體育施設業中 지나친 규제라고 판단되는 업종을 대폭 自由業種으로 轉換하고, 사업주의 직장체육시설의 설치의무와 體育施設業者의 保險加入義務를 완화·폐지하려는 내용이다.

34) 立法技術的으로 體育施設利用法 제2조제1호에서 "體育活動에 지속적으로 이용되는 시설과 그 附帶施設로서 제3조의 규정에 의한 體育施設의 種類에 해당하는 것"과 같은 내용으로 連繫規定하거나, 제3조에서 제2조의 규정에 의한 체육시설의 요건을 충족시키는 모든 대상을 網羅的으로 규정하였다면 제2조제1호와 제3조 간에 괴리는 발생하지 아니할 것이다.

둘째, 體育施設業에 관하여 살펴보면, 體育施設業의 種類別 범위는 법 제2조제2항에서 대통령령으로 정할 수 있도록 위임하고, 동법시행령 제7조 및 별표2에서 10개 업종의 營業의 範圍를 규정하고 있다. 이 경우, 우선 법 제2조제2호의 體育施設業 定義條項에서는 包括的 개념으로 규정한 반면, 제10조제1항에서는 列擧的·限定的으로 體育施設業의 種類를 규정하고 있어 列擧된 10개 업종의 登錄·申告體育施設業 이외에 列擧되지 못한 體育施設業이 있을 수 있는 점, 스포츠施設業의 종류별 營業範圍를 벗어나는 同種施設業의 營業行爲[35)]는 이를 無登錄·無申告 營業行爲로 보아야 하는지 아니면 法律適用對象으로부터 벗어난 自由業의 營業行爲로 보아야 하는지 등 의문점이 생긴다.[36)] 생각건대, 법 제2조제2항의 '體育施設業' 定義規定과 제10조의 '體育施設業의 區分·種類' 규정은 논리적으로 모순을 안고 있어 이들을 상호 연계시켜 규정하여야 모순점이 해소될 것으로 보인다.[37)]

4. 스포츠施設 利用者의 年齡制限 緩和

青少年保護法은 青少年이 有害한 業所에 출입하는 것 등을 規制하고,

---

35) 예를 들면, 體育道場業의 運動種目으로 규정되어 있는 운동은 대한체육회 가맹경기단체에서 행하여지는 운동으로서 권투·레슬링·태권도·유도·검도·우슈를 말하는데, 이들을 제외한 운동종목의 경우 가맹경기단체에서 행하여지는 운동종목으로 體育道場業 요건에 해당되지 못하거나 가맹경기단체에서 행하여지지 아니하는 종목으로서 體育道場業과 유사한 운동종목에 해당한다면 體育道場業外의 體育施設業에는 해당된다고 보는지, 또는 3면 미만의 테니스코트를 갖춘 테니스장을 경영하는 경우에는 이를 未申告테니스業으로 보아야 하는지 自由業으로 보아야 하는지 명확하지 못한 점이 있다.

36) 예를 들면, 체육도장업의 運動種目으로서 규정되어 있는 운동은 大韓體育會 加盟競技團體에서 행하여지는 운동으로서 권투·레슬링·태권도·유도·검도·우슈를 말하는데, 이들을 제외한 운동종목은 스포츠施設業種에 해당되는지? 또는 3면 미만의 테니스코트를 갖춘 테니스장을 經營하는 경우에는 이를 無許可테니스業으로 보아야 하는지? 自由業으로 보아야 하는지? 법령에서 명확하게 규정되어 있지 못한 것으로 보인다.

37) 立法技術的으로 體育施設利用法 제2조제2호에서 '體育施設業'을 '영리를 목적으로 체육시설을 설치·경영하는 업으로서 제10조에서 규정하는 것'으로 연계하여 규정하거나, 또는 제10조에서 體育施設業의 종류 및 범위를 網羅的으로 규정하면 개념상의 괴리는 해소될 것이다.

청소년을 각종 유해한 환경으로부터 保護·救濟함으로써 청소년이 건전한 人格體로 성장할 수 있도록 하기 위하여 제정된 법이다. 동법에서는 '청소년'을 19세 미만으로 정의하고 있다.[38]

이들 19세 미만인 靑少年은 일정한 靑少年有害業所[39]에는 출입이 금지된다. 體育施設利用法에 의한 스포츠施設業 중 舞蹈學院業과 舞蹈場業은 이 같은 청소년유해업소로 규정되어 있어 19세 미만의 학생이나 기타 청소년층은 그 출입이 禁止된다. 사업자와 그 종업원에 대하여는 출입자의 年齡을 확인하여 19세 미만 청소년이 당해 업소에 출입·이용하고자 할 경우에는 이를 제지할 義務가 부과되어 있다.[40]

이는 舞蹈學院業과 舞蹈場業은 청소년들에게 유해한 환경을 조성하며 건전한 인격체로 성장하는 데 지장을 초래한다는 판단을 전제로 하는 규정이며, 기본적으로는 바람직한 靑少年保護立法이라고 보인다. 다만, 스포츠댄스 같은 경우 후술하는 바와 같이 시드니올림픽경기대회에서 示範種目으로 선정됨에 따라 各級學校에서 正式教科目으로 채택하여 가르치는 등 종래 볼룸댄스와는 다른 사회적 認識과 참여가 높아지고 있어 일부 制度的인 補完措置가 필요하다고 생각된다.

청소년보호법에 의하여 청소년출입이 원칙적으로 금지되는 舞蹈學院業의 경우 그 營業範圍를 '수강료 등을 받고 國際標準舞蹈(볼룸댄스) 課程을 教習하는 業'으로 규정하되, '社會教育法·老人福祉法 기타 다른 법률에 의하여 許可·登錄·申告 등을 필하고 교양강좌로 설치·운영하는 경우'와 '學院의設立·운영에관한法律에 의한 學院'[41]을 제외하도록 규정하고 있다.

---

38) 청소년보호법 제2조제1호.

39) 청소년보호법 제2조제5호에서는 '靑少年有害業所'라 함은 청소년의 출입과 고용이 청소년에게 유해한 것으로 인정되는 靑少年出入·雇用禁止業所(동호 가목 열거업소)와 청소년의 출입은 가능하나 고용은 유해한 것으로 인정되는 靑少年雇用禁止業所(동호 나목 열거업소)를 말한다. 이 경우 그 업소의 구분은 그 업소가 영업을 함에 있어서 다른 법령에 의하여 요구되는 허가·인가·등록·신고 등의 여부에 불구하고 實際로 이루어지고 있는 營業行爲를 基準으로 판별하도록 하고 있다.

40) 물론, 청소년이 親權者 등을 동반하거나 기타 다른 법령에서 청소년의 출입을 허용하는 경우에는 예외적으로 출입할 수 있다. 청소년보호법 제24조제3항 및 동법시행령 제19조.

41) 沿革的으로는 살펴보면, 1980년대 말 중앙행정기관으로서 체육부가 신설되면서 '體育'에 관한 學院業이 1989. 3. 31. 舊 私設講習所에관한法律에서 분리·독립되어 동일자로 제정된 體育施設의設置·이용에관한法律로 구 체육부소관인 體育施設業으로 개편이 되었고, 體育施設利用法에 의한 무도학원

여기서 스포츠댄스의 교습이 이 같은 舞踊學院業에 해당되는 營業인지 여부에 대하여 立法的으로 명확하게 해결하고 있지는 못하다고 보인다.[42]

스포츠댄스도 舞踊이나 일반스포츠와 마찬가지로 누구든지 健康한 생활과 健全한 娛樂으로서 배우고 즐길 수 있어야 할 것이다. 앞에서 살펴본 바와 같이 우리 憲法상 스포츠權이 自由權的 그리고 社會權的 스포츠權이 보장되고 있음을 전제할 때, 어린이들도 스포츠댄스를 아무런 불편 없이 敎習받을 수 있어야 할 것이다.

생각건대, 19세 미만의 兒童과 靑少年들이 건전한 스포츠 활동으로서 스포츠댄스를 敎習받을 수 있도록 스포츠施設業에 '스포츠댄스學院業' 같은 업종을 신설하는 방안, 私設學院의 敎習課程안에 舞踊·傳統舞踊 이외에 '스포츠댄스'를 新設하는 방안, 自由業種으로 하는 방안 등 스포츠댄스 교습이 制度的으로 가능하도록 改善되어야 할 것으로 생각된다.

5. 行政處分制度 改善을 위한 過徵金制度 導入方案

課徵金은 종래 行政法令상의 의무이행을 강제하는 制度로서 전통적으로 인정되어 온 行政罰이나 營業取消·停止處分 등 不利益處分과는 다른 새로운 義務履行確保手段의 하나로 정착되어 가고 있다. 그러나 그 정확한 槪念에 관하여는 현재까지 견해의 일치를 보지 못하고 있고, 實定法상 그 類型도 다양하게 규정되고 있다.

생각건대, 협의의 '課徵金'이란 '行政廳이 일정한 행정법령상의 義務履行을 强制하기 위한 목적으로 그 義務違反者에 대하여 營業停止的 處分에 갈음하여 부과하는 金錢制裁'를 의미한다고 볼 수 있다.[43] 이와 같은 가장

에서 교습하는 國際標準舞踊(볼룸댄스)는 스포츠댄스와 차이점이 인정되면서도 그 맥을 같이한다는 점 등을 종합적으로 살펴볼 때 舞踊學院에서 스포츠댄스를 교습할 수 있다고 보기는 어려울 것이다.

42) 學院의設立·운영에관한法律에 의한 학원에서는 '舞踊'과 '傳統舞踊'의 경우에만 敎習課程을 개설할 수 있도록 되어 있다.

협의의 過徵金은 종래 自動車運輸事業法상의 課徵金制度를 출발점으로 하여 계속 수많은 행정법령에 도입되고 있어 實例를 쉽게 찾아볼 수 있다.[44]

體育施設利用法에서는 시·도지사, 시장·군수 또는 구청장은 體育施設業者가 법 제35조제2항 각 호의 違反行爲를 한 때에는 登錄取消 또는 營業閉鎖命令을 하거나 6월 이내의 기간을 정하여 營業停止를 명할 수 있도록 규정하고 있다. 그리고 법 제35조제2항 각 호에서는 登錄取消·營業閉鎖·營業停止의 사유로서 대중골프장의 竝設 또는 大衆골프造成費의 預置義務의 전부 또는 일부를 이행하지 아니한 때, 허위 기타 부정한 방법으로 體育施設業의 登錄이나 申告를 한 때, 변경등록이나 변경신고를 하지 아니한 때, 營業停止處分을 받고 그 기간 중에 영업을 한 때에는 이들 行政處分을 행할 수 있도록 하고 있다.[45]

스포츠施設業은 오늘날 일반국민의 健康한 생활과 휴식을 위하여 필요불가결한 기능을 수행하고 있어 스포츠施設業의 운영이 일시 停止될 경우에는 시민들의 일상생활에 큰 불편을 초래하게 된다. 스포츠施設業을 會員으로 가입한 이용자나 미리 예약한 이용자들은 營業停止處分으로 인하여 예상하지 못한 不便을 당할 경우도 있다. 이들 문제점은 특히 스포츠權이 憲法상 하나의 社會權的 基本權으로 인식되어야 한다는 입장에서 살펴볼 때 일반국민들의 스포츠施設 利用에 따른 제반불편을 해소시켜 주어야 할 것이다.

이 같은 市民生活의 不便을 해소하면서 동시에 스포츠施設業者가 행정법령을 준수하도록 하기 위하여는 營業停止處分에 갈음하는 過徵金制度를 도입할 필요가 있다고 본다. 사업자는 계속적으로 正常營業을 하므로 일반이용자대중은 不利益을 받지 아니하지만, 사업자는 過徵金을 부과받게 되

---

43) 넓은 의미에서 '課徵金'이란 '행정청이 일정한 행정법령상의 義務履行을 强制하기 위한 목적으로 그 義務違反者에 대하여 부과하는 金錢制裁'를 의미한다고 볼 수 있겠다.

44) 우리나라의 課徵金과 유사한 제도는 일본이나 미국 등 일부 외국의 행정법령에서도 볼 수 있다. 그러나 營業停止處分에 代替하여 부과·징수하는 유형의 課徵金은 우리나라 行政法令에 매우 고유하게 존재하는 行政制裁制度의 한 유형이다.

45) 行政處分의 細部基準은 체육시설의설치·이용에관한법률시행규칙 별표 8에서 一般處分基準과 個別處分基準으로 규정하고 있다.

어 경제적 부담이 발생하게 되므로 행정법령의 준수를 强制하는 효과가 생긴다. 過徵金制度를 도입할 경우, 登錄取消·營業閉鎖處分의 대상이 되는 위반행위에 대하여까지 過徵金制度의 적용대상으로 보아서는 안 될 것이다. 이들 登錄取消·營業閉鎖處分은 그 위반행위가 중대한 것이므로 營業停止處分처럼 일정기간의 營業停止期間이 종료되면 다시 영업을 再開할 수 있는 行政處分에 해당되지 아니하여 이들 처분을 과징금부과로 對替하는 것은 부적절하다.

過徵金은 통상 營業停止處分을 하여야 할 경우에 스포츠施設業 이용자의 편의를 감안하여 당해 營業停止에 갈음하여 영업정지를 받았어야 할 기간중의 豫想營業受益의 일부를 부과·징수하려는 것이므로[46] 과징금의 부과 금액은 이 같은 사업자의 豫想營業受益을 초과하여서는 아니 될 것이다.[47]

6. 스포츠安全事故의 豫防·防止方案

스포츠安全事故의 방지책으로서 安全施設·設備·衛生基準, 스포츠用具 등의 安全基準, 기타 競技中 暴力事故防止 方案 등을 중심으로 살펴본다.

가. 安全施設·設備·衛生基準

安全施設基準이나 安全·衛生基準은 생명·신체에 대한 危險으로부터

---

46) 일반적으로 課徵金의 金額基準은 課徵金의 法的性質을 不當利得稅的인 것으로 보는 경우에는 行政法令에 위반하여 영업활동을 수행한 기간 동안의 수입으로 예상되는 不當利得 또는 營業停止處分을 할 경우 그 영업정지기간 동안 예상되는 不當利得의 정도에 의하여 결정되어야 할 것이고, 贖罪金的인 것으로 보는 경우에는 부당이득의 정도보다는 그 違反行爲의 輕重 여하에 의하여 결정되어야 할 것이라고 본다. 체육시설업의 경우 부과될 과징금은 부당이득세적 요소가 강하다고 보인다.

47) 李相喆, "過徵金法制 硏究", 『법제연구총서』(법제개선자료 제4집), 법제처, p.460–465.

시민생활의 안전을 보장하기 위하여 필요한 것이다. 따라서 登錄·申告스포츠施設業種에만 한정되어 발생하는 문제는 아니다. 모든 스포츠施設業種에서 스포츠의 종류에 따라 危險度에 차이가 있겠으나, 안전문제는 신중히 검토되어야 할 것이다. 登錄·申告業種에 대하여만 한정적으로 적용할 것인지, 일반적으로 모든 스포츠施設業種에 적용하여야 할 것인지는 입법정책적인 판단에 맡겨질 것이다. 응급실설치 또는 救急藥品備置義務,[48] 運動中 衝擊吸收可能設備,[49] 飮酒者 등의 利用制限措置義務[50]와 같은 것은 스포츠施設 이용자의 安全保護를 위하여는 모든 高危險群 스포츠施設에 대하여 널리 적용하는 방안을 검토하여 볼 필요가 있다고 본다.

外國의 예를 살펴보면, 일본의 경우 관련법에서는 訓示的인 規定의 형태로나마 스포츠安全事故 防止規定을 두고 있다.[51] 즉 국가 및 지방자치단체는 登山事故, 水泳事故, 기타 스포츠事故[52]를 방지하기 위하여, 設備의 整備, 指導者의 養成, 사고방지에 관한 知識의 보급, 기타 필요한 조치를 강구하도록 노력하여야 하도록 하고 있다.[53] 英國의 경우 1975年運動場安全法(The Safety of Sports Grounds Act 1975)에서는 大型스타디움 安全證明制度 및 緊急安全措置制度를 도입한 바 있다.[54] 기타 오스트리아의 경우 케른턴州스포츠法에서는 스키練習을 위험한 스포츠로 보아 市·郡은 방해물의 설치를 금지하거나 현존 방해물을 제거할 수 있는 安全事故防止制度를 도입한 사례가 있다.[55]

---

48) 體育施設利用法施行規則 別表4 第1호가목 (2)의 규정과 같이 구급약품비치의무 등을 정하는 조항을 말한다.

49) 體育施設利用法施行規則 別表 4 第2호차목의 충격흡수시설의 설치의무와 같이 신체안전에 관한 설비기준 등과 같은 조항을 말한다.

50) 體育施設利用法施行規則 別表 7 第1호(4)와 같은 규정 등을 말한다.

51) 法制處, 『各國의 올림픽 및 體育關係振興法』, 法制資料 第122輯, 1982년도, p.10－11.

52) 湯淺 道男, "スポーツ事故と法的責任", 『法律時報』 1993年 65卷5號, 47頁. 山岳遭難事故의 경우 리더와 참가자 간에는 危險引受의 法理適用이 필요하고, 리더의 법적책임은 不法行爲責任이라기보다 契約的 責任이 타당하며, 山行計劃·등산행위·등산종료 시까지의 과정에서 발생하는 안전사고의 경우 參加者에 대한 安全配慮義務를 리더에게 요구하려면, 그런 내용을 구체적으로 確定할 필요가 있다.

53) 日本 スポーツ振興法 第16條(スポーツ事故の防止)

54) The Safety of Sports Grounds Act 1975; 제1조·제2조 및 제10조.

나. 스포츠暴力事故의 防止方案

또한 스포츠안전문제로서 생각하여 보아야 할 것이 競技中 暴力問題이다. 이는 기본적으로 刑事法的 고찰이 필요한 분야인데, 과연 스포츠 중에 발생한 過度한 暴力(excessive violence)이 犯罪行爲인가 아니면 단지 스포츠 행동으로서의 本能的 反應(instinctual response)일 뿐인가?

美國에서는 1980년대 초에 과열된 운동경기로 競技中 暴力事故가 빈발하자, 特別法을 제정하려는 노력이 시도되었으나, 연방의회 내에서 논란 끝에 실패한 바 있다. 직업선수들의 과도한 폭력에 대하여 형사처벌을 과하기 위한 1980년 및 1981년의 스포츠暴力防止法案(The Sport Violence Act), 스포츠의 목적에 반하는 행위를 한 선수단이나 그 소속 선수들에 대한 處罰權을 행사하는 仲裁委員會를 각 프로聯盟별로 설치하기 위한 1983년의 스포츠暴力仲裁法案(Sport Violence Arbitration Act) 등이 그 예이다.[56]

미국에서의 이 같은 특별법제정추진 배경에는 각종 스포츠폭력사고에 대하여는 選手들을 보호하기 위한 제도적 장치로서 刑事責任縮小理論 등이 제시되면서 이들 이론을 바탕으로 하는 입법의 필요성을 느꼈기 때문이다.[57] 선수들은 훈련과정과 정신적 태도 면에서 항상 승리하는 선수가 되어야 하는 점을 강하게 요구받아 온다는 것이다. 따라서 이 같은 訓練 때문에 그들의 경기 중 행위는 意圖的 行動이라기보다는 本能的 反應 내지 反射行動이라는 理論이다. 아이스하키 게임 중 스틱을 휘둘러 중상을 입혔던 1975년의 State v. Forbes 事件에서는 당시 상당한 논쟁이 벌어진 바 있다.[58] 또한

---

55) 法制處. 앞의 책. p.190.

56) Bonnie L. Parkhouse, THE MANAGEMENT OF SPORT, Temple University, St. Louis, p.225. (1991).

57) Bonnie L. Parkhouse, THE MANAGEMENT OF SPORT, Temple University, St. Louis, pp.224 - 225. (1991).

58) 1975년의 State v. Forbes 事件은 아이스하키 게임 중 Forbes 선수가 스틱을 휘둘러 중상을 입힌 경기 중 暴力事故로서, 당시 미네소타주 대법정에서는 惡感情을 誘發하는 攻擊行爲(aggravated assault)는 범죄라는 논고에 대하여 피고 측은 코치들이 계속 상대선수에 대한 신체적 폭력의 필요성을 강조하여 왔다는 점을 제시하였다. Bonnie L. Parkhouse, THE MANAGEMENT OF SPORT, Temple University, St. Louis, p.224 - 225. (1991).

대규모 집회라 할 각종 체육대회의 경우 現代産業社會에서는 과도한 사회적 緊張이 농축되어 감에 따라 觀衆들의 폭력행위가 점증하므로 이 같은 觀衆暴力問題에도 대처할 필요성을 지적하는 일부 학자들도 있다.[59]

다. 스포츠用具 등의 安全基準

스포츠安全事故의 예방을 위한 방안으로서는 스포츠用具 등에 관련된 제조물책임을 명시하는 제도를 생각하여 볼 수 있다. 위험성이 높은 스포츠의 경우 그만큼 安全事故의 확률이 높다. 스포츠用具 등의 製造業者·販賣業者는 그 이용자인 顧客보다 스포츠用具 등의 安全性에 대한 정확한 지식을 가지고 있으므로 매우 안전하게 사용할 수 있도록 製造·販賣하여야 할 것이며, 따라서 이용자의 사용 중에 발생하는 安全事故에 대하여 책임을 부인하기 어렵다는 것이다.[60] 그러나 일반적으로 민사법상의 손해배상책임을 묻는 방법 외에 행정법령에서 특별히 安全責任을 규정한 사례는 찾아보기 어렵다.

VI. 舞蹈學院業의 規制改善方案

1. 舞蹈學院業規制 槪觀

우리나라에서 西歐的인 형태의 'dance'가 처음으로 도입된 것은 1920년

---

59) Barry D. Mcpherson at al, the Social Significance of Sport, Wilfred Laurier University, Illinois, 302. (1989) 영국에서는 觀衆暴力을 막기 위하여 1969년에는 관중 1천 명당 1인의 警察을 배치하였으나, 그 후 1985년에는 관중 75명 당 1인의 警察을 배치하도록 하였다.

60) Annie Clement, LAW IN SPORT AND PHYSICAL ACTIVITY, Cleveland State University, Indiana, pp.77 - 81. (1988).

경 일본 유학생들에 의한 것으로 알려져 있다. 1945년 해방이 되면서는 국내에 進駐한 美軍들이 서구적인 dance를 본격적으로 보급하는 역할을 맡게 되었다. 그 당시에는 dance를 正規敎育으로 교수할 교육기관이나 교육단체가 태동하기 이전이므로 正規敎育으로서 dance가 교습되지는 못하였다. 이는 6·25사변을 전후한 사회의 혼란과 無秩序 속에서 否定的인 방향으로 서양댄스가 보급되는 결과를 초래하게 되었다.[61]

그동안 우리나라에서는 1991년 風俗營業規制에관한法律(이하 '風俗營業法')을 制定하기 이전에는 合法的으로 舞蹈學院을 설립·운영할 수 없어 많은 애로를 겪었다. 다행히 風俗營業法이 제정되면서 舞蹈學院을 개설·운영할 수 있는 根據는 일단 마련되었으나, 風俗營業이란 건전한 美風良俗에 직접 영향을 미치는 규제가 필요한 營業을 가리키며, 풍속영업법의 법목적 또한 건전한 社會紀綱이나 미풍양속을 보호하기 위하여 바람직하지 못한 영업행위를 대폭 規制하기 위한 것이므로 무도학원업에 대한 사회의 否定的 시각은 여전히 남아 있게 되었다.

2. 都市計劃法上 立地規制

舞蹈學院이 慰樂施設의 용도에 속하는 건축물로 분류됨에 따라 都市計劃法令上 舞蹈學院業은 그 施設立地面에서 상대적으로 매우 不利한 제약을 받는다. 慰樂施設은 일반주민들이 밀집하여 거주하는 모든 住居地域(전용주거지역·일반주거지역·준주거지역), 工業地域(전용공업지역·일반공업지역·준공업지역), 綠地地域(보전녹지지역·생산녹지지역·자연녹지지역)에서

---

61) 당시 1949년 12월 20일부터 약 10일간에 걸쳐 부민관(전 국회의사당)에서는 舞蹈會를 열어 건전한 사교댄스로 大盛況을 이루었으며, 21구락부(미도파)라는 국내 최초의 댄스홀이 문을 열었다. 6·25전쟁으로 전시의 空白期를 맞게 되지만 收復직후 다시 활기를 찾게 되었다. 당시 소공동과 명동을 중심으로 댄스홀은 대성황을 이루었으나, 1950년대 중반에 정비석의 소설 "자유부인"이 사회적 일대 波紋을 일으키고, 박인수사건이 사회에 큰 물의를 빚으며 국민들로부터 非難받기 시작한 이후 50여 년이 지난 오늘날까지도 '춤바람' 혹은 '脫線'이라는 否定的인 觀念으로 殘存하고 있다.

는 建築이 불가능하고,[62) 단지 商業地域에서만 建築이 가능하도록 되어 있다. 더구나 商業地域중에서도 中心商業地域・一般商業地域에서는 가능하지만, 近隣商業地域・流通商業地域에서는 당해 지방자치단체의 都市計劃條例가 정하는 바에 의하여 건축하도록 되어 있어 地方條例의 立法에 따라 달라질 수 있다.[63)

일반적으로 中心商業地域・一般商業地域이란 土地價格 및 건물임대료가 住居地域에 비하여 월등히 높아 그만큼 스포츠施設業인 舞蹈學院業의 經營與件에 不利한 요인으로 작용한다. 또한 舞蹈學院業은 그 利用者가 인근 住居地域의 住民들이 상당한 비중을 차지한다고 볼 때 住民生活便益施設로서의 성격을 갖는 점이 강하다고 보이는 측면이 있다. 이용자들에게 합리적인 利用料金과 接近性을 부여하여야 할 것이므로 中心商業地域 등에 위치할 경우 높은 地代와 建物賃貸料가 이용요금에 轉嫁되는 점과 交通所要時間이 길다는 점 때문에 이용자에게 불편함을 초래하게 될 것이다. 이 같은 관점에서 스포츠댄스를 포함하여 舞蹈學院業이 위락시설로 분류되어 있는 현행규정은 스포츠댄스學院業을 독립・분리시켜 慰樂施設에서 제외시키도록 하는 방안 등으로 개선할 필요가 있다고 보인다.

3. 建築法上 施設用途規制

建築法 제2조제2항에서는 建築物의 用途를 22개 용도로 구분하여 각 용도에 속하는 建築物의 종류는 대통령령이 정하도록 委任하고 있는바, 무도학원은 무도장과 함께 이들 22개 용도 중 '慰樂施設'이란 용도에 속하는 建築物로 규정되어 있다.

建築法施行令 별표1 '用途別 建築物의 種類'를 살펴보면, 慰樂施設의

---

62) 도시계획법시행령 별표 2 내지 별표 7, 별표 12 내지 별표 17.
63) 도시계획법시행령 별표 8 내지 별표 11.

용도에 속하는 建築物은 동표 제12호에서 舞蹈學院 및 舞蹈場을 포함하여 단란주점·주점영업·특수목욕장·유기장·투전기업소·카지노업소로 규정하고 있다. 무도학원이 慰樂施設에 해당되는 반면, 똑같은 스포츠施設業種으로서 테니스장·체력단련장·에어로빅장·볼링장·당구장·골프연습장 기타 이와 유사한 건축물[64]은 '第2種近隣生活施設'에 속하며[65], 자동차학원[66] 및 舞蹈學院을 제외한 각종학원은 학교·연구소·도서관·청소년수련원 등과 함께 '敎育硏究 및 福祉施設'에 속하며,[67] 탁구장·체육도장·테니스장·체력단련장·에어로빅장·볼링장·당구장·골프연습장 등으로서 第2種近隣生活施設에 해당하지 않는 건축물과 체육관·각종 운동장[68]은 '運動施設'에 속한다고 규정하고 있다.[69]

에어로빅장 등 모든 體育施設業종은 第2種近隣生活施設, 敎育硏究 및 福祉施設, 또는 運動施設의 用途에 속한다고 규정하고 있으나, 舞蹈學院의 경우에만 이를 慰樂施設의 용도에 속하는 건축물로 분류하고 있어, 舞蹈學院業의 經營者에게는 각종 規制와 不利益을 주고 그 이용자들에게는 생활상의 不便을 주게 되는 점이 적지 않다고 보인다.

4. 風俗營業法上 舞蹈學院業規制

風俗營業法은 風俗營業을 규제하기 위한 우리나라의 代表的인 規制法律이다. 風俗營業이란 구체적으로 단란주점영업 및 유흥주점영업, 숙박업, 이용업, 특수목욕장업, 비디오물감상실업, 노래연습장업, 게임제공업, 舞蹈

---

64) 동일한 건축물 안에서 당해 용도에 쓰이는 바닥면적의 합계가 500제곱미터미만인 것에 한한다.

65) 建築法施行令 별표1 제4호라목.

66) 자동차운전학원·정비학원은 建築法施行令 별표 1 제16호의 자동차관련시설에 속한다.

67) 建築法施行令 별표 1 제8호라목.

68) 육상·구기·볼링·수영·스케이트·롤러스케이트·승마·사격·궁도·골프 등의 운동장을 말한다.

69) 建築法施行令 별표 1 제9호.

學院業 및 舞蹈場業 등을 지칭한다.[70]

　風俗營業者 및 營業從事者에 대하여는 風俗營業所에서 선량한 풍속을 저해하거나 청소년의 건전한 육성을 저해하는 행위에 대하여는 엄격하게 禁止시키고,[71] 警察公務員이 營業所에 출입하며 檢查·團束하며, 위반 시에는 무거운 刑罰에 처하도록 하고 있다.[72] 舞蹈學院業의 경우에는 1999. 3. 31. 공포된 개정법률에 의하여 풍속영업에 관한 從前規制가 일부 廢止됨에도 불구하고 經過措置를 별도로 두어 앞으로도 종전규제를 계속 유지할 수 있도록 되어 있다.[73]

5. 現代福利國家의 스포츠權保障과 規制改善問題

　앞에서 살펴본 바와 같이, 舞蹈學院業의 경우 체육시설이용법에 의한 體育施設業이므로 정부의 振興對象業種인 동시에 風俗營業法 및 靑少年保護法에 의한 風俗營業 및 靑少年有害業所로서 전형적인 規制對象業種으로 규정되어 있다. 이는 물론 무도학원에 대한 종래의 否定的·批判的 인식이 아직도 남아 있는 동시에 국내외적으로 스포츠댄스가 올림픽경기 示範種目으로 채택되는 등 國內外與件이 急變하여 왔기 때문으로 생각된다.

　지금 國內大學에서는 앞다투어 스포츠댄스를 正式敎育科目으로 채택하

---

70) 풍속영업법 제2조 및 동법시행령 제2조.

71) 풍속영업법 제3조에서는 풍속영업자 및 영업종사자에 대하여 淪落行爲 또는 淫亂行爲를 하게 하거나 이를 알선 또는 제공하여서는 아니 되고, 淫亂한 물건을 頒布·販賣·貸與하거나 이를 하게 하는 행위와 淫亂한 물건을 觀覽·閱覽하게 하는 행위 및 頒布·販賣·貸與·觀覽·閱覽의 目的으로 淫亂한 물건을 陳列 또는 보관하여서는 아니 되며, 賭博 기타 射倖行爲를 하게 하여서는 아니 된다고 규정하고 있다.

72) 풍속영업법 제10조에서는 營業準則에 위반한 風俗營業者 및 營業從事者에 대하여 3年 이하의 懲役 또는 2千萬 원 이하의 罰金에 處하도록 규정하고 있다.

73) 舞蹈學院業의 경우, 1999. 6. 30. 공포한 대통령령 제16435호 부칙 제2항에서는 改正規定에 불구하고, 법률 제5942호 풍속영업의규제에관한법률중개정법률 부칙 제2조제3항의 규정에 의하여 문화관광부장관은 이 영 시행 후 舞蹈學院業 및 舞蹈場業의 營業者 遵守事項과 運營基準 등에 관하여 체육시설의설치·이용에관한법률시행령이 달리 정할 때까지 종전의 규정에 의하여 필요한 제한을 할 수 있다는 經過措置에 의하여 종전규정에 의한 規制를 받게 되어 있다.

여 교수하며, 전국에 산재한 大學附設 社會敎育院에서도 스포츠댄스를 敎育課程으로 개설하고 있다. 그렇다고 하여 대학에서 가르치는 스포츠댄스와 무도학원에서 가르치는 스포츠댄스가 다른 것으로 볼 수도 없다.

21世紀를 맞아 장래 국제올림픽 참가 등을 염두에 두고 初等學生들이 스포츠댄스 강습을 받는 등 오늘날 국내생활여건은 急變하고 있으나, 초등학생들은 미성년자에 해당되므로 風俗規制營業인 舞蹈學院에서 수강할 수는 없는 실정이다. 오늘날 스포츠를 自由權的 및 社會權的 基本權으로서 인식하고 있는 만큼, 미성년자를 포함한 一般市民들이 누구나 필요하다면 居住地 隣近學院에서 스포츠댄스과정을 수강할 수 있도록 制度的인 보장이 필요하다고 본다.

Ⅶ. 結 論

스포츠는 오늘날 국민의 기본적 권리의 하나인 스포츠權으로서 再認識되고 있으며, 이 같은 스포츠權은 자유권적 기본권과 아울러 사회권적 기본권으로서 정부의 立法政策을 통하여 구체적으로 보장되고 적극 실현되어야 할 것이다. 스포츠權의 바람직한 보장을 위하여는 전반적으로 規制中心的인 現行法制를 振興中心的인 法制로 전환시켜야 할 것이고, 登錄·申告 스포츠施設業의 自由業化를 더욱 촉진하여 민간자율경영기반을 조성하되 規制對象業種과 自由業種의 범위가 입법기술적으로 보다 명확하게 區分될 수 있도록 규정함으로써 해석·집행상의 혼란을 방지할 필요가 있다고 본다. 스포츠施設業의 利用者인 一般市民의 관심과 욕구의 변화추세에 맞추어 향후 施設中心의 規制로부터 프로그램 등 質的인 營業基準中心의 規制로 전환할 필요성은 없는지 적극 검토하는 것이 바람직하고, 스포츠施設 利用年齡을 制限하는 경우에도 청소년들의 관심도가 높은 스포츠댄스

등과 같은 새로운 스포츠 出現에 制度的으로 적절히 대응할 필요가 있으며, 스포츠安全事故에 대한 방지대책으로서 安全基準, 스포츠用具 등의 安全性, 競技中 暴力事故의 防止 등 관련문제에 대한 대응책도 강구되어야 할 것이다. 스포츠施設業에 대한 營業停止 등 행정처분제도의 경우, 利用者便宜와 營業活動의 계속성보장을 위하여 過徵金制를 적극 도입할 필요가 있다고 본다. 특히 舞蹈學院業의 경우, 최근 스포츠댄스 교육활성화 추세에 부응하여 스포츠댄스 教習課程을 동 舞蹈學院業에 속하도록 하고 있는 현행 관련법제를 개선하여 스포츠施設業에 새로이 스포츠댄스學院業을 신설하는 방안, 私設學院의 教習課程에 스포츠댄스를 新設하는 방안 또는 체육시설이용법상으로 完全 自由化하는 방안 등을 면밀히 검토하여 현행 법제를 개선할 필요가 있다고 본다.

스포츠産業의 行政規制 改善方案[1]

－體育施設의 設置·利用에관한法律을 中心으로－

Ⅰ. 스포츠産業과 行政規制問題

우선, 스포츠産業이란 일반적으로 스포츠用品業, 스포츠施設業, 스포츠서비스업으로 분류하고 있다. 스포츠용품업은 다시 스포츠용품제조업과 스포츠용품유통업으로 세분되고, 스포츠施設業은 스포츠시설건설업과 스포츠시설운영업으로 세분되며, 스포츠서비스업은 스포츠경기업, 스포츠마케팅업, 스포츠정보콘텐츠업(스포츠신문·출판업, 스포츠방송업, 스포츠인터넷사업 등), 기타스포츠서비스업(스포츠교습업·운동처방상담업 등)으로 세분할 수 있다.[2] 종래 국내에서는 주로 스포츠産業 중에서 스포츠施設業을 중심으로 행정상 감독을 위하여 필요한 규제제도를 운영하여 왔다. 동 규제제도를 담고 있는 법률이 바로 체육시설의설치·이용에관한법률(이하 '체육시설이용법')이다. 또한, 국민체육진흥법이 있으나, 동법의 입법목적은 국민체육을 진흥함에 있으므로 行政規制보다는 국민스포츠진흥에 무게중심이 실려 있다고 본다. 동법에서는 체육지도자의 양성, 여가체육의 육성, 體育用具의 生産獎勵 등 스프츠산업과 관련된 내용을 정하고 있으나 중앙정부나 지방자치단체의 지원·육성 내지 진흥에 관련된 내용이 주를 이루고 그에 부대하

---

1) 이 글은 한국스포츠엔터테인먼트법학회 주최 아시아스포츠법학회창립기념 국제학술대회(2005.11.3.~6.)
   에서 저자가 발표한 논문을 일부 재정리한 것이다.

2) 2004 체육백서, 문화관광부, p.433 이하.

여 제한된 범위 내에서 규제조항을 두고 있으며, 體育振興投票權(스포츠토토)에 관하여는 그 엄격한 관리를 위하여 필요한 규제내용을 정하고 있다.[3]

물론, 그 밖에 경륜·경정에 관하여는 경륜·경정법이 있어 그 규제와 진흥에 관한 내용을 규정하고 있고, 스포츠신문·출판업과 스포츠방송업에 관하여는 신문등의자유와기능보장에관한법률, 출판 및 인쇄진흥법, 방송법, 저작권법 등이 각각 필요한 규제장치를 마련하여 두고 있으며, 그 밖에도 다수의 關聯法律에서 스포츠産業에 대한 行政規制制度를 규정하고 있다. 그러나 이들 관련법률에서 정하는 규제장치는 스포츠산업에 관련된 사항에만 한정되는 것은 아니므로 체육시설이용법과 같이 스포츠産業에 한정하여 규정하고 있는 스포츠産業분야에서의 고유한 법률은 아니라고 볼 것이다. 물론 관련법률의 검토·연구도 당연히 필요한 작업이라고 하겠으나, 이 글에서는 스포츠산업분야에서의 고유한 법률로서 스포츠산업 중 스포츠施設業에 대한 行政規制를 정하고 있는 체육시설이용법을 중심으로 살펴보고자 한다.

한편 行政規制란 행정상 감독을 위하여 일정한 의무를 부과하거나 일정한 행위를 제한 ·금지하고, 행정법령 위반자에 대하여 불이익이나 制裁處分 등을 부과하는 것을 말한다.[4] 行政規制란 행정상 또는 국가정책상의 목적을 달성하기 위하여 반드시 필요한 경우에는 법률에 근거를 두어 시행할 수 있다. 그러나 行政規制는 사업자에게 그 영업활동에 지장을 주거나 권익을 침해하거나 경제적 부담을 초래하는 경우가 대부분이므로 불필요하거나 過度한 規制 또는 非合理的인 規制는 개선되어야 할 것이다.

현행 실정법으로서는 行政規制基本法에서 행정규제에 관한 기본적인 사

---

3) 정부의 규제개혁추진계획에서는 주요규제로서 체육시설이용법 18건, 국민체육진흥법 23건, 경륜·경정법 15건을 제시하고 있으나, 국민체육진흥법상의 규제는 체육지도자의 자격요건 규제, 우수체육용구생산업체의 지정·취소, 체육용구생산업체에 대한 보고·검사, 입장료부과금납부의무위반자에 대한 과태료부과 등을 제외하고는 대부분이 스포츠産業에 대한 직접적인 行政規制라고 보기는 어렵다(문화관광부, 『규제개혁추진 4개년 계획』, 2004. 참조).

4) 최송화, "행정규제완화와 재량권남용방지를 위한 법제정비방안"(『법치행정과 공익』, 청담 최송화 교수 화갑 기념논문집 2002. 06.) 103-1; 유상우, 『한국행정 개혁에 관한 연구: 행정규제 완화 정책을 중심으로』, 건국대학교. 2002. 참조.

항을 규정하고 있다. 동법 제2조제1호에서는 '行政規制'라 함은 '국가 또는 지방자치단체가 특정한 행정목적을 실현하기 위하여 국민의 권리를 제한하거나 의무를 부과하는 것으로서 법령등 또는 조례·규칙에 규정되는 사항'을 말한다고 정의하고 있다. 그리고 위 용어정의상 '법령등'이라 함은 법률·대통령령·총리령·부령과 그 위임에 의하여 정하여진 고시 등까지 포함된다. 告示·訓令 등도 법률에서 위임을 받거나 재위임에 의하여 입법사항을 규정할 경우에는 法規命令으로서 일반적으로 對外法으로서의 효력이 인정된다.5)

동법 제4조에서는 行政規制法定主義를 채택하고 있다. 즉 행정규제는 법률에 근거하여야 하며, 그 내용은 알기 쉬운 용어로 구체적이고 명확하게 규정되어야 하고, 법률에 직접 규정하되, 규제의 세부적인 내용은 법률 또는 상위법령이 구체적으로 범위를 정하여 위임한 바에 따라 大統領令·總理令·部令 또는 條例·規則으로 정할 수 있으며, 부득이한 경우에는 법령이 전문적·기술적 사항이나 경미한 사항으로서 업무의 성질상 위임이 불가피한 사항에 관하여 구체적으로 범위를 정하여 위임한 경우에는 告示 등으로 정할 수 있다고 명시하고 있다. 행정기관은 법률에 근거하지 아니한 규제로 국민의 권리를 제한하거나 의무를 부과할 수 없다.

行政規制에 관한 基本原則으로서 동법 제5조에서 국가 또는 지방자치단체는 국민의 자유와 창의를 존중하고, 규제를 정하는 경우에도 그 본질적 내용을 침해하지 아니하도록 하여야 하고, 국민의 생명·보건과 환경 등을 보호하기 위한 규제를 실효성 있게 정하여야 하며, 규제의 대상과 수단은 규제의 목적을 실현하는 데 필요한 최소한의 범위 안에서 가장 효과적인 방법으로 客觀性·透明性 및 公正性이 확보되도록 설정되어야 한다고 명시하고 있다. 이하, 體育施設業에 관한 현행 체육시설이용법에 의한 규제에 대하여 위와 같은 行政規制의 개념, 行政規制法定主義, 행정규제의 基本原則, 행정법에 있어서의 一般法原則 등에 비추어 볼 때 현행 법제의

---

5) 이상철. "행정심판대상의 범위 및 확대문제", 『법제』(2005년 10월호), p.74 - 77. 참조.

문제점은 무엇이며, 그 개선방안은 무엇인지에 관하여 구체적으로 검토하고
자 한다.

II. 體育施設業의 登錄·申告制度 改善方案

체육시설이용법 제3장에서는 체육시설업종에 대하여 등록제와 신고제를
규정하고 있다. 체육시설이라 함은 체육활동에 지속적으로 이용되는 시설과
그 부대시설을 말하며, 體育施設業이라 함은 영리를 목적으로 체육시설을
설치·경영하는 업을 말한다. 동법 제10조제1항에서는 등록體育施設業을
골프장업·스키장업·자동차경주장업의 3개 업종으로, 신고體育施設業을 요
트장업·조정장업·카누장업·빙상장업·승마장업·종합체육시설업·수영
장업·체육도장업·볼링장업·테니스장업·골프연습장업·체력단련장업·
에어로빅장업·당구장업·썰매장업·무도학원업·무도장업 등 17개 업종
으로 규정하고 있다. 그리고 體育施設業은 그 종류별 범위와 회원모집·시
설규모·운영형태 등에 따라 그의 세부종류를 대통령령으로 정할 수 있다
고 규정하고 있는바, 동법 시행령 제8조제1항에서는 體育施設業을 會員制
體育施設業과 大衆體育施設業으로 구분하고, 동법 시행규칙 제7조에서는
골프장업을 정규대중골프장업·일반대중골프장업 및 간이골프장업으로 구
분하고 있다.

2005년 7월 29일 개정법률(법률 제7428호)에서는 지방자치단체의 자율성
을 높이고 아울러 균형발전을 위하여 필요하다는 이유로 기존의 등록체육
시설업종 중 요트장업·조정장업·카누장업·빙상장업·승마장업·종합체
육시설업 등 6개 업종을 신고업종으로 전환한 바 있다. 그러나 기존의 11
개 신고업종 중 볼링장업·테니스장업·에어로빅장업의 경우 安全管理상
의 문제나 청소년에게 비교적 有害性이 크지 아니하기 때문에 行政規制를

받지 아니하는 自由業種으로 전환할 필요성이 제기되어 온 바 있으나, 위 개정법률에 반영되지 못하였다. 신고업종의 경우에도 그 行政規制가 동록업종의 경우에 거의 육박하는 각종 行政規制를 받게 된다. 구체적으로 살펴보면, 施設基準 遵守義務(법 제11조제1항), 시설물설치 및 부지면적 제한(법 제11조제2항), 會員募集計劃書 提出義務(법 제19조), 회원의 권익보호에 따른 준수의무(법 제20조), 변경신고의무(법 제22조), 體育指導者 配置義務(법 제26조), 安全·衛生基準 遵守義務(법 제27조), 보험가입의무(법 제29조), 권리·의무승계(법 제30조), 登錄取消·營業閉鎖命令·停止處分(법 제35조), 罰則適用(법 제42조제2항, 제43조), 과태료적용(법 제44조)이 해당된다. 이들 개별적인 규제가 반드시 필요한 업종이라고 보기 어려운 위 볼링장업·테니스장업·에어로빅장업 등의 경우에는 자유업종으로 적극 전환시켜 사업자의 부담을 경감시킬 필요가 있다고 본다.

한편, 현재 특별한 行政規制가 없는 번지점프업·인공암벽등반업·X-스포츠운영업 등의 경우 안전성 등에서 규제의 필요성이 제기되므로 시설안전기준, 체육지도자배치, 보험가입강제 등의 적용대상으로 편입하여 규제하여야 한다는 견해가 제기될 수 있다. 이들 뉴스포츠업종에 대하여는 체육시설이용법보다는 별도의 레저관련규제법을 만들어 적용하는 것이 바람직하다는 견해도 있으나, 이들 역시 스포츠 내지 레저스포츠의 범주에 포함된다고 보이는 점, 레저스포츠에 관하여 行政規制가 필요할 경우 이를 분리하여 규율할 것이 아니라 單一法에서 통합 규율하는 방안이 행정의 효율성을 높일 수 있다는 점에서 체육시설이용법의 규율대상으로 편입하여 관리하는 방안이 바람직하다고 본다.

III. 事業計劃의 承認制度 改善方案

　체육시설이용법 제12조 및 제13조에서는 事業計劃承認制度에 관한 규정을 두고 있다. 법 제12조에서는 등록체육시설업을 하고자 하는 자는 등록기준에 의한 시설을 설치하기 전에 體育施設業의 종류별로 사업계획서를 작성하여 특별시장·광역시장 또는 도지사의 승인을 얻어야 하며, 그 事業計劃을 변경하고자 하는 경우에도 또한 승인을 얻도록 하되, 대통령령이 정하는 경미한 사항에 관한 事業計劃의 변경은 승인을 얻을 필요가 없다고 규정하고 있다. 여기서, 事業計劃承認制度 자체의 필요성과 그 順機能的인 측면을 인정되지만, 事業計劃의 변경절차에 관하여는 경미한 사항의 변경을 대통령령으로 규정하도록 함으로써 negative system을 채택하고 있는 바, 이는 경미한 사항을 완벽하게 열거하기가 용이하지 아니하므로 중요한 사항을 명시·열거하여 변경승인절차를 거치도록 하고, 열거되지 아니한 그 밖의 경미한 사항은 모두 승인을 받지 아니하도록 하는 positive system의 방식으로 규정하는 것이 바람직할 것이다.

　또한, 제13조에서는 事業計劃 승인의 制限要件으로서 이른바, 公益目的 또는 中間目的을 정하고 있다. 즉 시·도지사는 국토의 효율적 이용, 지역 간 균형개발, 재해방지, 자연환경보전 및 體育施設業의 건전한 育成 등 공공복리를 위하여 필요하다고 인정하는 경우에는 대통령령이 정하는 바에 따라 事業計劃의 承認 또는 變更承認을 制限할 수 있다고 규정하여 '공공복리를 위하여 필요하다고 인정하는 경우'에 해당되는 경우 事業計劃의 승인 또는 변경승인을 일부 거부하는 등 제한을 가할 수 있도록 규정하고 있다. 이와 같은 규정은 시·도지사에게 사업계획의 승인 또는 변경승인을 함에 있어 그 제한 여부를 결정하면서 광범위한 裁量權을 행사할 수 있도록 허용하는 문제점이 있다. 재량권 행사를 남용을 방지하고 합리적인 재량권 행사가 보장되도록 하기 위하여는 제한요건을 구체적으로 적시·열거함

으로써 재량권 행사에 있어서 행정의 透明性을 높여야 할 것이다.[6]

Ⅳ. 體育施設業 會員의 權益保護制度 改善方案

體育施設業者 또는 事業計劃의 승인을 얻은 사업자에 대하여는 회원모집 시 회원모집계획서를 미리 작성·제출하도록 義務化하고, 아울러 회원의 권익보호를 위하여 필요한 遵守事項은 대통령령으로 정하도록 위임하고 있다. 즉 법 제20조에서는 회원을 모집한 體育施設業者 또는 그 事業計劃의 承認을 얻은 자는 會員資格의 讓渡·讓受, 入會金額의 返還, 회원중의 확인·발급 및 會員代表機構의 구성·역할 등에 있어 회원의 권익보호를 위하여 대통령령이 정하는 사항을 지켜야 한다고 규정하고 있다. 그리고 동법 시행령 제19조에서는 여러 가지 금지·제한사항을 규정하고 있다. 그런데 이들 동법 시행령 제19조에서 규정하고 있는 내용들은 대부분 會員權者의 權利保護에 직접 필요한 내용들이어서 委任立法보다는 법률에 직접 규정하는 것이 회원권자의 權利保護를 위하여 바람직한 점, 회원의 권익보호를 위한 준수사항을 사업자가 위반한 경우 아무런 벌칙이나 不利益處分이 마련되어 있지 아니하여 실효성이 없는 점 등이 문제점으로 지적될 수 있다. 이들 회원의 권익보호를 위한 규정을 강화하는 경우 이는 사업자에게 행정규제의 강화가 되는 점이 있겠으나, 다른 한편 利用者·消費者 權益保護의 필요성도 결코 소홀히 할 수 없다고 본다.

우선, 첫 번째 문제점에 관하여 살펴보면, 동법 시행령 제19조에서는 회원의 權利保護를 위한 중요한 입법사항들을 규정하고 있다. 예를 들면, 회원이 그 자격을 다른 사람에게 양도하고자 하는 경우 양수하고자 하는 자

---

6) 오준근, "재량행위의 판단기준과 재량행위의 투명화를 위한 법제정비방안", 『법제』 570호(2005. 06.), p.5 - 31. 참조.

가 회원의 자격제한기준에 해당하는 경우를 제외하고는 이를 제한하여서는 아니 되도록 하고, 會員資格을 양수하는 자로부터 會員資格의 양도·양수에 따른 일체의 비용을 징수하는 경우 그 금액은 실비를 기준으로 한 금액으로 징수하도록 규정한 점, 入會金額(회원으로 최초 가입하는 자가 會員資格을 부여받는 대가로 회원을 모집하는 자에게 지불하는 일체의 금액을 말하되, 회원으로 최초 가입하는 자가 會員加入 시 법률에 의하여 설치된 기금에 기부한 금액을 제외한다)의 반환에 관하여 脫退 또는 脫退者에 대한 입회금액의 반환시기 등에 관하여는 회원을 모집한 자와 회원 간의 約定에 따르되, 회원으로 가입한 이후 회원권익에 관한 약정이 변경되는 경우에는 기존 회원은 탈퇴할 수 있으며, 탈퇴자가 입회금의 반환을 요구하는 때에는 지체 없이 이를 반환하여야 하도록 규정한 점, 會員資格의 존속기한을 정한 연회원이 會員資格의 存續期限의 도래로 인하여 입회금의 반환을 요구하는 때에는 그 요구일부터 10일 이내에 반환하여야 하되, 입회금의 반환여부 등에 관한 약정이 있는 경우에는 그 약정에 따른다고 규정한 점 등이다. 물론, 이들 규정은 委任立法의 방법으로 규정하더라도 명확성의 원칙 등 委任立法原則에 반하지 아니하는 한 입법적인 흠이 존재한다고 보기 어려운 점도 있겠으나, 사업자의 讓渡制限 등을 배제하여 회원의 자유로운 회원권 양도를 보장하는 내용, 탈퇴 또는 기간만료회원에 대한 迅速한 入會金 返還의 보장 등은 회원의 권익보호를 위하여 필요한 基本的인 사항이라고 할 것이므로 시행령에서 法律로 옮겨 규정하는 것이 바람직하다고 본다.

둘째, 회원의 권익보호를 위한 사업자준수사항에 대하여 實效性[7]을 보장하는 장치가 없다는 점이다. 이는 회원의 권익보호를 확립함에 있어 더욱 중요한 의미를 갖는다. 현행 규정에서는 회원의 권익보호를 위한 준수사항을 사업자가 위반한 경우 아무런 罰則이나 不利益處分이 마련되어 있지 아니하다. 일반적으로 營業法規에서는 사업자에 대하여 준수하여야 할 일

---

7) Hans Kelsen, 심헌섭 역, "법의 효력과 실효성", 『법학』 44권4호(2003. 12.), p.365이하. 참조.

정한 사항을 정하여 지키도록 하고 있으며, 이를 통상 營業準則이라고 한다. 營業準則은 영업질서를 확립하고 이용자의 편의성을 확보하여 주는 의미가 있다. 따라서 營業準則을 위반한 사업자에 대하여는 重大한 違反의 경우에는 罰則(징역·금고·벌금)에 처하도록 하고, 輕微한 위반의 경우에는 過怠料를 부과하도록 하고 있으며, 이와는 별도로 영업취소·정치처분과 같은 不利益處分을 부과하도록 하고 있다. 그런데 체육시설이용법의 경우 이와 같은 罰則이나 過怠料 또는 不利益處分의 대상에서 모두 빠져 있다. 준수사항에 대한 법적 평가에 따라 제재수단을 달리할 수 있다고 할 것인바, 營業準則 위반의 문제가 중대한 것으로 보기 어렵다면, 過怠料 혹은 營業停止處分과 같이 상대적으로 가벼운 제재수단으로 대응할 필요가 과연 없는지 재고해야 할 것이라고 본다.

Ⅴ. 體育施設業의 營業承繼制度 改善方案

體育施設業등의 承繼에 관하여는 법 제30조에서 규정하고 있다. 즉 體育施設業者가 그 영업을 讓渡하거나 死亡한 때 또는 법인의 合倂이 있는 때에는 그 양수인·상속인 또는 합병 후 존속하는 법인이나 합병에 의하여 설립되는 법인은 그 體育施設業의 등록 또는 신고에 따른 權利·義務(제19조의 규정에 의하여 회원을 모집한 경우에는 그 體育施設業者와 會員 간에 약정한 사항을 포함한다)를 승계한다고 규정하고 있다. 이는 그 표현으로 보아 영업의 양도 등에 따른 영업 승계에 관한 규정인지 또는 공법상의 처분의 상대방 지위의 승계에 관한 규정인지 혹은 2가지 모두를 包括하는 의미인지 여부가 불명확한 점이 있다.

營業의 讓渡라 함은 判例上 일정한 영업목적에 의하여 조직화된 업체, 즉 인적·물적 조직을 그 同一性은 유지하면서 일체로서 이전하는 것을 말한다.

영업양도가 이루어졌는가의 여부는 단지 어떠한 영업재산이 어느 정도로 이전되어 있는가에 의하여 결정되어야 하는 것이 아니고 거기에 종래의 營業組織이 유지되어 그 조직이 전부 또는 중요한 일부로서 機能할 수 있는가에 의하여 결정되어야 하므로 영업재산의 일부를 유보한 채 영업시설을 양도했어도 그 양도한 부분만으로도 종래의 조직이 유지되어 있다고 사회관념상 인정되면 그것을 영업의 양도라 볼 것이지만, 반면에 영업재산의 전부를 양도했어도 그 조직을 해체하여 양도했다면 영업의 양도로 볼 수 없다.[8]

법 제30조의 제목 및 '體育施設業의 등록 또는 신고에 따른 權利·義務'를 승계한다는 표현에 비추어 볼 때 처분의 상대방의 지위 승계라고 보이지만, "회원을 모집한 경우에는 그 體育施設業者와 會員 간에 약정한 사항을 포함한다."고 명시하여 민사상 채권·채무관계까지 승계받도록 하고 있어 營業承繼의 의미도 포함되어 있다고 보인다. 민사상 채권·채무관계까지 승계받도록 하고 있다고 하더라도 사업자와 회원 간에 약정한 사항에만 한정되는 營業承繼를 의미하는지 여부도 불확실한 측면이 있다. 또한 동조 제2항에서는 민사집행법에 의한 경매, 채무자회생및파산에관한법률에 의한 환가나 국세징수법·관세법 또는 지방세법에 의한 押留財産의 賣却 그 밖에 이에 준하는 절차에 따라 문화관광부령이 정하는 體育施設業의 시설기준에 의한 必須施設을 인수한 자에 대하여는 승계규정을 준용한다고 규정하고 있다. 이 같은 제30조제1항을 준용하고 있는 동조 제2항 역시 마찬가지로 불확실한 측면이 있다고 보아야 할 것이다.

구법(2003. 5. 29. 법률 제6907호로 개정되기 전의 것) 제30조에서는 體育施設業등의 승계에 관하여 "① 體育施設業者가 그 영업을 양도하거나 사망한 때 또는 법인의 합병이 있는 때에는 그 양수인·상속인 또는 합병 후 존속하는 법인이나 합병에 의하여 설립되는 법인은 그 體育施設業의 등록 또는 신고에 따른 권리·의무(제19조의 규정에 의하여 회원을 모집한 경우에는 그 體育施設業者와 會員 간에 약정한 사항을 포함한다)를 승계

---

8) 대법원 2003. 5. 30. 선고 2002다23826 판결.

한다." "③ 제1항의 규정은 제12조의 규정에 의한 事業計劃承認의 승계에 관하여 이를 준용한다."라고 규정하였다. 그런데 판례는 위 구법 제30조제3항의 취지는, 事業計劃承認을 얻은 자가 體育施設의 설치공사를 완성하여 體育施設業을 신고·등록하기 이전의 단계에서 완성 전의 체육시설에 관한 영업의 양도, 사망, 합병으로 같은 법 제12조에 의한 事業計劃承認의 승계가 이루어진 경우 그 양수인, 상속인, 합병 후의 법인이 양도인 등 事業計劃承認을 얻은 자의 그 승인에 따른 권리·의무 및 회원모집계약에 따른 지위를 承繼한다는 것이라고 해석함이 상당하다고 본다.[9]

영업의 승계란 經營主體의 地位를 승계하는 것이므로 종전의 사업자의 지위를 승계받아 종전의 사업자가 가지는 제반 채권·채무를 이어받아 그 채권·채무의 주체가 되는 것을 의미한다고 본다. 영업의 승계는 사업자의 공법상의 지위, 行政處分의 상대방의 地位의 承繼와 구분되어야 한다. 종래 사업자가 영업을 양도·양수하더라도 등록이나 신고의 효과가 그에 따라 자동으로 승계된다고 보지 아니하였다. 민사상의 채권·채무관계는 승계되더라도 공법상의 처분 상대방의 지위는 해당 營業法規에서 특별한 규정을 두고 있지 아니하는 한 사업자인 당사자 간의 합의에 의하여 승계될 성질의 것이 아니기 때문이다. 특히, 영업허가취소나 정지처분의 경우 종전의 사업자의 위반사실에 대하여 새로이 그 영업을 승계받은 자에게 종전의 사업자의 違反行爲를 이유로 不利益處分을 할 수 있는가? 자신의 違反行爲가 아닌 제3자의 違反行爲를 이유로 하여 그에 대한 재재처분을 하기는 곤란하다. 따라서 營業規制法律에서는 공법상 처분의 상대방의 지위를 영업의 양도·양수가 이루어진 때 또는 그 양도·양수 사실을 행정청에 신고하거나 행정청의 승인을 얻은 때에 승계한다는 강행규정을 두어 규율하고 있다.

특히, 行政節次法 제10조에서는 공법상 지위의 승계에 관한 일반적 규정을 두고 있다. 당사자등이 사망하였을 때의 상속인과 다른 법령 등에 의하

---

9) 대법원 2004. 10. 28. 선고 2004다10213 판결.

여 당사자등의 권리 또는 이익을 승계한 자는 당사자등의 지위를 승계하고, 당사자등인 법인 등이 합병한 때에는 합병 후 존속하는 법인 등이나 합병 후 새로 설립된 법인 등이 당사자등의 지위를 승계한다고 규정하고, 당사자 등의 지위를 승계한 자는 행정청에 그 사실을 通知하여야 하도록 하고 있다. 동 通知가 있을 때까지 사망자 또는 합병 전의 법인 등에 대하여 행정청이 행한 통지는 당사자등의 지위를 승계한 자에게도 그 效力이 있다고 규정하고 있다. 처분에 관한 권리 또는 이익을 사실상 양수한 자는 行政廳의 承認을 얻어 당사자등의 지위를 승계할 수 있도록 규정하고 있다. 따라서 행정절차법에 의하면, 영업의 양도·양수행위를 한 경우라도 행정청에 통지하기 전까지는 비록 營業讓渡 후에 행정청이 종전의 사업자에 대하여 어떤 행정처분을 하더라도 이는 그 영업을 양수받는 신규사업자에 대하여 행한 처분으로 간주된다는 의미이며, 처분에 관한 권리·이익을 事實상 讓 受한 자는 행정청의 승인을 얻지 아니하면 그 효력이 없다는 의미라고 보아야 한다.

체육시설이용법 제30조의 규정은 행정절차법 제10조와 달리 정하고 있어 행정절차법에 대한 特例를 정한 것이라고 본다. 따라서 행정청에 대한 별도의 通知行爲가 필요 없이 양도만으로 공법상의 처분 상대방의 지위가 승계된다고 보아야 할 것이다. 제30조제1항 중 "體育施設業의 등록 또는 신고에 따른 권리·의무(제19조의 규정에 의하여 회원을 모집한 경우에는 그 체육시설업자와 회원 간에 약정한 사항을 포함한다)를 승계한다."를 "體育施設業의 등록 또는 신고에 따른 지위와 그 밖의 권리·의무(제19조의 규정에 의하여 회원을 모집한 경우에는 그 體育施設業者와 會員 간에 약정한 사항을 포함한다)를 승계한다."로 개정하여 공법상의 지위 승계와 아울러 모든 채권·채무를 包括承繼한다는 의미의 營業承繼를 모두 포함하도록 하면서 그 뜻이 明白히 표현되도록 하는 것이 바람직하다고 본다.

VI. 事業計劃承認 시 協議制度 改善方案

 체육시설이용법 제31조에서는 登錄體育施設業에 대한 事業計劃의 승인을 얻은 때에는 山地管理法 제14조·제15조의 규정에 의한 산지전용허가 및 산지전용신고 등을 포함하여 관련법률에 의한 각종 許可·承認 등을 받은 것으로 본다고 규정하고 있다. 이 조항은 複合民願을 효율적으로 해결하기 위한 기제로서 등록체육시설업에 대한 事業計劃의 承認을 얻은 때에는 체육시설 설치에 따른 다른 관련법률에 의한 허가·승인 등을 함께 받은 것으로 擬制하도록 함으로써 사업자의 편의를 도모하기 위한 것이다.[10]

 이와 같은 허가·승인 등의 擬制制度는 일부 보완하여 체육시설이용법의 체계를 완비하여야 할 필요가 있다고 본다. 현행 제31조 각 호에서는 7개 관련법률에 의한 각종 허가·승인 등을 의제하도록 하고 있으며, 사업계획 승인권자인 시·도지사는 미리 위 관계법률에 의한 권한을 가지는 관계 행정기관의 장과 협의하도록 하고 있다. 그런데 事業計劃의 협의과정에서 협의의 상대방인 關係行政機關은 협의 시 그 가부의 判斷基準이 되는 協議基準에 관하여는 아무런 明文規定이 없다. 관계행정기관이 장이 협의에 응하면서 법 31조 각 호에 열거된 해당법률의 허가·승인 등의 기준이나 요건이 민원인이 허가·승인 등의 신청을 한 경우에 적용되는 바와 동등하게 적용되어야 하는지 여부에 관하여 불분명한 점이 있다. 이는 협의과정에서 허가·승인 등의 기준이나 요건이 엄격히 준수되기보다는 경시될 가능성이 높다고 본다. 따라서 관계행정기관이 협의 시에도 허가·승인 등의 기준이나 요건이 동일하게 적용되어야 할 경우에는 이를 協議基準으로 명문화하여야 할 것이고, 허가·승인 등의 기준이나 요건보다는 協議基準을 다소 완화하여 적용하고자 할 경우에는 그 완화되어 적용되어야 할 協議基準을 명시하는 것이 바람직하다고 본다.

---

10) 홍준형, "대지조성사업계획승인의 법적성질", 『판례행정법』(99. 01), p.245이하, 참조.

協議基準을 명시하는 방법에는 協議基準을 직접 명시하기 위하여 관계 행정기관의 장은 협의를 함에 있어서는 허가·승인 등의 기준이나 요건에 의하여야 한다고 규정하거나 혹은 協議基準을 준수하도록 의무를 부과하는 방법으로서 관계행정기관의 장이 협의에 응함에 있어서는 관련법률에서 규정한 당해 허가·승인 등의 기준을 위반하여 협의에 응할 수 없다고 규정하는 방법이 있다. 구체적인 立法例를 들면, 국내 최초의 입법례라고 보이는 博物館·美術館振興法 제20조제3항(2003. 5. 29. 신설규정)에서는 "제1항의 규정에 의하여 소관 행정기관의 장이 협의에 응함에 있어서는 관련법률에서 규정한 당해 허가·인가 등의 기준을 위반하여 협의에 응할 수 없다."고 규정하고 있다.[11] 동법은 協議基準을 명시하여 준수할 것을 규정한 사례로서 그 이후 다수의 법률에서 이와 같은 協議基準 명시 및 遵守義務를 규정하고 있다.

현행 協議制度에서는 경미한 事業計劃의 변경인 경우에는 협의의 대상에서 제외하고 있다. 경미한 변경이 구체적으로 어디까지인지가 명확하지 못하다. 중대한 변경인지 혹은 경미한 변경인지 여부의 판단기준과 허가·승인 등의 기준에 합당한지 혹은 저촉되는지 여부의 判斷基準은 서로 다르므로, 설령 경미한 변경에 해당된다고 하여도 허가·승인 등의 기준에 저촉되는 경우가 발생할 수 있다. 따라서 경미한 변경사항이라고 하더라도 허가·승인 등의 기준에 저촉되는 경우에는 협의대상으로 하는 것이 타당하다고 본다. 事業計劃을 변경승인하거나 승인을 취소한 경우에는 협의행정기관의 장에게 통보하도록 규정하고 있는바, 통보받은 행정기관의 장이 어떤 後續措置를 취해야 하는지 여부에 관하여는 명문의 규정을 두고 있지 아니하다. 승인이 취소·변경된 경우에는 그 관련된 범위 안에서 의제대상인 허가·승인 등의 效力도 함께 喪失된다고 본다. 여기서 취소행위의 효력이 과연 當初의 承認時點까지 遡及하는 것인지 취소시점 이후에 한하여 그 효력이 발생하는 것인지 불분명하다. 강학상 취소의 개념으로서 遡及效

---

11) 법제처, 「박물관및미술관진흥법중개정법률안 심사경과보고서」(2002. 7. 18.) 참조.

가 인정될 경우, 당초의 승인시점부터 事業計劃 承認의 효력이 소멸되므로 原狀復舊 등의 문제가 발생한다. 그러나 현행 승인취소조항에서는 이에 관한 明文의 規定이 없어 향후 검토·보완이 필요하다고 생각된다.

Ⅶ. 不利益處分制度 改善方案

법 제35조에서는 不利益處分으로서 登錄取消·營業閉鎖 및 營業停止處分 제도를 마련하고 있다. 시·도지사는 등록체육시설업자가 조건부등록 시 제시된 등록조건을 정당한 사유 없이 이행하지 아니한 때에는 그 등록을 취소하여야 한다고 규정하고, 시·도지사, 시장·군수 또는 구청장은 체육시설업자가 虛僞 기타 不貞한 방법으로 體育施設業의 등록이나 신고를 한 때, 변경등록이나 변경신고의 의무를 위반한 때, 營業停止處分을 받고 그 기간 중에 영업을 한 때 등에는 그 등록의 취소 또는 영업의 폐쇄명령을 하거나 6월 이내의 기간을 정하여 그 영업의 정지를 명할 수 있다고 규정하고 있다.

시행규칙 별표 8 중 1. 一般處分基準의 나목에서는 違反行爲의 회수에 따른 행정처분의 기준은 최근 1년간 같은 違反行爲로 행정처분을 받은 경우에 적용하며, 個別基準에 의한 경고 또는 營業停止를 함에 있어 처분권자가 일정기한 내에 개선 요구하였으나 그 위반상태가 개선되지 아니하였을 때에는 반복하여 위반한 것으로 본다. 그런데 이와 같이 위반사항 개선요구를 할 수 있음을 전제로 하고 그 개선요구에 不應한 경우에는 다시 한 번 違反行爲를 한 것으로 간주한다는 내용은 立法論的으로 문제점이 제기될 수 있다고 생각된다.

행정청이 사업자의 위반사항에 대하여 그 개선요구를 하는 경우 통상 시정명령 또는 改善命令이라고 지칭한다. 이는 사업자에 대한 일정한 작위의

무 또는 부작위의무를 부과하는 내용이므로 전형적인 입법사항에 해당된다. 사업자가 준수사항을 위반하거나 허가·등록기준에 미달되는 경우에는 일정한 기간을 정하여 改善命令을 발함으로써 사업자가 違法狀態를 是正할 수 있도록 하고, 시정명령을 불이행한 경우에는 영업허가취소·정지 등의 행정제재처분을 하거나 벌칙 또는 과태료를 부과하도록 함으로써 그 시정명령의 이행을 擔保하도록 한다.

위 一般處分基準에 명시된 내용을 살펴보면, 시정명령과 유사한 내용을 규정하여 행정처분기준에 정한 모든 위반사항에 대하여 행정청이 그 개선을 요구할 수 있도록 하고, 그 요구에 불응한 때에는 다시 違反行爲를 한 것으로 보도록 함으로써 개선요구를 이행하도록 강제하고 있다. 특히, 다시 위반행위를 한 것으로 보도록 한 규정은 마치 법률에서 규정한 遵守義務를 위반한 것과 동일한 不利益處分을 받게 되는 결과를 가져오므로 독립적인 立法事項에 해당된다고 할 것이다. 따라서 이와 같은 위반사항 개선요구제도를 하위법령인 규칙에서 정할 것이 아니라 母法律에서 규정하여야 할 것이다.

是正命令 또는 改善命令에 관하여는 종래 체육시설이용법에서도 1999. 1. 18. 법률 제5636호 개정 전까지는 운영하여 왔던 제도이다. 종전 법률 제33조에서는 시·도지사는 체육시설업자 또는 事業計劃의 승인을 얻은 자가 시설기준에 적합하지 아니하거나 시설물의 설치 또는 부지면적의 제한을 위반한 때, 事業計劃의 변경승인을 얻지 아니하거나 변경신고를 하지 아니하고 사업계획을 변경하여 시설을 설치한 때, 회원모집계획서를 제출하지 아니하거나 사실과 다르게 기재한 회원모집계획서를 제출하고 회원을 모집한 때, 회원모집계획대로 회원을 모집하지 아니한 때, 회원을 모집하여서는 아니 되는 자가 회원을 모집한 때 또는 관련규정에 위반하여 회원을 모집하거나 회원모집계획서를 작성·제출한 때, 회원의 권익보호에 관한 사항을 지키지 아니한 때, 이용료의 게시의무를 위반한 때, 安全·衛生基準을 위반한 때, 보험가입의무에 위반한 때에는 그 시정을 명할 수 있다고 규정하였다. 그러나 이 조항은 당시 무리하게 남용된다는 이유로 삭제되었

으나, 시정명령이 발하여진 경우에는 事業計劃 승인의 취소, 體育施設業의 등록취소·영업폐쇄 또는 營業停止의 制裁處分이 뒤따르게 되므로 反復的인 違反行爲나 고질적인 위법상태를 개선하는 데에는 긍정적인 기능을 수행하였다고 본다. 향후 시행규칙에 근거를 두고 있는 改善要求制度를 개정하고자 할 때에는 과거에 법률에 규정하였던 바 있는 시정명령제도를 참고할 필요가 있다고 본다.

그리고 改善命令을 불이행한 경우에는 이를 개선명령 자체에 대한 위반으로 평가하여야 할 것이고, 개선의 대상이 된 위반사항을 다시 위반한 것으로 보도록 하는 것은 논리적으로도 타당하지 못하다. 동일한 違反行爲에 대한 不利益處分을 함에 있어서도 일사부재리의 원칙이 적용되어야 할 것이며, 한 번 위반한 행위에 대하여 그 시정요구를 이행하지 아니하였다고 하여 두 번 위반한 것으로 보아 다시 불이익처분을 하는 것은 결국 1회의 違反行爲에 대하여 반복하여 처분하는 결과가 된다. 일정한 위반상태가 장기간 개선되지 못하고 위반상태로 방치되는 경우에는 적절한 행정적 대응 제재조치로서 履行强制金(Zwangsgeld) 제도가 적절한 측면이 있다.[12] 이는 주로 非對替的인 作爲義務나 不作爲義務 위반에 대하여 일정한 금전납부 의무를 반복적으로 부과하는 형태의 제재이다. 구체적인 입법례로는 建築法 제83조에서 시정명령 불이행에 대하여 1년에 2회 이내의 범위 안에서 부과할 수 있도록 한 사례가 있고, 대덕연구개발특구등의육성에관한특별법 제70조에서 양도명령 불이행에 대한 양도재산가액의 100분의 20에 상당하는 이행강제금을 부과하되, 그 이행이 강제될 때까지 매 1년에 1회에 한하여 반복부과가 가능하도록 규정한 사례 등이 있다. 그러나 이와 같은 이행강제금 제도는 사업자에 대한 權利侵害의 우려가 크고, 過度한 負擔을 주기 때문에 고질적인 위반상태를 개선하기 위해 극히 例外的으로 사용되어야 하며, 남용되거나 과도하게 사용되어서는 아니 될 것이다. 이행강제금 제도는 강력한 행정상 이행의무확보수단의 하나이며, 그 도입여부는 매우

---

12) 박윤흔, 『최신행정법강의(상)』, p.609 - 610; 홍정선, 『행정법원론(상)』, 2002, p.539 - 540.; 김남진, 「대집행과 이행강제금의 이동 및 상호 관계」, 법률신문 3278호(2004 .06), p.15. 참조.

신중하게 검토되어야 할 것이다. 자칫 스포츠産業의 발전을 沮害할 우려가 크기 때문이다.

위 별표 8 중 2. 개별기준에 의하면, 무거운 制裁處分으로서 등록취소 및 營業閉鎖命令을 두고 있는데, 體育施設業의 등록에 관하여 중대한 사항을 허위 기타 부정한 방법으로 등록한 때에는 바로 등록취소처분을 받도록 하고, 경미한 사항을 허위 기타 부정한 방법으로 등록한 때에는 위반회수별로 1차 위반 시에는 경고, 2차 위반 시에는 營業停止 10일, 3차 위반 시에는 營業停止 1월, 4차 위반 시에는 營業停止 2월로 각각 처분기준을 마련하고 있다. 또한, 體育施設業의 신고에 관하여 중대한 사항을 허위 기타 부정한 방법으로 등록한 때에는 바로 營業閉鎖命令을 받도록 하고, 경미한 사항을 허위 기타 부정한 방법으로 등록한 때에는 등록 위반의 경우와 마찬가지로 그 위반회수별로 1차 위반 시에는 경고, 2차 위반 시에는 營業停止 10일, 3차 위반 시에는 營業停止 1월, 4차 위반 시에는 營業停止 2월로 각각 처분기준을 마련하고 있다. 영업정지기간 중에 영업행위를 한 때에는 바로 등록취소 또는 營業閉鎖命令을 하도록 규정하고 있다.

허위 기타 부정한 방법으로 體育施設業의 등록 또는 신고를 한 경우에는 그 위반정도에 따라 중대한 사항인 경우에는 바로 등록체육시설업의 경우에는 등록취소처분을, 신고체육시설업의 경우에는 영업폐쇄명령을 내리도록 하고 있는바, 우선 '重大한 事項'이 구체적으로 어느 범위까지인지가 불명확하므로 중대한 사항을 열거·규정하고, 그 밖의 사항을 경미한 사항으로 보도록 하는 것이 바람직할 것이다. 경미한 사항을 위반한 경우에는 1차 위반 시의 경고처분부터 4차 위반 시의 營業停止 2월까지 단계적으로 규정하고 있으나, 違反行爲의 회수에 따른 行政處分의 基準은 최근 1년간 같은 위반행위로 행정처분을 받은 경우에 적용하는 것이며, 體育施設業의 등록이나 신고행위는 영업시작 단계에서 주로 한 차례 행하는 것이어서 반복적으로 위반하게 되는 경우라 상정하기 어렵다고 할 것이므로 1년 이내에 수차에 걸쳐 위반할 수 있다는 전제 하에 마련된 현행 위반회수별 처분기준은 不合理한 측면이 있다고 본다. 허위 기타 부정한 방법으로 등록 또는 신고한 경우 비록 그 위반사항이 경미한 것이라고 하더라도 부정한 방법을 동원한 자에 대하여 1차 警告處分 등의 가벼운 처분을 부과하도록 하고 있는 점은 다른 營業法規에서 통상 중대한 사항이나 경미한 사항인지 여부를 묻지 아니하고 모두 당연취소사유 규정하고 있는 점에 비추어 볼 때 制裁處分으로서 적절한지 再檢討할 필요가 있다고 본다.

영업정지기간 중에 영업행위를 한 사업자에 대하여는 바로 등록취소 또는 營業閉鎖命令을 내리도록 규정하고 있는바, 비록 이들 무거운 制裁處分에 대하여는 聽聞節次를 거치도록 함으로써 처분 상대방에게 의견진술의 기회를 부여하고 있는 점을 감안하더라도 營業停止期間 중에 영업행위를 한 경우에는 1년 이하의 징역이나 300만 원 이하의 벌금형이 부과되도록 규정하고 있는 점을 고려할 때 다소 과중하다고 보이므로 1차 위반 시에는 당초 영업정지처분기간의 2배 정도에 해당하는 영업정지처분을 부과하고 1차 위반 시에 등록취소 또는 營業閉鎖命令을 내리도록 완화하는 것이 적절하다고 생각된다.

VIII. 體育施設業協會 設立制度의 改善方案

현행법은 體育施設業協會를 설립·운영할 수 있도록 하여 同業者團體를 사단법인의 형태로 하여 그 설립을 자율에 맡기고, 그 역할이나 업무에 관하여는 특별히 규정하고 있지 아니하여 민법을 준용하도록 하고 있다. 동업자단체는 자율적으로 운영하게 하는 것이 바람직하나, 스포츠산업의 획기적인 발전을 도모하기 위하여는 이와 같은 동업자단체를 立法政策的으로 활성화하여 중요한 역할을 부여할 수 있을 것이다. 體育施設業의 경영에 관한 공동조사·연구, 體育施設業의 발전을 위한 건의, 선진국형 첨단업종의 시설투자를 위한 재정적 지원사업 등 政府委託·代行 事業 등을 수행할 수 있도록 함으로써 스포츠産業 육성·지원을 위한 정부정책의 효율적 추진과 회원사업자의 발전을 도모할 수 있을 것이다. 현행 제도를 개선하여 체육시설이용법에 그 설립근거를 둔 비영리특수법인 형태로 운영할 수 있도록 개선하는 방안을 적극 검토할 필요가 있다.

현행법 제37조에서는 體育施設業者는 體育施設業의 건전한 발전을 위하여 體育施設業의 종류별로 協會를 설립할 수 있고, 협회는 법인으로 하며, 정관이 정하는 바에 따라 지회 또는 분회를 둘 수 있다는 정도로만 규정하고, 협회에 관하여 이 법에 규정한 것을 제외하고는 민법 중 사단법인에 관한 규정을 준용한다고 되어 있다. 이 경우 민법 제32조에 의하여 주무관청의 허가를 받고, 동법 제33조에 의하여 設立登記를 함으로써 성립된다고 할 것이므로 설립근거법은 체육시설이용법 제37조제1항이 아니라 민법 제32조가 된다고 할 것이다.[13] 따라서 特別法에 의하여 설립된 特殊法人이라고 보기도 어렵고, 특수법인으로서의 성격을 일부 인정하더라도 거의 미미한 수준에 불과하다. 따라서 현행조항을 개선하여 동법에 體育施設業協會를 설립할 수 있다는 내용을 동 협회를 설립한다고 명시하고, 협회의 업무에 관한 내용을 명시하는 등 그 기능을 강화하는 방향으로 검토할 필요가 있다고 생각된다.

IX. 결 어

이상 體育施設利用法에서 규정하고 있는 현행 行政規制 제도에 관하여 그 문제점 및 改善方案을 살펴보았다. 체육시설이용법의 등록·신고제도에 관하여는 신고업종 중에서 안전성 등에 특별한 문제점이 없다고 보이는 볼

---

13) 등기법상으로 보더라도, 관할 등기소에서는 민법법인및특수법인등기처리규칙에 의하여 민법 제32조에 근거하여 설립된 민법법인으로 등기하게 될 것이므로 이를 체육시설이용법에 근거를 두고 설립된 특수법인이라고 보기 어렵다고 본다.

링장업·테니스장업·에어로빅장업 등 일부업종의 경우에는 자유업종으로 적극 전환할 필요가 있고, 事業計劃承認制度에 관하여는 변경승인 시 positive system의 방식으로 규정할 필요가 있으며, 회원의 권익보호제도에 있어서는 기본적인 權利保護制度는 법률에서 직접 규정하는 것이 바람직하며, 그 실효성을 확보하기 위한 법적 장치를 보완할 필요가 있다고 할 것이다. 영업의 승계에 관하여는 영업의 양도 등의 사유가 발생한 경우에는 공법상의 지위 승계와 아울러 모든 채권·채무를 포괄승계한다는 의미의 營業承繼를 함께 포함하도록 하면서 그 뜻이 명백히 표현되도록 하는 것이 바람직하고, 사업계획승인관청이 事業計劃의 협의 시에는 관계행정기관의 장이 준수하여야 할 協議基準을 명시할 필요가 있고, 不利益處分으로서 등록취소·營業閉鎖命令 또는 정지처분에 관한 세부기준에 있어서도 시행규칙에 정한 개선요구제도를 모법률에 직접 규정하며 일반기준 및 회차별 개별기준상 불합리한 제도들을 정비·개선하여야 할 필요가 있다고 본다.

3 스포츠施設分野의 南北交流에 관한 法的 考察[1]

Ⅰ. 스포츠施設分野의 南北間 交流協力

남북 간의 스포츠교류협력은 크게 인적 교류협력과 물적 교류협력으로 분류할 수 있다. 인적 교류협력은 선수단교환경기(초청·방문), 남북단일대표팀구성, 체육교류회담, 스포츠분야학술교류 등을 포함하여 남북 간에 인적 왕래나 접촉·협조 등의 교류활동을 말하며, 주로 상호 간 선수단 및 임원의 초청·방문을 통한 교환경기의 개최가 대표적이라 할 수 있다. 이에 반하여 물적 교류협력이란 인적 교류협력을 지원하거나 그에 부수되는 형태의 물적 지원·활용을 통한 교류협력과 스포츠용품·관련기술정보의 교환·유통, 스포츠시설의 건설협력·이용교류 등을 포함하여 스포츠에 관련된 동산·부동산의 교환·교류 및 협력활동을 말한다고 하겠다. 물적 교류협력은 경제적 교류협력의 성질을 동시에 갖기도 한다.

여기서 물적 교류협력에 있어서 중심개념이 되는 스포츠시설이라 함은 스포츠 활동에 지속적으로 이용되는 시설과 그 부대시설이라고 정의할 수 있다.[2] 스포츠시설은 스포츠종목과 시설형태에 따라 분류할 수 있는바, 국내법에서는 운동종목별로는 골프장·수영장·육상장·축구장·스키장 등 45개 종목별 스포츠시설을 규정하고 그 외에도 문화관광부장관이 정하는

---

1) 이 글은 민족통일체육연구원·한국스포츠법학회 공동주체로 열린 민족통일체육대토론회(2001년 3월)에서 저자가 발표한 논문을 일부 재정리한 것이다.

2) 체육시설의설치이용에관한법률 제2조제1호. 동법에서는 '체육시설'이라는 용어를 사용하고 있다.

스포츠시설을 추가할 수 있도록 하고 있으며, 시설형태별로는 운동장·체육관·종합체육시설의 3개 형태로 분류하고 있다. 또한 스포츠시설은 그 운영주체에 따라 공공스포츠시설과 민간스포츠시설로 구분할 수 있는바, 체육시설의설치·이용에관한법률에서는 공공체육시설로서 전문체육시설[3]·생활체육시설[4]·직장체육시설[5] 등을 규정하고, 민간체육시설로서는 그 영업형태에 따라 등록체육시설·신고체육시설로 분류하고 있다.

한편 북한에서 스포츠시설이란 용어는 우리 국내법상 스포츠시설의 개념 및 범위와 대체로 일치할 것으로 보이지만, 북한법령상 구체적으로 어떻게 정의되어 있거나 규정하고 있는지 여부에 관하여는 명확하게 파악되지 못하고 있다.

스포츠시설의 교류협력이란 남북한 간에 스포츠시설을 상호 이용하기 위하여 교류하거나 공동으로 건설·관리하기 위하여 협력하는 사업을 말한다고 볼 수 있다. 스포츠시설의 교류협력 역시 스포츠교류협력의 한 부분을 구성하는 것으로서 일반적으로 국가 간에 스포츠의 교류협력을 보다 체계적·효율적으로 추진하기 위하여는 스포츠교류에 관한 협정을 체결하여 제도화하고 있다.

스포츠교류에 관한 사항만을 규율대상으로 하는 독립적인 협정을 체결하는 경우도 있겠으나, 우리나라가 그동안 체결하여 온 협정들을 살펴보면 문화협정에서 체육에 관한 사항도 함께 규정하는 것이 일반화되어 있다고 보인다. 문화협정을 체결한 경우 그 부속협정(implementing agreement)이라고 볼 수 있는 스포츠협정을 당사국 중앙정부의 스포츠관장부처 간에 체결하기도 한다. 우리나라의 경우 그동안 문화협정 체결여부에 관계없이 문화관

---

3) 체육시설의설치·이용에관한법률 제5조에 의하여 국가와 지방자치단체가 설치하는 스포츠시설을 말하며, 국내·외 경기대회의 개최와 선수훈련 등에 필요한 운동장·체육관 등으로서 특별시·광역시·도와 시·군별로 종합운동장·체육관·수영장 등을 설치·운영하도록 하고 있다.

4) 체육시설의설치·이용에관한법률 제6조의 규정에 의하여 국가와 지방자치단체가 설치·운영하는 스포츠시설로서 주민이 거주지와 가까운 곳에서 쉽게 이용할 수 있도록 하고 있다. 시·군·구에는 체육관·수영장·볼링장 등을. 읍·면·동에는 테니스장·배드민턴장·게이트볼장 등을 각각 지역주민의 선호도와 입지여건 등을 고려하여 설치·운영하도록 하고 있다.

5) 체육시설의설치·이용에관한법률 제7조의 규정에 의하여 상시근로자 500인 이상인 직장의 장이 직장인의 체육활동에 필요한 2종 이상의 체육시설을 설치·운영하도록 하고 있다.

광부장관이 체결주체로서 스포츠협정을 체결하여 온 사례가 다수 있다. 문화협정은 우리나라에서 일반적으로 헌법상의 조약에 해당되는 것으로 보고 헌법절차에 따라 이를 조약의 형태로서 체결하여 왔다. 그러나 스포츠협정은 이 같은 문화협정의 부속조약 또는 독자적인 형태의 약정으로서 체결되어 왔으며, 이 같은 스포츠협정은 우리 헌법상의 조약(treaty)에는 해당되지 아니하는 형태의 이른바 '機關間約定'(agency to agency agreement) 또는 '部處間約定'(inter-departmental agreement)의 일종으로 파악되고 있다.

스포츠시설의 교류협력은 구체적으로 스포츠시설의 이용교류와 건설협력 사업으로 구분할 수 있고, 스포츠시설의 이용교류사업을 살펴보면, 스포츠경기교류에 부수되는 스포츠시설의 이용교류, 독자성을 지닌 스포츠시설의 이용교류 등으로 구분할 수 있다.

첫째, 스포츠경기교류에 부수되는 스포츠시설의 이용교류란 남한 또는 북한 측이 상대방 선수단을 초청하여 경기를 개최함으로써 자신의 스포츠시설을 상대방과 함께 이용하는 등 남북한 간에 스포츠경기교류에 수반되어 스포츠시설을 교차적으로 이용하는 것을 말한다. 따라서 이 같은 의미의 스포츠시설의 이용교류는 독자성을 지닌 남북교류사업의 한 형태라고 보기보다는 남북한 간의 교환경기, 상대방 선수단의 초청 또는 방문경기 등과 같은 스포츠경기교류에 수반되는 부대적 성격을 벗어나기 어려워 이를 독자적 사업으로 분류하기는 어렵다고 본다.

둘째, 독자성을 지닌 스포츠시설의 이용교류란 주목적인 스포츠경기가 전제되지 아니한 상대방 스포츠시설의 이용교류를 말한다. 남북한 선수단의 상대지역에서의 전지훈련 등과 같이 스포츠경기의 개최 등과 무관하게 행하여지는 협의의 스포츠시설 이용교류를 말한다.

셋째, 스포츠시설의 건설협력은 스포츠시설을 남북한 측이 공동건설하고 사후관리하며 정기적인 교환경기의 개최 등을 보장하는 사업이라고 정의할 수 있다.[6] 이 같은 협력사업은 자금을 투입하여 대형시설물을 건설하고 사

---

6) 남북한 간에 정기적인 교환경기의 개최에 관하여는 합의하지 아니하고 단지 스포츠시설을 공동건설하는 사업만을 생각할 수 있으나, 이는 비현실적이고 스포츠시설 교류협력으로서의 의의가 거의 없다고 본다.

후관리하는 사업이므로 사업기간이 길고 사업규모가 상대적으로 크다는 성격을 갖는다. 스포츠시설의 건설협력 사업은 북한 내에 남한의 자본이 투입·지원되어 스포츠시설을 건설하고 남북 간에 교환경기를 개최하도록 하려는 사업인 만큼 남북한 간에 통일기반을 조성한다는 측면에서 정책적인 기여도가 높다고 보인다.

II. 北韓의 스포츠政策·制度 및 施設槪觀

1. 北韓의 스포츠政策 및 制度

북한의 사회주의 헌법 제55조에서는 국가는 체육을 대중화·생활화하여 전체 인민을 노동과 국방에 튼튼히 준비시키며 국내 실정과 현대 체육기술 발전 추세에 맞게 체육기술을 발전시킨다고 명시하고 있다. 북한에서는 체육을 사회주의 구현을 위하여 필요한 책임성 등 특유의 사상이나 도덕적 품성을 길러 국방력을 강화하고 사회주의·공산주의의 건설을 성과적으로 이루어 나가기 위한 것으로 정의한다.[7]

따라서 북한은 체육의 대중화·생활화를 통한 노동과 국방에의 기여라는 정책기조하에서 학교체육의 강화 등을 통하여 1인1기 스포츠를 적극 권장하는 동시에 국가적인 전문체육인 양성에 관심을 쏟고 있는 것으로 알려져 있다. 북한은 김정일의 지시에 따라 매월 둘째 주 일요일을 '체육의 날'로 지정하고 각 지역 및 각급 단체별로 종목별 체육경기를 가진다는 방침아래 체육의 대중화·생활화를 독려하고 있다.[8]

---

7) 북한발행 『정치용어사전』 1970, p.604.
8) 통일부, 『북한개요』, 2000, p.533~534.

북한 정무원 내에는 우리나라의 중앙행정기관과 유사한 행정기구로서 북한의 체육정책을 총괄하는 체육지도위원회가 있어 북한의 체육행정을 전반적으로 지도·관장하고 있다.[9] 체육지도위원회에는 위원장(올림픽위원회 위원장 겸직) 및 부위원장이 있고, 소속 보조기관으로서는 계획국·대외사업국·재정국·후비양성국·군중체육국·종합국·기술지도국·생산관리국·교육국·선전국·지방지도국·후방처 등 11국 1처 규모를 갖추고 있어 남한의 경우의 문화관광부 체육국 규모와 비교가 될 수 있으나, 이는 북한이 정책적으로 국방체육·사회체육 등을 강조할 뿐만이 아니라 사회주의체제를 유지하고 있기 때문에 관료조직이 더욱 방대하게 유지하고 있는 것으로 분석된다.

체육지도위원회의 구체적인 업무를 살펴보면, 노동당의 지도하에 국내외 체육경기의 조직 및 각종 스포츠행사의 조정통제, 인민체력검정의 실시, 우수선수의 발굴 및 양성 등의 업무를 담당하고 있다. 체육위원회와는 별도로 인민무력성·사회안전성·철도성에도 독자적인 행정조직으로서 체육지도위원회를 설치·운영하고 있다. 체육지도위원회 밑에는 각 시·도별로 체육위원회를 두고 다시 시·군에는 시·군체육지도위원회를 설치하여 운영하고 있다. 이들 합의제 형식의 지방기관은 군중체육사업의 수행, 직장별·종목별 체육경기대회의 개최, 인민체력검정의 실시 등 업무를 지방차원에서 수행하여 오고 있는 것으로 알려져 있다.[10]

북한의 전문체육인 양성기관으로는 '조선체육대학'과 '중앙체육학원', 각 도별 체육전문학교, 기타 사범대학·교육대학의 체육학부 등을 들 수 있다. 특히 중앙체육학원은 10년제로서 인민학교 졸업생 중 체육특기자를 선발, 전문교육을 실시하여 국가대표 후보선수를 양성하는 것이 주임무로 보인다. 한편 직업적인 체육인들은 국가대표팀으로 구성되어 있는 국가종합팀을 비

---

9) 체육지도위원회는 1945년 10월 교육성 산하 '조선체육동맹'으로 발족하여, 1954년 11월 내각 직속의 '조선체육지도위원회'로 독립한 데 이어 1989년 6월에는 '국가체육위원회'로 개칭된 바 있으며, 그 후 1998년 9월 헌법 개정으로 체육성으로 개편되었으나, 곧 이어 1999년 11월에 체육지도위원회로 개칭되어 현재에 이르고 있다.

10) 통일부, 앞의 책, p.534~536.

롯하여 26개 일반체육단, 해양체육단 등에 소속되어 활동하고 있고, 각 도·시·군·구역에는 체육구락부가 조직되어 기본적인 스포츠종목별로 선수들을 양성하고 있으며, 인민학교 및 고등중학교 선수단을 관리하고 있다.[11]

북한에서 개최되고 있는 각종 체육대회는 김일성·김정일 생일, 노동당 창건기념일, 정권창건 기념일 등 북한의 주요기념일을 전후하여 개최되고 있는데, 이는 전국적인 체육행사를 통하여 주체사상과 노동당 의 지도이념을 구현시키고자 하는 데에 주안점을 두고 있기 때문이라고 하겠다.[12]

2. 北韓의 스포츠施設

북한은 1980년대 이후 대형 스포츠시설을 활용한 경기개최를 통하여 사회주의체제의 우월성을 과시하거나 국내정치에 있어 이른바 선전·선동과 상징조작 등의 성과를 높일 수 있는 초대형규모의 군중집회 등을 염두에 두고서 평양에 집중적으로 건설하여 온 것으로 보인다. 수용인원 10만 명 및 15만 명 규모의 초대형 김일성경기장(1982년 개장) 및 5월 1일 경기장(1989년 개장)을 비롯하여 수용인원 3만 명 및 2만 5천 명 규모의 양각도 축구경기장(1989년 개장) 및 서산축구경기장(1988년 개장), 수용인원 5만 명 규모의 안골체육촌(1983년 개장) 수용인원 4만 명 규모의 동평양경기장(1960년 개장), 수용인원 2만 명 규모의 평양체육관(1973년 개관) 등을 비롯한 많은 대규모 스포츠시설이 평양시에 집중적으로 건설되어 왔다.

1960년대 이후 1990년대까지 시대별로 북한당국의 주요스포츠시설 건립

---

11) 통일부, 앞의 책, p.534~536.

12) 북한에서 매년 정기적으로 개최되고 있는 주요 체육대회를 살펴보면 주요체육대회로서 백두산상 체육경기대회(김정일 생일 기념, 1977년 창설, 매년 2~3월, 각 도·시 체육선수단 출전),만경대상 체육경기대회(김일성생일 기념, 1969년 창설, 매년 4~5월, 각 도 및 중앙체육선수단 출전), 전국체육 구락부생 체육경기대회(신인선수 발굴, 1982년 창설, 매년 8월, 축구 등 200여 종목), 공화국창건 기념체육경기대회(정권창건 기념, 1977년 창설, 매년 9월, 각 도·시 체육선수단 출전), 당창건기념 체육경기대회(당창건기념, 1975년 창설, 매년 10월, 각 도·시 및 중앙체육선수단 출전, 육상·축구 등 40여 종목) 등을 들 수 있다.

추진 현황[13]을 살펴보면, 우선 1960년을 전후하여서 북한은 모란봉경기장을 비롯한 신의주·개성·함흥·해주·청진 등 시·도단위 소재지에 대규모 체육시설(관중수용능력 2만 내지 3만명 수준)의 건설을 추진하였다. 1957년에는 신의주경기장과 수영장, 혜산체육관을, 1958년에는 동평양경기장, 혜산진종합경기장, 2·8실내체육관을, 1960년에는 동평양경기장을, 1962년에는 총연장 54㎞ 규모의 삼지연스키장, 아동궁전체육관 등을 각각 건설한 바 있다.

1970년대에 들어와서 북한은 1973년에 수용능력 2만여 명 규모의 평양체육관을 건설한 것을 비롯하여 1974년에 평양학생소년궁전 체육관, 기관차 체육관, 남포체육촌을 각각 완공한 바 있다. 특히 남포시에 건설한 남포체육촌은 수용인원 3만 명 규모의 주경기장을 갖추었으며, 1973년도 준공한 평양체육관은 농구·배구 등 각종 구기종목과 레슬링·유도 등 15개 종목의 경기를 동시 개최할 수 있는 초대형 규모의 체육관으로 건립하였다.

1980년대에 들어와 북한은 1980년 3월 창광원수영장을, 1981년 12월 평양빙상관을 각각 건립하였고, 모란봉경기장의 시설을 2배 규모인 10만 명 수용규모의 초대형 스포츠시설로 대폭 증축·확장함과 동시에 1982년 4월 동 경기장을 '모란봉경기장'에서 '김일성경기장'으로 바꾸었다. 평양빙상관은 수용능력 6천 명 규모인 북한 내 최대의 실내 아이스링크시설로서 스케이팅·아이스하키 등의 경기개최에 활용되어 왔다.

1980년대 중반 이후 북한은 1986년도에 평양시내 만경대구역 안골에 종합체육촌인 안골체육촌의 건설계획을 세워 1988년 9월 완공을 보았다. 또한 1989년 4월 수용능력 3만 명 규모의 양각도 축구경기장을, 동년 5월 수용능력 15만 명 규모의 옥외경기장으로서 세계최대규모라고 하는 5·1경기장을, 동년 6월 김일성종합대학 내에 수용인원 2천 명 규모의 실내체육관을 각각 건립하는 등 활발한 스포츠시설 확충시책을 펼쳐 왔다. 총 부지면적 175만 평방미터에 연 건축면적 26만 7천 평방미터의 규모로 세워진 안

---

13) 이학래 외, 앞의 책, p.228-232, p.299-307. 이학래 외, 『북한체육자료집』 통일부, 『북한개요』, 2000, p.538-541. 통일부, 『사회문화분야 남북교류협력실무안내』, 2000, p.117-118면.

골체육촌에는 주경기장을 중심으로 농구경기장·배구경기장·역도경기장·수영경기장 등 10여 개 스포츠시설과 부대편의시설로 짜여 있으며, 동 체육촌에서 1989년 7월 제13차 평양세계청년학생축전이 개최되기도 하였다.

그 후 1990년대에 들어와서 북한 당국은 야구장·골프장·롤러스케이트장·종합스포츠레저시설 등의 건설에 힘을 쏟았다. 1991년 대규모 종합레저 및 스포츠시설로서 북한 최초로 낙원관 건설과 야구장 건설에 각각 착공하여 낙원관은 1994년 2월에, 야구장은 1992년 6월에 각각 개관하였다. 1991년 평남 평성에 수용능력 5만 명, 연건평 3만 8천 평방미터 규모의 종합경기장을 착공하였고, 1993년 1월 평양시 만경대구역에 총건평 4만 5천 제곱미터 규모의 속도빙상관을 착공하였다. 1990년대에 들어와서는 서구자본주의의 산물이라고 비판하였던 골프·야구·롤러스케이팅·볼링 등을 위한 스포츠시설 건설에도 힘을 기울이기 시작하였다.

북한의 체육시설은 이를 옥외경기장·실내체육관 및 종합스포츠시설로 나누어 볼 수 있다. 그 주요시설현황[14]을 살펴보면, 우선 옥외경기장으로서 대표적인 것은 평양의 5·1경기장(수용인원 15만 명), 김일성경기장(수용인원 10만 명), 동평양경기장(수용인원 4만 명), 양각도축구경기장(수용인원 3만 명), 평양야구장(수용인원 3천5백 명), 서산축구경기장(수용인원 2만 5천 명), 개성시의 청년경기장(수용인원 3만 5천 명), 평북도 신의주의 10월경기장(수용인원 4~5만 명), 함북 청진시의 청진경기장(수용인원 5만 명) 및 선봉군의 선봉경기장(수용인원 1만 5천 명), 강원도 원산시의 신풍경기장(수용인원 2만 명), 황북도 사리원의 사리원경기장(수용인원 3만 5천 명), 황남도 해주의 해주경기장(수용인원 3만 2천 명), 함남도 함흥의 함흥경기장(수용인원 3만 5천 명), 양강도 혜산시의 혜산경기장(수용인원 2만 명) 등이다.

실내체육관으로서 대표적인 것은 평양의 평양체육관(수용인원 2만 명), 평양빙상관(수용인원 6천 명), 창광원수영장(수용인원 2천 명), 김일성종합대학체육관(수용인원 2천 명), 태권도전당(수용인원 2천5백 명), 남포시의 남

---

14) 이학래 외, 『북한의 체육』, p.299－307. 통일부, 『북한개요』, p.539－541. 통일부, 『사회문화분야 남북교류협력실무안내』, 2000, p.117－118.

포수영장, 평북도 정주의 정주청년체육관, 양강도 삼지연의 삼지연빙상관, 강원도 원산의 원산체육관 등이 있다.

종합스포츠시설로는 평양시내에 소재한 안골체육촌 및 낙원관, 남포시에 소재한 남포체육촌 등이 있다. 이들 스포츠시설을 구체적으로 살펴보면, 우선 1991년에 착공한 낙원관은 총면적 10만 3천 제곱미터에 볼링장, 실내외 풀장, 수상스키장, 전자오락실 및 각종 문화·스포츠·오락시설을 갖춘 북한 최초의 종합레저스포츠시설로서 1994년 2월 개장하였다. 이에 앞서 1988년 9월에 준공된 안골체육촌은 평양축전에 대비하여 건설한 북한 최초의 종합체육단지의 성격을 갖는 스포츠시설로서 총 관람석 5만 명 규모, 총 부지면적 175만 제곱미터, 건축연면적 26만 7천 제곱미터 규모로서 옥외종합운동장인 서산축구경기장(수용인원 3만 명), 경경기장·중경기장·핸드볼경기장·수영경기장 등 10개 실내체육관, 서산호텔 등으로 구성되어 운영되고 있다. 남포체육촌은 국가대표선수 훈련시설로서의 성격을 지닌 전문스포츠시설이라고 볼 수 있는바, 국가대표선수 선발·양성기관인 중앙체육학원이 설치·운영하여 오고 있다.

Ⅲ. 南北스포츠施設 交流協力現況

스포츠시설 교류·협력은 스포츠시설의 이용교류와 건설협력의 형태로 구분하여 볼 수 있는바, 스포츠시설의 이용교류란 주로 스포츠경기교류와 밀접한 관련성을 가지고 있어 인적 교류의 성질을 갖는 반면, 스포츠시설의 건설협력이란 주로 경제협력의 일환으로도 볼 수 있는 것으로서 물적 교류의 성질을 갖는다고 본다.

첫째, 스포츠경기교류에 부수되는 성질을 갖는 스포츠시설의 이용교류란 남한 또는 북한 측이 상대방 선수단을 초청하여 경기를 개최함으로써 자신의 스포츠시설을 상대방과 함께 이용하는 등 남북한 간에 스포츠경기교류에 수반되어 스포츠시설을 교차적으로 이용하는 것이다. 따라서 이 같은 스포츠시설의 이용교류는 독자성을 지닌 남북교류사업의 한 형태라고 보기보다는 남북한 간의 교환경기, 상대방 선수단의 초청 또는 방문경기 등과 같은 스포츠경기 교류에 수반되는 부대적 성격을 벗어나기 어려워 독자적인 사업으로 분류하기는 어렵다.

통일부의 관련 자료에 따르면, 1989년부터 1999년까지 스포츠 분야의 북한주민접촉 신청건수는 192건으로 그중 182건이 승인되었고, 58건이 성사되었으며, 동기간 중 남북왕래교류는 남북통일축구대회, 남북노동자축구대회, 통일농구경기대회 등 8건에 이른다.[15] 이들 남북한 간의 교환경기 또는 초청경기 개최 등의 남북 간 왕래교류는 자연히 관련스포츠시설의 이용교류를 수반하게 된다.

근래의 사례를 살펴보면, 1990년 남북통일축구대회의 경우 평양 5·1경기장과 서울 잠실주경기장에서 치러졌고, 1991년 세계청소년축구선수권대회의 경우 남북에서 각 1회씩의 평가전과 각 1회씩의 강화훈련을 실시하기로 합의되어, 서울평가전과 강화훈련은 잠실주경기장에서, 평양평가전과 강화훈련은 평양 5·1경기장에서 각각 이루어졌다.[16] 1999년 남북노동자축구대회가 최초의 남북 간 민간차원의 교환경기교류로서 남측의 '민주노총'과 북 측의 '조선직총' 간에 1999년 8월 10일부터 8월 14일까지 평양 김일성경기장 및 양각도경기장에서 2회 개최된 바 있다. 또한 1999년 통일농구경기대회는 평양체육관 및 평양농구관과 서울 잠실실내체육관에서 각각 개최된 바 있다.

정부에서는 사회문화 분야 교류·협력 중 특히 남북 간 체육교류를 통하

---

15) 통일부, 『사회문화분야 남북교류협력실무안내』, 2000, p.105.

16) 남북통일축구대회는 1990년 10월 11일 평양 5·1경기장에서, 10월 23일 서울 잠실주경기장에서 치러졌고, 세계청소년축구선수권대회는 남북에서 각 1회씩의 평가전과 각 1회씩의 강화훈련을 실시하기로 합의하였는바, 서울평가전은 1991년 5월 6일부터 9일까지 서울 잠실 주경기장에서, 평양평가전은 1991년 5월 12일 평양 5·1경기장에서 이루어졌고, 서울강화훈련은 1991년 5월 17일부터 21일까지 잠실주경기장에서, 평양강화훈련은 1991년 5월 10일부터 16일까지 평양 5·1경기장에서 각각 이루어졌다.

여 민족화합분위기를 조성할 목적으로 국제스포츠경기의 공동개최 또는 1945년 이후의 경평축구와 같은 통일축구대회의 재개 등을 남북이 공동개 최하는 방안도 추진하고 있다.[17] 이 같은 스포츠경기의 공동개최와 같은 사업의 경우에는 이들 경기에 부수하여 자연스럽게 상호 간에 상대방 스포츠시설에 대한 이용교류가 이루어지게 된다.

둘째, 스포츠경기교류에 부수되는 교류가 아니라 독자적인 성질을 지니는 스포츠시설의 이용교류라고 볼 수 있는 상호 교류는 지금까지 거의 이루어지지 못하였다. 다만, 1991년 세계청소년축구선수권대회 남북단일팀 구성합의에 따라 동년 5월 11일부터 16일까지 평양 5·1경기장과 동년 5월 17일부터 21일까지 서울 잠실주경기장에서 실시한 강화훈련의 경우에는 본경기의 개최가 아니라 경기출전준비과정에서 실시한 합동훈련이라는 점에서 교환경기개최의 경우와는 어느 정도 상대적으로 다른 의미가 부여될 수 있을 것이다. 남북 간에 단기적으로 추진할 수 있는 스포츠교류의 실천방안의 하나로서 대규모의 개방과 인적 교류가 수반되지 아니하는 것으로서 실현가능성이 있다고 보이는 것으로서 남북 간의 전지훈련 프로그램 추진방안 등을 들 수 있다.[18]

셋째, 스포츠시설의 건설협력사업은 아직까지 미개척지에 가깝다. 다만, 민간차원에서 추진되어 온 평양실내체육관 건설사업이 유일한 형편이라고 하겠다. 대규모 자본을 필요로 하지만 건설 이후의 예상수익성 등은 미미하므로 경제성이 낮기 때문이다. 평양실내체육관 건설사업은 최초의 스포츠시설 분야 건설협력사업으로서 1998년도 현대그룹과 북한의 조선아세아태평양평화위원회(이하 '아태위원회') 간에 실내종합체육관건설 및 체육교류에 관한 합의서의 체결에 의하여 성사되었다. 이하 상세한 내용은 후술하고자 한다.

---

17) 남북한은 1945년 해방 이후 분단상황에서도 각종 경기대회를 상호 협력하여 개최하였는바, 1945년 12월경·평아이스하키전, 1946년 3월 제1회 종합농구선수권대회, 1946년 3월경·평축구정기전 등 3개 종목은 모두 6회에 걸쳐 서울에서 개최된 바가 있다. 그 후 약 40여 년이 지나서 통일축구대회가 1990년 10월 9일부터 10월 14일까지 평양에서, 동년 10월 21일부터 10월 25일까지는 서울에서 개최된 바가 있다.

18) 이학래, 『남북체육교류의 추진과제와 실천방안』, 민주평화통일자문회의 체육청소년분과위원회 제27차 회의자료, p.13~14.

Ⅳ. 스포츠施設 建設協力事業에 따른 北韓內 法律適用

　　스포츠시설의 교류협력 중에서 북한법 적용의 문제가 제기되는 분야는
주로 스포츠시설 건설협력사업의 경우라고 본다. 따라서 스포츠시설 건설협
력사업에 관하여 기본적인 사항을 중심으로 살펴보고자 한다. 스포츠시설의
건설협력사업이란 일반적인 경제협력사업과 똑같이 경제논리에 의하여서만
이를 검토하거나 평가할 수는 없다는 데에 특징이 있다. 스포츠시설의 건설
협력사업은 단순히 경기장건설에 머무르는 사업이 아니며 스포츠경기의 교
류라는 대전제가 깔려 있기 때문이다. 남북한이 공동출자하여 스포츠시설을
건설하려면 남한의 민간사업자가 북한에 들어가 정당하게 투자하고 재산권
을 보장받을 수 있어야 할 것이다. 국내 민가사업자가 스포츠시설을 북한
측과 공동으로 또는 단독으로 건설·운영하고자 할 경우, 또는 남북협력기
금 등 정부나 공공부문의 지원하에 북한에 진출할 경우 어떤 북한법이 적
용되는가에 대하여 개략적으로 살펴보고자 한다.

　　북한에서는 외국인에 대하여 일반적으로 합작기업·합영기업·외국인기
업의 형태로 투자할 수 있도록 허용하고 있다. 이들 3개의 외국인투자기업
형태 중 합작기업과 합영기업은 북한의 전 지역에서 창설·운영하는 것이
가능하지만, 외국인기업은 북한의 나진·선봉 자유무역지대 안에서만 창
설·운영할 수 있다.

　　합작법의 적용을 받는 합작기업은 북한 측 투자가와 외국 측 투자가가
공동으로 투자하고 북한 측이 생산과 경영을 담당하며 합작계약조건에 따
라 상대측의 투자금을 상환하거나 이윤을 분배하는 기업형태이다.[19) 합영법
에 의한 합영기업은 합영당사자가 공동으로 경영하며 경영과정에서 발생하
는 채무에 대하여는 자기출자한도액 내에서만 책임지고, 합영당사자들은 각
자 출자한 재산에 대한 소유권을 가지며 독자적으로 경영활동에 참여할 수

---

19) 합작법 제2조. 동법은 1992년 10월 5일 최고인민회의상설회의 결정으로 채택되어 1992년 12월 10
　　일 최고인민회의 제9기 제4차회의 법령으로 승인되었다.

있는 기업형태이다.[20] 합영법 제2조에서는 공화국영역 밖에 거주하고 있는 조선동포들과도 합영기업을 창설하고 운영할 수 있다고 명시하고 있다.

외국인기업법의 적용을 받는 외국인기업은 외국투자가가 기업설립에 필요한 자본의 전부를 투자하여 창설하며 독자적으로 경영활동을 하는 기업형태를 말한다.[21] 외국인기업법 제6조에서는 공화국영역 밖에 거주하고 있는 조선동포들도 이 법에 따라 자유경제무역지대 안에 독자적으로 기업을 창설·운영할 수 있다고 명시하고 있다. 이 조항은 남한의 대북한진출 민간기업을 염두에 둔 것으로서 국내 학계에서는 이 조항을 근거로 남한의 민간기업이 나진·선봉 자유무역지대에서 전액 단독투자가 가능한 것으로 보고 있다.[22]

외국기업이 공화국영역 안에서 배당소득·이자소득·임대소득·특허권사용료를 비롯한 기타 소득을 얻은 경우에 납부할 소득세는 그 소득액에 20%의 세율을 적용한 금액으로 하되, 자유경제무역지대에서는 10%의 세율을 적용한 금액으로 하여 우대하고 있다.[23]

다른 나라의 법인과 개인은 북한의 토지를 임대받아 이용할 수 있고, 토지임차자는 토지이용권을 가지며, 임차자의 재산권으로 인정되고, 토지임대사무는 북한의 국토관리기관이 통일적으로 하되, 자유경제무역지대 내에서는 지대당국이 토지임대사무를 담당하도록 하고 있다. 합영기업·합작기업에 토지를 출자하려는 북한의 각급기관·기업소·단체는 국토관리기관의 승인을 받아 토지이용권을 가질 수 있다.[24] 북한에서 토지의 임대기간은 최장 50년의 범위 내에서 계약당사자들이 합의하여 정하도록 규정하고 있다.[25] 토지임대법 제2조 후단에서는 공화국 영역 밖에 거주하고 있는 조선

---

20) 합영법 제4조 및 제5조. 동법은 1994년 1월 20일 최고인민회의 상설회의 결정으로 채택되었다.

21) 외국인기업법 제2조. 동법은 1992년 10월 5일 최고인민회의상설회의 결정으로 채택되고, 동년 12월 10일 최고인민회의 제9기 제4차회의 법령으로 승인되었다.

22) 최종고, 『북한법』, p.401.

23) 외국투자기업및외국인세금법 제13조. 동법은 1993년 1월 31일 최고인민회의 상설회의 결정으로 채택되고, 동년 4월 8일 최고인민회의 제9기 제5차회의 법령으로 승인되었다.

24) 토지임대법 제2조 내지 제7조. 동법은 1993년 10월 27일 최고인민회의 상설회의 결정으로 채택되었다.

25) 토지임대법 제6조.

동포들도 이 법에 따라 토지를 임대받아 이용할 수 있도록 개방하고 있다.

스포츠시설 분야의 건설협력을 추진하는 남한기업의 경우 북한 내에서 합작법·합영법·외국인기업법 등을 비롯하여 관련 북한법의 적용을 받는 과정에서 남한기업에 대하여 과도한 규제나 부당한 처우 기타 불평등한 규정을 정한 법령조항에 대하여는 남북 간의 양자협정 체결 등을 통하여 또는 남북 간에 구체적 관련법령개선문제에 관한 실무자 차원의 협의를 통하여 개선하여 나아가는 노력이 필요하다고 본다.

Ⅴ. 스포츠施設分野 建設協力事業의 事例分析

최초의 남북간 스포츠시설분야 건설협력사례는 1998년도에 남한 측의 현대그룹과 북한의 조선아세아태평양평화위원회(이하 '아태위원회') 간에 체결된 평양실내종합체육관건설 및 체육교류합이다. 남한의 현대그룹의 정주영 명예회장과 북한의 아태위원회 김용순 위원장 간에 협력합의서에 1998년 10월 29일 서명하였고, 다음해인 1999년 9월 20일 통일부로부터 협력사업 승인을 얻은 바 있다.[26]

이 협력사업에 따라 평양에 건설될 실내체육관은 평양시내 유경호텔과 보통강 사이에 8,863평에 12,335석 규모로서 남북당사자가 약 2년에 걸쳐 공동건설하되, 총 건설투자비는 미화 5780만 불이며, 그중 남한의 현대그룹 측이 4,320만 불(59.5%), 북한의 아태위원회 측이 2,330만 불(40.5%)을 각각 분담하기로 합의된 바 있다.

합의서의 전문에는 현대그룹과 아태위원회가 체육 분야에서의 교류·협력을 통하여 남과 북 사이의 민족적 화해와 단합을 이룩하고 조국통일에 이바지하기 위하여 합의함을 명시하고 있다. 동 합의서 제1조에서는 남과

---

26) 통일부, 실내종합체육관건설 및 민간급 체육교류에 관한 합의서, 부속합의서, 관련보도자료 등.

북 사이의 교환경기를 실현하기 위한 실내종합체육관 건설을 위하여 현대그룹과 아태위원회는 평양에 실내종합체육관을 공동으로 협력하여 건설하기로 하고, 남북의 체육관계기관이 이 사업에 참여하도록 하며, 실내체육관의 건설분담내용은 남한 측이 설계, 주자재의 제공, 특수 분야 시공인력의 보장, 시공기술의 제공 등을, 북한 측이 부지제공 및 건설인허가, 북한 내 조달가능자재의 공급, 시공 등을 각각 분담하기로 합의하였다.

남북사이의 스포츠교류·협력에 관하여는 첫째, 실내종합체육관이 건설되면 동체육관을 이용하여 농구·배구·송구·탁구·배드민턴·레슬링·태권도 등 실내스포츠종목의 교환경기를 개최하기로 하고, 둘째, 설날을 비롯한 민족적 명절을 계기로 씨름·민속농악 등 민속경기종목의 교환경기를 개최하며, 셋째, 실내체육 및 민속경기 조직문제는 관계자 간의 협의를 통하여 구체화하고, 넷째, 현대그룹과 아태위원회 측은 남북 간 체육교류를 통하여 민족단합과 신뢰를 다지고 향후 국제대회에 공동 진출할 수 있는 환경을 함께 조성하여 나아가기로 합의하고 있다.

1. 細部合意內容의 分析

위 합의서의 부속합의서 Ⅱ[27])에서는 아태평화위원회와 주식회사 현대아산(이하 '현대아산')은 1998년 10월 29일 서명한 '실내종합체육건설 및 민간급체육교류에 관한 합의서'와 1999년 6월 18일 서명한 '실내종합체육관건설 및 민간급체육교류에 관한 부속합의서'의 이행을 위한 구체적 합의사항을 명시하고 있다.

실내종합체육관건설부문에서는 다음과 같이 체육관 건설에 따른 양측의 역무를 구체화하고 아태위원회 측은 일체의 인허가, 편의제공, 신속한 출입

---

27) 정식명칭은 실내종합체육관건설 및 민간급체육교류에 관한 부속합의서(Ⅱ)이며, 1999년 9월5일 아태위원회 측과 주식회사 현대아산 측간에 서명된 바 있다.

국 등 일정사항을 보장하기로 합의하였다.

첫째, 우선 현대아산 측이 자기의 책임과 비용으로 수행할 사업분담내용은 다음과 같다. 즉 우선 실내체육관 본 건물 및 보조경기장 건설에 관하여 ① 설계, ② 주요자재분담내용에 따라 현대아산 측의 분담으로 정한 자재의 공급, ③ 건설기간 중 공사에 필요한 주요장비의 동원, ④ 필요 시 복수공정에 대한 일부 기능인력의 파견, ⑤ 필요 시 행정·기술지도성원의 파견, ⑥ 시공 및 설계관련 기술자의 파견, ⑦ 필요 시 기계·전기설비의 시운전 기술지원 등이다. 다음으로, 현대아산 측이 제공하는 자재의 수송에 관하여는 해상으로 수송할 경우 남포항까지, 육로로 수송할 경우는 공사현장까지 현대아산 측이 수송책임을 맡기로 합의하였다.

둘째, 아태위원회 측이 자기의 책임과 비용으로 수행할 사업분담내용은 다음과 같다. 즉 ① 실내체육관 본 건물 및 보조경기장 건설에 관한 노동력의 제공 등 시공일체(현대아산 측이 동원하는 주요장비 제외), ② 주요자재분담내용에 따라 아태위원회 측의 분담으로 정한 자재의 공급, ③ 주차장·진입도로·교량·전력·상하수도·통신공사 등 본 건물 및 보조경기장 외의 공사에 대한 설계·시공·자재·장비공급 일체, ④ 준공도면의 작성, ⑤ 현대아산 측이 제공하는 자재를 해상으로 수송할 경우 남포항에서부터 하역·세관통과 및 현장까지의 수송 등이다.

셋째, 아태위원회 측이 현대아산 측에 대하여 합의한 보장사항은 ① 공사와 관련된 일체의 인허가 및 편의제공, ② 수도·전기·가스·통신시설의 무상공급(사무실용 및 공사용), ③ 현대아산 측의 공사 관련 인원에 대한 신속한 출입국 및 체류등록, ④ 현대아산 측 인원에 대한 숙식·통신·통행 등 생활편의 제공과 현대아산 측에서 요청하는 경우 생활단지의 제공, ⑤ 공사와 관련한 일체의 세금·공과금·부과금·수수료의 면제, ⑥ 공사와 관련하여 반입되는 물자에 대한 관세 및 제세의 면제(수송경로가 해상일 경우에는 항만비 및 선박대리인비 포함), ⑦ 현대아산 측 인원에 대하여는 금강산관광사업에서 정한 내용과 절차에 따른 신변안전의 보장, ⑧ 공사완료 후 현대아산 측이 동원한 장비, 잉여자재, 기타의 현대아산 측 재산에 대한 남측으로의 반출 보장, ⑨ 기타 원활한 공사수행을 위하여 현대아산 측이 요청하는 사항의 9개 항목으로 되어 있다.

체육교류부문에서는 ① 제1회 경기로 1998년 9월 2일부터 30일 사이에 평양에서 남녀농구경기를 각 2회씩 개최할 것, ② 제1회 경기개최 후 6개월 되는 시기에 서울에서 남녀농구경기를 개최할 것, ③ 그 이후 체육관건설기간 중에는 승부수를 확대하여 원칙적으로 6개월마다 정례 교환경기를 개최할 것, ④ 체육관건설완료 후의 정례적 교환경기방법은 추후 협의·확정할 것, ⑤ 현대아산 측은 텔레비전의 중계를 위하여 필요한 경우 전문가를 고용할 수 있도록 할 것 등을 합의하였다. 특히 1998년 9월 28일에는 남북혼합팀으로 경기를 한 다음 9월 29일에는 남북 간 경기를 하며, 이 같은 경기는 북한 측이 촬영한 화면을 남한 측이 송출받아 남한 내에서 해설하는 방식으로 생중계하기로 합의하였다.

2. 評 價

현대아산의 평양실내경기장 건설협력사업은 민간차원의 대북지원사업으로로의 성격을 지니며, 현대그룹의 금강산관광개발사업·개성국제자유무역지대공단개발사업 등 일련의 대규모 대북투자사업과 연계되어 있어 그와 밀접한 관련성을 갖는 보완적·부대적 사업으로서의 성격을 가진다는 점을 부인하기 어렵다고 보인다.

그럼에도 불구하고 이 협력사업에서는 제1회 경기로서 1998년 9월 이후 평양과 서울에서 통일남녀농구경기의 개최합의, 체육관건설기간 중 6개월마다 정례적인 교환경기개최의 원칙적 합의, 체육관건설완료 후의 정례적 교환경기방법은 추후 협의·확정하기로 한 합의사항 등 실내체육관 건설을 계기로 하여 하여 남북한 측 사이에 정기적인 교환경기의 개최를 상호 합의한 점에서 큰 의의를 찾아볼 수 있다. 통일농구경기대회는 남북 간 교환경기로서 1991년 세계청소년축구대회 서울·평양평가전 개최이후 8년 만에 이루어진 점에서도 의의를 찾아볼 수 있다.[28) 이 협력사업은 앞으로 전개될 스포츠시설 건설협력사업 분야에 새로운 모델을 제시하게 될 것으로 전망된다.

또한, 남북한 간에 사업추진에 따른 업무분담체계를 매우 합리적으로 구성하여 사업추진의 효율성을 높이고 있다. 남북한 간에 남한 측이 건설자금과 고도의 건설기술을 요하는 실내체육관 설계, 주요공사장비의 동원, 시공 및 설계관련 기술자의 파견 등을 분담하는 반면 북한 측에서는 실내체육관 건설노동력의 제공 등 시공일체, 주차장·진입도로·교량·통신공사 등 지원시설공사에 대한 설계·시공, 공사자재의 하역·세관통과 및 현장까지의 수송 등을 분담하도록 하고 있다.

이 협력사업의 특성 중의 하나는 아태위원회 측으로부터 공사 인허가 및 편의의 제공, 현대아산 측 인원에 대한 신속한 출입국 및 체류등록, 공사관련세금·공과금의 면제, 반입물자에 대한 관세 및 제세의 면제, 현대아산 측 인원에 대한 금강산관광사업수준의 신변안전보장 등 9개 항목을 약속받고 있는 점이다. 특히 공사인허가, 제세공과금의 면제, 신변안전보장은 공법적 규율대상에 속하는 것이라고 하겠으나, 아태위원회 측에서는 합의서를 통하여 이를 보장하도록 하였다.

한편, 민·상사나 형사상의 사건이 발생할 경우에 어떻게 처리할 것인가에 대하여는 아무런 합의가 없는 점, 아태위원회 측이 신변보장을 약속하더라도 이는 남북한 당국 간의 합의와는 달리 민사상의 합의라는 성질을 벗어나기 어려운 점, 제세공과금의 면제와 같은 공법적 규율대상은 협력사업마다 1회적인 합의에 의존하기보다는 남북 당국 간 합의에 의하여 일관되게 규율할 필요가 있는 점 등에 비추어 볼 때 향후 스포츠교류의 제도화 등을 통한 개선·보완이 요청된다고 본다. 최근에 남북 간에 추진되고 있는 4대 경제협력합의가 체결되면 이와 같은 문제점의 상당부분이 해소될 것으로 전망된다.

---

28) 통일농구경기대회는 1999년 9월 28일부터 9월 29일까지 평양체육관 및 평양농구장에서, 1999년 12월 23일부터 12월 24일까지 잠실실내체육관에서 각각 남녀혼합팀 2경기, 남녀대항팀(남한의 현대팀과 북한의 아태벼락팀·회오리팀) 2경기를 치룬 바 있다. 통일부, 『사회문화 분야 남북교류협력실무안내』, 2000, p.112~114.

VI. 스포츠施設交流의 活性化를 위한 法的課題

그동안 남북한 간에 교환경기, 초청·방문경기, 강화훈련 등을 통하여 우리 선수단이 북한 내의 스포츠시설을 이용하거나 북한 측 선수단이 남한 내의 스포츠시설을 이용한 경험이 있다. 이 같은 남북한 대표선수단의 교환경기 및 강화훈련 등을 더욱 활성화하고 정기화할 필요가 있다. 대표선수단 등 엘리트스포츠 중심의 교류를 더욱 활성화하면서 교류대상범위를 확대하여 시·도나 시·군·구와 같은 지방대표선수단, 공공단체나 사회단체의 선수단 등과 생활스포츠로 그 교류 폭을 확대시켜 나아갈 필요가 있다. 스포츠의 종목도 축구·농구 등과 같은 한정된 종목에서 벗어나 광범위한 종목에서 활발하게 추진될 수 있어야 할 것이다. 아울러 지금까지 평양실내체육관건설협력사업 1건에 머물고 있는 스포츠시설의 건설협력도 여러 가지 정책적 인센티브와 제도적 개선방안을 강구하여 활성화시킬 필요가 있다고 본다.

이와 같이 스포츠교류를 정기화하거나 스포츠교류의 주체를 공공부문과 민간부문으로 다원화하고 대상종목을 전 종목으로 확산시키는 한편 이에 따른 스포츠시설 건설협력을 활성화하기 위하여는 남북한 간에 스포츠교류를 위한 접촉방법과 절차를 간소화하고, 남북교류협력기금의 활용 등 정부의 직접적·간접적 지원이 수반되어야 할 것이다. 우리 국내법령과 절차는 물론 북한 내의 법령과 제도도 함께 정비·간소화하여 나아가도록 협력하여야 할 것이다.

스포츠시설의 건설협력사업은 자금의 투자가 이루어진다는 측면에서 그 성격상 경제협력분야와 유사하며 공통분모를 갖는다. 지금까지 남북기본합의서나 남북교류협력법령상 남북 간 협력사업을 경제협력사업과 사회문화 분야협력사업으로 구분 짓고 있으나, 민간부문의 스포츠시설 건설협력사업은 사회문화 분야에 속하면서도 동시에 경제협력사업과 같은 성질을 갖는다. 따라서 스포츠시설의 건설협력사업은 사회문화 분야 교류협력이지만 경제협력의 방식으로 접근하여야 할 측면이 많다고 본다.

공공부문에서의 스포츠시설분야 남북협력사업은 남한의 정부·공공기관이나 단체가 주체가 되어 북한의 그에 상응하는 기관·단체와 협의하여 스포츠시설 설치협력합의를 도출하여야 할 것이다. 구체적인 방안을 살펴보면, 첫째, 남북 간 완충지대인 비무장지대의 일정지역에 남북이 공동 사용할 수 있는 경기장과 기타 스포츠시설을 건설하는 사업을 들 수 있고, 둘째, 남북한이 대표선수단의 전지훈련 등에 사용할 수 있는 남북한 양 지역 또는 북한지역에 스포츠시설을 건설하고 전지훈련과 기타 목적으로 교차 사용하는 방안을 생각할 수 있다.[29] 남북한 간의 상호 전지훈련은 남북한 간의 기온차가 심하고 북한의 함경도지역은 기온이 상대적으로 낮은 고원지대인 데 비하여 남한의 제주도와 남해안지역은 기온이 상대적으로 높은 평야지대인 점에 착안한다면 가능성이 높다고 본다.

기상청 자료[30]에 의하면 한겨울인 1월 평균기온이 북한의 중강진·혜산·백두산 지역의 경우에는 −16℃로 매우 추운 날씨를 보이는 반면, 남한의 제주도와 남해안 지역의 경우에는 2℃로 비교적 따뜻한 날씨를 유지하여 20℃의 평균기온차를 나타낸다. 또한 한여름인 8월 평균기온이 북한의 백두산 지역의 경우에는 17℃, 혜산 지역의 경우에는 19℃로 비교적 서늘한 날씨를 보이는 반면, 남한의 제주도와 남해안 지역의 경우에는 25℃ 이상으로서 매우 더운 날씨를 유지하여 8℃ 이상의 평균기온차를 나타낸다. 이 같은 큰 기온 차는 추운 지역에서 열리는 국제경기에 대비하여 남한 선수단이 북한소재 스포츠시설에서 전지훈련을 실시하거나, 반대로 무더운 지역에서 열리는 국제경기에 대비하여 북한 선수단이 남한소재 스포츠시설에서 전지훈련을 실시한다면 상당한 성과를 얻을 것으로 보인다. 또한 남한 또는 북한 선수단이 경기개최지 등 해외전지훈련 지역으로 이동하기에 앞서 1차 전지훈련 장소로서 상대방 지역을 활용하여도 좋을 것으로 생각된다.

모든 북한 내의 스포츠시설 건설협력사업에 있어서 공공부문의 역할에만

---

29) 이학래, 앞의 논문, p.13~14.

30) http://www.kma.go.kr

의존하는 것보다는 평양 등 일부 수익성이 양호한 지역과 투자의 안전성·수익성이 보장되는 경우에는 민간부문에서 대북한 진출을 도모하도록 정책적으로 유도하는 것이 바람직하다고 본다. 대북경수로지원사업이 추진되고 있는 신포지역에서 원자력발전소건설을 위한 현지진출업체가 부대사업으로 스포츠시설을 건설·운영하는 방안, 나진·선봉 자유무역지대에 진출하는 방안, 최근 개성지역에 건설예정으로 알려진 대규모 국제자유무역지대 내에 진출하는 방안[31] 등이 제시될 수 있다. 이 같은 대외개방지역과 같은 특수한 환경과 평양 등지를 제외하고는 현재로서는 다른 지역에서의 민간부문의 진출은 시장성이 없어 거의 불가능다고 보아야 할 것이다.

남북 간의 스포츠교류가 보다 활성화될 경우에는 그에 비례하여 그만큼 각종 민사·상사·형사상의 법적 분쟁이 발생할 가능성이 높아진다. 정부는 지난 2000년 11월에 상사분쟁해결을 위한 합의서를 타결하였으며, 동합의서의 발효를 위한 국내절차를 추진하여 오고 있다. 동합의서에서 남과 북은 2000년 6월 15일에 발표된 역사적인 남북공동선언에 따라 진행되는 경제교류·협력이 민족내부의 거래임을 확인하고 교류·협력과정에서 부득이하게 발생하는 상사분쟁을 공정하고 신속하게 해결하기 위하여 합의서를 체결하는 것임을 밝히고 있다. 동 합의서 제1조에서는 남북 사이의 경제교류·협력과정에서 생기는 상사분쟁은 당사자 사이에 우선 협의방식으로 해결하고, 협의의 방법으로 해결되지 아니하는 분쟁은 중재방식으로 해결하는 것을 원칙으로 한다고 규정하고 있다.

남북교류협력사업에 있어서 스포츠분야가 차지하는 비중은 매우 높다. 이는 스포츠교류가 남북주민 간에 한 민족이라는 사실을 확인시켜 주어 민족정서를 일깨우고 민족의 동질성을 회복시켜 주는 중대한 기능을 수행함에 비하여 비정치적·비경제적 성질을 갖는 교류형태로 분류되고 있어 남북한 당국에게 주는 심리적 부담이 적다고 보이며, 민간분야의 경제협력사업과 같이 경제논리에만 치우치는 사업에 속하지 아니하는 특징이 있기 때문이

---

31) 李相喆, 통일부 자문자료 「북한의 국제자유무역지대법안 심사검토안」, 2000. 11.

다. 이 같은 점은 향후 남북한 간 스포츠시설 분야의 교류·협력에 충분히 고려되어야 한다.[32)]

남북기본합의서 제16조 및 동 부속합의서 제9조에서는 남과 북은 체육 분야에서 교류·협력을 실시한다고 합의하고 있다. 또한 2000년 남북정상회담에 따른 6·15 공동선언문의 제4항에서도 체육 등 제반분야의 협력과 교류를 활성화하여 서로의 신뢰를 다져 나아가기로 하였다.

현재 남북교류협력에관한법률에서는 체육에 관한 독자적인 조항을 두고 있지는 아니하다. 남북교류·협력에 관한 일반조항인 남·북한 왕래(제9조), 협력사업자승인(제16조), 협력사업의 승인(제17조) 등 수개의 조문과 그에 따른 부속법령으로 전 분야의 교류·협력사업을 규율하고 있는 실정이다. 향후 전개될 다양한 분야의 다양한 유형의 교류·협력사업에 부응할 필요성 등에 비추어 볼 때 현행법제는 지나치게 단순하고 획일적이라는 비판이 제기되고 있다.[33)] 따라서 스포츠분야를 포함한 사회문화 분야 교류·협력에 관하여는 보다 세분화되고 적합한 교류·협력방법 및 절차를 마련하는 등 전문화된 법제도를 형성시켜 나아갈 필요가 있다고 본다.

VII. 南北間 兩者協定의 締結問題檢討

남북한 간에 향후 스포츠분야의 교류·협력을 적극 활성화하기 위하여는 남북 당국 간에 스포츠 분야 교류협력에 관한 양자협정을 체결함으로써 이를 제도화하여야 할 것이다. 이 같은 양자협정의 체결을 통하여 스포츠시설의 공동건설·운영, 스포츠시설의 건설과 정기적 교환경기개최의 연계, 상

---

32) 한국체육과학연구원, 『남북체육교류 활성화 방안 연구』, 1998, p.25~26.
33) 김범식, 『남북체육교류협력의 실천적 방안』, 민주평화통일자문회의 체육청소년분과위원회 제31차 회의 자료, 2000, p.18~19.

대방 스포츠시설의 전지훈련에의 활용 등을 제도적으로 보장하여 두는 방안이 강구되어야 할 것이다.

독일의 경우를 살펴보면, 1972년 12월 21일 '동서독기본조약'을 체결한 후 바로 뒤이어 다음해인 1973년 UN 동시가입과 함께 서로 상주대표부를 설치하였고, 동서독기본조약 체결 2년 후인 1974년에 이른바 '양독 체육교류의정서'를 체결하였다. 이 같은 양독 체육교류의정서는 1979년의 '자유통행협정', 1986년의 '양독문화협정', 1987년의 '과학기술협정', '방송협력합의서' 등 여타 사회문화분야 협정들과 함께 양독 간에 민족동질성을 회복하고 교류·협력을 확대함에 있어 크게 기여한 것으로 평가되고 있다.[34]

양독기본조약에서는 그 제명부터 '조약(Vertrag)'이라는 명칭을 사용하고, 제1조에서는 '양국(Zwei Staaten)'은 상호 동등한 자격의 원칙하에 우방관계의 발전을 도모한다고 규정하고,[35] 제6조에서는 양국은 각 국가통치권이 자신의 영역 안에 미친다는 내용과 양국은 각국의 자주성과 자립성을 존중한다고 선언하여 상호 실체를 인정하였으며,[36] 제9조에서는 양국은 이 조약 체결로 이전에 체결하였거나 양국 또는 다수국가가 체결한 국제조약을 변경하지 아니함을 합의하였다.[37] 1973년 7월 31일 당시 구서독 연방최고헌법재판소는 위의 양독기본조약에 대하여 서독기본법 위반 여부에 대하여 합헌결정을 내린 바 있으며, 동시에 양독관계에 대하여 처음으로 독일민족 내부의 특수관계임을 선언하였다.[38]

우리나라의 경우에는 1992년도에 체결한 '남북사이의 화해와 불가침 및 교류·협력에 관한 합의서'(이하 '남북기본합의서')와 부속합의서 등 10건은 우리 헌법상 조약의 체결 및 공포절차를 적용하지 아니하고 대통령 공

---

34) 남북회담사무국, http://dialogue.unikorea.go.kr/uw/dispatcher/net_index.html

35) 제1조 양국은 상호 동등한 자격의 원칙아래 정상적인 우방관계의 발전을 도모한다.

36) 제6조 양국은 각 최고국가권력이 자신의 영역 내에 미친다는 원칙에 입각한다. 양국은 내외 국가사무에 있어서 각국의 자주성과 자립성을 존중한다.

37) 제9조 양국은 이 조약으로 이전에 체결하였거나 양국 또는 다수국가가 관련된 국제조약 또는 협정을 변경하지 않음을 합의한다.

38) 이장희, "남북기본합의서의 법·제도부문 실천방안", 『남북기본합의서의 실천방안』, 아시아사회과학연구원, 1998년도, p.7~9.

고의 형식으로 공표한 바 있다.[39] 우리 헌법상 조약은 '헌법에 의하여 체결·공포'되어야 하고(헌법 제6조제1항), 입법사항 등을 포함하는 조약은 체결·비준함에 있어 국회의 동의를 받아야 하며(제60조제1항), 조약안은 대통령이 체결·비준권을 행사하고(제73조), 국무회의의 심의를 반드시 거쳐야 하도록 되어 있다(제89조제3호). 조약의 공포절차에 관하여는 법령등공포에관한법률 제11조제1항에서는 법률·조약 등의 공포는 관보에 게재하여 이를 행한다고 규정하고 있다.

생각건대, 남북한의 관계는 영토조항인 헌법 제3조, 반국가단체를 규정한 국가보안법 제2조 등 현행 국내실정법상으로는 반국가단체에 해당되도록 되어 있는 점, 우리가 북한에 대하여 국가승인을 하지 아니하고 있는 점 등에 비추어 지금까지 이 같은 남북 간 합의를 '국가' 간에 체결되는 일반적인 조약으로 보기 어렵다는 점에서 조약으로서 체결·공포하여 오지 아니한 것으로 보인다.

참고로 구 서독기본법과 우리헌법의 영토조항을 비교하여 보면, 구 서독기본법 제23조[40]에서는 기본법은 당분간 바덴·바이에른 등 일부 주에만 적용되며, 독일의 기타지역에서는 그들의 가입 이후에 적용된다고 명시하여 독일 전 지역을 영토로 선포하지 않고 서독정부의 통치권이 실효적으로 미치는 일부 주만을 잠정적인 영토로 규정하였다. 한편, 동기본법 제146조[41]

---

39) 구체적으로, 1. 대통령공고 제118호(92. 3. 6) "남북사이의 화해와 불가침 및 교류·협력에 관한 합의서", 2. 대통령공고 제119호(92. 3. 6) "한반도의 비핵화에 관한 공동선언", 3. 대통령공고 제120호(92. 3. 6) "남북고위급회담 분과위원회 구성·운영에 관한 합의서", 4. 대통령공고 제122호(92. 5. 30) "남북군사공동위원회 구성·운영에 관한 합의서", 5. 대통령공고 제123호(92. 5. 30) "남북교류·협력공동위원회구성·운영에 관한 합의서", 6. 대통령공고 제124호(92. 3. 6) "남북고위급회담 분과위원회 구성·운영에 관한 합의서", 7. 대통령공고제125호(92. 10. 10) "「남북사이의 화해와 불가침 및 교류·협력에 관한 합의서」의 「제1장남북화해」의 이행과 준수를 위한 부속 합의서", 8. 대통령공고제126호(92. 10. 10) "「남북사이의 화해와 불가침 및 교류·협력에 관한 합의서」의 「제2장남북불가침」의 이행과 준수를 위한 부속 합의서", 9. 대통령공고제127호(92. 10. 10) "「남북사이의 화해와 불가침 및 교류·협력에 관한 합의서」의 「제3장남북교류·협력」의 이행과 준수를 위한 부속 합의서", 10. 대통령공고제128호(92. 10. 10) "남북화해 공동위원회 구성·운영에 관한 합의서"이다.

40) 제23조 본 기본법은 당분간 바덴, 바이에른, 브레멘, 서베를린, 함부르크, 헤센, 니더-작센, 노르트라인-베스트팔렌, 라인란트-팔쯔, 슈레스비히-홀스타인, 뷔르텐베르크-바덴 및 뷔르텐베르크-호엔쫄레른에만 적용된다. 독일 기타의 지역에 대하여서는 그들의 가입 후에 효력을 발생한다.

41) 제146조 독일의 자유와 통합이 이루어진 후 전 독일국민들에게 적용되는 이 기본법은, 독일국민들의 자유로운 결정에 따라 의결된 새 헌법이 효력을 발하는 날에 그 효력을 상실한다.

에서는 독일의 자유통합이 이루어진 후 전 독일국민들에게 적용될 이 기본법은, 독일국민들의 자유로운 결정에 따라 의결된 새 헌법이 효력을 발하는 날에 그 효력을 상실한다고 규정하여 기본법의 잠정적 성격을 선언하기도 하였다.

이에 비하여 우리나라 헌법 제3조에서는 대한민국의 영토는 한반도와 그 부속도서로 한다고 명시하여, 북한이 실효적으로 지배하는 휴전선이북지역까지 대한민국의 영토로 규정하고 있다. 구서독은 기본법을 잠정헌법으로 규정짓고, 서독의 영토범위를 서독이 실효적으로 지배하는 일부주로 설정한 반면, 우리나라 헌법에서는 영토조항을 통일 시까지만 잠정적용하려는 뜻은 없고, 영토범위를 남한의 통치권이 실효적으로 미치는 못하는 북한지역까지 포함시키고 있는바, 헌법상의 영토조항에 있어서 구서독과 남한의 경우에는 근본적으로 상당한 차이점을 가지고 있다.

한편, 조약법에관한비엔나협약[42] 및 UN의 공식정의상 '조약'이라 함은 그 명칭에 관계없이 문서형식으로 국가 간에 체결되며 국제법에 의하여 규율되는 국제적 합의로 정의되어 있다.[43] 구체적으로 조약의 명칭은 헌장(Charter, Costitution), 조약(Treaty), 협정(Agreement), 협약(Convention), 의정서(Protocol), 각서(Notes), 규정(Statute), 최종의정서(Finial act) 등으로 다양하게 체결되고 있다. 그러나 동협약상의 정의는 동 협약 제1조[44]에서 국가 간에 체결되는 조약에 한정하여 규정한다고 그 범위를 한정시킨 데 따른 것이며, 국가가 아닌 국제법주체의 조약체결능력을 부정하려는 취지로 보이지는 아니한다.

일반적으로 양자조약이란 통상 두 국가 간에 체결하는 조약을 말하는바, 예외적으로는 하나의 주권국가와 하나의 교전단체 기타 비국가주체 간에

---

42) 제2조 (용어의 사용) 1. 이 협약의 목적상
(a) '조약'이라 함은 단일의 문서에 또는 2 또는 그 이상의 관련문서에 구현되고 있는가에 관계없이 또한 그 특징의 명칭에 관계없이, 서면형식으로 국가 간에 체결되며 또한 국제법에 의하여 규율되는 국제적 합의를 의미한다.

43) 李相喆, "조약심사업무발전방안 연구", 『법제』 제477호, 1997, p.213~214.

44) 제1조 (협약의 범위) 이 협약은 국가 간의 조약에 적용된다.

양자조약의 체결가능성을 부인하기는 어렵다. 일반적으로 두 국가 간에 혹은 국가승인을 하지 아니한 국제법주체 간에 양자조약이 체결되는 경우 상호 묵시적인 국가승인을 한 것으로 간주된다는 견해가 제시되지만,[45] 국제법학자들은 이 경우 반드시 국가승인이 이루어진 것으로 볼 수는 없다는 이견을 제시한다. 기본관계조약·우호통상항해조약 등과 같이 양당사자 간의 관계를 포괄적으로 그리고 불확정의 기간 동안 규율하기 위한 양자조약은 이를 통상 묵시적 승인으로 간주하지만, 이 같은 양자조약을 체결하더라도 그 문안에 불승인의 의사표시가 명시되는 경우에는 이를 국가승인의 증거로 볼 수 없고, 기술적·사무적인 성격의 양자조약의 체결 역시 이를 국가승인의 증거로 볼 수 없다고 하겠다.[46]

국제법상 조약체결 등 법률행위를 할 수 있는 능력을 '국제법주체성'이라 하며, 국가 이외에 예외적으로 국제법주체성을 인정받는 실체에는 국제기구와 교전단체·반란단체 등이 포함된다. 이들은 제한적이긴 하지만 일정한 범위 안에서는 국제법주체성이 인정된다고 보며,[47] 따라서 예외적으로 하나의 독립된 주권국가와 그 교전단체 등 비국가실체간에 필요한 경우 한정적(limited), 일시적(temporary)인 범위 안에서는 일응 '조약'의 형태로 법적인 합의를 체결할 수 있다고 보인다.

남북관계의 경우 우리 정부의 입장에서 이를 국제법상 하나의 국가와 하나의 비국가실체 간의 관계로 본다면 양자조약의 체결가능성을 부인하기는 어렵다고 하겠다.[48] 우리 정부가 남북 간에 합의문서를 체결하고자 할 경우 남북한사이에 양자조약이 체결된다고 하여 이를 곧 국가승인이 이루어진 것으로 보지는 아니한다는 점을 명백히 하기 위하여는 그와 같은 취지의

---

45) 국가승인에 관하여는 전통적으로 이른바 창설적 효과설(constitutive doctrine)과 선언적 효과설(declarative doctrine)이 대립되어 왔으나, 1936년 국제법학회의가 채택한 결의문에서는 승인행위는 '선언적 효과'를 가진다는 문언을 명시한 바 있고, 그 이후 다수학자는 선언적 효과설을 지지하여 오고 있다.

46) 김대순, 『국제법론』, 1997, p.168~169; 정용태 외, 『국제법학』, 1997, p.149~150.

47) 김정건, 『국제법』, p.107~112; 정용태 외, 앞의 책, p.109~112; 김대순, 앞의 책, p.112~113.

48) 李相喆, 통일부제출 자문보고서 「남북한조약체결방안 자문의견」, 2000.11; 李相喆, 북한법연구회 발표자료 「분단국의 조약체결문제」, 2001. 4.

문언을 해당 조약 자체에 명문화하여 선언하여 둘 필요가 있다.

남북 간에 체결되는 주요합의서에는 다수의 입법사항을 포함하는 경우가 대부분일 것으로 보인다. 현대아산이 추진하는 평양실내체육관건설 협력사업의 경우에는 두 사업주체간의 합의형식으로 제세공과금의 면제, 정부의 인허가보장, 신변안전보장, 공사장비반출보장 등을 약속한 바 있다. 그러나 이와 같은 공법적 규율대상이라 할 사항들은 북한의 당국이 반드시 지킬 수 있도록 하기 위하여는 조약과 같이 양당사자를 구속하는 공법적 효력을 가진 법규범에 의하여 보장되도록 하는 것이 바람직하다.

나라와 나라사이의 관계로 보지 않는 남북한 간의 민족내부 특수관계에서 체결되는 조약은, ① 통상 우리정부가 외국이나 국제기구와 체결하는 일반조약과는 그 성질이 다르고, ② 우리정부의 통일정책과 밀접한 관련이 있는 점에 비추어 이를 통일정책 주관부처인 통일부가 주도적으로 추진할 수 있는 특례조항의 신설을 적극 고려해 볼 필요가 있다고 생각된다. 제16대 국회의 대정부질문에서 남북한관계를 규율하는 기본적인 규범으로서 가칭 '남북한관계기본법' 제정의 필요성이 제기된 바 있다. 동법안의 제안이유를 살펴보면, 동 법안은 1992년에 발효된 남북한 기본합의서를 바탕으로 북한의 실체와 영토적 관할권을 실질적으로 인정하고 남북관계의 현실과 실정법상의 모순을 해결하기 위하여 국민의 안보심리를 거스르지 아니하면서 헌법 개정에 따라 야기될 수 있는 여러 가지 문제점을 피할 수 있는 장점을 가진다는 점을 표명하였다.

생각건대, 남북한 간에 체결되는 스포츠시설분야협정을 비롯한 양자조약은 이를 대통령이 체결·비준하거나 남북회담대표가 이를 교섭·서명할 수 있도록 하고, 국무회의 심의에 있어서도 이를 통일부장관이 외교통상부장관과 협의하여 상정할 수 있도록 하는 등 조약체결절차상의 특례규정을 신설하는 방안을 적극 검토하여 볼 필요가 있다.

VIII. 南北間 스포츠交流協力協定의 締結方案

국가 간에 있어서 일반적으로 스포츠교류협력을 추진하기 위하여 문화협정을 체결하면서 스포츠에 관한 교류협력의 근거를 마련하거나 또는 세부약정으로서 국가기관이나 체육단체 상호 간에 기관 간 약정(agency to agency agreement)을 체결하기도 한다. 따라서 스포츠교류협력을 위한 국가 간의 제도적 장치로서의 문화협정 및 기관 간 약정 형태의 스포츠협정 등을 살펴볼 필요가 있다.

그동안 우리 정부가 외국과 체결한 스포츠관련 협정을 살펴보면, 문화협정·스포츠교류약정 및 이중과세방지협정상의 체육교류면세조항 등을 들수 있다. 첫째, 문화협정은 1965년에 체결한 바 있는 한·일문화협정(1965. 6. 22. 서명, 1965. 12. 18. 발효)을 비롯하여 2001년 12월 현재 83개국과 양자협정으로서 문화협정을 체결하였으며,[49] 이들 문화협정에서 스포츠 교류협력에 관한 내용을 규정하여 왔다. 둘째, 우리나라의 문화체육부장관 또는 한국올림픽위원회 위원장이 서명한 기관 간 약정 형태의 스포츠협정은 2001년 12월 현재까지 정부부처 간에 서명한 스포츠협정은 1983년 체결한 한·도미니카체육교류약정을 비롯하여 26건, 올림픽위원회 간에 서명한 스포츠교류약정은 1979년 체결한 한·대만체육교류약정 등 43건으로서 총 69건에 육박하고 있다.[50] 셋째, 이중과세방지협정에서는 체육교류·협력에 따라 체육인이 상대국에서 스포츠관련활동으로부터 얻는 소득에 대하여는 세금감면을 받도록 하는 면세조항을 정한 사례를 찾아볼 수 있다. 구체적인 내용에 관하여는 후술하고자 한다.

문화협정에서는 일반적으로 문화·예술·과학 등에 관하여 상호 교류·

---

49) 외교통상부, 우리나라 문화협정 체결현황 자료. 이들 기체결 83개국 외에 탄자니아와는 1998. 12. 18. 리비아와는 1999. 9. 6. 인도네시아와는 2000. 11. 28. 각각 서명하였으나, 아직 미발효 상태에 있다.

50) 문화관광부, 스포츠교류약정 체결현황 자료. 태나다, 호주, 중국, 카타르, 슬로바키아, 몽골, 베트남의 경우에는 정부부처 간 및 올림픽위원회 간에 중복하여 체결되어 있다.

협력할 것을 규정하고 있다. 그러나 체결 상대국에 따라 문화협정에서 정하는 교류협력범위는 어느 정도 차이점을 나타내고 있어 구체적으로 '문화, 예술, 과학 및 공예분야'(한·아르헨티나문화협정 제2조 본문), '문화, 예술, 교육, 과학 및 기술 분야'(한·칠레문화협정) 등 다양하게 규정되고 있다. 구체적인 협정체결사례로서 한·독문화협정(1970. 5. 16. 서명, 1972. 8. 16. 발효) 제7조를 살펴보면 다음과 같이 규정하고 있다.

제7조 체약당사국은 상호 간 타방체약당사국의 영역 내에 보급된 문화 및 생활방식에 관한 보다 나은 지식을 그들 각국의 영역 내에 전파시키는 데 상호 협조하도록 노력하며, 특히 다음 사항을 장려하도록 노력한다.

(가) 서적, 정기간행물, 발간물의 배포 및 예술작품의 복제

(나) 미술 및 기타의 전시회

(다) 음악회 및 예술적 공연

(라) 강의

(마) 무대공연

(바) 라디오 방송, 영화상영, 축음기판 및 녹음테이프의 제작

(사) 체육 또는 운동경기 단체 및 친선경기의 교환

(아) 특별히 마련되는 행사

또한 한·영문화협정(1982. 4. 21. 서명, 1982. 7. 12. 발효)에서는 스포츠에 관한 독자적인 조문을 두고 있어 다른 문화협정과는 차별화된 모습을 보여 준다. 한·영문화협정 제13조에서는 "체약당사국은 양국의 체육단체 간의 협력 및 체육인의 방문을 장려한다."고 규정하고 있다. 동 협정에서는 체육단체 간의 협력에 관한 사항을 장려한다고 규정하고 있어 다른 문화협정의 경우보다 협력의 적용범위가 매우 넓다고 보인다. 그 밖에 한·아르헨티나문화협정(1968. 8. 8. 서명, 1970. 1. 4. 발효) 제2조에서는 체약당사국은 문화·예술·과학 및 공예분야, 특히 '체육 및 운동경기 단체의 교환 및 친선 경기의 개최' 등을 포함한 7개 사항에 관하여 상호 관계의 발전을 촉진한다고 규정하고 있고, 한·칠레문화협정(1983. 12. 7. 서명, 1984. 9. 21. 발효) 제3조에서는 체약당사국은 '체육 및 스포츠 단체의 교류' 등을 포함

한 7가지 방법에 의하여 문화, 예술, 교육, 과학 및 기술 분야에서 상호 관계의 발전을 증진한다고 규정하고 있다.

한편, 일반적인 국가 간의 관계로 볼 수 없는 남북한 간에 스포츠교류협력을 활성화할 수 있는 제도적 기반을 마련하기 위하여 위에서 살펴 본 국가 간에 체결되는 통상의 문화협정이나 스포츠교류협정을 그대로 체결할 수 있는가? 1982년에 체결된 남북기본합의서나 2000년부터 추진 중인 양자조약 형태의 4대경제협력합의서를 살펴볼 때 우선 남북관계는 나라와 나라 사이의 관계가 아닌 민족통일을 지향하는 과정에서 잠정적으로 형성되는 특수관계로 파악하고 있으므로 남북 간에 체결될 수 있는 스포츠교류협력 관련 협정이란 국가 간에 체결하여 온 문화협정이나 스포츠교류약정과 같은 것이라고 단정하기는 어렵다고 보인다.

우리나라와 같은 분단경험을 지니면서 민족통일을 달성한 바 있는 독일의 경우에는 양독 간에 과거 어떻게 스포츠교류협력을 위한 협정을 체결하였는지 살펴볼 필요가 있다. 우선 독일에서는 1972년 12월동서독기본조약을 체결하여 양독 간의 기본적인 법률관계를 설정한 후 1974년에 이른바 서독 체육연맹과 동독 체육연맹 간에 '양독 체육교류의정서'를 체결하였고, 그 후 12년 후인 1986년에 와서야 비로소 양독 정부 간에 '양독문화협정'을 여러 사회문화 분야 협정들과 함께 체결하게 되었다.

1974. 5. 8. 서독 체육연맹 한스그메린 회장서리와 동독 체조체육연맹 만포렛에발트 회장 간에 체결된 양독 체육교류의정서에서는 독일체육연맹과 독일체조체육연맹은 다음 3개조에 관한 사항을 확정하기로 합의하게 되었다.

1. 쌍방은 매년 양 체육단체로부터 위탁받은 대표자들이 수립하고 독일체육연맹 회장과 독일체조체육연맹 회장이 확인하는 체육행사 개회계획에 합의한다는 데에 의견의 일치를 보았다.
2. 쌍방은 체육관계를 국제올림픽위원회와 국제체육단체의 규정과 관계에 따라서 그리고 서베를린에 관하여는 1971년 9월 3일자 4대국협정의 규정과 일치되도록 규정한다.
3. 쌍방은 재정문제 조정에 대하여 다음과 같이 확정한다.

a) 피초청국은 행사장까지의 여행에 소요되는 왕복여비 및 수하물과 체육기재를 수송하는 데에 드는 경비를 부담한다.

b) 초청국은 합의된 참가자수에 대하여 체재기간 동안의 호텔경비와 식비를 부담하며, 1인당 매일 10도이치마르크(DM) 혹은 10마르크(M)의 보조금을 지급한다.

수회에 걸친 행사의 경우 초청 측은 다음 행사장소부터 마지막 행사장소까지의 국내수송비를 부담한다.

위의 양독 체육교류의정서는 양독 체육단체장 간에 합의하여 스포츠교류를 추진하되, 초청국은 피초청국 선수단의 숙식비 및 여행보조금을 지원하도록 하여 초청국이 상당한 소요경비를 부담하도록 하는 내용이다. 양독 체육교류의정서의 특징은 첫째, 양독 중앙정부 간에 체결되지 아니하고 양독 체육단체 간에 체결되었다는 점, 기본적인 체육행사 개최계획은 양독 체육단체 회장이 정하여 상호 확인하도록 한 점, 국제올림픽위원회 관련규정 등 국제기구의 관련규정에 따라 국내관련규정을 정비하도록 한 점, 초청국과 피초청국 간에 재정분담문제에 관하여 초청국이 합의된 참가자의 호텔경비 및 식비와 개인별 여행보조금을 지급하도록 합의한 점이라고 정리할 수 있다.

1986. 5. 6. 양독 간에 체결된 문화협정은 기본적으로 문화·예술·교양·학문분야 등 다양한 분야에 걸친 상호 교류협력을 추진·장려하기 위한 협정으로서 동 협정 전문에서는 독일연방공화국 정부와 독일민주공화국 정부는, 1972년 12월 21일에 체결된 독일연방공화국과 독일민주공화국 사이의 관계에 관한 조약의 토대 위에서, 상호 간에 문화적·사회적 생활에 관한 인식을 심화시키고 보다 나은 상호 이해에 기여한다는 목적을 갖고, 평화정착과 긴장완화에 기여한다는 인식하에, 유럽안보협력회의에서 합의된 규정들을 마드리드에서 합의된 사항들과 관련시켜, 적절하게 고려함으로써 실행한다는 결심하에, 문화협력을 증진시키고 발전시키려는 희망에 따라 동 협정을 체결하기로 합의하였음을 밝히고 있다.

동 협정 제1조에서는 협정당사국은 그들의 가능한 테두리 안에서 양측의 이해에 기초하여 문화·예술·교양·학문분야에서의 협력이나 이들과 연관된 다른 분야에서의 협력을 촉진시키고, 이 같은 협력활동은 자국의 관련 법률규정에 알맞게 추진하며, 협정당사국은 이러한 테두리 안에서 협정을 실현시키기 위하여 요청되는 전제조건들을 승인한다고 규정하고, 제2조에서는 협정당사국은 학교교육, 직업교육, 성인교육 및 고등교육, 전문교육 등을 포함한 교육 분야나, 학문분야에서의 협력을 촉진시키며, 경험과 학문정보의 교환, 회의·회담에의 참여를 목적으로 하는 학자 및 전문가들로 구성된 대표단의 파견, 강연·연구 및 학업을 목적으로 체류하려는 학자들의 교환, 대학원생 등 학생들의 교환, 전문문헌·강의자료·전시자료 및 교수도구 등의 교환 등을 장려한다고 규정하였다.

또한 제3조에서는 협정당사국은 조형미술·연극·영화·음악·문학·언어발달·박물학 및 기념물보호 등의 분야나 이와 인접한 분야에서의 협력을 촉진시키고, 나아가 문화·예술 등 상이한 영역에 있어서 여러 동기에 따라, 예술가들 및 문화창조자들로 구성된 대표단들의 상호 접촉·교류, 문화나 예술분야에 있어 양측의 행사준비 및 다양한 행사개최에 따른 전문가들의 참여, 문화단체나 예술단체들 사이에 있어 출판물이나 정보자료들의 교환, 다양한 종류의 행사개최를 통한 예술활동 및 문화활동의 교류, 영화상영·영화제나 국제적인 영화제에의 참가 및 영화제작에의 참여 또는 영화잡지분야에서의 해당기관들 사이의 협조 등, 박물학분야에서의 협력 및 전시회의 교류 및 유물대여의 허용, 고고학적인 기념물보호를 포함한 기념물보호단체들 간의 협력 등을 장려한다고 규정하였다.

이 같은 제1조 내지 제3조의 규정에 스포츠교류협력에 관련된 사항이 포함되는지 여부가 명확하지 아니하나 문화협정의 속성상 매우 광범위한 사회문화활동 전반을 규율대상으로 포괄하는 경향이 있는 점에 비추어 스포츠교류협력과 전혀 무관한 조항들로 보기는 어렵다고 보인다. 그러나 양독 문화협정에서는 체육 분야에 대하여 별도의 조항을 마련하고 있다는 점에 주목할 필요가 있다. 동 협정 제10조에서는 "협정당사국은 체육 분야에서의 협력을 촉진시킨다."는 단문이지만 체육 분야 협력촉진의무를 명시한 조항으로서 광범위한 체육 분야 모두를 망라하여 적용시킬 수 있는 내용으로 보인다. 이는 체육 분야만을 분리하여 독립된 양독 간 협정을 체결하는 것보다는 체육을 포함하여 광의의 문화일반에 관한 양독 간 교류협력협정의 형태로 통합·규정하고자 하였던 것이기 때문으로 사료된다.

따라서 남북 간에 스포츠교류협력에 관한 협정을 체결함에 있어서 스포츠의 교류협력을 위한 정부차원의 독자적인 협정체결보다는 사회문화일반에 관한 교류협력 사항을 통합하여 규정하는 문화협정 형태의 협정을 체결하되, 양독 문화협정 제10조의 사례와 같이 스포츠교류협력에 관한 독자조문을 설정하는 방식으로 추진하는 것이 바람직하지 않을까 생각된다. 그리고 이 같은 문화협정을 기본협정으로 하여 정부부처차원에서 남북한 문화체육부장관 간의 기관 간 약정(agency to agency agreement) 또는 올림픽위원회 간의 약정을 체결하여 구체화하는 방안을 생각하여 볼 수 있다. 우리 정부가 북한선수단을 초청하는 경우 양독 체육교류의정서 제3조의 경우와 같이 북한선수단의 숙박비·식비 및 여행경비 등을 부담하도록 하는 경우로서 그 부담규모가 클 경우에는 우리 헌법 제60조의 규정에 의한 국회동의를 얻어야 하는 문제가 발생할 가능성도 있다. 그러나 비교적 큰 금액으로 보지 아니할 경우에는 국회동의절차를 거칠 필요가 없다고 하겠다. 또한 올림픽위원회 간에 체결하는 약정의 형태를 취할 경우에는 남북한당국자 간에 직접적 회담 및 합의를 추진하는 데에 따르는 심리적 부담감을 감소시킬 수 있어 상대적으로 협정체결을 수월하게 추진할 수 있다고 보인다.

IX. 結語

남북 간의 스포츠교류협력은 남북교류의 중요한 한 축으로서 남북화해협력의 장을 마련함에 있어 매우 큰 역할을 담당한다. 나아가 민족통일의 환경을 사전 조성·정비하는 등 정부의 통일정책에 대한 기여도가 매우 높아

효율적인 정책수단이 된다고 본다. 따라서 스포츠분야의 교류협력을 촉진하고 활성화하기 위하여 필요한 법적·제도적 기반을 조속히 확립하여 나아가야 할 필요성이 있다. 특히, 스포츠시설분야는 경제협력으로서의 성질도 함께 가지고 있다는 측면에서 의의가 있으나 일반적인 경제협력사업과는 또 다른 특성을 갖는 분야로서 이와 같은 특성을 살리는 적절한 정책적·제도적인 교류협력의 기반이 마련되어야 할 것이다.

특히, 스포츠시설분야의 건설협력 등의 효율적인 추진을 위하여는 남북 간에 스포츠분야를 포함하는 문화협정 및 스포츠약정 등의 체결을 적극 검토할 필요가 있다. 아울러 스포츠시설분야의 건설협력을 추진하는 남한기업의 경우 북한 내에서는 관련 북한법의 적용을 받게 되므로 북한법도 필요시에는 남북 간의 양자협정 체결 등을 통하여 또는 남북 간에 구체적인 관련법령에 관한 실무차원의 협의를 통하여 개선하여 나아가는 노력이 필요하다고 본다.

4 댄스스포츠의 법적규제 완화방안1)

I. 국내 댄스스포츠 활동 현황

최근 국내 댄스스포츠 활동인구는 매우 급격하게 증가하고 있다. 문화관광부(2001)의 한 통계자료에 따르면, 국내 댄스스포츠 참여단체 및 인구현황을 살펴보면, 교육기관 소속단체 및 학생이 900개 단체에 68,359명, 문화센터 소속단체 및 인원이 358개 단체에 42,200명, 구민회관 등 소속단체 및 인원이 282개 단체에 25,200명에 이르며, 이들을 포함하여 전국적으로 1,655개 단체에 참여인원이 137,250명에 육박하는 것으로 파악되고 있다. 이는 국내경제가 발전하고 스포츠 및 여가활동을 즐기려는 인구가 계속 증가하고 있기 때문이다. 초등학교부터 대학까지 다양한 교육기관에서 학생들에게 댄스스포츠과목을 가르치고 있을 뿐만 아니라 다수의 대학에서 댄스스포츠를 정식교육과목으로 채택하여 교수하며, 대학부설 사회교육원에서도 댄스스포츠과정을 개설하는 등 열기가 일고 있기 때문이다.

특히 지난 호주 시드니올림픽경기대회에서 댄스스포츠를 시범종목으로 채택하기 위한 추진노력이 보도되면서 세계 각국에 댄스스포츠에 관한 큰 반향을 불러일으킨 바 있다. 또한 1998년 태국의 방콕 아시안게임에서는 댄스스포츠 시범경기가 치러진 바도 있다. 이와 같은 대내외 여건의 변화로

---

1) 이 글은 『스포츠와 법』(한국스포츠법학회, 제2권, 2001년 2월)에 게재한 저자와 黃明子(춘천교육대 교수)의 공동기고 논문 및 『스포츠과학논집』(성균관대학교, Vol. 6, 2001년도)에 게재한 황명자·주영화의 공동기고논문 등을 공동기고자와 상의하여 이를 기초로 저자가 일부 재정리한 것이다.

초등학생들의 조기교육 붐까지 조성되고 있다. 댄스스포츠는 모던댄스 5종목과 라틴댄스 5종목 총 10종목으로 구성되어 있는 특징 때문에 올림픽경기종목으로 채택될 경우 경기전체 종합성적순위에도 상당한 영향을 줄 수밖에 없으며, 이에 대한 장기적인 대응책이 준비되어야 한다는 주장들이 제기되고 있다.

문화관광부(2000)의 국민생활체육활동 참여 실태조사 결과에 따르면, 조사대상자 전체의 4.8%가 '하고 싶은 여가활동(the wishful leisure)'으로서 댄스스포츠를 희망하고 있는 것으로 나타났다. 이는 댄스스포츠가 볼링(22.5.%), 수영(22.5%), 테니스(8.0%), 스쿼시(7.2%), 격투기(6.1%) 다음으로 여섯 번째의 순위를 차지하는 것으로서 댄스스포츠에 대한 참여희망자가 국내도입의 역사가 짧은 데 비하여 그만큼 많은 비중을 차지하고 있음을 의미한다. 특히 조사대상자 중 중졸 이하(12.2%), 중고생(10.0%)의 경우 선호도가 매우 높은 것으로 나타나 청소년들의 댄스스포츠에 대한 열기를 반영하고 있고, 댄스스포츠에 대한 선호도는 성인층에 비하여 청소년층에게서 월등히 높은 것으로 나타났다. 이 같은 통계자료는 우리나라에서도 청소년층을 중심으로 신체활동 및 여가생활의 일환으로서 댄스스포츠에 대하여 매우 높은 관심을 가지고 있음을 뒷받침하고 있다.

본 연구의 목적은 우리나라 국민들이 높은 관심을 보이며 실제로 상당한 인구가 참여하고 있는 댄스스포츠에 관하여 그 개념 및 특성을 살펴보고, 이 같은 댄스스포츠에 대한 행정적 규제장치를 마련하고 있는 체육시설의 설치·이용에관한법률(이하 '체육시설이용법')을 중심으로 하여 행정적인 규제현황 및 문제점을 검토·분석하고, 댄스스포츠 활동을 보다 건전한 방향으로 촉진하기 위하여 필요한 행정규제완화 및 바람직한 댄스스포츠의 정착화 방안은 무엇인지에 관하여 검토하고자 한다.

Ⅱ. 댄스스포츠의 개념 및 특성

댄스스포츠란 전혀 새롭게 현대사회에 출현한 사회활동의 한 영역이라기보다는 종전의 볼룸댄스란 개념과 불가분의 관계를 맺고 있으며, 볼룸댄스와 중첩되거나 또는 그로부터 유래하는 새로운 개념의 신체활동이다(김승철·황명자, 1999). 댄스스포츠라는 용어는 1980년대 후반이후 불리기 시작한 것으로 알려지고 있다. '댄스스포츠'란 볼룸댄스의 스포츠성을 중시하려는 하나의 댄스분야로서 구체적으로 모던 댄스(Mordern Dance)와 라틴 댄스(Latin Dance)로 구분된다. 댄스스포츠의 경기 10개 종목이라 함은 Mordern Dance로서 Waltz, Tango, Quickstep, Foxtrot, Viennesewaltz의 5종목, Latin Dance로서 Rumba, Chachacha, Samba, Pasodoble, Jive의 5종목을 지칭한다.

1988년 프랑스 파리에서 개최된 국제댄스스포츠연맹 총회에서는 각 회원국에 대하여 볼룸댄스를 댄스스포츠로 지칭하도록 권고한 바 있다. 1990년이후 볼룸댄스의 종주국인 영국의 맨체스터(Manchester)와 중국의 베이징간에 2000년도 국제올림픽대회의 개최유치를 위한 활동이 활발히 전개되면서 이들 두 도시 중 어느 한 곳에서 올림픽경기가 개최되더라도 볼룸댄스를 올림픽의 정식 경기종목으로 채택하기 위하여 협의가 진행된 바 있었다. 당시 국제올림픽위원회(I.O.C)와 국제볼룸댄스기구 간에 본격적인 협의가 추진되면서, 볼룸댄스와 함께 자연스럽게 '댄스스포츠'라는 실무용어가 빈번히 사용되기 시작하였다(박준섭, 1997).

오늘날 모던 댄스의 원형은 이미 전 세계에 널리 보급된 영국의 황실무도교사협회(Imperial Society of Teachers of Dancing)의 교재라고 할 수 있겠다. 동 협회에서는 1940년대 이후 Alex Moore가 모던 댄스 5개 종목에 관한 본격적인 교재로서 "The Revised Technique of Ballroom Dancing"을 펴낸 이후 장기간 지속적인 연구·보완을 통하여 개정판이 출간되어 왔다. 또한, 동 협회에서는 1970년대 이후 Elizabeth Romain, Peter Pearson 등이 라틴 댄스 5개 종목에 관한 교재인 "The Revised Technique of Latin American Dancing"을 출간하여 지속적으로 보완하였다.

'댄스스포츠'와 '볼룸댄스'는 중첩적인 개념으로서 구체적인 춤의 형태를 모던 댄스와 라틴 댄스로 구분하는 등 상호 간에 매우 유사한 점이 적지 아니하다고 본다. 기본적으로 댄스스포츠란 '스포츠'로서의 성격에 매우 높은 비중을 두고 있는데 반하여 볼룸댄스란 '사교'와 '스포츠'라는 서로 다른 성격을 함께 고려하면서 추구하고자 하는 데에 그 차이점이 있다고 지적되고 있다. 이 같은 두 가지 개념은 많은 부분에 걸쳐 공통분모를 가지며, 역사적인 근원을 서로 공유하고 있다는 점을 부인하기 어렵다. 두 가지 개념의 본질적 특성을 구분하고 인위적으로 분리하려는 태도보다는 어디에 중점을 두고 어떤 이론적인 관점에서 바라볼 것인가가 중요하다고 본다.

한편, '댄스스포츠'와 '국제표준무도'란 과연 무엇이며, 상호 어떤 관계인지에 관하여도 불명확하다. 국제표준무도란 용어는 현재 체육시설이용법시행령 별표 2에서 무도학원업 및 무도장업의 영업범위를 규정하면서 사용하고 있는 용어이지만, 법령상으로 그 용어의 정의를 명확하게 규정하고 있지 아니하여 해석·운영상의 혼란을 주고 있다. 체육시설이용법상의 국제표준무도란 종전의 풍속영업의규제에관한법률에서 사용한 바 있는 용어를 그대로 계수받아 사용한 것으로 보이므로 국제표준무도란 용어를 처음 도입한 당시의 입법배경이나 취지를 정확하게 알 수는 없으나 국제표준무도가 댄스스포츠의 국제경기 10종목을 지칭하는 뜻으로 사용된 것으로 보인다.

그러나 현재 운영실태를 보면, 대부분의 무도학원에서 통속적인 사교춤이라 불리는 이른바 블루스·지르박 등을 교습하고 있는 점에 비추어 그간의 법령시행과정에서 당초의 입법취지가 상당히 변질되어 운영되어 온 것으로 추정된다. 따라서 설령 국제표준무도란 당초 댄스스포츠 10종목을 지칭하는 의미로 사용하고자 하였더라도 현재의 무도학원업 및 무도장업 운영실태에 비추어 볼 때 체육시설이용법시행령상의 국제표준무도를 댄스스포츠라고 단정할 수 있는지 의문이 생긴다.

Ⅲ. 댄스스포츠의 행정규제현황 및 문제점

1. 무도관련신고업에 대한 행정규제

체육시설이용법에서는 지금까지 댄스스포츠 교습 또는 활동에 관하여 직접적으로 규정하는 조항은 없다. 그러나 동법에서는 신고체육시설업종으로서 무도학원업 및 무도장업을 규정하여 운영하여 오고 있으며, 댄스스포츠 활동을 실무관행상 이 같은 무도학원업 및 무도장업 영업의 일환으로 해석·적용하여 오고 있는 실정이다. 무도학원업이란 수강료 등을 받고 국제표준무도(볼룸댄스) 과정을 교습하는 영업이고, 무도장업이란 입장료 등을 받고 국제표준무도를 할 수 있는 장소를 제공하는 영업으로 규정되어 있다.

1991년 풍속영업규제에관한법률(이하 '풍속영업법')을 제정하기 전에는 무도학원을 설립·운영할 수 없도록 금지업종으로 운영되어 왔다. 풍속영업법이 제정되면서 국내에서는 비로소 무도학원을 운영할 수 있게 되었다(한국법제연구원, 1995). 현재 문화관광부 소관법률인 체육시설이용법에 의하여 무도학원업 및 무도장업은 신고업종으로서 기본적으로 영업을 개시하기 전에 미리 행정기관에 신고하여야 할 뿐만 아니라, 일정한 시설기준을 갖추어야 하며, 체육시설이용법령에 위반하면 영업소 폐쇄·영업정지처분 등의 행정처분, 과태료 또는 벌칙이 부과되는 등 각종 행정규제를 받고 있으며, 그 외에 관련 법률인 청소년보호법·풍속영업법·건축법·도시계획법 등 다른 법령에 의한 행정규제도 함께 받고 있는 실정이다.

2. 유사업종의 난립문제

문화관광부(2001)의 관련 자료에 따르면, 2001년도 영업활동현황은 무도학원업이 1273개소, 무도장업이 65개소에 이르며, 무도학원업·무도장업에 건강유지와 스포츠를 위한 목적의 무도와 사교·유흥을 위한 목적의 무도가 혼재하는 현상을 보이고 있어 건전한 춤 문화의 발전을 저해하고 있고, 특히 무도학원업의 90% 이상이 이른바 블루스·지르박 등 사교춤을 위주로 교습하고 있는 실정이다.

무도학원 또는 무도장은 국제표준무도를 교습하거나 국제표준무도를 할 수 있는 장소를 제공하는 영업으로 영업시간은 무도학원이 오전 9시부터 오후 11시까지로, 무도장은 오후 5시부터 익일 오전 9시까지로 제한되고 있고, 특히 무도장에서는 주류·음료 및 생음악이 금지되고 있다. 이에 반하여 식품위생법상의 유흥주점에 속하는 카바레·디스코텍·나이트클럽에서는 무도장소가 제공되고 주류·음료 및 생음악의 제공도 가능하며, 영업시간은 무도장과 같이 오후 5시부터 익일 오전 9시까지로 제한되고 있다(행정규제개혁위원회, 2001).

이른바 콜라텍은 체육시설이용법이나 식품위생법 등 어느 법령에서도 규정되지 아니한 상태이며, 따라서 특별한 영업상의 제약을 받지 않고 있으나, 행정상의 규제·단속이 필요한 것으로 지적되고 있다. 이들 유사한 업종 간에 서로 다른 법령에서 규정함에 따라 행정상으로도 상당한 혼선이 초래되고 있다. 현행제도상으로 허용되는 무도관련 업종은 무도활동이 주된 영업이라고 하겠으나, 부수적으로 주류 및 음식물의 판매허용 여부에 따라 소관법령을 달리 적용받는 등 관련법제가 복잡하기 때문에 변태업종이 난립되고 있는 실정이다.

3. 무도학원업·무도장업의 영업범위

선진외국에 있어서는 일반적으로 체육시설업을 자유시장원리에 맡겨 사업자의 자유로운 영업활동을 최대한 보장하도록 제도화되어 있다. 그러나 우리나라에서는 지금까지 20개 업종의 체육시설업에 대하여 등록업 또는 신고업으로 정하여 행정적인 규제와 감독을 하고 있는 실정이다. 무도학원업과 무도장업은 신고체육시설업종으로 구분되어 영업규제를 받고 있다. 청소년보호법에 의하여 청소년출입이 원칙적으로 금지되는 무도학원업의 경우 그 영업범위를 '수강료 등을 받고 국제표준무도(볼룸댄스) 과정을 교습하는 업'으로 하되, '사회교육법·노인복지법 기타 다른 법률에 의하여 허가·등록·신고 등을 필하고 교양강좌로 설치·운영하는 경우'와 '학원의 설립·운영에관한법률에 의한 학원'을 제외하도록 규정하고 있다.

체육시설이용법에 의한 무도학원에서 교습하는 국제표준무도(볼룸댄스)는 댄스스포츠와의 차이점이 인정되면서도 그 맥을 같이 한다는 점 등에 비추어 볼 때 학원의설립·운영에관한법률에 의한 무용학원에서 댄스스포츠를 교습할 수 있다고 보기 어려운 점이 인정된다. 따라서 댄스스포츠는 현행법령의 해석상 많은 문제점이 제기되고 있으나, 실무상으로는 체육시설이용법에 의한 신고업종인 무도학원업 내지 무도장업에 속하는 영업활동으로 본다.

4. 무도학원업·무도장업의 영업신고

체육시설이용법 제22조의 규정에 의하면 신고체육시설업인 무도학원업 및 무도장업을 운영하고자 하는 자는 일정한 시설기준을 갖추어 시장·군수·구청장에게 신고하여야 하며, 신고사항을 변경하는 경우에도 또한 변경신고를 하여야 한다. 신고하여야 할 사항은 신고인의 성명·주민등록번호·주소,

영업소의 상호·소재지·종류·규모, 체육지도자의 성명·자격종류·번호· 주소, 회원모집계획총인원이며, 변경·신고하여야 할 사항은 신고인의 성명· 주민등록번호, 무도학원업 또는 무도장업의 상호·소재지·주요시설이다. 법 인의 경우에는 그 대표자가 신고하도록 하고 있다.

5. 무도학원업·무도장업의 시설기준

〈표 1〉 체육시설업 공통시설기준

구분	공통시설기준
가. 필수시설 (1) 편의시설	○ 수용인원에 적정한 화장실을 갖추어야 한다. 다만, 당해 체육시설이 다른 시설물과 동일부지에 위치하거나 복합건물 내에 위치한 경우로서 그 다른 시설물과 공동 사용하는 화장실이 있는 때에는 별도로 갖추지 아니할 수 있다. ○ 수용인원에 적정한 세면실 및 급수시설을 갖추어야 한다.
(2) 안전시설	○ 상병자의 구호를 위한 구급약품을 갖추어야 한다. ○ 적정한 환기시설을 갖추어야 한다.
나. 임의시설 (1) 편의시설	○ 관람석을 설치할 수 있다. ○ 체육용품의 판매·수선 또는 대여점을 설치할 수 있다.
(2) 운동시설	○ 하나의 운동시설을 계절 또는 시간에 따라 체육종목을 달리하여 운영하는 경우에는 각각 해당 체육시설업의 시설기준에 적합하여야 한다.

무도학원업 또는 무도장업을 운영하기 위하여는 체육시설이용법에서는 일 정한 시설기준을 갖추도록 규정하고 있다. 시설기준은 모든 체육시설업에 공통적으로 적용되는 공통기준과 무도학원업 또는 무도장업에만 적용되는 개별기준으로 구분되며, 공통기준에는 필수시설과 임의시설로 다시 세분되 고 있다. 공통시설 중 필수시설로는 편의시설(화장실·세면실·급수시설), 안 전시설(상병자구호용 구급약품비치)을 갖추어야 하고, 임의시설로서는 편의 시설(관람석·체육용품점등), 운동시설(계절·시간별 운동종목을 달리할 경 우 각각 해당 종목의 시설기준)을 갖출 것을 권장하고 있다. 구체적인 시설 기준은 다음 <표 1>, <표 2>와 같다.

<표 2> 무도학원업·무도장업 개별시설기준

구분	개별시설기준
필수시설 (운동시설)	○ 무도학원업은 바닥면적이 66제곱미터 이상이어야 하며, 무도장업은 특별시 및 광역시의 경우에는 330제곱미터 이상, 그 외의 지역의 경우에는 231제곱미터 이상이어야 한다. ○ 소음방지에 적합한 방음시설을 하여 소리가 밖으로 새어 나가지 아니하도록 하여야 한다. ○ 바닥은 목재마루로 하고 마루 밑에 받침을 두어 탄력성이 있게 하여야 한다. ○ 무도학원업 및 무도장업으로 사용되고 있는 건축물의 용도가 건축법시행령 별표 1의 건축물의 용도분류에 적합하여야 하고, 기타 건축법 및 도시계획법의 규정에 적합한 위치이어야 한다. ○ 운동시설은 사무실 등 다른 용도의 시설과 완전히 구획되어야 한다. ○ 업소내의 조도는 무도학원업은 100룩스 이상, 무도장업은 30룩스 이상 되어야 하며, 조명의 밝기를 조절하는 장치를 설치하여서는 아니 된다.

6. 안전·위생기준

안전·위생기준은 체육시설업에 대한 공통기준과 무도학원업·무도장업에 대한 개별기준으로 구분하여 규정하고 있다. 우선 공통기준에서는 체육시설 내에서의 이용질서를 유지, 이용자의 체육활동에 제공되는 안전시설·설비·장비·기구 등의 정상적 이용상태유지, 해당체육종목의 특성에 따른 음주자 등의 이용제한, 체육시설의 정원초과이용금지 등에 관한 사항을 정하고 있고, 개별기준에서는 수용인원제한기준, 냉·난방시설 기준에 관하여 정하고 있다. 세부기준은 다음 <표 3>과 같다.

<표 3> 안전·위생기준

구분	안전·위생기준
가. 체육시설공통기준	○ 체육시설 내에서는 이용자가 항상 이용질서를 유지하게 하여야 한다. ○ 이용자의 체육활동에 제공되거나 이용자의 안전을 위한 각종 시설·설비·장비·기구 등은 안전하게 정상적으로 이용될 수 있는 상태를 유지하도록 하여야 한다. ○ 실외체육시설의 경우 폭우·폭설·강풍 또는 파도 등으로 인하여 이용자의 안전을 해할 우려가 있다고 판단될 때에는 그 이용을 제한하여야 한다. ○ 체육시설업의 해당체육종목의 특성을 참작하여 음주 등으로 정상적인 이용이 곤란하다고 판단될 때에는 음주자 등의 이용을 제한하여야 한다. ○ 체육시설의 정원을 초과하여 이용하게 하여서는 아니 된다.
나. 무도학원업 및 무도장업 개별기준	○ 무도학원업은 3.3제곱미터당 동시에 1인, 무도장업은 3.3제곱미터당 동시에 2인을 초과하여 수용하여서는 아니 된다. ○ 냉·난방시설은 보건위생상 적정한 것이어야 한다.

7. 행정처분

체육시설이용법 제35조제2항에서는 시장·군수·구청장은 체육시설업자가 허위 기타 부정한 방법으로 체육시설업의 등록이나 신고를 한 때, 변경등록이나 변경신고를 하지 아니한 때, 영업정지처분을 받고 그 영업정지기간 중에 영업을 한 때에는 등록의 취소 또는 영업의 폐쇄명령을 하거나 6월 이내의 기간을 정하여 그 영업의 정지를 명할 수 있도록 규정하고 있다. 무도학원업 또는 무도장업은 신고체육시설업종에 속하므로 등록취소의 대상은 될 수가 없고, 영업의 폐쇄명령이나 영업정지명령의 대상이 될 수 있다. 체육시설이용법시행규칙 별표 8에서는 다음 <표 4>, <표 5>와 같이 무도학원업 또는 무도장업 경영자에 대한 구체적인 행정처분기준을 일반기준 및 개별기준으로 구분하여 규정하고 있다.

중대한 사항을 허위 기타 부정한 방법으로 신고한 때와 영업정지처분을 받고 그 영업정지기간 중에 다시 영업을 한 때에는 적발되면 영업폐쇄명령이라는 매우 무거운 행정처분을 받게 된다. 그리고 이 같은 영업폐쇄명령은 체육시설이용법 제36조제3호의 규정에 의하여 반드시 청문을 거치도록 되어 있다.

〈표 4〉 일반기준

구분	행정처분 일반기준
일반기준	○ 위반행위가 2이상인 때에는 그중 중한 처분기준(중한 처분기준이 동일한 때에는 그중 하나의 처분기준을 말한다. 이하 같다)에 의하며, 2이상의 처분기준이 동일한 영업정지인 경우에는 중한 처분기준의 2분의 1까지 가중처분할 수 있으나, 각 처분기준을 합산한 기간을 초과할 수 없다. ○ 위반행위의 회수에 따른 행정처분의 기준은 최근 1년간 같은 위반행위로 행정처분을 받은 경우에 적용하며, 개별기준에 의한 경고 또는 영업정지를 함에 있어 처분권자가 일정기한 내에 개선 요구하였으나 그 위반상태가 개선되지 아니하였을 때에는 반복하여 위반한 것으로 본다. ○ 1년 내에 같은 내용을 5차 이상 위반하는 경우의 처분기준은 각각 4차 위반 시의 처분기준에 따른다(영업정지의 경우 각각 4차 위반 시 처분기준의 2배로 한다). ○ 위반사항의 내용으로 보아 그 위반의 정도가 경미하거나 기타 특별한 사유가 있다고 인정되는 경우에는 그 처분기준의 2분의 1의 범위 안에서 감경할 수 있다.

<표 5> 개별기준

위반행위	행정처분기준			
	1차 위반	2차 위반	3차 위반	4차 위반
(1) 법 제22조(체육시설업의 신고) 위반				
(가) 경미한 사항을 허위 기타 부정한 방법으로 신고한 때	경고	영업정지 10일	영업정지 1월	영업정지 2월
(나) 중대한 사항을 허위 기타 부정한 방법으로 신고한 때	영업폐쇄 명령			
(다) 변경신고를 하지 아니하고 신고사항을 변경하여 영업을 한 때	경고	영업정지 3일	영업정지 10일	영업정지 20일
(2) 법 제35조 제2항의 규정에 의한 영업정지 처분을 받고 그 기간 중에 영업을 한 때	등록취소 또는 영업폐쇄명령			

Ⅳ. 댄스스포츠에 대한 규제완화 및 정착화방안

1. 무도관련신고업의 규제완화

댄스스포츠란 건강을 증진하기 위한 신체활동과 여가활동의 한 분야라고 하겠다. 댄스스포츠를 포함한 스포츠 내지 신체활동은 개인의 건강증진과 휴식을 도모하기 위한 것일 뿐만 아니라 사회적 관심과 참여가 날로 높아가는 분야이다. 선진국에서는 일반적으로 민간부문의 스포츠시설업에 대하여 정부가 관여하지 않고 자유업종으로 함을 원칙으로 하고 있다. 일본의 경우를 보더라도 현행 스포츠진흥법 제2조에서는 '스포츠'를 "운동경기나 신체활동(캠프활동 그 외의 야외활동을 포함) 신체의 건전한 발달을 도모하게 되는 것을 말한다."고 규정하고 있다. 그러나 동법 제3조제2항에서는 "이 법이 규정하는 스포츠의 진흥에 관한 시책은 영리를 추구하는 스포츠를 진흥하기 위한 것은 아니다."라고 규정하여 일본의 스포츠진흥법은 영리를 추구하는 스포츠시설업을 그 규율대상에서 제외시키고 있어 이미 구미

선진국의 일반적인 추세에 맞추어 자유업화함으로써 영업등록·신고와 같은 행정규제를 가하지 않고 있다.

이와 같은 선진국의 자유화추세의 근저에는 국민에게 기본권의 하나로서 스포츠권이 보장되어야 한다는 사상이 깔려 있는 것으로 보인다. 기본권으로서의 '스포츠권'에 관한 헌법적 근거에 관하여는 여러 가지 견해가 제시되고 있으나, 스포츠권이 헌법상 보장되는 국민의 기본권이라는 점에 관하여는 범세계적으로 이를 받아들이는 일치된 입장을 취하고 있다고 본다. 스포츠권은 자유권적 기본권이며, 동시에 사회권적 기본권으로서의 성질을 갖는다고 보며, 스포츠권의 보장을 강화하기 위하여는 스포츠시설업도 가능한 한 자유업화하여 스포츠활동을 뒷받침하는 영업활동을 정부가 제약하지 아니하려는 것으로 보인다. 자본주의가 고도로 발달된 현대산업사회에서는 사회권적 기본권으로서의 스포츠권의 의미가 과거에 비하여 더욱 중시되는 경향도 있다(松元忠土, 1993). 이는 국가가 국민에 대하여 적절한 수준의 스포츠환경을 조성하고 스포츠활동에 참여할 수 있도록 보장하여 주어야 할 것이란 의미의 스포츠활동조건 정비의무가 있음을 의미한다.

체육시설이용법은 제1조의 목적규정에서 밝히고 있는 바와 같이 체육시설의 설치·이용을 장려하고 체육시설업을 건전하게 발전시켜 국민의 건강증진과 여가선용에 이바지함을 그 입법목적으로 하고 있음에도 불구하고 동법에는 많은 규제적 조항들을 지금까지 유지하여 오고 있다. 스포츠활동에 대한 관여와 규제를 위주로 하는 현행 체육시설법의 규제법 체제로부터 벗어나 앞으로는 스포츠활동을 적극 진흥·장려하기 위한 진흥법지향적인 체제로 전환시켜 나아가야 할 것이며, 이와 같은 관점에서 무도학원업·무도장업에 대한 현행 규제위주의 조항들도 이를 전반적으로 진흥위주의 제도로 전환하기 위한 노력이 요청된다.

2. 댄스스포츠의 고유영역 보장

이미 살펴본 바와 같이 '댄스스포츠'와 '국제표준무도' 간에 개념상의 혼란이 심하고, 현재 실무상으로는 댄스스포츠를 체육시설이용법상 무도학원업 또는 무도장업의 영업활동의 범위에 포함되는 것으로 해석하고 있으나 이견이 제시되는 형편에 있다. 또한 무도학원업의 대부분은 이른바 블루스·지르박 등 사교춤을 위주로 교습하고 있는 실정이고, 유사업종인 카바레·디스코텍·나이트클럽 등 유흥주점에 속하는 식품위생법상의 영업이나 콜라텍과 같은 업종과의 경계가 무너지는 매우 혼란스런 현상이 나타나고 있다(행정규제개혁위원회, 2001).

이와 같은 유사업종 간의 중첩되거나 경계가 붕괴되는 현상을 바로 잡기 위하여는 유사업종 전반에 관한 명확한 개념의 설정이 필요하고, 그에 따른 일관성 있는 제도적 대응이 요청된다. 현실적으로 사교·유흥 위주로 변질되어 운영되는 무도학원업 또는 무도장업의 영업범위에 근래 새롭게 도입된 댄스스포츠가 포함되는 것으로 보게 됨에 따라 국제표준무도와 댄스스포츠 간에 상당한 개념상의 혼란이 초래되고 있다. 댄스스포츠를 기존의 사교·유흥 위주의 무도활동과는 법률개념상 명확히 구분하여 독립적이고 고유한 영역을 확보하여 줄 필요성이 있다고 하겠다. 체육시설이용법에 댄스스포츠학원업을 신설하는 방안 등을 생각하여 볼 수 있다.

3. 청소년의 댄스스포츠교습기회 보장

청소년보호법상의 19세 미만인 청소년은 일정한 청소년유해업소에는 출입이 금지된다. 체육시설이용법에 의한 스포츠시설업 중 무도학원업과 무도장업은 이 같은 청소년유해업소로 규정되어 있으므로 19세 미만의 학생이나 기타 청소년층은 그 출입이 금지된다. 사업자와 그 종업원에 대하여는 출입자의 연령을 확인하여 19세 미만 청소년이 당해 업소에 출입ㆍ이용하고자 할 경우에는 이를 제지할 의무가 부과되어 있다. 이는 무도학원업과 무도장업은 청소년들에게 유해한 환경을 조성하며 건전한 인격체로 성장하는 데 지장을 초래한다는 판단을 전제로 하는 규정이며, 기본적으로는 바람직한 청소년보호입법이라고 하겠으나, 댄스스포츠 같은 경우 현재 각급 학교에서 정식교과목으로 채택하여 가르치는 등 종래의 사교ㆍ유흥 위주의 무도 활동과는 다르므로 제도적으로 댄스스포츠 활동은 무도학원업ㆍ무도장업에서만 가능하도록 하고 있으면서 동시에 19세 미만의 청소년에 대하여 댄스스포츠를 교습받기 위하여 무도학원에 출입하는 것을 금지하는 것은 논리적인 모순이다(법제처, 2001).

댄스스포츠란 일반무용이나 스포츠와 마찬가지로 누구든지 건강한 생활과 건전한 오락으로서 배우고 즐길 수 있어야 할 것이다. 19세 미만의 아동과 청소년이 건전한 스포츠활동으로서 댄스스포츠를 교습받을 수 있도록 하기 위하여는 체육시설업에 '댄스스포츠학원업'과 같은 업종을 신설하는 방안, 사설학원의 교습과정안에 무용ㆍ전통무용 이외에 '댄스스포츠'를 신설하는 방안, 자유업종으로 하는 방안 등이 적극 검토될 수 있다고 생각되며, 조속히 개선대책이 마련되어야 한다고 본다.

4. 건축물용도구분제도의 개선

건축법 제2조제2항에서는 건축물의 용도를 22개 용도로 구분하여 각 용도에 속하는 건축물의 종류는 대통령령이 정하도록 위임하고 있는바, 무도학원은 무도장과 함께 이들 22개 용도 중 '위락시설'이란 용도에 속하는 건축물로 규정되어 있다. 건축법시행령 별표 1에서는 무도학원은 위락시설에 해당되는 반면, 똑같은 체육시설업종으로서 에어로빅장ㆍ당구장 등은 '제2

종근린생활시설'에 속한다고 규정하고 있다.

에어로빅장 등 모든 체육시설업종은 제2종근린생활시설 또는 운동시설 등의 용도에 속한다고 규정하고 있으나, 무도학원·무도장의 경우에만 이를 위락시설의 용도에 속하는 건축물로 분류하고 있어, 무도학원업의 경영자에게는 규제와 불이익을 주고 그 이용자들에게는 생활상의 불편을 주게 되는 점이 적지 아니하다. 따라서 이미 살펴본 바와 같이 댄스스포츠를 교습하는 영업활동의 경우 위락시설 내에서만 가능하도록 한정시킬 것이 아니라 댄스스포츠 영업을 독립된 업종으로 구분하여 주거지역 내의 근린생활시설 등에서도 영업활동을 할 수 있도록 개선하여야 할 것이다.

5. 용도지역제도의 개선

무도학원이 위락시설의 용도에 속하는 건축물로 분류됨에 따라 현행 도시계획법령상 무도학원업은 그 시설입지 면에서 상대적으로 매우 불리한 제약을 받는다. 위락시설은 일반주민들이 밀집하여 거주하는 모든 주거지역에서는 건축이 불가능하고, 지가가 매우 높은 상업지역 내에서만 건축이 가능하도록 되어 있다. 더구나 상업지역 중에서도 중심상업지역·일반상업지역에서는 가능하지만, 근린상업지역·유통상업지역에서는 당해 지방자치단체의 도시계획조례가 허용하는 경우에 한하여 건축하도록 되어 있어 지방조례의 입법에 따라 제약을 받는다.

일반적으로 중심상업지역·일반상업지역이란 토지가격 및 건물임대료가 주거지역에 비하여 월등히 높아 그만큼 체육시설업인 무도학원업의 경영여건에 불리한 요인으로 작용한다. 또한 무도학원업은 그 이용자가 인근 주거지역의 주민들이 상당한 비중을 차지한다고 볼 때 주민생활편익시설로서의 성격을 갖는 점이 강하다. 이용자들에게 합리적인 이용요금과 접근성을 부여하여야 할 것이지만, 중심상업지역 등에 위치할 경우 높은 지대와 건물임대료가 이용요금에 전가되는 점과 교통소요시간이 길다는 점 때문에 이용자에게 불편함을 초래하게 될 것이다. 이 같은 관점에서 댄스스포츠를 포함하여 무도학원업이 위락시설로 분류되어 있는 현행규정은 개선되어야 할 것이다.

6. 생활여건변화에 따른 정책·제도개선

　무도학원업 등은 체육시설이용법에 의한 체육시설업이므로 정부의 진흥대상 업종인 동시에 풍속영업법 및 청소년보호법에 의한 풍속영업 및 청소년유해업소로서 전형적인 규제대상 업종으로 규정되는 모순에 빠져 있다. 이는 물론 무도학원에 대한 종래의 부정적·비판적 인식이 아직도 남아 있는 동시에 국내외적으로 댄스스포츠가 올림픽경기종목으로서의 전망이 밝아지는 등 국내외여건이 급변하여 왔기 때문으로 생각된다. 지금 국내대학에서는 앞다투어 댄스스포츠를 정식교육과목으로 채택하여 교수하며, 전국에 산재한 대학부설 사회교육원에서도 댄스스포츠를 교육과정으로 개설하고 있다. 그렇다고 하여 대학에서 가르치는 댄스스포츠와 무도학원에서 가르치는 댄스스포츠가 다른 것으로 볼 수도 없다.
　21세기를 맞아 장래 국제올림픽·아시안게임 등의 참가를 염두에 두고 초등학생들이 댄스스포츠 강습을 받는 등 오늘날 국내생활여건은 급변하고 있으나, 초등학생들은 미성년자에 해당되므로 풍속규제영업인 무도학원에서 수강할 수는 없는 실정이다. 오늘날 스포츠를 자유권적 및 사회권적 기본권으로서 인식하고 있는 만큼, 미성년자를 포함한 일반시민들이 누구나 필요하다면 거주지 인근학원에서 댄스스포츠과정을 수강할 수 있도록 제도적인 보장이 필요하다고 본다.

Ⅴ. 결 론

국내에서 일반국민의 관심의 대상이 되고 있는 댄스스포츠는 종래의 무도학원업 또는 무도장업에서 행하는 사교·유흥 위주의 무도와 다른 성질을 갖는다고 보인다. 그럼에도 불구하고 현재 실무상으로 무도학원업 또는 무도장업의 영업범위에 댄스스포츠를 포함시키고 있는 등 댄스스포츠에 대한 과도하거나 불합리한 행정규제는 개선되어야 한다.

댄스스포츠에 대한 규제를 완화하고 이를 국내에 토착화시키기 위하여는 무도관련신고업에 대한 규제위주의 현행법제를 진흥위주의 법제로 전환하여야 하고, 댄스스포츠 고유의 영역을 법률개념상 인정하여 독자적인 영업으로 규율하며, 청소년의 댄스스포츠 교습기회를 보장하고, 그 밖에 건축물 용도구분 및 용도구역제도를 합리화하여 댄스스포츠의 영업환경을 개선하며, 국제올림픽경기대회 및 아시아경기대회 등에 대비하고 스포츠권의 보장을 강화하기 위하여 미성년자를 포함한 일반시민에게 충분한 교습활동의 기회를 보장하도록 관련규제를 개선하여야 할 것으로 사료된다.

◀참고문헌▶

김승철·황명자(1999). "대학생의 댄스스포츠 참여가 정신건강에 미치는 영향", 『한국체육학회지』 제38권, 제4호.

김준희·박은미(1999). "각 국가와 한국의 댄스스포츠의 제도 비교연구", 『한국여성체육학회지』 제13권, 제1호.

문화관광부, 「무도학원업·무도장업관련 제도개선 검토자료」, 2001.

박경환(1996). 『댄스스포츠』, 한국사회체육진흥회.

박상희(1995). 『풍속영업의 법적 규제』, 한국법제연구원.

박영숙(1997). 『대학 레크리에이션』, 도서출판 대한미디어.

박준섭(1997). 『세계 SPORT DANCE의 변천사 및 한국 SPORT DANCE의 과거와 현실』, 한국무도평의회.

법제처(2001). 「2001년도 법령정비계획」.

손석정, 『스포츠법학』, 2000년도

유우봉(1997). 「한국댄스스포츠의 발전과제」.

이상철·황명자(2001). "스포츠시설업에 대한 법적 규제", 『한국스포츠법학회지』, 제2권.

최규철 외(1998). "상업 스포츠센터 최적 서비스품질 유형에 따른 마케팅전략", 『한국체육학회지』, 제37권 제4호.

한국법제연구원(1995). "풍속영업의 법적 규제", 「현안분석」 95 - 5.

현대레저연구회(1991). 『현대사교댄스교본』, 진화당.

황명자(1997). "Sportdance의 국내도입방안에 관한 연구", 강릉대학교 『체육과학연구소논문집』, 제7권 제1호.

행정규제개혁위원회(2001). 「체육시설의 설치·이용관련 규제합리화방안」.

Moore, Alex(1994). The Ballroom Technique; Imperial Society of Teachers of Dancing, London.

Francis, Sydney et al.(1983). The Revised Technique of in Latin American Dancing; Imperial Society of Teachers of Dancing, London.

金澤正太(1997). "競技ダンスファンの研究", 『ダンスファン』(NO.136).

山本勝辛(1997). "英國ダンス留學奮戰記", 『ダンスファン』(NO.136).

伊藤堯(1993). "提唱 スポーツ基本法", 『法律時報』, 65卷5号.

松元忠土(1993). "スポーツ權", 『法律時報』, 65卷5号.

제 6 장

남북관계법

북한 경제특구법제 연구1)

I. 북한의 경제특구법제

1. 경제특구의 개념 및 유형

북한은 1991. 12. 28. 정무원 결정 제74호로 나진·선봉 지역을 자유경제무역지대로 지정하였다. 그리고 다음해인 1992. 10. 5. 자유경제무역지대법이 최고인민회의 상설회의 결정 제28호로 제정되었다. 이를 기점으로 북한에서 경제특구제도가 도입되었다고 보는 것이 일반적이다. 경제특구(special economic zone)란 자유무역지대(free trade zone) 등을 포괄하는 보다 광범위한 개념이다.

경제특구란 용어는 1979년 중국이 대외경제개방정책을 추진하기 위하여 광동성의 선전(深圳), 주하이(珠海), 산터우(汕頭), 복건성의 샤먼(厦門)을 경제특구로 각각 지정하면서 널리 사용되기 시작하였다. '경제특구'란 개념은 제도적으로 국내의 다른 지역과 구분되어 주로 기업의 설립·경영, 생산, 무역, 세제(국세·지방세·관세)상 특별한 우대조치가 적용되는 일정한 지역을 말한다. 경제특구는 일반적으로 ① 무역형, ② 공업·무역형, ③ 과학기술형, ④ 종합형으로 구분하고 있다.2)

---

1) 이 글은 『법제』(법제처, 2006년 2월호)에 게재한 필자의 논문을 일부 재정리한 것이다.

2) 吳勇錫, "世界 經濟特區의 類型 및 戰略과 南北韓 經濟統合에의 應用", 한국비교경제학회 편, 『남북한의 경제체제와 통합』, 박영사, 1995, p.233.

우선, 무역형 경제특구는 역사가 가장 오래된 경제특구의 유형으로서, 주로 공업선진국을 중심으로 발달되어 왔다. 무역형은 특정한 무역항 또는 일정 지역을 지정하여 외국으로부터 수입하는 원·재료를 가공하여 재수출하기 편리하게 그 지역을 통과하는 외국 물자에 대하여는 관세를 면제하고 외국선박의 출·입항절차나 그 밖의 행정절차를 간소화하는 등 우대조치를 부여하는 무역항 또는 일정 지역을 말한다. 국가에 따라 그 명칭이 다양하여 자유항(free port), 자유무역지대(free trade zone), 수출자유지역(free export zone), 면세구역(tax free zone) 등으로 불린다. 무역형 경제특구는 자유항형과 무역자유지대형으로 세분할 수 있다. 자유항형은 과거 유럽의 함부르크항처럼 일정한 항구의 구역을 자유항으로 지정하여 상품의 가공·조립·보관 등 기업들의 일련의 경제활동을 보장하여 주는 유럽식 자유항과 뉴욕처럼 항구를 벗어나 비교적 광범위한 구역을 지정하여 경제활동상의 우대조치를 부여하는 북미식 자유항형으로 구분할 수 있다. 자유무역지대형은 자유항형보다 비교적 광범위한 무역항 인접지역을 포함하거나 하나의 도시 또는 그 이상의 도시를 포함하는 지역을 그 적용대상으로 한다.

공업·무역형은 역사적으로 볼 때 무역형이 선진공업국을 중심으로 운영되어 왔다면, 공업·무역형은 제2차 세계대전 이후 이들 선진공업국으로부터 자본과 기술을 수입·활용하기 위하여 개발도상국들을 중심으로 수출가공구(export processing zone)의 형태로 운영하여 왔다. 수출가공구는 주로 원·재료를 면세조건으로 수입 및 임가공하여 전량 수출하도록 하는 방식으로 운영되며, 나라에 따라 공업자유지역(industrial export processing zone), 면세수출가공구(duty free export processing zone) 등으로 다양하게 불린다. 주로 동남아시아 지역을 중심으로 활발하게 설치·운영되어 왔으며, 대만의 경우에는 이미 1956년에 고웅(高雄) 가공수출구가 설치되기도 하였다.

과학기술형은 비교적 근래에 각광을 받게 된 경제특구의 형태로서 선진국형 과학기술집적도시(technopolice)를 지향한다. 주로 과학기술공업단지(science, technology and industry complex)로 불리며, 세계적으로 유명한 미국의 실리콘밸리(Silicon Valley), 영국의 실리콘 글랜(Silicon Glen), 대만의 신죽(新竹) 과학공업원구(科學工業園區) 등을 그 사례로 들 수 있다. 과학기술형은 과학기술연구의 중심단지를 형성하여 지식·기술집약적인 고정밀·첨단업종의 기업을 집중·유치함으로써 대체로 국제경쟁력을 높여 새로운 수출활로를 타개하고자 한다.

종합형은 다목적성과 다기능성을 갖는 광역화된 경제특구개념이다. 주로 투자진흥지역(investment promotion zone)으로 불리며, 광범위한 산업 업종에 걸쳐 포괄적으로 외국에 개방하면서 외국인투자를 촉진하고 비교적 자유로운 경제활동을 보장한다. 종합형은 특구면적의 광역화, 대상산업의 광범위성, 자율경영보장, 정책적 다목적 및 다기능성 등을 그 특징으로 한다. 중국 반환 이전부터의 홍콩, 무역·금융·첨단기술산업형 도시국가인 싱가폴 등이 종합형에 속한다. 1979년 이후 지정·운영되어 오고 있는 중국의 5대 경제특구 역시 종합형 경제특구로 분류한다.[3]

2. 북한의 경제특구법제

(1) 법역의 이원화: 대외경제법제 출현

북한의 법체제는 대외개방·개혁적인 법령들이 출현하면서 종래 사회주의법제 내지 계획경제체제하의 법제들과는 그 성질과 기능을 달리하는 다수의 대외경제관련법제들이 일군의 법역을 형성하고 있다.[4] 이들은 주로 외국인투자를 유치하고 경제특구를 설치하며 외국인투자기업의 자율적 경영환경을 조성하기 위하여 출현한 것이다. 따라서 사회주의 계획경제의 중

---

3) 吳勇錫, 앞의 논문, p.236.

4) 북한의 법제는 그 형식과 내용 면에서 남한의 경우와 매우 다르다. 헌법을 정점으로 하여 최고인민회의가 채택하는 법률인 법령·결정(휴회 중에는 최고인민회의 상임위원회가 채택하는 정령)과 그 밖의 하위법령들로 구성된다. 최고인민회의가 채택하는 '법령'이 물론 남한의 '법률'과 동질적인 가치와 기능을 갖는 것은 아니다.

심개념인 '인민경제계획'으로부터 벗어나서 어느 정도의 독자적인 *法域*을 형성하고 있다. 따라서 북한의 법제는 <표 1>에서 보는 바와 같이, 넓은 범위에서 대내일반법제(일반·경제)와 대외경제법제로 분류할 수 있고, 북한의 *法域*은 이원화되어 있다고 본다. 이에 관한 근거는 북한 헌법 제37조에서 찾아볼 수 있다. 즉 동 조항에서는 "국가는 우리나라 기관, 기업소, 단체와 다른 나라 법인 또는 개인들과의 기업합영과 합작, 특수경제지대에서의 여러 가지 기업창설운영을 장려한다."고 규정하고 있어, 사회주의적 기업운영원리인 계획경제(헌법 제34조)와는 다른 기업운영원리를 제시하고 있다. 이는 구체적인 다름 아닌 시장경제원리를 부분적으로 도입하려는 것이라고 하겠다.

〈표 1〉 북한의 법체계 분류

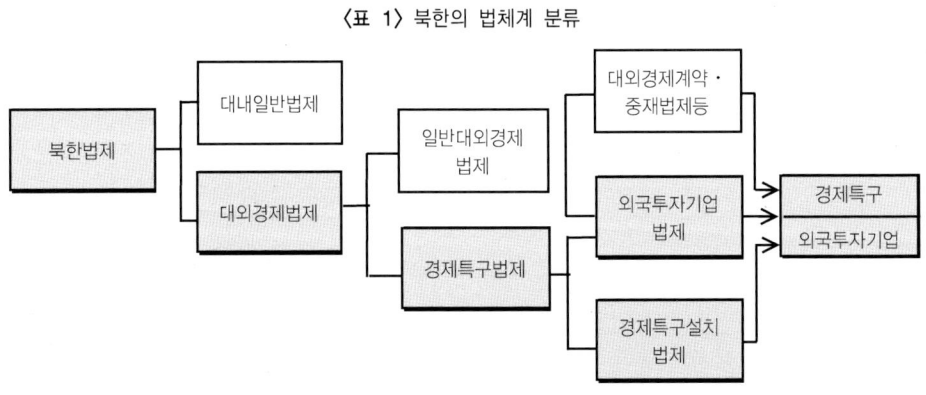

대내일반법제는 주로 전통적인 북한의 사회주의체제를 유지하기 위한 법제로서 민사·형사·행정·경제분야에 관한 사회주의 또는 계획경제의 내부지향적인 법령 등으로 구성된다. 이에 비하여 대외경제법제는 주로 특수경제지대의 설치나 외국인투자기업의 창설·운영, 대외경제계약의 체결 등과 같은 대외경제분야에서 개혁·개방정책과 밀접한 관련성을 가지고 제정된 법령들이다. 이들 법령은 여러 가지 관점에서 대내일반법제(일반·경제)와는 그 성질을 달리하고 있다.

물론 모든 법령을 명확하게 구분하기는 쉽지 않다. 예를 들면, 무역법·

세관법 같은 경우는 구분이 모호하다. 무역법(1992. 12. 10. 제정, 최고인민회의 상설회의 결정 제104호)·관세법(1983. 10. 13. 제정, 최고인민회의 상설회의 결정 제7호)의 경우 무역법 제25조에서 무역계획은 인민경제계획의 중요 항목이라고 규정한 점, 관세법 제7조에서 동법을 기관·기업소·단체와 공민에게 적용하고, 특수경제지대의 세관사업질서는 따로 정하도록 규정한 점 등에 비추어 볼 때 이들 법률은 형식적 의미에서는 대외경제분야를 규율대상으로 하므로 대외경제법으로 볼 수 있으나, 실질적으로는 계획경제 수행에 관련된 세관·관세제도를 규율하고 있어 경제분야의 대내일반법제에 속한다고 볼 수 있다.

대외경제법제는 <표 1>에서 보는 바와 같이 다시 '일반대외경제법제'와 '경제특구법제'로 구분할 수 있고, 일반대외경제법제는 '외국투자기업법제'와 '대외경제계약·중재법제등'으로 구분하고, 경제특구법제는 하드웨어적 성격을 갖는 '경제특구설치법제'와 소프트웨어적 성격을 갖는 '외국투자기업법제'로 구분할 수 있다. 외국투자기업법제는 경제특구 내의 기업경영에 관한 법제로서의 기능을 할 뿐만이 아니라 경제특구 밖에서 운영하는 외국투자기업(외국인투자기업과 외국기업)에도 적용되는 특성이 인정되므로 양면적 성격을 갖는다고 볼 수 있다. 대외경제계약·중재법제 역시 경제특구 내 외국투자기업의 계약·중재에 적용되지만, 경제특구 밖에서도 적용되므로 보다 일반적 성격을 갖는 대외경제법제라고 하겠다.

(2) 북한의 경제특구 및 경제특구법제

북한은 1991년 11월 라선경제무역지대를 지정·선포한 이후 약 10여 년이 지나서 2002년 9월에는 신의주특별행정구를, 같은 해 11월에는 개성공업지구 및 금강산관광지구를 각각 지정하여 현재 4개의 경제특구를 지정·운영하고 있다. 이들 4개 경제특구의 성격은 대체로 라선경제무역지대 및 개성공업지구는 각각 공업·무역형 경제특구라고 볼 수 있고, 신의주특별행정구는 일국양제방식의 홍콩형 경제특구라고 볼 수 있으며, 금강산관광지구는 매우 특별한 특구형태의 일종으로서 관광형 경제특구라고 부를 수 있다. 4개 경제특구의 지정일자, 설치근거법률, 행정구역 및 면적 등은 <표 2>와 같다.

<표 2> 4개 경제특구 기본사항 비교

구분	라선경제무역지대	신의주특별행정구	개성공업지구	금강산관광지구
특구지정시기	1991. 11. 28.	2002. 9. 12.	2002. 11. 13.	2002. 11. 13.
특구의 성격	공업·무역형	종합형	공업·무역형	관광형
설치근거법률	라선경제무역지대법 (1993. 1. 31. 최고인민회의 상설회의 결정 제28호)	신의주특별행정구기본법 (2002. 9. 12. 최고인민회의 상임위원회 정령 제3303호)	개성공업지구법 (2002. 11. 20. 최고인민회의 상임위원회 정령 제3430호)	금강산관광지구법 (2002. 11. 13. 최고인민회의 상임위원회 정령 제3413호)
행정구역 및 면적	라선시일원(746㎢)	신의주시, 의주군, 염주군, 철산군 일원(132㎢)	개성시, 판문군 일원 (65.7㎢)	고성군·룡천군 일부(약100km²)
투자촉진분야	무역, 중계수송, 수출가공, 금융, 봉사	금융, 무역, 상업, 공업, 첨단과학, 오락, 관광	공업, 무역, 상업, 금융, 관광	관광
특구법제의 특징	외국인투자기업허용, 외자유치촉진	특별행정구 설치, 일국양제형 자치권 보장, 법률제도 50년간 보장	외국인(남한) 투자기업 허용, 외자유치촉진	관광지구개발촉진, 관광활성화

이들 4개 경제특구를 설치하기 위하여 북한은 각각 4개의 독립적인 특별법을 제정하였다. <표 2>에서 보는 바와 같이 각 특구설치법의 주요특징은 살펴보면, 라선경제무역지대법은 외국인투자기업을 허용하고 외자유치를 촉진하려는 것이며, 신의주특별행정구설치법은 특별행정구설치 및 일국양제형 자치권을 보장하고, 그 법률제도를 50년간 보장하며, 구체적인 경제특구의 운영은 특별행정구의 입법을 통하여 실현하도록 하려는 것이다. 개성공업지구법은 외국인(남한주민·법인)투자기업을 허용하고 외자유치를 촉진하려는 것이며, 금강산관광지구법은 금강산의 관광지구 개발을 촉진하고 관광을 활성화하려는 것이다. 북한의 4개 경제특구설치법제의 입법목적, 기본적 성격, 투자촉진분야, 세금감면제도, 가격결정제도, 분쟁해결제도 등을 요약하면 <표 3>과 같다.

〈표 3〉 북한 4개 경제특구설치법제 비교

구분	라선경제무역지대법	신의주특별행정구 기본법	개성공업지구법	금강산관광지구법
최초제정일	1993. 1. 31.	2002. 9. 25.	2002. 11. 20.	2002. 11. 13.
입법목적	− 라선경제무역지대를 효과적으로 관리·운영 − 외국과의 경제협력·교류의 확대발전 − 특혜적 무역·중계수송·수출가공·금융·봉사지역으로서 특별한 제도질서에 따른 경제무역활동 보장	− 공화국의 주권을 행사하는 특수행정단위로서 신의주 특별행정구 설치·운영	− 개성공업지구를 국제적 공업·무역·상업·금융·관광지역으로 개발·운영 − 개성공업지구의 개발·관리 운영의 법질서확립 및 민족경제 발전기여	− 금강산의 국제관광지구 조성 − 관광지구개발·운영제도 확립 − 금강산의 자연생태관광 발전
기본적 성격	경제특구설치 특별법	− 홍콩형(일국양제유사)특별행정구설치특별법 − 독자입법·행정·사법권 부여(외교·국방 예외) − 특별행정구 법률제도 50년간 보장	경제특구설치 특별법	관광지구설치 특별법
투자촉진 분야	− 무역·중계수송·수출가공·금융·봉사분야	− 국제적인 금융·무역·상업·공업·첨단과학·오락·관광 지구설치등 포괄적 허용	− 국제적인 공업·무역·상업·금융·관광분야 − 하부구조건설부문·경공업부문·첨단과학기술부문 장려	− 관광지구개발 및 관광사업 − 소프트웨어 등 무공해 첨단과학기술부문 − 관광업관련 하부구조건설 부문 장려
부동산관련제도	− 토지최장 50년임차 및 연장가능(토지임대법) − 임대기관의 승인조건으로 임차토지의 양도(판매·재임대·증여·상속) 및 담보제공 가능(토지임대법)	− 토지 50년(2052년 12월 31일까지)임차 및 연장가능 − 토지이용권과 건물·시설물의 양도·임대·재임대·저당설정 허용 − 임대기관의 승인조건으로 임차토지의 양도(판매·재임대·증여·상속) 및 담보제공 가능(토지임대법)	− 토지 최장 50년임차 및 연장가능 − 토지이용분야에서 특혜 보장 − 개발업자의 토지이용권이나 건물의 양도·재임대 보장 − 임대기관의 승인조건으로 임차토지의 양도(판매·재임대·증여·상속) 및 담보제공 가능(토지임대법)	− 토지 최장 50년임차 및 연장가능(토지임대법) − 임대기관의 승인조건으로 임차토지의 양도(판매·재임대·증여·상속) 및 담보제공 가능(토지임대법)
세금감면제도	− 가공목적반입물품·수출상품에 대한 관세면제 − 기업소득세율14%(장려부문 10%) − 경영기간 10년 이상인 생산부문기업의 기업소득세 3년간 전액면제 및 그 후 2년간 50% 면제 − 총투자액 45억 원 이상인 하부구조건설부문기업의 기업소득세 4년간 전액면제 및 그 후 3년간 50% 이내 면제 − 기업이윤재투자기업에 대하여 경영기간 5년 이상인 경우 납부소득세액의 50% 환급(하부구조건설부문기업의 경우 100% 환급)	− 특혜감면세제도 보장 − 특혜관세제도 보장(특별행정구의 별도입법사항)	− 기업소득세율 14%(하부구조건설·경공업·첨단과학기술부문 10%) − 특구 내 출입자 및 위탁가공물자에 대한 관세면제	− 개발업자의 관광지구개발 및 영업활동에 대한 비과세
가격결정제도	− 상품가격의 당사자 합의결정 보장 − 중요원료·자재·일부대중필수품은 라선인민위원회가 결정가능	(명문규정은 없으나 입법목적을 외국과의 경제협력·교류의 확대발전으로 정한 점, 자치입법권을 보장한 점에 비추어 시장경제원리에 따른 가격결정제도를 도입할 것으로 예상)	− 상품가격·봉사요금을 국제시장가격에 준하여 당사자 합의 결정	
분쟁해결제도	− 협의로 해결을 할 수 없는 경우 북한이 정한 중재 또는 재판절차로 해결하며 제3국 중재기관의 중재로 해결할 수도 있도록 다원화	− 특별행정구재판소의 재판절차(자치입법권이 부여되어 있으므로 외국투자기업의 분쟁해결에 적합한 중재절차를 채택할 것으로 예상)	− 협의로 해결할 수 없는 경우 북남 사이에 합의한 상사분쟁해결절차 또는 중재, 재판절차로 해결하도록 다원화	− 협의로 해결할 수 없는 경우 북남 사이에 합의한 상사분쟁해결절차 또는 중재, 재판절차로 해결하도록 다원화

II. 북한 대내일반법제와의 비교·분석

1. 행정·경제의 지도원리

대내일반법제는 종래 북한체제가 지향하는 철학과 정치이념을 구현하기 위한 하위개념들이라고 할 수 있다. 북한 헌법 제3조에서 "조선민주주의인민공화국은 사람중심의 세계관이며 인민대중의 자주성을 실현하기 위한 혁명사상인 주체사상을 자기활동의 지도적 지침으로 삼는다."고 규정하고 있고, 제11조에서는 "조선민주주의인민공화국은 조선노동당의 영도 밑에 모든 활동을 진행한다."고 규정한 점에 비추어 보더라도 북한에서는 노동당의 영도에 따라 헌법을 비롯한 하위법령들이 운용되고 있음을 알 수 있다. <표 4>에서 보는 바와 같이, 노동당이 추구하는 가치와 지도이념은 크게 보아 사회주의 계획경제와 주체사상으로 요약할 수 있다. 이들은 사회주의 계획경제의 지도원리, 당적 지도원칙, 민주집중제(중앙집권제), 생산수단의 국유화(전 인민적 소유제) 등으로 구체화되어 전통적인 대내일반법제에 그 지도적 지침으로 흡수되어 있다.

<표 4> 북한의 대내일반법제과 경제특구법제의 비교

구분	대내일반법제	경제특구법제
철학·가치	사회주의이념·주체사상	사회주의보충·실용주의·실험정신
행정·경제의 지도원리	사회주의계획경제원리·당적지도원칙·민주집중제(중앙집권제)	경제특수지대·외국인투자기업 창설허용, 시장경제요소도입, 민간기업의 제한적 자율경영허용
상품가격결정 제도	계획가격제도	시장가격제도(부분적 도입)
개별기업의 상품생산량 및 공급가격	인민경제계획에 의한 결정	개별기업의 자율결정
생산수단의 소유제도	사회주의적 소유(국가·사회협동단체 소유) －국가소유: 전체인민의 소유 －사회협동단체소유: 단체구성원들의 집단적 소유 －자연부원·철도·항공운수·체신기관·중요공장·기업소·항만·은행: 국가소유	외국투자자의 사적소유 허용 －외국인·외국법인: 외국투자기업창설(단독투자), 투자지분취득(공동투자) －기관·기업소·단체: 외국투자기업에의 공동투자 허용 －토지: 외국투자기업에 대한 임차권(최장 5년) 보장
경제활동규제 정도	원칙적 기업활동 통제 －유일적 인민경제계획 제도 －예외적 인센티브제도 －사회주의 독립채산제	기본적 기업활동 보장 －합법적 권익보장 －높은 수준의 행정규제 －특구경제활동외의 영역: 대내일반법제 적용
이익분배 제도	사회주의적 분배방식	성과주의(기여도) 분배방식
기업의 의사결정방식	－인민경제계획에 의한 결정 －당적지도와 행정적지 시 준수(행정상·형사상 책임)	－기업자율결정
기업의 계약제도	'계획에 기초하는 계약'(민법)	'계획에 기초하지 않는 계약'(민법·대외경제계약법)
분쟁해결제도	국가중재재판(중재법)	협의·대외경제중재·국제중재·재판(다원화)

이에 비하여, 경제특구법제에서는 <표 4>에서 보는 바와 같이 종래의 사회주의 지도이념을 보충·보완하는 의미에서 실용주의·실험정신을 바탕으로 개혁·개방정책을 추진하면서 그에 필요한 외국인투자법제, 경제특구 설치법제 등을 포함하는 대외경제법제 내지 경제특구법제를 입법하게 되었다. 경제특구법제는 헌법 제37조를 근거로 하여 특수경제지대를 설치하고, 외국인투자기업의 창설을 허용하며, 시장경제요소를 도입하고 외국인투자기업(민간기업, 합작·합영기업)의 자율적인 경영활동을 보장함으로써 남한이나 외국의 자본·기술을 유치하고 침체된 북한의 산업과 경제를 회복하려는 것이다.

종래 북한에서는 유일적인 인민경제계획제도를 운영하여 왔다. 북한은 생산수단을 국가나 사회협동단체가 소유하고, 인민경제계획에 의거하여 국가 경제를 운용하는 계획경제제도를 채택하고 있다. 북한은 자본주의 시장경제 제도와는 달리 민간기업을 허용하지 아니하고 정부가 직접 기업생산활동을 담당하고 있어 정부는 하나의 유일적인 거대생산조직이라 할 수 있다. 인민 경제계획제도에 관하여 근년에 제정된 인민경제계획법(1999. 4. 9. 최고인 민회의 법령 제2호)을 중심으로 살펴보면, 인민경제계획은 사회주의 경제의 계획적 관리를 위한 기본수단이 되며, 인민경제계획의 유일성을 보장하기 위하여 계획의 일원화·세부화를 추구하여 개별 기관·기업소·단체의 수 준까지 세부적으로 작성한다. 인민경제계획사업에 대하여는 내각의 통일적 지도하에 국가계획기관(국가계획위원회)이 수행한다. 인민경제계획은 북한의 최고인민회의에서 심의·승인한다.

개별 기관·기업소·단체는 수립한 자체 인민경제계획을 해당 기관에 등 록하도록 하고, 등록되지 아니한 경우에는 노력(노동), 설비, 자재, 자금을 공급받을 수가 없으며, 제품생산이나 건설을 할 수가 없도록 금지된다. 개 별 기관·기업소·단체는 인민경제계획에 따른 사업수행을 위하여 계약을 체결하고자 할 경우에도 당해 인민경제계획에 기초하여 정확하게 계약을 체결하여야 한다. 인민경제계획에 없는 제품을 생산하거나 건설하는 경우에 는 그 활동을 중지시키며, 계획실행실적에 포함시키지 아니한다. 노력, 설 비, 자금, 자재를 유용·낭비한 경우에는 그 손해를 보상시키며, 엄중한 계 획규율 위반행위에 대하여는 그 책임일꾼이나 개별 공민에게 행정적 또는 형사적 책임까지 묻도록 하여 엄한 처벌을 받도록 하고 있다.

북한에서는 정부예산도 인민경제계획에 맞추어 편성·운영한다. 재정법 (1995. 8. 30. 최고인민회의 상설회의결정 제61호 채택, 2004. 4. 22. 최고 인민회의 상임위원회 정령 제416호 수정보충) 제4조에서는 "국가는 재정관 리를 사회주의경제제도의 요구에 맞게 유일적으로, 계획적으로 하도록 한 다."고 규정하고 있다. 국가예산은 최고인민회의에서 심의·승인하며, 중앙 예산은 내각과 해당 중앙기관이, 지방예산은 지방정권기관이 집행한다. 기 관·기업소·단체는 인민경제계획에 기초하여 재정계획을 세우고 해당기관의 승인을 받아야 하며, 승인받지 않는 재정계획은 실행할 수 없다.

이에 반하여 경제특구법제서는 경제특구에 입주한 외국인투자기업에게 북한의 인민경제계획이나 그에 따른 재정제도와는 무관하게 독립적으로 기업을 경영하도록 보장하고 있다. 인민경제계획으로부터 자유로운 기업운영 방식이다.

한편, 북한에서는 종래 자주적·창조적인 노동을 강조하고 있다. 북한에서도 노동은 권리인 동시에 의무이기도 하다. 그러나 북한에서의 노동은 사회주의하에서의 노동으로서 전일적인 사회주의경제체제에 의하여 진행되는 '사회적 노동'이다. 따라서 수많은 구인기업과 구직개인 간의 수요와 공급에 따라 형성되는 노동시장에 의하여 개개의 고용관계가 성립되지 아니하고, 정부가 수립하는 전일적 사회주의 계획경제체계에 의하여 그 고용관계가 결정된다. 사회주의로동법(1978. 4. 18. 최고인민회의 법령 제2호) 제2조에서는 사회주의 이론을 반영하여 "로동은 모든 물질적 및 문화적 재부의 원천이며 자연과 사회와 인간을 개조하는 힘 있는 수단이다. 사회주의, 공산주의는 수백만 근로대중의 창조적 로동에 의하여 건설된다. 조선민주주의인민공화국에서 로동은 가장 신성하고 영예로운 것이다."라고 규정하고 있다. 북한에서는 인민경제계획의 일원화·세부화 방침에 따라 전인민경제적 범위에서 사회적 노동을 계획적·합리적으로 조직하며, 대안의 사업체계에 의하도록 하고 있다. 이와 관련하여 경제특구 내 외국인투자기업의 경우 일반적으로 북한주민인 근로자를 채용하도록 의무화하고 있어 계획경제하의 '사회적 노동'제도와는 그 성격이 다르겠으나, 노동계약과 노사관계에 있어서는 대체로 노동행정기관의 관여와 규제의 정도가 매우 높은 편이라고 할 수 있다. 외국인투자기업의 합영·합작에 있어서 북한 측이 제공할 수 있는 것은 주로 토지와 노동부분이다. 노동부분에서 북한의 이익을 확보할 필요가 있는 점, 국내 기관·기업소·단체 근무근로자와의 형평문제가 제기되는 점, 노동의 가치에 대한 이데올로기적 혼란에 대비할 필요가 있는 점 등에서 강도 높은 행정적 규제장치를 마련하여 놓은 것으로 생각된다.

2. 형사 및 검찰감시제도

북한에서는 사회주의체제를 지탱하는 중요한 정책수단으로서 계획경제 수행에 차질을 빗는 행위 등에 대하여는 형법을 적용하도록 하고 있다. 북한 형법 제5장 '사회주의경제를 침해한 죄'에서는 인민경제계획을 되는 대로 세운 죄(동법 제127조), 인민경제계획을 고친 죄(동법 제128조), 인민경제계획을 미달한 죄(동법 제129조), 인민경제계획수행정형을 거짓 보고한 죄(동법 제130조), 계획에 없는 제품생산, 건설죄(동법 제131조) 등 인민경제계획에 반하는 행위를 한 자에 대한 처벌규정을 명시하고 있다. 이는 사회주의국가인 북한에서 인민경제계획이 차지하는 비중이 매우 크고 엄중하기 때문에 그 계획수행에 차질을 빗지 아니하도록 엄한 형벌로 다스리고 있음을 알 수 있다. 그뿐만이 아니라 개인의 상적 행위죄(商的行爲罪), 기관·기업소·단체의 책임일군의 상적 행위죄(商的行爲罪)에 대하여 2년 이하의 로동단련형에 처하도록 규정하여 개인의 사적 이윤을 추구하는 경제행위나 기관·기업소·단체와 같은 생산조직의 책임일군의 사적 이윤을 추구하는 경제행위에 대하여는 형벌을 부과하도록 하고 있음을 알 수 있다. 그 밖에 사회주의 경제질서를 문란하게 한 자에 대한 광범위한 벌칙규정을 두고 있다. 북한에서는 이와 같이 사회주의 계획경제질서를 확립하기 위하여 인민경제계획을 수립·추진함에 있어 그 계획내용에 위반하거나 계약규율을 어긴 행위에 대하여는 형벌로 다스리도록 함으로써 사회주의경제계획제도를 보장하고 있다.

또한, 북한에서는 인민의 생명·재산을 보호하고 국가사회생활의 모든 분야에서 혁명적 제도와 질서를 세워 조선로동당의 정책관철을 법적으로 보장하기 위한 '검찰감시제도'를 운영하고 있다. 검찰감시법(1985. 9. 19. 최고인민회의 상설회의 결정 제15호, 1998. 11. 19. 최고인민회의 상임위원회 정령 제160호 수정보충) 제1조에서는 검찰감시에 대하여 "모든 기관, 기업소, 단체와 공민이 조선민주주의인민공화국의 법을 정확히 지키고 집행하는가를 감시하는 국가의 권력적 활동이다."라고 정의하고 있다. 검찰감시법에서는 사회주의경제질서를 확립하기 위하여 행정·계획경제수행·재판·중재를 포함하는 모든 국가행정·경제활동에 대하여 전 방위적인 사전적 감시활동을 전개함에 필요한 규정과 절차를 마련하고 있다. 검사는 기관·기업소·단체에서 "사회주의경제관리질서를 침해하는 현상을 비롯하여 국가의 법을 어기는 일이 없는가를 감시하여야 한다."고 규정하여 검찰감시를 개개 검사의 기본적인 임무로 부여하고 있다(동법 제8조).

특히, 동법에서는 검사는 재판(민사·형사)이나 중재 심리에 참여하는 방법으로 재판·중재에 대한 감시를 행하고(동법 제26조), 검사는 재판소의 판결·판정에 의견이 있을 경우에는 '항의'할 수 있고, 중앙검찰소장은 확정된 판결·판정이 법의 요구에 어긋난다고 인정될 경우 비상상고를 제기할 수 있으며, 중재에서 내린 결정에 대하여 의견이 있을 경우에는 중앙중재기관에 의견을 제기할 수 있다(동법 제37조). 검사는 침해당한 기관·기업소·단체와 공민의 이익을 보호할 필요가 있을 경우 민사소송 또는 중재를 제기할 수 있다(동법 제38조). 검사는 법에 어긋나는 기관의 결정·지시를 취소 또는 변경하여야 할 경우, 위법행위를 낳게 한 조건을 없애기 위한 대책을 세워야 할 경우, 법을 어긴 일꾼에게 벌금을 물리게 하거나 국가와 사회에 준 재산상 손실을 보상시켜야 할 경우에는 그 법을 어긴 기관·기업소·단체나 해당 권한 있는 기관에 '제의'를 한다고 규정하고 있다(동법 제42조).

이들 북한 형법 제5장 '사회주의경제를 침해한 죄'는 인민경제계획을 제대로 수행하기 위한 제도라고 볼 것이므로 인민경제계획과 직접 관련이 없는 경제특구 내 외국인투자기업에 대하여는 적용할 수 없다. 또한, 검찰감시제도는 모든 기관, 기업소, 단체와 공민이 '조선민주주의인민공화국의 법'을 정확히 지키고 집행하는가를 감시하는 국가의 권력적 활동이므로 그 본래의 적용대상은 북한 내의 기관·기업소·단체와 공민이 된다. 따라서 경제특구 내의 외국인투자기업 및 그 소속 임·직원의 경우 경영활동에 따른 행위에 대하여 적용하기는 곤란하다고 볼 것이다. 다만, 외국인투자기업의 경영활동을 벗어난 영역이나 사적인 활동영역에서는 대외경제법제나 남북한합의규범 등에서 특별한 보호규정을 두고 있지 않는 한 북한의 형사법의 적용대상이 된다고 볼 것이란 점에서 우리 정부의 적절한 대응과 남북 간 협력이 요청된다고 본다.

3. 가격결정제도

북한의 계획경제에서는 이른바, '유일적 계획가격제도'를 운용하여 오고 있다. 자본주의 시장경제제도의 경우와 같이 상품가격이 시장경제의 가격조절기능(price mechanism)에 의하여 결정되지 아니하고, 정부가 유일적으로 계획가격을 결정하여 시행한다. 이와 같은 사회주의 가격결정 및 시행에 관한 제도를 입법화하여 근년에 가격법(1997. 1. 29. 최고인민회의 상설회의 결정 제81호)을 제정·운용하고 있다. 계획가격을 결정할 때에는 사회주의 기본경제법칙과 가치법칙의 요구, 제품의 쓸모와 인민경제적 의의, 수요와 공급, 축적(저축)과 소비 사이의 균형을 고려하여 정하도록 하고 있으나, 이는 근본적으로 자본주의 시장경제의 가격결정원리와 다르다고 하겠다.

경제특구법제에서는 위와 같은 북한 유일적 계획가격제도가 적용되지 아니하고, 매매당사자의 합의에 의한 가격결정제도를 보장하고 있어 시장경제 요소가 상당히 반영되어 있다고 본다. 라선경제무역지대법 제22조에서는 "라선경제무역지대 안에서 외국투자기업이 생산한 상품의 가격은 판매자와 구매자 사이의 합의에 따라 정한다."고 규정하고 있고, 개성공업지구법 제40조에서는 "상품의 가격은 국제시장가격에 준하여 당사자들이 합의하여 정한다."고 규정하고 있으며, 외국인투자법 제12조에서는 현물투자재산의 가치평가를 국제시장가격에 기초하여 당사자합의에 따라 결정하도록 하고 있다. 이들 규정과 경제특구법제의 입법취지 및 관련조항들을 종합할 때 적어도 종래 계획경제원리가 적용되는 북한의 기관·기업소·단체의 경우와는 달리 시장가격에 준하는 당사자 합의가격제도가 정착될 것으로 사료된다. 라선경제무역지대의 경우 중요원료, 자재와 일부 대중필수품의 가격은 라선인민위원회가 정하도록 규정한 바와 같이 일부 상품에 대하여는 정부 지정가격제를 병행하여 운영하고 있다.

4. 생산수단 소유제도

북한에서는 사회주의이념에 따라 생산수단을 국유화 또는 공유화하고 있다. 북한 헌법 제20조에서는 "조선민주주의인민공화국에서 생산수단은 국가와 사회협동단체가 소유한다."고 규정하고, 제21조에서는 "국가소유는 전체 인민의 소유이다."라고 규정하고 있다. 또한 국가소유권의 대상에는 제한이 없으며, 나라의 모든 자연부원, 철도, 항공, 운수, 체신기관과 중요공장, 기업소, 항만, 은행은 국가만이 소유한다고 명문화하고 있다. 제22조에서는 "사회협동단체소유는 해당 단체에 들어있는 근로자들의 집단적 소유이다."라고 규정하고, 토지, 농기계, 배, 중소 공장, 기업소 같은 것은 사회협동단체가 소유할 수 있도록 하고 있다. 이에 비하여, 개인소유는 소비목적재산에 한정된다. 헌법 제24조에서는 "개인소유는 공민들의 개인적이며 소비적인 목적을 위한 소유이다. 개인소유는 로동에 의한 사회주의분배와 국가와 사회의 추가적 혜택으로 이루어진다."고 규정하고 있다. 텃밭경리를 비롯한 개인부업경리에서 나오는 생산물과 그 밖의 합법적인 경리활동을 통하여 얻은 수입도 개인소유에 속한다고 명시하고 있다.

또한, 북한 민법(1990. 9. 5. 최고인민회의 상설회의 제4호 결정, 1999. 3. 24. 최고인민회의 상임위원회 정령 제540호 수정보충) 제1조에서는 민법은 재산관계에 대한 민사적 규제를 통하여 '사회주의경제제도와 물질기술적 토대'를 튼튼히 함에 그 목적이 있음을 밝히고 있다. 북한 민법 제2편에서는 소유권제도를 규정하고 있다. 소유권에는 헌법의 입법취지에 맞추어 국가소유권, 사회협동단체소유권, 개인소유권의 3개 종류로 구분한다. 북한에서는 헌법 제20조에서 천명하고 있는 바와 같이 생산수단의 국가와 사회협동단체 소유의 원칙이 확립되어 있다. 국가소유란 전체 인민의 소유이며, 사회협동단체소유란 그 단체 가입된 근로자들의 집단적 소유이다. 이에 비하여 개인소유권은 '근로자들의 개인적이며 소비적인 목적을 위한 소유'이다. 물론, 노동에 의한 사회주의분배와 국가 및 사회의 추가적 혜택(복지) 이외에 텃밭경리를 비롯한 개인부업경리에서 나오는 생산물, 상속·증여받은 재산 등이 개인소유의 대상에 포함되지만, 이와 같은 것들은 어디까지나 부수적인 것에 불과하다.

북한 헌법에서는 위와 같은 생산수단의 국유화에 관한 규정을 두고 있지만, 특별히 제37조에서는 예외적으로 "국가는 우리나라 기관, 기업소, 단체와 다른 나라 법인 또는 개인들과의 기업 합영과 합작, 특수경제지대에서의 여러 가지 기업창설운영을 장려한다."고 규정하여 생산수단국유제원칙이 적용되지 아니하는 외국인투자법인이나 특수경제지대(경제특구)를 창설할 수 있는 특례를 마련하고 있다. 라선경제무역지대에서 설립 가능한 외국인기업의 경우에는 외국인이 단독으로 전액출자하는 일종의 민간기업이다. 그 밖의 합영회사·합작회사 등 외국인투자기업의 경우에도 외국의 개인이나 법인이 출자하는 경우에는 생산기업인 그 회사에 투자한 지분만큼 북한 내 생산수단에 대한 지분소유권 취득을 인정하는 것이다.

5. 기업경영활동 규제수준

북한의 계획경제체제하에서는 북한의 모든 기업소 등 생산조직이 하나의 거대한 공장처럼 계획적·통일적으로 경영된다. 따라서 북한에서는 각종 기업생산제품에 대한 엄격한 생산허가제 및 품질감독제를 비롯하여 거의 전반적인 기업소경영에 걸쳐 중앙정부의 체계적 통제하에 운영하여 관리하고 있다. 이하 근래 제정·운영되고 있는 제품생산허가법과 품질감독법을 중심으로 살펴본다.

북한에서는 주요공업생산제품(금속공업, 기계공업, 전자공업, 화학공업, 경공업, 제약공업 같은 부문의 기관·기업소·단체가 생산하는 가공제품)에 대하여 일반적인 생산허가제도를 운영한다. 북한에서는 근래 이와 같은 제품생산허가제도를 법제화하기 위하여 제품생산허가법(2002. 7. 3. 최고인민회의 상임위원회 정령 제3125호 채택)을 제정하여 운영하고 있다. 북한의 제품생산허가제도는 남한의 경우 제조업허가제도와 그 대상범위·허가목적 등에서 근본적인 차이점이 있다. 남한에서의 일부 공업생산제품에 대하여 특별히 허가제도를 두어 주로 국민건강보호·안전사고예방 등 특정한 행정상·정책상 목적을 위하여 운영하는 데 반하여 북한의 생산허가제도는 일반적·망라적으로 주요공업생산제품에 대하여 그 제품의 품질관리를 하기 위한 목적으로 운영하는 경영관리적인 성격의 제도라고 하겠다. 북한에서는 제품생산에 대한 허가제를 실시하는 것을 사회주의 경제관리의 주요한 요구의 하나로 파악한다. 제품생산허가 심의를 정확히 하는 것은 제품의 품질관리, 생산의 전문화·집중화를 도모하려는 것이다. 생산허가를 받지 아니하고 제품을 생산하거나 하가내용대로 생산하지 않은 경우에는 그 제품의 생산·출하를 중지시키며, 벌금을 부과하거나 생산허가를 취소할 수 있도록 하고 있다.

또한, 북한에서는 공업제품과 반제품·원료·자재, 주요농축수산물, 판매제품, 수출입상품 등에 대하여 품질감독제도를 운영하고 있다. 품질감독법(1997. 7. 2. 최고인민회의 상설회의 결정 제88호 채택, 2003. 8. 21. 최고인민회의 상임위원회 정령 제3943호 수정보충) 제2조에서는 "품질감독은 질 좋은 제품을 생산공급하고 사회주의경제건설을 다그치며 나라의 대외적 권위를 높이기 위한 중요한 사업이다."라고 규정하고 있다. 품질감독에는 공정검사와 제품검사가 있다. 동법 제5조에서는 "제품검사는 제품의 질과 양을 보장하는 데 나서는 필수적 요구이다."라고 규정하고, 동법 제10조에서는 "공정검사는 원료·자재의 입하로부터 제품완성에 이르기까지 기술관리를 바로 하도록 통제하는 사업이다."라고 규정하고 있다. 따라서 품질감독제도 역시 공업제품과 주요 농축수산물 등에 대하여 일반적으로 수행하는 품질관리활동으로서 시장경제제도하에서는 일반적으로 각 개별생산주체가 담당하는 경영관리활동의 일환에 해당한다고 본다.

위와 같은 사회주의 계획경제시스템의 경우와는 달리 경제특구 내 외국인투자기업에서는 생산허가제 및 품질감독제가 운영되지 아니한다. 외국인투자기업은 물론 관계법령에 따른 영업등록과 허가를 받아야 하지만, 개개의 생산품목에 대하여는 행정기관의 사전생산허가를 받거나 엄격한 품질감독을 받지 않는다. 이와 같은 분야의 관리는 기업 스스로 챙겨야 하며, 그 부실관리에 따른 불이익은 고스란히 당해 기업에게 돌아온다. 경제특구 내에서는 생산품목의 선정 및 생산량 결정과 품질관리는 외부기관인 행정기관이 수행하는 것이 아니라 기업 스스로 수행하여야 하는 자율경영제도로 운영된다.

6. 기업의 계약제도

북한 민법(1990. 9. 5. 최고인민회의 상설회의 제4호 결정, 1999. 3. 24. 최고인민회의 상임위원회 정령 제540호 수정보충) 제1조에서는 민법은 재산관계에 대한 민사적 규제를 통하여 '사회주의경제제도와 물질기술적 토대'를 튼튼히 함에 그 목적이 있음을 밝히고 있다. 민법 제3편에서는 채권채무제도에 관한 규정들을 두고 있다. 채권채무관계를 성립시키는 계약에 관하여 동법에서는 '계획에 기초하는 계약'(동법 제101조 내지 제145조)과 '계획에 기초하지 않는 계약'(동법 제146조 내지 234조)으로 대분한다. 계획에 기초하는 계약은 "인민경제계약을 실행하며 경제관리에서 독립채산제를 정확히 실시하기 위하여 인민경제계약에 기초하여 맺는다."고 규정하고, 기관·기업소·단체는 계약을 "정해진 절차와 방법에 따라 맺어야 한다."

고 규정하여 북한에서 '계획에 기초하는 계약'이란 인민경제계획과 분가분의 밀접한 관계에 놓여 있다. 인민경제계획을 떠나서는 그와 같은 계약이란 성립할 수 없는 것이다. 특히, '계획에 기초하는 계약'을 체결하는 경우 계약당사자는 인민경제계획을 가장 정확히 합리적으로 수행할 수 있도록 계약내용을 정하여야 하므로 개별 기관·기업소·단체가 임의로 계약내용을 정할 수 없는 것이다.

계약당사자 간에 의견상 합의가 이루어질 수 없는 상이점이 발생하는 때에는 이를 당사자 상호 간의 절충·조정 또는 협상을 통하여 해결하는 것이 아니라 민법 제103조에 근거하여 국가중재절차로 해결하도록 하고 있다. 그 밖에 '계획에 기초하는 계약'에 관하여는 인민경제계획의 추가·조절에 따른 계약변경제도(동법 제104조), 자재공급계약에 따른 사고조사를 정당한 사유 없이 지연·거절한 공급자에 대하여는 수요자가 작성한 사고조서에 근거하는 책임부과제도(동법 제109조), 기본건설시공계약에 따른 건설물에 대하여는 준공검사에 합격하여야만 주고받을 수 있도록 한 준공검사합격 후 인수제도(동법 제134조) 등 강행규정들을 두고 있다.

이에 비하여 '계획에 기초하지 않는 계약'은 일반적으로 인민경제계획과 무관한 경제거래에 적용된다. 소매상업기업소·수매기관과 공민 사이, 공민과 공민 사이에 물건을 매매하는 경우의 팔고사기계약(매매계약), 공민이 물건을 만들거나 수리·가공하는 경우의 작업봉사계약, 보관계약, 위탁계약, 여객운송계약, 저금·보험계약, 위임계약, 빌리기계약, 은행대부계약, 합동작업계약 등이 있다. 이들 '계획에 기초하지 않는 계약'은 인민경제계획이나 정부의 규제로부터 어느 정도 벗어나 비교적 자유롭게 체결할 수 있으며, 분쟁발생 시에도 '계획에 기초하는 계약'은 국가중재재판을 통하여 해결하지만, '계획에 기초하지 않는 계약'은 민사재판을 통하여 해결한다.

경제특구의 경우 외국인투자기업의 경영활동에 대하여는 '계획에 기초하는 계약'(동법 제101조 내지 제145조)에 관한 규정은 적용되지 아니한다. 그러나 '계획에 기초하지 않는 계약'(동법 제146조 내지 234조)의 규정은 외국인투자자나 외국인투지가업의 경영활동에 대하여 적용된다고 본다. 이는 민법 제11조에서 "공화국 영역 안에 창설된 합영, 합작기업 그밖에 법이 인정한 다른 나라 법인도 민사법률관계의 당사자로 된다."고 규정한 점에 비추어 명백하다. 다만, 외국인투자자나 외국인투자기업 그 밖의 외국기업의 투자에 대하여는 특별법으로서 대외경제계약법의 규정이 우선 적용된다고 본다. 동법 제2조에서는 대외경제계약을 무역·투자·봉사와 관련한 계약으로 규정하고 있다. 동법 제11조에서는 외국투자기업을 창설하는 계약의 체결에는 중앙무역지도기관 또는 해당기관의 승인을 요하도록 규정하고 있다.

7. 기업분쟁 해결제도

북한에서는 민사소송과는 별도로 국가중재제도를 운영하고 있다. 중재법(1995. 3. 1. 최고인민회의 상설회의 결정 제53호) 제1조에서는 동법은 "계획수행 및 계약리행에 대한 통제를 강화하여 인민경제계획실행을 적극 추동하는 데 이바지한다."고 규정하여 그 입법목적이 인민경제계획의 원활한 수행을 보장하기 위한 통제와 추동에 있음을 알 수 있다. 중재관할사건의 범위를 기관·기업소·단체 사이에 인민경제계획실행을 위한 계약을 맺거나 그것을 이행하는 과정에서 제기되는 분쟁과 기관·기업소·단체 사이에 분쟁은 없으나 인민경제계획 및 계약규율을 위반한 사건으로 하고 있다(동법 제17조). 국가중재에서는 원고의 청구를 승인(인용) 또는 거부(기각)하는 재결 이외에 중재심리에서 확증된 위법행위에 대하여 제재를 가하는 재결, 위약금·연체료·손해보상 등을 면제하는 재결까지 수행하는 권한이 부여되어 있다(동법 제69조).

경제특구 내의 외국인투자기업은 인민경제계획의 적용대상이 되지 아니하므로 위와 같은 국가중재제도가 적용될 수는 없다. 경제특구설치법에서는 별도의 분쟁해결절차를 마련하고 있다. 개성공업지구법 제46조에서는 기업활동과 관련된 분쟁이 협의에 의하여 해결될 수 없는 경우에는 북남 사이에 합의한 상사분쟁해결절차 또는 중재, 재판절차에 의하여 해결하도록 규정하고 있고, 금강산관광지구법 제29조도 유사한 규정을 두고 있다. 라선경제무역지대법 제42조에서는 협의의 방법으로 해결될 수 없는 경우에는 북한이 정한 중재 또는 재판절차로 해결하며 제3국의 중재기관에 제기하여 해결할 수도 있다고 규정하고 있다. 여기서 북한이 정한 '중재 또는 재판절차'란 북한의 대외경제중재법에 의한 중재 또는 민사소송법에 의한 민사재판을 의미한다고 생각된다. 외국인투자기업의 경우 특별법적 성격을 갖는 대외경제중재법이 민사소송법보다 우선 적용되어야 하고, 남북 사이에 체결된 상사분쟁합의서는 대외경제중재법에 대한 특별법적 지위를 갖는다고 본다.

대외경제중재법 제4조에서는 대외경제중재로 심리·해결하는 분쟁관할범위를 북한의 기관·기업소·단체와 외국기업 사이에 생긴 분쟁, 북한의 기관·기업소·단체와 외국인투자기업 사이에 생긴 분쟁, 외국인투자기업과 외국인투자기업 사이에 생긴 분쟁, 외국인투자기업과 외국기업 사이에 생긴 분쟁, 외국기업과 외국기업 사이에 생긴 분쟁, 북한의 기관·기업소·단체·외국인투자기업 및 외국기업과 해외조선동포·외국인 사이에 생긴 분쟁으로 정하고 있다. 동법 제5조에서는 대외경제중재는 분쟁당사자들의 서면합의에 따라 분쟁당사자 일방이 낸 중재제기 문건에 의하도록 하고, 동 서면합의에는 계약에 포함되어 있는 중재조항인 분쟁발생 후 당사자들이 맺은 중재계약도 속한다고 규정하고 있다.

또한, 남북 간에 체결·발효된 남북합의규범으로서 상사분쟁합의서[5] 제3조에서는 중재위원회는 남과 북의 당사자 사이 또는 일방의 당사자와 상대방의 당국 사이에 경제교류·협력과정에서 생기는 상사분쟁의 중재 또는 조정, 남북투자보장합의서 제7조 제1항에 규정된 분쟁으로서 당사자가 중재위원회에 제기한 분쟁의 중재 또는 조정에 관한 기능을 수행하도록 하고 있다.

---

5) 상사분쟁합의서의 정식명칭은 '남북 사이의 상사분쟁 해결절차에 관한 합의서'이다. 동 합의서는 우리나라 헌법이 정하는 제약체결절차를 존중하여 2000. 12. 16. 남북장관급회담 시에 서명하였으며, 2003. 6. 30. 국회의 동의를 얻어 2003. 8. 20. 남북 사이의합의서 제3호로 공포된 바 있다. 2003. 8. 20. 그 발효를 위하여 남북한 당국 간에 교환되었다. 투자보장합의서(남북사이의합의서 제1호), 이중과세방지합의서(남북사이의합의서 제2호), 청산결재합의서(남북사이의 합의서 제4호) 역시 마찬가지 절차를 거쳐 발효되었다.

Ⅲ. 다른 체제전환국과의 비교·분석

1. 중국과의 비교·분석

가. 중국의 개혁·개방정책과 경제특구개발

1980년 8월 중국의 전국인민대표대회 상무위원회는 '광동성 경제특구조례'를 비준 공포하는 동시에 광동성에 선전(瀋圳)·주하이(珠海)·산터우(汕頭) 3개 시에 경제특구를 선포하였고, 2달 후인 10월에는 샤먼(厦門)시의 경제특구설립을 비준하였다. 그 후 1988년 4월에는 제7기 전국인민대표대회 제1차 회의에서 하이난(海南)도를 경제특구로 지정하였다. 이들 5개 지역의 경제특구 지정현황을 보면 다음 <표 5>와 같다.

〈표 5〉 중국의 주요경제특구 개요

구분	특구지정시기	특구인구	특구면적	주요유치업종
선전(瀋圳) 경제특구	1980년 8월	132만 명	124㎢	전자, 경공업, 식품, 의류제조, 건축재료, 직물기계, 석유화학 등
주하이(珠海) 경제특구	1980년 8월	118만 명	121㎢	의류, 방직품, 각종기계, 체육용품, 일용잡화, 시계 등
산터우(汕頭) 경제특구	1980년 10월	80만 명	234㎢	경박직품, 도자기, 가전용품, 임산물, 플라스틱, 자전거, 완구 등
샤먼(厦門) 경제특구	1980년 10월	129만 명	1,565㎢	담배, 컨테이너선, 전자, 건자재, 도자기 등
하이난(海南) 경제특구	1988년 4월	783만 명	33,920㎢	열대작물재배, 해상유전, 관광자원, 야금, 석유화학, 건자재 등

자료출처: http://www.chinainkorea.co.kr

물론 중국에서 통상 경제특구는 수권입법권을 가지는 위 5개 경제특구만을 지칭한다. 그러나 모두에 살펴본 경제특구 개념에 의할 때 중국에는 위 5개 경제특구 이외에도 다양한 경제특구제도가 존재한다. 중국 내부에서는 경제특구와 특별경제구의 개념을 구분하여 사용한다. 경제특구는 경제특별구의 일종으로 보고, 1980년 이후 지정한 선전(瀋圳)·주하이(珠海)·산터우(汕頭)·샤먼(厦門)·하이난(海南)의 4개 지역만을 경제특구로 지칭하고, 그 이후에 지정된 상하이 포동신구(浦東新區)나 그 밖의 보세구, 첨단기술개발구, 관광휴양구 등은 이를 경제특구로 지칭하지 않는다.[6] 경제특구와 이들 그 밖의 특별행정구를 구분하는 기준이 수권입법권을 가지고 있느냐의 여부이고, 경제특구의 경우에는 다른 특별경제구가 갖지 못한 수권입법권을 가지고 있다는 점이다. 그러나 여기서는 중국의 5개 경제특구법제를 중심으로 검토하고자 한다.

중국 당국은 경제특구에 대하여 그동안 외자도입 및 대외지향적 산업·경제발전을 도모하고, 개혁·개방의 시험장으로서 사회주의 시장경제를 추진하며, 경제특구의 자주권 보장과 경제특구의 활성화를 위한 입법 및 투자환경개선을 추진하는 정책을 장기적으로 비교적 일관되게 추진하여 왔다. 경제특구는 중국의 경제체제 개혁을 위한 대안으로서 계획경제의 모순점을 해결하여 나아가면서 중국 체제개혁·개방의 시험장 역할을 수행하였다. 현대적 기업제도와 사회보장체제를 확립하며, 경제특구에서의 개혁성공사례를 전국적 공간으로 확대시켜 나아가는 정책을 추구하였다.[7] 경제특구를 통하여 외국의 자본·선진기술·경영노우하우를 도입하여 경제발전속도를 높이고, 다양한 선진정보를 국내기업에 전파시켰으며, 국내기업의 체질개선 및 대외개방을 촉진시키고, 내지경제(內地經濟)의 광범위한 발전을 견인하는 지렛대 역할을 담당하였다고 볼 수 있다.

1970년대 말 대외개방정책에 따라 외자도입체제를 확립하기 위하여 중국 정부가 취한 초기 제도개혁의 대표적인 사례는 이른바, 외자삼법(外資三法) 중 최초의 법률이라 할 1979년 중외합자경영기업법의 제정이다. 동법은 그 당시 전통적 계획경제법제하에서는 시장경제개념 도입에 따른 민간회사설립 등을 가능하게 하는 회사법이나 민법 등이 존재하지 아니하였다. 중국에

---

6) 法務部, 『中國 經濟特區法制 研究』, 法務資料 第265輯, 2005. p.28〜30.
7) 法務部, 앞의 책. p.10〜11.

서는 중외합자경영기업법을 제정한 이후 시점인 1982년에 헌법을 개정하여 외자도입과 경제교류·합작에 관한 근거조항을 도입하였다. 개정헌법 제18조에서는 외국의 기업·경제조직이나 개인에게 중국의 법률의 규정에 따른 투자나 중국의 기업 등과의 각종 형식의 경제합작을 할 수 있도록 허용하며, 이들은 중국의 법률이 정하는 바에 따른 보호를 받는다고 규정하였다. 그 후 1986년에는 외자기업법이, 1988년에는 주외합작경영기업법이 각각 제정되었다.

중국에서 외국인 직접투자방법에는 합자투자(equity joint venture), 합작투자(contractional joint venture), 독자투자(independent joint venture)의 3가지 유형이 있다. 합자투자기업은 중국과 외국의 투자자가 공동출자하여 有限責任公司의 형태로 설립하며, 가장 대표적인 외국인 직접투자방식이다. 출자비율은 25% 이상이어야 한다. 사업기간은 30년 내지 50년이며, 업종과 기업성격에 따라서는 국무원 허가를 받아 70년 내지 90년까지 연장된다. 손익배분은 순이익 중에서 세금·기금 등을 공제한 후 투자지분(등록자본 비율)에 따라 분배한다.

이들 3개 유형의 기업에 대하여 살펴보면, 합작투자기업은 중국과 외국의 투자자가 공동출자하여 有限會社의 형태로 설립하며, 각 투자자의 권리와 의무가 그 투자지분에 따라 배분되지 아니하고 계약조건에 따라 다르게 배분되는 점이 특징이다. 이 투자방식에서는 특히 계약기간 만료 후 고정재산은 무조건 중국 측의 소유로 귀속된다. 계약형 기업이라고 부르기도 한다. 투자자의 사정에 따라 적절하게 계약조건을 합의할 수 있는 장점이 있으나, 중국 현지의 법제와 관행에 밝지 못한 외국인 투자자에게는 불리한 직접투자방식이 아닐 수 없다.

외자기업은 외국인 투자자가 100% 전액 단독 출자하여 유한회사 형태로 설립하며, 독자투자기업이라고도 부른다. 출자는 전액 외국인 투자자가 하지만, 고용관계를 살펴보면, 원칙적으로 중국인근로자를 고용하도록 의무화하고 있다. 그 밖에 외자기업에 대하여는 여러 가지 법적 제한과 규제가 많은 편이다. 3차산업에는 외자기업의 설립 자체가 금지되어 있고, 생산제품의 중국 내 판매에도 상당한 제한이 부과되어 있다.

나. 중국·북한 경제특구법제의 비교

중국에서의 경제특구는 산업·경제 발전과 지역개발에 있어서 견인차 역할을 충분히 수행하여 왔다. 1988년부터 1999년까지의 중국경제 연평균성장률은 9%인 데 비하여 선전특구는 무려 33%에 육박하는 높은 실적을 올렸으며, 그 밖에 산터우특구는 27%, 주하이특구는 24%, 샤먼특구는 19%의 성장률을 기록하였다. 선전특구의 경우 1979년 말 상주인구 31만에 불과한 중소도시가 2002년 말 현재 인구 504만의 거대공업도시로 급성장하였다는 점에도 경제특구제도가 중국의 산업화·도시화·현대화에 뚜렷하게 기여하였다는 점을 인정할 수 있다.[8] 중국의 경우 정치·경제체제 개혁과 개방정책을 중앙당과 정부가 강력하게 추진함에 따라 경제특구의 활성화에 매우 긍정적인 환경을 조성한 점, 중앙정부가 경제특구를 관할하는 지방정부에 대하여 수권입법권을 부여하여 상당한 범위에서의 자율적인 제도도입을 보장한 점, 외국인투자대상 영역을 한정하지 않고 개방한 점, 국내의 국영기업·사영기업 등의 비교적 자유로운 진출을 보장한 점이 경제특구제도가 성공적으로 정착·발전하게 된 요인이라고 하겠다. 그 밖에 적절한 입지선정, 저렴한 노동력의 확보가 가능하고 거대한 내륙의 배후시장이 존재하는 점 등도 매우 긍정적인 요인으로 평가된다.

이에 비하여, 북한의 경우에는 1990년대 초에 지정된 라선경제무역지대는 외국인투자유치에 양호한 실적을 거두지 못하였고, 신의주특별행정구는 지정 이후 아직까지 입법권을 행사하고 있지 못하는 등 별반 진전이 없는 실정이다. 다만, 개성공업지구와 금강산관광지구의 경우에는 남한의 자본·기술을 유인하거나 관광객을 유치하는 데 어느 정도 성과를 거두고 있다. 물론, 북한의 경우 제도외적인 핵문제와 국제정치적 갈등으로 상당한 지장

---

8) 法務部, 앞의 책, p.805.

을 받는 측면도 있다. 이와 같은 정치·군사적 요인을 제외하더라고 북한체제의 진정한 개혁·개방의지가 있는지 여부에 대하여는 다수의 관계전문가들이 회의적 시각을 갖는다. 북한 체제내부에서는 사회주의 계획경제시스템을 개혁하고 본격적인 대외개방조치를 추진할 의지가 있다고 보기 어렵다는 것이다. 따라서 북한의 대외개방정책과 그에 따른 경제특구제도는 북한의 기본적인 계획경제시스템을 보충하는 수준에 머무는 것이라고 본다. 이에 따라, 경제특구제도는 도입하되, 과감한 외자유치제도를 도입하기 어렵고, 경제특구 내의 시장경제시스템의 운용경험이나 신제도를 전국적 영역이나 북한 내의 주요도시·지역으로 확장시키기 어렵다는 점이다. 그렇다고 하여 향후 북한체제 내의 과감한 개혁·개방정책의 채택가능성을 전혀 배제할 수도 없다고 본다.

중국의 경제특구제도의 특성과 관련하여 또 하나 중요한 의미를 가지는 것은 각 개별 경제특구에 알맞은 적절한 투자촉진 및 특구활성화에 관한 입법을 함에 있어 중국 특유의 수권입법제도가 크게 기여하였다는 점이다. 수권입법제도는 중국 헌법이 규정한 입법기관이 직접 행사하는 입법인 법정입법방식과는 구분되는 개념의 입법방식이다. 경제특구를 관할하는 지방기관인 성·시 인민위원회가 갖는 수권입법의 권한은 본래의 입법권자로서 최고입법기관인 전국인민대표대회와 그 상무위원회로부터 수여받은 것이다. 동 수권입법은 중앙입법인 법정입법으로서의 효력을 갖는 것도 아니고, 그렇다고 하여 지방 성·시가 행사하는 법정입법인 지방입법도 아니다. 그러나 지방성법류의 효력보다 우선하는 지위를 갖고 있고, 헌법의 규정과 법률에서 정하는 기본원칙에 반하지 않는 범위 안에서는 광범위한 입법재량을 행사할 수 있다는 점에서 그 경제특구의 여건에 적합한 다양한 외국인투자촉진법제, 경제특구의 활성화제도 등을 입법할 수 있고, 이 같은 입법의 효력은 지방성법규보다 우선하므로 지방성법규의 규제에 따른 제약을 극복할 수 있는 장점이 있다.

북한의 경우는 중국과 비교할 때, 영토의 대소, 중앙정부와 지방정부의 상호관계, 주체사상 등 정치이념의 상이성 때문에 법제도가 각각 다른 특성을 가질 수밖에 없다고 하겠다. 북한의 경우에는 영토면적이 상대적으로 협소하고 중앙당과 정부의 지방에 대한 강력한 중앙집권적 통제가 가능하며 주체사상이 지배하고 있다는 점에서 굳이 중국식 수권입법제도의 필요성을 느끼지 못할 것이다. 중앙정부가 직접적으로 경제특구 활성화에 필요한 지원법제를 입법하더라도 그 지역실정에 적합하고 북한의 상황에 알맞게 입법하면 될 것이다. 따라서 북한에서는 중앙당과 정부가 어느 정도 경제특구 활성화 또는 경제시스템에 대한 개혁의지를 갖고 있느냐 하는 것이 더욱 중요한 의미를 갖는다고 본다.

중국와 북한의 법인식·법률관행 또는 법현실에 있어서 공통적인 점은 양국 공히 당적 지도·지시(수령의 교시)나 정부의 정책이 법률에 명문규정이 없을 때에는 법률적 준거로서 기능한다는 점이다. 중국의 회사법·계약법 등 제도적 환경을 살펴볼 때 주요특징의 하나는 공산당의 당적 지도나 정책의 우선성이 강조되거나 정책 자체의 법원성을 명문으로 인정하고 있는 점이다[9]. 중국의 경제계약법 제7조제1항에서는 국가의 경제계획을 파괴하거나 국가의 이익 혹은 사회공공의 이익에 위반되는 경제계약은 무효라고 규정하고 있다. 시장경제적 요소를 반영한 중국의 민법통칙(1986년) 제6조에서는 민사활동은 법률을 준수하여야 하지만, "법률에 규정이 없을 때에는 국가의 정책을 준수하여야 한다."고 규정하여 국가의 정책의 법원성을 명문화할 정도로 정책이 민간활동 영역의 구석구석까지 지배하고 준거가 되도록 되어 있다. 입법이 자본주의국가에 비하여 그리 많지 않은 현실에서 당의 지도·지시나 정부의 정책은 외자기업의 중국 내 경영활동에 상당한 제약요인으로 작용하게 될 수밖에 없다. 이 같은 중국의 법인식이나 법현실은 북한의 경우에도 그와 크게 다르지 않다고 본다. 북한에서는 신의주·개성·금강산 3개 경제특구법제에서는 그 최종적인 해석권한을 최고인민회의 상임위원회가 갖도록 규정한 점, 북한 헌법에서는 국가의 모든 활동을 당의 영도 밑에 수행하도록 규정한 점 등에 비추어 볼 때, 개별 특구법제에

---

9) 崔榮澤, "中國의 市場經濟法 體系와 外資投資法 檢討", 『한국북방학회논집』(제3호), 한국북방학회, 1997, p.149.

명문규정이 없는 경우에는 당적지도·지침이 법률관계에 상당한 영향을 줄 수 있는 여지가 크다고 본다.

2. 베트남과의 비교·분석

가. 쇄신(도이모이)정책과 경제특구개발

베트남은 1986년 12월 제6차 공산당대회에서 쇄신(도이모이)정책을 결정함으로써 체제 개혁·개방이 본격 추진되었다. 공산당이 채택한 쇄신정책은 종전의 신경제정책(1980~82)과는 근본적으로 다른 것으로서, 경제체제의 본격적인 개혁을 의미한다. 과거 베트남 정권이 추진했던 신경제정책은 계획경제체제의 골격은 그대로 유지하되, 그 개선·개량에 주안점을 두고 물질적 인센티브제와 규제와 통제를 완화하는 등의 제도개선을 추진하였다. 그 결과 단기적으로 농업과 공업부문의 생산성을 끌어올리기는 하였으나, 소득격차심화, 높은 인플레이션, 매점매석 등의 시장혼란, 경기침체, 개혁정책의 일관성결여 등 부작용이 더욱 커지면서, 이는 체제유지에 대한 불안요인으로 의식하게 된 베트남 정부는 전면적인 체제전환을 의미하는 쇄신정책을 추진하게 되었다.[10)]

베트남 정부는 계획경제체제에서 시장경제제제로 전환하여 정부개입을 최대한 축소하면서 시장의 가격조절기능을 살리고, 대외개방을 통하여 외국자본을 적극 유치하고자 하였다. 생산수단에 대한 소유형태는 과거 사회주의적 소유형태인 국가소유, 공유, 집단소유였으나, 쇄신정책에 의하여 사적 소유와 개인소유제를 새로이 도입하여 시장경제적 소유형태를 강화하였다. 1987년 제정된 토지법에서는 농민에게 토지이용권을 부여하였고, 그 후

---

10) 오인식, "體制轉換國의 經濟改革 成果와 展望", 『사회과학연구』(제18호), 상명대학교 사회과학연구소, 2004.

1993년 개정 토지법에서는 농민에게 농지와 대지에 대한 사용권을 매매·저당·상속할 수 있도록 허용하여 사용권을 소유권제도와 유사하게 발전시켰다.

또한, 높은 인플레이션을 해소하고 국민생활의 안정을 도모하기 위하여 중공업우선정책에서 농업과 경공업우선정책으로 전환하고, 공업화정책을 추진하기 위하여 수출산업을 중점육성하게 되었다. 베트남 정부는 1987년 외국인투자법을 제정하였고, 그 후 문제점을 보완하기 위하여 1990년, 1992년, 1996년 등 수차에 걸쳐 개정하였다. 동법에서는 외국인의 전액출자회사를 허용하며, 합작기업의 창설을 허용하며, 법인세 감면제도를 도입하는 등 적극적으로 외자도입정책을 추진하였다. 동 외국인투자법에서는 외국투자기업의 존속기간을 50년간(당초 제정법률에서는 20년간) 보장하도록 하였다. 그 외에도 베트남 정부는 1992년 개혁·개방을 추진하기 위한 신헌법을 제정하였고, 1993년 파산법 제정, 1994년 노동법 제정, 1995년 국영기업법 및 국내투자촉진법 제정, 1997년 하이테크단지조성법 제정 등 지속적으로 개혁입법을 추진하였다.

베트남에서는 체제개혁 초기에는 수출가공구(export processing zone)를 중심으로 적극적인 외자도입과 수출정책을 추진하였으나, 그 후 내국법인과 외국인투자기업을 함께 지원하는 일반산업공단(industrial zone), 첨단기술산업을 유치하기 위한 하이테크공단 등을 도입·개발할 수 있도록 제도개혁을 추진하였다. 초기의 수출가공구는 호치민시의 딴두언과 린쭝, 북부의 하이퐁, 메콩강유역의 칸토, 중부지역의 다낭이 지정되었다. 수출가공구는 국내일반지역과 구분되어 국내일반지역으로부터 반입되거니 반출되는 경우에는 수출 또는 수입의 경우와 같이 관세가 부과되지만, 외국으로부터 수출가공구로 반입되거나 반출되는 경우에는 관세가 면제된다. 수출가공구 안에서는 모든 기업이 수출물품의 제조업이나 서비스업에 참여할 수 있도록 하여 업종에 제한을 받지 아니한다.

수출가공구의 지정 및 개발계획수립절차를 보면, 지방정부인 시·성 인민위원회가 대상후보지역에 대한 개발계획을 수립하여 중앙정부의 투자계획부에 제출하고, 투자계획부에서 승인을 하는 절차를 밟도록 규정되어 있다. 입주하고자 하는 투자진출기업은 특구관리위원회(지방정부 및 특구개발회사가 공동설치·운영)에 투자허가신청을 하여 동 위원회의 허가를 받는다. 베트남의 수출가공구에서는 입주외자기업에 대하여 세제혜택과 그 밖의 행정·금융상의 우대조치를 부여하였다.

〈표 6〉 베트남 수출가공구·산업단지·하이테크단지의 법인세감면법제 비교

구분	업종·수출비율	법인세율	감면세 제도
수출가공구	- 제조업	10%	4년간 전액면제 및 그 후 추가감면 4년간 50%
산업단지	- 수출비율 80% 이상인 제조업 - 수출비율 50% 이상 80% 미만인 제조업	10% 15%	4년간 전액면제 및 그 후 추가감면 4년간 50% 2년간 전액 면제 및 그 후 추가감면 3년간 50%
하이테크단지	- 수출비율 50% 미만인 제조업 - 하이테크업종	15% 10%	2년간 전액면제 10년간 전액면제

수출가공구에 입주한 외국인투자기업에 대하여는 관세특혜 이외에도 국내기업에 비하여 매우 유리한 세제·금융지원 등의 특혜가 부여된다. 대표적인 특혜조치로서 법인세감면혜택을 살펴보면,[11] <표 6>에서 보는 바와 같이 제조업의 경우에는 그 법인소득금액에 대하여 10%의 법인세를 부과하지만, 이익을 창출한 첫해부터 4년간에 걸쳐 법인세 전액을 면제하고, 그 이후 4년까지는 법인세 50%를 감면한다. 서비스업종의 경우에는 15%의 법인세를 부과하지만, 제조업에 비하여 우대조건이 다소 불리하지만, 이익을 창출한 첫해부터 2년간은 법인세 전액을 면제하고, 그 후 3년간은 법인세의 50%를 면제한다. 수출가공구제도가 도입된 이후 산업단지의 수출비율이 80% 이상인 일반산업단지 제조업에 대하여도 수출가공구의 특혜조건에 맞먹는 법인세감면특혜를 부여하게 되고, 1997년도 하이테크공단법이 제정되면서부터는 하이테크공단에 입주한 하이테크기업에 대하여는 외국인투자기업 여부를 구분하지 않고 법인소득에 대하여 10%의 법인세를 부과하되, 이익을 창출한 첫해부터 10년간 법인세 전액을 면제하도록 하는 파격적인 우

---

11) 권율, "체제전환 이후 베트남 산업단지 개발정책의 성과와 과제", 『국토』(통권 제262호), 국토연구원, 2003, 88면.

대조치를 부여함으로써 상대적으로 수출가공구의 매력이 많이 감소하였다. 이는 베트남 정부가 첨단하이테크업종을 전략적으로 적극 유치함으로써 산업구조를 고도기술집약형으로 개편하고자 하는 의지를 보여 주는 것이다. 베트남의 수출가공구제도는 수출증대와 농촌유휴노동력의 흡수에 기여하였고, 지역경제의 개발거점으로서 국가산업발전과 지역개발전략에 크게 기여하였다.

나. 북한·베트남 경제특구법제의 비교

북한과 베트남은 각각 독특한 경제특구제도를 도입·운용하여 오고 있다. 베트남은 이미 1980년대 후반에 종전에 추진했다가 실패했던 신경제정책(1980~82)으로 체제불안위기에까지 이르자 철저한 반성에 기초하여 쇄신(도이모이)정책을 추진하여 본격적인 개혁·개방을 추진하게 되었다. 이와 같은 체제개혁·개방정책에 따라 외국자본·기술을 도입하고 산업구조를 개편하기 위하여 경제특구제도를 도입하였으며, 경제특구의 장점을 최대한 살려 체제개혁과 산업경제의 부흥에 크게 기여하였다.

이에 반하여 북한에서는 베트남보다 다소 늦지만 이미 1991년 11월에 라선경제무역지대를 지정한 바 있으나, 베트남과 같이 식량·에너지난과 같은 경제위기와 외화부족난 등 체제를 위협할 정도의 어려운 환경여건에서도 기존의 계획경제시스템을 근본적으로 개혁하기보다는 이를 단지 개선·보완하는 방향에서 개혁·개방에 소극적으로 대응을 함으로써 별다른 외국인투자유치 성과를 이끌어 내지 못하였다. 그 후 10년 이상이 지난 2002년도에 접어들면서 홍콩형 일국양제와 유사한 신의주특별행정구를 설치하였으나, 진전으로 보지 못하고 개성공업지구 및 금강산관광지구에서는 남한정부의 협력과 남한측기업의 투자진출에 힘입어 다소 활기를 찾고 있다.

베트남에서는 개혁초기 수출가공구(export processing zone)를 중심으로 적극적인 외자도입과 수출정책을 추진하였다. 그러나 내국법인과 외국인투자기업을 함께 지원하는 일반산업공단(industrial zone), 첨단기술산업을 유치하기 위한 하이테크공단 등을 도입·개발할 수 있도록 전국적 범위로 개방을 신속하게 확대하여 나아갔다. 따라서 수출가공구라는 한정된 지역만을 개방하는 방식에서 벗어나 성공적으로 외국인투자를 유치하고 개혁·개방정책을 성공적으로 추진할 수 있게 되었다고 본다. 특히, 1997년에 들어와 베트남 정부는 하이테크공단법을 제정하여 기존의 경제특구보다 더욱 매력 있는 10년간 법인세 전액면제와 같은 투자유인 세제혜택을 부여함으로써 첨단하이테크업종을 적극 유치하는 신속한 개방확대전략의 수행은 북한의 개방정책 및 경제특구법제 개혁에 있어서 눈여겨보아야 할 부분이라고 생각된다.

3. 러시아와의 비교·분석

가. 러시아의 개혁·개방정책과 경제특구법제

러시아에서 '외국투자법'이 제정된 것은 구소련체제 붕괴 전후시점인 1991년 7월이다. 러시아 외국투자법에서는 외국인투자와 경제특구('자유경제지구')에 관한 규정을 함께 규정하였다. 동법 제7장(자유경제지역에서의 외국인투자)에서는 자유경제지역의 설치근거(제41조), 자유경제지역에서의 외국인투자자 및 외국투자기업의 경제활동조건 및 특혜에 관한 근거(제42조)를 두었다. 경제특구의 설치에 관하여는 이미 1990년 러시아공화국 각료회의에서 '자유기업활동지구의 설치에 관한 결정'(1990. 7. 14.)을 내린 바가 있고, 같은 해 '연해주 나홋카시의 자유경제지구설치에 관한 규정'(1990. 11. 23.)가 제정·시행되기도 하였다.[12]

외국투자법에서는 외국자본, 현대적 기술, 관리경험을 도입하고 러시아연

---

12) 申昌善, "러시아聯邦과의 經濟協力에 따른 法的 問題 ─ 러시아聯邦法을 중심으로 ─ ", 『경영법률』 (제5호), 1990. p.584 이하.

방의 수출능력을 강화하기 위하여 러시아연방 내에 '자유경제지역'을 설치한다고 규정하였다. 자유경제지역에서는 외국인투자자 및 외국인투자기업의 경제활동에 대하여 통상적 조건에 비하여 우대조치를 취한다(동법 제41조). 우대조치의 종류 및 범위는 러시아연방 각료회의에서 확정하며, 러시아연방 최고소비에트회의에 의하여 승인된다.

자유경제지역에서 활동하는 외국투자자 및 외국투자기업에 대하여는 러시아연방의 영토 내에서 시행되는 법률에 의하여 규정된 권리나 보장 이외에도 ① 외국인투자자의 투자액이 7천5백만 루블 이하의 기업은 자유경제지역 내 해당 등기기관에 직접 등기하도록 하는 등기절차상의 편의제공, ② 외국인투자자 및 외국투자기업에 대하여 최대 50% 미만의 감면세 혜택부여, ③ 토지 그 밖의 천연자원의 이용에 대한 수수료 감면 및 최장 70년까지의 장기임차권 보장, ④ 상품의 수출입에 대한 특별관세부과 및 출입국절차 간소화, ⑤ 무비자출입국과 출입국절차 간소화 등의 특혜를 부여받는다(동법 제42조).

외국투자법 제3장에서는 외국인투자기업의 설립절차에 관한 규정을 두고 있다. 외국인투자기업의 형태를 동법에서는 외국투자자가 외화로 지분이나 주식의 일부를 취득하는 기업, 외국투자자가 외화 또는 루블화로 100퍼센트 단독 출자하는 기업, 외국투자자가 루블화로 기업의 주식이나 지분을 50퍼센트 이상 취득하는 기업 등 3가지 유형이다.

외국투자기업은 러시아연방의 영토 안에서 시행되는 법률의 규정에 의하여 금지되고 있는 경우를 제외하고는 그 기업의 정관으로 정한 목적과 일치하는 범위 안에서 어떤 종류의 기업활동도 가능하도록 허용하고 있다. 다만, 보험·증권·은행업무의 경우에는 미리 당국의 허가를 받아야 한다(동법 제20조).

동법 제22조에서는 외국투자기업에 대하여는 그 생산품에 대한 가격을 시장의 수요와 공급에 의한 시장원리에 따라 판매할 수 있도록 보장하는 시장경제 가격결정시스템을 도입하였다. 구체적으로 외국투자기업은 러시아연방 내 시장에서 자기상품(제품·노동·서비스)의 가격조건을 계약에 의하여 결정하거나 시장에서 생성된 자기상품의 가격과 공급조건을 결정할 수 있다고 규정하였다.

외국투자자 및 외국투자기업과 러시아연방의 국가기관·기업소·사회단체 사이의 분쟁, 외국투자자와 외국투자기업 사이의 경제활동에 관한 분쟁, 외국투자기업에의 참여자와 외국투자기업 자체 사이의 분쟁에 대하여는 러시아연방의 법원 또는 당사자 간의 약정이 있는 경우에는 중재법원이나 법률의 규정이 있는 경우에는 경제적 분쟁에 관한 심판기관을 통하여 해결한다(동법 제9조제2항).

나. 외국투자기업에 대한 그 밖의 특례제도

외국투자는 러시아연방 안에서 완전한 법적 보호를 받으며, 외국투자 및 외국투자자에게 적용되는 법적 규제는 내국법인 및 개인에 대한 경우보다 불리한 대우를 받지 않는다고 규정하였다(동법 제6조). 국가기관에 의한 강제몰수 그 밖의 위법행위로부터의 보호하는 규정을 두고 있고, 예외적인 국유화나 몰수의 경우에는 적정하고 실효적인 보상을 즉각 실시하도록 규정하였다(동법 제7조). 이 같은 보상기준은 종래 제3세계 개발도상국들의 투자보장협정에서 주로 찾아볼 수 있는 이른바, '신속·충분하고 실효성 있는 보상'(prompt, adequate and effective compensation) 원칙을 채택한 것이라고 본다. 외국투자자는 국가기관이나 그 공무원의 현행법에 위반되는 지시나 외국투자자에 대한 의무불이행으로 인하여 발생한 손해 및 상실이익에 대하여는 배상을 청구할 수 있으며, 손해배상의 범위·조건·절차 등을 포함하여 투자와 관련된 분쟁은 러시아연방 안에서 유효한 국제조약이 다른 절차를 규정하고 있지 않는 한 러시아연방의 최고법원 또는 최고노동법원이 최종적으로 결정하도록 하였다(동법 제7조제4항 및 제9조제1항).

외국투자자 및 외국투자기업에 대하여는 토지이용권 및 천연자원이용권 등은 러시아연방의 토지법 그 밖의 관계법률이 정하는 바에 따라 보장하고, 재산임대에 관하여는 관계법률의 규정에 따른 임대차계약에 근거하여 보장(러시아연방 소유재산으로서 그 가액이 1억 루블 이상인 경우에는 해당 국가기관의 허가를 받아야 임대차 가능)하며, 천연자원의 이용·개발권이나 그 밖의 국가재산의 이용권에 관한 권리는 양허관계법률에 따라 해당 권한을 가진 국가기관과 외국투자자가 체결하는 양허계약에 의하여 최장 50년까지 양허받을 수 있다(동법 제38조 내지 제40조).

국민경제상 우선적이라고 인정되는 부문에 투자한 외국투자기업과 특정 지역에서 활동하는 외국투자기업에 대하여는 세제상 우대조치를 부여할 수 있다고 규정하였다(동법 제28조제2항).

내국법인의 경우에는 수출입을 할 때에는 사전허가를 받아야 하고 취득한 외화의 40%를 국가에 매각할 의무가 부과되어 있으나, 외국인투자자의 단독투자기업이나 법정자본금의 30% 이상을 투자한 합작기업은 수출대금으로 받은 외화를 정부에 매각하여야 할 의무가 부과되지 아니한다. 또한, 사전허가 없이 생산물품을 수출하거나 자기수요를 목적으로 하는 물품을 수입할 수 있다(동법 제25조).

외국투자기업의 법정자본금의 납입을 목적으로 반입되는 재산과 당해 기업이 자체 생산을 위한 목적으로 수입하는 제반재산에 대하여는 관세가 부과되지 아니한다. 또한, 외국투자기업의 외국인 종사자가 자기사용의 목적으로 반입하는 재산에 대하여도 관세가 부과되지 아니한다(동법 제24조).

다. 러시아 극동지역의 경제특구개발

러시아 극동지역은 러시아의 16개 지역구분 중의 하나이지만, 레나 강 이동의 광대한 지역으로서 북쪽으로는 북극해로부터 남쪽으로는 태평양 연안에까지 이르는 광대한 지역이다. 면적은 대략 6,215,000km2이며, 인구는 약 700만 명 규모이다. 북부는 야쿠이타, 추쿠치 반도, 캄차카반도, 마가단 지역 등으로 구성되어 있고, 남부는 아무르지역, 사할린, 하바로프스크, 프리모르스키 지역 등으로 구성되어 있다. 주요내륙교통수단으로는 시베리아 횡단철도 및 바이칼-아무르철도(BAM)가 관통하고 있다.[13]

1985년 이후 고르바초프의 개방정책에 따라, 1987년에는 극동지역의 장기발전계획(1987년~2000년)이 제시되고, 1988년 7월에는 고르바초프가 크라스노야르스크 연설을 통하여 극동지역에 5개의 예정 경제특구를 발표한 바가 있다. 2년 후인 1990년 극동지역의 치타(Chita)자유경제지역, 주이쉬(Jewish AO)자유경제지역, 사할린(Sakhalin)자유경제지역, 프리모르스키(Primorsky)자유경제지역 등 4개 지역을 포함한 11개 지역을 자유경제지역(Free Economic Zone)으로 지정하였다.[14]

러시아 극동지역의 경제특구들은 풍부한 천연자연, 선진과학 및 고급기술 인력 보유, 대아시아교역에 필요한 전략적 입지조건 등의 장점을 구비하고 있지만, 다른 한편 정치·경제제도의 불안정, 연방정부에 의한 분배계획과 통제, 한대성기후조건, 산업응용기술의 취약성, 노동시장의 취약성 등이 문제점으로 지적된다.

러시아 극동지역에서는 외국투자기업에 대하여 부여하는 감면세 혜택은 첫 3년까지는 기업이윤에 대한 소득세를 전액 면제하고, 그 이후에는 10%를 부과한다. 이는 다른 지역에서 외국투자기업에 대하여 첫 2년간은 소득세를 전액면제하고, 그 이후에는 15%를 부과하는 것과 비교할 때 극동지역에 대하여 상당한 우대조치를 부여하는 점이 있다.

나호트카 자유경제지역에 관하여 살펴본다. 1990년 11월 나호트가시

---

13) 이기석, "러시아 극동 경제특구지역의 입지특색에 관한 연구", 『러시아연구』(제2권), 서울대학교 소련동구연구소. p.80-81.

14) 국제적으로도 러시아극동지역개발과 관련하여 1990년 UNIDO(국제연합공업개발기구) 제1차 장춘회의에서는 국제협력사업으로서 두만강하류의 러시아지역을 포함시켜 추진하는 문제가 제기되었으며, 다음해인 1991년 UNIDO 제2차 장춘회의에서는 두만강하류 경제특구 지정 및 국제협력개발사업의 일환으로서 소삼각주(Small Delta Zone: 포시에트-나진-훈춘)안과 대삼각주(Large Delta Zone: 블라디보스토-청진-연길)안이 제시되기도 하였다. 또한, 1992년 2월 UNDP(국제연합개발계획) 서울회의에서는 동북아지역개발을 위한 사업대안을 제시한 바가 있다.

311km2와 주변농공지역인 파르티잔스크 4,300km2를 포함하여 총 4,611km2를 나호트카 자유경제구역으로 지정하고, 설립목적을 지역투자촉진, 외국 자본·기술·경영능력의 도입, 국가경제목표달성에의 기여로 하였다. 경제특구의 설치에 따라 지역의 기본산업구조의 형성·개발, 나호트카시·프리몰스키지구·러시아극동지역의 사회경제발전 가속화, 국내외 혁신과학기술의 도입, 러시아전체지역에 대한 상품·서비스의 공급, 수출기지의 개발, 아시아태평양지역에의 편입 및 세계경제공동체의 형성, 서방경영능력의 도입·확산, 국내전문가양성 등의 효과가 기대된다.

블라디보스토크 지유경제지역에 대하여 살펴본다. 러시아정부는 블라디보스토크를 중심으로 하는 대규모의 '대블라디보스토크권개발계획'을 추진하여 왔다. 1992년 1월 1일 외국인에게 개방한 블라디보스토크시를 중심으로 경제특구를 지정하여 특혜관세의 부여, 외국자본의 투자촉진, 공업육성을 통하여 러시아 최고의 공업·무역지대를 지향한다는 것이다. 동 개발계획에서는 경제특구도입에 필요한 인프라시설의 완비, 법인세·지방세의 감면(처음 이익이 발생하는 연도부터 2년 내지 5년간), 수출품생산용 원자료·설비·부품에 대한 면세혜택, 토지임차권 또는 장기사용권의 인정, 이익해외송금절차의 간소화, 해외투자도입창구의 일원화, 자유경제지역 개발전담공사의 설립, 행정절차의 간소화 등 우대조건을 제시하고 있다.[15]

라. 러시아·북한 경제특구법제의 비교

러시아에서는 1991년 제정된 외국투자법을 중심으로 외관상 법적·제도적 경제특구도입체제를 갖춘 것으로 보인다. 외국투자기업에 대하여 체계적인 지원제도를 마련하고 있다. 또한 북한의 경우와 같이 경제특구설치법을 따로 제정한 것이 아니라 외국투자법에서 외국인투자기업에 관한 규정과 함께 통합하여 규정하고 있다. 동법에서는 외국인투자기업에 대하여 외국인

---

15) 金英泰, "極東 시베리아 開發政策과 經濟特區 設置", 『국토정보』(1992년 7월호), p.72~74.

투자자 및 외국투자기업에 대하여 최대 50% 미만의 감면세 혜택부여, 토지 그 밖의 천연자원의 이용에 대한 수수료 감면 및 최장 70년까지의 장기임 차권 보장 등과 같이 북한의 경제특구의 경우보다 더욱 파격적인 우대조치 를 마련하고 있는 것으로 볼 수 있다.

내국법인의 경우 수출입시 사전허가를 받아야 하고 취득외화의 40%를 국가에 매각할 의무가 부과되어 있으나, 외국인투자자의 단독투자기업이나 법정자본금의 30% 이상을 투자한 합작기업의 경우 수출대금 외화를 정부 에 매각하여야 할 의무가 부과되지 아니하는 점, 사전허가 없이 생산물품을 수출하거나 자기수요를 목적으로 하는 물품을 수입할 수 있는 점도 매력적 인 유인제도로 볼 수 있다. 그 밖에도 풍부한 천연자연, 선진과학 및 고급 기술인력 보유, 대아시아교역에 필요한 전략적 입지조건 등의 장점을 구비 하고 있다.

그러나 러시아의 경우 나호트가, 대불라디보스토크 자유경제구역이 광범 위한 데 비하여 지원법제와 행정서비스 등 기업활동의 여건은 쉽게 개선되 지 못하고 있다. 또한, 외국인투자기업에 부과되는 세금이 과다한 점도 지 적된다. 러시아에서는 외국투자법이 1991년 제정되어 세제상 우대조치를 부여하도록 규정하였으나, 실제 러시아극동지역에서 외국투자기업이 납부하 여야 하는 세금은 그 종류가 매우 많고 세율도 과도하게 높다는 점이 지적 된다. 기업이윤세(35%), 증식세(20%), 소비세(10~85%), 재산세(2%), 소매세 (3~10%), 광산채굴세(17%), 광고세(5%) 등이 부과된다고 하는 점에 비추 어 볼 때 외국투자기업이 납부해야 할 세금총액은 대략 총 수익의 50% 이 상을 점한다고 한다.[16] 이는 북한에서 외국인투자기업에 납부하여야 하는 세금에 비교하여 볼 때 과도하게 높은 수준이라고 본다.

그 밖에 정치·경제제도가 불안정하여 안정적 사업의 수행가능성이 높지 못한 점, 연방정부에 의한 분배계획과 통제시스템이 유지되는 점, 한대성기

---

16) 于國政, "동북아 경제합작과 러시아 원동지역의 이해관계 연구", 『동북아 연구』(제3호), 경남대극동문제 연구소, 1997, p.193 이하.

후조건, 산업응용기술의 취약성, 노동시장의 취약성 등이 문제점이 제기되는 점으로 외국인투자 지적된다. 따라서 대규모 천연자원개발·교통인프라 건설 등 장기·전략투자의 경우를 제외하고는 기업경영여건, 행정규제 및 세제 등 여러 가지 측면에서 북한의 경제특구가 경쟁력이 있다고 생각된다.

IV. 남한 경제특구법제와의 비교·분석

1. 남한의 경제특구법제

국내에서는 경제특구 개념을 도입하여 제정한 법률이 다수 있다. 1970년대 수출진흥정책을 추진하면서 제정한 수출자유지역법(1970년)에서부터 2000년대 이후 제정한 자유무역지역법(2001년), 경제자유구역법(2002년), 제주국제자유도시특별법(2002년)까지 다양하다. 또한, 1999년에는 관광진흥법을 개정하여 관광특구제도를 도입하기도 하였다. 이들 여러 경제특구설치에 관한 법률들의 입법목적 및 이들 법률에서 정의한 특구개념을 정리하면 <표 7>과 같다.

〈표 7〉 남한의 경제특구설치법제의 제 유형 비교

구분	구수출자유지역설치법	자유무역지역법	경제자유구역법	제주국제자유도시특별법	관광진흥법 (관광특구규정)
법률제정일	1970. 1. 1.	2001. 1. 12.	2002. 12. 30.	2002. 1. 26.	1999. 1. 21.
입법목적	- 임해특정지역에 수출자유지역 설치 - 외국인투자유치, 수출진흥, 고용증대, 기술향상	- 자유로운 제조·물류·유통 및 무역활동 등이 보장되는 자유무역구역의 지정·운영 - 외국인투자유지, 무역진흥, 국제물류의 원활화, 지역개발촉진	- 경제자유구역의 지정·운영 - 외국인투자기업의 경영환경 및 외국인의 생활여건 개선 - 외국인투자촉진 및 국가경쟁력 강화 - 지역 간 균형발전	- 제주도를 국제자유도시로 개발 - 제주도민이 주체가 되어 향토문화와 자연자원의 보전, 지역산업의 육성, 쾌적한 생활환경의 조성, 제주도민의 복지향상	- 관광여건 조성, 관광자원 개발, 관광사업 육성
특구개념	'수출자유지역': 관계법령의 적용이 배제·완화된 보세구역의 성격을 띠는 지역으로서 상공부장관이 지정하는 지역	'자유무역지역': 관세법·대외무역법등 관계법률에 대한 특례와 지원을 통하여 자유로운 제조·물류·유통 및 무역활동 등을 보장하기 위하여 지정된 지역	'경제자유구역': 외국인 투자기업의 경영환경과 외국인생활여건을 개선하기 위하여 지정·고시하여 조성하는 지역	'국제자유도시': 시장·상품·자본의 국제적 이동과 기업활동의 편의가 최대한 보장되도록 규제완화 및 국가적 지원의 특례가 실시되는 지역적 단위	'관광특구': 외국인 관광객의 유치·촉진 등을 위하여 관계법령적용이 배제·완화되고, 관광여건을 집중적으로 조성할 필요가 있는 지역으로 지정된 곳

비고 1. 자유무역지역법은 2001. 1. 12. 수출자유지역설치법이 전문개정된 것이다.
　　 2. 제주국제자유도시특별법은 2002. 1. 26. 제주도개발특별법(1992. 12. 31 제정)이 전문개정된 것이다.

　　1970년대 초에 우리 정부는 이미 수출자유지역(free export zone)을 지정할 수 있는 법률로서 수출자유지역설치법(1970. 1. 1. 법률 제2180호)을 제정하여 장기간 운영하여 왔다. 동법은 임해특정지역을 수출자유지역으로 설정하여 외국인의 투자를 유치함으로써 수출진흥, 고용증대, 기술향상을 기하여 국민경제발전에 기여하는 것을 그 입법목적으로 하였다(동법 제1조). 동법에서 '수출자유지역'이라 함은 동법 제3조의 규정에 의하여 상공부장관이 지정한 지역으로서 관계법령의 적용이 전부 또는 일부가 배제되거나 완화된 보세지역의 성격을 띤 지역을 말한다(동법 제2조제1항). 수출자유지역 내에서 토지를 매수하고자 하는 외국인은 외국인토지법의 규정에 의한 허가를 받아야 하지만, 토지를 임대받고자 하는 경우에는 허가의무를 면제하였다(동법 제7조제3항). 관리청장은 수출품의 성가를 저해할 우려가 없다고 인정되는 때에는 수출검사법 기타 법령의 규정에 불구하고 수출검사를 면제할 수 있도록 하였다(동법 제12조제3항). 자유지역 내에 도입 또는 수입된 물품은 자유지역 내에 한하여 이를 보세상태로 보관 또는 사용할 수 있다(동법 제13조제1항). 자유지역 내의 입주기업체에 종사하는 근로자의 쟁의 및 쟁의의 조정에 관하여는 노동쟁의조정법 중 공익사업에 관한 규정을 적용한다(동법 제18조). 입주기업체에 대하여는 군사원호대상자고용법을 적용하지 아니한다(제20조).

가. 자유무역지역 법제

수출자유지역설치법은 그 후 1990년대 말에 이르기까지 수차의 개정을 거쳐 오다가 2000년도 초 '자유무역지역의지정등에관한법률'로 전문개정(2000. 1. 12. 법률 6142호)되었다. 이하 수출자유지역설치법을 중심으로 살펴보면, 동법은 자유로운 제조·물류·유통 및 무역활동 등이 보장되는 자유무역지역을 지정·운영함으로써 외국인투자의 유치, 무역의 진흥, 국제물류의 원활화 및 지역개발 등을 촉진하여 국민경제의 발전에 이바지함을 목적으로 하고 있다(동법 제1조). '자유무역지역'이라 함은 관세법·대외무역법 등 관계법률에 대한 특례와 지원을 통하여 자유로운 제조·물류·유통 및 무역활동 등을 보장하기 위한 지역으로서 제4조의 규정에 의하여 지정된 지역을 말한다(동법 제2조제1호).

물품반입·반출을 관리하는 통제시설을 설치한 자유무역지역에서는 이 법에 따로 규정된 사항을 제외하고는 관세법을 적용하지 아니한다(동법 제3조제1항). 입주기업체 중 외국인투자기업에 대하여는 고용의무를 면제하기 위하여 고령자고용촉진법 제12조, 국가유공자등예우및지원에관한법률 제31조, 5·18민주유공자예우에관한법률 제22조, 특수임무수행자지원에관한법률 제21조, 장애인고용촉진및직업재활법 제24조, 중소기업의사업영역보호및기업간협력증진에관한법률 제4조 및 제12조의 적용하지 아니한다(동법 제3조제2항). 자유무역지역에의 입주허가를 받은 경우에는 산업집적활성화및공장설립에관한법률 제13조의 규정에 의한 공장의 신설·증설 또는 업종변경의 승인 및 동법 제20조의 규정에 의한 공장의 신설·증설·이전 또는 업종변경의 승인을 얻은 것으로 본다(동법 제14조제1항).

지방자치단체의 장은 자유무역지역 안에 지방자치단체가 소유하는 토지 또는 공장 등을 관리권자와 협의를 거쳐 입주기업체등에게 임대하거나 매각할 수 있고, 그 임대료·매각가격은 지방재정법 제82조제2항 및 동법 제83조제2항의 규정에 불구하고 조례가 정하는 바에 의하며, 임대기간은 지방재정법 제82조제2항 및 제83조제2항의 규정에 불구하고 50년의 범위 이내로 할 수 있되, 지방자치단체의 장이 필요하다고 인정하는 경우에는 50년의 범위 이내에서 그 기간을 갱신할 수도 있다(동법 제18조). 또한, 관리권자는 자유무역지역 안의 국가가 소유하는 토지 또는 공장 등을 매각함에 있어서 매입자가 매입대금을 일시불로 납부하기가 곤란하다고 인정되는 경우에는 국유재산법 제40조제1항의 규정에 불구하고 납부기한을 연장하거나 분할 납부하게 할 수 있고, 지방자치단체의 장은 자유무역지역 안의 지방자치단체가 소유하는 토지 또는 공장 등을 매각함에 있어서 매입자가 매입대금을 일시불로 납부하기가 곤란하다고 인정되는 경우에는 지방재정법 제82조제2항 및 제83조제2항의 규정에 불구하고 조례가 정하는 바에 따라 납부기한을 연장하거나 분할 납부하게 할 수 있다(동법 제19조).

관리권자 또는 지방자치단체의 장은 자유무역지역 안에 입주한 외국인투자기업을 외국인투자촉진법 제18조의 규정에 의한 외국인투자지역에 입주한 외국인투자기업으로 보아 동법 제13조제6항 또는 제8항의 규정에 의하여 임대료를 감면할 수 있고, 조세특례제한법 제121조의2제1항제1호의 규정에 의한 국내산업의 국제경쟁력강화에 긴요한 고도의 기술을 수반하는 사업을 영위하는 외국인투자기업에 대하여는 제1항의 규정에 의한 감면 외에 추가로 임대료를 감면할 수 있다(동법 제20조). 외국인투자기업이 자유무역지역 안의 토지를 취득하고자 하는 경우에는 외국인토지법 제4조제1항 및 동법 제6조의 규정에 불구하고 관리권자에게 그 사실을 신고하여야 한다(동법 제23조제4항).

대외무역법 제15조의 규정에 의하여 통합하여 공고되는 수출·수입요령에 해당되는 품목의 물품은 마약 등 수입제한품목의 경우를 제외하고는 관계행정기관이 정하여 고시하는 수출·수입요령에 불구하고 자유무역지역 안으로 반입하거나 자유무역지역으로부터 외국으로 반출할 수 있다(동법 제32조제2항). 외국물품 등은 자유무역지역과 다른 자유무역지역 또는 관세법 제213조제1항 각 호의 장소 간에 한하여 보세 운송할 수 있으며, 동 보세 운송에 관하여는 자유무역지역을 관세법상의 '보세구역'으로 간주하여 관세법 제213조제2항 내지 제5항 및 제214조 내지 제220조의 규정을 준용한다. 자유무역지역 안의 외국물품 등을 관세영역으로 반출하는 경우에는 이 법에서 달리 정한 경우를 제외하고는 관세법을 적용한다(동법 제43조).

입주기업체가 반입신고를 한 내국물품에 대하여는 이를 주세법 제31조제1항제1호, 특별소비세법 제15조제1항제1호 또는 교통세법 제13조제1항제1호의 규정에 의하여 수출하거나 수출용원재료에대한관세등환급에관한특례법 제4조제1호 또는 제3호의 규정에 의하여 수출 또는 공급하는 것으로 보아 관세·부가가치세·임시수입부가세·주세·특별소비세·교통세·농어촌특별세 또는 교육세를 면제 또는 환급한다. 이 경우 동 내국물품에 대하여는 부가가치세법 제11조제1항제1호의 규정에 의하여 수출하는 재화로 보아 부가가치세의 영세율을 적용하고, 자유무역지역 안에서 입주기업체 간에 공급하거나 제공하는 외국물품등과 용역에 대하여 부가가치세의 영세율을 적용한다(동법 제45조제1항).

외국인투자기업인 입주기업체에 대하여는 조세특례제한법이 정하는 바에 따라 법인세·소득세·취득세·등록세·재산세·종합토지세 등의 조세를 감면할 수 있다(동법 제47조). 입주기업체의 공장 등에 대하여는 도시교통정비촉진법 제18조의 규정에 의한 교통유발부담금을 면제한다(동법 제48조).

국가 또는 지방자치단체는 자유무역지역안의 입주기업체의 기술개발활동 및 인력양성을 촉진하기 위하여 필요한 자금을 지원할 수 있고, 국가 또는 지방자치단체는 자유무역지역 안의 입주기업체의 사업을 지원하기 위하여 입주기업체에 임대하는 공장 등의 유지·보수와 의료시설·교육시설·주택 등 각종 기반시설의 확충에 노력하여야 하며 그 소요 자금을 지원할 수 있다(동법 제49조).

나. 자유경제구역·제주국제자유도시·관광특구 법제

외국인투자기업의 경영환경과 외국인의 생활여건을 개선함으로써 외국인 투자를 촉진하고 나아가 국가경쟁력의 강화와 지역 간 균형발전을 도모하기 위하여 2002년 12월 '경제자유구역의지정및운영에관한법률'(법률 제6835호, 시행 2002. 12. 30. 시행 2003. 7. 1.)이 제정되었다. 동법에서는 '경제자유구역'이라 함은 외국인 투자기업의 경영환경과 외국인의 생활여건을 개선하기 위하여 조성된 지역으로서 동법 제4조의 규정에 의하여 지정·고시되는 지역을 말한다.

동법에서는 경제자유구역의 개발사업 지원을 위하여 국토의계획및이용에관한법률 제77조 또는 제78조의 규정에 불구하고 100분의 150 범위 안에서 대통령령이 정하는 바에 따라 경제자유구역 안에서의 건폐율 또는 용적률의 최대한도를 조례로 달리 정할 수 있도록 규정(동법 제9조의2)하고, 그밖에 개발사업을 위하여 필요한 경우에는 체육시설의설치·이용에관한법률 제11조의 규정을 배제하는 규정(동법 제9조의3) 등을 두고 있다. 국가 및 지방자치단체는 경제자유구역 개발사업을 원활히 시행하기 위하여 필요시 개발사업시행자에 대하여 조세특례제한법·관세법 및 지방세법이 정하는 바에 따라 법인세·소득세·관세·취득세·등록세·재산세 및 종합토지세 등의 조세를 감면할 수 있고, 개발이익환수에관한법률, 농지법, 초지법, 산지관리법, 도시교통정비촉진법, 자연환경보전법, 공유수면관리법 및 환경개선비용부담법이 정하는 바에 따라 개발부담금, 농지보전부담금, 대체초지조성비, 대체산림자원조성비, 교통유발부담금, 생태계보전협력금, 공유수면 점·사용료 및 환경개선부담금을 감면할 수 있다(동법 제15조).

외국인투자기업의 경영활동 지원을 위하여 국가 및 지방자치단체는 경제자유구역에 입주하는 외국인투자기업에 대하여 조세특례제한법·관세법 및 지방세법이 정하는 바에 따라 국세 및 지방세를 감면할 수 있고, 지방자치단체는 외국인투자기업을 유치하기 위하여 입주외국인투자기업에 임대하는 부지의 조성, 토지 등의 임대료 감면, 의료시설·교육시설·주택 등 각종 외국인 편의시설의 설치에 필요한 자금을 지원할 수 있다(동법 제16조제1항·제2항). 국가 및 지방자치단체는 국유재산법·지방재정법 그 밖에 다른 법령의 규정에 불구하고 입주외국인투자기업에 대하여 국·공유 재산의 임대료를 대통령령이 정하는 바에 따라 감면할 수 있고, 국가 및 지방자치단체는 국유재산법·지방재정법 그 밖에 다른 법령의 규정에 불구하고 개발사업 시행자 또는 입주외국인투자기업에 대하여 국가 또는 지방자치단체가 소유하는 국·공유재산을 수의계약에 의하여 사용·수익허가 또는 대부하거나 매각할 수 있다(동법 제16조제4항·제5항).

그 밖에 입주외국인투자기업에 대하여는 국가유공자등예우및지원에관한법률 제33조의2, 장애인고용촉진및직업재활법 제24조, 고령자고용촉진법 제12조 등의 규정을 적용하지 아니하고, 수도권정비계획법 제7조·제8조·제12조·제18조 및 제19조의 규정을 적용하지 아니하며, 국유재산법 제24조제3항·제27조제1항·제36조제1항 및 지방재정법 제82조제2항·제83조제2항의 규정에 불구하고 국·공유재산 임대기간을 50년의 범위 이내로 할 수 있으며, 영구시설물을 축조하게 할 수 있다.

또한, 외국인 생활여건의 개선을 위하여 시·도지사는 입주외국인투자기업 및 외국인의 편의증진을 위하여 공문서를 외국어로 발간·접수·처리하는 등 외국어 서비스를 제공하여야 하고(동법 제20조), 외국학교법인은 사립학교법 제3조의 규정에 불구하고 교육인적자원부장관의 승인을 얻어 경제자유구역에 외국교육기관을 설립할 수 있고, 입학자격·교원임용 등에 대한 특례를 적용받는다(동법 제22조). 외국인은 의료법 제30조제2항의 규정에 불구하고 보건복지부장관의 허가를 받아 경제자유구역에 의료기관을 개설할 수 있고, 동법에 의하여 개설된 의료기관 또는 외국인전용 약국은 의료법 또는 약사법에 의하여 개설된 의료기관 또는 약국으로 본다(동법 제23조). 경제자유구역을 방송구역으로 하는 종합유선방송사업자는 방송법 제70조제1항의 규정에 불구하고 대통령령이 정하는 범위 이내에서 외국방송을 재송신하는 채널의 수를 구성·운용할 수 있다(동법 제24조).

제주국제자유도시의 경우에도 제주도를 국제자유도시로 조성하기 위하여 경제자유지역과 유사한 다양한 유인제도로서 개발사업지원제도, 세제·금융상의 지원, 다른 법률에 의한 규제의 적용배제 또는 완화, 외국인학교의 설치, 외국인전용료기관·약국개설, 외국방송의 재송신 등 지원규정을 두고 있다. 관광진흥법에서는 외국인관광객 유치촉진을 위하여 관광여건조성을 적극 지원하고 식품위생법에 의한 영업시간제한을 배제하는 특별규정 등을 마련하고 있다.

2. 남·북한 경제특구법제의 비교·분석

남북한의 경제특구법제만을 놓고 단순 비교하는 것은 그리 큰 의미를 갖지 못할 수 있다. 이는 남북 간에는 정치이념과 가치, 법사상과 제도, 기본적인 경제원리와 제도, 개인소유권이나 기업제도를 포함한 기본적인 법률관과 법관념들이 현저하게 서로 다르다고 보기 때문이다. 남북 간의 비교법적 검토는 사회주의법과 자본주의법의 검토보다 더욱 더 복잡하다. 북한사회는 사회주의이념 이외에도 주체사상과 혁명적 수령관 등이 지배하고 있기 때문이다. 그러나 그럼에도 불구하고 남북 간의 비교법적 검토는 남북교류협력을 위한 제도적 기반을 구축하고 나아가 민족통합을 지향하여야 할 역사적·현실적 당위라는 측면에서 의미 있는 작업일 뿐만이 아니라 체제와 이념대립의 시각을 극복하면서 객관적 사실에 기초하는 비교법적 연구는 그 자체로서 결코 불가능한 일도 아니며, 새로운 영역을 개척한다는 의미까지 갖는다고 본다. 더구나 근래 활성화되고 있는 개성공업지구를 비롯한 북한의 4개 경제특구에 대한 발전적 대안제시, 북한의 개혁·개방의 유인, 남북교류협력법제도의 확립이라는 다양한 긍정적 요소를 갖는다는 점을 부정할 수는 없다.

우선, 남북한 경제특구법제를 검토하기 이전에 이를 포위하고 있는 정치적·제도적 환경과 양 체제의 기본제도를 간략하게 살펴본다. <표 8>에서 살펴보는 바와 같이, 정치이념과 시스템은 남한의 경우 서구식 자유민주주의체제, 법치주의, 3권분립으로 요약한다면, 북한의 경우에는 사회주의와 주체사상의 지배체제, 당국가이론(party-state theory), 민주집중제로 요약할 수 있다. 경제시스템은 남한의 경우 자본주의 시장경제시스템이라면, 북한의 경우에는 사회주의 계획경제시스템이다. 기업의 경제활동에 대한 규제정도를 비교하면, 남한은 원칙적인 기업활동의 자유를 보장하고 예외적으로 행정규제를 가하지만, 북한에서는 원칙적으로 기업활동을 인민경제계획시스템에 의하여 통제하고 예외적으로 독립채산제·인센티브제도를 도입하고 있다. 기업의 소유제도 및 기업조직형태를 비교하면, 남한은 민간소유가 원칙이고 법인기업(주식회사·유한회사·합명회사·합자회사)과 개인기업의 형태로 조직되지만, 북한에서는 생산수단인 기업의 국·공유제원칙이 기본적으로 확립되어 있고 국영기업소·협동농장·기타사회협동단체의 형태로 조직되며 민간기업(법인·개인)이란 원칙적으로 허용되지 아니한다. 기업의 경영상 분쟁이 발생한 경우 남한에서는 민사재판에 의하여 해결하지만, 북한에서는 중재법이 정하는 국가중재절차에 따라 해결한다.

〈표 8〉 남·북한의 기업경영환경 및 기본제도 비교

구분	남한의 경영환경·기본제도	북한의 경영환경·기본제도
정치시스템	서구식 자유민주주의 체제, 법치주의, 3권분립 원칙	사회주의체제, 주체사상지배, 당국가이론, 민주집중제원칙
경제시스템	자본주의 시장경제시스템	사회주의 계획경제시스템
경제활동 규제정도	원칙적인 기업활동 자유 보장, 예외적 행정규제	원칙적인 기업활동통제, 예외적 독립채산제
기업소유제도	민간소유(예외적 국·공유기업)	국가·사회협동단체 소유
기업조직형태	법인기업(주식회사·합병회사·합자회사)·개인기업	국영기업·협동농장·기타사회협동단체
기업경영상 의사결정 및 책임	기업의 자율결정 및 자기책임	인민경제계획에 따른 결정 및 행정상·형사상 책임
기업경영상 분쟁해결제도	민사소송제도 적용	국가중재제도 적용
기업의 설립·해산	기업의 자율결정	행정적 차원의 결정

위에서 살펴본 바와 같이 남북 간에는 기본이념·체제와 제도적 기본환

경이 근본적으로 서로 다르다는 점을 염두에 두면서 이 점을 전제로 하여 남북한의 대표적인 경제특구에 관하여 개략적으로 비교하여 보고자 한다. 남북한의 주요경제특구법제로서 북한의 라선자유경제지대법과 개성공업지구법, 남한의 자유무역지역법과 경제자유구역법을 비교하여 살펴본다. 우선 <표 9>에서 보는 바와 같이, 경제특구의 유형을 살펴보면 라선자유경제지대법, 개성공업지구법, 자유무역지역법 3개 법률에서 규정한 경제특구는 공업·무역형이라 할 수 있고, 경제자유구역법에서 규정한 경제특구는 종합형에 해당한다고 생각된다. 경제특구의 지정·관리기구는 남북한 공히 중앙기관과 지방기관으로 이원화되어 있고, 경제특구의 지정절차는 북한의 경우 법률에 명시하지 아니하고 별도의 지정·선포방식을 취하는 데 비하여 남한의 경우에는 법률에 그 지정·고시절차를 명시하고 있다. 특구개발에 관하여는 지대개발계획, 공업지구개발총계획, 자유무역지역기본계획, 경제자유구역개발계획 등 4개 경제특구마다 각자 고유한 개발계획제도를 채택하고 있다. 특별히 개성공업지구법과 경제자유구역법에서는 개발사업자에 대한 우대제도나 특례를 두고 있다. 전자는 토지임대 50년 보장, 양도·재임대 보장, 건설업·관광업 등의 허용하고, 후자의 경우에는 국·공유재산의 수의계약 매각·대부, 감면세, 부담금감면제도 등을 마련하고 있다.

〈표 9〉 남·북한의 주요 경제특구법제(특구유형·개발제도) 비교

구분	라선자유경제지대법	개성공업지구법	자유무역지역법	경제자유구역법
제정시기	1993년 1월	2002년 11월	2000년 1월(수출자유지역법 1970년 1월)	2002년 12월
특구지정목적 및 투자촉진분야	- 경제협력·교류 확대발전 - 무역·중계수송·수출가공·금융·봉사분야	- 국제공업·무역·상업·금융·관광 촉진 - 하부구조건설·경공업·첨단과학기술분야	- 외국인투자유치·무역진흥·국제물류 일원화·지역개발 촉진 - 제조·물류·유통·무역활동 보장	- 외국인투자기업 경영환경·외국인 생활여건개선·외국인투자촉진·국가경쟁력강화·지역 간 균형발전
경제특구유형	공업·무역형	공업·무역형	공업·무역형	종합형
경제특구 지정·관리 기구	중앙기관: 중앙무역지도기관(무역성) 지방기관: 라선시인민위원회	중앙기관: 중앙공업지구지도기관(무역성) 지방기관: 공업지구관리기관	중앙기관: 산업자원부장관 지방기관: 지방자치단체 등 자문기관: 자유무역지역위원회	중앙기관: 재정경제부장관 지방기관: 지방자치단체장 자문기관: 경제자유구역위원회
경제특구지정절차	법 제2조에 따라 별도의 지정조치	별도의 지정조치	중앙행정기관 또는 시·도지사요청→산업자원부장관 검토→관계기관협의→자유무역 지역위원회 심의→산업자원부장관의 지정→고시	시·도지사요청→재정경제부장관 검토→경제자유구역위원회 심의→경제자유구역 개발계획 확정→재정경제부 장관의 지정·고시
특구개발계획 제도	해당중앙기관의 감독하에 라선경제무역 지대개발계획을 수립·시행	개발업자가 공업지구개발 총계획을 수립하여 중앙공업지구지도기관의 승인을 얻어 시행	중앙행정기관 또는 시·도지사가 자유무역지역 기본계획을 작성하여 산업자원부장관에게 제출	시·도지사가 경제자유구역개발계획을 수립하여 재정경제부장관이 확정하여, 개발사업시행자가 동계획에 따른 실시계획을 작성하여 재정경제부 장관의 승인을 얻어 시행
특구개발사업에 대한 특례 적용		- 토지임대기간 50년 보장(연장가능) - 개발사업자의 토지이용권·건물양도·재임대보장 - 개발사업자의 살림집건설업·관광오락업·광고업 등 허용		- 수의계약에 의한 국·공유재산의 사용수익허가·대부·매각 - 개발사업에 따른 건폐율·용적률 기준을 50%까지 완화적용 - 체육시설의 시설기준·부지면적기준에 대한 특례적용 - 실시계획승인에 따른 인·허가 등 의제 - 법인세·소득세·관세(취득세·등록세·종합토지세)재산세 등 감면 - 개발부담금·농지보전부담금·대체초지조성비·대체산림자원조성비·교통유발부담금·생태계보전협력금·공유수면점용료·환경개선부담금 감면

남북한의 4개 경제특구에서의 외국인투자기업에 대한 지원제도를 살펴보면, <표 9>에서 보는 바와 같이, 라선경제무역지대법에서는 최장 50년까지 당사자합의에 따른 토지임대차를 보장하고, 장려부문 투자기업에 대하여는 입지조건이 유리한 토지를 임대하고 임대료를 감면할 수 있도록 규정하고 있고, 개성공업지구법도 마찬가지로 50년 임대차를 보장하고 임대차기간도 연장할 수 있게 보장하고, 입주기업에 대하여 개발사업자는 그 토지·건물을 재임대하거나 양도할 수 있도록 허용하는 규정을 두고 있다. 한편, 자유무역지대법에서는 국내기업과 외국인투자기업 구분하지 아니하고 입주기업에 대하여는 공통적으로 국·공유토지의 매각·임대특례를 허용하고, 공유토지의 임대기간을 50년까지 허용(추가로 50년까지 기간연장가능)하며, 국·공유토지 매입대금의 납부연기·분할납부나 국·공유토지 임차 시 영구시설물의 축조 허용에 관한 지원규정을 마련하고 있다. 자유무역지대법에서는 또한, 외국인투자기업에 대하여 임대료의 감면 혜택을 부여하되, 국가경쟁력 강화업종에 대하여는 추가감면까지 부여하고 있다. 토지취득 시 외국인토지법상의 권리취득허가 대신 신고를 하면 되도록 대체·완화하고, 국·공유재산의 임대료를 감면하고 수의계약에 의하여 국·공유재산의 사용수익허가·대부·매각을 할 수 있게 허용하고 있다.

〈표 10〉 남·북한의 주요경제특구법제(투자기업지원제도) 비교

구분	라선자유경제지대법	개성공업지구법	자유무역지역법	경제자유구역법
입주기업의 토지매매·임대차 보장	- 최장 50년까지 당사자합의로 토지임대차 보장(토지소유권 취득 불가) - 장려부문 투자기업에 입지조건이 유리한 토지임대 및 임대료 감면	- 50년 임대차 및 기간연장 보장 - 입주기업에 대한 개발사업자의 토지·건물 재임대·양도허용(토지소유권 취득 불가, 건물소유권 허용)	〈입주기업공통〉 - 국·공유토지의 매각·임대 특례 및 공유토지의 임대기간 50년까지 허용(추가로 50년까지 기간연장가능) - 국·공유토지 매입대금의 납부연기·분할납부 - 국·공유토지 임차 시 영구시설물의 축조허용 〈외국인투자기업〉 - 임대료 감면 및 국가경쟁력 강화업종에 대한 추가감면 - 토지취득 시 외국인토지법상의 권리취득허가면제 및 신고로 대체·완화	- 국·공유재산의 임대료 감면 - 수의계약에 의한 국·공유재산의 사용수익허가·대부·매각

구분	라선자유경제지대법	개성공업지구법	자유무역지역법	경제자유구역법
다른 규제 법률 의 적용 배제	- 경제특구 내의 경제무역활동을 동법과 법규에 의하여 규율·보장 - 외국투자기업의 생산상품에 대한 합의 가격제 도입 - 국내 기관·기업소·단체에 대한 내각승인하의 단독·합영·합작형식의 투자에 의한 경제·무역·활동 허용 - 합영·합작기업과 국내 기관·기업소·단체에 대한 경제특구 내 지사·대리점·출장소 설치허용 - 외국투자기업에 대하여 외부 기관·기업소·단체에의 원료·자재·부분품의 위탁가공허용(위탁가공액이 전체생산액의 40% 미만 시 특구 내 생산으로 간주혜택)	- 기업창설 및 지사·영업소·사무소 설치허용 및 경제활동보장 - 투자재산에 대한 상속권보장 - 투자가 재산의 원칙적인 국유화금지 및 부득이한 수용 시 사전협의 및 가치보상 - 상품가격의 국제시장가격에 준하는 합의가격제 도입 - 법에 근거하지 않는 외국인 구속·체포·수색의 금지 - 신변안전·형사사건 관련 조약의 우선적용 - 특구 내 경제활동은 이 법과 시행규정에 따라 수행하도록 규율·보장 - 국내 기관·기업소·단체에 대한 위탁가공 허용	- 고령자고용촉진, 국가유공자 고용명령, 장애인고용촉진, 중소기업사업영역보호 등 행정법령의 의무 면제 - 입주허가 시 공장 신·증설, 업종변경승인의 의제 - 대외무역법상의 수출·수입요령의 적용배제 - 자유무역지역을 관세법상의 보세구역으로 간	- 고령자고용 촉진, 국가유공자 고용명령, 장애인고용촉진, 중소기업사업영역보호 등의 행정법 실상의 의무 면제 - 수도권정비계획법에 의한 과밀억제권역·성장관리권역 내의 행위제한, 과밀부담금부과, 총량규제, 대규모 개발 사업 규제 의 적용배제 특례 - 무급휴일·무급생리휴가허용 등 근로기준법 일부적용배제 - 전문업종에 대한 근로자파견대상 업무의 확대 및 파견기간연장 허용
세제 지원	- 가공수출목적반입물품, 생산·경영소요물자, 수출상품·생활용품 등에 대한 관세면제 - 기업소득세율 결산이율의 14% - 경영기간 10년 이상인 생산부문기업에 대한 기업소득세를 이윤발생연도부터 3년간 면제 및 그 후 2년간 50% 이내 면제 - 총투자액 45억 원 이상인 하부구조건설부문 기업에 대한 기업소득세를 이윤발생연도부터 4년간 면제 및 그 후 3년간 50% 이내 면제 - 기업이윤재투자 시 그 경영기간이 5년 이상일 경우 기납부한 재투자분에 해당하는 소득세액의 50%반환(하부구조건설부문의 경우에는 소득세액의 100%반환)	- 기업소득세율 결산이율의 14%(하부구조건설·경공업·첨단과학기술부문 10%) - 특구 내 출입물자 및 위탁가공물자에 대한 관세면제	⟨입주기업공통⟩ - 반입신고한 내국물품에 대하여 주세·특별소비세·교통세의 면제 또는 환급 - 반입신고한 내국물품에 대한 부가가치세 영세율 적용 - 입주기업 간 거래 외국물품등에 대한 부가가치세 영세율 적용 ⟨외국인투자기업⟩ - 법인세·소득세·취득세·등록세·재산세·종합토지세 등 감면 - 교통유발부담금 면제	- 국세·지방세 감면
금융 지원	- 장려부문 투자기업에 대한 국내금융기관으로부터의 경영자금 우선대부		- 입주기업의 기술개발·인력양성에 필요한 자금지원 - 입주기업의 임차공장 등의 유지·보수, 의료시설·교육시설·주택 등의 기반시설확충 또는 그 소요자금 지원	- 도로·용수 등의 기반시설 확충에 우선지원

구분	라선자유경제지대법	개성공업지구법	자유무역지역법	경제자유구역법
외국인생활여건보호, 기타지원제도	- 무비자 입국 및 체류·거주 보장 - 무역선 및 선원에 대한 특구 내 무역항의 자유로운 출·입항 보장 - 일부관리인원 및 특수직종의 외국인채용 허용	- 남측지역에서 출입하는 남측·해외동포·외국인 및 수송수단의 무비자출입 보장(출입증명서 소지) - 문화·보건·체육·교육 분야의 생활상 편의보장 및 전화 등 통신수단이용 보장 - 개성시내 혁명사적지·역사 유적유물·명승지·천연기념물 관광허용 - 외화의 자유로운 반출입 - 기업이윤·소득의 대외송금 보장		- 공문서의 외국어발간·접수·처리 등 외국어서비스 제공 - 경상거래에 따른 대외지급수단 사용 보장 - 외국교육기관 설립·운영보장(수도권정비계획법상의 행위제한·총량규제 적용제외, 입학요건완화, 자금지원·부지공여, 외국인교원임용특례 등) - 의료기관 및 외국인 전용약국 개설허용 - 외국방송의 재송신 채널 허용·보장

　　남북한의 4개 특구별 세제지원내용을 살펴보면, <표 10>에서 보는 바와 같이, 라선경제무역지대법에서는 가공수출목적반입물품, 생산·경영소요물자, 수출상품·생활용품 등에 대한 관세를 면제하고, 기업소득세율은 결산이윤의 14%로 하며, 경영기간 10년 이상인 생산부문기업에 대한 기업소득세를 이윤발생연도부터 3년간 면제하고 그 후 2년간 50% 이내의 범위 안에서 면제하도록 규정하고 있다. 또한, 총 투자액 45억 원 이상인 하부구조건설부문 기업에 대한 기업소득세를 이윤발생연도부터 4년간 면제하고 그 후 3년간 50% 이내의 범위 안에서 면제하며, 특히 기업이윤재투자 시에는 그 경영기간이 5년 이상일 경우 이미 납부한 재투자분에 해당하는 소득세액의 50%를 반환하고, 하부구조건설부문의 경우에는 소득세액의 100%를 반환하도록 하여 재투자를 강력하게 유인하고 있다. 한편, 개성공업지구법에서는 기업소득세율은 결산이윤의 14%(하부구조건설·경공업·첨단과학기술부문 10%)로 하고, 특구 내 출입물자 및 위탁가공물자에 대한 관세를 면제하도록 규정하고 있다.

　　남한의 자유무역지역법에서는 국내기업을 포함하여 모든 입주기업에 공통적으로 반입신고한 내국물품에 대하여는 주세·특별소비세·교통세를 면제 또는 환급하고, 반입신고한 내국물품 및 입주기업 간 거래 외국물품 등에 대한 부가가치세 영세율을 적용하도록 하고 있다. 또한, 외국인투자기업에 대하여 법인세·소득세·취득세·등록세·재산세·종합토지세 등을 감면하고, 교통유발부담금을 면제하도록 규정하고 있다. 경제자유구역법에서는 외국인투자기업의 경영활동 지원을 위하여 국가 및 지방자치단체는 경제자유구역에 입주하는 외국인투자기업에 대하여 조세특례제한법·관세법 및 지방세법이 정하는 바에 따라 국세 및 지방세를 감면할 수 있도록 규정하고 있다.

그 밖에 남북한의 4개 특구에서는 각각 <표 10>에서 보는 바와 같이, 다른 법령의 적용을 배제하거나 일부 완화하여 적용하도록 하는 특례규정을 다수 두고 있다. 라선경제무역지대법, 자유무역지역법, 경제자유구역법에서는 독자적인 자금지원규정도 마련하고 있다. 특히, 2002년 12월에 제정된 경제자유구역법에서는 외국인의 생활여건을 보장하기 위하여 공문서의 외국어발간·접수 등 외국어서비스제도, 외국교육기관의 설립·운영의 보장, 외국의료기관 및 외국인전용약국의 개설허용, 외국방송의 재송신채널 허용 등 획기적인 지원제도를 마련하고 있는 점에서 다른 특구법제와는 다른 특징을 갖는다.

북한에서는 금강산관광지구법이, 남한에서는 관광진흥법상의 관광특구제도가 도입·운영되고 있어 남북한 공통으로 관광특구제도를 갖는 셈이다. 남한의 관광특구제도가 주로 외국인관광객유치에 초점을 맞추고 있는 반면, 북한의 관광특구제도는 단순한 외국인관광객유치와 관광진흥 이외에 외국인에 대한 관광업투자를 촉진하고, 관광지구 내에서 소프트웨어산업 등 첨단과학기술부문의 투자를 허용하고 특히, 관광업관련 하부구조건설부문에의 투자를 장려하고 있다는 점에서 특정산업분야 외국인투자를 촉진하는 기능까지 겸하고 있다. 남한의 관광진흥법은 주로 관광진흥에 관한 규정을 두고 있으나, 북한의 금강산관광지구법에서는 금강산생태 및 환경보호를 위하여 관광진흥 이외에 관광객 준수사항 등 관광규제에 관한 규정들을 일부 두고 있다. 양 관광특구법제에서 규정하고 있는 관광개발 및 진흥사업추진, 관광지구에 대한 지원·특례 등을 요약하면 <표 11>과 같다.

<표 11> 북한의 금강산관광특구와 남한의 관광특구법제 비교

구분	북한의 금강산관광특구법	남한의 관광진흥법(제5장제2절)
입법목적	- 금강산의 국제적인 관광지구 조성 - 관광지구의 개발·운영제도 확립 - 금강산의 자연생태관광 발전	- 외국인 유치촉진 - 관계법령의 적용배제 또는 완화 - 관광여건의 집중조성
적용대상지역	금강산일원	전국의 주요 관광거점
기본적 성격	특정지역(금강산)의 관광진흥 및 규제법제	관광진흥법제
행정지도·관리기관	- 중앙관광지도기관(사업지도) - 관광지구관리기관(사업관리)	- 시·도지사(지정권자) - 시장·군수·구청장(지정신청권자)
관광개발·진흥사업 추진	- 관광지구관리기관: 관광계획 작성 - 개발업자: 관광지구개발총계획을 작성하여 중앙관광지도기관의 승인을 얻어 시행	- 시장·군수·구청장: 진흥계획 수립·시행
관광지구에 대한 지원·특례	- 개발업자에 대한 관광지구개발 및 영업활동에 대한 비과세 - 개발업자의 관광지구개발 및 관광영업권한의 일부 양도·임대허용 - 외국인에 대한 관광업(여행업·숙박업·오락·편의시설업) 개방 - 관광지구 내 소프트웨어산업 등 첨단과학기술부문 투자허용·개방 - 관광업관련 하부구조건설 부문에의 투자장려 - 외화의 자유로운 반출입보장 - 관광지구의 개발·관리운영·기업활동과 관련한 분쟁으로서 협의로 해결할 수 없는 분쟁에 대하여는 남북 간에 합의한 상사분쟁해결절차 또는 중재·재판절차로 해결(국내 민사재판절차 배제)	- 외국인관광객의 편의증진 등 관광특구 진흥을 위한 지원 - 문화·체육·숙박·상가시설에 대한 관광진흥개발기금 보조·융자 - 우수평가 관광특구에 대한 특별지원 - 식품위생법에 의한 영업시간제한 배제
기타 규제사항 등	- 관광객 휴대금지 물품, 관광객 준수사항, 기업창설승인 및 업종허가제 등	- 관광사업일반에 대한 등록·허가·신고·지정제 등

V. 결 어

북한의 4개 경제특구인 라선자유경제지대, 신의주특별행정구, 개성공업지구, 금강산관광특구에 관한 근거법인 4개 경제특구법제에 관하여 비교법적 시각에서 살펴보았다. 북한의 4개 경제특구는 남북교류협력과 장차 민족통합의 상대인 북한의 체제개혁·개방의 문제와 직결되어 있고, 한반도의 평화를 정착시키며 경제공동체 형성의 과제와도 밀접하다.

북한의 경제특구법제는 종래 북한의 사회주의이념과 계획경제시스템에 의한 기업경영활동으로부터 탈피하여 경제특구에 외국의 민간인·법인이 투자하는 외국인투자회사의 창설허용 및 자율경영을 보장하고, 시장경제요소를 도입하여 가격결정을 매매당사자의 합의에 의하여 결정하도록 하며 개별기업의 생산량이나 공급가격을 기업 스스로 결정하도록 하며, 기업의 경영활동에 따른 분쟁을 북한의 민사재판보다는 대외경제중재나 남북상사중재합의서에 근거한 중재위원회에서 해결하도록 하는 등 북한의 종래 대내일반법제와는 매우 다른 특성을 갖는다고 본다.

또한, 북한의 경제특구법제는 다른 체제이행국가인 중국, 베트남, 러시아와 비교할 때, 체제개혁·개방에 상당히 성공한 중국 및 베트남의 경우에 비하여 외국인투자유인제도를 적극적으로 도입하거나 개방정책을 과감하게 전개하지 못하여 상대적으로 특구운영에 애로를 겪는다고 본다. 이는 보다 근본적으로 북한이 중국 및 베트남의 경우처럼 계획경제보다는 시장경제에로 과감하게 체제전환과 동시에 시장경제시스템을 도입하지 못하고 있기 때문이라고 본다.

아울러 남북 간의 특구법제 비교에는 기본적인 제도환경이 현저히 다르고 과거 이데올로기적 갈등이 깊었다는 점 때문에 특유의 어려움이 있지만, 앞에서 살펴본 바와 같이 장차 남한의 다양한 경제특구 유형과 외국인투자기업에 대한 다양한 타 법률적용 배제·특례제도, 외국어서비스제공, 외국인학교설치허용, 외국인전용의료·복지시설허용 등 최근 도입된 획기적인 개방·유인제도들은 북한의 장기적인 특구법제 발전방안 수립에 있어서 충분히 고려할 가치가 있다고 본다.

Ⅰ. 開城工業地區法의 制定意義

북한은 2002. 11. 20. 최고인민회의 상임위원회 정령2)으로 개성공업지구
법을 제정하였다. 개성공업지구는 북한 내의 어느 지역보다도 육로를 통한
남북 간의 경제교류·협력에 유리한 위치를 점하고 있다는 점에서 남북 간
경제협력사업이 이루어질 수 있도록 북한이 개방하고 있는 기존의 다른 지
역에 비하여 잠재적 가능성을 갖춘 지역이란 측면에서 동법의 제정의의는
자못 크다고 하겠다.

북한은 1980년대 중반부터 침체된 사회주의 경제를 개혁하기 위하여 개
방화정책을 추진하고자 하여 나진·선봉경제무역지대를 개방하면서 합영법
을 비롯한 대외개방관련법제를 마련하여 왔다. 그러나 이 같은 대외개방정
책이 소기의 성과를 거두지 못하고 더욱 격심한 경제난에 봉착하면서
2000. 9. 신의주특별행정구를 지정하기 위하여 입법·행정·사법의 3권을
독립적으로 부여하고자 하는 신의주특별행정구기본법을 제정하면서 향후
50년간 동법을 변경하지 아니하겠다는 내용까지 담고 있어 북한의 대내적
인 경제상황이나 경제개방화정책에 대한 북한 당국의 의지를 읽을 수 있다.

---

1) 이 글은 『2002년도 남북법제개선 연구보고서』(법제처, 2002년 12월)에 거재한 저자의 논문("南韓企業
   의 開城工業地区 進出에 따른 法的考察")을 일부 재정리한 것이다.

2) 이 법은 최고인민회의 상임위원회의 정령의 형식을 취하고 있다. 최고인민회의 상임위원회는 최고인민회
   의가 휴회 중인 경우에는 북한 헌법 제106조의 규정에 의하여 최고인민회의를 대신하여 최고주권기관으
   로서의 지위를 가지므로 최고인민회의 상임위원회가 제정한 법령의 효력은 최고인민회의가 제정한 법령
   과 같은 효력을 갖는다.

그러나 신의주의 경우에는 중조접경지역에 위치하여 사회간접자본이 미약한 등 발전가능성에 있어서 불리한 지역이며, 중국과의 원활한 협력관계도 기대하기 어려운 상황이다.

이에 비하여 개성의 경우에는 개성은 남북접경지대에 속하고 남한의 수도권으로부터 가까운 위치에 있어 지리적·전략적인 요충이며 그만큼 성장잠재력이 매우 크다. 북한의 다른 경제특구인 나진·선봉자유무역지대, 신의주경제특구, 금강산관광특구 등에 비추어 볼 때 뚜렷한 비교우위를 점하는 지역이라고 볼 수 있다. 금번 개성공업지구법의 제정은 남북교류협력에 있어서 새로운 전기를 마련할 것으로 예상된다. 북한은 개성지역을 경제특구로 활성화하여 빠른 시기에 남한의 자본·기술을 유인하고 남한 기업의 경영노우하우를 습득하면서 북한의 경제위기를 타개하고자 하려는 것이라고 본다.

최근에 불거진 북·미 간의 핵사태를 비롯하여 남북한을 둘러싼 국제적 갈등위기가 고조됨에 따라 남북 간의 교류협력관계를 낙관적으로만 볼 수 없는 정치·군사적인 측면이 있으나, 중장기적으로 갈등위기가 극복되고 안정국면으로 회귀할 것이라는 전제하에 개성공업지구에 장래 진출하게 될 남한기업에 적용되는 개성공업지구법을 중심으로 하여 관련 북한법 등을 체계적으로 분석·정리하고, 아울러 법적 문제점은 무엇이며 그 해결방안은 무엇인지를 살펴보고자 한다. 남북 간에 서명되어 현재 국내절차를 이행 중인 4대경제합의서의 관련규정도 함께 살펴보고자 한다.

II. 南北間 立法推進背景 및 事前協力

북한 당국은 이미 2000. 10. 전후에 개성공업지구의 건설·개발을 추진하기 위하여 남한의 현대아산주식회사를 통하여 필요한 입법방안을 강구하게 되었다. 이에 정부에서는 남북교류협력의 활성화를 위하여 개성공업지구의 개발촉진을 위한 효율적인 입법방안을 관계전문가들의 자문을 얻어 2000. 11. 작성·제시하게 되었다. 이는 북한 당국이 독자적으로 입법하는 것보다는 공업지구나 경제특구의 오랜 개발경험과 많은 노하우를 갖추고 동시에 관련법령의 제정경험이 풍부한 남한 정부의 지원·협력이 필요하다고 판단하였기 때문으로 볼 수 있다. 동 입법안은 남한 정부가 북한의 법률제정과정에 참여하여 지원한 최초의 역사적인 입법협력사례가 될 것이다.

당초 동 입법안은 가칭 '국제자유경제지대기본법'이었고, 대북경로를 통하여 북한 당국에 전달되어 금번 북한이 제정·발표한 개성공업지구법의 모태가 되었다고 본다. 현대아산주식회사가 대북경로로 활용된 것은 이미 2000. 8. 동 회사와 북한 당국 간에 개성공업지구 건설운영에 관한 합의서를 체결하였고 그에 따라 북 측에서는 개성의 일정지역을 경제특구화하는 입법절차를 거쳐 남북한 및 외국의 유수한 기업을 유치하기 위한 여건을 조성하도록 하며, 남측에서 현대아산주식회사는 공업지구 내의 각종 기업창설 종합계획을 작성하여 북한의 조선아시아태평양평화위원회 및 민족경제협력연합회(이하 '아태위·민경련') 측과 협의하고 동 계획을 이행하여야 하기 때문이기도 하다. 이하 우선 합의서의 구체적인 내용을 살펴본 다음 우리 정부가 제시한 국제자유지역경제지대법안의 내용 및 북한이 제정한 개성공업지구법 입법에 미친 영향을 분석하여 보기로 한다.

아태위·민경련과 남한의 현대아산주식회사는 2000. 8. 경 개성공업지구 건설운영에 관한 합의를 체결한 바 있다. 동 합의의 내용을 살펴보면, ① 개성지역에 2000만 평 규모로 공업지구 및 배후도시를 건설하고, ② 차후에 추가부지 2000만 평을 추가조성하기로 하며, 그 추진성과에 따라 공업지구조성을 더욱 확대하여 나아가기로 하며, ③ 동시에 개성지역을 공업지구로서뿐만이 아니라 문화·관광·상업도시로 건설하면서 서울과 개성까지의 육로를 통한 관광사업을 준비·시행하고, ④ 동 공업지구에는 북 측에서 경제특구화하는 입법절차를 거쳐 남북한 및 외국의 유수한 기업을 유치하기 위한 여건을 조성하며, ⑤ 남북한의 자본·기술·인력을 효율적으로 결합하여 세계적인 수출단지로 조성하여 외화를 획득하고 민족공동경제발전의 터전을 이룩하고, ⑥ 아태위·민경련은 공업지구가 성공적으로 건설·운영되도록 하기 위하여 물자·장비 및 인원에 대한 남북 간 육로운송·직접통신을 보장하며[3], ⑦ 아태위·민경련은 다른 기업·단체가 북 측에 공업지구 건설을 희망하는 경우에는 합의에 따라 조성하는 지역에 투자하도록 하고 이 합의에 따른 공업지구가 성공적으로 건설·운영될 때까지 다른 업체나 지역의 공업지구건설을 억제하도록 하고, ⑧ 현대아산주식회사에서는 공업지구 건설·운영과 관련하여 부지조성 및 부지 내 하부구조시설의 건설, 입주업체의 모집·분양 등을 포함한 공업지구의 제반 사업권을 가지며, 공업지구의 관리·운영은 아태위·민경련과 협의하고, 이와 같은 사업은 단독으로 또는 제3자와 공동으로 수행할 수 있으며, ⑨ 아태위·민경련은 북한의 경제개발계획에서 공업지구 건설·운영에 필요한 전력·통신·도로·용수·상하수도 등 하부구조시설이 최우선적으로 건설되도록 노력하고, ⑩ 현대아산주식회사는 공업지구 내의 각종 기업창설을 위한 종합계획을 작성하여 아태위·민경련 측과 협의하고 이행한다는 것이다.

북한의 개성공업지구법 제정배경에는 이와 같은 개성공업지구를 남북한의 자본·기술·인력을 효율적으로 결합하여 국제적인 수출단지로 조성하고자 하는 남북 간의 구체적인 교류협력사업의 추진성과라고도 볼 수 있다. 북한에서 개성공업지구법을 제정하게 것은 위 합의서에서 ④ 동 공업지구에는 북 측에서 경제특구화하는 입법절차를 거쳐 남북한 및 외국의 유수한 기업을 유치하기 위한 여건을 조성하도록 하는 내용과 맥을 같이하는 조치라고 본다. 위 합의서의 내용에서 살펴본 바와 같이, 북한 당국은 개성지역에 1차로 2000만 평 규모로 공업지구 및 배후도시를 건설하고, 동시에 개성지역을 문화·관광·상업도시로 건설하여 서울과 개성까지 육로를 통한 관광사업을 추진하기로 하고, 동 공업지구를 경제특구화하는 입법조치를 취하며, 남북한의 자본·기술·인력을 효율적으로 결합하여 세계적인 수출단

---

3) 육로운송은 판문점을 통하여 이를 실시하거나 또는 빠른 시간 내에 현장답사를 행하여 새로운 도로를 개설·시행하기로 한다.

지로 조성하고, 아태위·민경련은 개성지구의 공업지구개발·운영권을 독점적으로 보장하여 공업지구 건설·운영과 관련하여 부지조성 및 부지 내 하부구조시설의 건설, 입주업체의 모집·분양 등을 포함한 공업지구의 제반 사업권을 부여하며, 현대아산주식회사는 공업지구 내의 각종 기업창설 종합계획을 작성하여 아태위·민경련 측과의 협의를 거쳐 이행하도록 한다는 것으로 요약된다.

이 법안은 7개의 장(총칙, 경제지대의 지정·선포와 투자환경조성의무, 경제지대의 개발·분양, 관리기관, 기업의 창설과 운영, 기업활동의 보장, 분쟁의 해결) 27개 조문과 부칙 2개 조문으로 구성되어 있다. 동 법안은 북한 내의 특정지역을 국제시장경제질서에 따른 자유로운 경제활동이 보장되는 국제자유경제지대[4]로 지정하여 이를 효과적으로 개발·관리·운영함으로써 남측과 외국인투자유치를 촉진하여 국제적인 산업·무역·상업·금융·관광지대로 발전시켜 민족경제발전에 이바지함을 목적으로 규정하였다. 동 법안의 주요골자는 다음과 같다.

첫째, 국제자유경제지대에서의 모든 경제활동은 이 법과 이 법에 따라 만들어지는 규정 및 기타 하위법규에 따라 하며, 이 법과 이에 따른 규정 및 기타 하위법규가 북한의 다른 법률이나 규정에 우선한다고 규정하여 이 법안의 우선적 효력 내지 특별법적 지위를 명시하고(제3조제1항), 남북 사이에 이미 체결되었거나 향후 체결되는 각종 협정이나 합의서가 있는 경우 그 해당내용은 자동적으로 이 법의 일부가 되고, 이 법의 내용과 해당 협정의 내용이 배치되는 경우에는 협정이 우선한다고 규정하여 남북 간에 체결되는 각종 협정이나 합의서 역시 이 법의 일부를 구성함으로써 이 법과 동등한 효력을 가지며, 이 법과 각종 협정이나 합의서가 서로 상치될 경우에는 후자의 우선적 효력을 인정하는 내용을 명문화하였다(제3조제1항)

둘째, 국제경제지대중앙위원회[5](이하 '중앙위원회')는 이 법이 제정·공포

---

4) 국제자유경제지대라 함은 북한의 일반 법률이나 규정에 의한 제한과 규제를 배제하거나 완화하여 이 법과 이 법에 따라 제정된 규정에 따라 자유로운 경제활동이 보장되는 지역으로서 이 법 제4조에 따라 지정·선포된 지역을 말한다고 정의하고 있다(법안 제2조제1호).

5) 국제자유경제지대중앙위원회는 지대의 개발·운영·관리에 관하여 제10조에 정하는 업무를 수행하는 내

되는 즉시 황해도 개성지구 일대와 강원도 금강산지구·통천지구·원산지구 일대에 대하여 구체적인 위치·경계·면적을 확정하여 국제자유경제지대로 지정하고 선포한다고(제4조) 규정하여 이 법안은 개성공업지구뿐만이 아니라 금강산·통천·원산지구에 공통적으로 적용되는 특별법으로 만들고자 하였다. 북한은 경제지대에 대하여 ① 최장 70년간 유효하고 기간만료 후 연장이 가능한 토지이용권의 보장, ② 시설물 등 각종 재산에 대한 투자자들의 소유권 보장, ③ 국제경쟁력 있는 임금정책의 시행을 통하여 경쟁력 있는 노동력을 중단 없이 충분히 공급하도록 함으로써 원활한 기업활동을 보장, ④ 인원·물자·자금·산업정보 등의 자유로운 이동과 교류 등 국제화된 자유로운 경제활동 보장, ⑤ 기업활동에 대한 규제와 간섭이 없는 국제적 수준의 자유로운 기업활동 환경보장, ⑥ 각종 조세 및 공과금을 면제하거나 최소화하여 국제시장에서의 가격경쟁력 확보 등과 같은 국제적인 경쟁력 확보에 필요한 제반요건을 포함시켜 국제적으로 가장 유리한 투자환경을 조성하도록 규정하였으나(제5조), 이는 북한의 현실여건에 비추어 북한 당국이 수용하기에는 다소 어려운 점도 있다고 보인다.

셋째, 경제지대의 관리운영체제는 중앙위원회·지대당국·관리공사의 삼각구도로 구성되어 있으며, 중앙위원회는 경제지대와 관련된 모든 업무를 총괄·지도하는 중앙행정기관이고, 지대당국은 중앙위원회의 지도 밑에 경제지대의 개발 및 관리운영에 따른 모든 행정업무를 집행하는 지방행정기관이며, 관리공사는 투자기업의 관리, 영업허가, 건축공사의 인·허가 및 등록 등 경제지대의 개발 및 관리운영에 직접 관련된 업무를 수행하는 특별행정기원기구이다(제10조 내지 제12조).

넷째, 북한과 남측 및 외국투자자는 누구든지 경제지대 내에 단독기업·합영기업·합작기업·기타 기업을 창설·운영하는 등의 방법으로 모든 부문에의 투자 및 경제활동을 할 수 있도록 규정하고(제13조제1항), 경제지대 내의 자유로운 경제활동을 보장하기 위하여 수출입의 자유(제15조), 토지이

각의 산하의 중앙행정기관을 말한다(법안 제2조제2호).

용권 및 건물소유권의 보장(제16조), 노력공급의 보장(제17조), 가격의 자유로운 합의결정(제18조), 관세 및 세금특례(제19조 및 제22조), 통화·금융 및 송금보장(제20조 및 제21조), 출입·체류·통행·생활편의 보장(제24조) 등을 규정하였다.

다섯째, 관세부과 및 면제에 관하여 살펴보면, 북한의 경제지대 내로 반입되거나 경제지대로부터 북한의 영역 밖으로 반출되는 모든 물품에 대하여 관세를 부과하지 아니하는 특혜관세제도를 실시하도록 하고, 경제지대 내로 반입된 물품이 북한의 경제지대 밖으로 반출되는 경우에는 관세를 부과하되, 수리·가공과정을 거쳐 다시 반입되는 조건인 경우에는 관세를 부과하지 아니하도록 하였다(제19조).[6]

여섯째, 경제지대 내의 투자기업에 대한 세금부과 및 감면제도를 살펴보면, ① 기업소득세율은 결산이윤의 14퍼센트(북한이 장려하는 첨단기술부문, 자원개발과 기반시설 건설부문, 과학연구 및 기술개발부문에 대하여는 결산이윤의 10퍼센트)로 하고, ② 외자기업과 지사 및 영업소에 대한 기업소득세는 이윤이 나기 시작한 해부터 7년간 면제하고, 그다음 3년간은 50퍼센트를 감면하도록 규정하며, ③ 개발사업자에 대하여는 경제지대개발이 완료될 때까지 모든 세금을 면제하며, ④ 남측 및 외국투자자가 이윤을 재투자하는 경우 그 경영기간이 3년 이상 될 경우에는 납부한 재투자분에 해당한 소득세액의 70퍼센트를 반환받을 수 있고, ⑤ 외자기업과 지사 및 영업소는 북한 밖에서의 득 또는 북한의 영역 밖에 원천을 두는 소득에 관하여는 당해 외국에서 세금을 내는 외에 북한 내에서는 어떤 형태로든지 일체 세금을 부담하지 아니하도록 규정하였다.

일곱째, 경제지대 내에서 경제활동과 관련된 분쟁은 ① 당사자 간 협의,

---

6) 당초 실무자문과정에서는 ① 가공수출을 목적으로 지대 안에 반입하는 물자와 상품, ② 생산과 경영에 필요한 물자와 생산한 수출상품, ③ 외자기업과 지사 및 영업소가 필요한 양의 사무용품과 생활용품, ④ 경제지대 개발과 관리운영에 필요한 물자 및 상품, ⑤ 통과하는 다른 나라의 무역화물에 대하여 관세를 면제한다는 기본조항 외에 다른 나라로부터 경제지대 내에 상품을 팔기 위하여 들어오는 경우, 경제지대 안에서 생산하였거나 수입한 상품을 공화국의 다른 지역에 팔기 위하여 내가는 경우에는 관세면제대상에서 이를 제외하도록 하되, 남측에서 경제지대 내로 들여오거나 경제지대에서 남측으로 내가는 물품은 민족내부거래로 보아 관세를 부과하지 아니하도록 하는 내용 등이 논의되기도 한 바 있다.

② 북한이 정한 중재·재판절차 또는 남북 간 합의된 중재기구나 국제적 분쟁해결기구 중의 어느 하나의 절차에 의하도록 하였다. 즉 경제지대 내에서 경제활동과 관련한 의견상이는 당사자들이 협의해결하거나 계약에 정한 방법으로 해결하며, 계약의 당사자는 북한이 정한 중재와 재판절차 또는 남북 간에 합의된 중재기구, 국제적인 분쟁해결기구 등 기타 공정성이 보장되는 중재기관에 제기하여 해결하는 방법 중 편리한 대로 계약을 정할 수 있도록 정할 수 있고, 계약당사자는 중재와 재판절차에 따라 분쟁을 해결하기 전에 관리공사에 조정을 신청할 수 있도록 하며, 남측 인원 및 해외동포와 외국인의 형사사건 및 신변안전에 관한 구체적인 사항은 남북 당국 또는 공화국과 각국과의 사이에 따로 체결된 협정에 따르도록 하였다(제27조).

여덟째, 개성 등 경제지대에 있어서는 2000. 8. 북 측 아태위·민경련과 남측 현대아산주식회사 사이에 체결된 공업지구건설운영에 관한 합의서에 따라 동회사가 개발사업자로 지정된 것으로 보도록 하는 경과조치를 두어 이 법에 의한 개발사업자는 기존합의의 남측 당사자로 되도록 하였다(부칙 제2조제2항).

III. 開城工業地區法의 基本原則

1. 입법목적

개성공업지구법은 공업지구의 개발과 관리운영에 있어서 그 제도와 질서를 엄격히 수립하여 민족경제를 발전시키는 데에 이바지함을 그 입법목적으로 하여 최근에 제정한 법이다. 개성공업지구법은 본칙으로서 개성공업지구법의 기본 9개 조문, 개성공업지구의 개발 11개 조문, 개성공업지구의 관리 14개 조문, 개성공업지구의 기업 창설운영 11개 조문, 분쟁해결 1개 조문 총 5개의 장에 46개 조문과 부칙 3개 조문으로 구성되어 있다. 개성공업지구법의 입법취지에 따라 개성공업지구는 이를 북한의 중앙공업지구지도기관의 지도·감독하에 공업지구관리기관이 관리·운영하는 국제적인 공업·무역·상업·금융·관광지역으로 개발하여 개방화정책의 거점지역으로서 장차 북한경제의 활로를 개척하고자 한다. 개성공업지구는 남북한 접경지역의 바로 북 측에 위치하여 남한기업의 투자를 효율적으로 유치할 수 있을 뿐만이 아니라 남북한의 정치·경제·문화의 중심지로서 기능하는 수도권인 서울과 평양의 지근거리에 위치하고 있다는 지리적·전략적인 장점을 갖추고 있다. 그만큼 정치적·군사적으로 민감한 지역으로서의 특성을 동시에 갖추고 있어 향후 남북교류협력의 간문이자 거점역할을 담당하게 될 것으로 전망된다. 이하 개성공업지구법에서 기본원칙으로 정한 주요내용을 살펴보고자 한다. 대북투자기업의 투자보장 및 형사보호에 관련된 내용은 장을 바꾸어 상세히 검토하고자 한다.

2. 基本槪念으로서의 投資 · 投資資産

가. 投資家 · 投資資産의 範圍

개성공업지구법은 제3조는 투자가의 범위를 ① 남측 동포, ② 해외동포, ③ 다른 나라의 법인·개인·경제조직들로 규정하고 있다. 외국인투자법에서는 동법의 적용대상을 외국투자가와 해외조선동포만으로 한정하고 있어 남한동포나 기업은 동법의 적용대상에서 제외되어 있으나, 이 법 제3조에서는 이와 같은 의문점을 명시적으로 해결하여 주고 있으며, 더 나아가 법 제3조의 문언상으로 보아 북한 당국이 남측 동포를 해외동포나 다른 나라의 투자가보다 우선적으로 고려하고 있다고 보이고, 남측 동포의 적극적인 투자활동을 유인하려는 것으로 보인다. 개성공업지구법 제3조의 규정취지에 비추어 외국인투자법을 해석·적용함에 있어도 앞으로는 비록 남측 동포 및 기업에 대하여 명문의 근거가 없더라도 해외동포에 준하여 외국인투자법이 적용·시행될 것으로 예상할 수 있다.

그러면, 이 법에서 핵심용어가 되고 있는 투자가와 투자란 무엇인가? 이 법에서는 용어정의에 관한 명문규정을 두고 있지 아니하다. 그러나 부칙 제2조에서는 "개성공업지구와 관련하여 북남 사이에 맺은 합의서의 내용은 이 법과 같은 효력을 가진다."고 명시하여 남북 간에 체결한 합의서는 적어도 개성공업지구와 관련되는 범위 안에서는 북한의 최고인민회의 상임위원회가 제정한 정령인 이 법과 동일한 효력을 부여받는다고 본다. 북한법에서 명확하지 못한 규정내용이나 남북 간의 교류·협력사업에 관하여 북한법의 일부내용에 대한 특례를 정하고자 할 경우에는 북한 당국에 요구하여 북한법의 개정절차를 밟는 것보다는 남북 간의 합의서 체결을 통하여 해결하는 방식이 보다 합리적·효율적이라고 본다. 또한, 법 제46조에서 공업지구의 개발과 관리운영, 기업활동과 관련한 의견상이는 당사자들 사이의 협의의 방법으로 해결하고, 협의의 방법으로 해결할 수 없을 경우에는 북남 사이에 합의한 상사분쟁 해결절차 또는 중재, 재판절차로 해결한다고 규정하여 우선 분쟁 당사자 간에 협의절차나 상사분쟁해결절차·중재 또는 재판을 통하여 해결하게 될 경우 남한의 투자기업으로서는 남북 간의 관련합의서를 북한 내에서 북한법이 인정하는 법률적 근거로 제시하여야 할 것이다.

나. 南北投資保障合意書상의 投資概念

2000. 12. 남북장관급회담 시 남북 당국 간에 서명된 바 있는 남북투자보장합의서[7]는 현재 국회동의 그 밖의 국내절차를 남겨 놓고 있지만, 동 합

---

7) 정식명칭은 '남북사이의투자보장에관한합의서'이다. 2000. 11. 11. 제2차 남북경제협력실무접촉 시 가성명되어 동년 12. 16. 제4차 남북장관급회담 시 남측의 박재규 통일부장관과 북측의 내각책임참사 전금진 사이에 서명된 바 있고, 동 합의서체결동의안은 정부가 국무회의 의결을 거쳐 2001. 6. 1. 국회에 제

의서가 남북 간에 향후 발효되는 경우에는 개성공업지구에서의 대북투자사업에도 적용될 수 있는 것이므로 법 부칙 제2조에 따라 북한 내에서 이 법과 동일한 효력을 갖게 된다고 볼 수 있다. 여기서 북한의 법인 개성공업지구법에서는 '개성공업지구와 관련하여 북남 사이에 맺은 합의서'라는 요건을 충족시키면 족할 것으로 생각된다. 남한 내에서 동 합의서가 남한 내에서의 국내법상 조약에 상응하는 합의서로서 그 체결에 필요한 국내절차를 이행함에 있어서 헌법 제60조제1항의 규정에 따라 입법사항 등을 포함하는 내용이므로 국회동의를 얻어야 하고, 헌법 제73조의 규정에 따라 대통령이 체결·비준권을 행사하여야 하며, 헌법 제89조제3호의 규정에 따라 국무회의의 심의를 반드시 거쳐야 하는 등의 조약에 상응하는 합의서체결절차를 반드시 거칠 것까지 요구하지 아니한다고 본다. 결론적으로 개성공업지구법에서는 남한 내에서 조약에 상응하는 합의서뿐만이 아니라 남북 간에 체결한 합의서에 대하여 넓게 동법과 같은 효력을 부여하고자 하는 취지라고 보겠다.

남북투자보장합의서안에서는 기본개념으로서 '투자자' 및 '투자재산'에 관한 명문의 용어정의 규정을 두고 있다(합의서 제1조). '투자자'란 일방의 지역에 투자하는 상대방의 법인 또는 개인을 의미하며 여기에는 일방의 법령에 따라 설립되고 경제활동을 진행하는 회사·협회·단체 같은 법인과 일방에 적을 두고 있는 자연인이 포함된다. '투자재산'은 남과 북의 투자자가 상대방의 법령에 따라 그 지역에 투자한 모든 종류의 자산으로 정의하고 있다. 투자재산에는 구체적으로 ① 동산·부동산과 그와 관련된 재산권, ② 재투자된 수익금, 대부금을 비롯한 화폐재산과 경제적 가치를 가지는 청구권, ③ 저작권·상표권·특허권·의장권, 기술비결을 비롯한 지적재산권과 이와 유사한 권리, ④ 지분·주식·회사채·국공채 등과 같은 회사 또는 공공기관에 대한 권리, ⑤ 천연자원의 탐사·채취 또는 개발을 위한 허가를 비롯하여 법령이나 계약에 따라 부여되는 경제적 가치를 가지는 사

출되었다. 동 합의서체결동의안에서는 남북사이의투자보장에관한합의서를 정부가 체결하도록 헌법 제60조 제1항의 규정에 의하여 국회의 동의를 구하는 것임을 명시하고 있다. 헌법 제60조제1항에서는 입법사항 등을 포함하는 조약안은 국회의 비준동의를 얻어야 하도록 규정하고 있는 점에 비추어 우리 정부는 동 합의서를 헌법에 의한 조약의 체결로 보려는 입장이다.

업권, ⑥ 이 밖에 투자자가 투자한 모든 자산이 포함되는 것으로 하고 있다. 투자 또는 재투자된 자산의 형태상 변화는 투자를 받아들인 일방의 법령에 저촉되지 않는 한 투자자산으로 인정받는다. 결국 합의서안에서는 투자자산을 상대의 지역에 투자한 모든 종류의 자산으로 규정하여 투자의 범위를 포괄적으로 정의함으로써 투자한 모든 자산에 대한 보호가 이루어지도록 규정하고 있다.

3. 工業地區의 基本開發方式

개성공업지구법에서는 개발기본방법을 명시하고 있다. 개성공업지구의 개발은 동 지구의 토지를 개발업자가 임대받아 그 부지정리와 하부구조의 건설을 시행하고 남한기업 등의 투자를 유치하는 방법으로 한다. 공업지구는 공장구역·상업구역·생활구역·관광구역 등과 같은 일정한 구역으로 구분하도록 하고 있다(법 제2조). 주로 남한기업으로 예정되어 있는 것으로 보이는 개발업자가 우선 공업지구안의 토지를 북한 당국으로부터 장기임대받아 공장부지로 개발함과 동시에 공업지구의 하부구조 내지 사회간접자본시설을 건설한 후에 투자입주기업을 모집하는 방식으로 개발한다는 원칙을 정하고, 아울러 동 공업지구에 지역지구제를 적용하여 공장구역·상업구역·생활구역·관광구역 등 일정한 용도구역으로 분할하여 효율적인 공업도시로 개발하고자 하는 것이다.

4. 對北投資 및 經濟活動保障

개성공업지구법에서는 공업지구에는 남측 및 해외동포, 다른 나라의 법인·개인·점경제조직들이 투자할 수 있도록 개방하고, 투자가는 공업지구에 기업을 창설하거나 지사·영업소·사무소 등을 설치, 운영하고 경제활동을 자유롭게 할 수 있도록 규정하고 있다. 공업지구에서는 근로자채용·토지이용·세금납부 같은 분야에서 특혜적인 경제활동 조건을 보장한다고 명시하고 있다(법 제3조).

5. 投資·營業活動의 制限과 獎勵

개성공업지구법에서는 공업지구 내 사회의 안전과 민족경제의 건전한 발전, 주민들의 건강과 환경보호를 저해하거나 경제기술적으로 뒤떨어진 부문의 투자와 영업활동은 할 수 없도록 제한하고 있다. 이에 반하여 하부구조 건설부문, 경공업부문, 첨단과학기술 부문의 투자는 특별히 장려하고 있는 바(법 제4조), 이는 북한의 낙후된 경제수준을 하루빨리 발전시키기 위해서는 고도의 전문성과 기술력을 요하는 산업분야는 특별히 인센티브정책을 구사하여 촉진하되, 북한경제의 건전한 발전에 도움이 되지 않거나 북한주민의 건강과 환경보호에 반하는 공해유발산업이나 후진국형에 속하는 낙후된 업종은 이를 유치하지 아니하겠다는 입장이다.

6. 中央工業地區指導機關 및 工業地區執行機關

개성공업지구 사업전반에 대한 통일적 지도·감독은 이를 중앙공업지구지도기관이 행한다고 명시하고 있다(법 제5조). 중앙공업지구지도기관은 하급행정집행기관이라 할 공업지구관리기관을 통하여 공업지구의 사업을 지도하도록 하고 있다. 이와 함께 북한의 그 밖의 기관·기업소·단체는 개성공업지구의 사업에 관여할 수 없도록 하여 과도한 행정관여와 규제로 인한 관료주의적 폐해를 막고 북한정부의 관할행정기관을 중앙공업지구지도기관·공업지구집행기관으로 일원화하고자 하는 것이다. 다만, 그 밖의 행정기관이 필요에 따라 공업지구의 사업에 관여하려 할 경우에는 중앙공업지구지도기관과 합의하여 처리하도록 규정하고 있다.

당초 2000년 11월 남한 측에서 작성한 바 있는 국제자유경제지대기본법안에서는 경제지대의 관리운영체제는 중앙위원회·지대당국·관리공사의 삼각구도로 구성되어 있었으며, 중앙위원회는 경제지대와 관련된 모든 업무를 총괄·지도하며 정책·제도를 담당하는 중앙행정기관이고, 지대당국은 중앙위원회의 지도 밑에 경제지대의 개발 및 관리운영에 따른 모든 행정업무를 현지에서 집행하는 지방행정기관으로서 관리공사가 수행하는 업무 외의 주민관리·경제지대출입관리·세무·치안·소방 등 기타 일반행정업무를 맡아서 수행하는 행정기관으로, 관리공사는 투자기업의 관리, 영업허가, 건축공사의 인·허가 및 등록, 토지이용권 및 건물의 임대·양도·저당 등의 신고수리·등록, 수출입의 신고, 노력채원의 지원 등 경제지대의 개발 및 관리운영에 직접 관련된 업무를 수행하는 특별행정기원기구로서 각각 그 기능을 수행하도록 하였었다(제10조 내지 제12조).

IV. 開城工業地區內 投資企業과 投資保障

1. 投資者保護條項

개성공업지구에서는 투자가의 권리·이익보호, 상속권보장, 국유화의 금지, 사회공동이익을 위한 수용 시의 사전협의 및 가치보상에 관한 규정을 두었다(법 제7조). 구체적으로 살펴보면, 개성공업지구에서는 투자가의 권리와 이익을 보호하며 투자재산에 대한 상속권을 보장한다고 규정하고, 투자가의 재산은 국유화하지 아니한다고 천명하고 있다. 사회공동의 이익과 관련하여 부득이하게 투자가의 재산을 거두어들이려 할 경우에는 투자가와 사전협의를 하며 그 가치를 보상하여 준다고 명시하고 있다. 즉 북한정부는 개성공업지구에 투자하는 남한기업, 동포기업, 그 밖의 외국기업 등에 대하여 투자재산의 보호, 상속권의 인정, 국유화의 금지, 부득이한 투자재산 수용 시의 사전협의절차 및 그 가치보상의 보장을 밝히고 있다.

2. 北韓의 社會主義 憲法體制와의 關係

우선, 법 제7조의 제규정들은 북한이 개성공업지구 내에서는 사유재산을 인정하여 투자가의 권리와 이익을 보호하며 투자재산에 대한 상속권까지 보장할 뿐만이 아니라 투자가의 재산은 국유화하지 아니한다고 천명하고 있다. 사회공동이익과 관련하여 부득이하게 수용하더라도 그 가치를 보상한다고 명시하고 있는데, 이는 북한의 사회주의헌법에서 기본원칙으로 천명하고 있는 생산수단의 국가소유원칙 및 사회주의 계획경제원칙에 저촉되는 것은 아닌지 의문이 생길 수 있다. 북한 헌법 제20조에서는 북한에서의 "생산수단은 국가와 사회협동단체가 소유한다."고 규정하고 있고, 제34조에서는 북한의 '인민경제는 계획경제이다.'라고 규정하고 있기 때문이다. 이들 2개 조문은 토지를 비롯한 생산수단은 국가소유가 원칙이고, 적어도 공공단체로서의 성격을 지닌 사회·협동단체가 소유함을 원칙으로 하며, 북한의 경제활동은 계획경제원칙에 의하며, 이는 사유재산제도나 자본주의 시장경제원리를 배제한다는 것으로 해석된다.

그러나 생각건대 북한 헌법 제37조에 와서는 국가는 우리나라 기관·기업소·단체와 다른 나라 법인 또는 개인들과의 기업 합영과 합작, 특수경제지대에서의 여러 가지 기업창설·운영을 장려한다는 매우 예외적인 규정을 두고 있다. 이는 북한 헌법이 생산수단의 국가소유원칙 및 사회주의 계획경제원칙을 근간으로 하되, 대내적으로 절박한 경제문제를 해결하기 위하여 중국의 사례에서 보는 바와 같이 대외개방화정책을 추진할 수 있도록 일정한 한도 안에서 사회주의 헌법체제에 수정을 가한 것이라고 보인다. 특수경제지대를 설정하여 그곳에서는 예외적으로 사유재산을 허용하고 자유로운 시장경제활동을 보장함으로써 다른 나라 법인이나 개인과의 합영·합작회사의 설립·운영을 보장하고, 나아가 보다 효율적으로 북한의 경제수준을 향상시키고 경제개방화의 속도를 높이기 위한 것이며, 북한의 헌법이 허용하는 것으로서 북한에서의 국내법적인 문제는 제기되지는 아니한다고 본다.

3. 社會公共利益 및 그 밖의 收用要件

사회공동의 이익과 관련하여 부득이하게 투자가의 재산을 거두어들이려 할 경우에는 투자가와 사전협의를 하며 그 가치를 보상하여 준다고 명시한 부분의 문제점은 수용요건으로서 '사회공공의 이익'의 범위가 구체적으로 무엇을 의미하는지 불분명하여 수용가능성을 유보하고 있는 듯한 태도로 보이는 점이다. 장기적으로 이 조항내용은 사회공공의 이익상 필요하다는 근거로 남용될 우려가 없지 아니하다.

일반적으로 공공목적을 위하여 필요한 경우에 외국인재산을 수용(expropriation)하는 것은 국가주권의 내재적 요소로서 파악하는 것이 국제법학자들의 일반적인 견해라고 하겠다. 국가가 공공목적을 위하여 개인의 재산권을 그 의사에 반하여 강제 취득하는 것을 종래 수용(expropriation)이라고 통칭하였다.[8] 단지 재산권을 취득하는 행위뿐만이 아니라 위장·변칙 또는

---

8) 특히 1917년 러시아 혁명정부에 의한 수용조치와 같이 국가의 사회개혁수단으로 대규모로 추진되는 경우에는 국유화(nationalization)라고 한다.

사실상의 수용(disguised, creeping, or de – facto expropriation)에 해당되는 행위도 이를 수용의 범위에 포함시킨다.

외국인의 사유재산을 수용함에 있어서 수용국의 주권적 정부에 의한 행위일 것, 수용재산은 수용국가의 관할권 안에 소재할 것, 수용국 정부는 수용재산 소유자의 소속국가에 의하여 승인을 받았을 것, 수용행위는 체결조약에 위반하지 아니할 것, 신속·유효하고 정당한 보상을 할 것, 정당화될 수 있는 공공목적 또는 국가적 이익에 근거할 것 등의 제 요건이 충족되어야 수용국은 대외적인 국가책임을 면할 수 있다는 견해가 있다.[9] 종래 주로 국제법 이론상 논란이 되는 부분은 공공목적(public purpose) 또는 국가적 이익, 내외국인 간 또는 외국인 간의 비차별성, 보상기준에 관한 부분이다. 공익목적에 부합되지 못하거나 단지 정치적 동기에 의한 수용조치는 합법적인 수용의 요건이 되지 못한다고 한다. 남북한의 특수관계에 비추어 현실적으로 국제법 원칙에 반하여 북한 당국이 수용조취를 취하는 경우에 대응할 수 있는 제도적 장치가 필요하다고 본다.

이와 같은 의미에서 2000년 이후 남북 간에 추진되어 온 남북투자보장합의서는 바람직한 대안으로 평가되어야 한다. 남북투자보장합의서안은 동년 12월 남북 간의 서명[10]을 거친 후 그 국회동의안이 국무회의의 의결 후 2001. 6. 1. 국회에 제출되어 현재 국회 계류 중에 있다.[11]

남북투자보장합의서에서는 수용 또는 국유화의 원칙적인 금지, 공공목적, 비차별원칙(principle of nondiscrimination), 적법원칙 등을 요건으로 하는 예외적 수용의 인정 등을 명시하고 있다. 따라서 동 내용은 개성공업지구법 제7조의 불충분한 수용요건을 보충하는 기능을 담당할 것이다. 동법 부칙 제2조의 규정에 의하여 동 합의서는 발효와 동시에 동법과 대응한 효력을

---

9) 金楨鍵, 『국제법』, 1998, p.579.

10) 2000. 11. 11. 제2차 남북경제협력실무접촉 시 가서명되어 동년 12. 16. 제4차 남북장관급회담 시 남측의 박재규 통일부장관과 북측의 내각책임참사 전금진 사이에 서명된 바 있다.

11) 동 합의서체결동의안에는 남북사이의투자보장에관한합의서를 정부가 북한과 체결함에 있어 헌법 제60조 제1항의 규정에 의하여 국회의 동의를 구하는 것임을 명시하고 있다. 헌법 제60조제1항에서는 입법사항 등을 포함하는 조약안은 국회의 비준동의를 얻어야 하도록 규정하고 있는 점에 비추어 우리 정부는 동 합의서를 헌법에 의한 조약의 체결로 보려는 입장이다.

부여받게 될 것이다.

동 합의서의 관련조항을 구체적으로 살펴보면, 남과 북은 자기 지역 안에 있는 상대방 투자자의 투자자산을 국유화 또는 수용하거나 재산권을 제한하지 아니하며, 그와 같은 효과를 가지는 조치(이하 '수용')를 취하지 아니하며, 그러나 공공의 목적으로부터 자기 측 투자자나 다른 나라 투자자와 차별하지 아니하는 조건에서 합법적 절차에 따라 상대방 투자자의 투자자산에 대하여 이러한 조치를 취할 수 있다는 내용 등을 규정하고 있다(합의서 제4조제1항).

4. 價値單純補償規定의 問題點 및 改善方案

개성공업지구법에서는 사회공동의 이익과 관련하여 부득이하게 투자가의 재산을 수용을 하는 경우에는 그 가치를 보상하여 준다고만 명시하여 이른바 신속·충분하고 실효성 있는 보상(prompt, adequate and effective compensation) 조건을 명문화하지 아니한 점을 지적할 수 있다.

우선 수용에 따른 보상의 법적 성질에 관하여는 ① 수용의 권리는 국가 주권의 내재적 요소이므로, 보상의무는 사후적·보조적인 의무에 불과하므로 보상하지 아니할 경우에 국제법위반의 문제는 수용 자체가 아니라 보상의 불이행이라는 견해, ② 보상을 동반하지 아니하는 수용은 그 자체로서 국제법위반이므로 보상은 수용이 합법성을 지니기 위한 요건이라는 견해가 대립된다. 전자는 자본수입국들의 지지를 받고 후자는 주로 자본수출국들의 지지를 받고 있다. 자본수출국의 국내 판결의 경향은 국내법원이 자본수입국의 수용 또는 국유화조치에 대하여 국제법상의 국가행위이론을 적용하여 사법적 판단을 거부하여 외교적 협상테이블로 보내기도 하고, 또는 위 후자의 견해에 따라 자본수입국의 수용이나 국유화조치에 대한 무효판정을 내리기도 한다. 근래의 국제법 흐름에 비추어 무효판정을 내리는 것이 타당하다고 보는 견해가 우세하다.

현대 서구국가들의 수용조건에 관한 일반적 견해는 수용은 적어도 ① 공공목적을 위한 것이어야 하고, ② 이른바 Hull공식인 신속·충분하고 실효성 있는 보상(prompt, adequate and effective compensation)[12]이 수반되어야 타당하다는 것이다. 신속성요건이란 보상금의 지급시기를 지연하여서는 안 된다는 조건이고, 충분성 요건은 보상의 금액기준을 의미하며, 실효성요건이란 수용당한 외국인이 즉시 사용가능한 통화로 지급되어야 한다는 조건으로서 서구국가들의 국제적인 최소기준(minimum standard)으로 본다. 반면에, 사회주의국가 및 제3세계국가들의 일반적 견해는 보상 없이 생산·분배·교환수단을 수용할 수 있다는 것이다. 1070년대 이후 유엔총회 결의[13]로 채택된 '천연자원에 관한 영구적 주권결의'에서는 각 국가는 수용에 다른 보상금액과 지급방법을 결정할 권리가 있으며, 모든 관련분쟁은 수용조치를 한 나라의 국내입법에 따라 해결하여야 한다고 규정하였다. 1972년도 유엔총회의 결의에서서는 보상기준으로서 '적정한 보상'(appropriate compensation)을 제시하였으며, 이는 서구국가들의 충분보상기준보다는 낮은 수준이다.[14] 이와 같이 국제법상으로는 수용에 대한 보상에 관하여 의견대립을 보이고 있는 점은 있으나, 개성공업지구법 제7조와 같은 수준의 단순한 보상규정으로서는 북한에 진출하는 남한기업의 투자재산을 확고하게 보장하기 어렵다고 본다. 남북한의 특수관계에 비추어 현실적으로 국제법 원칙에 반하여 북한 당국이 수용조치를 취하거나 합당한 보상을 하지 못하는 경우에 대응할 수 있는 제도적 장치가 필요하다. 이와 같은 관점에서 2000년 이후 남북 간에 추진되어 온 남북투자보장합의서 제4조는 바람직한 대안이 될 수 있다.

남북투자보장합의서 제4조에서는 Hull공식인 신속·충분하고 실효성 있

---

12) 1938. 8. 미 국무장관 Hull은 멕시코의 1928년 토지개혁(Agrarian Reform)에 따른 미국농민들의 보상문제와 관련하여 사유재산수용의 요건으로 제시한 바 있다. 이 Hull공식은 서구자본수출국들에 의하여 외국인 사유재산수용의 국제최소요건으로 규정되어 왔다.

13) 1973년도 유엔총회 결의 3171(ⅩⅩⅧ).

14) 1962년도 유엔총회 결의 1803(ⅩⅦ)은 적정한 보상(appropriate compensation)을, 1972년도 동 결의 '국가의 경제적 권리·의무에 관한 헌장(Charter of Economis Rights and Duties of States)'에서는 자국의 관련법령에 따라 적정한 보상을 수용에 따른 보상기준으로 정한 바 있다(金槙鍵, 앞의 책, p. 579).

는 보상(prompt, adequate and effective compensation)을 요건으로 하는 예외적 수용의 인정, 보상금의 결정기준(수용조치공포 직전의 국제시장가치 및 일반상업이자율 보장), 무력충돌 등 비정상적 재산손실에 대한 원상회복 또는 보상기준 등을 명시하고 있다. 따라서 동 내용은 개성공업지구법 제7조의 불충분한 보상요건을 보완하고 있으며, 동법 부칙 제2조의 규정에 의하여 동 합의서는 발효와 동시에 동법과 대응한 효력을 부여받게 될 것이다.

동 합의서의 관련조항을 구체적으로 살펴보면, 공공의 목적으로부터 자기측 투자자나 다른 나라 투자자와 차별하지 아니하는 조건에서 합법적 절차에 따라 상대방 투자자의 투자자산에 대하여 수용조치를 취할 수 있되, 이 경우 신속하고 충분하며 효과적인 보상을 하여 주고(합의서 제4조제1항), 남과 북은 수용조치를 취한 날부터 지급일까지의 일반상업이자율에 기초하여 계산된 이자를 포함한 보상금을 보상받을 자에게 지체 없이 지불하며, 보상금의 크기는 수용과 관련한 결정이 공포되기 직전 투자자산의 국제시장가치와 같도록 하고(합의서 제4조제2항), 남과 북은 무력충돌 등 비정상적인 사태로 상대방 투자자의 재산이 손실을 입게 되는 경우 그 손실에 대하여 원상회복 또는 보상함에 있어서 자기 측 투자자나 다른 나라 투자자에 대한 것보다 불리하지 아니하게 대우한다고(합의서 제4조제4항) 명시하고 있다.

Ⅴ. 開城工業地區內 投資企業과 刑事保障

개성공업지구법은 북한의 법에 근거하지 아니하고는 남측 및 해외동포, 외국인을 구속·체포하거나 몸이나 살림집을 수색하지 아니하도록 보장하고, 신변안전 및 형사사건과 관련하여 남북 사이의 합의 또는 공화국과 다른 나라 사이에 맺은 조약이 있을 경우에는 그에 따른다고 규정하고 있다

(법 제8조). 즉 북한 당국은 북한법에 위반하지 아니하는 한 구속·체포하거나 신체·가택수색을 하지 아니하도록 하여 불법적인 신체구금 등을 하지 아니함으로써 신변안전을 보장한다는 내용이므로 개성공업지구 내에 소재하는 남한투자기업이나 그곳에 체재하는 남한주민에 대하여 북한의 형사법을 적용하겠다는 전제가 깔려 있으며, 남측 동포, 즉 남한의 투자법인 또는 개인의 경우에는 남북 간에 체결한 합의서에서 정한 규정을 적용하겠다는 내용이다.

위와 같은 법 제8조의 규정은 첫째 사회주의헌법을 채택하고 있는 북한의 형사실체법과 형사절차법은 자유민주주의 헌법을 채택하고 있는 남한의 그것과는 현격하게 이질적인 제도여서 남한기업 및 소속 임직원과 가족의 북한체재에 상당한 현실적 어려움을 줄 수 있는 점, 둘째, 남북한 간에는 4대경협합의서 이외에 별도로 형사합의서가 추진되지 못하고 있고, 국내적으로는 남북 간의 정치이데올로기의 문제로 국내여론수렴에 상당한 장애가 존재하는 점에서 법 제8조에 관하여는 충분한 검토가 필요하다. 아울러 남북한의 형사제도[15]를 비교법적인 관점에서 고찰하고 남북 간의 교류협력 증진에 필요한 법제도를 남북 간의 협력을 통하여 만들어 나아가기 위해서는 남한의 법체계는 자유주의를 바탕으로 하고 있는 반면 북한의 법체계는 사회주의를 바탕으로 하고 있어 서로 본질적으로 서로 다르다는 전제하에 우선 남북한의 형사제도 간에 존재하는 법의 기능을 편견 없이 객관적인 입장에서 파악하고, 양자 사이의 제도적 유사성 및 이질성을 점검하고 실현가능한 대안을 모색하는 연구작업이 우선 진행되어야 할 것이다.[16] 이하 개성공업지구 내에 체재하게 되는 남측 동포에게 적용될 북한의 형사실체법 및 형사절차법의 주요특징을 개관하고자 한다.

---

15) 북한은 1972. 12. 인민민주주의에 기초한 구헌법을 폐지하고 사회주의와 주체사상에 입각한 사회주의 헌법을 채택한 바 있고, 동 헌법의 형사사법제도 개정에 따라 1976. 1. 재판소구성법 및 형사소송법 등이 개정되었다.

16) 金日秀, "南北韓 刑事訴訟法의 比較研究", 『北韓法律行政論叢』7輯(1989. 6.), 고려대학교, p.179.

1. 北韓의 刑事實體法 槪觀

북한의 형법은 기본적으로는 사회주의의 헌법과 주체사상론에 입각한 지도체제와 조선노동당의 프롤레타리아독재를 확립하기 위한 정치적 수단으로서 기능하여 왔다. 북한에서는 지난 1987. 2. 5. 형법이 개정된 바 있으나, 실제로는 1975년 개정형법이 적용되고 있는 것으로 보인다. 1975년 북한형법은 기본적으로는 사회주의헌법의 채택에 따라 사회주의혁명을 뒷받침하고 유일지도체제와 조선노동당의 독재를 영속적으로 유지하기 위한 강력한 법적 장치를 마련하기 위한 것이었다고 보이며, 이후 1987년 개정형법은 기본적으로는 국가주권과 사회주의제도를 보위하며 인민들의 자주적이고 창조적인 생활을 보장하는 데 그 목적을 두고 있어 종전 형법에 비하여 상당한 수준으로 개량되었다고 하지만 북한사회에서 실제로 어떻게 집행·운용되고 있는지에 관하여는 많은 의문이 제기되고 있다.[17]

북한 형법에서는 범죄의 개념을 규정하면서 종래 사회적 위험성을 범죄구성의 기본적인 요건으로 삼고 있다. 아울러 남한의 경우와 같은 죄형법정주의를 인정하지 아니하고 범죄의 유추해석을 광범위하게 인정하고 있는 실정이라고 하겠다.[18] 남한 형법에서는 범죄의 본질을 일반적으로 법익 및 법적 의무의 침해로 보는 반면, 북한 형법에서는 범죄의 본질을 노동자계급의 이익에 대한 침해로 보므로 북한 형법에서의 범죄란 사회적 위험성이 있는 노동자계급의 이익에 대한 침해적 행위를 규정하여 놓은 것으로 볼 수 있다. 북한 형법에서는 주체사상에 입각하여 사회주의 혁명 실현을 위하여 반혁명범죄 또는 반국가범죄에 대하여는 무겁게 처벌하고 그 밖의 일반

---

17) 吳慶植, "統一에 대비한 南北韓 刑法에 관한 硏究", 『刑事法硏究』 第6號, 韓國刑事法學會, 1993. 12. p.187.

18) 북한의 1950년 제정형법 제7조에서는 '범죄'란 조선민주주의 인민공화국 및 그에 수립된 법률질서를 침해할 사회적 위험성이 있는 고의 또는 과실로 인한 일체의 가벌적 행위라고 정의하여 범죄의 계급적·사회정치적 의미를 적극 명시하였다. 1975년 개정형법에서는 '범죄'란 노동자·농민의 주권과 사회주의제도 및 법질서를 고의 또는 과실로 침해하는 형벌을 줄 정도의 위험한 행위로 정의하였다. 1987년 개정형법 제9조에서는 '범죄'란 국가주권과 법질서를 고의 또는 과실로 침해하는 형벌을 줄 정도의 위험한 행위라고 정의하고 있다.

범죄에 대하여는 상대적으로 낮은 형벌로 다스리고 있다고 한다. 북한 형법에서는 교화노동형 및 재산몰수형과 같은 종류의 형벌이 규정되어 있다.

2. 北韓의 刑事節次法 槪觀

북한에서는 형사법을 대외적으로 공개하지 아니하여 왔다. 1976년도 개정형사소송법 이후 개정상황을 정확하게 알기 어려운 실정이므로 부득이 동법에 따른 형사소송의 목적, 형사사법절차 및 수사기관, 예심(豫審)제도, 수사상의 강제처분제도 등을 중심으로 하여 북한의 형사절차상의 몇 가지 특징을 살펴보고자 한다.[19]

북한 형사소송법에서는 소송주체를 재판소·소추자·피소자·변호인·사소원고인(私訴原告人)으로 정하고 있고, 형사소송의 절차는 형사사건의 제기, 증인·피심자의 심문, 공판심리, 판결의 선고, 형의 집행 등으로 구성되어 있다. 북한의 형사절차는 조선노동당의 계급노선 및 군중노선에 바탕을 두고 진행되므로 형사소송의 목적은 형사사건의 사실을 규명·확정하며 범죄자에게 형벌을 부과하며, 궁극적으로 근로자대중에게 혁명적 준법의식을 배양하고 범죄를 예방하고자 하는 것이다.[20]

형사사건은 검사·예심원 또는 재판소가 범죄혐의를 확인하고 조사에 착수할 것을 결정하는 행위를 말하며, 형사사건이 제기되면 예심기관은 예심을 시작하여 범죄사실과 범죄자를 조사하고 증거물을 수집하며, 예심이 끝나면 재판소가 사건을 공판에 붙일 증거와 근거를 확인하여 공판에서 심리·판결을 내린다. 재판소의 판결에 대하여 이의가 있으면 그에 대한 2심 절차가 진행되며, 이의가 없거나 상급재판소가 원심판결을 확인한 경우에는 판결이 확정되어 집행절차가 개시된다. 북한 형사소송의 특징 중의 하나는

---

19) 1976. 1. 개정형사소송법 이후의 개정상황에 관한 자료가 거의 없는 실정이다. 여기서는 金日秀 교수의 논문내용을 주로 참고하였다(金日秀, 앞의 논문).
20) 金日秀, 앞의 논문, p.180.

수사관·예심원·검찰 및 재판기관과 함께 증인, 입회인, 범죄행위로 인하여 물질적 손해를 입은 피해공민 또는 기관·기업소·단체의 대표들이 형사소송에 참가한다는 점이며, 경우에 따라서는 일반군중들도 재판에 참가할 수 있다는 점이다. 더구나 수사단계에서 피심자에 대한 구인·구금·자택구속·구류·수색·압수 등의 강제처분을 함에 있어서는 재판소가 발부하는 영장을 요하지 아니하고(영장주의 배제), 경상해죄·폭행죄·모욕죄·명예훼손죄 등의 경우에는 피해자가 직접 공소를 제기(피해자공소제도)할 수 있다(제9조).

북한의 형사소송에서 수사기관은 일반수사기관과 특별수사기관으로 대별된다. 일반수사기관에는 검사, 검찰소예심원, 군관, 사회안전원, 노동 및 세무기관 등의 감찰원이 속하고(제79조), 특별수사기관에는 정치보위부가 속한다. 경우에 따라서는 재판소가 수사기관적 성격을 갖고 수사기능을 담당한다는 점도 매우 이채로운 점이다. 즉 북한주민들이 검사·예심원 기타 수사기관은 물론 재판소에 대하여서도 직접 범죄신고를 할 수 있고, 이 경우 재판소는 반드시 이를 수리하여 직접 심리하거나 검사 또는 예심원에게 이송하도록 하는 절차를 규정하고 있기 때문이다(제75조 내지 78조).

북한의 수사절차상으로 특이한 예심제[21]에 관하여 살펴보면, 여기서 예심이란 피의자에 관한 범죄의 유무 및 그 책임의 정도에 영향을 줄 모든 사실을 밝히는 행위이고(제90조), 북한 형사소송법상 수사는 검사 또는 예심원의 예심과 그 밖의 수사기관의 수사로 대별되는바, 예심원이란 검찰소 예심원, 정치보위부 및 감찰기관의 심사원을 말한다(제20조제4호), 그 밖의 수사기관이란 수사의 권한 있는 군관, 예심원 이외의 사회안전원 등의 감찰원을 말한다(제79조). 예심원 이외의 수사기관의 수사는 예심행위에 속하지 아니하는 범위 내에서 문서제출이나 관계인의 설명을 듣는 방법에 의하여 기초자료를 수집하는 행위이다(제80조).

---

21) 예심제도는 본래 근세 프랑스의 개혁된 형사소송에서 비롯된 것으로서 현행 프랑스 형사소송법에까지 맥을 이어 온 소송제도로서 구소련의 형사재판절차기본법에서 이를 계수받은 후에 다시 북한 형소법이 구소련의 예심제도를 계수받은 것이다.

예심절차는 먼저 예심원이 범죄에 관하여 입심함에 충분한 증거를 얻었다고 인정할 때에는 입심결정서를 작성한 후 피해자에게 48시간 이내에 그 결정을 통고하고, 검사에게는 지체 없이 그 결정서등본을 제출한다(제100조). 예심원은 피해자가 출석하거나 그를 구인한 경우에는 24시간 이내에 신문하고 피심자가 출석하거나 그를 구인한 경우에는 24시간 이내에 신문하고 피심자신문조서를 작성한다(제106조).

예심은 피의자에 관한 범죄유무 및 그 책임정도에 영향을 줄 수 있는 모든 사실을 밝히는 것이며(제90조), 예심원은 피심자가 정당한 이유 없이 출석하지 아니한 때는 강제 구인할 수 있고(제103조), 도주하거나 거처가 불분명한 때에는 수사할 수 있으며(제104조), 피심자가 공판 또는 예심을 회피할 우려가 있는 경우에는 이를 예방하기 위하여 구류, 자택구금, 인적 또는 재산적 보증 등의 광범위한 강제 처분권을 행사할 수 있고(제114조 내지 126조), 사건관련 물건 또는 문서를 압수·수색·검증할 수 있다(제139조). 이와 같이 예심원에게는 광범위하게 범죄혐의자에 대하여 발동할 수 있는 강제처분권한이 부여되고 있는 점에 비추어 볼 때 예심은 예심원 외의 다른 수사기관의 수사와는 달리 실질적인 형사사법절차로 생각되며, 그 밖의 다른 수사기관의 수사는 구류·압수·수색등과 같은 수사상의 강제처분권한이 부여되고 있지 아니한 만큼 보완적 기능을 수행하는 것으로 생각된다.

3. 南北間 刑事保障合意書 締結의 必要性

위에서 살펴본 바와 같이 북한의 형법은 ① 사회주의의 헌법과 주체사상론에 입각하여 사회주의제도를 확립하기 위한 정치적 수단으로 기능하는 점, ② 죄형법정주의를 인정하지 아니하고 범죄의 유추해석을 광범위하게 허용하는 점, ③ 범죄를 사회적 위험성이 있는 노동자계급의 이익에 대한 침해적 행위로 규정하는 점 등에서 남한에서와 같은 사생활보호 등 기본권을 보장받기 어렵다고 할 것이다.

또한 북한의 형사소송법은 ① 조선노동당의 계급노선에 바탕을 두고 형사절차가 진행되며, 근로자들에게 혁명적 준법의식을 배양하고 범죄를 예방하는 데에 목적을 두는 점, ② 심급제도가 없는 점, ③ 피심자에 대한 구인·구금·자택구속·구류·수색·압수 등의 강제처분에 영장을 요하지 아니하는 점, ④ 경상해죄·폭행죄·모욕죄·명예훼손죄 등의 경우에는 피해자가 직접 공소를 제기할 수 있는 점, ⑤ 예심제도를 통하여 피의자에 관한 범죄유무 및 그 책임정도에 영향을 줄 수 있는 모든 사실을 밝히며, 예심원에게 광범한 강제처분권한이 인정되고 있는 점 등에서 역시 국내절차의 경우와 같은 충분한 인권보호장치가 미흡하다고 볼 수 있다.

따라서 개성공업지구 내에 진출한 남한투자기업이나 관련 체재주민에게 최대한 남한에서와 같은 수준으로 주민의 기본권과 사생활을 보장하고 형사절차상으로 인권침해사례가 발생하지 아니하도록 하기 위해서는 남북 간에 형사보호에 관한 합의서의 체결을 적극 검토하여야 할 것이다. 개성공업지구법 제16조 후단에서 신변안전 및 형사사건과 관련하여 남북 사이의 합의 또는 공화국과 다른 나라 사이에 맺은 조약이 있을 경우에는 그에 따른다는 점을 밝히고 있는바, 남북 간의 형사보호에 관한 합의서 체결을 통하여 북한 내에 진출하는 남한기업체와 그 소속 임직원 및 가족의 신변보장을 확고하게 하고 형사사건에 연루되는 경우의 부적절한 북한법 적용을 최대한 억제하여야 할 것이다.

VI. 開城工業地區의 開發制度

개성공업지구의 개발은 정하여진 개발업자가 하고, 개발업자를 정하는 사업은 중앙공업지구지도기관이 담당한다고 규정하고 있다(법 제10조). 즉 개성공업지구의 개발사업은 중앙공업지구지도기관이 정하는 개발업자가 수행하게 된다. 이 경우 중앙공업지구지도기관이 어떤 원칙과 방법 및 절차에 의하여 개발업자를 선정하는지 여부에 관하여는 아무런 언급이 없다. 따라서 이 조항에 입각하여 보면, 북한 당국은 공개경쟁입찰방식과 같은 자유경쟁에 의하기보다는 내부정책방침에 따라 재량권을 가지고 개발업자를 선정하도록 규정한 것으로 보인다.

개발업자는 중앙공업지구지도기관과 토지임대차계약을 맺어야 하도록 하고, 중앙공업지구지도기관은 토지임대차계약을 맺은 개발업자에게 해당기관이 발급한 토지이용증을 주어야 한다고 규정하고 있다. 그리고 동법 제12조에서는 공업지구의 토지임대기간은 토지이용증을 발급한 날부터 50년으로 하고, 동 토지임대기간이 끝난 다음에도 기업의 신청에 따라 임대받은 토지를 계속 이용할 수 있도록 보장하고 있다. 북한은 토지와 같은 생산수단은 국가소유원칙이지만, 국가소유권을 그대로 두고 합영회사·합작회사·외국인화사 등에게 장기임차권을 보장하여 줌으로써 사실상 소유권을 허용하는 것과 거의 같은 경제적 효과를 가져다주고자 한다.

당초 2000년 11월 남한 측에서 작성한 바 있는 국제자유경제지대기본법에서는 개밥사업자에게 70년간의 토지이용권을 제공하는 내용을 담고 있었다. 동 법안에서는 북한은 경제지대 내에 공업지구·상업지구·주택지구·관광위락지구 등을 종합적으로 개발·분양하고 관리운영하는 권한을 특정한 기업 또는 단체(이하 '개발사업자')에게 부여할 수 있도록 하고, 이 같은 개발사업자는 중앙위원회가 정하여 고시하도록 규정하였다(제6조제1항 및 제2항). 중앙위원회는 개발사업자로 지정된 자에게 지대에 대한 70년간의 토지이용권을 제공하고, 지정고시가 있은 날부터 14일 이내에 해당 개발사업자 지정서와 함께 토지이용증을 발급하도록 하였다. 개발사업자는 지정고시가 있은 날부터 6개월 이내에 경제지대의 종합개발 및 관리운영계획(이하 '개발사업계획')을 수립하여 중앙위원회에 제출하고, 중앙위원회는 이를 심사·협의하여 30일 이내에 최종확정하고 개발사업계획을 승인하도록 하였다.

한편, 개성공업지구법 제12조 내지 제20조에서는 공업지구개발총계획의 수립·승인·시행절차, 건물·부착물철거 및 주민이주, 철거·이주비용의 개발업자부담, 단계별개발, 하부구조의 공동건설이나 양도·위탁, 투자기업의 배치, 토지·건물의 양도 또는 재임대, 개발업자의 살림집건설업·관광오락업·광고업 보장, 개발관련인원의 출입 및 관련물자의 반출입 보장 등에 관한 사항을 규정하고 있다.

즉 공업지구의 개발사업은 개발업자가 공업지구개발총계획을 작성하여 북한 당국의 승인을 얻도록 하고 있다. 개발업자는 공업지구개발총계획을 정확히 작성하여 중앙공업지구지도기관에 제출하여야 하고, 중앙공업지구지도기관은 공업지구개발총계획을 접수한 날부터 30일 안으로 심의결과를 개발업자에게 알려 주어야 한다. 공업지구의 개발은 승인된 공업지구개발총계획에 따라 한다. 공업지구개발총계획을 변경시키려 할 경우에는 중앙공업지구지도기관에 신청서를 내어 승인을 받아야 한다.

중앙공업지구지도기관은 개발공사에 지장이 없도록 건물과 부착물을 제 때에 철거, 이설하고 주민을 이주시켜야 한다. 개발구역 안에 있는 건물, 부착물의 철거와 이설, 주민이주에 드는 비용은 개발업자가 부담한다. 개발업자는 개발구역 안에 있는 건물과 부착물의 철거사업이 끝나는 대로 곧 개발공사에 착수하여야 한다. 공업지구의 개발은 단계별로 나누어 시행할 수 있다. 공업지구의 하부구조 건설은 개발업자가 하며, 개발업자는 필요에 따라 전력·통신·용수보장시설 같은 하부구조 대상을 다른 투자가와 공동으로 건설하거나 양도·위탁의 방법으로 건설할 수도 있다.

개발업자는 하부구조 대상 건설이 끝나는 차제로 공업지구개발총계획에 따라 투자기업을 배치하여야 한다. 이 경우 공업지구의 토지이용권과 건물을 기업에 양도하거나 재임대할 수 있다. 개발업자는 공업지구에서 살림집건설업·관광오락업·광고업 같은 영업활동을 할 수 있다. 중앙공업지구지도기관과 해당 기관은 공업지구 개발에 지장이 없도록 관련인원의 출입과 물자의 반출입 조건을 보장하여야 한다.

Ⅶ. 開城工業地區의 管理制度

 개성공업지구에 대한 관리는 중앙공업지구지도기관의 지도 밑에 공업지구관리기관이 하고, 공업지구관리기관은 공업지구 관리운영사업 정형을 분기별로 중앙공업지구지도기관에 보고하여야 한다고 규정하고 있다(법 제21조). 즉 공업지구의 관리업무는 공업지구관리기관이 담당하고, 동 공업지구관리기관에 대한 감독은 중앙공업지구지도기관이 관장하도록 하고 있다. 중앙공업지구지도기관은 공업지구의 관리운영과 관련하여 제기되는 문제를 해당기관과 정상적으로 협의하여야 하고, 해당기관은 중앙공업지구지도기관의 사업에 적극 협력하여야 한다.

 중앙공업지구지도기관의 임무로서 개발업자의 지정, 공업지구관리기관의 사업에 대한 지도, 공업지구 개발사업에 대한 지도, 대상건설 설계문건의 합의, 공업지구 법규의 시행세칙 작성, 기업이 요구하는 노력·용수·물자의 보장, 공업지구에서 생산된 제품의 북 측 지역 판매 실현, 공업지구의 세무관리, 이 밖에 국가로부터 위임받은 사업을 정하고 있다(법 제22조).

 공업지구관리기관은 개발업자가 추천하는 성원들로 구성하도록 규정하되, 중앙공업지구지도기관이 추천하는 성원들도 공업지구관리기관의 성원으로 될 수 있도록 하고 있다. 따라서 공업지구관리기관은 사실상 남한기업인 개발업자가 추천하는 인물과 북한의 중앙공업지구지도기관이 추천하는 인물로 구성됨으로써 남북한주민 혼합조직이 탄생하게 된다. 또한 공업지구관리기관의 인원구성을 개발업자가 보다 주도적으로 수행하도록 하고 있다. 공업지구관리기관의 책임자는 이사장으로 하고, 동 이사장은 공업지구관리기관의 사업전반을 조직하고 지도한다. 공업지구관리기관은 운영자금을 가지며, 운영자금은 수수료 같은 수입금으로 충당한다(법 제24조).

 이 같은 공업지구관리기관의 임무는 투자조건의 조성과 투자유치, 기업의 창설 승인, 등록, 영업허가, 건설허가와 준공검사, 토지이용권·건물·윤전

기재의 등록, 기업의 경영활동에 대한 지원, 하부구조 시설의 관리, 공업지구의 환경보호, 소방대책, 남측 지역에서 공업지구로 출입하는 인원과 수송수단의 출입증명서 발급, 공업지구관리기관의 사업준칙 작성, 이 밖에 중앙공업지구지도기관이 위임하는 사업 등으로 정하고 있다.

남측 지역에서 공업지구로 출입하는 남측 및 해외동포, 외국인과 수송수단은 공업지구관리기관이 발급한 출입증명서를 가지고 지정된 통로로 사증없이 출입할 수 있다. 공화국의 다른 지역에서 공업지구로 출입하는 질서, 공업지구에서 공화국의 다른 지역으로 출입하는 질서는 따로 정하도록 규정하고 있다. 공업지구에서 남측 및 해외동포, 외국인은 문화·보건·체육·교육 분야의 생활상 편의를 보장받으며 우편·전화·팩스와 같은 통신수단을 자유롭게 이용할 수 있다.

공업지구에 출입·체류·거주하는 남측 및 해외동포, 외국인은 정하여진데 따라 개성시의 혁명사적지와 역사유적유물·명승지·천연기념물 같은것을 관광할 수 있다. 이를 위하여 개성시 인민위원회는 개성시의 관광대상과 시설을 잘 꾸리고 보존·관리하며 필요한 봉사를 제공하여야 한다고 규정하고 있다. 2000. 8. 북한의 아태위·민경련과 남한의 현대아산주식회사간에 체결된 개성공업지구 건설운영에 관한 합의서에서도 쌍방이 개성지역을 공업지구로서뿐만이 아니라 문화·관광·상업도시로 건설하면서 서울과개성까지의 육로를 통한 관광사업을 준비·시행하기로 한 점은 이미 살펴본 바와 같다.

공업지구에서 광고는 장소·종류·내용·방법·기간 같은 것을 제한 받지 아니하고 할 수 있다고 하여 기업의 광고활동을 보장하고 있다. 다만, 야외에 광고물을 설치하려 할 경우에는 공업지구관리기관의 승인을 얻도록하고 있다. 공업지구에서 물자의 반출입은 신고제로 한다. 물자를 반출입하려는 자는 반출입 신고서를 정확히 작성하여 물자출입 지점의 세관에 제출하여야 한다. 공업지구에 들여오거나 공업지구에서 남측 또는 다른 나라로내가는 물자와 공화국의 기관·기업소·단체에 위탁 가공하는 물자에 대하여는 관세를 부과하지 아니한다. 다른 나라에서 들여온 물자를 그대로 공화국의 다른 지역에 판매할 경우에는 관세를 부과할 수 있다. 검사·검역기관은 공업지구의 출입검사·세관검사·위생 및 동식물 검역사업을 공업지구의 안전과 투자유치에 지장이 없도록 과학기술적 방법으로 신속히 하여야 한다.

Ⅷ. 開城工業地區의 企業創設·運營

1. 企業創設의 承認 및 登錄

개성공업지구에서는 기업을 창설하고자 하는 자는 첫째, 공업지구관리기관에 기업창설신청서를 제출하여 그 승인을 얻어야 하고, 둘째, 공업지구관리기관에 기업등록을 마쳐야 한다. 법 제35조에서는 투자가는 공업지구에 기업을 창설하려 할 경우 공업지구관리기관에 기업창설신청서를 제출하여야 하고, 공업지구관리기관은 기업창설신청서를 접수한 날부터 10일 안으로 기업창설을 승인하거나 부결하는 결정을 하고 그 결과를 신청자에게 알려주어야 한다고 규정하고 있다. 법 제36조에서는 기업창설 승인을 받은 투자가는 정하여진 출자를 하고 공업지구관리기관에 기업등록을 한 다음 20일 안으로 해당기관에 소정의 문건을 갖추어 세관등록, 세무등록을 하여야 한다. 기업등록을 마친 날에 기업이 창설(성립)된 것으로 보아야 할 것이다.[22]

---

22) 외국인기업법 제9조.

2. 企業創設의 方式 및 出資形態

개성공업지구안에서는 기업창설의 승인·등록에 관한 사항 이외에 어떤 형태의 기업조직으로 창설할 수 있는 것인지, 출자방식이나 출자기준 등은 무엇인지 여부에 관하여 아무런 규정을 두고 있지 아니한바, 이 법에서 특별히 제한하지 아니한다면 외국인투자법이 적용되어야 한다고 본다. 외국인투자법에서는 외국투자가의 투자형태를 외국인투자기업과 외국기업으로 구분하고, 외국인투자기업은 합작기업·합영기업·외국인기업의 3가지 형태를 규정하고 있다.[23] 합작기업이란 북한의 투자가와 외국측 투자가가 공동으로 투자하고 북한측이 운영하며, 계약조건에 따라 외국측의 투자 몫을 상환하거나 이윤을 분배하는 기업을 말하고, 합영기업이란 북한측 투자가와 외국 측 투자가가 공동투자하고 공동운영하며, 투자 몫에 따라 이윤을 분배하는 기업을 말하며, 외국인기업이란 외국투자가가 단독 투자하여 운영하는 기업을 말한다. 외국기업이란 북한 내에 소득원천이 있는 다른 나라의 기관·기업체와 개인 및 그 밖의 경제조직을 말한다.

3. 南韓企業投資의 明文化

외국인투자법 제5조에서는 해외조선동포들도 해당법규에 따라 북한의 영역 안에 투자할 수 있다고 명시하고 있는 점에 비추어 해외동포의 경우 외국인투자가로 보아 동법을 적용하여 왔다. 그렇다면, 남한동포·남한기업의 경우에는 북한 내에서 외국인투자기업을 창성·운영할 수 없는가? 외국인투자법에서는 동법의 적용대상을 외국투자가와 해외조선동포만으로 한정하고 있어 문언상 남한기업은 동법의 적용대상에서 제외되어 해석상 혼선이

---

23) 외국인투자법 제2조.

생긴다.

그러나 개성공업지구법 제3조에서는 이와 같은 의문점을 명시적으로 해결하여 주고 있다. 즉 "공업지구에는 남측 및 해외동포, 다른 나라의 법인·개인·경제조직들이 투자할 수 있다. 투자가는 공업지구에 기업을 창설하거나 지사·영업소·사무소 같은 것을 설치하고 경제활동을 자유롭게 할수 있다."고 규정함으로써 남측 동포의 적극적인 투자활동을 유인하려는 것으로 보인다. 개성공업지구법 제3조의 규정취지에 비추어 외국인투자법을 해석·적용함에 있어 비록 남측 동포 및 기업에 대하여 명문의 근거가 없더라도 해외동포에 준하여 외국인투자법이 적용·시행될 것으로 예상할 수 있다.

개성공업지구 안에서 향후 외국인의 전액단독출자형태인 '외국인기업'의 창설이 가능한 것인지 여부도 불명확하다. 외국인투자법 제3조에서는 합작기업·합영기업의 경우에는 북한의 영역 안에서 가능하도록 정하고 있으나, 외국인기업의 경우에는 나진·선봉경제특구에서 창설·운영할 수 있다고 정하고 있기 때문이다. 개성공업지구 안에서도 외국인투자법이 적용되므로 나진·선봉경제특구의 경우와는 달리 현재로서는 '외국인기업' 형태의 외국인단독출자방식은 불가능하다고 보인다. 앞으로 개성공업지구의 경우에도 나진·선봉경제특구의 수준으로 대폭 투자환경을 개선하기 위하여 외국인단독출자방식을 허용할 것으로 전망된다.

4. 南北投資保障合意書와의 關係

남과 북은 자기 지역 안에서 상대방 투자자의 투자에 유리한 조건을 조성하고 각자의 법령에 따라 투자를 허가한다. 이 경우 투자의 실현, 기업활동을 목적으로 하는 인원들의 출입·체류·이동 등과 관련한 문제를 호의적으로 처리한다. 남과 북은 자기 지역 안에서 법령에 따라 상대방 투자자의 투자자산을 보호한다. 우리 기업의 대북 투자 시 가장 큰 우려사항은 투자자산에 대한 안전한 회수 등의 보호장치를 마련하였다. 일반적으로 국가 간의 투자보장협정에는 없는 투자관련 인력의 출입 및 체류와 관련된 보호 규정을 마련하였다. 즉 남과 북은 법령이 정한 바에 따라 투자를 승인한 경우 투자승인을 거친 계약과 정관에 의한 상대방 투자자의 자유로운 경영활동을 보장하도록 하였다.

5. 企業創設協議 및 承認審査節次

법 제35조에서는 기업을 창설하려는 투자가는 기업창설신청서를 공업지구관리기관에 제출하도록 정한 사항 외에 나진·선봉경제특구의 경우와는 달리 기업창설에 따른 관계기관과의 협의절차나 창설승인심사에 필요한 서류의 제출에 관하여 명시적 규정을 두고 있지 아니하다. 나진·선봉경제특구에 적용되는 외국인기업법 제7조에서는 외국인기업을 창설하려는 외국투자가는 관계기관들과 협의하고 중앙무역지도기관에 외국인기업창설신청 문건을 제출하도록 하고, 동 신청서에는 기업의 규약, 경제기술타산서, 투자가의 자본신용확인서를 비롯하여 심의비준에 필요한 문건을 첨부하도록 정하고 있다. 그러나 법 제9조에서는 이 법의 시행에 관하여 '규정'을 준수하여야 하도록 하고 있어, 승인심사에 필요한 서류의 제출 등에 관한 사항은 앞으로 동 규정에서 구체적으로 정하여 운영할 수 있다고 본다.[24]

기업창설에 따른 관계기관과의 협의문제는 나진·선봉경제특구의 경우와는 다른 관점에서 보아야 하는 이유는 공업지구사업의 중앙공업지구지도기관·공업지구집행기관의 통일적 지도 및 다른 기관의 사업관여금지에 관한 원칙적 조항인 이 법 제5조 및 제6조와 관련성이 높기 때문이다. 즉 공업지구의 사업에 대한 통일적 지도는 중앙공업지구지도기관이 하고, 중앙공업

---

24) 물론, 남한의 경우에 법인설립인가신청의 첨부서류를 부속하위법령인 부령으로 정하는 것처럼 북한의 경우에도 기업창설승인신청에 필요한 첨부서류들을 개성공업지구법의 하위법령에서 정할 수 있을 것이다.

지구지도기관은 공업지구관리기관을 통하여 공업지구의 사업을 지도하도록 되어 있고, 기관·기업소·단체는 공업지구의 사업에 관여할 수 없으며, 필요에 따라 공업지구의 사업에 관여하려 할 경우에는 중앙공업지구지도기관과 합의하여야 하도록 규정하고 있다. 따라서 개성공업지구 안에서의 기업창설사무는 중앙공업지구지도기관·공업지구집행기관의 고유사무로서 원칙적으로 다른 행정기관에서는 동 사무에 관여할 수 없으며, 부득이하게 관여가 필요하여 관여하고자 하는 다른 기관은 중앙공업지구지도기관과 미리 합의를 하여야 할 것이다. 더구나 공업지구집행기관은 기업창설신청서를 접수한 날부터 10일 이내에 처리결과를 회신하도록 규정하고 있어 관계기관 협의 등을 대폭 생략하고 신속하게 기업창설절차를 마칠 수 있도록 하려는 취지로 보인다. 이는 나진·선봉경제특구의 경우에는 주무기관인 중앙무역지도기관에 기업창설신청서를 접수한 날부터 80일 이내에 처리결과를 회신하도록 규정된 점[25])에 비하면 대폭 개선된 것으로 평가될 수 있다.

6. 企業의 運營

가. 고용관계

개성공업지구 내의 기업은 원칙적으로 종업원을 북한 근로자로 채용하여야 한다. 관리인원과 특수한 직종의 기술자, 기능공은 공업지구관리기관을 통하여 중앙공업지구지도기관과 협의하여 남측 또는 다른 나라 노력으로 채용할 수 있다. 그 밖의 사항은 북한의 국내법인 외국투자기업노동규정이 적용되게 되므로 동 공업지구에 진출하게 되는 남한기업의 경영에 상당한 지장을 초래할 것으로 예상된다. 외국인투자기업노동규정에서는 외국투자기업은 기업운영에 필요한 근로자를 직접 채용할 수 없고, 반드시 인력알선기

---

25) 외국인기업법 제8조.

관과 인력채용계약을 체결하여 간접적으로 채용하여야 하고, 입주기업은 소재지의 인력알선기관이 파견하는 근로자를 채용하지 아니할 수 없고, 채용된 근로자에 대하여서도 생산성평가를 행할 수 없도록 금지하므로 기업경영의 자율성이 보장되지 못하는 점이 있다.[26]

당초 2000년 11월 남한 측에서 작성한 바 있는 국제자유경제지대기본법에서는 노력채용에 관하여는 북한 내 기업경영에 있어서 매우 중요한 요소로 인식하여 노력알선회사의 자유설립보장, 입주기업의 노력알선기관의 자유선택보장, 입주기업의 북한근로자 직접채용제, 남한근로자·외국인근로자채용보장, 채용광고허용, 기준노임사전협의제도, 집단행동금지보장 등 상세한 규정을 마련한 바가 있다. 구체적으로 살펴보면, 두터운 보장장치를 마련하고 있는데 이는 북한 내에서 근로자채용·임금지급·채용광고·노사문제가 북한 내 기업경영의 성패를 좌우할 만큼 중요성을 지니기 때문이다. 구체적으로 중앙위원회는 외자기업[27]과 지사 및 영업소에 필요한 노력을 공급하기 위하여 경제지대 내에서 누구든지 노력알선회사를 설립할 수 있고, 투자자는 자유롭게 노력알선기관을 선택할 수 있도록 하며, 경제지대 내에서는 북한의 노력을 직접 채용하거나 노력알선기관과 맺은 계약에 따라 채용할 수 있으며, 필요에 따라서는 남측 동포나 외국인을 채용할 수 있고, 외자기업과 지사 및 영업소는 지대 내에서 북한의 노력을 개별적으로 채용하는 데에 있어서 제한 없이 광고·공고 기타 공개적 방법을 사용할 수 있도록 하였다. 중앙위원회는 경제지대 내의 모든 경제활동이 국제경쟁력을 가질 수 있도록 개발사업자와 협의하여 매년 기준 노임을 정하여 고시하고, 어떠한 집단행동도 일어나지 아니하도록 조치한다고 명문화하였다.

그러나 이와 같은 안정적인 근로자확보를 위한 제도적 장치인 노력알선회사의 자유설립보장, 입주기업의 노력알선기관의 자유선택보장, 입주기업의 북한근로자 직접채용제, 남한근로자·외국인근로자채용보장, 채용광고허

---

26) 尹大奎, "북한 내 남북경협 현장의 노무관리 문제", 『北韓法研究』 第5號, 2002, p.10.

27) 외자기업이라 함은 남측 및 외국 투자가 지대에 창설한 단독기업·합영기업·합작기업·기타기업을 말한다(법안 제2조제6호).

용, 기준노임사전협의제도, 집단행동금지보장 등이 북한 당국의 검토과정에서 모두 채택되지 못하였다. 따라서 개성공업지구 내의 입주기업은 북한법인 외국인투자기업노동규정을 적용받게 되므로 향후 남북한 간에 기업고용관계합의서를 체결하여 기업경영환경을 개선하여 나아갈 필요가 있다.

나. 구매·판매·가공위탁, 화폐·금융, 송금보장

지구 내의 기업은 공업지구 밖의 북한 내 영역에서 경영활동에 필요한 물자를 구입하거나 생산한 제품을 북한 내 영역에 판매할 수 있다. 필요에 따라 북한의 기관·기업소·단체에 원료·자재·부분품의 가공을 위탁할 수도 있다. 공업지구에서 상품의 가격과 봉사요금, 기업과 공화국의 기관·기업소·단체 사이에 거래되는 상품의 가격은 국제시장 가격에 준하여 당사자들이 합의하여 정한다.

공업지구에서 유통화폐는 전환성 외화로 하며 신용카드 같은 것을 사용할 수 있다. 유통화폐의 종류와 기준화폐는 공업지구관리기관이 중앙공업지구지도기관과 합의하여 정하도록 하고 있다. 공업지구 내의 기업은 공업지구에 설립된 은행에 돈자리(계좌)를 두어야 한다. 공업지구관리기관에 신고하고 공업지구 밖의 남측 또는 다른 나라 은행에도 돈자리를 둘 수 있다.

공업지구에서는 외화를 자유롭게 반출입할 수 있다. 경영활동을 하여 얻은 이윤과 그 밖의 소득금은 남측 지역 또는 다른 나라로 세금 없이 송금하거나 가지고 갈 수 있다. 남북투자보장합의서안에서는 투자와 관련된 모든 자금에 대하여 자유태환성통화에 의한 지체 없고 자유로운 송금을 보장함으로써 우리 기업이 투자자금 및 수익금을 자유롭게 송금 가능하도록 보장하려는 데 주안점을 두었다. 남과 북은 상대방 투자자의 투자와 관련되는 '일정자금'[28]이 자유태환성통화로 자기 지역 안이나 밖으로 자유롭고 지체

---

28) 일정자금이란 ① 초기 투자자금과 투자기업의 유지·확대에 필요한 추가자금, ② 이윤·이자·배당금을 비롯한 투자의 결과로 생긴 소득, ③ 대부상환금과 그 이자, ④ 투자자산의 양도나 청산을 통한 소득, ⑤ 투자와 관련하여 일방지역의 기업에 채용된 상대방 인원들이 받은 임금과 기타 합법적 소득, ⑥

없이 이전되는 것을 보장한다. 자유태환성통화란 국제거래를 위한 지급수단으로 널리 사용되며 주요 국제외환시장에서 널리 거래되는 통화를 의미한다고 본다.[29] 송금 시의 환율은 투자가 이루어진 일방의 외환시장에서 당일에 적용되는 시세에 따르도록 하였다.

IX. 開城工業地區內乃 南韓企業에 대한 課稅制度

1. 會計 및 稅金賦課條項

개성공업지구법에서는 기업회계에 관한 원칙과 공업지구 내 입주기업에 대한 제세금의 납부 및 기업소득세의 특례세율만 규정하고 있다. 즉 기업은 회계업무를 정확히 하며 기업소득세·거래세·영업세·지방세 같은 세금을 제때에 납부하여야 한다. 공업지구에서 기업소득세율은 결산이윤의 14퍼센트로 하며 하부구조 건설부문과 경공업부문·첨단과학기술부문은 10퍼센트로 한다(법 제43조).

기본법인 외국투자기업및외국인세금법에는 외국투자기업과 외국인을 그 적용대상으로 규정하고 있고, 외국투자기업은 외국인(자연인·법인)과 해외동포가 투자하는 기업을 의미하는바, 개성공업지구법 제3조에서 남측 동포에 대하여도 명문으로 투자를 허용하고 있는 점, 동법 제36조 및 제43조에서는 공업지구 내 기업에 대하여 세무등록의무 및 제세금 납부의무를 부과하고 있는 점에 비추어 외국투자기업및외국인세금법은 남한기업에 적용되거나 적어도 준용된다고 보아야 한다. 따라서 남한의 공업지구 내 입주기업

이 합의서 제4조·제7조제1항에 따르는 보상금, ⑦ 제6조에 따라 어느 일방 또는 그가 지정한 기관에 지급되는 자금, ⑧ 이 밖에 투자와 관련된 자금 등을 말한다.

29) 남북투자보장합의서안 제1조제6호.

은 기본법인 외국투자기업및외국인세금법의 규정에 따라 제세금을 납부하여야 된다고 본다.

북한에서는 외국투자기업과 외국인에 대하여는 외국투자기업및외국인세금법[30]이 적용되며, 동법이 정하는 바에 따라 기업소득세·개인소득세·재산세·상속세·거래세 및 지방세를 납부하여야 한다. 외국투자기업이란 북한의 내국법인인 합작기업·합영기업·외국인기업과 북한의 법인이 아닌 외국기업을 말한다. 외국투자기업은 기업을 설립을 하거나 기업의 통합·분리 또는 해산을 하는 경우에는 그 등록을 한 날부터 20일 안으로 소재지나 거주지의 재정기관에 세무등록을 하거나 그 변경·취소의 수속을 거쳐야 한다. 외국투자기업의 재정부기계산은 외국인 투자기업과 관련한 재정부기계산규범에 따라 하고, 재정부기계산 관련서류는 기본적으로 5년 동안 보관하여야 한다.

한편, 당초 2000년 11월 남한 측에서 작성한 바 있는 국제자유경제지대 기본법안상의 세금부과 및 감면제도를 살펴보면, ① 기업소득세율은 결산이윤의 14퍼센트(북한이 장려하는 첨단기술부문, 자원개발과 기반시설 건설부문, 과학연구 및 기술개발부문에 대하여는 결산이윤의 10퍼센트)로 하고, ② 외자기업과 지사 및 영업소에 대한 기업소득세는 이윤이 나기 시작한 해부터 7년간 면제하고, 그 다음 3년간은 50퍼센트를 감면하도록 규정하며, ③ 개발사업자에 대하여는 경제지대개발이 완료될 때까지 모든 세금을 면제하며, ④ 남측 및 외국투자자가 이윤을 재투자하는 경우 그 경영기간이 3년 이상 될 경우에는 납부한 재투자분에 해당한 소득세액의 70퍼센트를 반환받을 수 있고, ⑤ 외자기업과 지사 및 영업소는 북한 밖에서의 소득 또는 북한의 영역 밖에 원천을 두는 소득에 관하여는 당해 외국에서 세금을 내는 외에 북한 내에서는 어떤 형태로든지 일체 세금을 부담하지 아니하며, ⑥ 그 밖의 세금·부과금·수수료에 대한 특혜는 별도규정으로 정하도록 하였었다.

---

30) 1999. 2. 26. 최고인민회의 상임위원회 정령 제484호.

2. 外國投資企業一般에 대한 企業所得稅

　　북한 내에서 외국투자기업은 기업활동을 하여 얻은 소득과 이자소득, 고정재산의 임대와 판매소득, 재산양도소득, 공업소유권·기술비결·경영과 관련한 봉사를 제공하여 얻은 소득을 비롯한 기타소득에 대하여 기업소득세를 납부하여야 한다. 북한의 내국법인인 외국인투자기업은 북한 밖에서 지사·출장소·새끼회사 등을 설치하여 얻은 소득에 대하여서도 기업소득세를 반부할 의무가 있다. 기업소득세의 금액은 해마다 1월 1일부터 12월 31일까지의 총수입에서 원료 및 자재비, 연료 및 동력비, 노력비, 감가상각금, 물자구입경비, 직장 및 회사 관리비, 보험료, 판매비 등을 포함한 원가와 기타지출을 공제한 결산이윤에 일정한 세율을 적용하여 계산한다. 기업소득세는 분기별로 예정납부하고 연간결산에 의하여 확정납부하여야 한다. 외국투자기업은 분기가 끝난 다음달 15일 내에 소재지의 재정기관에 분기소득세예정납부서와 재정부기결산서를 제출하여야 하며, 사업연도가 끝난 후 2월 내에 연간 소득세납부서와 재정부기결산서를 제출하여야 한다. 예정납부는 분기가 끝난 다음달 15일 이내까지 하여야 하며, 연간종합계산은 연도가 끝난 후 3월 이내에 하여야 하되, 과납액이 있을 경우에는 반환받고 미납액이 있을 경우에는 추가 납부하여야 한다. 기업이 통합·분리될 경우에는 그때까지의 기업소득에 대하여 결산하고 통합·분리 선포일부터 20일 이내에 소재지의 재정기관에 소득세를 납부하여야 한다.

3. 企業所得稅의 基本稅率 및 特例稅率

　　외국투자기업에 대한 기본소득세율은 기본적으로 결산이윤의 25퍼센트이다. 외국투자기업및외국인세금법 제12조에서는 예외적으로 나진·선봉경제무역지대에 설립된 외국투자기업에 대하여는 결산이윤의 14퍼센트를, 북한 당국이 장려하는 첨단기술부문, 자원개발과 하부구조건설부문, 과학연구 및 기술개발부문에 대하여는 결산이윤의 10퍼센트로 하는 특례를 두고 있다.

외국기업이 북한 내에서 배당소득·이자소득·임대소득·특허권사용료를 비롯한 기타소득을 얻는 경우 납부하여야 하는 소득세는 그 소득액에 대하여 20퍼센트의 세율을 적용하되, 나진·선봉경제무역지대에서는 10퍼센트의 세율을 적용하여 산출한 금액으로 한다. 외국기업의 기타소득에 대한 소득세는 소득이 발생한 날부터 15일 이내에 그 소재지의 재정기관에 신고납부하거나 수익금을 지불하는 단위기관이 직접 공제 납부할 수 있다.

외국투자기업및외국인세금법 제15조·제16조 및 나진·선봉경제무역지대법 제36조·제37조 및 제40조 등에서는 나진·선봉경제특구 내의 생산부문·봉사부문이나 하부구조건설부분과 정책적 장려부문의 외국투자기업에 대하여는 일정기간 기업소득세 전액면제 또는 감면혜택을, 재투자기업에 대하여는 기업소득세 환급혜택을 부여하는 등 대체로 5가지 형태의 세제상 혜택을 부여하고 있다. 즉 ① 나진·선봉경제무역지대의 생산부문 외국투자기업이 10년 이상 기업을 운영할 경우에는 기업소득세를 이윤이 나는 해부터 3년간 면제하며, 그 다음 2년간은 50퍼센트의 범위에서 감면할 수 있도록 규정하고 있다.[31] 북한 당국의 장려부문, 즉 첨단기술부문, 자원개발과 하부구조건설부문, 과학연구 및 기술개발부문에 대하여는 나진·선봉경제무역지대의 경우가 아니라도 나진·선봉경제무역지대의 생산부문 외국투자기업의 경우와 똑같은 요건으로 기업소득세 감면혜택을 받는다. 따라서 개성공업지구 내의 외국투자기업의 경우에도 북한 당국의 장려부문에 대한 투자를 하는 경우에는 외국투자기업및외국인세금법 제15조제2호를 근거로 기업소득세의 감면혜택을 받을 수 있다고 본다.[32] ② 나진·선봉경제무역지

---

31) 물론 기업의 창설 후 10년이 경과하기 전에 철수 또는 해산하는 경우에는 이미 감면받았던 소득세액을 환급하도록 하고 있다.

32) 다만, 이윤이 나는 해부터 4차년 이후 2년간의 기간에 대한 기업소득세의 50퍼센트 감면혜택은 감면을 반드시 한다는 기속적 규정으로 보기 어려운 점이 있어 언제나 감면받을 수 있다고 단정하기 어려운 점이 있다.

대 내에서는 총 투자액이 북한화폐로 6,000만 원 이상 되는 철도·도로·통신·비행장·항만을 비롯한 하부구조 건설부분의 외국투자기업에 대하여서는 기업소득세를 이윤이 나는 해부터 4년간 면제하며, 그 다음 3년간은 50퍼센트 범위에서 감면받을 수 있다. ③ 나진·선봉경제무역지대 내에서 봉사부문의 외국투자기업이 10년 이상 기업을 운영할 경우에는 기업소득세를 이윤이 나는 해부터 1년간 면제하며, 그 다음 2년간은 50퍼센트 범위에서 감면혜택을 받을 수 있다. ④ 외국투자가가 기업에서 얻은 이윤을 북한 내에 재투자하여 기업을 5년 이상 운영할 경우에는 당해 재투자분에 대하여 기납부 소득세액의 50퍼센트를 반환받을 수 있으며, 하부구조 건설부문에 재투자하는 경우에는 재투자분에 대하여는 기납부소득세액 전부를 반환받을 수 있다.[33] ⑤ 그 밖에 다른 나라 정부나 국제금융조직이 북한 정부와 북한 은행에 차관을 제공하거나 다른 나라의 은행이 북한의 은행 또는 기업에 유리한 조건으로 대부를 제공하였을 경우에는 그에 대한 이자소득에 대한 소득세를 전액 면제하도록 규정하고 있다.

4. 開城工業地區內 南韓企業에 대한 그 밖의 稅金

개성공업지구법에서는 기업에 대하여 기업소득세 외에도 거래세·영업세·지방세 같은 세금을 납부하도록 규정하고 있다. 그러나 그 밖에도 북한 내의 모든 외국투자기업에 대하여 적용되는 일반법인 외국투자기업및외국인세금법에서는 건물·선박·비행기를 보유하고 있는 자에 대하여는 재산세를 부과하고, 개성공업지구 내의 외국투자기업에 근무하여 소득을 얻는 자등의 외국인에 대하여는 개인소득세를 부과하도록 규정하고 있다. 영업세는 개성공업지구 내의 외국투자기업이 납부하여야 하는 세목의 하나로 규

---

33) 다만, 경영기간이 5년이 되기 전에 재투자한 자본을 철수하는 경우에는 반환받은 소득세액을 다시 납입하여야 한다(동법 제16조 후단).

정되어 있으나, 외국투자기업에 적용되는 반법인 외국투자기업및외국인세금법에는 영업세에 관한 규정을 두지 아니하고 있어 동법에 향후 새로이 영업세규정을 신설할 것인지 그 귀추가 주목되고 있다.

가. 去來稅

생산부문·상업부문·서비스부문에서 판매·서비스제공에 종사하는 외국투자기업과 외국인에 대하여는 거래세를 부과하도록 규정하고 있다. 거래세의 과세대상액은 생산부문에서는 생산물 판매에 의한 수입금, 상업부문에서는 상품판매액, 교통운수·금융·관광을 비롯한 봉사부문에서는 봉사수입금이다. 거래세의 세율은 내각에 위임하여 내각이 결정하도록 하고 있다.[34] 남한의 경우에는 조세법률주의원칙에 따라 조세의 세율을 법률로 정하고 있는 점에 반하여 북한의 경우에는 내각의 방침에 따라 세율의 변동 폭이 커질 우려가 있으므로 개성공업지구 내에 진출하는 남한기업에게 장래 부과될 조세부담액을 예상하기 어려운 점이 있어 북한 당국과 협의를 통하여 동법이나 하위법령에서 세율을 명확하게 정하도록 하는 등 남북 당국 간의 협조가 필요하다고 보며, 남북 간의 세제관련합의를 통하여 남한진출기업의 경우에 구체적인 세율이나 세율의 상하한 폭을 정할 수도 있다고 본다. 거래세는 수출상품과 나진·선봉경제무역지대 내의 생산부문 및 봉사부문(교통운수·금융·관광 등)에 대하여는 거래세액의 50퍼센트를 감면하는 특례를 두고 있다. 이 역시 개성공업지구 내의 자기업이 나진·선봉경제무역지대 내의 기업보다 불리한 조항으로서 빠른 시일 내에 개성공업지구 내의 외국투자기업의 경우에도 적어도 나진·선봉경제무역지대 수준으로 거래세 감면 혜택을 받을 수 있도록 남북 당국 간의 북한법 개선협조나 남북 간 합의서의 체결을 통하여 개선되어야 할 것이라고 본다.

---

34) 외국투자기업및외국인세금법 제39조.

나. 財産稅

외국인은 북한 내에 가지고 있는 건물·선박·비행기에 대하여 재산세를 납부하여야 한다. 외국인은 재산을 소유하게 된 때부터 20일 내에 평가값으로 등록하고, 그 소유자와 등록된 평가값이 달라지는 경우에는 20 내에 변경등록을 하며, 해마다 1월 1일 현재로 평가하여 2월 내에 재등록하고, 재산을 폐기하는 경우에는 20일 내에 등록취소를 마치도록 규정하고 있다. 재산세의 세율은 내각에 위임하여 내각이 결정하도록 하고 있다.[35] 이 역시 내각의 방침에 따라 세율의 변동폭이 커질 우려가 있으므로 개성공업지구 내에 진출하는 남한기업에게 장래 부과될 조세부담액을 예상하기 어려운 점이 있어 남북 당국 간에 북한법 개정협조나 세제관련 합의서를 통하여 남한진출기업의 경우에 구체적인 세율이나 세율의 상하한폭을 정하도록 할 필요가 있다고 본다. 재산세의 경우 역시 나진·선봉경제무역지대 내의 기업에 대하여는 5년 동안 면제하는 특례를 두고 있으나, 개성공업지구법에서는 이 같은 재산세면제 특례를 두고 있지 아니하여 불리하다고 보며, 앞으로 남북 당국 간의 협의를 통하여 동법에 재산세 면세특례를 반영하도록 협조하거나 남북 간의 합의서 체결을 통하여 개선하는 조치가 필요하다고 본다.

다. 地方稅

북한에서 외국투자기업과 거주외국인에게 부과하는 지방세는 도시경영세 및 자동차이용세의 2종류이다. 도시경영세는 공원과 도로, 오물처리시설과 같은 공공시설을 유지·관리하기 위한 목적으로 징수하고, 자동차이용세는 자동차의 보유·이용에 대하여 지방세인 재산보유세로서 징수한다. 도시경영세는 외국투자기업인 경우에는 기업의 지급노임총액에, 거주외국인인 경

---

35) 외국투자기업및외국인세금법 제28조.

우에는 월수입에 각각 1퍼센트의 세율을 적용하여 매월 다음 달 10일 내에 거주지 소재 재정기관에 납부한다.[36] 외국투자기업과 외국인은 자동차를 소유한 때부터 30일 내에 소재지 또는 거주지의 재정기관에 등록하고, 매년 2월 내에 내각이 정하는 세율에 따라 자동차이용세를 납부하여야 한다.

라. 個人所得稅

개인소득세는 북한 내에서 소득을 얻은 외국인에 대하여 부과하는 세금이다. 북한 내에 1년 이상 체류·거주하는 외국인은 북한의 영역 밖에서 얻은 소득에 대하여도 개인소득세를 납부할 의무가 있다. 개인소득세의 과세대상은 노동보수에 의한 소득, 배당소득, 공업소유권과 기술비결, 저작권의 제공에 의한 소득, 이자소득, 임대소득, 재산판매소득, 증여소득이다. 개인소득세의 금액은 노동보수에 의한 소득에 대하여는 월 노동보수액에 내각이 정하는 초과누진세율을 적용한 금액으로, 배당소득, 공업소유권과 기술비결, 저작권의 제공에 의한 소득, 이자소득, 임대소득에 대하여는 20퍼센트의 세율을 적용한 금액으로,[37] 증여에 의한 개인소득에 대하여는 내각이 정하는 세율을 적용한 금액으로, 재산판매소득에 대하여는 25퍼센트의 세율을 적용한 금액으로 한다.

개인소득세의 납부방법을 살펴보면, 재산판매소득, 증여소득에 의한 개인소득세는 매분기 다음 달 10일 내에 수익인이 거주지의 재정기관에 신고납부하고, 배당소득, 공업소유권과 기술비결, 저작권을 제공하여 얻은 소득, 임대소득에 의한 개인소득세는 매분기가 다음달 10일 내에 수익금을 지불하는 단위기업이 재정기관에 공제납부하거나 수익인이 신고 납부하도록 하고 있다.

북한 당국이 운영하는 은행에 저축성예금을 하거나 나진·선봉경제무역

---

36) 거주외국인에 대한 도시경영세의 경우에는 노임지불기업이 공제납부할 수 있다.
37) 고정재산 임대소득에 의한 개인소득세는 임대료에서 노력비·포장비·수수료 등의 비용으로 20퍼센트를 공제한 잔여금액에 세율을 적용하여 계산한다(외국투자기업및외국인세금법 제23조).

지대 내에서 비거주자들 간의 거래를 대상으로 하는 취급하는 은행에 예금한 경우에는 그 이자소득에 대하여 개인소득세가 면제된다. 이와 같은 개인소득세의 면제특례는 개성공업지구 내에 체류하는 남한주민에 대하여도 적용될 수 있도록 남한 정부의 북한 관련법령의 개정을 위한 노력이 필요하다고 본다.

5. 稅法違反에 대한 行政制裁 및 不服節次

북한의 세법상으로 세금 납부를 지체하는 등 세법을 위반할 경우에는 그 행정제재수단은 ① 연체료부과, ② 벌금부과, ③ 형사처벌의 제도를 운영하며, 불복수단으로서는 신소[38] 및 소송제도를 운영하고 있다.[39] 북한의 세무관청인 재정기관은 외국투자기업이나 외국인이 세금을 일정한 기일 내에 납부하지 아니한 경우 납부기일이 지난날부터 미납부세액에 대하여 매일 0.3퍼센트에 해당하는 연체료를 부과하고 있다. 재정기관은 외국투자기업·외국인·공제납부자(원천징수자)에 대하여 ① 세무수속을 소정의 기간 내에 이행하지 아니하거나 소득세납부서·소득세공제납부서·재정부기결산서 등을 제출하지 아니한 경우에는 최고 2,000원의 벌금을, ② 공제납부자가 법정세액보다 적게 공제하였거나 공제한 세액을 납부하지 아니한 경우에는 납부하지 아니한 세액의 2배까지의 벌금을, ③ 고의적으로 세금을 납부하지 아니한 경우에는 그 세액의 4배까지의 벌금을 부과하도록 하고 있다. 외국투자기업및외국인세금법을 위반한 행위가 엄중한 경우에는 형사책임을 과하도록 규정하고 있으나, 형사책임을 묻는 요건인 위반행위의 엄중성 여부는 불확정적인 개념으로 보이므로 자의적인 해석·운영의 여지가 있어

---

38) 우리나라에서 처분청을 상대로 제기하는 이의신청제도와 유사한 것으로서 처분청의 상급감독청에 제기하는 불복수단으로 보이며, 국세심판제도와 같이 처분청과 처분의 상대방이 아닌 제3기관이 심리·판정하는 준사법적인 구제제도와 같은 절차로 보기는 어렵다.

39) 외국투자기업및외국인세금법 제51조 내지 제55조.

북한 당국에 이를 명확하게 규정함으로써 개성공업지구 내에 진출하는 남한 기업이 형사사건에 연루되는 사례가 없도록 북한 당국에 법률의 개정을 요구할 필요가 있다고 본다.

외국투자기업 또는 외국인은 세금납부와 관련하여 재정기관과 다른 이견이 있을 경우에는 세금을 납부한 날부터 30일 내에 신소나 소송을 제기할 수 있다. 신소는 세금을 받은 재정기관의 해당 상급기관에, 소송은 해당 재판소에 제기한다. 신소를 받은 재정기관은 30일 내에 신소내용을 심사 처리하여야 한다. 신소의 처리결과에 대하여 의견이 있을 경우에는 다시 10일 내에 해당 재판소에 소송을 제기할 수 있도록 하고 있다.

6. 二重課稅防止合意書와 企業所得稅

이중과세방지합의서에서는 동 합의서에 적용되는 세금의 종류를

남측에서는 소득세법에 의한 소득세·소득할 주민세와 법인세법에 의한 법인세로, 북측에서는 외국투자기업및외국인세금법에 의한 기업소득세·개인소득세·지방세로 규정하고 있다. 남한에서는 남한의 거주자[40]가 북한의 영역에서 얻은 소득에 대하여 세금을 납부하였거나 납부하여야 할 경우 남한에서는 그 소득에 대한 세금을 면제하도록 규정하고 있다. 다만, 이자·배당금·사용료에 대하여는 북한에서 납부하였거나 납부하여야 할 세액만큼 남한에서 세액공제를 받을 수 있다. 특히, 남한은 내한내 거주자가 북한에서 얻은 소득에 대한 세금을 법이나 기타 조치에 따라 감면 또는 면제받았을 경우에는 그 세금을 전부 납부한 것으로 인정하도록 규정하고 있다.[41]

---

40) 쌍방의 거주자로 되어 있는 개인의 경우 어느 일방의 거주자로 인정하기 위한 판단기준은 개인이 일방에 항시적으로 생활하는 주거를 가지고 있을 경우 그는 일방의 거주자로 인정하고, 예외적으로 그가 항시적으로 생활하는 주거를 쌍방에 가지고 있으면 경제적 이해관계가 더 많은 일방의 거주자로 인정하도록 한다. 법인이 쌍방의 거주자로 되는 경우의 판단기준은 그 실질적인 관리장소가 어디에 있느냐 여부에 따라 인정한다(남북 간이중관세방지합의서 제4조제2호 및 제3호).

41) 남북이중과세방지합의서 제28조.

따라서 남한 기업이 북한에서 외국투자기업을 창설·운영할 경우에 그에 따라 북한에서 외국투자기업및외국인세금법에 의한 기업소득세·개인소득세·지방세를 납부하는 경우에는 남한에서 북한에서 납부하는 기업소득분에 대하여는 남한에서 다시 그에 상응하는 소득세법에 의한 소득세·소득할 주민세와 법인세법에 의한 법인세를 면제받게 되며, 이와 같은 이중과세방지규정은 남한과 북한에서 소득세법·법인세법이나 외국투자기업및외국인세금법이 개정·변경되더라도 본질적으로 같은 세금들로서 현행 세금에 추가하여 부과되거나 그에 대체하여 부과되는 세금에 대하여도 이 합의서의 적용대상세금으로 보아 면제받도록 보장하고 있다.[42]

Ⅹ. 開城工業地區內 企業活動과 紛爭解決制度

1. 紛爭解決條項

개성공업지구법 제46조에서는 개성공업지구의 당사자들 간의 분쟁에 대한 해결원칙을 정하고 있다. 즉 "공업지구의 개발과 관리운영, 기업활동과 관련한 의견 상이는 당사자들 사이의 협의의 방법으로 해결한다. 협의의 방법으로 해결할 수 없을 경우에는 북남 사이에 합의한 상사분쟁 해결절차 또는 중재·재판절차로 해결한다."고 규정하고 있다. 따라서 ① 당사자 간의 협의, ② 남북 간의 합의에 의한 상사분쟁해결절차, ③ 중재, ④ 재판절차에 의하도록 하고 있다.

여기서 몇 가지 검토할 필요가 있다고 사료되는 사항은 첫째, ② 남북 간의 합의에 의한 상사분쟁해결절차, ③ 중재, ④ 재판절차의 3가지 분쟁해

---

42) 남북이중과세방지합의서 제3조제2항.

결절차는 당사자 간의 협의에 의하여 해결되지 못하는 경우에 그중의 한 가지 해결절차를 선택할 수 있다는 취지인지 여부, 둘째, 분쟁을 제기하는 자가 일방적으로 분쟁해결절차를 선택할 수 있는지 또는 당사자 쌍방이 협의하여 선택할 수 있는지 여부, 셋째, 중재는 북한의 이른바 국가중재를 의미하는지 또는 대외경제중재법에 의한 대외경제중재를 의미하는지 여부가 명문화되어 있지 못하여 불명확한 점, 넷째, ③ 중재, ④ 재판절차의 경우에는 이들 분쟁해결절차가 남북 간의 합의에 의한 중재나 재판절차를 의미하는지 또는 북한의 중재 또는 재판절차를 의미하는지 여부 등이다.[43]

2. 北韓 對外經濟關聯法상의 紛爭解決制度

그동안 북한의 대외경제관련법에서는 일반적으로 합영·합작·외국인투자기업 등 외국인기업과 외국기업에 대하여는 분쟁발생시 먼저 당사자 간에 협의에 의하여 해결하도록 하고, 협의의 방법으로 해결할 수 없는 경우에는 북한이 정한 중재 또는 재판절차로 해결하도록 규정하면서, 제3국의 중재기관에 제기하여 해결할 수도 있도록 보완하는 방식으로 규정하여 왔다. 입법사례로서 외국인기업법 제31조에서는 "외국인기업과 관련한 의견상이는 협의의 방법으로 해결한다. 협의의 방법으로 해결할 수 없을 경우에는 조선민주주의인민공화국이 정한 중재 또는 재판절차로 해결한다."라고 규정하고 있고, 라진·선봉경제무역지대법 제42조에서는 "라진·선봉경제무역지대 안에서 경제무역활동과 관련한 의견 상이는 당사자들 사이에 협의의 방법으로 해결한다. 협의의 방법으로 해결할 수 없을 경우에는 조선민주주의인민공화국이 정한 중재 또는 재판절차로 해결하며 제3국의 중재기관에

---

43) 법 제46조 중 "북남 사이에 합의한 상사분쟁 해결절차 또는 중재, 재판절차로 해결한다."는 문구는 남북 간에 해석상 상당한 이견이 제시될 수 있다. 중재 또는 재판절차의 경우 북남 사이에 합의한 것을 의미하는지 북남 사이에 합의한 것이 아니라 그와 무관한 북한 내에서의 중재나 재판절차를 의미하는 것인지 여부가 확실하지 못하여 구체적인 사건이 발생할 경우 남북 간에 논란이 예상된다.

제기하여 해결할 수도 있다."고 규정하고 있다.

3. 北韓의 民事裁判 概觀

　북한의 민사재판제도를 검토하기에 앞서 그 전제로서 남북한의 기본적인 법질서와 체제를 살펴볼 필요가 있다. 남북한은 우선 국가제도가 근본적으로 서로 다르기 때문에 민사분쟁의 해결제도 본질적인 차이점을 가질 수밖에 없다고 본다. 남한은 사적자치원칙 및 계약자유원칙을 바탕으로 사인의 소유권과 이윤동기를 긍정하고 보장하는 자본주의 경제체제다. 생산·유통·소비 등 모든 경제활동은 경제주체인 사인 간에 자유로운 계약을 체결하는 방법에 의하여 수행된다. 이에 반하여 북한은 토지·천연자원과 기업소 등을 비롯한 모든 생산수단을 국가와 사회단체가 소유하며, 사인이 생산수단을 소유하는 것을 금지하므로 사이는 물적 소유나 경제활동의 주체가 될 수 없다. 궁극적으로 국가는 스스로 경제활동의 주체로서 사회주의 계획경제의 방법으로 생산수단에 대한 경영관리권의 행사를 통하여 이를 운영한다.

　북한의 민사재판은 사회주의 경제체제하에서 사적 소유권에 관한 민사분쟁, 가족생활에 관한 가사분쟁, 개인 간에 발생한 불법행위에 따르는 손해배상분쟁을 관할한다. 개인의 사적 소유대상이 아닌 기관·기업소·단체 및 공민들의 재산분쟁은 일반적으로 민사절차에 의하지 아니하고 북한법상의 중재 또는 행정절차에 의하여 보호된다. 1994. 5. 개정 민사소송법 제24조에서는 민사소송절차의 대상사건을 ① 법에 의하여 중재 또는 행정절차로 해결하도록 규정된 경우를 제외한 모든 재산상 분쟁사건, ② 이혼사건, 자녀양육 및 부양료청구와 관련된 사건, ③ 민사상 권리와 법률적 의의를 가지는 사실들에 대한 재판상 확인사건, ④ 법에 의하여 민사재판절차로 해결하도록 규정된 사건으로 되어 있다.[44] 북한에서는 토지 등 생산수단을 국유화하고 국가가 행정기관·기업소·사회협동단체를 통하여 직접 계획·통제하므로 이들 상호 간의 재산분쟁은 일반적으로 중재 또는 행정절차의 관할로 하고 있다. 비록 재산관계에 따른 분쟁사건이라도 행정적 절차에 의하여 해결하는 경우를 제외하고 있어 북한의 행정기관과 외국인투자기업·외국기업 간의 분쟁의 경우 행정적 절차로 해결되는 경우에는 민사소송의 대상에서 제외되어야 한다고 볼 것이다. 이는 사회주의 계획경제체제와 강력한 중앙집권체제를 근간으로 하는 북한법제의 특수성에서 비롯되는 것이라고 할 것이다.

4. 北韓의 國內仲裁와 國際仲裁制度

북한의 중재제도는 국내중재와 국제중재로 이원화된 구조로 되어 있다. 국내중재란 국가기관·기업소·사회협동단체간의 국내적 분쟁의 해결을 위한 중재이며 국제중재란 국제무역분쟁을 해결하기 위한 중재이다. 사회주의 국가인 북한에서는 국내적 법질서와 국제적 법질서를 구별하기 때문인바, 국내거래의 법규범은 사회주의 법질서의 확립을 위한 것인 반면에, 국제적 거래의 법규범은 수평적으로 대립되는 이해관계의 조정을 위한 것이다. 전세계적으로 공업화·산업화가 진전되면서 국제간의 상거래상 발생하는 분쟁의 해결은 국가법원만이 독점할 성질의 것이 아니고 상인단체가 자치적으로 설립한 중재법원이 국가법원과 병렬적 또는 선택적인 분쟁해결기구로서 맡는 것이 타당하다는 것은 세계에 널리 보편화된 사상이다.

북한의 법원인 국가재판소는 국가기관·기업소·사회협동단체간의 재산분쟁은 그 관할에 속하지 아니하므로 그 분쟁은 중앙재판소와 도재판소의 중재부가 관할한다. 북한에 있어서는 이들 중재부는 사법기관의 성질을 갖

---

44) 북한 민사소송법 제53조.

는다고 보기 어렵고 사회주의적 계획경제를 담당하는 경제관리기관의 성질을 갖는다고 보인다. 특히 계약체결단계에서 사전적으로 개입·조정하거나 계획과제 및 계약의 준수여부와 같은 행정적인 관리·감독을 행하는 점에서 더욱 두드러진다. 북한에서는 국가기관·기업소·사회협동단체 간의 거래는 국가로부터 부과된 계획과제에 의하여 상호 필요한 계약의 체결 등을 통하여 수행된다. 계약의 내용에 관한 합의가 성립되지 아니하는 경우 또는 체결된 계약의 이행에 다른 분쟁이 발생하면 중앙재판소와 도재판소의 중재부의 재정에 따라 계약을 체결하고 있다.[45] 따라서 이와 같은 중재부의 기능은 법률상의 위법이나 책임 여부를 심리·판단하는 것보다는 분쟁당사자 간의 원활한 협조관계를 이끌어 내는 것에 초점이 맞추어질 수밖에 없다고 할 것이다.[46] 중재부는 또한 국가기관·기업소 및 사회협동단체들이 계획 및 계약규율의 준수 여부를 검열하는 기능도 수행한다. 국가중재에는 심급제도는 마련되어 있지 아니하다.

국제상사중재의 경우에는 국제적 법질서에 속하므로 특정국가의 국내법규범이 국제거래분쟁의 판단기준이 될 수 없다. 북한에서는 국제거래의 당사자는 독립된 법인인 국영기업 내지 사회협동단체이지만 실질에 있어서는 국가기관으로 보아야 할 것이다. 대외무역촉진위원회 밑에 설치되어 대외무역거래의 분쟁해결을 담당하는 무역중재위원회는 국가기관이고, 중재위원이나 중재의 북한 측 당사자도 모두 국가기관에 속하는 것이라면 모두 동일인이 되므로 결국 중재인과 중재의 당사자가 모두 동일인이라는 결론에 이르게 된다.[47] 그러나 1958년 뉴욕협약에서는 과거 사회주의국가의 국제중재기관을 동 협약상의 상설중재기관에 포함되는 것으로 인정한 사례가 있다.[48]

---

45) 金洪奎, "南北韓의 民事裁判制度 및 仲裁制度의 比較", 『北韓法研究』 創刊號, 1998. 3. p.78.

46) 중재원은 분쟁사건을 심리하여 신청인의 청구를 인용·기각하는 외에 위반자에 대하여 위반금 또는 벌금의 부과나 일꾼들에게 발생손해를 보상하게 하거나, 사회주의 법무생활지도위원회나 검찰기관에 인계하는 방법으로 재판을 한다.

47) 金洪奎, 앞의 논문, p.81.

48) 1958. 6. '외국중재제도의승인·집행에관한뉴욕조약' 체결 전에 뉴욕주법원에서 공산권국가인 구소련의 모스크바에서 중재를 한다는 취지의 약정에 관한 효력과 스위스의 취리히법원에서도 공산권국가인 체코슬로바키아의 프라하에서 선고된 중재판결의 효력이 각각 논란이 된 바 있었으나 결국 모두 효력을 인정하게 된 사례가 있다. 위 뉴욕조약 체결 시 토론과정에서 이 같은 문제제기가 있었으나 동 조약의 상

남한에서는 중재법에 의하여 대한상사중재원이 설립되어 국내의 민사거래에서 발생하는 중재사건에 대하여 일반적 관할권을 갖으며, 국제거래에서 사법적 법률관계에 관한 분쟁에 관하여 중재계약을 체결한 경우에도 그 관할권을 갖는다.[49] 중재법에 따라 국내중재와 국제중재에 기본적으로 동일원칙이 적용된다.

5. 北韓의 對外經濟紛爭 仲裁機關

북한의 대외경제중재법은 대외경제 분쟁해결을 위하여 분쟁사건을 정확히 심리해결하고자 하는 것으로서 대외경제분쟁의 해결은 조선국제무역중재위원회와 조선해사중재위원회 같은 중재위원회가 담당하도록 규정하고 조선국제무역중재위원회는 무역·투자·봉사와 관련한 분쟁을, 조선해사중재위원회는 해상수송·해난구조·공동해손 같은 분쟁을 각각 관할하도록 하고 있다. 동법 제4조에서는 대외경제중재로 심리해결하는 대상분쟁을 구체적으로 1. 우리나라 기관·기업소·단체와 외국기업 사이에 생긴 분쟁, 2. 우리나라 기관·기업소·단체와 외국인투자기업 사이에 생긴 분쟁, 3. 외국인투자기업과 외국인투자기업 사이에 생긴 분쟁, 4. 외국인투자기업과 외국기업 사이에 생긴 분쟁, 5. 외국기업과 외국기업 사이에 생긴 분쟁, 6. 우리나라 기관·기업소·단체, 외국인 투자기업 및 외국기업과 해외조선동포, 외국인 사이에 생긴 분쟁으로 규정하고 있다.

특히, 대외경제중재는 분쟁당사자들의 서면합의[50]에 따라 분쟁당사자 일방이 제출한 중재제기문건에 의하도록 하고 있다. 중재의 방법으로 해결할

설중재기관(permanant arbitral body)의 범위에 이들 구소련 및 체코슬로바키아의 무역중재위원회도 포함시키게 되었다.

49) 국제분쟁해결기구로서 미국의 중재협회(American Arbitration Association), 영국의 런던중재법원(London Court of International Arbitration) 등과 동등한 지위를 가진다.

50) 서면합의에는 계약에 포함되어 있는 중재조항인 분쟁발생 후 당사자들이 맺은 중재계약도 포함된다(대외경제중재법 제5조).

것을 합의한 대외경제중재사건이나 재결된 사건에 대하여 당사자 일방이 민사소송을 제기한 경우에 중재재판기관은 관련문건을 해당 소송제기자에게 되돌려 주도록 하고 있다.[51] 이는 중재재판 진행 중에 재판소에 소송을 제기한 경우에는 중재재판은 그때부터 정지되고 소송에 의하여 분쟁이 해결된다는 것을 뜻한다.

6. 合營法上의 紛爭解決制度

합영법 제46조에서는 합영기업은 행정기관의 지시 또는 행정기관 일꾼의 행위에 대하여 의견이 있을 경우 해당 상급기관에 신소를 할 수 있다고 규정하고 신소를 접수한 기관은 이를 받은 날부터 30일 내에 처리하도록 규정하고 있다. 즉 행정기관의 지시나 행위에 대하여 불복하는 경우에는 그 지시나 행위를 발한 행정기관에 대하여 이의를 제기할 수 있도록 규정하고 있다. 이는 동법 제47조에서 합영에 관한 의견 상이는 협의의 방법으로 해결하고 협의에 의하여 해결할 수 없는 경우에는 북한이 정한 중재 또는 재판절차로 해결하거나 제3국의 중재기관에 의한 중재로 해결할 수 있도록 규정하고 있는 점에 비추어 볼 때 행정분쟁은 신소제도로, 민사분쟁은 협의·중재·재판제도로 해결하도록 이원화하고 있음을 알 수 있다.

7. 外國投資企業및外國人稅金法上의 紛爭解決制度

외국투자기업및외국인세금법에서는 외국투자기업 또는 외국인에 대하여 세금납부와 관련하여 의견이 있을 경우에는 세금을 납부한 날로부터 30일

---

51) 중재심리는 재결원 1명 또는 3명으로 구성된 재결원협의회가 주재하고, 재결원은 분쟁사건처리에서 독자적인 지위를 갖는다(대외경제중재법 제18조).

안으로 신소나 소송을 제기할 수 있고, 신소는 세금을 받은 재정기관의 해당 상급기관에, 소송은 해당 재판소에 제기하도록 규정하고 있다.[52] 재정기관은 신소를 받은 날부터 30일 안으로 신소내용을 처리하여야 하고, 외국투자기업 또는 외국인은 신소처리결과에 대하여 의견이 있을 경우에는 그것을 처리받은 날부터 10일 안으로 해당 재판소에 소송을 제기할 수 있도록 규정하고 있다.[53] 이들 합영법이나 외국투자기업및외국인세금법에 비추어 볼 때에 외국투자기업이나 외국인은 행정기관의 지시 또는 행정기관 일꾼의 행위나 세금부과행위에 대하여는 신소절차 또는 소송에 의하여 분쟁을 해결하도록 하고 있음을 알 수 있다.

8. 開城工業地區內의 紛爭當事者 및 紛爭解決手段

우선, 법 제46조는 개성공업지구의 당사자들이란 중앙공업지구지도기관·공업지구집행기관·개발업자·기업을 말하며, 그 밖에 개발지구 내의 건물·부착물의 소유자나 주민(법 제15조), 하부구조의 공동건설이나 양도·위탁에 참여하는 다른 투자가(법 제16조), 검사·검역기관(법 제34조), 세관등록기관·세무등록기관(법 제36조), 기업의 종업원(법 제38조), 물품구입·제품판매나 가공위탁의 상대방(법 제39조), 공업지구 내 거래은행(법 제41조), 외국기업의 지사·영업소·사무소(법 제45조) 등 매우 다종다양하다고 볼 것이다. 그만큼 분쟁의 유형도 그만큼 복잡한 양태로 발생할 것이다.

법 제46조를 적용받는 대상분쟁은 모든 분쟁을 다 포함하는 것은 아니다. 공업지구의 개발과 관리운영, 기업활동과 관련한 의견 상이에 해당되는 분쟁만이 동조의 적용대상이 된다. 따라서 개성공업지구 내에서 발생하는 행정기관과 개발업자나 사업자 간에 발생하는 행정상의 분쟁, 개발업자와 입

---

52) 외국투자기업및외국인세금법 제54조.
53) 외국투자기업및외국인세금법 제55조.

주기업 간 또는 입주기업간의 민·상사분쟁, 입주기업과 종업원 간의 임금분쟁 등 행정상 또는 민사·상사상의 분쟁에 해당될 것이다. 형사사건이나 공업지구 내의 기업활동과 무관한 민사분쟁은 이 법 제46조의 적용대상이 되지 아니한다고 본다. 개성공업지구 내의 모든 행위들이 이 법에 의하여 규율되는 것은 아니며, 이 법에서 특별히 규정한 사항을 제외한 사항은 북한의 국내법이 적용될 수밖에 없다고 본다. 이들 형사사건이나 민사분쟁은 따라서 북한의 형사법이나 민사법에 따라 해결된다는 점에서 우리 정부로서는 북한 당국이 이 법의 대폭 개선, 보완하도록 요청하거나 양자조약의 형태로 남북 간의 합의를 형성하여 나아감으로써 점진적으로 북한 내에 진출하는 남한기업과 그 임직원 또는 가족의 법적 보호를 강화하도록 하여야 할 것이다.

남북 간의 합의에 의한 상사분쟁해결절차에 의하도록 함으로써 남북 간의 합의를 이 법에서 예정하고 있다. 이는 북한이 남북 간의 합의에 대하여 스스로 그 국내법적 효력을 인정하여 수용하고자 하는 입법조치라고 평가할 수 있다. 이 법 부칙 제2조에서는 "개성공업지구와 관련하여 북남 사이에 맺은 합의서의 내용은 이 법과 같은 효력을 가진다." 명시하여 이 점을 더욱 명백히 하고 있다.

이 법의 내용 중에는 임대차계약의 체결 및 임대차계약의 기간(법 제11조 및 제12조), 개발구역 내 건물철거 및 주민이주 비용의 개발업자 부담(법 제15조), 토지이용권 및 건물의 양도 또는 재임대(법 제18조), 개발업자의 지정(법 제22조제1호), 기업의 창설승인·등록·영업허가(법 제25조제2호 및 제35조), 건설허가와 준공검사(법제 25조제3호), 물자반출입의 신고(법 제32조), 관세면제 또는 부과(법 제33조), 창설승인기업의 세무등록·세관등록(법 제36조), 기업소득세율(법 제43조), 외화의 자유반출입 및 기업이윤의 전액송금보장(법 제44조), 분쟁해결(법 제46조) 등은 권리의 설정·변경이나 행정규제를 신설하는 내용으로서 남한에서는 법률로서 규정하여야 할 사항에 해당된다는 점에서 남한의 법률에 상응하는 것으로 보아야 할 것이다.

그리고 남북 간의 합의에는 첫째, 신사협정이나 정치적 합의의 성질을 갖는 것으로서 법률적 구속력이 있다고 보기 어려운 합의형태, 둘째, 국제법상으로 국가 또는 국가로서 승인받지 못한 교전단체 등과 같은 권리·의무의 실체를 포함하여 이들 간에 체결되는 양자조약의 형태로서 그 법적 효력이 인정될 수 있는 합의의 2가지 형태를 생각할 수 있다. 법 제46조에 규정된 남북 간의 합의란 위의 둘째 형태의 합의를 지칭한다고 본다. 따라서 우리 정부는 외국과 체결하는 양자조약과 같은 형식·요건·절차를 거쳐 남북 간의 합의를 추진하여야 할 것이다.

XI. 南北合意書의 開城工業地區에 대한 國內的 效力

1. 이른바 '北南 사이에 맺는 合意書'의 效力

개성공업지구와 관련하여 북남 사이에 맺은 합의서의 내용은 이 법과 같은 효력을 가진다고 규정하고 있다(부칙 제2조). 여기서 이른바 '북남 사이에 맺은 합의서'란 무엇을 말하는 것인가? 남한과 북한 사이에 공법상의 합의만을 의미하는가? 사법상의 모든 합의까지 포함하는가? 합의주체가 남한의 국가기관에 한정되는지? 그 밖에 지방자치단체나 정부투자기관·공공단체까지 포함되는지? 또는 사기업과 같은 사경제활동의 주체까지 포함되는지? 이 같은 의문점들을 부칙 제2조는 명확하게 해결하여 주고 있지 못하다.

이 법의 해석에 관하여 부칙 제3조에서는 최고인민회의 상임위원회가 해석권을 행사한다고 규정하고 있다. 따라서 이 법 제46조의 분쟁해결조항에 대한 해석 역시 최고인민회의 상임위원회가 해석권을 행사한다고 보아야 한다. 그렇다면, 제46조에서 당사자 간의 합의에 의한 분쟁해결방법을 최우선순위로 규정하고 있는 점과 서로 맞지 아니한다고 보이는 측면이 있다. 즉 이 법의 해석과 관련하여 당사자 간에 분쟁이 발생한 경우에 개성공업지구 내에 있는 당사자 모두에게 북한법이 적용되므로 쌍방이 최고인민회의 상임위원회의 해석에 따라 분쟁을 종결하여야 하는지 또는 그와 같은 상임위원회의 해석과 다른 의견을 가지는 당사자는 자신의 의견으로서 상대방과 합의점을 이끌어 내기 위한 협상을 할 수 있는 것인지 여부가 불분명한 점이 있다.

2. 南北間合意書의 合意主體·內容

법 부칙 제2조에서는 합의주체를 구체적으로 명시하지 아니하고 있다. 단지 '북남'이라고만 막연하게 표시하여 해석상 논란의 소지가 크다. 우선, 합의주체를 광의로 보아야 하는지, 협의로 보아야 하는지 여부와 관련하여 다양한 견해가 제시될 수 있다. ① 남한의 중앙정부와 북한의 국가기관만으로 한정하는 견해, ② 남한의 중앙정부 및 지방자치단체와 북한의 국가기관 및 사회협동단체로 한정하는 견해, ③ 남한의 중앙정부·지방자치단체·공공기관과 북한의 국가기관·사회협동단체로 보는 견해, ④ 남한의 중앙정부·지방자치단체·공공기관 및 민간기업과 북한의 국가기관·사회협동단체로 넓게 보는 견해 등이 예상된다.

북한의 경우에는 사회주의경제체제의 운용상 국가와 그 밖의 사회협동단체 중에서 개성공업지구의 건설·운영에 관련성을 가지는 경우에는 북한법이 허용하는 정당한 권원을 가지는 범위 안에서 이 법에 의한 '북남' 간의 합의주체가 될 수 있다고 보인다. 남한의 경우에는 개성공업지구의 건설·운영에 관련성을 가지는 국가기관·지방자치단체·공공기관의 정당한 권한을 가지는 범위 안에서 이 법에 의한 합의주체가 될 수 있다고 보인다.

남한의 경우 조약은 대통령이 체결·비준하도록 하고 있는 등 국내법상

외국과의 조약체결은 일정한 요건·형식·절차를 거쳐야 유효하게 성립·발효할 수 있도록 되어 있다. 즉 우리 헌법에서는 조약은 '헌법에 의하여 체결·공포'되어야 하고(헌법 제6조제1항), 입법사항 등을 포함하는 조약의 경우에는 이를 체결·비준함에 있어 국회의 동의를 받아야 하며(제60조제1항), 조약안은 대통령이 체결·비준권을 행사하고(제73조), 조약안은 국무회의의 심의를 반드시 거쳐야 하도록 규정되어 있다(제89조제3호). 따라서 국내 헌법상 조약으로 성립·발효되기 위해서는 위와 같은 요건·절차를 거쳐야 할 것이고 이와 같은 조약체결상의 중대한 흠이 발생할 경우에는 그 효력이 부인될 수 있다.

그러나 북한법인 개성공업지구법상 '북남' 간의 합의주체란 반드시 북한 헌법상 조약(제119조제11호)의 체결주체를 의미하지 아니한다고 본다. 북한 헌법상의 조약은 동 헌법 자체에 근거하여 그 효력이 부여된다. 이 법 부칙 제3조는 남북 간에 체결되는 합의서에 대하여 북한 헌법의 규정에 의한 조약으로서의 효력을 인정하려는 취지가 아니라 동법의 내용을 보충하기 위하여 남북 간에 체결되는 합의서에 동법의 규정과 같은 효력을 인정한다는 취지이다. 부칙 제3조는 합의의 구체적인 범위와 한계를 설정하지 아니하고 포괄적으로 위임하려는 취지라고 본다. 이는 경제활성화의 필요성을 느낀 북한 당국이 남한기업에 대하여 적극적인 투자를 유인하기 위하여 남북 간에 체결하는 합의에 이 법과 동일한 효력을 부여하고자 한 것이라고 보인다.

그렇다면, 부칙 제2조의 규정에 따른 남북 간의 합의가 이 법의 내용에 저촉되는 경우에는 이 법의 규정과 남북 간의 합의 중 어느 것이 우선적 효력을 가지는가? 형식적으로는 이 법과 동등한 효력을 가지므로 특별히 이 법의 일부조항의 효력을 배제하는 내용을 합의한 경우에는 그 합의가 우선 적용되어야 한다는 견해도 제시될 수 있다. 그러나 북한 당국은 남북 간의 합의과정에서 우선 그와 같이 북한 측의 법을 배제하는 내용의 합의에는 응하지 아니할 것으로 예상되고, 북한의 국내법을 개정하여 그 내용을 반영하고자 할 것이다. 설령 그와 같은 취지의 합의를 하였더라도 합의의 우선적 효력을 인정하지 아니할 것으로 보인다. 합의의 일방당사자인 남한

측에서는 합의내용을 근거로 하여 북한 내에서 그 합의내용대로 이행할 것을 주장할 수 있으나, 현실적으로 북한의 영역 안에서 북한 당국과 협조하면서 기업을 경영하여야 하는 공업지구 내 남한기업으로서는 합의사항의 이행을 관철시키기 어려운 여건에 놓이게 될 것이다. 이와 같은 점을 종합하여 살펴보면, 북한 당국은 이 법의 규정에 반하지 아니하는 범위 안에서 동법의 공백을 보충하는 수준에서 남북 간의 합의의 효력을 인정하고자 할 것으로 생각된다.

북한에서는 개성공업지구의 행정감독기관으로서 중앙공업지구지도기관 및 공업지구관리기관이 있고, 아시아태평양평화위원회[54] 등 개성공업지구의 건설·운영에 따른 관련국가기관이 있다. 남한에서는 통일부와 남북협력사업 관련부처인 재정경제부·건설교통부 등 중앙행정기관, 경기도 등의 지방자치단체, 한국토지공사·한국도로공사 등 정부투자기관이나 공공법인·단체가 관련성이 있다고 보인다. 그 밖에 개성공업지구에 진출하게 되는 사기업과 같은 민간경제주체가 예상된다.

3. 南北投資保障 및 商事紛爭調停合意書의 適用問題

남북 일방의 투자자와 타방 당국 간의 분쟁이 발생하는 분쟁은 가능한 한 당사자 간의 협의와 교섭에 의한 해결에 관한 규정을 마련하였다. 즉 이 합의서에 의하여 부여된 권리의 침해로 상대방 투자자와 일방 사이에 발생되는 분쟁은 당사자 사이에 협의의 방법으로 해결한다. 분쟁이 협의의 방법으로 해결되지 아니할 경우에는 투자자는 남과 북의 합의에 의하여 구성되는 남북상사중재위원회에 제기하여 해결하도록 하였다. 이는 남측 또는 북측 당국이 합의서를 이행하지 아니하여 투자기업이 손해를 입었을 경우 남

---

54) 북한의 아시아태평양평화위원회는 이미 2000. 8. 남한의 현대아산 주식회사와 개성 공업지구 건설·운영에 관한 합의서를 체결한 것으로 알려져 있다.

북상사중재위원회에 제소할 수 있도록 함으로써 남북 당국의 성실한 합의서 이행을 보장하는 효과가 있다. 그 밖에 동 합의서에서는 남과 북의 당국은 투자자가 분쟁을 중재의 방법으로 해결하는 것에 대하여 동의하고, 남북당국 사이에 합의서의 해석 및 적용과 관련하여 생기는 분쟁은 남북장관급회담 또는 그가 정하는 기구에서 협의·해결한다고 명시하였다.

남북사이의 경제교류·협력과정에서 생기는 상사분쟁은 당사자 사이에 협의의 방법으로 우선 해결하되, 협의의 방법으로 해결되지 아니하는 분쟁은 중재의 방법으로 해결하는 것을 원칙으로 하고 있다(협의해결우선원칙). 남북상사중재위원회는 남과 북이 각각 위원장 1명, 위원 4명으로 구성하고, 다음과 같은 중재·조정 등의 기능을 수행한다. 즉 중재위원회는 ① 남북사이의 경제교류·협력과정에서 생긴 상사분쟁 가운데서 당사자가 중재위원회에 제기하여 해결할 것을 서면으로 합의한 분쟁사건, ② 남북투자보장합의서 제7조 제1항에 규정된 분쟁으로서 당사자가 중재위원회에 제기한 분쟁에 대하여 그 중재 또는 조정의 기능을 담당한다(합의서 제3조 및 제8조). 남북상사중재위원회에 적용되는 준거법은 ① 당사자 간의 합의법령, ② 남 또는 북의 관련법령, 국제법의 일반원칙, 국제무역거래관습이 된다. 즉 중재판정부는 당사자들이 합의한 법령에 따라 중재판정을 한다. 당사자가 합의한 법령이 없을 경우에는 남 또는 북의 관련법령, 국제법의 일반원칙, 국제무역거래관습에 따라 중재판정을 하여야 한다. 당사자는 중재판정에 따르는 의무를 이행하여야 하며, 당사자가 중재판정에 따르는 의무를 이행하지 아니하거나 불성실하게 이행할 경우 상대방 당사자는 관할지역의 재판기관에 그 집행신청을 할 수 있다. 남과 북은 특별한 사정이 없는 한 중재판정을 구속력이 있는 것으로 승인하고, 해당 지역 재판기관의 확정판결과 동일하게 집행하도록 하고 있다(합의서 제16조).

4. 旣存 南北間合意書와 遡及効 認定問題

개성공업지구법은 채택한 날부터 시행한다고 규정하고 있다(부칙 제1조). 이 법은 북한의 최고인민회의 상임위원회가 2002. 11. 20. 정령의 형태로 채택하였는바, 이에 따라 법은 동일자부터 시행된다. 여기서 부칙 제2조의 규정에 명시한 남북 간 합의서의 효력과 관련하여 이 법의 소급효 인정 여부에 관하여는 의문점이 제기된다.

북한의 사회주의 경제체제하에서는 원칙적으로 생산수단인 토지 및 자본을 국가와 사회협동단체가 소유하고(북한 헌법 제20조), 계획경제원리에 따라 국가와 사회협동단체가 생산경제의 주체가 된다. 따라서 사기업이나 사인을 생산경제의 주체로 인정하지 아니하므로 사기업이나 사인의 재산권보호제도가 자유민주주의 국가의 그것과는 현격한 차이점을 가질 수밖에 없다. 북한 헌법에서는 국가는 사회주의법률제도를 완비하고 사회주의법무생활을 강화한다고 규정하고 있는바(제20조), 이 같은 사회주의법률제도란 사회주의 정치이념과 체제에 맞는 법률제도를 의미하며, 철저한 사기업과 사인의 재산권보호를 주안점으로 하는 자유민주주의 경제체제하의 법률제도와는 구별된다. 이와 같은 관점에서 볼 때 이 법의 소급효 인정 여부의 문제를 남한 헌법상의 소급입법금지원칙(제13조제2항)과 동일한 기본권 보장원리가 북한 헌법에 명시적으로 규정되어 있지 아니하며, 북한법령에 이 같은 소급입법금지원칙이 남한의 법령일반의 경우와 같이 동일하게 적용된다고 보기 어렵다.

북한이탈주민의 보호·지원법제 연구1)

Ⅰ. 最近 北韓離脱住民의 急增現象

　　1994년 이후 北韓離脱住民2)이 남한에 歸順3)하여 오는 현상을 살펴볼 때 두드러진 특징은 그 이전에 비하여 상대적으로 大量化·集團化·日常化하는 경향을 나타내기 시작하고 있다는 점이다. 한 통계자료에 의하면 南北分斷 이후 96년 말까지 北韓을 離脱하여 南韓에 歸順한 사람은 모두 756명이고 사망·행방불명을 제외하면 629명에 이른다. 더구나, 1993년까지만 하여도 불과 연간 10명 내외에 불과하였으나 1994년부터는 연간 30명 내지 50명 정도로 대폭 증가하고 있다는 것이다.4) 최근의 北韓住民들의 이

----

1) 이 글은 『법제연구』(한국법제연구원, 통권 제12호, 1997년 6월)에 게재한 저자의 논문을 일부 재정리한 것이다.

2) 政府가 1996년 11월 14일 國會에 제출한 法律案 제2조제1호에서는 '北韓脱出住民'이라는 용어를 사용하기로 하고, 이를 '北韓에 住所·直系家族·配偶者·職場등을 두고 있는 者로서 北韓을 脱出한 후 外國의 國籍을 취득하지 아니한 者'를 말한다고 用語定義하였다. 그러나 國會 外務統一委員會의 審議過程에서 '北韓離脱住民'으로 변경하였다. 法律의 題名 역시 當初案의 '北韓脱出住民의보호 및定着支援에관한法律'에서 '北韓離脱住民의보호및定着支援에관한法律'로 改稱하였다. 유사용어로서 脱出·離脱·歸順등은 뉘앙스가 어느 정도 다른 점이 있는데, '離脱'이란 용어는 脱出·歸順보다 상대적으로 가치중립적인 성격의 용어라고 본다.

3) '歸順' 또는 '歸順者'라는 용어는 敵對關係에 있어서 敵國으로부터 投降하여 오는 사람을 지칭하기 때문에 平和統一을 지향하는 우리 정부로서 北韓同胞를 끌어안는 입장에서는 이 용어만을 사용하는 것은 적절하지 못한 면이 있다. 北韓은 우리에게 완전한 外國이 아니라는 점에서 脱北 후 入國한 北韓住民들을 '亡命者'로 부르기도 곤란하며, '移住者'는 단순히 北韓에서 南韓으로 居處를 옮긴다는 뜻만 있어서 南北韓 간의 特殊關係를 제대로 반영하지 못한다는 지적이 있다. 그러나 休戰線을 넘어 南下한 北韓兵士의 경우에는 國軍과 北韓軍이 對峙하고 있는 이상은 '歸順者'로 지칭하는 것이 좋다는 의견이 있다(중앙일보, 1996. 3. 20. 참조).

4) 이정우, "북한이탈주민 지원법의 문제점과 개선방향", 「北韓」 통권302호, 사단법인 북한연구소, 1997년 2월, p.137-138 참조.

탈·귀순은 더욱 急激히 增加하고 있어 1997년 이후에는 그 숫자가 더욱 늘어날 것으로 예상된다. 歸順經路도 매우 다양하여 과거와 같이 휴전선을 南下하여 歸順하는 경우보다는 中國·러시아·홍콩 등을 경유하여 들어오는 경우가 비일비재하다. 家族單位[5] 혹은 직장동료 등 주변인물과 함께 集團的으로 脫出·歸順하는 사례도 늘고 있다. 이 같은 일련의 趨勢는 과거에 쉽게 찾아볼 수 없던 현상이다. 또한 脫北者들의 身分도 매우 다양하게 나타나고 있다. 과거에는 남파간첩이나 북한군인 출신이 대부분이었으나 최근에는 최고위정치인, 김일성·김정일의 주변측근인물, 당 고위간부, 外交官, 海外駐在商社員, 농민, 과학자, 벌목공 등 다양한 계층으로부터 歸順하고 있다. 이들의 歸順動機도 매우 다양화하고 있다. 80년대까지는 體制不滿이 主流를 이루었으나 90년대에 들어와서는 처우 불만·食糧難·이성문제·처벌우려 등 주로 社會不滿이 주류를 이루고 있다.[6] 결국 北韓離脫住民들이 양적으로 급격히 증가할 뿐만이 아니라 질적으로도 脫出性格이 과거와는 다른 特性을 지니고 있음을 알 수 있다.

한편, 中國과 러시아에는 不法滯留하고 있는 北韓離脫住民들의 규모가 적지 아니한 것으로 알려지고 있다. 현재 정확한 통계를 파악하기 어렵겠으나, 中國과 러시아에서 不法滯留하는 北韓離脫住民들은 약 1천 명 내지 2천여 명으로 추산되고 있고 歸順을 희망하는 北韓離脫住民만도 약 500여 명에 이른다고 하는바,[7] 이들의 숫자도 점점 大量化하고 있는 것이다. 歸順北韓住民이 우리나라에 들어와서 우리 국민의 일원으로 적응하여 自立的인 生活을 영위할 수 있도록 政府가 이들을 保護·支援하는 문제도 물

---

5) 1997년 5월 12일 안선국 씨 가족 6명과 김원형 씨 가족 8명 등 14명이 함께 신의주에서 木造船을 이용하여 仁川으로 歸順한 것이 代表적인 사례다(동아일보 1997. 5. 13.). 종전에도 김재원 씨 부부 등 7명(1997. 3. 27. 홍콩 경유 귀순), 신동혁 씨 등 러시아伐木工 4명(1997. 3. 17.), 김영진 씨 가족 4명과 유송일 씨 가족 4명 등 8명(1997. 1. 22. 서해 경유 귀순), 김경호 씨 일가 17명(1996. 12. 9. 홍콩 경유 귀순) 등 가족 중심의 集團的 脫出이 1996년 말 이후 頻發하고 있다.

6) 尹良重, "脫北·歸順者 收容對策에 關한 研究"(동국대학교 행정대학원 석사학위논문), 1996년 6월, p.9-35 참조. 1953년 7월 27일 休戰協定 이후 1995년 12월 31일까지의 歸順者를 주민·군인·유학생·시베리아벌목공으로 구분하여 그들의 動機·年齡·學力·脫出經路 등을 중심으로 分析하였다.

7) 김석우 統一院次官이 1997년 4월 8일 國會 統一外務委員會와의 오찬간담회에서 밝힌 내용이며, 그외에 향후 北韓離脫住民 對策으로서 전원수용원칙을 견지하여 滯留國 및 UN高等難民辦務官(UNHCR)과의 외교노력을 강화하겠다고 밝혔다(중앙일보, 1997. 4. 8. 참조).

론 중요하다. 그러나 현재 中國과 러시아에 不法滯留하는 北韓離脫住民들은 身邊安全이 보장되지 못하므로 이들의 安全을 확보하고 우리나라 혹은 第3國에 정착하여 살아갈 수 있도록 하는 문제도 매우 중요한 것이라고 본다. 일각에서는 北韓離脫住民에 대한 支援法制가 일부 脫北者들에게만 국한되는 대책이라는 지적을 하고 있다.[8] 北韓離脫住民 중 남한 땅을 밟는 행운을 가진 소수의 사람들에게 적용될 뿐이고, 이들보다 훨씬 많은 대다수 脫北者들에 대하여는 政府가 대책을 마련하지 못하고 있다는 것이다. 현재 中國・러시아・홍콩 등에서 南韓入國의 기회를 노리며 음지에서 배회하는 同胞들이 매우 많은 것으로 추산되고, 이들 중 상당수는 우리 公館을 찾기도 하였으나 그 뜻을 이루지 못하는 등 選別的으로 이들을 받아들인다는 비판이 제기되고 있다. 현재 中國 등에 不法滯留 중인 脫北同胞의 法的 地位를 확보하여 國際法적인 難民으로서 보호받을 수 있도록 우리 정부가 滯留地國 政府와 국제사회를 상대로 부단한 노력을 기울여야 한다는 지적도 있다. 이 같은 문제점에 대하여 政府는 여러 관점에서 충분한 政策的인 검토를 거쳐 과감하게 關聯政策과 制度를 개선할 필요가 있다고 본다.

北韓體制는 현재 매우 불안정하다. 北韓의 經濟는 90년대 이후 계속하여 마이너스성장을 하고 있는 것으로 추정되고[9], 앞으로도 經濟狀況이 획기적으로 好轉될 가능성은 거의 없다고 보아야 할 것이다. 北韓의 基幹産業은 석유와 원료부족으로 稼動이 중단되고, 水害와 農業政策의 실패로 食糧難[10]에 허덕이고 있는 것이 오늘의 北韓의 現實이다.[11] 體制維持에

---

8) 중앙일보(1997. 1. 23.) 참조.

9) 韓國銀行에 의한 北韓의 1人當 GNP 推定結果를 보면, 1990년 1064불, 1991년 1038불, 1992년 943불, 1993년 904불, 1994년 923불 등 마이너스추세를 보여 주고 있다. 기타 최근의 北韓의 主要 經濟指標는 『'95 북한개요』(통일원), p.131-241 참조.

10) 김운근, "북한의 식량난", 「北韓 經濟의 오늘과 내일」, 연구총서 96-01, 현대경제사회연구원, 1996 년 1월, p.53-63 참조.

11) 국내외 北韓專門家들은 북한에서 食糧不足의 惡循環이 김정일 정권유지에 있어 당분간은 決定的인 영향을 미치지는 아니할 것이나 反復過程을 거치면서 窮極的으로는 政權의 基盤을 흔들어 놓을 것으로 전망하고 있다. 결국 김정일 정권은 극한상황에서 改革의 第1次目標를 農業部門에 둘 것이며, 食糧難의 주원인이 集團農場體制에 있으므로 현행 분조관리제에서 분조계약제(분조구성원을 7-8명으로 세분화하되, 目標生産量을 초과달성한 경우에는 그 超過分을 분조원의 自由處分에 一任하는 방식)를 실시하는 등 中國式 改革모델을 도입하여 農場經營權을 農民에게 移讓하는 방향으로 나아갈 가능성

불안을 느끼는 김정일과 당 수뇌부는 더욱 강력하고 직접적인 住民統制에 필요한 모든 수단을 총동원하지 아니할 수 없을 것이다. 이는 住民들과 중간관리층의 불만으로 이어지고 이 같은 惡循環이 반복되면서 체제의 崩壞危機를 맞을 가능성은 점점 더 높아질 수밖에 없다.[12] 물론 北韓體制의 붕괴 여부에 관하여는 붕괴한다는 주장과 계속 존속할 것이라는 주장이 나오고 있다.[13] 崩壞論者들의 주장은 北韓體制는 과감한 개혁과 開放政策을 통하여서만 위기를 극복할 수 있으나 北韓이 스스로 그런 선택을 할 수는 없는 딜레마[14]에 빠져 있다는 것이다. 폐쇄적인 社會主義 國家經濟의 몰락은 불을 보듯 뻔한데 北韓이 개방노선을 선택한다면 그 순간부터 체제부정세력이 형성되고 不正腐敗와 權力葛藤이 확산될 것이라고 예상한다. 국가의 식량배급질서가 붕괴됨으로써 國家에 대한 住民들의 信賴度가 무너지고 社會主義體制의 우월성에 대한 懷疑가 순식간에 확산될 것이라고 주장한다.[15] 급속히 확산되고 있는 脫北者들에게서 보듯이 이 같은 개별적·소극적 형태의 체제에 대한 저항은 급기야 集團的이고 적극적인 양상으로 發展할 수 있다는 것이다. 崩壞論者들은 사회주의권의 붕괴로 인한 北韓의 外交的·經濟的 孤立과 과거 후견인의 역할을 맡아 왔던 中國이나 러시아마저 北韓에 대하여 매우 현실적인 자세로 대하고 있는 점을 지적한다.

이 있다. 「북한의 1996년 곡물 생산량 추정」(한국농촌경제연구원), p.47-49 참조.

12) 北韓社會는 食糧難·에너지難등 심각한 경제적 어려움 속에서 주민들의 社會逸脫현상이 加速化되고, 사회 전반에 걸쳐 不正과 不條理가 만연하고 있으며, 만약 北韓이 이 같은 社會·經濟의 어려움을 방치한다면 동구사회주의 國家들의 경험에서 보아 온 바와 같은 體制자체의 崩壞를 초래하는 要因이 될 것임을 지적하고 있다. 「통일백서1995」(통일원), p.22-33 참조.

13) 중앙일보(1996. 9. 21.) 참조.

14) 柳浩烈, "90年代 北韓 經濟政策 評價와 政治指導力의 役割", 「統一研究論叢」(창간호), 民族統一研究院, 1992년 6월, p.45-50 참조.
     社會主義國家의 經驗에 비추어 볼 때, 最高指導者의 死亡·失脚 등 交替가 일어날 경우에만 實質的 改革과 變化가 가능할 것이지만, 현재 實權을 장악한 김정일은 김일성노선을 변경할 것으로 보이지 않는다.

15) 향후 南北韓狀況은 대체로 ① 和解協力狀況, ② 國家聯合狀況, ③ 平和統一狀況, ④ 吸收統一狀況, ⑤ 全面戰狀況 등 5개 類型 중 어느 하나의 상황으로 展開될 것이 예상되는바, 우리 政府가 平和統一政策을 지향하더라도 언제나 우리 정부의 意志대로 南北韓狀況이 展開되는 것은 아니므로 우리 政府가 원하지 아니하는 狀況이 展開되더라도 이에 즉각 對應할 수 있는 對策이 國家危機管理的 觀點에서 豫備的으로 검토·準備되어야 하며, 특히 現實的인 가능성이 다분히 높다고 생각되는 北韓體制의 崩壞에 따른 吸收 統一狀況에 대응하는 對策마련이 重視되어야 할 것이며, 매우 시급하다고 본다. 拙稿, "統一狀況展開와 憲法的對應"(1996. 8. 26. 中央公務員敎育院 高級管理者課程 硏究·發表資料) 참조.

반면 북한체제의 存續可能性을 주장하는 存續論者들은 經濟難은 결코 體制崩壞의 필요충분조건이 될 수 없으며, 食糧難이 반드시 체제불만으로 이어진다고만 보기는 어렵다는 것이다. 존속론자들은 北韓住民 전체의 30%에 이르는 약 7백만 명이 北韓體制에 대한 절대적 지지를 보이는 이른바 核心階層인데다 외부와의 철저한 단절로 民主主義나 資本主義에 대한 대중의 이해기반이 전혀 없는 상태에서 北韓住民들이 體制變革勢力으로 成長하는 것은 불가능하다고 주장한다. 美國이나 日本 등 强大國들이 北韓의 급격한 붕괴보다는 延着陸(soft landing)을 희망하고 있고, 中國이나 러시아는 北韓의 붕괴를 전혀 원하지 아니하며, 특히 中國의 경우 北韓이 崩壞危機에 처한다면 막대한 지원을 아끼지 아니할 것이라고 주장하고 있다.[16] 따라서 반드시 北韓體制는 붕괴될 것이라고 단정하기는 어렵겠지만, 현실적으로 北韓체제의 붕괴가능성과 우려는 점점 높아지고 있다. 이 같은 崩壞危機狀況은 서서히 완만한 곡선을 그리며 進展될 수도 있을 것이다. 그러나 어느 시점부터는 순식간에 北韓體制가 그 統制力을 상실하면서 동시에 大量脫出事態가 발발할 가능성도 배제할 수 없다. 이 같은 돌발사태에 대응하여 정부가 어떻게 신속하게 大量脫出難民을 收容하고 빠른 시일 내에 南韓體制하에 적응시켜 안정을 도모할 수 있느냐 하는 문제에 관하여는 충분한 검토를 거쳐 설령 그 같은 事態가 반드시 발발하지 아니하더라도 최소한 豫備的인 對策으로서 마련되어야 할 것이다.

이하 위에서 살펴본 바와 같은 南北關係의 最近狀況을 前提로 하여 올해부터 시행예정인 北韓離脫住民의보호및定着支援에관한法律(이하 '새 支援法'이라 칭함)에서 마련한 保護・支援制度의 현황을 살펴보고, 앞으로 새 支援法의 시행에 따라 예상되는 問題點을 정리하여 보고자 한다. 앞으로 北韓住民의 大量脫出事態가 우려되고 이에 對備할 필요가 있다고 생각되므로 특히 이 같은 관점에서 問題點은 무엇인지에 관하여 분석・정리

---

16) 北韓 역시 가장 强力한 後援者는 中國밖에 없다는 인식아래 中國에 대하여 經濟支援과 韓半島統一問題에 대한 支持를 확보하여 나아가기 위한 協力關係를 강화할 것으로 전망된다. 통일원, 앞의 책, p.43 - 46 참조.

하여 보고자 한다.

II. 北韓離脫住民의 保護·支援法制現況

1. 새 支援法의 制定意義

새 支援法은 大韓民國의 보호를 받고자 하는 北韓離脫住民이 急增함에 따라 이들에 대한 종합적인 보호 및 정착지원에 관한 制度的인 基盤을 확립하여 北韓離脫住民이 自由民主主義 體制에 적응할 수 있도록 각종 보호·혜택을 부여하는 등 우리 國民의 일원으로서 정착하여 보람된 삶을 영위할 수 있도록 하려는 것이다.[17] 새 法律은 몇 가지 관점에서 종전의 法律과 비교하여 살펴볼 때에 획기적으로 改善된 점이 있고, 일련의 支援制度 및 節次가 체계화되었다고 본다. 또한 우리 政府의 原則的인 입장과 태도를 비교적 분명히 하고 있는 점이 있다. 이하 主要改善內容과 특징을 요약하여 보면, 우선 새 支援法에서는 北韓離脫住民의 보호·지원업무를 정부의 統一政策을 관장하는 統一院長官이 총괄하도록 一元化한 점을 들 수 있다. 종전에는 사회복지업무를 관장하는 保健福祉部長官이 보호지원업무를 수행하도록 하고 登錄業務는 市·道에서 맡도록 하였으나, 앞으로는 統一政策수립 및 統一對備業務와 밀접한 관련성을 가지고 제도를 운영할 수 있도록 보호지원의 결정과 등록 등에 관한 업무를 원칙적으로 統一院長官이 總括하도록 하였다. 이는 단순히 소관부처가 水平的으로 변경된 것에 불과한 것으로 볼 수 없다. 保健福祉部는 社會福祉政策業務를 담당하는 부처로서 內國民의 생활보호·아동모자복지·근로복지·취업보호 등에 관한 政策을 수립·조정하여야 할 입장이다. 이 경우 이들 內國民인 노동력

---

17) 國會 外務統一委員會, 「法律案審査報告書」(1996년 12월) p.1-3 참조.

상실자·노인·불구폐질자·결손가정자녀 등 生活保護對象者에 대하여 건강하고 문화적인 최저한의 생활을 확보하여 주어야 할 책무가 있는 保健福祉部에서는 이들 內國民인 생활보호대상자와 北韓離脫住民에 대한 2가지의 보호지원에 있어서 優先順位와 衡平性의 문제에 봉착하게 된다.[18] 最低限의 生活을 政府가 보장하여 주어야 할 생활보호대상자보다 北韓離脫住民을 더 優待할 경우, 특히 국내 생활보호대상자에 비하여 北韓離脫住民이 어느 정도의 일정한 財産을 확보하고 勤勞能力이나 收入이 월등하며 就業保護를 받게 될 경우에는 더욱 衡平性의 문제가 클 것이다. 이번에 소관부처를 統一院으로 변경하여 보건복지부가 이들 2가지업무를 동시에 수행하는 상황은 벗어났다고 보며, 동시에 北韓離脫住民에 대하여는 人道主義精神에 입각하여 改正法律에 의한 '特別한 保護'를 받는다는 점을 분명히 하였다. 이 점은 앞으로 내국민인 일반생활보호대상자보다 우대받을 수 있다는 根據를 제공하는 特別規定으로서의 의미가 부여될 수 있다.

둘째, 새 支援法은 보호대상을 정하면서 '歸順'이라는 종전의 개념보다 넓게 사용할 수 있는 '北韓離脫'이라는 용어를 사용하여 保護對象擴大意志를 밝힘과 동시에 보호에 관한 基本原則을 분명히 제시하였다. '歸順'은 冷戰時代의 극한대결구도하에서 적국이나 적진으로부터 投降하여 들어온다는 의미가 강한 반면,[19] '北韓離脫'은 단순한 歸順者 이외에 여러 가지 동기와 방법으로 北韓의 管轄權으로부터 벗어난다는 의미가 포함되어 있다고 보인다. 따라서 현재 中國이나 러시아 등지에 不法滯留하고 있는 北韓 公民權者를 대상으로 하여 보호·지원업무를 수행함에 있어 法令解釋上의 제약이 많이 해소되었다고 본다. 한편 새 支援法에 나타난 몇 가지의 保護原則을 살펴보면, 보호대상자는 大韓民國 國民으로서 人道主義原則

---

18) 서동익, "탈북 귀순동포 어떻게 처리하여야 하나", 「북한」(통권제293호), 사단법인 북한연구소, 1996년 5월, p.55 - 57 참조.

19) 國家有功者등越南歸順者特別援護法(1962. 4. 16. 법률 제1053호) 제3조제6항에서는 '越南歸順者'를 北韓傀儡集團의 軍人 또는 그 集團의 幹部로서 그 集團에 抗拒하여 大韓民國에 歸順한 者, 北韓傀儡集團의 民間人으로서 重大한 秘密을 가지고 歸順한 者로 定義하였는바, 60년대 당시의 極限의 이데올로기대립과 敵對的 關係하에서 규정지어진 槪念임을 알 수 있다. 그 후 1990년대에 들어와서 越南歸順勇士特別報償法改正法律(1993. 6. 11. 법률 제4568호)에서 '北韓傀儡集團'을 '北韓'으로, '越南歸順勇士'를 '歸順北韓同胞'로 변경하는 등 南北關係를 敵對的인 關係로만 보지 아니하려는 政策的 흐름의 변화를 보여 주었다.

에 입각하여 특별한 보호를 받는다는 점, 본인 스스로 國內 法秩序에 적
응·정착하여 건강하고 문화적인 생활을 영위할 수 있도록 노력하여야 함
을 宣言한 점, 國際刑事犯罪者 등 일정한 대상자는 우리 政府에 의한 보
호를 받을 수 없다고 명시하여 종전의 불합리한 保護決定基準을 대폭 보
완하여 體系化한 점[20], 保護基準은 연령·학력 등을 종합적·합리적으로
고려하여 결정하도록 한 점 등은 우리 정부의 原則的인 입장을 밝힌 부분
으로 볼 수 있다.셋째, 保護支援施設 및 制度를 획기적으로 體系化하고,
間接支援方式을 강화하였다. 우선 統一院長官과 國家安全企劃部長은 보
호·정착지원시설을 설치·운영하도록 義務化하는 내용을 신설한 점, 원칙
적으로 保護定着支援施設 保護期間은 1년, 居住地 保護期間은 2년으로
설정·보장한 점, 統一院長官이 등록대장을 통합·관리하도록 한 점, 保護
決定變更節次의 新設과 위임·위탁제도의 도입 등 보호지원제도를 伸縮的
으로 운영할 수 있는 根據를 마련한 점 등에서 종전에 비하여 정착지원시
설을 劃期的으로 擴充할 수 있는 등 制度的 基盤이 마련되었다고 본다.
直接支援方式 위주로 되어 있던 종전의 法律에 비하여 이번 새 法律에서
는 學力認定·資格認定·社會適應敎育·職業訓練制度 등 間接的인 支
援根據를 많이 마련하였다. 물론 보호정착시설 및 거주지보호기간을 3년간
으로 설정하여 적응에 필요한 過渡期를 적절히 마련한 점도 간접적 지원으
로서의 성격을 띠고 있다고 본다.

넷째, 北韓離脫住民의 보호신청절차가 새롭게 體系化되었다. 종전에는
大韓民國에 '歸順'한 同胞에 대하여 보호를 하되, 保健福祉部長官에게 보

---

20) 종전법률인 歸順北韓同胞保護法 제12조 제1항에서는 保健社會部長官은 이 법에 의한 보호를 받거
나 받을 자가 ① 思想이 自由民主的 基本秩序에 위배되는 者, ② 大統領令이 정하는 罪를 범하여
禁錮이상의 刑의 宣告를 받고 그 刑이 확정된 者에 해당하는 경우에는 歸順北韓同胞保護委員會의
審議를 거쳐 동법에 의한 보호대상에서 제외한다고 규정하고, 施行令 제10조에서는 對象犯罪의 구체
적 범위를 刑法 제2편제1장(內亂의 罪), 제2장(外患의 罪) 및 제127조(公務상 秘密의 漏泄), 軍刑法
제2편제1장(叛亂의 罪), 제2장(利敵의 罪), 國家保安法(제10조를 제외한다) 또는 軍事機密保護法(제
5조·제9조·제12조를 제외한다)에 규정된 罪로 규정하였다. 그 외에 동법에 의한 보호대상에서 제외
하고자 할 때에는 전과기록을 관리하는 기관에 犯罪經歷을 조회할 수 있도록 하는 규정을 둔 정도이다.
따라서 그 적용배제대상을 國內 思想犯 기타 刑事犯罪에 국한시키다 보니 오늘날 南北和解協力을
추구하는 등 南北韓關係가 복잡하여지고 脫北者문제에 南北韓 이외에 中國·러시아 등 제3국까지
연관되어 있어 종전 保護決定基準으로서 대응하기에는 미흡한 점이 있었다.

호신청을 하여야 되었다. 그러나 앞으로는 해외에 不法滯留한 처지에 있는 北韓離脫住民에게 있어서도 현지 한국공관에 우리 정부의 보호를 받고자 하는 意思를 表示하면, 그때부터 이 법의 적용대상이 되기 때문에 이 같은 海外不法滯留 脫北住民의 입장을 고려한 것이라고 볼 수 있다. 신청자는 그 결과를 반드시 통지받을 수 있도록 보장하고, 보호신청이 거부된 경우에는 異議申請을 제기할 수 있도록 하였다.[21)]

다섯째, 保護支援手段을 多樣化하였다. 종전에 없던 학력인정·자격인정·사회적응교육 및 직업훈련에 관한 支援制度를 新設하였다. 이들 신설제도는 北韓離脫住民들이 自由市場經濟와 法治主義를 바탕으로 하는 南韓社會體制에서 개인의 학력·능력여하에 따라 대우를 받는 生活環境에 빠른 시일 내에 적응하도록 함에 있어 적지 아니한 보탬이 될 것이다. 間接的·迂廻的 支援이라는 성격이기 때문에 근본적인 適應能力을 배양하도록 하는 데에 매우 바람직하다.

여섯째, 審議委員會의 機能을 강화하였다. 종전의 歸順北韓同胞保護委員會는 보호대상 여부결정, 정착금지원결정 등 實務的인 審議에 그치도록 되어 있었으나, 앞으로는 그 명칭을 '歸順北韓同胞保護委員會'에서 '北韓離脫住民對策協議會'로 바꾸고 重要政策審議·調整에 관한 업무도 수행할 수 있게 하였다.

일곱째, 國家負擔原則을 천명한 점이다. 우리 정부가 統一政策을 수립·추진하고 統一基盤造成 및 統一促進支援制度를 확충하여 나아가면서 많은 豫算이 수반되게 마련이다. 北韓離脫住民의 보호지원비용 역시 이 같은 맥락에서 파악되어야 하겠다. 이는 모두 國家事務에 속하는 것으로서

---

21) 統一院案에 대한 法制處의 審査過程에서 당초 異議申請을 行政審判에 대한 特例로 規定하려 한 原案의 내용을 修正하여 단순히 職權是正절차로 변경하게 되었다. 原案은 여러 가지 보호·지원처분 등에 관하여 異議가 있는 北韓離脫住民은 60일 이내에 統一院長官에게 異議申請을 할 수 있고, 統一院長官은 협의회의 審議를 거쳐 棄却·變更 또는 取消의 裁決을 하도록 하였으나, 이는 國家安全企劃部長官등의 處分에 관하여 統一院長官에게 異議申請하도록 한 점, 行政審判委員會의 委員과 같이 일정한 資格要件이 갖추어지지 못한 北韓脫出住民對策協議會의 委員들이 審理를 담당하도록 한 점, 却下規定이 없는 점 등 行政審判의 기본적 要件을 갖추지 못하므로 行政審判절차와는 별도로 統一院長官이 異議申請을 받고 是正 기타 필요한 조치를 할 수 있도록 하는 職權是正절차로 변경·보완하였다. 따라서 異議申請 외에 行政審判의 請求가 별도로 可能하다고 볼 것이다.

특정한 어느 地方自治團體에 부담시키거나 전국의 각 地方自治團體에 고루 부담시키는 것이 타당하지는 못하다는 취지에 따른 것이라고 보겠다.[22)]

여덟째, 事後管理制度를 보완하고, 後援會의 支援根據를 마련하였다. 거주지보호단계에서 보호대상자는 居住地轉入日부터 향후 5년간은 주소·근무지가 변경된 경우에는 반드시 書面申告하도록 하는 등 統一院長官이 이들을 효율적으로 事後管理할 수 있도록 하였다. 한편, 보호대상자들의 자립·정착을 지원하기 위한 後援會를 任意設立에서 强制設立으로 전환하고, 同後援會에 대하여는 정부가 필요한 지원을 할 수 있는 法律的인 根據도 이번에 함께 마련하였다.

2. 새 支援法의 適用對象範圍

새 支援法은 大韓民國의 보호를 받고자 하는 意思를 表示한 北韓離脫住民에 대하여 적용하도록 하고 있다. 첫째, 北韓離脫住民에 대하여 適用하도록 한 점에 관하여 살펴보자. 法 제2조제1호에서는 '北韓離脫住民'을 '北韓에 住所·直系家族·配偶者·職場 등을 두고 있는 자로서 北韓을 벗어난 후 外國의 國籍을 취득하지 아니한 자'로 용어정의하고 있다. 따라서 北韓에서 가족과 직장을 두고 있던 자로서 北韓地域을 벗어난 자여야 할 것이다.[23)] 北韓을 벗어난다고 하는 행위가 반드시 北韓當局의 법령에 반하는 不法的인 것이어야 할 필요는 없을 것이다. 때로는 北韓當局의 旅券을 정당하게 발급받은 후에 中國이나 러시아에서 北韓當局의 管轄權의 支配로부터 이탈할 수도 있을 것이다. 새 支援法의 적용에 있어서는 당사

---

22) 地方自治法 제11조를 살펴보면, 外交·國防 등, 전국적으로 統一的인 처리를 요하는 사무, 全國的 規模의 사무 등을 國家事務의 범주로 보고 있다. 北韓離脫住民 보호·지원업무는 統一政策 및 外交·安保와 밀접한 관련이 있으므로 원칙적으로 國家事務로 보는 것이 타당하다고 본다.

23) 제성호, 『남북한 특수관계론』, 한울아카데미, 1995년 12월, p.156-163 참조. 시베리아伐木場脫出 北韓住民과 中國으로 脫出한 不法滯留者의 경우가 이에 해당될 것이고, 이들은 북한과 러시아 또는 中國 간에 체결된 協定에 의하여 항상 北韓에 强制送還될 위험에 처하여 있다.

자가 北韓法令을 준수하였는가 여부와 같은 사항은 아무런 의미가 없다. 北韓을 이탈한 住民에 대하여 적용하는 것이므로 종전 법에서처럼 北韓地域에서 大韓民國으로 '歸順'한 자에 대하여 적용한다고 하는 내용보다 적용범위가 매우 넓어지고, 北韓을 離脫한 住民에 대하여 適用한다고만 표현되어 있으므로 이미 北韓이 아닌 中國과 러시아에 계속 居住하여 온 住民들의 경우 그 적용대상이 되는지 여부에 관하여는 의문이 간다. 그러나 이 점에 관하여는 保護決定基準에서 '滯留國에서 상당한 기간 동안 生活根據地를 두고 있는 자'[24]를 排除하도록 하고 있으므로 이들은 보호대상이 될 수 없다. 물론 滯留國에서 상당한 기간 동안 生活根據地를 두고 있는 자의 구체적인 범위에 관하여는 解釋上 논란의 여지가 있고, 이 점은 동시에 政府가 北韓離脫住民에 대한 政策과 制度를 운영함에 있어 융통성 있게 對處할 수 있는 여지도 마련하여 준다는 면이 있다. 현실적으로도 滯在國인 中國과 러시아에서 안정된 생활을 영위하고 있는 北韓公民權 소지자인 長期滯留僑胞들은 비록 中國國籍이나 러시아國籍을 취득한 僑胞들과는 신분상 차이점이 있다고 하더라도 최소한 滯在國에서 合法的인 居住가 가능하므로 身邊의 安全이 보장되는 자들이다. 이에 반하여 北韓地域으로부터 이탈하여 中國과 러시아 등에서 不法滯留하고 있는 僑胞들은 우선 身邊의 安全이 보장되지 못하기 때문에 말할 수 없는 고통과 不安感을 안고 살아야 하는 처지라고 할 것이다. 이들은 일단 체재국의 公安當局에 摘發·逮捕되면, 中國과 北韓 간에 1960년대에 체결된 것으로 추정되는 '脫走者와犯罪人의相互引導協定'(일명 密入國者送還協定)에 의하여 또는 러시아와 北韓 간에 체결된 '쏘베트社會主義共和國 聯邦과朝鮮民主主義人民共和國간의쏘베트社會主義共和國聯邦領土內에서의伐木및木材加工協定'(일명 林業協定)과 '쏘베트社會主義共和國聯邦과朝鮮民主主義人民共和國간의民事·家族및刑事事件들에대한法律上傍助提供에관한條約'(일명

---

24) 제성호, 앞의 책 p.151－152 참조. 현재 中國僑胞는 약 200만 명인데, 그중 北韓公民權을 가지고 中國에 長期滯留하는 北韓籍僑胞가 약 5만 명, 無國籍僑胞가 약 2천 명, 나머지 대부분은 中國籍 僑胞로 구성되어 있다. 外務部의 방침은 北韓籍中國僑胞는 이미 1952년 중국정부에 의하여 北韓籍으로 분류되어 왔기 때문에 이제 와서 이들을 '歸順者'로 처리할 수는 없다는 입장이다.

司法共助協定)에 의하여 北韓當局에 신병이 인도될 수 있다.[25] 따라서 매우 불안한 입장인 것이다. 둘째, 大韓民國의 보호를 받고자 하는 意思를 표시하는 僑胞를 대상으로 한다. 이는 본인의 의사를 존중하려는 것으로서 北韓離脫住民 본인에게 眞正한 意思가 있고, 이를 우리 정부에 表示한 경우에 비로소 법을 적용할 수 있게 된다. 경우에 따라서는 北韓離脫住民이 스스로 第3國에로 가거나 現地國에 계속 滯在할 것을 희망할 수도 있다. 새 支援法은 본인의 희망에 따라 第3國에 체재하거나 第3國籍을 취득하게 할 수 있는 여지를 마련하여 놓겠다는 취지도 내포되어 있다고 볼 수 있다.

3. 保護原則 및 保護決定

(1) 保護原則과 保護決定基準

새 支援法은 군사분계선이북지역, 즉 '北韓'에서 벗어나 大韓民國의 보호를 받고자 하는 北韓住民이 정치·경제·사회·문화 등 모든 생활영역에 있어서 신속하게 適應·定着하는 데 필요한 보호 및 지원에 관한 사항을 규정함을 그 目的으로 한다고 밝히고 있다. 그러나 새 支援法 제3조에서는 동법은 大韓民國의 보호를 받고자 하는 意思를 표시한 北韓離脫住民에 대하여 적용한다고 규정하여 그 적용범위를 限定함과 동시에 동법 제9조에서 保護決定을 거부할 수 있는 구체적인 기준을 제시하고 있다. 즉 기본적으로 統一院長官은 협의회의 審議를 거쳐 보호 여부를 결정하되, 航空機拉致 등 國際刑事犯罪者, 살인 등 중대한 非政治的 犯罪者 등 일정 요건에 해당하는 자에 대하여는 보호대상자로 결정하지 아니할 수 있도록 하였다.

---

25) 제성호, 앞의 책 p.157 참조. 北韓과 러시아 간의 林業協定은 1967년 3월에, 司法共助協定은 1958년 3월에 발효되었고, 北韓과 中國 간의 密入國者送還協定은 1960년대에 양국의 公安當局 간에 秘密協定으로 체결된 것으로 알려져 있다.

새 支援法은 北韓離脫住民의 保護支援의 基本原則으로서 人道主義原則과 自律適應原則을 내세우고 있다. 첫째, 大韓民國 정부는 보호대상자인 北韓離脫住民에 대하여 人道主義精神에 입각하여 特別한 保護를 행하도록 하겠다는 것이다. 北韓離脫住民의 경제적·정신적 어려움을 충분히 고려하여 보호와 배려를 하겠다는 정부의 政策意志를 천명함과 동시에 국내의 다른 國民보다 '特別히' 우선적인 보호를 하려는 의미도 담겨 있다고 본다. 이 경우 국내의 생활여건이 어려운 절대빈곤층의 福祉도 소홀히 할수는 없지만, 北韓住民이 남한에 와서 체제에 잘 적응하여 正常的인 生活을 영위할 수 있도록 이를 制度化하여 향후 통일여건의 조성에 대비하는 것도 매우 중요하다고 할 것이므로 이에 特別한 支援을 하겠다는 의미로 보아야 한다. 둘째, 보호대상자는 大韓民國의 自由民主的 法秩序에 적응하여 건강하고 문화적인 생활을 영위할 수 있도록 스스로 노력하여야 한다는 점을 천명하고 있다. 정부가 財政的으로 지원하고 특별한 배려를 하는 것도 중요하지만, 本人들이 스스로 南韓體制에 적응하여 안정된 생활을 영위하겠다는 自立意志와 노력이 절실하다고 본다. 최근 추세로 보면, 北韓離脫住民의 숫자는 점점 증가할 것이므로 이들에게 우리의 재정형편상 충분한 지원을 하는 데에는 限界가 있을 수밖에 없다. 이들에게 물질적인 直接支援보다는 비물질적이고 迂廻的인 間接支援이 합리적이라고 생각된다. 北韓離脫住民의 숫자가 지금보다 더욱 급증하는 경우를 예상할 때 그 政策的 타당성이 인정된다. 과거 西獨의 경우를 살펴보더라도 東獨으로부터 들어오는 移住者 또는 피난민에 대하여는 직접적인 物質支援보다는 간접적인 支援과 誘引策이 보다 다양하게 마련되어 있었다.[26] 이는 본인의 自立意志와 적응노력을 촉구하고 유도하기 위한 政策的 배경이 뒷받침된 것으로 보인다.

보호대상자에 대한 保護·支援基準은 연령·세대구성·학력·경력·자활능력·건강상태 및 재산 등을 고려하여 合理的으로 정하였다. 保護 및 定着支援은 원칙적으로 個人單位로 하되, 필요한 경우에는 世代單位로 실

---

26) 통일원, 「동서독 교류협력 사례집」, 통일원 통일정책실, 1994년 5월, p.307-314 참조.

시할 수 있도록 하였다. 北韓離脫住民에 대한 保護期間은 원칙적으로 定着支援施設保護 1年, 居住地保護 2年으로 하였다. 다만, 특별한 사유가 있는 경우에는 北韓離脫住民對策協議會의 審議를 거쳐 그 기간을 短縮 또는 延長할 수 있도록 하였다.

새 支援法에 의한 보호 및 정착지원에 드는 모든 費用은 國家負擔을 原則으로 하였다. 이는 본래 統一基盤造成 기타 統一政策遂行이 中央政府의 고유한 소관업무이기 때문이며, 지방자치단체는 補完的인 機能이나 委任받은 업무를 수행하도록 하고 있다. 中央政府는 보호업무에 필요한 정착지원의 費用을 매년 해당 지방자치단체에 交付하도록 하였다. 그리고 그 過不足額은 추가로 교부하거나 환수할 수 있도록 하였다.

(2) 保護申請 및 決定

北韓離脫住民으로서 새 支援法에 의한 보호를 받고자 하는 자는 在外公館 기타 행정기관의 장이나 각급 군부대의 장에게 保護申請을 하도록 하였다. 해외에서는 주로 한국대사관·공사관·영사관 등에 신청하면 될 것이다. 保護申請을 받은 각급기관의 장은 지체 없이 그 사실을 소속 중앙행정기관의 장을 거쳐 統一院長官과 國家安全企劃部長에게 통보하도록 하고, 통보를 받은 國家安全企劃部長은 임시보호 기타 필요한 措置를 취한 후 지체 없이 그 결과를 統一院長官에게 통보하도록 하였다. 統一院長官은 國家安全企劃部長로부터 통보를 받은 때에는 北韓脫出住民對策協議會의 審議를 거쳐 그 보호 여부를 결정한다. 따라서 원칙적으로 北韓離脫住民의 보호 여부결정은 統一院長官의 權限에 속하게 된다. 다만, 國家安全保障에 현저한 영향을 끼칠 우려가 있는 자의 경우에는 국가안전기획부장이 그 보호 여부를 결정하도록 例外規定을 두었다. 보호 여부를 결정한 統一院長官은 그 결과를 지체 없이 관련 중앙행정기관의 장을 거쳐 최초로 신청을 접수한 在外公館長 등 해당기관의 장에게 통보하여 그 보호 여부결정사실을 保護申請者 本人에게 즉시 通知하도록 함으로써 일련의 신청절차를 분명하게 규정하였다. 이 경우 國家安全企劃部長이 보호 여부를 결정한 때에는 그 결과를 지체 없이 統一院長官에게 통보하도록 하고 保護申請者에게는 이를 직접 通知하도록 하였다. 아울러 北韓離脫住民에 관한 政策을 協議·調整하고, 보호대상자의 보호 및 정착지원에 관한 사항을 審議하기 위하여 統一院에 北韓離脫住民對策協議會를 設置하도록 하였다. 協議會는 委員長 1인을 포함한 20인 이내의 委員으로 구성하고, 위원장은 統一院次官이 된다.

統一院長官이 보호 여부를 결정함에 있어서 그 決定基準에 관하여는 법 제9조에서 negative方式으로 규정하였다. 즉 ① 항공기납치·마약거래·테러·집단살해 등 國際刑事犯罪者, ② 살인 등 중대한 非政治的 犯罪者, ③ 僞裝脫出嫌疑者, ④ 滯留國에서 상당한 기간 동안 生活根據地를 두고 있는 자, ⑤ 기타 보호대상자로 정하는 것이 부적당하다고 대통령령이 정하는 자에 대하여는 보호대상자로 결정하지 아니할 수 있도록 하고 있다. 물론 새 支援法에 의한 統一院長官의 保護決定拒否處分에 대하여는 異議申請을 제기할 수 있도록 하고 있는바, 그 처분통지를 받은 날부터 60일 이내에 統一院長官에게 書面으로 제출할 수 있도록 하고, 統一院長官은 지체 없이 이를 검토하여 그 처분이 違法·不當하다고 인정되는 경우에는 북한탈출주민대책협의회의 事前審議를 거쳐 그 是正 기타 필요한 조치를 할 수 있도록 하였다. 이 같은 이의신청절차 이외에 保護決定拒否處分을 받은 北韓離脫住民은 당연히 行政審判法 또는 行政訴訟法에 의한 行政審判이나 行政訴訟을 제기할 수 있다고 본다. 國內法에서 특별히 이들에 대하여 심판이나 소송 請求權을 특별히 制限하지 아니한 한 不服할 수 있는 權利가 보장되어 있다. 그러나 현실적으로 中國이나 러시아에 不法滯留 중인 北韓離脫住民의 경우에는 國內法뿐만이 아니라 滯留地國法과 國際法이 상호 교착하는 매우 복잡한 法律的 狀況에 놓이므로 국내에서 保護決定申請을 하는 경우와는 다른 입장에 처할 수밖에 없을 것이다.

보호대상자의 身分上의 변화나 기타 특별한 사정이 발생한 경우에는 統

一院長官이 그에 부응하여 伸縮性 있게 제도를 운영할 수 있도록 保護決定의 變更制度를 마련하였다. 첫째, 統一院長官은 ① 1년 이상의 懲役 또는 禁錮의 刑을 宣告받고 그 刑이 확정된 경우, ② 故意로 國家利益에 반하는 허위의 情報를 제공한 경우, ③ 사망 또는 失踪宣告를 받은 경우, ④ 北韓으로의 되돌아가려고 기도한 경우, ⑤ 이 법 또는 이 법에 의한 命令에 위반한 경우, ⑥ 기타 대통령령이 정하는 사유에 해당한 경우에는 협의회의 審議를 거쳐 보호 및 정착지원을 中止 또는 終了시킬 수 있다. 둘째, 원칙적으로 定着支援施設에서의 보호기간은 1년으로, 居住地에서의 보호기간은 2년으로 하도록 하고 있으나, 특별한 사유가 있는 경우에는 統一院長官은 北韓離脫住民對策協議會의 審議를 거쳐 그 기간을 短縮 또는 延長할 수 있도록 하였다. 셋째, 아울러 거주지보호기간 중에는 관할 地方自治團體長도 보호지원업무를 合理的으로 운영할 수 있도록 하였다. 그 관할 지방자치단체장은 위와 같은 사유가 있는 보호대상자에 대하여 保護 및 定着支援의 中止·終了 또는 그 기간의 短縮·延長을 內務部長官을 거쳐 統一院長官에게 요청할 수 있도록 하였다. 그러나 이 같은 保護決定變更制度는 자칫 心理的 安定을 중시하여야 할 보호대상자에게 정신적인 부담을 주거나 公務員들의 지나친 간섭으로 비추어질 우려가 있어 사회적응을 지연시키는 副作用이 발생할 수도 있을 것이다.

4. 保護·定着支援制度

(1) 定着支援施設保護와 居住地保護

새 支援法에서는 北韓離脫住民인 보호대상자에 대한 보호를 크게 定着支援施設保護와 거주지보호로 구분하였다. 원칙적으로 定着支援施設에서의 보호기간은 1년으로 하고, 거주지에서의 보호기간은 2년으로 하고 있다.

다만, 특별한 사유가 있는 경우에는 協議會의 審議 등 필요한 절차를 거쳐 그 보호기간을 단축 또는 연장할 수 있도록 하였다. 統一院長官은 보호대상자에 대한 보호 및 정착지원을 위하여 필요한 定着支援施設을 설치·운영하도록 하였다. 다만, 國家安全企劃部長이 보호하기로 결정한 자를 위하여서는 國家安全企劃部長이 별도의 定着支援施設을 직접 설치·운영할 수 있는 예외조항을 두었다. 定着支援施設의 종류 및 관리·운영 등에 관하여 필요한 사항은 대통령령에 위임되었다. 定着支援施設을 설치·운영하는 기관의 장인 統一院長官과 國家安全企劃部長은 보호대상자가 定着支援施設保護期間 만료 후 그가 원하는 居住地로 轉出할 때까지 동 시설에서 보호하여야 한다. 定着支援施設에서 보호를 받는 보호대상자에 대하여는 대통령령이 정하는 바에 의하여 일정한 保護金品을 지급할 수 있다. 여기서 '保護金品'이라 함은 보호대상자에게 지급하거나 대여하는 金錢 또는 物品을 말한다. 統一院長官과 국가안전기획부장은 보호대상자가 定着支援施設에서 보호를 받고 있는 동안 身元 및 北韓離脫動機確認이나 건강진단 기타 정착지원에 필요한 조치를 할 수 있다. 이는 주로 北韓離脫住民에 대한 종합적인 支援·管理에 필요한 資料를 수집·확보하여 효율적인 관리와 아울러 관련 統一政策의 研究 등에 활용하고자 하려는 것이라고 본다. 定着支援施設을 설치·운영하는 統一院長官과 國家安全企劃部長은 보호대상자의 본적·가족관계·경력 등 필요한 사항을 기재한 登錄臺帳을 관리·보존하도록 義務化하고 있다. 이 경우 北韓離脫住民의 등록관리업무를 궁극적으로 일원화하여 관리하기 위하여 國家安全企劃部長은 직접 설치·관리하는 定着支援施設에서 그 보호대상자에 대하여 관리하고 있는 登錄臺帳의 기재사항을 統一院長官에게 통보하도록 하였다. 이에 따라 統一院長官은 北韓離脫住民 보호대상자의 모든 登錄臺帳을 통합하여 관리·보존하여야 한다. 한편, 統一院長官은 보호대상자가 定着支援施設로부터 지역사회의 일원으로 정착하기 위하여 그의 새 居住地로 轉入한 후에는 스스로 정착하여 생활하는 데 지장이 없도록 여러 가지 隘路事項을 해소시켜 주거나 기타 自立·定着의 지원 등 필요한 보호를 실시할 수 있도록 하였다. 이 같은 자립정착지원업무는 內務部長官과 協議하여 보호대상자의 居住地를 관할하는 地方自治團體長에게 위임하여 해당 지방자치단체가 그 地域實情에 알맞게 보호업무를 수행할 수 있게 하였다. 地方自治團體長은 매 반기마다 보호대상자의 정착실태 등을 파악하여 內務部長官을 거쳐 統一院長官에게 報告하여야 한다.

(2) 各種 保護·定着支援制度

새 支援法에서는 從前法律에 이미 마련되어 있던 定着金支給·報勞金支給·就業斡旋·公務員特別任用·就籍特例·住居支援·敎育支援·醫療保護 및 生活保護 이외에 새로이 學力認定·資格認定·社會適應敎育 및 職業訓練 등의 支援制度를 도입하였다. 이는 앞으로 直接支援보다는 間接支援위주로 支援體系를 바꾸어 나아가겠다는 政府의 意志가 반영된 것이라고 볼 수 있다.

定着金 및 報勞金은 전형적인 直接支援方式이다. 새 支援法에서도 종전대로 정착여건 및 생계유지능력 등을 고려하여 定着金을 지급할 수 있도록 하고, 보호대상자가 제공한 정보나 가지고 온 장비 및 재화의 活用價値에 따라 등급을 정하여 報勞金도 지급할 수 있도록 하였다. 定着金 및 報勞金의 구체적인 지급기준 및 절차 등에 관하여 필요한 사항은 대통령령에 정하도록 委任하였다(법 제21조). 따라서 앞으로 시행령에서 細部支給基準이 구체화될 것인바, 참고로 종전기준을 살펴보면 定着金은 最低賃金法에 의한 월 最低賃金額의 100배 상당액의 범위 안에서 基本金과 加算金으로 구분·지급하되, 基本金으로서 第1級(본인 외에 동거가족이 2인 이상인 경우)은 월 최저임금액의 40배 상당액을, 第2級(본인 외에 동거가족이 1인인 경우)은 월 최저임금액의 30배 상당액을, 第3級(본인 외에 동거가족이 없는 경우)은 월 최저임금액의 20배 상당액을 각각 지급하고, 加算金은 本人 및 同居家族의 연령·건강상태·근로능력 등을 고려하여 월 最低賃金額의 60

배의 범위 안에서 委員會의 審議를 거쳐 결정한 금액을 지급할 수 있도록 하였는데, 이 같은 종전기준은 앞으로 점차 축소·조정되어야 할 것이다. 報勞金은 北韓離脫住民이 제공한 정보 또는 장비의 종류 등에 의하여 지급하는 報償金의 성격으로서 역시 종전기준을 살펴보면, ① 軍艦·戰鬪爆擊機에 대하여는 황금 10,000그램 이상 20,000그램 이하 또는 그 상당금액을, ② 戰車·誘導武器 기타 비행기에 대하여는 황금 500그램 이상 5,000그램 이하 또는 그 상당금액을, ③ 포·기관총·소총류에 대하여는 황금 10그램 이상 500그램 이하 또는 그 상당금액을, ④ 무전기에 대하여는 황금 10그램 이상 30그램 이하 또는 그 상당금액을, ⑤ 각종재화에 대하여는 그 時價에 상당하는 금액을, ⑥ 각종정보에 대하여는 황금 500그램 이상 20,000그램 이하 또는 그 상당금액을 각각 지급하되, 그 구체적인 지급금액은 審議委員會의 審議를 거쳐 결정하도록 하였는바, 이 기준도 앞으로는 定着金의 경우와 마찬가지로 점차 축소·조정하여 나아가야 할 것이라고 본다.

보호대상자는 대통령령이 정하는 바에 의하여 北韓 또는 外國에서 이수한 學校敎育의 과정에 상응하는 學力을 인정받을 수 있다(법 제13조). 法律에서는 원칙적으로 學力認定制度를 導入한다는 내용을 정하고 있을 뿐 그 구체적인 인정범위는 시행령에 위임하고 있다. 여기서 우선 우리와 다른 정치이념과 사상의 교육에 비중을 두고 학교교육을 실시하여 온 北韓 社會主義體制下에서 北韓離脫住民이 이수한 學力을 과연 우리나라에서도 인정할 수 있는가 하는 의문이 있다. 北韓의 學制 역시 우리와 異質的이다. 北韓의 正規敎育은 4-6-4制이다. 4년제의 人民學校과정과 6년제 高等中學校과정(고등반 2년, 중등반 4년)이 있고, 고등교육과정으로서 綜合大學(4년, 의과대학 6년)·敎員大學(3년)·高等專門學校(2년 내지 3년)와 그 위에 碩士·博士과정으로서 硏究院(3년 내지 4년)·博士院(2년)이 운영되고 있다.27) 특히 인민학교와 고등중학교과정에서는 社會主義 敎育의 原理를 구현하여 思想的 精神武裝과 革命的 世界觀의 골격을 튼튼히 하는 데 역

---

27) 孫種國·柳永玉, 『북한학』, 學文社, 1996년 6월, p.636-642 참조.

점을 두고 있다.[28] 따라서 自由民主的 基本秩序를 바탕으로 하고 있는 우리 憲法의 精神에 비추어 수용하기 어려운 점과 國內法體系와도 맞지 아니하는 점이 있다고 할 것이다. 그러나 憲法 제4조에서 大韓民國은 自由民主的 基本秩序에 입각한 平和的 統一政策을 수립·추진하도록 규정하고 있는 점에 유의하여 볼 때에 平和統一政策을 추진하는 과정에서 때로는 상대방인 北韓을 包容하여 政治的 實體를 인정하거나 體制問題와 관계없이 協力하는 일은 우리 憲法精神에 반드시 背馳된다고 보기 어렵다.[29] 그렇다면, 北韓에서 이수한 學力을 어느 정도까지 인정하더라도 무방하다고 본다. 北韓學力의 구체적인 認定基準과 범위는 대통령령에서 제시될 것이다. 한편, 보호대상자는 關係法令[30]이 정하는 바에 의하여 北韓 또는 外國에서 취득한 資格의 일부 또는 그에 상응하는 資格을 인정받을 수 있고(법 제14조), 統一院長官은 보호대상자에 대하여 대통령령이 정하는 바에 의하여 大韓民國에 정착하는 데 필요한 社會適應敎育을 실시할 수 있으며(법 제15조), 職業訓練을 희망하는 보호대상자에 대하여는 대통령령이 정하는 바에 의하여 職業訓練을 실시할 수 있게 되었다(법 제16조).

---

28) 孫種國·柳永玉, 앞의 책, p.641-642.

29) 첫째, 自由民主的 基本秩序에 입각한 統一을 위하여 때로는 北韓을 政治的 實體로 인정함도 不可避하고, 순수한 同胞愛의 발휘로서 서로 도와주는 일이나 體制問題와 관계없이 協力하는 일은 憲法精神에 合致될 수도 있다는 趣旨의 憲法裁判所 決定例가 다수 있다(1990. 4. 2. 전원재판부, 89헌가113; 1990. 6. 25. 전원재판부, 90헌가11; 1992. 4. 14. 전원재판부, 90헌바23).
    둘째, 平和統一달성에 필요한 경우 北韓을 反國家團體로 취급하지 아니하는 政策을 수립하더라도 이는 憲法 제4조에 의하여 허용되는 것으로 본다는 趣旨의 大法院 判例가 있다(1992. 8. 18. 제2부판결 92도 1244).
    셋째, 類似한 立法例로서 南北交流協力에관한法律 제9조(南北韓往來), 제12조(南北交易), 제16조(南北協力事業) 등은 北韓의 實體認定을 前提로 하는 조항들이다.

30) 國家認定資格을 정하고 있는 法令으로서는 國家技術資格法(기사·기능사)·公衆衛生法(이·미용사)·衛生士등에관한法律(위생사)·食品衛生法(영양사)·醫療法(의사·조산사·간호사)·醫療技士法(의료기사·안경사)藥事法(약사)·獸醫師法(수의사)·道路交通法(운전면허) 등을 예로 들 수 있다. 辯護士法(변호사)·公認會計士法(공인회계사)·國家技術資格法(기술사)·地價公示및土地등의評價에관한法律(감정평가사)등에 의한 資格制度의 경우 社會主義 經濟體制하에서 혹은 기술수준이 落後된 北韓社會에서는 근본적으로 習得하기 곤란한 專門知識을 요구하는 것이어서 北韓이나 다른 社會主義 國家에서 類似資格을 취득하였다고 하더라도 이를 인정하는 데에는 어려운 점이 있다고 본다.

(3) 北韓脫出住民後援會

　　北韓離脫住民 보호대상자의 生活安定과 자립・정착을 지원하기 위하여 非營利 特殊法人인 ‘北韓離脫住民後援會’를 설립하도록 義務化하였다. 물론 종전의 ‘北韓歸順同胞後援會’를 承繼할 수 있도록 되어 있다. 後援會에 대하여는 民法 중 財團法人에 관한 규정을 準用하도록 하고, 統一院長官은 後援會의 건전한 운영을 위하여 필요한 지원을 할 수 있도록 하였다. 이와 아울러 政府는 앞으로 民間團體의 北韓離脫住民 지원활동에 대하여 損費認定 등 세제감면 혜택을 부여할 방침인 것으로 알려져 있는 바,31) 이 같은 방침은 政府의 定着支援施設을 거친 보호대상자들이 우리 사회에서 원만하게 適應하여 생활의 안정을 꾀할 수 있도록 하기 위해서는 政府의 노력만으로는 매우 不足한 것이 현실이며, 民間次元의 활발한 지원활동이 요구되기 때문이다.32) 政府의 체계적인 지원노력과 아울러 民間後援團體의 적극적인 奉仕活動이 조화롭게 운영되어야 할 것이다.

Ⅲ. 北韓離脫住民 保護·支援法制의 問題點

1. 脫北同胞의 法的地位와 保護對象擴大問題

　　北韓離脫住民은 北韓의 公民權을 가진 자라고 하더라도 우리나라 憲法

---

31) 중앙일보(1997년 3월 9일) 참조.

32) 전라북도 장수군에 1997년 9월말 설립예정인 ‘脫北者定着村’ 같은 純粹民間主導 支援施設을 예로 들 수 있다. 牧師・敎授・辯護士들로 구성된 韓民族福祉財團(이사장 李聖熙 목사)은 林野 11만여 평을 매입, 우선 20여 명의 北韓離脫住民家族부터 입주시켜 전문가들로 敎育팀을 구성, 1년간 營農技術・社會適應・人性敎育등을 실시할 예정이다(중앙일보, 1997년 5월 3일).

에 의할 때 당연히 大韓民國 國民의 신분을 지닌다고 볼 것이다. 大法院 判例 역시 中國에 長期滯留하는 僑胞이든지 中國에 密入國한 脫北僑胞이든지 이에 관계없이 국내에 入國한 자에 대하여 大韓民國 國籍을 인정하려는 입장이다.[33] 우리나라 憲法 제3조에서 우리나라의 領土는 韓半島와 그 附屬島嶼로 한다고 규정하고 있다. 아울러 憲法 제2조제2항에서 國家는 法律이 정하는 바에 의하여 在外國民을 보호할 義務[34]를 진다고 명시하여 정부에 在外國民保護義務를 賦課하고 있다. 北韓住民은 北韓내에 거주하든지 北韓을 이탈하여 第3國에 滯留하든지 이에 관계없이 그들은 우리나라 憲法에 의하여 우리 國民으로서의 地位를 누릴 수 있다. 또한 그들이 체류하고 있는 國家에서 그 國內法令에 반하여 불법으로 滯留하든지 혹은 適法하게 滯留하든지 이에 관계없이 우리나라 國民으로서의 지위가 부여된다.

이와 같이 우리 憲法에 의하면 우리나라 영토 안에 거주하는 국민과 아울러 영토밖에 거주하는 재외국민은 당연히 大韓民國의 관할권 안에 들어오게 되지만, 현실적으로는 불법정치단체인 北韓當局이 北韓地域을 지배하기 때문에 우리나라의 관할권이 北韓地域에까지는 미치지 못하므로 이를 행사할 수 없을 뿐이다. 또한 南北韓과 주변국이 모두 UN에 가입한 현상황하에서는 中國·러시아 등 주변국에 체류하고 있는 北韓의 공민권자 혹은 北韓 國籍의 僑胞들의 법적 지위는 관련국들의 國內法과 國際法문제가 얽혀 있어 복잡한 法律적 상황에 놓이므로 대외적으로 우리 憲法과 國

---

33) 北韓의 公民權을 가지고 입국한 中國僑胞 여인 한영숙 씨는 住民登錄職權抹消處分 無效確認訴訟을 제기하여 1994년 8월 26일 上告審 判決에서 勝訴한 바 있다(대법원 제2부 판결, 94누3223).

34) 국제법상 소속국가는 그 구성원인 국적자와 법률적 관계의 유지 및 접촉에 응할 의무가 있다. J. G. Starke, Introduction to International Law, Butterworths: London, April 1984, p.328.
One of the best passages descriptive of the status is that contained in the judgement of the British-Mexican Claims Commission in Re Lynch. "A man's nationality forms acontinuing state of things and not a physical fact which occurs at a particular moment. A man's nationality is a continuing legal relationship between the sovereign State on the one hand and the citizen on the other. The fundamental basis of a man's nationality is his membership of an independent political community. This legal relationship involves rights and corresponding duties upon both-on the part of the citizen no less than on the part of the State."

內法만을 주장할 수 있는 입장은 아닐 것이다.

北韓離脫住民이 체류하는 中國·러시아 등 체류지국에서는 ① 國內法, ② 國際法, ③ 체류지국법, ④ 북한법 등이 교착하게 된다. 우선 滯留地國의 領土 안에서는 당연히 그 國家의 領土高權이 지배하고, 우리나라의 主權이 이에 대항할 수 없음은 자명한 사실이다. 다만, 滯留地國의 法令과 國際法이 허용하는 범위 안에서 제한적으로 우리나라의 法令을 적용하는 것은 가능할 것이다. 북한법의 경우에도 사정은 우리 國內法과 마찬가지일 것이다. 南北韓 當局은 UN에 동시 가입함으로써 UN회원국으로서 UN設立目的 및 原則[35])에 따라 상대국 정부의 管轄權을 존중할 의무가 있고,[36]) 北韓離脫住民이 체류하고 있는 국가의 政府 역시 현실적으로 北韓에 대하여 UN회원국으로서의 國際法上 지위를 부정할 수는 없을 것이다. 물론 UN憲章上의 의무를 이행하기 위하여 UN會員國으로서의 지위를 존중하는 것은 北韓을 國家로서 承認하는 문제와는 거리가 있다.[37]) 우리 정부는 체류지국 정부가 北韓을 UN會員國으로 대우하고 그들의 입장을 존중하는 것을 비난하기는 現實的으로 어려운 일이다. 따라서 脫北住民들에게 우리 憲法에 의한 우리 國民으로서의 지위를 부여하여 國內法을 바로 적용할 수도 없는 것이 오늘의 法現實임을 부인할 수 없다.

한편, 여기서 南·北韓 當局간에 基本合意書가 채택되고, 동 合意書 제1조에서 남과 북은 서로 상대방의 體制를 인정하고 尊重하여야 하도록 하고 있으며, 제2조에서는 서로 상대방의 內部問題에 간섭하지 아니하기로 한 바 있으므로 이 같은 남북 당국 간의 合意精神에 비추어 볼 때에 北韓을 脫出한 北韓住民에 대하여 北韓當局이 그 管轄權을 행사하는 것에 관

---

35) United Nations, EVERONE'S UNITED NATIONS, Ninth Edition, 1979, pp.1 - 2.

36) 유엔憲章 제2조 및 제4조 참조.

37) UN加入問題와 외교상 國家承認問題는 첫째, 과거 既存아랍會員國들이 새로 加入한 이스라엘의 國家 承認을 留保한 바와 같이 어느 國家가 UN에 가입한 경우에 既存加入國家가 곧 그 國家를 承認한 것으로는 볼 수 없고, 설령 UN가입에 贊成票를 던진 國家라고 하더라도 그 행위가 곧 國家承認을 의미하는 것은 아니며, 둘째, 또한 1973년의 東西獨 同時加入의 경우와 같이 2개의 政治實體가 UN에 동시 가입하는 경우에도 그들 간에 상호 黙示的으로 國家承認을 한 것으로는 볼 수 없다(제성호, 앞의 책, p.40 - 41 참조).

하여 이미 우리 政府가 남북합의서를 채택한 이상은 이를 사실상 容認한 것이고, 따라서 우리 정부는 이들 北韓離脫住民에 대하여 우리 國內法을 적용하여 남한지역으로 入國시켜 보호하는 것은 기본합의서 제1조 및 제2조의 정신에 반하는 것이라는 주장이 제기될 수도 있다. 그러나 南北基本合意書는 독립된 國家와 國家 간에 체결된 條約과는 달리 法律적 효력이 인정되지 아니한다.[38] 다만 민족의 역사적 분단으로 인하여 설정된 民族內部의 특수한 상황하에서 한 民族 안의 두 體制인 南北韓 當局 간에 정치적인 부담을 지는 성격의 合意로 볼 것이다. 그렇다면, 憲法을 정점으로 하고 있는 國內法體系하에서는 北韓離脫住民에 대하여 國內關聯法律을 적용함에 있어 남북기본합의서는 특별한 法律的 制限을 가져오지 아니한다고 본다.

현재 北韓을 脫出하여 中國과 러시아 등지에 不法滯留하는 약 1천 명 내지 2천 명으로 추정되는 이른바 脫北同胞들이 체포되어 北韓에 송환될까 전전긍긍하고 있다는 점은 이미 앞에서 살펴보았다. 이들은 크게 中國에 不法滯留하는 脫北者들과 러시아에서 벌목장脫出僑胞들로 나누어 볼수 있는바, 不法滯留僑胞들의 입장은 첫째, 남북한동시수교국의 영토 안에 不法滯留하므로 체류현지국의 意思가 問題解決에 결정적인 영향을 미치고, 둘째, 일단은 北韓의 管轄權으로부터 벗어난 상태이지만 항상 체포·

---

38) 條約의 公布에 관한 규정을 살펴보면, 憲法 제6조제1항에서 "憲法에 의하여 체결·公布된 條約과 一般的으로 승인된 國際法規는 國內法과 같은 效力을 갖는다."고 규정하고 있고, 法令등公布에관한 法律 제11조제1항에서는 條約의 公布는 官報에 게재하여 이를 시행하도록 규정하고 있다. 그러나 南北韓의 관계는 北韓이 憲法 제3조(領土)·國家保安法 제2조(反國家團體) 등에 의한 反國家團體에 해당된다는 점, 우리가 北韓에 대하여 國家承認을 하지 아니하고 있는 점, 그러면서도 한편으로는 南北基本合意書 前文에서 나라와 나라 사이의 관계가 아닌 統一을 지향하는 과정에서 暫定的으로 형성되는 特殊關係라는 것을 쌍방이 인정한 점 등을 종합적으로 살펴볼 때에 앞으로 南北韓 간에 체결되는 合意文書 역시 국가 간에 체결되는 條約으로 보기는 어려운 점이 있으므로 '條約'의 公布에 관한 규정을 그대로 적용할 수 없다고 본다. 남북사이의화해와불가침및교류·협력에관한합의서는 大統領 公告 제118호(92. 3. 6.)로, 그 이후 한반도의비핵화에관한공동선언등 9건의 合意書는 각각 大統領 公告의 形式으로 公表되었다. 法令등公布에관한法律의 관련조항은 다음과 같다.
第2條(前文) 憲法改正·法律·條約 및 大統領令의 公告文과 憲法改正案·豫算 및 豫算外國庫負擔契約의 公告文에는 前文을 붙여야 한다.
第6條(條約) 條約公布文의 前文에는 國會의 同意 또는 國務會議의 審議를 거친 뜻을 記載하고, 大統領이 署名한 후 大統領印을 押捺하고 그 日子를 明記하여 國務總理와 關係國務委員이 副署한다.
第11條(公布·公告節次) ① 憲法改正·法律·條約·大統領令·總理令 및 部令의 公布와 憲法改正案·豫算 및 豫算外國庫負擔契約의 公告는 官報에 揭載하여 이를 한다. ② (생략)

송환이라는 身邊危險에 놓여 있으며, 셋째, 현지에서 곧바로 우리 공관에 歸順要請을 할 수 있는 형편이 못 되고, 넷째, 國際法上 人權保護 및 難民地位부여 또는 第3國移住의 문제가 제기될 수 있는 등의 특성을 지닌다.[39) 특히 中國 脫北僑胞들의 문제의 성격은 첫째, 밀입국자 또는 不法滯留者의 신분이므로 본국에 强制追放당할 위험에 놓여 있고, 둘째, 南北韓 동시수교국인 中國으로서는 이들을 國際法上 外國人으로서 취급하게 될 것인바, 北韓 公民權者인 경우 우선적으로 北韓國籍인으로 간주하되, 우리 정부가 우리 國民임을 확인할 경우[40)에는 二重國籍의 문제가 擧論[41)될 수 있는 점 등이고, 이에 비하여 러시아 벌목장脫出僑胞들의 문제의 성격은 첫째, 北韓의 여권 및 러시아의 입국비자를 일단은 合法的으로 취득한 자들이고, 둘째, 國際法上 러시아에 체류하는 北韓國籍 외국인으로서 國籍國인 北韓의 대인고권이 미친다는 점을 러시아가 인정하여야 할 입장이며, 셋째, 北韓旅券이나 러시아 비자발급의 有效期間이 만료된 후에는 不法滯留가 되며, 넷째, 중대한 刑事犯罪의 혐의가 있을 경우에는 司法共助協定에 따라 北韓에 혐의자를 체포·인도할 수도 있고, 다섯째, 不法滯留者인 경우에도 旅券의 有效期間이 만료되지 아니하였다면 러시아 당국에 의한 不法滯留판정 직전에 永住權이나 旅行證明書 혹은 임시체류허가증을 발급받을 기회가 있고 이 경우 合法滯留가 가능한 점 등이라 할 수 있다.[42)

이들 脫北僑胞들에 대한 가장 시급한 문제는 身邊安全이다. 불법입국·체류사실이나 北韓과 中國 간의 密入國者送還協定 또는 北韓과 러시아 간의 司法共助協定에 의하여 脫北僑胞가 北韓으로 압송되는 사태는 막을 수 있도록 外交的인 노력을 최대한 기울여야 하고 이를 뒷받침할 國內法

---

39) 제성호, 앞의 책, p.158 - 159.

40) 北韓公民權者에 대하여 우리 現地公館에서 南北交流協力에관한法律 제11조 및 旅券法 제10조에 의하여 旅行證明書를 발급하거나, 在外國民登錄法 제3조에 의하여 在外國民으로서 登錄을 할 경우에는 우리 정부가 이를 우리 國民으로 確認하는 효과가 있다.

41) 二重國籍者에 대하여는 現地國 政府에 그 '實效的 國籍'의 判定權이 주어지고, 그 결과에 따라 實效的 國籍의 판정을 받은 關聯國 政府만이 管轄權을 주장할 수 있게 된다. 北韓公民權者의 경우 현실적으로 우리 政府가 원하는 바대로 實效的 國籍 判定結果를 얻기는 어려울 것으로 보고 있다(제성호, 앞의 책, p.148 참조).

42) 제성호, 앞의 책, p.160 - 163 참조.

制度 완비되어야 할 것이다. 아울러 國際法上 이들의 人權問題 및 難民地位 確保를 위한 노력도 다각적으로 기울여야 할 것이다. 특히 그들의 脫出動機나 政治的 迫害 등을 들어 國際法上 인정되고 있는 政治犯不引導原則을 주장하는 방법도 있을 것이다. 이미 19세기 말에 확립된 이 原則[43]은 우선 정치범죄를 純粹政治犯罪와 相對的政治犯罪로 구분하고 후자의 경우 이를 普通犯罪로서 政治犯罪와 因果關係를 가지는 경우까지도 포함시키는 등 일부 적용범위가 擴大되는 경향을 보이고 있다. 구체적으로 政治的 迫害의 대상이 되는 사람이나 政治的 意見을 이유로 差別받을 우려가 있는 사람의 경우까지도 이 原則의 보호를 받을 가능성이 있다.[44] 한편 이들은 현지국 정부나 UN難民高等辦務官으로부터 難民判定을 받는 방법이 있다. 國際法上 難民[45]은 國籍國으로부터 외국에 脫出하여 亡命을 요청하는 사람을 말한다. 난민은 정치적 난민, 전쟁난민[46], 경제적 난민, 人道的難民으로 구분할 수 있는바, 脫北同胞들의 경우 특히 人道的難民으로 판정받을 수 있도록 노력할 필요가 있다고 본다.[47]

따라서 정부는 우리 憲法 제2조제2항의 在外國民保護精神에 맞추어 脫北同胞들의 身邊安全과 保護·支援을 위하여 國際法上 또는 외교상의 다각적인 노력과 아울러 이를 뒷받침할 수 있는 國內法制를 확립하여 對應할 수 있어야 할 것이다. 그러나 현행 法制하에서는 국내에 歸順한 경우에는 보호·지원혜택을 누릴 수 있으나 사정이 그러하지 못한 脫北同胞의

---

43) Bernhard Graefrath, "Uiversal Criminal Jurisdiction and an International Criminal Court", 1 European Journal of International Law, 1990, p.67.

44) 한국형사정책연구원, 「범죄인인도제도」, 1996년 5월, p.88 - 89 참조.

45) 國際法上 難民의 地位確保를 위한 노력은 특히 第1次世界大戰 이후 러시아共産革命으로 러시아인·아르메니아인·터키인·앗시로-칼데아인 등이 서유럽으로 밀려오면서 국제연맹 최초의 難民高等辦務官이 된 Fridtof Nansen 주도로 國際協約이 체결되고, 이에 따라 이들 難民에게 臨時旅行證(일명 nansen旅券)을 발급하여 신분의 안정을 꾀하게 되었다. 그 이후 오늘에 이르러 難民의地位에관한協約(1993년 3월 3일 우리나라에 대하여 발효) 및 難民의地位에관한議定書(1993년 12월 3일 우리나라에 대하여 발효) 등으로 발전되었다.

46) 특히 제2차세계대전후 유럽의 戰爭難民문제를 해결하기 위한 국제적인 노력으로서 International Refugee Orgnation의 活動業績을 들 수 있는바, 難民保護政策·法制·國際協力 및 節次에 관한 자료가 체계적으로 정리·보고되어 있다(the International Refugee Orgnation, Oxford University Press, London, October 1954).

47) 한국형사정책연구원, 앞의 책, p.92 - 101 참조.

경우에는 전혀 政府의 보호망의 밖에 머물러 있어야 한다고 할 것이다. 이들에 대하여는 統一院 및 外務部등 해당부처에서 적극적인 노력과 政策을 수립·추진할 수 있는 制度的 裝置가 마련되어야 할 것이다. 한편, 北韓公民權者인 재중국 및 재러시아 장기체류 同胞에 대하여도 政府의 特別한 支援을 받을 수 있도록 점진적으로 門戶가 開放되어야 할 것이고, 支援法의 혜택을 못 받는 경우에는 永住歸國이나 第3國의 永住權을 확보하여 줄 수 있는 制度的 節次가 점진적으로 열려야 될 것이라고 본다. 이 같은 政策과 制度의 改編은 물론 統一政策의 큰 틀 안에서 검토·강구되어야 할 것이다.

2. 定着支援法制一般에 관한 問題點

(1) 保護·支援體制의 二元化問題

우선 保護決定過程을 살펴보면, 北韓離脫住民이 우리 정부에 保護申請을 한 때에는 原則的으로 統一院長官이 協議會의 審議를 거쳐 보호 여부를 결정하도록 하면서도 이 점에 관하여는 예외를 두고 있다. 원칙적인 保護決定基準으로서 항공기납치·마약거래·테러·집단살해 등 국제형사범죄자, 살인 등 중대한 비정치적 범죄자, 위장탈출혐의자 등은 제외하도록 하는 기준을 두고, 이와는 별도로 그 외에 國家安全保障에 현저한 영향을 끼칠 우려가 있는 자의 경우에는 國家安全企劃部長이 그 보호 여부를 결정하고, 그 결과를 지체 없이 統一院長官에게 통보하는 동시에 保護申請者 본인에게도 직접 통지하도록 하고 있다. 한편, 保護定着施設은 원칙적으로 統一院長官이 設置·運營하도록 하면서 이에 관하여도 예외적으로 國家安全企劃部長이 보호하기로 결정한 자를 위하여서는 國家安全企劃部長이 별도의 定着支援施設을 設置·運營할 수 있도록 하여 二元化하고 있다. 이는 保護決定處分段階에서부터 二元化되어 있어 그에 따른 施設物도 2개 부처가 각각 獨自的으로 설치・운영할 수밖에 없음을 반영하고 있는 것이다. 定着支援施設을 설치・운영하는 기관의 장인 統一院長官과 國家安全企劃部長은 각각 北韓離脫住民에 대한 保護決定을 한 때에는 대통령령이 정하는 바에 의하여 보호대상자의 본적・가족관계・경력 등 필요한 사항을 기재한 登錄臺帳을 관리・보존하도록 하되, 國家安全企劃部長은 그 관리・보존하고 있는 登錄臺帳의 기재사항을 統一院長官에게 通報하도록 하였다. 統一院長官은 이에 따라 모든 登錄臺帳을 統合하여 관리・보존하여야 한다. 등록대장의 관리는 궁극적으로 統一院長官이 총괄하도록 하게 되었다. 결국은 北韓離脫住民이 우리 政府에 의하여 保護支援決定을 받는 基準과 方法은 물론 그에 따른 定着支援施設의 설치・운영과 登錄臺帳의 관리에 이르기까지 2가지의 形態로 存在하게 된다. 이같이 保護決定權限이 이원적으로 분할되어 운영되는 것은 保護決定의 原則확립, 行政의 效率性 등의 측면에서 바람직하지 못한 점이 있다. 그러나 아직도 南北韓 사이에 緊張과 對立이 계속되고 있고, 국가의 安保問題의 重要性을 소홀히 할 수 없는 점이 있으므로 國家安保政策상 부득이하다면 二元的인 保護決定體系를 유지하여야 할 것이다. 다만, 二元化된 제도를 앞으로 어떻게 운영의 묘를 살려 합리적으로 관리하여 나아가느냐 하는 점이 충분히 검토되어야 할 것이다. 시설물의 설치・관리업무가 二元化됨에 따라 豫算・人力의 낭비요인이 잠복되어 있다는 문제점이 제기될 수 있다.

(2) 支援方式의 轉換問題

北韓離脫住民을 지원하는 방식은 直接支援과 間接支援으로 구분할 수 있다. 直接支援은 金錢支給 기타 物質的 支援을 곧바로 실시하는 것이다. 특별한 反對給付나 본의의 노력이 요구되지 않는다. 이에 반하여 間接支援은 본인의 노력여하에 따라 지원하거나 南韓社會에의 適應段階에 따라 지원을 함으로써 빠른 시간 내에 우리 體制에 적응할 수 있도록 誘導하는 效果가 있다. 그러나 종전의 支援制度를 살펴보면 直接支援방식이 중심이 되어 왔다. 즉 定着金·報勞金 및 住居支援制度가 代表的인 것이다. 아무런 노력 없이 定着金은 最低賃金法에 의한 最低賃金의 100배까지 지급받을 수 있고, 報勞金은 그가 제공한 정보나 장비의 가치에 比例하여 최고금 20,000그램에 상당하는 금액까지 지급받을 수 있다. 또한, 住居支援의 경우 50제곱미터 이하의 주택을 無償提供받을 수 있다. 그 외에 국내 일반 생활보호대상자보다 더욱 두터운 보호를 제공하는 것도 直接支援方式의 성격이 강하다. 물론 이 같은 기준은 가장 많은 혜택을 받는 경우를 상정한 것이지만, 본인의 體制適應努力의 정도와 아무런 관계없이 일방적으로 받는 所得이기때문에 이 같은 直接支援制度가 큰 비중을 차지하는 支援體系하에서는 오히려 北韓離脫住民들의 體制適應을 遲延시키거나 適應不能狀態에 빠뜨릴 우려마저 있는 것이다. 아울러 이는 정부에 막대한 財政負擔을 초래하는 결과가 된다. 과거 미국과 소련의 冷戰體制하에서 南北韓 간 戰爭勃發威脅과 緊張感이 고조되고 國家安保가 다른 어떤 政策보다도 절대적으로 우선시될 때에는 설사 재정부담비중이 다소 높더라도 그에 따른 政策的 效果로서 우리 정부에 歸順한 사실 자체만으로도 안보와 反共意識鼓吹에 크게 기여할 수 있었던 측면을 무시할 수는 없다. 과거에는 실제로 越南歸順者의 숫자가 많지도 않았다. 그러나 최근 南韓에 歸順하는 北韓離脫住民이 급증하고 있어 歸順 자체가 日常的으로 발생할 수 있는 事件으로 認識하려는 생각이 보편화되어 가고 있다고 본다. 이는 종전의 支援基準에 의할 경우 그에 비례하여 政府의 豫算支出도 急增하게 될 것이다. 따라서 北韓離脫住民이 급증하는 추세에 부응하여 그들이 스스로 南韓體制에 適應할 수 있도록 하는 自救努力의 風土를 조성하는 동시에 國家豫算節減을 위하여 直接支援은 최저한의 初期定着에 필요한 基本金額으로 限定하고, 그 대신 폭넓고 다양한 間接支援方式을 活用하도록 하는 制度的 改善이 필요하다.

　舊西獨의 경우를 살펴보면, 금전지급 등 直接支援制度는 매우 미미한 반면 間接支援制度가 매우 다양하게 導入・施行되었다는 점을 알 수 있다.[48] 동독피난민들에게는 緊急收容法(Notaufnahmegesetz)[49]에 의하여 緊急收容所에서 제공되는 直接支援은 기본적인 생활에 필요한 最小限의 支援에 불과하였다. 聯邦政府에 의한 一回 補助金은 1人當 200DM이고, 州政府에 의한 補助金으로서 家長은 30DM, 家族은 1人當 15DM에 불과한 금전을 지급하였으며, 이주민에 대한 용돈으로서 家長에 대하여 15DM를 지급하는 정도였다. 기타 宿食 및 宿食費, 健康診斷과 醫療서비스, 종교단체에 의한 衣服제공, 향후 住居地나 州立臨時收容所까지의 車票지급 및 이삿짐運送 등의 서비스가 고작이었다. 定着할 지역에 도착한 이후에는 친인척이나 기타 緣故를 통한 住宅購入이 불가능할 경우에 한하여 臨時收容所에 寄居할 수 있도록 하는 정도에 불과하였다. 그 외에는 대부분 다양한 間接支援方式에 의하여 보호되었다. 間接支援方式의 支援制度로서는 신청자본인의 요청에 따르거나 州政府의 사정에 따라 職場・住宅事情 등 정착가능성을 감안하여 居住할 州를 결정하도록 한 점, 職業定着・社會定着・補助혜택에 관한 相談이나 大學進學相談을 실시하도록 한 점 등을 들 수 있다. 그 외에 많은 個別法에 의한 間接支援이 실시되었다. 예를 들면, 住宅建設法에 따라 향후 5년 동안 住宅入住상의 혜택을 준 점, 생활용품이나

---

48) 통일원, 앞의 책, p.307 – 314 참조.

49) 정식명칭은 "獨逸人의西獨地域에의緊急收容에관한法"(Gesetz ueber die Notaufnahme von Deutschen in das Bundesgebiet)이다. 同法의 立法趣旨는 첫째, 兩獨 간에 정치적인 문제를 고려하여 東獨地域으로부터 지나친 避難民 流入을 적절하게 法的으로 統制하고자 하는 점, 둘째, 각 지역의 州政府의 經濟的인 여건을 고려하여 收容하는 避難民을 각 지역에 적절히 分散・配置하여 이들이 사회적・경제적으로 西獨의 새로운 體制에 조속히 同化・適應하도록 하려는 점, 셋째, 서독의 雇傭市場 및 住宅事情의 어려움을 고려하여 동독지역에서 政治的인 이유로 迫害를 받는 特別한 경우가 아닌 避難民의 유입은 이를 적절하게 줄여 나가도록 한 점 등이다. 이 법 제정 이후 實際運用過程에서 避難民問題解消方案을 제도화하고 각 州政府의 지원하에 이들의 정착을 유도하려 한 당초의 立法趣旨는 달성되었으나, 避難民의 流入을 줄여 나가려던 立法目的은 실패로 끝났다. 이는 우선 緊急收容法 제1조에 의하여 滯留許可를 받기 위해서는 피난민에게 ① 直系 尊・卑屬 간의 離散家族相逢을 위한 避難일 것, ② 西獨에서 住宅과 職場을 보장받을 수 있는 피난일 것, ③ 특별한 政治的인 理由로 긴급한 상황에 처하여 부득이 시도한 避難일 것 중 어느 하나의 條件에 해당되어야 하였는바, 대부분의 避難民들이 이 같은 條件이 충족되지 아니하여 滯留許可를 받지 못하였다. 그러나 西獨政府는 이들이 동독지역으로 强制出國시키지도 아니하였다. 이와 같은 이유로 避難民의 流入行列은 계속되었다. 더구나 滯留許可를 못 받은 사람들이 계속 西獨 안에 그 상태로 滯留하면서 정부의 社會保障機關이나 宗敎的 救護機關에 依託할 수 있도록 조치함에 따라서 결과적으로는 滯留許可證 자체를 발급하는 것 자체가 무의미하게 되었던 것이다.

가구구입을 위한 低利融資制度(獨身者: 3,000DM, 가족 수가 많은 가정에 대한 基本額: 4,000DM, 기타 家族 1인당: 1,000DM, 最高額: 10,000DM)를 마련한 점, 聯邦失鄕民法(Bundesvertriebenengesetz)에 의하여 동독에서 취득한 學校卒業證明書나 직업교육자격증서를 인정한 점, 聯邦敎育促進法(Bundesausbildungsfoerderungsgesetz)에 의하여 초·중·고 및 대학진학 시에 學資金支援을 받게 한 점, 聯邦子女手當法(Bundeskindergeldgesetz)에 의하여 移住後에도 東獨·東베를린에 살고 있는 자녀에 대한 子女手當을 지원한 점, 서독주민에게 적용되는 年金法에 따른 個別的 給付金을 받도록 한 점, 聯邦援護法(Bundesversorgungsgesetz)에 따라 신체장애자에게 건강과 경제적 피해에 대한 원호를 실시한 점, 聯邦社會扶助法(Bundessozialhilfegesetz)에 따른 生計費·住宅賃貸料·난방비지원과 衣服·家具에 대한 補助金을 지원 한 점, 所得稅法(Einkommemssteuergesetz)에 의한 稅金免除 및 稅制惠澤을 부여한 점, 東獨學者들의 西獨大學 정착을 위하여 人件費補助를 실시한 점, 유럽開發計劃(ERP) 企業創業프로그램에 의하여 製造業에 대한 融資優待制度를 시행한 점, 負擔調整法(Lastenausgleichsgesetz)에 따른 州補償金·家具補償金·定着融資金 지원을 실시한 점 등을 예로 들 수 있다. 이 같은 舊西獨의 다양한 間接支援制度는 우리의 支援法制의 擴充에 훌륭한 參考가 될 것이다.

3. 北韓住民의 大量離脫事態에 따른 問題點

이미 北韓住民의 脫出現象은 集團化·大量化하는 徵候가 나타나고 있다. 특히 1996년 말 김경호 씨 일가 17명이 集團脫出에 성공한 것을 分岐點으로 하여 그 후 주로 가족중심의 集團脫出現象이 주기적으로 계속되고 있다. 물론 이 같은 현상은 본격적인 大規模脫出과는 그 本質的인 성격이 다르다고 본다. 그러면서도 한편으로는 單獨脫出 등 과거의 脫出現象과는 그 규모·동기·빈도 면에서 매우 다른 특징을 보여 준다. 마치 大規模脫出의 전주곡 같은 豫感을 가져다주는 면이 적지 아니하다. 이 같은 脫出現象의 集團化·大量化可能性은 우리의 統一政策的 측면에서 매우 중요한 의미가 있음을 암시하고 있다. 獨逸의 경우를 살펴보면, 1989년 여름 헝가리가 오스트리아 國境을 開放하자 마자 東獨住民들의 集團脫出은 물밀듯이 전개되었다.[50] 그 후 3개월 후에는 곧이어 베를린障壁이 붕괴되고, 다음 해인 1990년 9월 3일 독일의 統一이 성립되기까지는 주체할 수 없을 정도의 빠른 속도로 統一過程이 진전되었다. 물론, 大量脫出은 곧 吸收統一[51]이라는 간단한 등식으로 그 변화의 폭과 깊이를 單純化시킬 수는 없다.[52] 정치·사회적인 복잡한 統一展開狀況을 거치면서 吸收統一에로 귀결되었다고 볼 수 있다. 동서독의 경우 우리의 경우와는 달리 1950년대부터 東獨住民의 西獨로의 移住가 꾸준히 이어졌다. 1950년부터 1989년 말까지 40년간 東獨에서 西獨로 490만 명이 이주하였고, 반대로 西獨에서 東獨로도 47만 명이 이주한 사실은[53] 우리의 南北韓關係 및 統一環境과 비교하여 살펴볼 때 큰 차이가 있음을 알 수 있다. 그러나 大量脫出事態가 本格化된다면, 獨逸의 狀況과는 다른 면이 많다고 하더라도 역시 우리나라의 統一問題接近에 있어서는 획기적인 새로운 局面이 나타날 것이라고 본다.

그렇다면, 본래 새 支援法이 우리 政府의 統一與件造成 등을 염두에 두고 制定되었다고 하더라도[54] 이미 살펴본 바와 같은 本格的인 大量脫出을

---

50) D. Korger Oktober/Nomber 1989, in: W. Weidenfeld/K. R. Korte(Hrsg.), Handworterbuch zur deutschen Einheit, 1991, S. 528ff.

51) 1990년 10월 3일 東獨人民議會가 동독지역의 西獨體制에의 加入意思를 확정하게 된 일련의 독일의 吸收統一과정을 살펴보면 동기본법 제23조가 그 憲法的 根據로서 중요한 역할을 한 점이 있는바, 기본법의 표현을 살린다면 '加入統一'이라는 표현이 보다 적절하다. 우리 憲法에는 없는 舊西獨基本法 제146조는 동기본법이 暫定憲法으로서의 성격을 갖는다는 점을 宣言한 내용이다.
   舊西獨基本法 제23조: 본 基本法은 당분간 바덴, 바이에른, 브레멘, 서베를린, 함부르크, 헤센, 니더-작센, 노르트라인-베스트팔렌, 라인란트-팔쯔, 슐레스비히-홀스타인, 뷔르텐베르크-바덴 및 뷔르텐베르크-호엔쫄레른에만 適用된다. 독일 기타의 지역에 대하여서는 그들의 加入후에 效力을 발생한다.
   제146조: 獨逸의 자유와 統合이 이루어진 후 全獨逸國民들에게 적용되는 이 基本法은, 獨逸國民들의 자유로운 決定에 따라 의결된 새 憲法이 效力을 발하는 날에 그 效力을 喪失한다.

52) 全光錫, "東西獨統一의 方法論에 대한 憲法論議"「獨逸統一의 法的照明」, 博英社, 1994년 4월, p.19-36 참조.

53) 통일원, 앞의 책, p.300.

예상하여 대비함에 있어 여러 가지 측면에서 現行法制로서는 그 대응에는 限界가 있고 향후 대폭 補完되어야 할 것이라고 생각한다. 우선, 現行制度의 틀은 과거 美·蘇兩極體制하에서의 이데올로기의 極限對立과 敵對的인 冷戰狀態에서 수립된 것으로서 일부 改善·補完되어 온 점은 인정되지만 그 骨格은 거의 그대로 유지되어 오고 있다고 본다. 예를 들면, 1962년 제정된 國家有功者등特別援護法에서는 定着手當 및 住宅斡旋制度를 골격으로 한 報償·支援制度가 처음 新設되었고,[55] 1978년 越南歸順勇士特別報償法으로 獨立하면서는 報償金 및 特別報償金(報勞金)과 住宅無償提供制度로 대폭 強化되었다.[56] 그 후 1993년 歸順北韓同胞保護法으로 改正되면서 現行制度와 유사한 定着金 및 報勞金支給制度와 住居支援制度로 整備되었다. 여기서 특기할 사항은 1970년대 후반 이후 南北 간의 군사적 極限對決構圖하에서는 法律에서 직접 49.5제곱미터 이상의 住宅을 無償提供한다는 規定[57]을 두었으나 1990년대 이후에는 住宅을 無償提供하거나 賃借支援할 수 있다는 수준 정도의 支援으로 축소·조정된 점을 살펴볼 때 어느 정도는 그 時代狀況에 부응하여 支援制度를 彈力的으로 運用하여 온 점을 찾아 볼 수 있다.[58] 그러나 이는 그 制度의 骨格을 유지하면서 지원폭과 수준을 확대 혹은 축소한 것이라고 볼 것이다. 北韓住民의 脫出樣相과 性格이 과거와는 전혀 다르고, 앞으로 集團化·大量化할 것이 예상되는 現時點에서 향후 現行制度로서 이에 對備할 수는 없다고 본다. 과거에는 北韓地域으로부터 北韓傀儡集團으로부터 抗拒하여 大韓民國에 歸順하는 北韓傀儡集團의 軍人(歸順勇士)에 主眼點을 두었다. 그러나 현

---

54) 國會 外務統一委員會,『法律案審査報告書』(1996년 12월) p.3 참조.

55) 國家有功者등特別援護法(1962. 4. 16. 법률 제1053호) 제9조에서는 越南歸順者에 대하여 1급은 100만 원, 2급은 70만 원, 3급은 50만 원의 定着手當을 지급하도록 하였고, 제15조에서는 住宅斡旋制度로서 國家融資에 의하여 건립하는 주택의 優先入住權을 부여하였다.

56) 越南歸順勇士特別報償法(1978. 12. 6. 법률 제3156호) 제5조에서는 越南歸順勇士에 대하여 그 신분과 정보제공의 공적에 따라 1급 내지 5급의 등급에 따라 補償金을 지급하고, 귀순당시 휴대장비의 유형과 가격에 따라 特別補償金을 지급하도록 하였다.

57) 越南歸順勇士特別報償法(1978. 12. 6. 법률 제3156호) 제9조.

58) 韓國法制研究院,『大韓民國法律沿革集』第3券 참조.

시점에서는 政治理念 때문에 歸順하는 극소수의 북한군인 등에 대응하여야 하였던 과거의 그런 상황이 아니다. 食糧難의 危機를 모면하기 위하여, 보다 나은 經濟的인 生活과 人間的인 대우를 받기 위하여 集團的로 脫出하고 있으며, 더욱이 앞으로 大量集團脫出이 豫想되는 그런 상황이고 이에 對備하여야 할 때이다. 따라서 現行法制의 framework 자체를 다시 짜는 것이 時代的 狀況論理에 맞는 대응책이 될 것이다.

둘째, 大量脫出時에도 현행 直接支援方式에 따른 中央政府의 財政支援이 계속 유지된다면 그 부담이 大幅 增加하여 재정운영을 어렵게 만들 것이다. 물론 現行法制가 法律을 직접 개정하지 아니하고서도 行政府내에서 대통령령을 改正하는 방법으로 어느 정도까지는 財政支出의 節約을 도모할 수 있도록 되어 있다. 그러나 法律에서 定着金 및 報勞金制度를 그대로 유지하고 있는 한 大量脫出人口의 流入에 따른 재정지출규모는 根本的으로 大幅 增加할 수밖에 없다. 또한 住居支援制度 역시 과거의 추세로 보아 政府에게 큰 負擔이 된다. 그 외에 敎育支援·醫療保護·生活保護의 지원규모도 脫出人口에 比例하여 증가될 것이지만 추가부담정도는 定着金보다는 훨씬 적을 것이다.

셋째, 間接支援方法이 현재로서는 폭넓게 多樣化·體系化되어 있지 못하고, 大量脫出人口를 흡수할 수 있는 具體的인 프로그램體系가 準備되어 있지 못한 점을 들 수 있다. 이미 살펴본 바와 같이 舊西獨의 경우 다양하고 體系化된 間接支援制度가 中央 및 地方政府간의 相互協力하에 무리없이 推進되었다는 점은 우리에게 시사하는 바가 크다. 현행 間接支援方式으로서 學力認定·資格認定·社會適應敎育·職業訓練·就業斡旋·敎育支援·醫療保護 및 生活保護가 있는데, 지금까지는 소규모 인원에 대하여 이들 制度를 활용·지원하는 데 그친 것이므로 이들 制度가 다양화·체계화되거나 구체화·일상화되어 있지 못한 실정이다. 大量脫出 北韓住民들이 남한사회에 들어올 경우 우선 그들의 기본적 生活需要를 충족시켜 주어 心理的 安定과 經濟的인 最低限의 生活을 보장하되, 본인의 能力과 努力의 바탕 위에서 이들 條件이 확보되어야 할 것이다. 따라서 본인의 能力과

努力을 이끌어 내기 위한 間接支援方式이 다양하게 擴充되어야 한다. 그들의 學力과 資格을 가능한 범위까지 인정하고 부족한 부분은 再教育프로그램 등으로 보충하여 이미 확보하고 있는 才能·知識·技術·技能을 최대한 活用할 수 있도록 준비되어야 한다. 그래도 就業이 어려운 경우에는 다양한 職業訓練프로그램을 취사선택할 수 있도록 하여, 이를 就業斡旋프로그램과 연결시켜 주어야 될 것이다. 이를 위해서는 總括部處인 統一院을 중심으로 財政經濟院·教育部·通商産業部·勞動部등 전중앙부처가 協力하여 체계적인 法制 및 프로그램을 開發·準備하여야 할 것이다.

넷째, 縱的·橫的 業務分擔體系가 確立되어 있지 못한 점이 지적될 수 있다. 즉 中央政府는 定着·支援政策과 制度의 수립에 전념하고, 市·道 地方自治團體가 定着·支援執行業務를 수행하는 縱的 業務分擔體系와 統一院은 政策 및 制度의 총괄업무를 맡고 關係部處는 분야별 協助支援業務를 맡는 橫的 業務分擔體系가 확고하게 정립되어 있지는 못하다고 본다. 北韓離脫住民의 大量流入은 어느 한 部處 혹은 中央政府만으로는 감당하기 어려운 만큼 擧國的으로 對應하여야 될 課題이다.

끝으로, 統一政策的 관점에서 大量脫出難民問題에 接近하여야 할 것이다. 처음에는 가족단위의 小集團形態로 脫出하는 현상이 日常化되고, 일정한 契機를 맞아 이는 다시 2家族 이상의 集團과 그 周邊人物들을 단위로 하는 보다 큰 中規模의 集團脫出으로 擴散될 수도 있을 것이다. 1996년 12월 김경호 씨 일가 17명, 1997년에 접어들어 1월 중 김영진 씨 및 유송일 씨의 2가족 8명, 3월중 김재원 씨 부부 등 7명, 5월 중 안선국 씨 및 김원형 씨 2가족 14명 등의 集團脫出과 같은 현상이 週期的으로 擴大·反復되면서 이미 현실로 나타나고 있다. 특히 일부 언론에서는 안선국 씨 등 2가족 14명의 西海上을 통한 脫出을 최초의 韓國版 boat people로 평가하고 있다.[59] 급기야는 대규모의 大量脫出이 休戰線과 동서해상 혹은 中

---

[59] 1997년 5월 12일 안선국 씨 및 김원형 씨 등 2가족 14명이 북한 신의주 및 평안북도 철산군에서 32톤급 木造船을 이용하여 中國船舶으로 僞裝하면서 백령도 근해를 거쳐 인천항으로 歸順하였다. 안선국 씨는 그 木造船의 船長이고, 김원형 씨는 그 機關長이었다. 이 같은 海上脫出은 북한의 허술한 海岸警備를 단적으로 보여 주는 證據이며, 나아가 북한 김정일 체제의 國家管理의 危機狀況을 暗示한

國·러시아·日本을 통하여 동시다발적으로 展開될 蓋然性도 배제할 수는 없는 일이다. 경우에 따라서는 中間段階를 대폭 생략하고 바로 大脫出事態가 출현하는 상황도 가정하여 볼 수 있다. 이 같은 일련의 大量脫出事態는 곧 우리 政府의 統一政策과 直結되는 문제이므로 단순히 大量脫出事態에 대한 對應政策 및 法制의 점검·대비가 아닌 韓半島 統一戰略과 政策이라는 巨視的인 構圖 속에서 이를 예측·평가하고 對應策을 수립하여야 할 것이다. 1989년의 東獨住民 大脫出事態는 獨逸統一의 직접적 契機가 되었지만 이는 사실 世界第2次大戰 이후 50년간 西獨政府의 끊임없는 장기적이고 一貫된 統一政策을 추진한 결과라고 본다. 즉 그들은 東獨移住民들에 대한 直接支援을 최대한 억제하여 財政負擔을 최소화함으로써 아무리 大規模의 移住民流入이 발생하더라도 대응할 수 있도록 한 반면 다양한 間接支援制度와 社會適應프로그램을 수립하여 본인들이 스스로 自立·定着할 수 있도록 誘導하고, 全國的으로 分散收容함으로써 中央 및 地方政府의 負擔水準을 均等化하는 데 성공한 것이다. 과거 西獨政府의 이 같은 長期的 統一政策의 實踐事例는 높게 評價하여야 할 것이며, 우리 정부와 국민에게 주는 教訓的 의미 또한 매우 소중하다고 본다.

___

다고 볼 수 있다(동아일보 1997년 5월 13일).

제 7장
그 밖의 행정법 연구

개정국가유공자예우법 연구1)

Ⅰ. 改正意義

국가보훈법제 중 가장 중추적인 기능을 담당하는 국가유공자예우및지원에관한법률(이하 '국가유공자예우법' 또는 '법')2) 및 동법시행령3)이 개정되어 시행 중에 있다. 이번 개정에서는 국가유공자의 報償要件 및 基準을 보다 체계적으로 개편하고, 군인·경찰·공무원 등으로서 전역·퇴직 후 사망하더라도 전몰·순직군경 또는 순직공무원으로서 등록할 수 있도록 그 요건을 擴大하는 내용을 비롯하여 등록요건의 배제대상범위를 명확히 하고 등록절차 및 등록 관련제도를 합리적으로 改善하게 되었다. 아울러 보상금 지급제도, 교육보호제도, 국가유공자에 준하는 군경 등의 보상제도, 전투종사군무원 등에 대한 보상제도 등도 전반적으로 개선·정비하는 계기가 되었고, 현충시설의 효율적인 관리를 위한 제도를 확립하기 위한 규정이 새로이 마련되었다. 이에 이 글에서는 최근 개정된 국가유공자예우법의 주요개정내용을 중심으로 하여 해설은 물론 개정배경, 법제처와 국회의 審査經過 및 심사검토사항 등을 포함하여 개정내용을 구체적으로 살펴보고자 한다.

---

1) 이 글은 『법제』(법제처, 통권 제537호, 2002년 9월호)에 게재한 논문을 일부 재정리한 것이다.

2) 2002. 1. 26. 법률 제6648호로 공포되어 2002년 3월 1일부터 시행되고 있다.

3) 2002. 3. 30. 대통령령 제17565호로 공포되어 공포한 날부터 시행하되, 부칙 제1항에서는 2002년 3월 1일부터 적용하도록 하고, 예외적으로 제20조제1항·제2항 및 별표 4의 개정규정은 2002년 10월 1일부터 시행하도록 하고 있다.

II. 國家有功者의 登錄要件改善

1. 國家有功者登錄의 意義

국가유공자·그 유족 또는 가족이 법에 따른 보상을 받기 위해서는 일정한 법정의 登錄節次를 밟아야 하며, 법에서 정한 등록요건에 해당된다고 하여 곧 보상이 부여되는 것은 아니므로 일종의 등록주의를 채택하고 있다고 하겠다. 이와 같은 국가유공자 등록이란 행정청이 민원인의 등록신청에 따라 일정한 법정등록요건에 해당되는지 여부를 공적으로 認識하여 줌으로써 공적 증거력이 발생하여 법의 적용대상자로 되며, 따라서 등록이란 보상수급권의 성립요인이 된다고 볼 것이므로 이는 강학상의 公證에 가깝다고 생각되고, 행정상 등록이나 증명서발급행위 등은 이를 강학상의 공증으로 보는 견해[4]에 비추어 보더라도 그러하다고 본다.

공증이란 要式行爲로서 사실관계나 법률관계를 공적으로 증명하는 행위일 뿐이므로 이는 행정상 일정한 효과의사의 표시에 해당하는 허가·특허 등과 구분되고, 행정청이 진실이라고 認識하여 그를 공적으로 증명하여 주는 것이므로 최종적·확정적인 표시로 볼 수 없으며 따라서 행정심판이나 행정소송의 대상이 된다. 다만, 공증행위 중 토지대장에의 등재행위나 지적공부에의 기재 등과 같이 행정사무집행의 편의를 도모하고 하는 것으로서 실체적인 權利關係의 변동을 수반하지 아니하는 것은 행정행위로서의 성질을 부인하는 견해가 있다.[5][6] 그러나 國家有功者 登錄制度는 보상수급권과

---

4) 朴鈗炘, 『最新行政法講義(上)』, 2001, p.377.
   洪井善, 『行政法原論(上)』, 2002, p.332-333.

5) 柳至泰, 『行政法新論』, 2001, p.121.

6) 참고판례: 행정청의 어떤 행위가 행정소송의 대상이 되는 行政處分에 해당하는지의 여부는 그 행위의 성질·효과 이외에 행정소송제도의 목적이나 사법권에 의한 국민의 권익보호의 기능도 충분히 고려하여 합목적적으로 판단하여야 할 것인바, 행정소송제도는 행정청의 위법한 처분 그 밖에 공권력의 행사·불행사 등으로 인한 국민의 권리 또는 이익의 침해를 구제하고, 공법상의 권리관계 또는 법 적용에 관한 다

같은 실체적인 권리관계의 발생을 수반하는 것이므로 행정행위로서의 성질을 부인하기 어렵고, 판례도 또한 이 같은 견해를 취하여 오고 있다. 또한 공증행위는 일반적으로 그 성질상 羈束行爲 내지 羈束裁量行爲로 보아야 할 것이다.

2. 登錄要件의 改善必要性

가. 종래 登錄要件의 問題點

종래 전몰·순직군경이나 순직공무원의 요건을 '戰鬪 또는 이에 준하는 職務遂行 中 死亡한 者'(전몰군경), '教育訓練 또는 職務遂行 中 死亡한 者(公務상의 疾病으로 死亡한 者를 포함한다)'(순직군경), '公務로 인하여 死亡한 者(公務상의 疾病으로 인하여 死亡한 者를 포함한다)'(순직공무원) 등과 같이 주로 직무수행 중 사망하게 된 경우로 한정하고 있어 전투·직무수행 중 발생한 상이로 인하여 전역·퇴직한 후에 그 상이로 인하여 사망한 자의 경우에는 전몰·순직군경이나 순직공무원으로 등록할 수 없게 규정되어 있었다.

그러나 이는 死亡原因은 전역·퇴직한 이후에 발생한 사고나 상이가 아니라 군인·경찰·공무원 등으로 재직 중에 ① 전투 또는 이에 준하는 직무수행 중 입은 상이, ② 교육훈련 또는 직무수행 중 입은 상이, ③ 공무로 인하여 입은 상이가 원인이 되어 사망하게 된 것이므로 전몰·순직군경이나 순직공무원의 登錄要件에서 이들의 경우를 배제하는 것은 불합리한 것이며, 이들을 救濟할 수 있도록 하기 위한 등록요건 보완의 필요성이 대두되었다.

틈을 적정하게 해결함을 목적으로 하는 것이므로, 행정처분이 단지 사인 간의 法律關係의 존부를 공적으로 증명하는 公證行爲에 불과하여 그 효력을 둘러싼 분쟁의 해결이 사법원리에 맡겨져 있고, 위법한 행정처분의 취소가 국민의 권익구제나 분쟁의 근본적인 해결을 위한 적절한 수단이 되지 못하는 경우에는, 취소소송의 대상이 되지 아니한다(대법원 1991. 8. 13. 선고 90누9414 판결).

나. 大法院判例 : 登錄要件의 擴張

1994년 3월 대법원은 군인으로서 軍服務 중 疾病에 걸려 전역 후 그 질병이 原因이 되어 死亡한 경우 이를 순직군경에 해당하는 것으로 본다는 입장을 밝힌 획기적인 判例[7]를 분기점으로 하여 그 후 하급심법원은 이를 원용하여 현역복무 또는 재직 중 입은 상이로 인하여 전역 또는 퇴직한 후에 사망한 자의 경우에도 순직군경이나 순직공무원으로의 등록을 인정하는 판례가 보편화되기에 이르렀다.

[判決要旨]

구 국가유공자예우법 제4조제1항제5호에서는 '殉職軍警: 군인 또는 경찰공무원으로서 교육훈련 또는 직무수행 중 사망한 자(공무상의 질병으로 사망한 자를 포함한다)'를, 동항제6호에서는 '公傷軍警: 군인 또는 경찰공무원으로서 교육훈련 또는 직무수행 중 상이(공무상의 질병을 포함한다)를 입고 전역 또는 퇴직된 자로서 그 상이정도가 처장이 실시하는 신체검사에서 대통령령이 정하는 상이등급에 해당하는 신체의 장애를 입은 것으로 판정된 자'를 규정하고 있고, 동조제2항은 위에 해당하는 자의 기준과 범위는 대통령령으로 정한다고 규정하고 있으며, 한편 동법시행령 제3조의 2 및 별표 1에서는 '당해 질병의 발생 또는 악화가 공무수행과 상당한 인과관계가 있다고 의학적으로 판단된 질병에 의한 사망 또는 상이'를 들고 있다. 이들 규정의 취지를 종합하면, 현역에 복무 중인 군인이 教育訓練 또는 職務遂行 중 사망하거나 公務上의 疾病으로 사망한 경우에 순직군경으로 인정되는 것은 물론, 군인이었던 자가 복무 중에 공무상의 질병을 입고 轉役 또는 退職하여 그 질병 때문에 사망한 경우에도, 동법 제4조제1항제6호 규정과의 균형 있는 해석상, 동법동항제5호 소정의 '殉職軍警으로 인정된다 (다만, 그 인정범위는 동시행령 제3조의2 및 별표 1에 정하는 기준에 부합

---

7) 대법원 1994. 3. 11. 선고 93누12398 판결 국가유공자유족등록거부처분취소.

하는 경우에 한정하여야 할 것임).8)

3. 立法過程・審査經過

가. 主務部處 當初案

주무부처에서는 등록요건의 개선필요성이 대두되면서 국가유공자예우법 개정안을 마련하면서 다음과 같이 등록요건 개선안을 제시하였다. 주무부처의 당초안은 전역・퇴직 후 사망하더라도 전몰・순직군경 또는 순직공무원으로서 등록할 수 있도록 허용하는 것이지만 그 등록요건에 해당될 수 있는 死亡時點을 3년 이내까지로 한정하는 것이었다.

(1) 전몰군경의 등록요건

안 제4조제1항제3호 중 '사망한 자(군무원으로서 1959년 12월 31일 이전에 전투 또는 이에 준하는 직무수행 중 사망한 자를 포함한다)'를 '사망(군무원으로서 1959년 12월 31일 이전에 전투 또는 이에 준하는 직무수행 중의 사망을 포함한다)하거나 상이(군무원으로서 1959년 12월 31일 이전에 전투 또는 이에 준하는 직무수행 중의 상이를 포함한다)를 입고 전역(퇴역・면역 또는 상근예비역소집해제를 포함한다) 또는 퇴직(면직을 포함한다)한 날부터 3년 이내에 그 상이로 인하여 사망하였다고 의학적으로 인정된 자'로 개정하고자 하는 내용이다.

---

8) 아울러 동 판결은 당시 國防部訓令 제392호(전공사상자처리규정) 제1장제2조제1항이 순직군경의 적용 범위를 현역에 복무하는 장교, 준사관, 하사관 및 병으로 규정하고 있으나, 위 훈령은 이른바 行政官廳 內部指針에 불과하여 국민이나 법원을 구속할 수 없는 것이므로 이를 근거로 하여 순직군경의 범위를 다르게 한정하여 해석할 수도 없다고 본다.

(2) 순직군경의 등록요건

안 제4조제1항제5호 중 '군인 또는 경찰공무원으로서 교육훈련 또는 직무수행 중 사망한 자(공무상의 질병으로 사망한 자를 포함한다)'를 '사망(공무상의 질병으로 인한 사망을 포함한다)하거나 상이(공무상의 질병을 포함한다)를 입고 전역 또는 퇴직한 날로부터 3년 이내에 그 상이로 인하여 사망하였다고 의학적으로 판단된 자'로 개정하고자 하는 내용이다.

(3) 순직공무원의 등록요건

안 제4조제1항제11호 중 '공무원(군인 및 경찰공무원을 제외한다)'을 '공무원(군인 및 경찰공무원을 제외한다. 이하 제12호에서 같다)'으로, '공무로 인하여 사망한 자(공무상의 질병으로 인하여 사망한 자를 포함한다)'를 '공무수행 중 사망하거나 상이를 입고 퇴직한 날부터 3년 이내에 그 상이로 인하여 사망하였다고 의학적으로 인정된 자'로 개정하고자 하는 내용이다.

나. 主務部處의 見解

당초안을 제시한 주무부처로서 국가보훈처의 입장은 국가유공자의 전역 후의 登錄申請期間을 무제한 인정할 경우 전역 후 수십 년이 경과하여 사망하더라도 전몰군경·순직공무원 등의 등록요건에 해당한다고 볼 수밖에 없게 되는 불합리한 결과가 되고, 이는 결국 관련판례[9]에 비추어 보더라도 국가유공자의 범위를 부당하게 확대하는 것으로서 行政의 혼란을 야기할 우려가 있다는 입장이었다.

구체적으로 주무부처에서는 公務員年金法 제56조, 軍人年金法 제30조의 3에 유사입법례가 있는 점, 공무수행 중 상이를 입고 전역·퇴직한 자는 전역·퇴직한 날부터 공상군경·공상공무원 등으로 언제든지 등록이 가능

---

9) 서울고법, 1993. 4. 28. 선고 92구 18162.

한 점, 전역·퇴직 후 사망하는 자의 경우에는 장기요양·진료로 불가피하게 등록이 누락된 자를 예외적으로 구제하려는 것으로 전역·퇴직 후 사망시까지 登錄其間을 무한정 인정할 경우 전상·공상군경이나 공상공무원 등으로 등록한 후 이로 인하여 사망한 자의 경우에도 이들을 전몰·순직군경이나 순직공무원 등으로 보아야 하는 문제가 발생되어 유공자의 區分槪念 및 報勳行政上의 混亂을 초래할 우려가 큰 점, 상이를 입고 전역·퇴직하는 경우 실무상으로도 소속기관에서 당사자에게 국가유공자 등록제도를 안내하고 있을 뿐만 아니라 국가보훈처에 국가유공자 등 요건관련사실을 확인·통보하도록 하고 있는 점, 직무상 상이를 입고 전상·공상군경 등으로 등록신청을 하지 못하고 요양·입원할 경우 통상적으로 장기진료는 1～2년 정도임을 감안할 때 3년 이내로 한정한 것이 합리적이라는 입장이었다.

특히, 공무원연금법 제56조의 경우에도 퇴직 후 3년 이내에 사망한 경우에 한하여 유족연금특별가산금을 지급하도록 하고 있는 등 유사한 입법례가 있고 군인연금법·국민연금법의 경우에도 유사한 입법예가 있다는 것이다.

[公務員年金法]

제56조 (유족연금·유족연금부가금·유족연금특별 부가금 및 유족연금일시금) ① 공무원 또는 공무원이었던 자가 다음 각 호의 1에 해당하게 된 때에는 유족연금을 지급한다. 다만, 제1호의 경우 공무원이 재직 중 사망한 때에는 유족연금 외에 유족연금부가금을 따로 지급하며, 공무원이었던 자가 연금의 지급이 시작되기 전에 사망하거나 퇴직연금 또는 조기퇴직연금의 수급자가 퇴직한 날의 전날이 속하는 달의 다음달부터 3년 이내에 사망한 때에는 유족연금 외에 유족연금특별부가금을 따로 지급한다.

 1. 퇴직연금 또는 조기퇴직연금을 받을 권리가 있는 자가 사망한 때

 2. 장해연금을 받을 권리가 있는 자가 사망한 때

 ② 제1항 단서 전단의 경우 유족이 원하는 때에는 유족연금과 유족연금부가금에 갈음하여 유족연금일시금을 지급한다.

다. 法制處審査結果

(1) 審査概要

주무부처의 당초안은 기본적으로 전역·퇴직 후 사망하더라도 전몰·순직군경 또는 순직공무원으로서 등록할 수 있도록 허용하려는 점에서 그동안 논의되어 온 등록요건의 改善必要性 및 앞에서 언급한 1994년 3월의 大法院判例의 정신을 수용하려는 것으로서 타당하다고 보는 데에는 특별한 문제점이 없었다.

다만, 그 등록요건에 해당될 수 있는 死亡時點을 3년 이내까지로 한정하는 것은 군복무중 또는 재직 중에 발생한 상이나 질병을 원인으로 하여 전역·퇴직 후에 사망한 경우에는 상호 간에 因果關係가 성립된다면 등록을 허용하여야 할 것이므로 전역·퇴직 후 3년 이내에 사망한 경우로 한정하는 내용은 법리상 부적절한 것으로 검토하였다.[10] 국가유공자제도란 국가에 대한 희생과 공헌사실을 기초로 하여 그것이 인정되는 자에 대하여 국가유공자로서 應分의 禮遇와 報償을 하여 주려는 것이다. 따라서 이 같은 실체적인 자격요건을 갖춘 자에 대하여는 언제라도 등록기회를 보장하는 것이 타당하며, 절차적 요건인 등록을 함에 있어 그 등록기간에 제한을 두는 것은 부적절하다. 등록지연의 경우에는 그 지연된 기간만큼 보상을 받지 못하는 불이익이 있을 뿐이며, 등록지연을 이유로 국가유공자의 실체적인 자격요건 자체를 부인하려는 것은 옳지 못하다고 본다.

또한, 전몰군경의 종전요건에서는 '전투 또는 이에 준하는 직무수행 중 사망한' 경우로 규정되어 있으나, 순직공무원의 경우에는 '공무로 인하여 사망한 자'로 규정되어 있는 점에서 공무로 인하여 사망하는 경우에는 오히려 종래요건에 비하여 수혜범위가 축소될 우려까지 있다는 점도 지적되었다.

---

10) 法制處, 『법률안심사경과보고서』(2001. 11.8.).

(2) 憲裁判例의 시사점

전물·순직군경이나 순직공무원의 등록요건을 군인·경찰·공무원이 직무수행 중 또는 재직 중 직무로 인하여 입은 상이·질병으로 전역·퇴직한 이후에 사망하는 자의 경우까지로 확대하는 경우 그 사망 시기를 전역·퇴직한 후 3년 이내까지로 制限하는 것이 타당한지 여부의 문제와 관련하여 2001년 6월의 다음과 같은 헌재판례[11]는 매우 명확한 판단의 기준을 제시한다.

[憲裁決定要旨]

구 고엽제후유의증환자지원등에관한법률 제8조제1항1호 등과 관련하여 이 사건을 살펴볼 때, 월남전에 참전하여 고엽제후유증에 이환되었다가 그로 인하여 死亡하였다는 점에서 本質的으로 同一한 사람들 중 생전에 등록신청을 하지 아니한 일부 사람에 대하여는 그들이 고엽제후유증으로 사망한 것인지 여부를 판정받을 機會마저 배제하는 것이 되고 이는 偶然한 事情에 의하여 좌우되는 환자의 死亡時期 또는 사망 전에 등록신청을 하였는지 여부 등에 의하여 보상을 위한 등록신청의 資格有無를 구별하는 중요한 차별을 행하는 것이 되어 불합리하다. 결국 동법 시행 후 고엽제후유증으로 사망한 자의 유족에 대하여 환자가 생전에 등록신청을 한 여부를 기준으로 하여 유족의 登錄申請資格 有無를 결정하는 이 사건 관련 법률조항은 이 법 시행 후 등록신청 없이 고엽제후유증으로 사망한 자의 유족을 합리적인 이유 없이 恣意的으로 구별하여 차별하는 위헌적인 법률이라고 할 것이다.

---

11) 헌법재판소 2001. 6. 28. 99헌마516 고엽제후유의증환자지원등에관한법률 제8조제1항제1호 등 위헌확인.

(3) 公務員年金法 立法例의 檢討

주무부처의 견해에 의하면, 공무원연금법 제56조에 유사한 입법례가 있다는 지적에 대하여는 살펴보면, 이는 공무원이었던 퇴직연금수급자가 퇴직후 3년 이내에 사망한 경우에는 유족연금 외에 遺族年金特別附加金을 따로 지급한다는 규정으로서,

첫째, 공무원연금법은 직업공무원제도를 지탱시켜 주는 역할을 맡고 있는 법으로서 단지 공무원의 퇴직·사망 사실에 기초하여 안정된 연금을 지급함으로써 당해 공무원 및 유족의 生活安定과 福利向上에 기여하기 위한 것이며, 국가유공자법은 국가를 위하여 공헌하거나 희생한 국가유공자와 그 유족에 대하여 應分의 禮遇와 報償을 행함으로써 이들의 생활안정을 도모하고 국민의 애국정신함양에 이바지하기 위한 것이므로 이들 2개 법률은 기본적으로 그 입법목적을 달리하는 점,

둘째, 따라서 공무원연금 또는 그 유족연금을 받는 자는 위 2개의 법률 간에 서로 입법목적이 다른 만큼 추가로 국가유공자요건에 해당될 경우에는 국가유공자로서의 응분의 예우 및 보상을 당연 받을 수 있는 것이고, 이에 따른 이중보상의 문제는 일반적으로 발생하지 아니하는 점,

셋째, 공무원연금법에서는 공무원이었던 자가 사망하면 그 사망원인을 따지지 아니하고 기본연금으로서 '유족연금'을 본인연금의 70% 수준에서 지급하되, 다만 퇴직 후 3년 이내에 사망한 경우에는 추가로 미미한 금액에 불과한 유족연금특별부가금을 지급한다는 점에 비추어 이 같은 유족연금특별부가금의 퇴직 후 3년 이내 지급제도를 국가유공자 등록시청기간의 전역·퇴직 후 3년 이내 제한과 유사한 제도로 보아서는 아니 될 것이다.

[공무원연금법]

제1조(목적) 이 법은 공무원의 퇴직 또는 사망과 공무로 인한 부상·질병·폐질에 대하여 적절한 급여를 실시함으로써, 공무원 및 그 유족의 생활안정과 복리향상에 기여함을 목적으로 한다.

[국가유공자등예우및지원에관한법률]

제1조 (목적) 이 법은 국가를 위하여 공헌하거나 희생한 국가유공자와 그 유족에 대한 응분의 예우와 국가유공자에 준하는 군경 등에 대한 지원을 행함으로써 이들의 생활안정과 복지향상을 도모하고 국민의 애국정신함양에 이바지함을 목적으로 한다.

(4) 行政混亂초래의 問題點 檢討

주무부처의 견해에 따르면, 전역·퇴직 후의 사망기간을 무제한 인정할 경우 전역·퇴직 후 장기간 경과하여 사망하더라도 전물군경·순직공무원에 해당한다고 볼 수밖에 없어 행정상의 혼란을 야기하게 된다는 것이고 그 근거로서 전술한 서울고법판례[12]를 제시함에 따라 동 판례를 중심으로 살펴보면,

첫째, 원고인 유족의 주장은 본인이 군복무 중 얻은 뇌하수체종양이 격무로 말미암아 치료의 적기를 놓치는 바람에 악화되어 사망하였다고 하는 점,

둘째, 위 사건에 대하여 재판부는 구법 제4조제1항제5호에는 순직군경에 관하여 '군인 또는 경찰공무원으로서 교육훈련 또는 직무수행 중 사망한 자(공무상 질병으로 사망한 자를 포함한다)'를 등록요건을 규정하고 있으므로 사망 시 이미 군인으로서의 신분을 상실하였다면 비록 그 군인신분을 가진 기간 중에 얻은 질병이라고 하더라도 그 문면상 순직군경의 요건에 해당되지 아니하는 점,

셋째, 또한 구법 제4조제1항제6호에는 '군인 또는 경찰공무원으로서 교육훈련 또는 직무수행 중 상이(공무상 질병을 포함한다)를 입고 전역 또는 퇴직된 자로서 그 상이정도가 처장이 실시하는 신체검사에서 대통령령이 정하는 상이등급에 해당하는 신체의 장애를 입은 것으로 판정된 자'로 그 등록요건을 규정하고 있으나, 본인은 위 뇌하수체종양 때문에 전역한 것이 아

---

12) 서울고법 1993. 4. 28. 선고 92구 18162.

니고 본인의 원에 의하여 명예 전역한 것이므로 동 요건에 해당되지 아니한다는 점,

넷째, 재판부는 그 밖에 사망의 원인이 되는 질병의 증세가 공무수행 중 조금만 나타난 경우라면 모두 순직군경·공상군경에 해당된다고 하면, 예컨대 수십 년이 경과한 후 사망하여도 이를 순직군경·공상군경에 해당한다고 볼 수밖에 없어 결국 국가유공자의 범위를 부당하게 확대시키는 결과가 된다고 보는 점

다섯째, 따라서 위 판결은 구법 제4조제1항제5호 및 제6호에서 '교육훈련 또는 직무수행 중' 사망한 자(공무상 질병으로 사망한 자를 포함한다) 또는 상이를 입은 자로 명문으로 규정하고 있음을 전제로 하고 있어 '교육훈련 또는 직무수행 중'에 사망 또는 상이를 입어야만 그 요건에 해당된다고 본 점,

여섯째, 사망원인이 되는 질병이 '공무수행 중 조금만 나타난 경우라도' 이를 모두 순직군경·공상군경으로 인정한다면 이 같은 가정하에서는 국가유공자 범위를 부당하게 확대하게 된다는 것이므로 위 판례상 관련 질병의 '증세가 공무수행 중 조금만 나타난 것이라도'라는 요건은 개정안의 '공무수행 중 입은 상이(공무상의 질병을 포함한다)로 인하여 사망하였다고 의학적으로 인정된 경우'라는 요건과는 전혀 다른 점에 비추어 위 서울고법의 판례의 취지를 이 개정안에 반영하기는 곤란하다고 사료된다.

이상과 같은 심사결과, 주무부안의 전몰·순직군경 및 순직공무원의 등록요건 중 '3년 이내'로 등록시청기간을 한정하는 부분은 이를 각각 削除하였으며, 이는 국무회의의 심의를 거쳐 대통령의 재가를 받고 정부안으로 확정되어 국회에 제출되었다.

라. 國會審査結果

(1) 國會修正內容 및 解釋論的 檢討

국회심사과정에서는 정부안에서 제시된 전몰·순직군경 및 순직공무원의

등록요건 중에 각각 제6조제1항의 규정에 의한 登錄申請 이전에 군복무 또는 재직 중에 입은 상이·질병으로 인하여 사망하였다고 의학적으로 인정된 자로 수정하여 '제6조제1항의 규정에 의한 登錄申請 이전에'라는 새로운 요건을 추가하였다. 이 같은 새로운 요건이 구체적으로 어떤 논의과정을 거쳐 추가되었는지 여부에 관하여는 파악하기는 어렵다.

등록신청 이전이란 追加要件은 제6조제1항의 규정에 의한 전몰·순직군경이나 순직공무원 등의 등록신청 이전을 의미하는지, 전상·공상군경이나 공상공무원의 등록신청 이전을 의미하는지 또는 2가지 모두를 의미하는지의 여부가 불명확하지만, 전후문맥에 비추어 보거나 文理解釋에 의할 때에 2가지 등록신청의 경우를 모두를 포함하는 뜻으로 보아야 될 것으로 사료되며, 그렇게 볼 경우에는 사망 이전에 사망으로 인한 등록신청을 하는 경우란 논리적으로 불가할 뿐만이 아니라 社會通念에 비추어 보더라도 비현실적이라고 볼 것이므로 이 같은 추가요건은 전역·퇴직 후에 사망하는 자의 경우 항상 사망 이후에 전몰·순직군경이나 순직공무원 등의 등록신청을 하게 된다는 점에서 결국 특별한 의미를 갖지 못하는 것이라고 보인다. 이 같은 관점에서 등록요건을 해석할 때 정부의 당초 개정논의와 정부안의 개정취지 및 심사결론과도 맥을 같이 하게 된다고 사료된다.

(2) 政府案·國會修正事項 比較

국가유공자 등록요건 중 법 제4조제1항제3호의 戰歿軍警의 구체적 事例를 통하여 개정전규정·주무부처안·법제처심사안 및 국회수정안을 비교·검토하면 다음과 같다. 순직군경·순직공무원의 경우에도 이들 사례와 매우 유사하다.

a. 改正前規定

3. 전몰군경: 군인 또는 경찰공무원으로서 전투 또는 이에 준하는 직무수

행 중 사망한 자(군무원으로서 1959년 12월 31일 이전에 전투 또는 이에 준하는 직무수행 중 사망한 자를 포함한다)

b. 主務部處案

3. 전몰군경: 군인 또는 경찰공무원으로서 전투 또는 이에 준하는 직무수행 중 사망(군무원으로서 1959년 12월 31일 이전에 전투 또는 이에 준하는 직무수행 중의 사망을 포함한다)하거나 상이(군무원으로서 1959년 12월 31일 이전에 전투 또는 이에 준하는 직무수행 중의 상이를 포함한다. 이하 제4호에서 같다)를 입고 전역(퇴역·면역 또는 상근예비역소집해제를 포함한다. 이하 같다) 또는 퇴직(면직을 포함한다. 이하 같다)한 날로부터 3년 이내에 그 상이로 인하여 사망하였다고 의학적으로 판단된 자

c. 法制處審査案

3. 전몰군경: 다음 각목의 1에 해당하는 자
가. 군인 또는 경찰공무원으로서 전투 또는 이에 준하는 직무수행 중 사망한 자(군무원으로서 1959년 12월 31일 이전에 전투 또는 이에 준하는 직무수행 중 사망한 자를 포함한다)
나. 군인 또는 경찰공무원으로서 전투 또는 이에 준하는 직무수행 중 상이를 입고 전역(퇴역·면역 또는 상근예비역소집해제를 포함한다. 이하 같다) 또는 퇴직(면직을 포함한다. 이하 같다)한 후 그 상이로 인하여 사망하였다고 의학적으로 인정된 자(군무원으로서 1959년 12월 31일 이전에 전투 또는 이에 준하는 직무수행 중 상이를 입고 퇴직한 후 그 상이로 인하여 사망하였다고 의학적으로 인정된 자를 포함한다)

4. 國會修正案

3. 전몰군경: 다음 각목의 1에 해당하는 자

가. 군인 또는 경찰공무원으로서 전투 또는 이에 준하는 직무수행 중 사망한 자(군무원으로서 1959년 12월 31일 이전에 전투 또는 이에 준하는 직무수행 중 사망한 자를 포함한다)

나. 군인 또는 경찰공무원으로서 전투 또는 이에 준하는 직무수행 중 상이를 입고 전역(퇴역·면역 또는 상근예비역소집해제를 포함한다. 이하 같다) 또는 퇴직(면직을 포함한다. 이하 같다)한 후 제6조제1항의 규정에 의한 등록신청 이전에 그 상이로 인하여 사망하였다고 의학적으로 인정된 자(군무원으로서 1959년 12월 31일 이전에 전투 또는 이에 준하는 직무수행 중 상이를 입고 퇴직한 후 제6조제1항의 규정에 의한 등록신청 이전에 그 상이로 인하여 사망하였다고 의학적으로 인정된 자를 포함한다)

5. 登錄要件 改正內容

가. 登錄要件의 擴大

(1) 戰歿軍警

(가) 군인 또는 경찰공무원으로서 戰鬪 또는 이에 준하는 職務遂行 중 死亡한 자(군무원으로서 1959년 12월 31일 이전에 戰鬪 또는 이에 준하는 職務遂行 중 死亡한 자를 포함한다)

(나) 군인 또는 경찰공무원으로서 戰鬪 또는 이에 준하는 職務遂行 중 傷痍를 입고 轉役(퇴역·면역 또는 상근예비역소집해제를 포함한다) 또는 퇴직(면직을 포함한다)한 후 법 제6조제1항의 규정에 의한 등록신청 이전에

그 傷痍로 인하여 死亡하였다고 의학적으로 인정된 자(군무원으로서 1959
년 12월 31일 이전에 전투 또는 이에 준하는 職務遂行 중 傷痍를 입고 退
職한 후 법 제6조제1항의 규정에 의한 등록신청 이전에 그 傷痍로 인하여
死亡하였다고 의학적으로 인정된 자를 포함한다)

(2) 殉職軍警

(가) 군인 또는 경찰공무원으로서 教育訓練 또는 職務遂行 중 死亡한
자(公務上의 疾病으로 死亡한 자를 포함한다)

(나) 군인 또는 경찰공무원으로서 教育訓練 또는 職務遂行 중 傷痍(公務
上의 疾病을 포함한다)를 입고 전역 또는 퇴직한 후 법 제6조제1항의 규정
에 의한 등록신청 이전에 그 傷痍로 인하여 死亡하였다고 의학적으로 인정
된 자

(3) 殉職公務員

(가) 국가공무원법 제2조 및 지방공무원법 제2조에 규정된 공무원(군인
및 경찰공무원을 제외한다)과 국가 또는 지방자치단체에서 일상적으로 공무
에 종사하는 대통령령이 정하는 직원으로서 公務로 인하여 死亡한 자(공무
상의 질병으로 인하여 사망한 자를 포함한다)

(나) 국가공무원법 제2조 및 지방공무원법 제2조에 규정된 공무원(군인
및 경찰공무원을 제외한다)과 국가 또는 지방자치단체에서 일상적으로 공무
에 종사하는 대통령령이 정하는 직원으로서 公務로 인하여 傷痍(공무상의
질병을 포함한다)를 입고 退職한 후 법 제6조제1항의 규정에 의한 등록신
청 이전에 그 상이로 인하여 사망하였다고 의학적으로 인정된 자

나. 새 登錄要件의 具體的 基準 및 범위

(1) 施行令상의 具體的 基準 및 범위

새로운 등록요건을 적용함에 있어서의 구체적인 기준 및 범위는 대통령령으로 정하도록 위임함에 따라 시행령 제3조제1항 및 별표1에서 이를 구체적으로 규정하고 있다. 그리고 등록요건의 구체적인 기준 및 범위 중 '상이를 입고 그 상이로 인하여 사망하였다고 의학적으로 인정된 자'라 함은 그 상이로 인하여 사망하였음이 醫療法 제18조·제20조 또는 제21조의 규정에 의한 診斷書·檢案書·증명서·臨床所見書·치료경위서·診療記錄簿 또는 간호기록부 그 밖에 의료관련법령에 의한 진료관련기록으로서 총리령이 정하는 것에 의하여 의학적·객관적으로 인정된 자를 말한다.

(2) 施行令案의 審査經過

주무부안 제3조제3항에서는 모법 제4조제2항의 규정에 의한 국가유공자 등록요건 인정의 기준과 범위는 별표 1과 같다고 규정하고, 별표 1을 종전과 동일하게 규정하였다. 개정된 모법 제4조제2항에서는 동항제1호 내지 제6호의 사항에 관한 구체적인 기준 및 범위를 시행령에 위임하고 있음에도 불구하고 주무부안 별표 1에서는 종전의 규정내용을 그대로 유지하고자 하는 것이어서 이는 개정된 모법의 신설위임사항을 규정하려는 것으로서는 그 형식과 내용에 있어서 부적절하다. 구체적으로 살펴보면, 모법 제4조제2항제1호에서는 '제1항제3호가목: 戰鬪 또는 이에 준하는 직무수행 중 死亡한 자'의 구체적 기준 및 범위를 위임하고 있으나, 시행령안 별표 1에서는 동 위임내용과는 달리 '전몰·전상'의 기준과 범위를 '전투 또는 전투에 준하는 직무수행 중 발생한 사망 또는 상이'로 정하는 내용이어서 법령의 體系를 갖추지 못하므로 위임받은 내용에 맞추어 시행령 별표 1을 대폭 정비하여 개정하였다.

6. 그 밖의 登錄制度 改正內容

가. 登錄要件排除 대상범위의 明確化

국가유공자의 일정한 요건에 해당되는 자라고 하더라도 ① 불가피한 사유 없이 본인의 故意 또는 重過失로 인한 것이거나 불가피한 사유 없이 관련법령 또는 소속상관의 명령을 현저히 위반하여 발생한 경우, ② 공무를 이탈한 상태에서의 사고 또는 재해로 인한 경우, ③ 장난·싸움 등 직무수행으로 볼 수 없는 私的인 行爲가 원인이 된 경우, ④ 자해행위로 인한 경우로서 그로 인하여 사망 또는 상이를 입은 때에는 등록대상 국가유공자와 그 유족 또는 가족에서 이를 제외하도록 법률에 明文化하였다. 이는 종전에 시행령에서 규정하였던 내용이다. 그러나 종전의 이와 같은 하위법령상의 규정은 모법에서 정한 국가유공자 등록요건의 범위를 특별한 위임근거 없이 하위법령에 의하여 限定하게 된다는 점이 지적될 수 있다고할 것이다. 따라서 법제처 심사과정에서 이 같은 하위법령상의 규정내용을 登錄要件을 정하고 있는 모법의 해당조항으로 끌어 올려 규정하게 되었다.

나. 登錄節次 및 登錄要件審査制度 改善

(1) 登錄節次의 簡素化

국가유공자·그 유족 또는 가족의 요건에 해당되는 자가 국가보훈처장에게 동록신청을 하는 경우에는 원칙적으로 보훈심사위원회의 審議·議決을 거쳐서 법의 적용을 받는 국가유공자·그 유족 또는 가족으로 결정·등록하고 있다. 이번 개정에서 국가보훈처장은 국가유공자 등의 요건이 객관적인 사실에 의하여 확인된 경우, 즉 ① 賞勳法에 의한 무공훈장·보국훈장 또는 건국포장을 수여받은 사실이 훈장증·포장증 또는 수여증명 서류에

의하여 확인된 경우, ② 호적등본 또는 제적등본 등 공적인 기록에 의하여
국가유공자 · 지원대상자와 그의 유족 또는 가족의 신분요건이 확인된 경우
보훈심사위원회의 심의 · 의결을 거치지 아니하고 생략할 수 있도록 하여
신속하게 登錄節次를 마칠 수 있도록 개선하였다.

(2) 登錄要件審査制度 改善問題

(가) 主務部處의 施行令案

법 제9조의2에 제4항을 신설하여 보훈심사위원회는 국가유공자 등의 요
건해당 여부에 대하여 심의 · 의결을 함에 있어서 因果關係는 의학적 · 자
연과학적으로 명백한 객관적인 자료에 의하여 입증되지 아니하더라도 사실
적 · 환경적인 제반사정을 종합적으로 고려할 때 당해 전투 · 직무수행 · 공
무등과 사망 또는 상이와의 사이에 상당한 인과관계가 있다고 推定되는 경
우에는 그 요건해당의 立證이 있다고 보아야 하고, 당해 전투 · 직무수행 ·
공무 등과 사망 또는 상이와의 인과관계는 해당 당사자의 건강과 신체조건
등을 기준으로 판단하여야 하도록 하며, 질병의 경우에는 직무수행 등이 당
해 질병과 직접적인 인과관계가 없더라도 과중한 직무수행 등이 競合되어
당해 질병이 발생하였거나 직무상의 과로로 인하여 자연적 · 통상적인 진행
속도 이상으로 해당 질병이 급격히 악화된 경우에도 직무수행 등과 당해
질병과의 사이에는 상당한 因果關係가 있다고 보도록 하려는 것이다.

[주무부안]

④보훈심사위원회는 제1항의 규정에 의한 요건의 해당 여부에 대하여 심
의 · 의결을 함에 있어서는 다음 각 호의 사항을 고려하여 판단하여야 한다.
1. 인과관계는 의학적 · 자연과학적으로 명백한 객관적인 자료에 의하여
   입증되지 아니하더라도 사실적 · 환경적인 제반사정을 종합적으로 고
   려할 때 당해 전투 · 직무수행 · 교육훈련 또는 공무 등과 사망 또는

상이와의 사이에 상당한 인과관계가 있다고 추정되는 경우에는 그 요
건해당의 입증이 있다고 보아야 한다.

2. 당해 전투·직무수행·교육훈련 또는 공무 등과 사망 또는 상이와의
   인과관계는 해당 당사자의 건강과 신체조건 등을 기준으로 판단하여
   야 한다.

3. 질병의 경우, 직무수행·교육훈련 또는 공무 등이 당해 질병과 직접적
   인 인과관계가 없더라도 과중한 직무수행 등이 경합되어 당해 질병이
   발생하였거나 직무상의 과로로 인하여 자연적·통상적인 진행속도 이
   상으로 해당 질병이 급격히 악화된 경우에도 직무수행 등과 당해 질
   병과의 사이에는 상당한 인과관계가 있다고 보아야 한다.

(나) 審査結果

시행령안 제9조의2제4항제1호에서는 제반사정을 종합적으로 고려할 때
전투·직무수행·공무 등과 사망·상이와의 사이에 상당한 인과관계가 있
다고 推定되는 경우에는 그 등록요건 해당의 立證이 있다고 보아야 한다는
因果關係 立證擬制의 규정을 마련하려는 것이다.

그러나 상당한 인과관계가 推定된다고 하여 곧 등록요건을 立證한 것과
같이 擬制하도록 강제하는 것은 모법 제4조제1항의 등록요건규정에 의하여
등록요건에 해당되지 못함에도 불구하고 이 영에서 모법의 등록요건규정에
해당되는 것으로 의제하려는 것으로 보인다. 이는 모법의 등록요건규정을
사실상 변경 또는 擴張하는 의미가 있으므로 동 등록요건규정의 입법취지
에 반하는 면이 있다고 보겠으며, 특별한 위임근거 없이 이 영에 이와 같은
등록요건 의제규정을 두는 것은 법률적으로 무리한 입법이며, 因果關係의
立證擬制가 되는 요건은 보훈심사위원회가 사실적·환경적인 제반 사정을
종합적으로 고려할 때 '상당한 인과관계가 있다고 추정되는 경우'에 해당된
다고 판단하면 충족이 되는바, 이 같은 입증의제요건은 명확하게 객관적으
로 판단 가능한 것이라고 보기는 어려워 결국 主觀的·裁量的으로 행사될

수밖에 없는 것이다. 따라서 증거가 없거나 부족한 경우 주관적·재량적 판단에 따라 선별적으로 등록가능하게 되는 것이며, 재량권남용 및 형평성 문제 확산 등의 문제점과 민원의 우려가 클 것으로 사료되었다.[13] 이에 따라 시행령개정안에서 삭제하되, 향후 면밀한 검토를 거친 후에 그 결과에 따라 모법에의 반영 여부를 결정하도록 하는 것이 바람직하다고 보았다.

다. 變動申告制度의 改善·補完

종전에는 등록신청대상자는 국가유공자·그 유족 또는 가족이 死亡·國籍喪失·등록요건불해당·주소변동 등 일정한 사유가 발생한 경우에는 지체 없이 이를 국가보훈처장에게 申告하여야 하도록 규정하였으나, 수명의 유족이나 가족 중에서 구체적으로 누가 신고의무를 부담하는지 여부가 불명확한 점이 있었으므로 이 같은 문제점을 해소하기 위하여 구체적인 신고의무자를 국가유공자 본인 또는 先順位 遺族으로 특정하도록 하였다. 아울러 국가보훈처장은 변동신고를 받은 때에는 유족의 순위변경, 등록결정의 취소, 추가등록결정 등의 후속조치사항을 반드시 그 신고인에게 通報하도록 하여 제도적으로 보완하였다.

라. 身體檢査節次의 簡素化

국가보훈처장은 법의 적용대상자로 될 상이를 입은 자의 판정과 그가 입은 상이정도 또는 상이처의 변경 등으로 인한 상이등급을 판정하기 위하여 국가보훈처장은 신체검사를 실시하여야 한다. 그러나 모법에서는 예외적으로 대통령령이 정하는 일정한 사유에 해당하는 경우로서 서면심사에 의하여 상이등급을 판정할 수 있다고 인정되는 경우에는 신체검사를 생략할 수

---

13) 당시 법무부의 실무의견 역시 시행령에서 전투·직무수행·공무등과 사망·상이와의 사이에 상당한 因果關係가 있다고 추정되는 경우 그 인과관계를 의제한다고 규정한 내용은 부적절하다는 의견이 제시되었다.

있다. 이 같은 書面審査에 의하는 사유로서 종전에는 전역 또는 퇴직일부터 3년이 경과하지 아니한 자로서 본인의 귀책사유 없이 신체검사를 받지 못하고 사망한 자로 限定하였으나, 이번 개정에서는 동 요건을 신체검사대상자 또는 상이가 추가로 인정된 자로서 본인의 귀책사유 없이 당해 신체검사를 받지 못하고 사망한 경우로 확대하고, 그 밖에 行政審判의 재결 또는 법원의 確定判決에 따라 상이등급의 판정이 필요한 경우에도 書面審査에 의할 수 있도록 개선하였다.

마. 傷痍의 追加認定節次 明文化

국가보훈처장은 국가유공자 또는 국가유공자에 준하는 군경 등이 傷痍의 追加認定을 신청한 때에는 보훈심사위원회의 심의·의결을 거쳐 그 인정여부를 결정하도록 하고, 상이를 추가로 인정받은 자는 당해 상이의 추가인정을 신청한 날에 재분류신체검사를 신청한 것으로 보도록 하는 규정을 신설하였다.

Ⅲ. 報償金支援制度 改善

1. 報償受給權 消滅時期의 명문화

국가유공자·그 유족 또는 가족, 국가유공자에 준하는 군경 등에 해당하는 자가 死亡·國籍喪失·등록요건불해당 등의 사유가 발생한 때에는 그 사유가 발생한 날이 속하는 달의 다음 달부터 법에 의하여 보상을 받을 權

利가 消滅되도록 하였다. 국가유공자·그 유족 또는 가족, 국가유공자에 준하는 군경 등에 해당하는 자가 허위 또는 그 밖의 부정한 방법으로 등록 결정을 받은 사실이 밝혀진 경우, 국가유공자의 과거 소속기관의 장이 통보한 국가유공자 등의 요건관련사실에 중대한 欠缺이 있어 국가유공자 등록 요건에 해당되지 아니하는 것으로 밝혀진 경우에는 이 법에 의하여 보상을 받을 권리가 발생하였던 날로 遡及하여 그 권리가 소멸되도록 하였다. 국가보훈처장은 이와 같은 허위·부정에 의한 등록결정이나 등록요건사실에 중대한 흠결이 있는 경우에 해당되는지의 여부를 판정함에 있어서 그와 관련된 사실을 조사·확인하여 보훈심사위원회의 심의·의결을 거쳐야 한다. 국가유공자 등 본인의 보상을 받을 권리가 소멸된 경우에는 그의 유족 또는 가족의 보상을 받을 權利도 함께 消滅된다. 아울러 국가유공자의 과거 소속기관의 장은 위와 같은 사실을 인지하게 된 때에는 지체 없이 그 내용을 국가보훈처장에게 통보하여야 한다.

2. 未支給報償金 支給制度의 補完

武功榮譽手當 또는 6·25戰歿軍警子女手當을 받을 자가 사망하거나 1년 이상 계속하여 행방불명인 때에는 그 지급이 확정된 무공영예수당 또는 6·25전몰군경자녀수당은 이를 연금·생활조정수당 또는 간호수당의 경우와 마찬가지로 법 제17조제1항 또는 제2항의 규정에 의한 死亡一時金의 支給例에 따라 지급하도록 하였다.

IV. 敎育保護制度 改善

1. 敎育保護支援體系의 改善

敎育保護란 국가유공자·그 유족 또는 가족이 건전한 사회인으로 자립할 수 있도록 초·중등교육법 및 고등교육법에 의한 학교, 평생교육법에 의한 平生敎育施設 및 학점인정등에관한법률에 의하여 평가인정을 받은 학습과정을 운영하는 교육훈련기관 등을 통하여 필요한 교육을 받을 수 있도록 하기 위하여 국가가 행하는 보상지원의 일환이다.

종전법률에서는 교육보호대상자를 전상군경·공상공무원 등의 본인, 전몰군경·순직공무원 등의 배우자, 전상군경·공상공무원 등의 자녀, 국가유공자 사망 시의 자녀의 4개 군으로 분류하고 각각 그에 대응하는 敎育保護實施機關을 명시하되, 국가유공자 자녀의 경우에는 법에서 원칙적으로 고등학교 이하의 학생인 경우에 한하여 지원받을 수 있도록 硬直되게 규정하고 예외적으로 대학에 다니는 국가유공자 자녀의 경우에는 대통령령이 정하는 바에 따라서 입학금·수업료를 면제할 수 있도록 하였으나, 개정법률에서는 교육보호대상과 교육보호를 실시하는 교육기관을 각각 분리하여 별도로 규정하되, 학자금의 支給對象·支給額 등을 대통령령에서 규정하도록 함으로써 하위법령을 통하여 보다 彈力的으로 운용할 수 있도록 개선하였다. 시행령에서는 교육보호대상자가 모법에 규정된 각 교육기관에 재학 중인 때에는 그 수업료 등(입학금·기성회비와 중·고등학교의 학교운영지원비 또는 육성회비를 포함한다)을 면제를 받는다는 점을 명확하게 규정하고 있다고 하겠다.

그리고 교육보호를 실시하는 대상교육기관에 새로이 平生敎育法 및 學點認定등에관한法律에 의한 교육훈련시설을 추가하는 등 이들 대상교육기관을 ① 중학교·고등학교 그 밖에 이에 준하는 학교, ② 대학(산업대학·

교육대학·전문대학·방송대학·통신대학·방송통신대학 및 기술대학을 포함한다) 그 밖에 이에 준하는 학교, ③ 평생교육법에 의하여 학력이 인정되는 평생교육시설, ④ 학점인정등에관한법률에 의하여 평가인정을 받은 학습과정을 운영하는 교육훈련기관으로 규정하여 보다 體系化하였다.

2. 敎育保護支援節次의 補完

국가는 국가유공자의 자녀가 私立의 大學(원격대학 형태의 평생교육시설과 전문대학 이상의 학위취득에 필요한 학점이 인정되는 학습과정을 운영하는 교육훈련기관을 포함한다)이 수업료 등을 면제한 경우 그 면제한 금액의 반액을 당해 교육기관에 보조하도록 하고 있다. 이 같은 모법의 규정에 맞추어 이번 개정 시행령에서는 사립의 대학 등에 대한 補助金支給節次를 신설하였다.

구체적으로 살펴보면, 면제하여 준 수업료 등의 半額을 보조받고자 하는 사립의 대학 등의 장은 보조금교부신청서를 당해 대학 등의 소재지를 관할하는 지방보훈청장 또는 보훈지청장에게 제출하여야 하며, 이를 접수한 관할 청장 또는 지청장은 이를 확인하여 보조금 지급여부를 결정하고 그 사실을 통지하도록 하고, 대학 등의 소재지를 관할하는 지방보훈청장 또는 보훈지청장은 수업료 등을 免除한 대학 등의 장에게 그 면제사실을 확인하기 위하여 필요한 성적 등 자료의 제출을 요청할 수 있도록 규정하였다.

V. 그 밖의 報償制度 改善

1. 國家有功者에 準하는 軍警 등에 대한 報償制度 改善

가. 從前規定의 立法趣旨 및 問題點

국가유공자에 준하는 군경 등에 대한 보상제도를 둔 입법취지는 국가유공자로서 사망·상이요건 등 一般的인 登錄要件은 국가유공자로 등록되는 자와 똑같이 충족되지만, 本人過失이 인정되는 경우라서 국가유공자로서 등록하기는 부적절한 자의 경우 이를 국가유공자의 등록요건에서 제외시키되, 경제적인 혜택인 보상은 국가유공자와 거의 동등한 수준으로 지원하여 주기 위한 것이라고 볼 것이다.

종전에는 구법 제4조제3항에서 동조제2항으로 정하는 국가유공자의 등록기준과 범위에 해당되지 아니하는 자·그 유족 또는 가족에 대하여는 따로 이 법에서 정하는 바에 따라 報償을 할 수 있다고 규정하고, 동법 제73조의2에서 국가보훈처장은 이들 중 일정한 요건에 해당하는 군인·경찰공무원 그 밖의 공무원 등으로서 순직·공상군경, 순직·공상공무원의 登錄要件 및 동법시행령으로 정하는 구체적인 登錄基準 및 범위에 해당되지 아니하는 경우에 순직·공상기준에 준하는 사유로 사망하거나 상이를 입은 때에는 국가유공자의 경우에 준하여 보상을 하되, 그 보상정도를 달리할 수 있도록 하여 왔다. 이 같은 종래의 규정은 위의 입법취지가 충분히 반영되어 있지 못하다고 보이는 점, 본인과실에 관한 사유가 법에 명시되어 있지 못한 점 등의 문제점이 제기된다.

나. 主務部處의 當初案

주무부처의 당초안은 국가유공자에 준하는 군경 등에 보상요건 중 사망에 관한 부분에서 '死亡하거나(상이를 입고 사망한 경우를 포함한다)'라는 내용을 '사망(상이를 입고 전역 또는 퇴직한 날로부터 3년 이내에 그 상이로 인하여 사망하였다고 의학적으로 판단된 경우를 포함한다)하거나'라는 내용으로 개정하려는 것이다.

안 제73조제1항 전단에서는 동조의 적용요건으로서 우선 법 제4조의 등록요건에 적합하여야 될 것을 전제로 하므로 자동적으로 국가유공자 등록요건을 적용할 수밖에 없게 되어 공무상의 질병으로 인하여 사망하였는지 여부 등의 의학적인 인정기준에 관하여 따로 준용규정을 추가할 필요는 없다고 보인다. 아울러 종래의 규정과 마찬가지로 이미 살펴본 입법취지가 충분히 반영되어 있지 못하고 본인과실에 관한 사유가 법에 직접 명시되어 있지 못한 문제점이 남고, 다른 한편에서는 상이를 입고 전역·퇴직한 후 3년 이내에 사망할 것을 보상요건을 정하고 있어 이는 이미 앞서 살펴본 국가유공자 등록요건의 경우와 같은 형평성 등의 문제점이 제기된다.

다. 法制處審査案

위와 같은 문제점을 해소하기 위하여 국가보훈처장은 법 제4조제1항제5호·제6호·제11호 또는 제12호의 국가유공자 등록요건에 해당하는 자로서 그 요건에서 정한 死亡 또는 傷痍를 입은 자중 불가피한 사유 없이 본인의 과실로 인하여 또는 본인의 과실이 경합된 사유로 인하여 사망 또는 상이를 입은 자와 그 유족 또는 가족에 대하여는 법 제4조제1항 및 제6조의 규정에 의하여 등록되는 國家有功者와 그 유족 또는 가족에서 제외하되, 국가유공자의 보상규정을 준용하여 보상하도록 하였다.

그러나 그 후 국회심사과정에서 국가유공자 등록요건의 경우와 함께 보상요건 중 사망에 관한 부분에서 상이를 입고 전역·퇴직한 후에 사망하는 경우에는 '법 제6조제1항의 규정에 의한 登錄申請 이전에 사망한 경우'에 한하도록 그 보상요건을 한정하였다.

라. 主要改正內容

국가보훈처장은 법 제4조제1항제5호·제6호·제11호 또는 제12호의 요건에 해당하는 자로서 그 요건에서 정한 사망 또는 상이를 입은 자중 불가피한 사유 없이 본인의 過失로 인하여 또는 본인의 過失이 競合된 사유로 인하여 사망 또는 상이를 입은 자와 그 유족 또는 가족에 대하여는 법 제4조제1항 및 제6조의 규정에 의하여 등록되는 국가유공자와 그 유족 또는 가족에서 제외하되, 대통령령이 정하는 순직 또는 공상기준에 준하는 사유로 사망하거나(상이를 입고 전역 또는 퇴직한 후 법 제6조제1항의 규정에 의한 등록신청 이전에 사망한 경우를 포함한다) 상이를 입은 때에는 그 사망한 자의 유족 또는 상이를 입은 자와 그의 가족에 대하여는 법 제9조·제11조 내지 제62조의 규정을 準用하여 보상한다. 다만, 국가보훈처장은 보상을 행함에 있어 대통령령이 정하는 바에 따라 국가유공자·그 유족 또는 가족과 그 보상의 정도를 달리할 수 있다.

상이를 입고 전역 또는 퇴직한 후 법 제6조제1항의 규정에 의한 등록신청 이전에 사망한 경우에는 報償을 하도록 규정하였는바, 이 역시 앞서 국가유공자 등록요건의 경우에 살펴본 바에 비추어 전역·퇴직 후에 사망하는 자의 경우 항상 사망 이후에 전몰·순직군경이나 순직공무원 등의 등록신청을 하게 된다는 점에서 특별한 의미를 갖지 못하는 것이라고 보인다. 이 같은 관점에서 解釋할 때 정부의 당초 개정논의와 정부안의 개정취지에 맞는 것으로 사료된다.

마. 施行令상의 報償要件중 殉職 또는 公傷基準에 준하는 事由

(1) 主務部處 施行令案

모법 제73조의2제1항에서 국가유공자에 준하는 군경 등에 대한 보상요건을 정하면서 委任한 바 있는 '대통령령이 정하는 순직 또는 공상기준에 준하는 사유'를 구체적으로 정하기 위하여 시행령안에 제3조의2를 신설하여 모법 제73조의2제1항에서 '대통령령이 정하는 순직 또는 공상기준에 준하는 사유'라 함은 별표 1의 2-1 내지 2-15에 해당하는 사망 또는 상이로서 본인의 과실로 인하여 또는 본인의 과실이 경합된 사유로 인하여 발생한 사망 또는 상이를 말한다고 규정하였다.

(2) 改正法律 제73조의2제1항의 問題點

이번 개정된 법률 제73조의2제1항은 당초 정부안에서는 국가유공자 등록대상자중 본인과실 등이 있는 자의 경우에는 국가유공자등록은 거부하되, 그에 준하는 보상을 하도록 하는 내용이었으나, 국회심사과정에서 동 내용을 修正하면서 보상요건을 중복적으로 추가하게 되었는바, 이는 결과적으로 ① 국가유공자에 준하는 군경 등의 보상요건을 정함에 있어 동일조항에서 다른 2가지 요건을 중첩적으로 정하는 결과가 되어 체계적이지 못하고 정상적인 보상대상자로 규율하고자 하였던 자의 경우라도 보상대상에서 탈락할 우려 등이 생기는 점, ② 보상요건이 하나의 조항에 중복되어 해석·운영상의 불안정성과 불필요한 혼선을 초래하게 되는 점 등의 문제점이 제기된다.

[정부안·국회수정안대비]

정 부 안	국 회 수 정 안
第73條의2(國家有功者에 준하는 軍警 등에 대한 報償) ① 國家報勳處長은 제3조제1항제5호·제6호·제11호 또는 2호의 요건에 해당하는 자로서 그 요건에서 정한 死亡 또는 傷痍(이하 이 조에서 '死亡 또는 傷痍'라 한다)를 입은 자중 불가피한 사유 없이 본인의 과실로 인하여 또는 본인의 과실이 경합된 사유로 인하여 死亡 또는 傷痍를 입은 자와 그 遺族 또는 가족에 대하여는 제4조제1항 및 제6조의 규정에 의하여 등록되는 國家有功者와 그 遺族 또는 가족에서 제외하되, 제9조·제11조 내지 제62조의 규정을 준용하여 報償한다. 다만, 國家報勳處長은 報償을 행함에 있어 大統領令이 정하는 바에 따라 國家有功者·그 遺族 또는 가족과 그 報償의 정도를 달리할 수 있다.	第73條의2(國家有功者에 준하는 軍警 등에 대한 報償) ①——제외하되, 大統領令이 정하는 殉職 또는 公傷기준에 준하는 사유로 死亡하거나(傷痍를 입고 轉役 또는 退職한 후 제6조제1항의 규정에 의한 登錄申請 이전에 死亡한 경우를 포함한다) 傷痍를 입은 때에는 그 死亡한 자의 遺族 또는 傷痍를 입은 자와 그의 가족에 대하여는————————준용한다.——————.

(3) 委任事項의 規定方案檢討

주무부처안 제3조의2는 개정법률 제73조의2제1항 後半部의 위임에 따라 규정하는 것이기는 하지만, 동 개정법률 동조동항 前半部의 내용과 다소 다르게 反復하는 것으로서 순직·공상기준에 준하는 事由를 정한 것이 아니라 순직·공상기준을 직접 적용하도록 하는 것이고, 本人過失 등의 요건은 이미 모법의 위임근거조항에 규정한 것을 다시 반복하고 있다. 그러나 이번 개정 시에는 부득이 국회수정내용에 맞추어 이 영에 委任한 '대통령령이 정하는 순직 또는 공상기준에 준하는 사유'를 아래 심사안과 같이 규정하되, 시행상의 혼란을 최소화하기 위하여 빠른 시일 내에 모법의 근거조항을 정비하여 체계화하는 것이 바람직하다고 사료되었다.

[심사안]

제94조의3(순직 또는 공상기준에 준하는 사유) 법 제73조의2제1항에서 '대통령령이 정하는 순직 또는 공상기준에 준하는 사유'라 함은 별표 1 제2호의 2-1 내지 2-14의 규정에 의한 사망 또는 상이 중 불가피한 사유 없이

본인의 과실로 인하여 또는 본인의 과실이 경합된 사유로 인하여 발생한 사망 또는 상이에 해당하는 경우를 말한다.

2. 戰鬪從事軍務員 등에 대한 報償制度 改善

가. 전투종사군무원등에 대한 報償制度

전투종사군무원 등에 대한 報償制度는 종래 ① 군사적 목적으로 외국에 파견된 군무원 또는 공무원으로서 戰鬪 또는 이에 준하는 職務遂行 중 사망한 자와 상이를 입은 자, ② 정부의 승인을 얻어 전투 또는 군작전에 종군하는 기자로서 그 戰鬪 또는 군작전에 從軍 중 사망한 자와 상이를 입은 자, ③ 1959년 12월 31일 이전에 戰時勤勞動員法에 의하여 동원된 자, 청년단원·향토방위대원·소방관·의용소방관·학도병, 기타 애국단체원으로 전투 또는 이에 준한 행위로 인하여 사망한 자와 상이를 입은 자에 대하여 그 사망 또는 상이등급에 따라 전몰군경·전상군경·순직군경 또는 공상군경으로 보아 보상하기 위한 것이다.

나. 主務部處當初案

주무부처의 당초안에는 전투종사군무원등에 대한 보상요건 중 사망에 관하여 외국파견 군무원 또는 공무원의 경우에는 상이를 입고 退職한 날부터 3년 이내에 그 상이로 인하여 死亡하였다고 의학적으로 판단된 경우까지 이를 사망의 범주에 포함시키고, 종국기자와 戰時勤勞動員法에 의하여 동원된 자, 청년단원·향토방위대원·소방관·의용소방관·학도병, 기타 애국단체원의 경우에는 상이를 입은 날부터 3년 이내에 그 상이로 인하여 사망하였다고 의학적으로 판단된 경우까지 사망의 범주에 포함되도록 하였다.

다. 法制處審査案

주무부처안의 내용은 퇴직한 날 또는 상이를 입은 날부터 3년 이내에 사망할 것을 보상요건을 정하고 있어 이는 이미 앞서 살펴본 국가유공자 등록요건의 경우와 같은 衡平性 등의 문제점이 제기된다. 따라서 법제처 심사과정에서는 이 같은 퇴직한 날 또는 상이를 입은 날부터 3년 이내에 사망할 것을 요하는 보상요건을 삭제하였다.

보상요건을 적용함에 있어 전투 또는 이에 준하는 직무수행 중이나 전투 또는 군작전에 종군 중 사망한 자와 상이를 입은 자 또는 상이를 입고 그 상이로 인하여 사망한 자 등 구체적인 보상요건에 관하여는 국가유공자의 등록요건에 관한 규정을 準用하도록 명시하고, 戰時勤勞動員法에 의하여 동원된 자, 청년단원·향토방위대원 등의 구체적인 범위는 시행령에 委任하도록 보완하였다.

라. 國會審査案

그 후 국회심의과정에서는 상이를 입고 퇴직한 날 또는 상이를 입은 후 제6조제1항의 규정에 의한 등록신청 이전에 그 상이로 인하여 사망한 경우로 수정하여 통과되었다. 그러나 상이를 입고 퇴직한 날 또는 상이를 입은 후 법 제6조제1항의 규정에 의한 등록신청 이전에 사망한 경우에 한하여 報償을 하도록 규정한 것은 이미 앞서 국가유공자 등록요건의 경우에 살펴본 바에 비추어 등록신청 이전으로 그 요건을 限定하는 것이 특별한 의미를 갖지 못한다고 보인다.

VI. 顯忠施設管理制度의 新設

1. 顯忠施設의 指定

가. 顯忠施設의 指定 · 孩提

국가보훈처장은 국가유공자 또는 이들의 공훈 및 희생정신을 기리기 위한 각종 건축물·조형물·사적지나 국가유공자의 공헌이나 희생이 있었던 일정한 구역 등(이하 '시설 등')으로서 국민의 애국심을 함양함에 상당한 가치가 있는 대상시설에 대하여 현충시설로 指定할 수 있는 제도를 신설하였다. 현충시설은 이를 ① 獨立運動關聯 施設, ② 國家守護關聯 施設로 구분하도록 하고, 시설 등의 소유자 또는 관리자는 그 시설 등에 대하여 현충시설로 지정하여 줄 것을 국가보훈처장에게 요청할 수 있다.

나. 關聯審査經過

법제처 심사과정에서 職權指定節次[14]는 현충시설물로 지정 시 예산지원 이외에 일부 規制를 받게 되므로 원칙적으로 신청주의에 의하여야 타당한 점, 예외적으로 직권지정 시에는 그 요건을 엄격하게 규정하는 것이 바람직한 점, 지정해제에 관한 규정도 명시할 필요가 있는 점 등을 고려하여 직권에 의한 지정제도를 채택하되 시설 등 소유자의 지정신청절차, 지정 및 해제의 세부절차를 마련하도록 하였고, 특히 하위법령인 현충시설의지정·관리등에관한규정 제10조에서는 국가보훈처장은 현충시설을 지정하거나 그

---

14) 국가보훈처 당초안 제10조의4(시설물의 지정·해제) ① 이 법에 의한 시설물로 지정하여 관리할 필요가 있는 시설물에 대하여 소유자등의 신청에 의하여 지정할 수 있다. 다만, 소유자등이 명확하지 아니하여 신청이 없는 경우에는 처장이 직권으로 이 법에 의한 시설물로 지정할 수 있다. ②·③(생략)

지정을 해제하는 때에는 이를 官報에 告示하고, 당해 현충시설의 지정신청인 및 관리자에게 지정 또는 해제의 사실을 通知하도록 규정하였다.

2. 顯忠施設의 管理

가. 顯忠施設의 管理者指定 및 誠實管理

국가보훈처장은 현충시설을 지정함에 있어서는 그 현충시설의 管理者를 함께 指定하도록 하고, 현충시설의 관리자로 지정받은 자는 그 시설을 성실히 관리하여야 하며, 시설의 毀損・減失 등을 방지하기 위하여 필요한 노력을 하도록 하며, 국가와 지방자치단체는 현충시설의 관리에 소요되는 비용의 일부를 예산의 범위 안에서 보조할 수 있도록 하였다.

나. 關聯審査經過

현충시설의 관리와 관련하여 법제처 심사과정 중 수정된 부분을 일부 살펴보고자 한다. 우선 당초 주무부처의 하위법령안 제12조에서는 국가보훈처장은 管理所要費用의 일부를 보조하고자 하는 경우에 보조금의예산및관리에관한법률(이하 '보조금법') 제4조의 규정에 의하여 사업연도의 전년도 3월 31까지 제출된 신청서를 검토하여 지원할 수 있되, 보조금액이 3천만원 이하의 경우에는 예외로 하도록 하였다. 그러나 주무부처 당초안은 보조금법 제3조제1항에서 보조금의 예산 및 관리에 관하여 다른 법률에 特別한 규정이 있는 것을 제외하고는 동법이 정하는 바에 의하도록 하고 있는 점에 불구하고 하위법령에서 독자적인 특례조항을 두려는 문제점이 있고, 보조금법 제16조에서 보조금을 교부받고자 하는 자는 동법 제4조의 보조금예

산계상신청절차와는 별도의 補助金交付申請節次를 밟도록 규정하고 있는 점, 동 규정은 보조금의 금액이 얼마인가 여부와 관계없이 일률적으로 적용되도록 하고 있는 점에 비추어 보조금법에 저촉될 수 있어 법제처 심사과정에서 반영되지 못한 바 있다.[15]

또한, 국가보훈처에서는 현충시설관리의 基本原則을 모법 총칙에 신설하는 개정안을 제시한 바 있으나, 법제처 심사과정에서 삭제되었다. 주무부 당초안은 현충시설 관리업무란 무엇인가를 쉽게 파악할 수 있도록 체계적으로 요약·열거하고자 한 것으로 법령전반을 조감하기 쉽게 하려는 등 일부 긍정적인 측면도 있으나, 단지 국가보훈처의 현충시설 지정·관리 등에 관한 일상업무를 나열한 것이어서 현충시설관리의 基本原則을 정한 것으로 보기 곤란하다는 이유로 반영되지 못한 바 있다.[16]

3. 顯忠施設의 建立支援

국가 또는 지방자치단체 외의 자로서 현충시설을 건립하고자 하는 자는 顯忠施設建立事業計劃을 수립하여 국가보훈처장의 承認을 얻을 수 있도록 하고, 사업계획의 승인을 얻은 자에 대하여는 그 사업에 소요되는 비용의 일부를 예산의 범위 안에서 보조할 수 있도록 규정하였다.

주무부처의 당초안에서는 국가 또는 지방자치단체는 국가유공자의 공훈을 기리고 국민의 애국정신을 함양하기 위하여 필요한 때에는 자연공원법 제10조·제11조·제12조 및 도시공원법 제4조의 규정에 불구하고 시설물을 건립할 수 있고, 이 경우 당해 자연공원 또는 도시공원을 관할하는 공원관리청과 미리 협의하여야 한다는 추지의 시설물건립의 特例條項을 마련한 바가 있다. 법제처의 심사과정에서 자연공원법 제10조 내지 제12조 및 도

---

15) 法制處, 「법령안심사경과보고서」(2002. 2. 23.).
16) 法制處, 「법률안심사경과보고서」(2001. 11. 8.).

시공원법 제4조의 규정 적용을 배제할 경우에는 공원관리청의 공원계획 수립·시행에 지장을 주는 점, 관계부처인 환경부·행정자치부에서 합의하기 곤란하다는 입장인 점, 해당 공원계획에 현충시설 건립계획을 반영하되 그 협의절차를 다소 간소화된 방법으로 하는 것이 타당한 점, 公園의 용도구역 등에 위반하는 경우 역시 건립이 곤란한 점 등에 따라 반영되지 못한 바 있다.[17]

---

17) 法制處, 앞의 각주 16)의 심사경과보고서.

2 │ 문화재 보호법제 고찰[1]

Ⅰ. 文化財의 槪念 및 範圍

문화재(cultural properties)란 일반적으로 인간들의 문화적 활동의 결과물로서 문화적·정신적·학술적 가치를 지니는 동산 또는 부동산을 말한다.[2] 또는 문화재란 일반적으로 인위적 또는 자연적으로 형성된 국가적·민족적·세계적 유산으로서 그 역사적·예술적·학술적 또는 경관적 가치가 큰 것을 말한다고 정의할 수 있다. 그러나 이와 같은 규정은 매우 추상적이고 애매모호하므로 구체적으로 하나의 동산 또는 부동산이 과연 문화재에 해당되는지 여부에 관하여 판단자의 주관에 따라 그 해당 여부가 얼마든지 달라질 수 있다. 문화재의 개념설정에 관하여는 크게 국제법과 국내법으로 구분하여 살펴볼 필요가 있다.

---

1) 이 글은 『삶의 질 향상을 위한 법제개선연구』(법제처, 제6집, 2002년 12월)에 게재한 저자의 논문을 일부 재정리한 것이다.

2) 河野俊行, 文化財の國際的保護と國際去來規制, 國際法外交雜誌(第91卷第6號), 1993, p.688. 金泰雲, "國際法體系下에서 文化財의 返還과 復歸를 위한 原則과 條件 및 手段에 관한 研究", 『東義大 東義法政11』(1995. 2.), p.122 이하.

1. 國際法상의 文化財槪念 및 範圍

우선 국제법상의 문화재 개념의 형성과정을 역사적으로 살펴보면, 제2차 세계대전 이전까지는 문화재의 개념은 주로 포괄적인 범위를 규정하려고 하였다기보다는 문화유산으로서의 가치가 큰 개별재화를 중심으로 그 목록표를 작성하여 보호하고자 하여 왔다고 볼 수 있다. 제2차 세계대전 이후 헤이그협약(1954년)은 보호대상으로서의 문화재를 일반적으로 규정하기 시작한 출발점이 되었다. 즉 1954년 Hague Convention 제1조에서는 문화재의 개념을 모든 인간의 문화유산에 대하여 그 출처 혹은 소유권 여부를 묻지 아니하고 중요성을 지니는 동산 또는 부동산으로 규정짓고, 구체적으로 기념물, 고고학적 유물(archaeological sites), 건물군, 예술품, 원고·책·공문서, 기타 문화재의 6개 군으로 체계화하였다. 1970년 헤이그개정협약은 문화재의 개념을 규정하면서 영토기준(object territory link)과 국적기준(the nationality of the creator)을 적용하였다. 즉 동 협약에서는 '문화재'의 정의를 고고학적·선사학적·역사학적·문학적·예술적 또는 과학적으로 중요하여 종교적 또는 실정법적 규정에 따라 각국에 의하여 특별히 지정된 재산으로서 다음 범주 11개 군에 속하는 동산 또는 부동산을 의미한다고 규정하였다. 여기서 11개 군이란 구체적으로 ① 진귀한 수집품과 동물군, 식물군, 광물군, 해부체의 표본 및 고생물학적으로 중요한 물체, ② 과학, 기술 및 군사의 역사와 사회사를 포함하여 역사와 관련되고 민족적 지도자, 사상가, 과학자 및 예술가의 생애와 관련되며, 국가적으로 중대한 사건과 관련된 재산, ③ 정규적으로 또는 비밀리에 이루어진 고고학적 발굴 또는 고고학적 발견의 산물, ④ 해체된 예술적 또는 역사적 기념물 또는 고고학적 유적의 일부분, ⑤ 비문, 화폐, 판각된 인장 같은 것으로 백년 이상의 골동품, ⑥ 인종학적으로 중요한 물건, ⑦ 미술적으로 중요한 재산으로 어떤 보조물의 사용 또한 어떤 재료를 불문하고 전적으로 손으로 제작된 회화·유화 및 도화(손으로 장식한 공업용 의장과 공산품은 제외), 재료 여하를 불문한 조상 및 조각물의 원작, 목판화·동판화·석판화의 원작, 재료 여하를 불문한 미술적인 조립품 및 몽타주의 원작, ⑧ 단일 또는 집합체를 불문하고(역사적·예술적·과학적 및 문학적 등으로) 특별히 중요한 진귀한 고판본·필사본과 고서적·고문서 및 고출판물, ⑨ 단일 또는 집합체를 불문하고 우표·수입인지 또는 유사 인지물, ⑨ 녹음·사진·영화로 된 기록물을 포함한 고문서, ⑩ 백년 이상 된 가구와 오래된 악기를 말한다(협약 제1조).

그러나 동 협약 제4조에서는 제1조의 '문화재' 개념과는 달리 '문화유산'이라는 개념을 사용하였다. 즉 당사국은 ① 관계국가 국민의 각 개인 또는 집단에 의하여 창조된 문화재, 관계국 영역 내에 거주하는 외국인 또는 무국적인에 의하여 그 국가의 영역 내에서 창조된 관계국에 중요한 문화재, ② 국가 영역 내에서 발견된 문화재, ③ 출처국 주무관청의 동의에 따라 고고학·인종학 또는 자연과학 사절단에 의하여 획득된 문화재, ④ 자유로이 합의된 교환의 대상이 되어온 문화재, ⑤ 출처국 주무관청 동의하에 선물로서 증여받거나 합법적으로 구입한 문화재는 이 협약의 목적을 위하여 각국의 '문화유산'으로 구성됨을 인정하기로 한 내용이다.

1972년 문화유산조약(Convention concerning the protection of the world cultural and natural heritage)에서는 부동산인 문화재로 그 적용범위를 한정하고 문화재에 대체하여 문화유산이라는 개념을 정립하게 되었다.

국제법상의 문화재 개념정의에 반하여 각국의 국내법은 그 국가적·민족적 상황이나 문화재의 보호목적에 맞추어 다양하게 문화재의 개념을 정의하고 있다.[3] 각국은 일반적으로 문화재의 개념정의를 3개 유형 중의 어느 하나로 규정하고 있다고 보인다.[4] 즉 문화재목록 열거방식(enumeration system), 포괄적개념정의방식(categorization system), 분류지정방식(classification)이다. 이 같은 방식을 채택하면서 불합리한 단점을 보충하기 위하여 시간적 대상범위나 영토기준을 설정하는 경우가 있는바, 구체적인 입법예로는 이스

---

3) Lyndel V. & P.J.O' Keefe, National legal control of illicit traffic in cultural property, UNESCO, 1983, p.6.
4) 金泰雲, 앞의 논문, p.122 이하.

라엘의 경우 1700년 이전을, 나이지리아의 경우 1918년 이전을, 인도네시아의 경우 50년 이상 된 물품을 각각 문화재정의규정에 명시하거나 베네수엘라의 경우 자국 영토 안에서 발견되거나 수입된 모든 역사적·예술적 가치를 가진 물품을 문화재의 요건으로 정의한 바가 있다.

2. 國內法상의 文化財槪念 및 範圍

우리나라의 문화재기본법인 문호재보호법에서는 일반적·추상적인 개념을 지양하고 구체적으로 규정하기 위하여 문화재를 인위적·자연적으로 형성된 국가적·민족적·세계적 유산으로서 역사적·예술적·학술적·경관적 가치가 큰 것 중에서 유형문화재·무형문화재·기념물 및 민속자료의 4가지 유형으로 한정하여 규정하고 있다(법 제2조제1항). 그리고 유형문화재란 건조물·전적·서적·고문서·회화·조각·공예품 등 유형의 문화적 소산으로서 역사적·예술적 또는 학술적 가치가 큰 것과 이에 준하는 고고자료를 말하고, 무형문화재란 연극·음악·무용·공예기술 등 무형의 문화적 소산으로서 역사적·예술적 또는 학술적 가치가 큰 것을 말한다.

문화재법위반행위에 대하여는 처벌이 무겁다. 위반행위의 구성요건의 일부가 되고 있는 문화재의 개념이 너무 추상적인 것이어서 일반국민이 그 개념 및 범위를 명확하게 파악할 수 있는지 의문이 든다. 문화재의 개념이 형사법상 명확성의 원칙에 저촉될 우려가 있다. 근래 관련헌재결정에서는 유형문화재의 개념정의와 관련하여 일단 형사법상 명확성의 원칙에 저촉되지 아니한다는 입장이지만, 판결과정에서 상당한 반대의견이 개진되었던 것으로 향후 법률개정을 통하여 보다 구체적이고 명확하게 재정비할 필요가 있다고 생각된다.

구체적으로 관련헌재결정례5)를 살펴보면, 구문화재보호법6) 제2조제1항제

---

5) 헌법재판소 2000. 6. 29. 98헌바67 전원재판부, 문화재보호법제80조제2항등위헌소원.

1호에서 '유형의 문화적 소산으로서 역사상 또는 예술상 가치가 큰 것'이라 함은 이 법률조항의 입법목적에 비추어 볼 때, '보존하고 활용할 가치가 있는 것'을 가리키고, 그와 같은 가치가 있는지 여부는 그 물건이 지닌 시대성·희귀성·예술성 및 화폐단위로 환산된 가치 등을 종합적으로 고려하여 건전한 상식과 통상적인 법감정을 통하여 판단할 수 있으며, 구체적인 사건에서는 법관의 합리적인 해석에 의하여 판단할 수 있고. 또한 동법 제76조제1항의 비지정동산유형문화재는 동법시행령과 시행규칙에 구체적인 범위가 규정되어 있고, 동법 제76조제2항은 문화재로 오인될 우려가 있는 동산을 국외로 수출 또는 반출하고자 하는 경우에는 미리 문화체육부장관의 확인을 받도록 규정하여 문화재의 개념을 오인한 자로 하여금 형사처벌을 받을 위험을 제거하는 제도적 장치를 하고 있으므로, 이 법률조항은 입법목적과 다른 조항과의 연관성, 합리적인 해석가능성, 입법기술상의 한계 등을 고려할 때, 어떤 행위가 이에 해당하는지 의심을 가질 정도로 불명확한 개념이라고 볼 수 없으므로 형벌법규의 명확성의 원칙에 반하지 아니한다고 본다.[7][8]

기념물이란 ① 사지·고분·패총·성지·궁지·요지·유물포함층 등의 사적지와 특별히 기념이 될 만한 시설물로서 역사적·학술적 가치가 큰 것, ② 경승지로서 예술적·경관적 가치가 큰 것, ③ 동물(그 서식지·번식지·도래지를 포함)·식물(그 자생지를 포함)·광물·동굴·지질·생물학적 생성물 및 특별한 자연현상으로서 역사적·경관적 또는 학술적 가치가 큰 것을 말하고, 민속자료란 의식주·생업·신앙·연중행사 등에 관한 풍속·관습과 이에 사용되는 의복·기구·가옥 등으로서 국민생활의 추이를

---

6) 1999. 1. 29. 법률 제5719호로 개정되기 이전의 법률을 말한다.

7) 참조판례: 헌재 1992. 4. 28. 90헌바27등.

8) '역사상 또는 예술상 가치가 큰 것'이라는 용어는 처벌법규의 구성요건으로는 그 내용이 지나치게 추상적이고 모호할 뿐만 아니라, 어떤 물건이 역사상 또는 예술상 가치가 있는 것인지, 또 어느 정도로 가치가 큰 것이 비지정문화재에 해당하는 것인지를 판별할 수 있는 기준이 전혀 없어 건전한 상식과 통상의 법감정을 가진 사람도 어떤 물건이 처벌대상의비지정문화재인지를 도저히 알 수가 없고, 법관의 해석을 통하여서도 그것을 명확히 판별하기가 쉽지 아니한바, 비지정동산유형문화재를 국외로 수출 또는 반출하는 자를 처벌하도록 규정한 법 제80조제2항은 죄형법정주의에 위반된다고 보는 반대의견이 제시되었다(재판관 김용준, 김문희, 고중석, 신창언의 반대의견).

이해함에 불가결한 것을 말한다고 규정하고 있다.

우리나라의 문화재보호법(1982년 7차개정법률)은 유형문화재·무형문화재·기념물·민속자료 등 물질적인 것과 문화정신적인 것에 관한 일체의 문화재를 보존할 수 있도록 규정되어 있다. 7차개정에서는 앞의 4가지 구분하에 '우리나라의 문화적 소산으로서 역사상·예술상·학술상·관상상 가치가 큰 것'이라고 하였던 것을 신안 앞바다 인양문화재와 같이 외국의 문화재도 보호·관리의 대상으로 포함시키기 위하여 '우리나라'를 삭제하였고 또한 기념물의 정의에서도 이전의 '사적지·경승지·동물·식물·광물로서 역사상·예술상·관상상 가치가 큰 것'이라고 막연히 규정하고 있던 것을 개정하여 '사적지로서 역사상·학술상', '동물·식물·광물·동굴로서 학술상' 가치가 큰 것으로 규정하였다. 또한 동물과 식물의 경우 그 서식지·번식지·도래지와 자생지도 기념물로 지정·보호되어야 하는 경우가 있으며, 동물은 그 서식지·번식지·도래지를, 식물은 그 자생지를 문화재의 정의에 포함시킬 수 있도록 광범위한 범주를 설정하고 있다.

문화재 중에는 특별히 국가적으로 지정·보호할 필요성이 있는 경우에는 국가 또는 지방자치단체가 지정하여 관리하고 있는바, 국가가 지정한 문화재를 지정문화재라고 하고, 지방자치단체인 시·도가 지정한 문화재를 시·도지정문화재라고 지칭하며,[9] 그 밖에 국가지정문화재 및 시·도지정문화재 이외에 시·도지사가 문화재보호법 제55조제2항의 규정에 의하여 지정한 문화재를 문화재자료라고 지칭한다. 문화재자료는 시·도지사는 시·도지정문화재로 지정되지 아니한 문화재 중에서 향토문화보존상 필요하다고 인정되어 지정한다. 또한 문화재청장은 문화재위원회의 심의를 거쳐 필요하다고 인정하는 문화재에 대하여는 해당 시·도지사에게 시·도지정문화재 또는 문화재자료로 지정·보존할 것을 권고할 수 있는 지정권고제도를 운영하고 있다.

문화재의 범위에 속하는 것 중에는 국가나 지방자치단체로부터 지정받지

---

9) 시·도지정문화재 및 문화재자료를 지정할 때에는 당해특별시·광역시 또는 도의 지정임을 알 수 있도록 '지정' 앞에 특별시 또는 당해광역시나 도의 명칭을 표시하여야 한다(법 제55조제4항).

아니한 대상은 이른바, 비지정문화재가 된다. 비지정문화재의 경우에도 이를 개념적으로 유형문화재·무형문화재·기념물 및 민속자료의 4가지 유형으로 분류할 수 있겠다. 비지정문화재란 문화재의 개념 및 범위에 해당되는 것으로서 지정받지 아니한 문화재일 뿐이며, 동산인 비지정문화재는 원칙적으로 지정문화재와 마찬가지로 수출 및 국외반출이 금지된다. 동산인 비지정문화재를 문화재보호법에서는 일반동산문화재라고 지칭한다. 일반동산문화재는 지정되지 아니한 문화재이기는 하지만, 수출 및 국외반출의 우려가 크기 때문에 특별한 보호·관리가 필요하므로 그 구체적인 범위를 법령으로 규정하고 있다. 일반동산문화재는 전적·서적·판목·회화·조각·공예품·고고자료·자연사자료 및 민속자료로서 역사상·예술상 보존가치가 있는 것을 말하며(영 제44조), 그 구체적인 범위는 문화재보호법시행규칙에서 전적·서적 또는 판각류로서 역사상·학술상 또는 예술상 보존가치가 있는 것 등 8개 군으로 나누어 상세하게 규정하고 있다(규칙 별표 14).

문화재보호법이 정하는 문화재는 지정문화재와 비지정문화재로 대별될 수 있으므로 이들 지정문화재나 비지정문화재에 속하지 아니하는 것은 이를 비문화재라고 부를 수 있다. 일반국민은 어떤 자료가 지정문화재인지 또는 비지정문화재인지 여부에 관하여 전문적인 지식이 없으므로 정부에서는 그 문화재 여부를 명확하게 판정하여 줄 필요성이 있다. 특히 외국을 왕래하는 일반국민이 본인이 소지하고 출국하거나 국외로 반출하는 자료가 일반동산문화재에 해당되는지 여부를 행정적으로 확인하여 주는 절차를 마련하고 있다.

Ⅱ. 文化財의 指定制度

1. 國家指定文化財

문화재청장은 문화재위원회의 심의를 거쳐 유형문화재 중 중요한 것을 보물로 지정할 수 있다. 문화재청장은 보물에 해당하는 문화재중 인류문화의 견지에서 그 가치가 크고 유례가 드문 것을 문화재위원회의 심의를 거쳐 국보로 지정할 수 있다.

문화재청장은 문화재위원회의 심의를 거쳐 무형문화재 중 중요한 것을 중요무형문화재로 지정할 수 있다. 문화재청장은 중요무형문화재를 지정할 때에는 당해중요무형문화재의 보유자 또는 보유단체를 인정하여야 한다. 문화재청장은 제2항의 규정에 의하여 인정한 보유자 또는 보유단체 외에 당해중요무형문화재의 보유자로 인정할 만한 자가 있는 때에는 그 자를 추가로 인정할 수 있다. 문화재청장은 인정받은 중요무형문화재의 보유자가 기·예능의 전수교육을 정상적으로 실시하기 어려운 경우에는 문화재위원회의 심의를 거쳐 명예보유자로 인정할 수 있다. 이 경우 중요무형문화재의 보유자가 명예보유자로 인정된 때에는 그때부터 중요무형문화재 보유자의 인정은 해제된 것으로 본다.

문화재청장은 문화재위원회의 심의를 거쳐 기념물 중 중요한 것을 사적·명승 또는 천연기념물로 지정할 수 있다. 천연기념물은 외국산의 동·식물이나 죽은 것은 이를 천연기념물의 개념에 포함되지 아니하는 것으로 보아야 할 것이다. 관련 대법원판례를 살펴보면 다음과 같다.

반달가슴곰에 관한 대법원판례[10]는 우리 정부가 지정한 천연기념물이란 우리나라 전국 일원에 서식하는 반달가슴곰(Selenarctos thibetanus ussuricus)

---

10) 대법원 2002. 5. 31. 선고 2001도6017 판결, 문화재보호법위반·조수보호및수렵에관한법률위반.

만을 말하는 것이고, 일본 반달가슴곰(Selenarctos thibetanus japonicus)은 포함되지 아니한다고 본다. 그 판결이유를 살펴보면, 문화재를 보존하여 민족문화를 계승하고 이를 활용할 수 있도록 함으로써 국민의 문화적 향상을 도모함과 아울러 인류문화의 발전에 기여함을 목적으로 하는 문화재보호법의 입법취지와 문화재보호법시행규칙 제1조 별표 1이 천연기념물인동물의 지정기준으로 한국 특유의 동물로서 그 보존이 필요한 것 등을 규정하고 있는 점을 종합하여 보면, 문화공보부 고시 제550호에 의하여 천연기념물 제329호로 지정된 반달가슴곰은 우리나라 전국 일원에 서식하는 반달가슴곰(Selenarctos thibetanus ussuricus)만을 말하는 것이고, 아종의 하나인 일본 반달가슴곰(Selenarctos thibetanus japonicus)은 포함되지 아니한다고 보는 견해이다.

또 다른 문화재보호법위반사건에 대한 대법원판례[11]는 구문화재보호법상의 천연기념물로서 죽은 것은 이를 천연기념물에 해당되지 아니한다고 본다. 즉 동 형사사건에서 대법원은 형벌법규의 해석은 엄격하여야 하고 명문규정의 의미를 피고인에게 불리한 방향으로 지나치게 확장해석하거나 유추해석하는 것은 죄형법정주의의 원칙에 어긋나는 것으로서 허용되지 아니함을 전제로 하고[12], 구문화재보호법 제20조제4호는 국가지정문화재에 대한 행위 중 허가를 받아야 하는 행위로서 '국가지정문화재(보호물·보호구역을 포함한다)의 현상을 변경하거나 그 보존에 영향을 미칠 우려가 있는 행위'를 규정하고 있었으나, 개정문화재보호법(1999. 1. 29. 법률 제5719호 개정법률) 제20조제4호는 종전과 달리 허가대상 행위를 '국가지정문화재(보호물·보호구역과 천연기념물 중 죽은 것을 포함한다)의 현상을 변경(천연기념물을 표본·박제하는 행위를 포함한다)하거나 그 보존에 영향을 미칠 우려가 있는 행위'로 변경하여 규정하고 있는바, 구문화재보호법 및 개정문화재보호법의 각 규정내용과 위 개정된 문화재보호법이 허가대상이 되는

---

11) 대법원 2002. 2. 8. 선고 2001도5410 판결, 조수보호및수렵에관한법률위반(문화재보호법위반).
12) 참조판례: 대법원 1992. 10. 13. 선고 92도1428 전원합의체 판결; 1993. 2. 23. 선고 92도3126 판결; 대법원 1999. 7. 9. 선고 98도1719 판결 등.

국가지정문화재속에 천연기념물 중 죽은 것을 새로이 추가한 취지에 비추어 볼 때, 구문화재보호법 제89조제1항제2호[13] 위반행위의 대상이 되는 천연기념물은 살아 있는 것만이 그에 해당된다고 본다. 문화재청장은 문화재위원회의 심의를 거쳐 민속자료 중 중요한 것을 중요민속자료로 지정할 수 있다.

문화재청장은 국가지정문화재를 지정함에 있어서 문화재의 보호를 위하여 특히 필요한 경우에는 이를 위한 보호물 또는 보호구역을 지정할 수 있다. 보호물 또는 보호구역을 지정한 경우에는 일정한 기간을 두고 정기적으로 그 지정의 적정성 여부를 검토하여야 한다.

문화재청장이 국가지정문화재(보호물이나 보호구역을 포함)를 지정하거나 중요무형문화재의 보유자 또는 명예보유자를 인정한 때에는 그 취지를 관보에 고시하고, 지체 없이 당해 문화재의 소유자·보유자 또는 명예보유자에게 통지하여야 한다. 문화재의 소유자가 없거나 불명한 때에는 그 점유자 또는 관리자에게 대신 통지하여야 한다. 그리고 문화재청장은 국보·보물 또는 중요민속자료를 지정한 때에는 그 소유자에게 당해문화재의 지정서를 교부하여야 한다. 문화재청장은 중요무형문화재의 보유자 또는 명예보유자를 인정한 때에는 그 보유자 또는 명예보유자에게 당해 중요무형문화재의 보유자인정서 또는 명예보유자인정서를 교부하여야 한다.

국가지정문화재의 지정 또는 중요무형문화재의 보유자 또는 명예보유자에 대한 인정행위는 당해 문화재의 소유자·보유자·명예보유자·점유자 또는 관리자가 그 지정 또는 인정의 통지를 받은 날부터, 그 밖의 자에 대하여는 관보에 고시한 날부터 효력을 발생한다.

문화재청장은 지정한 문화재가 국가지정문화재로서의 가치를 상실하거나 기타 특별한 사유가 있는 때에는 문화재위원회의 심의를 거쳐 그 지정을 해제할 수 있고, 중요무형문화재의 보유자가 신체 또는 정신상의 장애 등으

---

13) 구문화재보호법(1999. 1. 29. 법률 제5719호 개정이전) 제89조제1항제2호는 허가 없이 지정문화재 또는 가지정문화재의 현상을 변경하거나 기타 그 관리·보존에 영향을 미치는 행위를 한 자를 처벌하는 규정을 두었다.

로 인하여 당해중요무형문화재의 보유자로서 적당하지 아니하다고 인정되거나 기타 특별한 사유가 있는 때에는 문화재위원회의 심의를 거쳐 중요무형문화재보유자의 인정을 해제할 수 있다. 중요무형문화재의 보유자 또는 명예보유자 중 개인이 사망한 때에는 그 보유자 또는 명예보유자의 인정이 해제되며, 중요무형문화재의 보유자 중 개인이 모두 사망한 때에는 문화재위원회의 심의를 거쳐 그 중요무형문화재의 지정을 해제할 수 있다. 문화재청장은 보호물 또는 보호구역에 대한 정기적인 검토결과에 따라 보호물 또는 보호구역의 지정이 적정하지 아니하거나 그 밖의 특별한 사유가 있는 때에는 보호물 또는 보호구역의 지정을 해제하거나 그 범위를 조정하여야 한다. 국가지정문화재의 지정이 해제된 경우에는 지체 없이 당해 문화재의 보호물 또는 보호구역의 지정을 해제하여야 한다.

문화재청장이 국가지정문화재(보호물이나 보호구역을 포함)의 지정을 해제하거나 중요무형문화재의 보유자 또는 명예보유자에 대한 인정을 해제한 때에는 그 취지를 관보에 고시하고, 지체 없이 당해 문화재의 소유자·보유자 또는 명예보유자에게 통지하여야 한다. 그리고 문화재청장은 국보·보물 또는 중요민속자료의 지정을 해제한 때에는 그 소유자에게 당해문화재의 지정해제서를 교부하여야 한다. 문화재청장은 중요무형문화재의 보유자 또는 명예보유자에 대한 인정을 해제한 때에는 그 보유자 또는 명예보유자에게 당해 중요무형문화재의 보유자인정해제서 또는 명예보유자인정해제서를 교부하여야 한다. 국가지정문화재의 지정해제 또는 중요무형문화재의 보유자 또는 명예보유자에 대한 인정해제행위는 당해 문화재의 소유자·보유자·명예보유자·점유자 또는 관리자가 그 지정해제 또는 인정해제의 통지를 받은 날부터, 그 밖의 자에 대하여는 관보에 고시한 날부터 효력을 발생한다.

국보·보물 또는 중요민속자료의 소유자는 해제통지를 받은 때에는 그 통지를 받은 날로부터 30일 이내에 당해문화재의 지정서를 문화재청장에게 반납하여야 하고, 중요무형문화재의 보유자가 해제통지를 받은 때에는 그 통지를 받은 날로부터 30일 이내에 그 인정서를 문화재청장에게 반납하여

야 한다.[14)

2. 市・道指定文化財

시・도지사는 그 관할구역 안에 있는 문화재로서 국가지정문화재로 지정되지 아니한 문화재 중 보존가치가 있다고 인정되는 것을 시・도지정문화재로 지정할 수 있다(법 제55조제1항). 시・도지사는 그 밖의 문화재 중에서 향토문화보존상 필요하다고 인정되는 것을 문화재자료로 지정할 수 있다. 문화재청장은 문화재위원회의 심의를 거쳐 필요하다고 인정하는 문화재에 대하여 시・도지사에게 시・도지정문화재 또는 문화재자료(보호물 또는 보호구역을 포함)로 지정・보존할 것을 권고할 수 있다. 시・도지정문화재 및 문화재자료의 지정에 관하여는 국가지정문화재의 지정에 관한 대부분의 규정을 준용하도록 하고 있다(법 제58조).

3. 文化財指定行爲의 性質

문화재지정행위는 문화재를 보존・활용함으로써 국민의 문화적 향상을 도모함과 아울러 인류문화의 발전에 기여할 목적에서 보존가치가 있다고 인정되어 지정하는 행위이므로, 그 입법목적이나 취지는 국민일반이나 지역주민의 문화재 향유에 대한 이익을 공익으로서 보호함에 있는 것이며, 특정 개인의 문화재 향유에 대한 이익을 직접적・구체적으로 보호하고자 하는 것은 아니다. 따라서 지정처분으로 인하여 사익이 침해되더라도 이는 지정처분의 근거법규에 의하여 직접적・구체적으로 보호되는 이익이라고 할 수

---

14) 다만, 중요무형문화재의 보유자중 개인이 사망한 때에는 그 인정서를 반납할 필요가 없다.

없다. 우리나라 문화재보호법에서는 문화재지정에 따라 그 소유자 등 이해관계인은 여러 가지 제약과 법적인 준수의무를 지게 되며, 관련규정에 위반하게 되는 경우에는 행정제재나 처벌을 받게 된다. 이와 같은 의미에서 문화재지정행위는 기본적으로 침익적 성질을 갖는 행정행위라고 볼 수 있다. 또한 지정문화재로서 그 보호가치가 있는지 여부를 정책적·전문적 및 기술적으로 판단하여야 한다는 관점에서 문화재지정행위는 재량행위에 속한다고 보겠다.

대법원판례[15]는 구문화재보호법[16] 제55조제1항·제5항, 구경상남도문화재보호조례[17] 제11조제1항에 의한 도지사의 도지정문화재 지정처분은, 문화재를 보존하여 이를 활용함으로써 국민의 문화적 향상을 도모함과 아울러 인류문화의 발전에 기여할 목적에서(동법 제1조), 도지사가 그 관할구역 안에 있는 문화재로서 국가지정문화재로 지정되지 아니한 문화재 중 보존가치가 있다고 인정되는 것을 도지정문화재로 지정하는 행위이므로, 그 입법목적이나 취지는 지역주민이나 국민일반의 문화재 향유에 대한 이익을 공익으로서 보호함에 있는 것이며, 특정 개인의 문화재 향유에 대한 이익을 직접적·구체적으로 보호함에 있는 것으로 해석되지 아니하고, 달리 위 동법 및 동 조례에서 지정처분으로 침해될 수 있는 특정 개인의 명예 내지 명예감정을 보호하는 것을 목적으로 하여 그 지정처분에 제약을 가하는 규정을 두고 있지도 아니하므로, 설령 지정처분으로 인하여 특정 개인이나 그 선조의 명예 내지 명예감정이 손상되었다고 하더라도, 이는 위 지정처분의 근거법규에 의하여 직접적·구체적으로 보호되는 이익이라고 할 수 없으므로 지정처분의 취소를 구할 법률상의 이익이 있다고 볼 수 없다는 입장이다.[18]

또한, 위 동법 제55조제5항 및 이 동 조례 제15조는, 도지사는 도지정문화재가 문화재로서의 가치를 상실하거나 기타 특별한 사유가 있는 때에 위

---

15) 대법원 2001. 9. 28. 선고 99두8565 판결, 문화재지정처분취소 등.
16) 1995. 12. 29. 법률 제5073호로 개정되기 이전법률을 말한다.
17) 1999. 10. 11. 개정되기 이전의 조례를 말한다.
18) 참조판례: 대법원 1992. 9. 22. 선고 91누13212 판결.

원회의 심의를 거쳐 그 지정을 해제한다고 규정하고 있을 뿐이고, 특정 개인이 도지사에 대하여 그 지정의 취소 또는 해제를 신청할 수 있다는 근거 규정을 별도로 두고 있지 아니하므로, 법규상으로 개인에게 그러한 지정해제 신청권이 있다고 할 수 없고, 어느 특정 개인이 문화재 지정처분으로 인하여 불이익을 입거나 입을 우려가 있다고 하더라도, 그러한 개인적 사정만을 이유로 그에게 문화재 지정처분의 취소 또는 해제를 요구할 수 있는 조리상의 신청권이 있다고도 할 수 없다고 본다.[19)]

4. 指定行爲의 基準 및 節次

가. 指定基準

문화재청장이 국가지정문화재와 그 보호물 또는 보호구역을 지정하거나 중요무형문화재의 보유자·보유단체 또는 명예보유자를 인정하고자 할 때에는 일정한 기준 및 절차에 의하여야 한다. 국보·보물·중요무형문화재·사적·명승·천연기념물 및 중요민속자료의 지정기준은 문화재보호법 시행규칙 별표 1에서 상세히 정하고 있다. 중요무형문화재의 구체적인 인정기준을 살펴보면, ① 보유자는 중요무형문화재의 예능 또는 기능을 원형대로 체득·보존하고 이를 그대로 실현할 수 있는 자여야 하고, ② 보유단체는 중요무형문화재의 예능 또는 기능을 원형대로 보존하고 이를 그대로 실현할 수 있는 단체여야 하되, 다만 당해중요무형문화재의 예능 또는 기능의 성질상 개인적으로는 실현할 수 없거나 보유자로 인정할 만한 자가 다수일 경우에 한하도록 규정하며, ③ 명예보유자는 중요무형문화재 보유자 중에서 중요무형문화재의 예능 또는 기능의 전수교육을 정상적으로 실시하기 어려운 자여야 하도록 규정하고 있다(규칙 제2조제1항). 국보·보물·사

---

19) 참조판례: 대법원 1992. 10. 27. 선고 92누5867 판결.

적·명승·천연기념물 및 중요민속자료의 보호물 또는 보호구역의 지정기준은 문화재보호법시행규칙 별표 2에서 정하고 있다. 다만, 문화재청장은 자연적 조건·인위적 조건 기타 특수한 사정으로 특히 필요하다고 인정할 때에는 보호구역의 지정기준을 확대 또는 축소할 수 있다. 국가지정문화재의 보호물 또는 보호구역의 지정에 관한 적정성 여부를 검토함에 있어서는 문화재청장은 ① 당해 문화재의 보존가치, ② 보호물 또는 보호구역의 지정이 재산권 행사에 미치는 영향, ③ 보호물 또는 보호구역의 주변여건을 고려하여야 한다. 보호물 또는 보호구역의 지정에 관한 적정성 여부의 검토는 지정 후 매 10년이 되는 날 이전에 이를 행하되, 다만 특별한 사정으로 인하여 적정성 여부를 검토하여야 할 시기에 이를 행할 수 없는 경우에는 필요한 기간 동안 그 검토시기를 연기할 수 있다.

나. 指定節次

시·도지사는 지정필요성이 인정되는 문화재가 있을 때에는 언제나 지체없이 일정한 사진·도면 및 녹음물 등 지정에 필요한 자료를 갖추어 그 취지를 문화재청장에게 보고하여야 한다. 시·도지사가 국가지정문화재나 그 보호물 또는 보호구역의 지정에 관한 취지를 문화재청장에게 보고할 때에는 ① 문화재의 종별·명칭·수량·소재지 또는 보관장소, ② 문화재의 소유자·보유자·점유자 또는 관리자의 성명 및 주소(무형문화재의 보유단체인 경우에는 명칭 및 설립연월일과 대표자의 성명 및 주소), ③ 문화재의 소재지 또는 보관장소의 소유자·점유자 또는 관리자의 성명 및 주소(보호구역 또는 보호물을 지정할 필요가 있을 때에는 그 구역 또는 수량과 소유자·점유자 또는 관리자의 성명 및 주소), ④ 문화재의 작자·유래 및 전설, ⑤ 현상에 관한 설명, ⑥ 문화재의 재료·품질·구조·형식·크기 및 형태(무형문화재의 경우에는 그 내용과 특징), ⑦ 문화재의 사진·도면·녹음물 및 기록물, ⑧ 문화재의 보호·관리에 필요한 제한 또는 금지에 관한 사항, ⑨ 기타 지정에 필요한 사항을 포함하여 보고하도록 하고 있다.

국가지정문화재의 지정을 하고자 하는 경우에는 문화재청장은 문화재위원회의 해당분야 분과위원회 위원 또는 전문위원을 포함한 관계전문가 3인 이상에게 당해문화재에 대한 조사 및 검토를 요청하여야 하며, 요청을 받은 자는 조사 및 검토를 한 후 각각 조사보고서를 작성하여 문화재청장에게 제출한다. 문화재청장은 동 조사보고서를 검토하여 당해문화재가 국가지정문화재로 지정할 가치가 있다고 판단될 경우에는 문화재위원회의 심의 전에 그 심의할 내용을 관보에 30일 이상 예고하여야 한다. 문화재위원회는 조사보고서와 예고결과를 참고하여 지정 여부를 심의하여야 한다. 중요무형문화재의 보유자·보유단체 또는 명예보유자를 인정하고자 할 때에는 문화재청장은 문화재위원회의 해당분야 분과위원회의 위원 또는 전문위원을 포함한 관계전문가 2인 이상으로 하여금 조사를 하게 하여야 한다. 중요무형문화재의 보유자·보유단체 또는 명예보유자를 인정하고자 하는 경우에도 국가지정문화재의 조사보고 및 예고제에 준하여 이를 실시한다. 국보·보물·사적·명승·천연기념물 및 중요민속자료의 보호물 또는 보호구역의 지정에 관하여 국가지정문화재의 지정절차를 준용한다.

다. 指定告示

국가지정문화재의 지정의 고시, 중요무형문화재의 보유자·보유단체 또는 명예보유자의 인정의 고시와 그 지정이나 인정의 해제의 고시를 하고자 하는 때에는 그 고시내용에 ① 국가지정문화재의 종별·지정번호·명칭·수량·소재지 또는 보관장소, ② 국가지정문화재의 보호물 또는 보호구역의 명칭·수량 및 소재지, ③ 국가지정문화재와 그 보호물 또는 보호구역의 소유자 또는 점유자의 성명·주소, ④ 중요무형문화재의 보유자 또는 명예보유자의 성명·성별·생년월일·주소 또는 사망연월일(보유단체인 경우에는 명칭·소재지·설립연월일과 대표자의 성명·성별·생년월일·주소), ⑤ 지정·인정 또는 해제의 이유를 명시하여야 한다.

국가지정문화재의 지정기준·지정절차 및 지정고시절차 등에 관하여 살펴보았는바, 지정기준에 관하여 위반한 경우에는 실체법적 위반이 되고, 지정절차 및 고시절차를 위반한 경우에는 절차법적 위반이 된다. 이 같은 실체법적 또는 절차법적 위반은 이는 우리나라 행정법학계의 통설·판례에 비추어 볼 때 문화재지정에 있어 중대하고 명백한 하자에 해당되는 경우에는 그 지정행위는 당연 무효로 된다고 본다. 다만, 중대한 하자에 해당되지만 명백하지 못한 경우 또는 명백한 하자이지만 중대하지 아니한 경우에는 취소할 수 있다고 생각된다.

라. 意見提出節次

우리나라 문화재보호법령에서는 문화재지정에 따른 청문절차나 다른 의견제출 절차를 규정하고 있지는 아니하다. 그 이유는 문화재보호정책상 문화재의 지정해위는 문화재보호라는 공익목적을 위한 것이고, 그와 같은 공익목적이 이해관계인의 사익에 반한다고 하여 문화재의 지정을 할 수 없게 된다면 궁극적으로 공익목적을 위한 정책을 실현할 수 없기 때문이 아닌가 생각된다. 그러나 공익목적을 실현하되, 이해관계인의 의견을 최대한 반영하여 불필요하거나 과도한 규제가 되지 아니하도록 개선되어야 할 것이란 측면에서 기본적으로 침익적 행정행위의 성질을 갖는 것으로 볼 수 있는 문화재지정행위에 대하여 그 물건의 소유자 등 이해관계인의 의견이 사전에 제시되는 것이 바람직하다고 본다. 1998년부터 시행중인 행정절차법은 모든 행정처분에 일반적으로 적용되는 청문·공청회 또는 의견제출과 같은 의견청취 절차를 규정하고 있고, 행정청이 당사자에게 의무를 과하거나 권익을 제한하는 처분을 함에 있어서는 청문실시 또는 공청회개최의 경우를 제외하고는 당사자 등에게 의견제출의 기회를 반드시 주도록 규정하고 있다. 행정절차법이 정한 청문이나 의견제출 절차를 결한 행정행위는 일반적으로 위법한 행정행위로서 무효 또는 취소의 대상이 된다.

대법원판례[20]는 구공중위생법[21] 제24조제1호, 행정절차법 제22조제1항제1호, 제4항, 제21조제4항 및 제28조, 제31조, 제34조, 제35조의 각 규정을 종합하면, 행정청이 유기장업허가를 취소하기 위해서는 청문을 실시하여야 하고, 다만 행정절차법 제22조제4항, 제21조제4항에서 정한 예외적 사유에 해당하는 경우에는 청문을 실시하지 아니할 수 있으며, 행정청이 선정한 청문주재자는 청문을 주재하고, 당사자등의 출석 여부, 진술의 요지 및 제출된 증거, 청문주재자의 의견 등을 기재한 청문조서를 작성하여 청문을 마친 후 지체 없이 청문조서 등을 행정청에 제출하며, 행정청은 제출받은 청문조서 등을 검토하고 상당한 이유가 있다고 인정하는 경우에는 청문결과를 적극 반영하여 행정처분을 하여야 하는바, 이러한 청문절차에 관한 각 규정과 행정처분의 사유에 대하여 당해 영업자에게 변명과 유리한 자료를 제출할 기회를 부여함으로써 위법사유의 시정가능성을 고려하고 처분의 신중과 적정을 기하려는 청문제도의 취지에 비추어 볼 때, 행정청이 침해적 행정처분을 함에 즈음하여 청문을 실시하지 아니하여도 되는 예외적인 경우에 해당하지 아니하는 한 반드시 청문을 실시하여야 하고, 그 절차를 결여한 처분은 위법한 처분으로서 취소사유에 해당된다고 본다.[22]

또한, 행정절차법 제21조제4항제3호는 침해적 행정처분을 할 경우 청문을 실시하지 아니할 수 있는 사유로서 '당해 처분의 성질상 의견청취가 현저히 곤란하거나 명백히 불필요하다고 인정될 만한 상당한 이유가 있는 경우'를 규정하고 있으나, 여기에서 말하는 '의견청취가 현저히 곤란하거나 명백히 불필요하다고 인정될 만한 상당한 이유가 있는지 여부'는 당해 행정처분의 성질에 비추어 판단하여야 하는 것이지, 청문통지서의 반송 여부, 청문통지의 방법 등에 의하여 판단할 것은 아니며, 또한 행정처분의 상대방이 통지된 청문일시에 불출석하였다는 이유만으로 행정청이 관계법령상 그

---

20) 대법원 2001. 4. 13. 선고 2000두3337 판결. 영업허가취소처분취소.

21) 1999. 2. 8. 법률 제5839호 공중위생관리법 부칙 제2조로 폐지된 법률을 말한다.

22) 참조판례: 대법원 1983. 6. 14. 선고 83누14 판결; 대법원 1991. 7. 9. 선고 91누971 판결; 1992. 2. 11. 선고 91누11575 판결; 2000. 11. 14. 선고 99두5870 판결.

실시가 요구되는 청문을 실시하지 아니한 채 침해적 행정처분을 할 수는 없을 것이므로, 행정처분의 상대방에 대한 청문통지서가 반송되었다거나, 행정처분의 상대방이 청문일시에 불출석하였다는 이유로 청문을 실시하지 아니하고 행한 침해적 행정처분은 위법하다고 본다.

그러나 종래 대법원판례[23]는 행정청이 발하는 훈령은 행정내부에서 대내적인 효력 밖에 없으므로 의견제출 절차[24]를 거치지 아니한 경우라도 위법한 행위로 보지 아니하였다. 즉 국민의권익보호를위한행정절차에관한훈령[25]은 상급행정기관이 하급행정기관에 대하여 발하는 일반적인 행정명령으로서 행정기관 내부에서만 구속력이 있을 뿐 대외적인 구속력을 가지는 것이 아님을 전제하고, 청문을 포함한 당사자의 의견청취절차 없이 어떤 행정처분을 한 경우에도 관계법령에서 당사자의 의견청취절차를 시행하도록 규정하지 아니하고 있는 경우에는 그 행정처분이 위법하게 되는 것은 아니라할 것인바, 문화재보호법과 관련조례에 의하면 시지정문화재는 시장이 문화재위원회의 자문을 받아 지정한다고만 규정되어 있을 뿐 그 지정에 있어서 문화재의 소유자나 기타 이해관계인의 의견을 들어야 한다는 행정절차의 규정은 없고, 비록 국무총리훈령에 따라 1990년 3월 1일부터 시행된 행정절차운영지침에 의하면 행정청이 공권력을 행사하여 국민의 구체적인 권리 또는 의무에 직접적인 변동을 초래하게 하는 행정처분을 하고자 할 때에는 미리 당사자의 의견을 청취한 다음 이유를 명시하여 행정처분을 하여야 한다고 규정되어 있으나 이는 대외적 구속력을 가지는 것이 아니므로, 시장이 건조물 소유자의 신청이 없는 상태에서 소유자의 의견을 듣지 아니하고 건조물을 문화재로 지정하였다고 하여 위법한 것은 아니라는 견해를 취한 사례다.[26]

그러나 1998년부터 시행 중인 행정절차법은 모든 행정처분에 일반적으로

---

23) 대법원 1994. 8. 9. 선고 94누3414 판결, 유형문화재지정고시처분취소.
24) 행정절차법 제정이전의 청문절차를 포함한다.
25) 1989. 11. 17. 국무총리훈령 제235호.
26) 참고판례: 대법원 1994. 3. 22. 선고 93누18969 판결.

적용되는 의견청취 절차를 규정하고 있는바, 정식절차로서의 청문은 ① 다른 법령 등에서 청문을 실시하도록 규정하고 있는 경우, ② 행정청이 필요하다고 인정하는 경우에 실시하여야 하고, 행정청이 당사자에게 의무를 과하거나 권익을 제한하는 처분을 함에 있어서는 청문실시 또는 공청회개최의 경우를 제외하고는 당사자등에게 의견제출의 기회를 반드시 주도록 규정하고 있다. 다만, 당사자가 의견진술의 기회를 포기한다는 뜻을 명백히 표시한 경우에는 의견청취를 아니할 수 있다. 의견제출이란 행정절차법 제정 이전의 청문에 해당된다. 현행 문화재보호법에서는 문화가지정의 경우에는 의견제출 절차를 거치도록 하는 규정을 두고 있지 아니하다. 따라서 문화재보호법령에 의하여 의견제출 절차를 반드시 거쳐야 하는 것은 아니라고 보며, 행정처분권한을 가진 문화재관리청장이 소유자 등에 대하여 의견제출 절차가 필요하다고 인정할 때에 한하여 동 절차를 거치면 될 것이다.

물론 행정절차법 자체에서도 '당해처분의 성질상 의견청취가 현저히 곤란하거나 명백히 불필요하다고 인정될 만한 상당한 이유가 있는 경우'에는 의견청취절차를 생략할 수 있도록 하고 있다. 구체적으로 그와 같은 상당한 이유라 함은 ① 의견청취의 기회를 줌으로써 처분의 내용이 미리 알려져 현저히 공익을 해하는 행위를 유발할 우려가 예상되는 경우, ② 법령 등에서 준수하여야 할 기술적 기준이 명확하게 규정되고 그 기준에 미치지 못하는 사실을 이유로 처분을 하려는 경우로서 그 사실이 실험, 계측 기타 객관적인 방법에 의하여 명확히 입증된 때, ③ 법원의 판결 등에 의하여 처분의 전제가 되는 사실이 객관적으로 증명되어 처분에 따른 의견청취가 불필요하다고 판단되는 경우, ④ 외국에서 행하여지는 내국인(단체 등 포함)에 대한 처분에 대하여 의견청취의 절차를 인정하지 아니하고 있는 경우 행정청이 외국인(단체 등 포함)에 대하여 같은 종류의 처분을 행하는 경우, ⑤ 법령 등에서 일정한 요건에 해당하는 자에 대하여 금전급부를 명하는 경우 행정청의 금액산정에 재량의 여지가 없거나 요율이 명확하게 정하여져 있는 경우를 말한다(행정절차법시행령 제13조). 따라서 문화재청장은 처분의 상대방인 소유자 등에게 의견청취의 기회를 줌으로써 처분의 내용이

미리 알려져 현저히 공익을 해하는 행위를 유발할 우려가 예상되는 경우에는 설령 의견제출 절차가 필요하다고 인정되더라도 이를 행정절차법의 예외규정에 따라 생략할 수 있다고 본다.

Ⅲ. 文化財의 假指定制度

1. 假行政行爲論

가행정행위란 본래의 목적을 직접 달성하게 되는 최종적인 의미의 행정행위인 본행정행위가 결정되는 시점까지 일정기간 잠정적 행위로서 그 법적 효과를 발생하게 하기 위하여 행하는 특수한 성질의 행정행위라고 하겠다.[27] 행정법령에 행정청이 가행정행위를 행할 수 있다는 명문규정을 둔 경에는 물론 그에 따라 당연히 가행정행위를 할 수 있다. 그러나 명문규정이 없는 경우에도 당연히 가행정행위를 행할 수 있는지 여부에 관하여는 학설이 대립하고 있다.

긍정설은 본행정행위를 할 수 있는 근거로서 그에 따른 가행정행위까지 할 수 있다고 보는 견해이다. 가행정행위란 본행정행위와 분리되어 독자적인 성질을 갖는 행정권한으로 규정되고 행사되어야 하는 것이 아니라 본행정행위에 관한 권한을 갖는 행정청이 본행정행위를 행함에 있어서 사전적인 단계에서 행하는 본행정행위에 따라 행할 수 있는 사전적·예비적 작용이라고 본다.[28]

부정설은 행정법령에 행정청이 가행정행위를 행할 수 있다는 명문규정을

---

27) 김남진, 『행정법Ⅰ』, 2001, p.246. 석종현, 『일반행정법(상)』, 2002, p.231.
28) 유지태, "가행정행위의 개념", 『월간고시』, 1993. 11. p.95.

둔 경우에 한하여 가행정행위를 할 수 있다는 견해이다. 비록 가행정행위는 일시적·잠정적이지만 본래의 행정상 목적을 달성하기 위한 일정한 법률관계, 즉 잠정적인 권리·의무관계의 성립을 인정하는 것이고 이 같은 권리·의무관계는 본행정행위에 따른 권리·의무관계와는 성질을 달리하므로 독자적인 법률적 근거가 요청되는 점, 가행정행위가 이루어진 후에 행정청이 사정변경 등의 사유로 본행정행위를 하지 아니할 경우에는 행정행위의 상대방의 지위가 불안정한 상태에 놓이는 점에서 가행정행위를 하기 위해서는 독자적 법률적 근거가 필요하다고 본다.[29]

가행정행위란 본행정행위에 관한 권한을 부여한 근거에 따라 행정청이 본행정행위를 함에 있어 본행정행위의 범위와 한계 내에서 일시적·잠정적 효력을 특별한 잠정처분을 행하여 본행정행위에 준하여 일시적 법률관계를 성립시키려는 것이란 점에서 긍정설이 타당하다고 보인다.

구체적인 입법례를 살펴보면, 국가공무원법 또는 지방공무원법에 근거한 징계의결요구중인 공무원에 대하여 행하는 지위해제처분을 예로 들 수 있다. 국가공무원법 제 73조의2제1항·제2항 또는 지방공무원법 제65조의2제1항·제2항에서는 임용권자는 파면·해임·정직에 해당하는 징계의결 요구 중에 있는 공무원에 대하여는 잠정적으로 직위해제처분을 행할 수 있고, 직위해제처분을 한 후에 징계가 부결되는 등 그 직위해제사유가 소멸되는 때에는 지체 없이 보직발령과 같이 직위를 다시 부여하기 위한 조치를 하도록 규정하고 있다.

가행정행위와 행정상 확약은 본행정행위가 이루어지기 전에 행정상의 법률관계를 일시적인 불확정적·잠정적 상태에 두려는 점, 양자가 모두 행정행위라는 점에서 같으나, 가행정행위는 본행정행위를 결정하기 위한 심사를 유보한 상태에서 본행정행위를 차후에 결정하기로 하고 임시적·잠정적으로 본행정행위에 갈음하여 잠정적 효력을 발생하는 행정행위로서 성립되므로 그에 따른 잠정적 법률관계가 성립되지만, 행정상 확약의 경우에는 행정

---

29) 김해룡, "단계적 행정결정에 관한 법리", 『고시연구』, 1994. 4. p.95.

청이 장래에 향하여 일정한 법률관계를 성립시키게 되는 본행정행위를 결정할 것을 약속하는 것이므로 잠정적인 상태의 법률관계조차도 성립되는 것으로 볼 수 없다는 점에서 양자는 서로 다른 성질을 갖는다.

또한, 재량행위에는 가행정행위가 허용되지만 기속행위에는 가행정행위가 허용될 수 없다는 견해도 있을 수 있으나, 행정행위의 기속성 또는 재량성 유무가 가행정행위의 가능성 여부의 판단기준이 된다고 볼 수 없으므로 재량행위인 경우에는 재량행위인 가행정행위가, 기속행위인 경우에는 기속행위인 가행정행위가 각각 성립할 수 있다고 보아야 할 것이다.

가행정행위를 허용하는 경우에도 행정청이 본행정행위를 함에 있어서 일정한 사전절차를 거치도록 하고 있는 경우에는 사전절차를 생략하고 가행정행위를 행할 수 없다고 본다.[30] 특히 영업정지처분·영업허가취소처분·영업폐쇄처분·과징금부과처분 등과 같이 상대방에게 불리한 행정행위의 경우에는 일반적으로 청문절차와 같은 사전적 행정절차를 규정하고 있는바, 이 같은 사전절차는 가행정행위의 형식으로 처분하는 경우라도 이를 생략할 수 없다고 보인다.

2. 文化財의 假指定制度

문화재보호법 제13조의 문화재가지정제도를 살펴보면, 문화재가지정제도의 목적은 긴급한 문화재지정의 필요성이 있으나 문화재위원회의 심의를 거칠 시간적 여유가 없을 때에 문화재청장이 임시적으로 가지정하기 위한 것인바, 가지정은 그 가지정한 날부터 6월 이내에 본지정이 없으면 해제된 것으로 보아 그 효력이 상실되도록 하고 있는 점에서 가지정은 본지정을 하기에 앞서 임시적·잠정적인 지정의 법적 효과를 부여하려는 것이므로 일응 기본적으로 강학상 가행정행위의 성질을 갖는다고 본다. 다만, 문화재

---

30) 석종현, 『일반행정법(상)』, 2002, p.234.

보호법은 가지정절차의 차이점, 가지정고시의 생략, 유효기간의 명시한정 등의 특별한 규정을 두어 일반적인 가행정행위의 성질에 변형을 부여한 것으로 보인다.

[문화재보호법 제13조]

제13조(가지정) ① 제6조 및 제7조의 규정에 의하여 지정할 만한 가치가 있다고 인정되는 문화재로서 그 지정 전에 긴급한 필요가 있고 문화재위원회의 심의를 거칠 시간적 여유가 없을 때에는 문화재청장은 그 문화재를 중요문화재로 가지정할 수 있다.

② 제1항의 규정에 의한 가지정의 효력은 가지정된 문화재(이하 '가지정 문화재'라 한다)의 소유자·점유자 또는 관리자에게 통지한 날로부터 발생한다.

③ 제1항의 규정에 의한 가지정은 그 가지정한 날로부터 6월 이내에 제6조 및 제7조의 규정에 의한 지정이 없으면 그 가지정은 해제된 것으로 본다.

④ 제9조 및 제10조제1항의 규정은 제1항의 경우에 이를 준용하되, 제9조제1항의 규정에 의한 관보의 고시는 하지 아니한다.

문화재가지정제도의 특징은 ① 본지정행위 전에 긴급한 필요가 있으나 문화재위원회의 사전심의를 거칠 시간적 여유가 없을 경우를 요건으로 하는 점, ② 가지정의 효력발생은 본지정의 경우와는 달리 가지정대상 문화재의 소유자·점유자 또는 관리자에게 통지한 날로 하는 점(발신주의)[31], ③ 가지정은 가지정일부터 6월 이내에 본지정행위가 없으면 해제된 것으로 보도록 규정한 점, ④ 가지정의 경우에는 관보고시를 생략하도록 한 점이라고 하겠다.

---

31) 본지정행위는 법 제11조에서 그 소유자 등이 지정의 통지를 받은 날부터 지정의 효력이 발생한다고 명시하고 있어 도달주의 원칙에 따르고 있다.

가행정행위와 행정상 확약이 서로 상이하다는 점에 관하여는 앞서 살펴본 바와 같다. 동일한 관점에서 문화재의 가지정행위는 문화재로 지정하여줄 것을 확약하는 지정확약행위와는 구별된다. 문화재의 가지정행위와 지정확약행위는 이론상으로 지정확약은 본지정행위가 이루어지기 전에 행정상의 법률관계를 일시적인 불확정적·잠정적 상태에 두려는 점에서 같으나, 가지정행위는 본지정행위를 결정하기 위한 심사를 유보한 상태에서 본지정행위를 차후에 결정하기로 하고 임시적·잠정적으로 본지정행위에 갈음하여 잠정적 효력을 발생하는 행정행위로서 성립되므로 그에 따른 잠정적 법률관계가 성립되지만, 지정확약의 경우에는 행정청이 장래에 향하여 일정한 법률관계를 성립시키게 되는 본지정행위를 결정할 것을 약속하는 것이므로 잠정적인 상태의 법률관계조차도 성립되는 것으로 볼 수 없다는 점에서 양자는 서로 다른 성질을 갖는다고 보인다.

또한, 문화재지정행위는 행정청의 재량행위라고 볼 것인바, 재량행위에는 기속행위와는 달리 가행정행위가 일반적으로 허용된다고 볼 수 있다. 일반적으로 가행정행위를 허용하는 경우에도 행정청이 본행정행위를 함에 있어서 일정한 사전절차를 거치도록 하고 있는 경우에는 사전절차를 생략하고 가행정행위를 행할 수 없다고 보이지만, 문화재보호법에서는 문화재위원회의 사전심의절차를 생략하도록 하고 관보고시도 생략하도록 하는 등 특별히 명문의 규정을 두어 가지정행위이 요건 및 절차에 관하여 본지정행위의 경우와는 구별되게 규정하고 있다. 가지정을 하고자 하는 경우에는 사적·명승·천연기념물 또는 중요민속자료로 이를 구분하여야 한다.

3. 假指定상의 發信主義의 問題點 및 改善方案

현행 가지정제도에 관한 일부 문제점 및 개선방안을 살펴볼 필요가 있다. 현행제도 중 가지정의 효력발생요건으로서 본지정의 경우와는 달리 가지정대상 문화재의 소유자·점유자 또는 관리자에게 통지한 날로 규정하여 발신주의를 채택하고 있는 점과 가지정의 경우에 관보고시를 생략하도록 규정하고 있는 점을 중심으로 검토하고자 한다.

가. 假指定상의 發信主義의 問題點

가지정의 효력발생요건으로 발신주의를 채택하고 있는바, 이는 가지정대상문화재의 소유자·보유자·점유자 또는 관리자에게 행정처분의 내용이 도달되었는지 여부를 묻지 아니하고 가지정처분을 통지한 날에 그 가지정행위의 효력이 발생하도록 하고 있다. 그런데 이와 같은 문화재의 가지정이라는 행정처분의 효력은 그 소유자·보유자·점유자 또는 관리자의 재산권행사에 상당한 제약을 가할 수밖에 없다. 즉 가지정행위의 효력이 발생하면 문화재보호법에서는 여러 가지의 행정상 규제를 받게 되어 있다.

(1) 指定文化財에 대한 制限·禁止規定의 準用

가지정을 받게 되는 경우에 지정문화재에 관한 행위제한·금지 등에 관한 규정을 준용[32]하도록 규정하는 등 지정의 경우와 비슷하게 그 소유자·보유자·점유자 또는 관리자가 받아야 하는 권리나 이익의 제한, 새로운 의무의 부과 또는 일정한 위반행위자에 대한 벌칙을 규정하고 있어 지정문화재에 유사한 규제를 받고 있다.

즉 가지정문화재인 명승·천연기념물의 경우 가지정된 구역 또는 그 보호구역 안에서 동물·식물·광물을 포획·채취하거나 그 포획·채취한 것을 구역 밖으로 반출하는 행위, 가지정문화재의 척본 또는 영인하거나 그 보존에 영향을 미칠 우려가 있는 촬영을 하는 행위, 가지정된 국가지정문화재(보호물·보호구역과 천연기념물 중 죽은 것을 포함)의 현상을 변경하거

---

32) 법 제32조: 제20조, 제21조, 제25조제1항제1호 및 제4호, 제27조제2호 내지 제4호·제6호 내지 제8호와 제30조의 규정은 가지정문화재의 관리 및 보호에 이를 준용한다.

나 그 천연기념물을 표본·박제하는 행위나 그 보존에 영향을 미칠 우려가 있는 행위는 문화재청장의 허가를 받아야 하고 허가받은 사항을 변경하는 행위도 허가를 받아야 한다(법 제20조).

국보·보물·천연기념물 또는 중요민속자료의 경우에는 가지정된 상태라도 국외로 수출 또는 반출할 수 없다.[33] 특히 예외적으로 문화재전시회 등 문화교류를 목적으로 국외반출하는 경우라도 국무회의의 심의까지 거쳐 반출허가를 받아야 가능하다.

문화재의 국외수출 및 반출금지와 관련하여 일반동산문화재로 오인될 우려가 있는 동산의 확인업무를 수행하기 위하여 시·도지사는 그 관할지역 내에 문화재감정관실을 설치·운용할 수 있도록 하고 있다. 문화재감정관실에 근무하는 문화재감정위원은 문화재청장이 위촉하는 일반동산문화재 감정위원 중에서 해당 시·도지사가 채용하되 다양한 분야의 감정업무를 원활하게 수행할 수 있도록 감정위원 간에 전공분야를 달리하여 채용하도록 하고 있다.[34] 문화재감정위원은 감정을 신청한 물건이 문화재 보호법시행규칙 제51조의 규정에 의한 일반동산문화재의 범위에 속하는지 여부를 확인함에 있어서는 감정자의 주관을 배제하고 객관적인 근거에 의하여 보편타당성 있게 감정·평가하도록 하고 있다. 비문화재 확인 시에는 감정의 오류를 예방하기 위하여 반드시 문화재감정위원 2인 이상이 감정하여야 하도록 하고, 문화재감정위원은 문화재로 오인될 우려가 있는 동산에 대하여는 비문화재확인원을 발급하여 준다. 시·도지사는 비문화재 확인결과를 매분기 종료 후 15일 이내에 비문화재확인현황을 작성하여 문화재청장에게 제출하도록 하고 있다. 문화재감정위원은 비문화재 확인감정 시 일반동산문화재로 확인되어 반출이 불허되는 유물에 대하여는 규격·수량·재질 등 구체적인 제원과 사진 등이 첨부된 일반동산문화재확인원을 작성하여야 하고, 동 문화재가 국내의 다른 국제공항 및 국제여객부두를 통해 국외로 반

---

33) 다만, 문화재의 국외전시 등 국제적 문화교류를 목적으로 반출하되, 그 반출한 날로부터 2년 이내에 다시 반입할 것을 조건으로 문화재청장의 허가를 받은 때에는 예외적으로 국외반출이 허용된다(법 제21조 제1항단서).

34) 비문화재확인업무위임지침(문화재청훈령 제30호).

출되지 아니하도록 일반동산문화재확인원을 문화재청과 그 밖의 시·도의 문화재감정관실 등에 즉시 송부하도록 하고 있다.

비지정문화재인 일반동산문화재의 경우 그 수출 및 반출이 금지되고, 예외적으로만 허용되도록 규정되어 있는바, 비지정 동산문화재의 경우까지 반출금지 등의 규제를 가하는 것은 과잉금지원칙에 반할 우려가 있는지 의문이 제기되기도 한다. 관련헌재결정례[35]를 살펴보면, 구문화재보호법[36] 제76조의 수출 및 반출금지와 관련하여, 문화재를 보존하여 활용하는 데 있어서 굳이 지정 여부를 고집하여 그에 따른 차이를 둘 합리적인 이유가 없으며, '지정되지 아니한 유형문화재 중 동산에 속하는 문화재'의 무허가 국외수출 또는 반출을 금지하는 것은 문화재를 보존·활용하기 위한 적정한 방법으로서, 이를 위반하는 행위에 형사벌을 과하는 것은 금지규정의 실효성을 보장하는 차원에서 보면 합리성이 인정되고, 법익의 균형성의 원칙에도 어긋나지 아니하므로 이 법률조항은 과잉금지의 원칙에 위반되지 아니한다고 본다.[37]

(2) 指定文化財에 準하는 各種 行政命令·申告義務 등

문화재청장 또는 지방자치단체의 장은 국가지정문화재(보호물과 보호구역을 포함)의 경우 가지정된 상태에서도 그 관리·보호상 필요하다고 인정할 때에는 ① 국가지정문화재의 관리상황이 그 문화재의 보존상 부적당하거나 특히 필요하다고 인정되는 경우 그 소유자·보유자·관리자 또는 관리단체에 대한 일정한 행위의 금지 또는 제한, ② 국가지정문화재의 소유자 또는 관리자나 관리단체에 대한 그 밖에 필요한 조치를 명할 수 있다(법 제25조제1항).

국가지정문화재(보호물과 보호구역을 포함)의 경우 가지정된 상태라도 소유자·보유자·관리자 또는 관리단체는 당해문화재에 관하여

① 국가지정문화재의 소유자에 변경이 있는 때,[38] ② 소유자·보유자 또

---

35) 헌법재판소 2000. 6. 29. 98헌바67 전원재판부. 문화재보호법제80조제2항등위헌소원.
36) 1999. 1. 29. 법률 제5719호로 개정되기 이전의 법률을 말한다.
37) 참조판례: 헌재 1989. 12. 22. 88헌가13.

는 관리자의 성명이나 주소에 변경이 있은 때, ③ 국가지정문화재의 소재지의 지명·지번·지목·면적 등에 변경이 있은 때, ④ 국가지정문화재가 멸실·도난 또는 훼손된 때, ⑤ 국외반출허가된 문화재를 반출한 후 이를 다시 반입한 때, ⑥ 허가 또는 변경허가를 받고 그 문화재의 현장변경 기타 행위에 착수하거나 완료한 때에는 그 사실 및 경위를 문화재청장에게 신고할 의무가 있다.

문화재보호법은 국가지정문화재(보호물·보호구역)는 가지정된 상태하에서도 소유자가 변경된 때에는 새 소유자는 문화재청장이 행하는 명령·지시 기타 처분으로 인한 전소유자의 권리의무를 승계한다고 명문화하고 있다(법 제59조제1항). 이 같은 권리의무의 승계규정은 관리단체가 지정되거나 그 지정이 해제된 경우에 관리단체와 소유자에 사이에 대하여도 준용된다.[39]

문화재청장은 전시·사변 또는 이에 준하는 비상사태에 있어서 문화재의 보호상 필요하다고 인정될 때에는 국유문화재와 국유 외의 지정문화재는 물론 가지정문화재도 이를 안전한 지역으로 이동·매몰 기타의 필요한 조치를 하거나 당해문화재의 소유자·보유자·점유자·관리자 또는 관리단체에 대하여 그 문화재를 안전한 지역으로 이동·매몰 기타의 필요한 조치를 할 것을 명령할 수 있고, 문화재의 소유자 등은 동 조치 또는 명령을 거부·방해 또는 기피하여서는 아니 된다(법 제71조제1항).

(3) 指定文化財에 準하는 罰則適用

문화재보호법에서는 법령위반행위에 대한 벌칙에 있어서도 지정문화재의 경우와 마찬가지로 무겁게 처벌하고 있다. 즉 지정문화재와 똑같이 가지정문화재의 경우에도 국외로 수출 또는 반출하거나 허가받아 반출한 문화재를 기한 내에 다시 반입하지 아니한 자는 5년 이상의 유기징역에 처하고 그 문화재를 몰수하도록 규정하고(법 제80조제1항), 허위 기타 부정한 방법

---

38) 소유자변경의 경우에는 신·구소유자가 각각 연서로 신고하여야 한다.

39) 다만, 소유자에게 전속하는 권리의무는 그러하지 아니하다(법 제59조제1항단서).

으로 가지정문화재로 지정하게 한 자는 5년 이상의 유기징역에 처하며(법 제80조의2), 가지정문화재(건조물 제외)를 손상·절취 또는 은닉하거나 그 밖의 방법으로 그 효용을 해한 자에 대하여는 2년 이상의 유기징역에 처하고(법 제81조제2항), 지정문화재와 똑같이 가지정문화재의 보호물 또는 보호구역 안에서 허가 없이 매장문화재를 발굴한 자는 5년 이상의 유기징역에 처하며(법 제82조제1항), 가지정문화재의 보호물 또는 보호구역 안에서 허가 없이 발굴되었거나 현상변경된 문화재를 그 정을 알고 유상이나 무상으로 양도·양수·취득·운반·보유 또는 보관한 자와 이들 행위를 알선한 자는 7년 이하의 징역 또는 7천만 원 이하의 벌금에 처하고 있다(법 제82조제3항 및 제4항).

단체 또는 다중의 위력을 보이거나 위험한 물건을 휴대하여 무허가수출 등의 죄, 도굴 등의 죄를 범한 때에는 각 본조에 정한 형의 2분의 1까지 가중하고, 동 가중죄를 범하여 가지정문화재를 관리 또는 보호하는 자를 사상에 이르게 한 자는 지정문화재에 관련되어 같은 죄를 범한 자와 똑같이 사형·무기 또는 5년 이상의 징역에 처하도록 규정하고 있다. 가지정문화재인 건조물 또는 가지정문화재를 보호하기 위한 건조물에 대하여 방화·일수 또는 파괴의 죄를 범한 자는 지정문화재에 관련되어 같은 죄를 범한 자와 똑같이 형법 제165조·제178조 또는 제367조와 동법 중 이들 조항에 관계되는 법조의 규정을 준용하여 이를 처벌한다(법 제84). 사적 등에의 일수죄(법 제85조 및 제86조), 구역외무허가반출 등의 죄(법 제89조), 행정명령위반 등의 죄(법 제90조), 관리행위방해 등의 죄(법 제91조)의 경우에도 지정문화재의 경우와 같은 수준에서 처벌대상으로 규정하고 있다.

나. 假指定상의 發信主義의 改善方案

가지정을 받더라도 그에 따른 법률상의 금지·제한이나 의무부과 및 벌칙적용에 있어서는 위에서 살펴본 바와 같이 거의 지정문화재와 유사한 수

준으로 규율되고 있다. 행정절차에 관한 기본법인 행정절차법에서도 송달[40]
은 다른 법령 등에 특별한 규정이 있는 경우를 제외하고는 송달받을 자에
게 도달됨으로써 그 효력이 발생하고, 공시송달의 경우 다른 법령 등에 특
별한 규정이 있는 경우를 제외하고는 공고일부터 14일이 경과한 때에 그
효력이 발생하며, 다만 긴급히 시행하여야 할 특별한 사유가 있어 공고하는
때에 효력발생시기를 달리 정한 경우에는 그에 의한다고 규정하고 있다(법
제15조).

행정법상으로도 행정절차에 관한 일반법인 행정절차법에서 공문서의 송
달은 다른 법령 등에 특별한 규정이 있는 경우를 제외하고는 송달받을 자
에게 도달됨으로써 그 효력이 발생한다고 규정하고 있다. 민사법의 경우에
도 마찬가지로 상대방 있는 의사표시는 원칙적으로 상대방에게 도달하여야
그 효력이 발생한다. 즉 공·사법 공히 법률행위의 효력발생요건으로서 도
달주의 원칙을 채택하고 있다. 또한 민법은 행정법령상 아무런 규정을 두지
아니하는 등 공백상태에 놓여 있을 경우에는 행정법상의 흠을 보충하는 효
력이 일반적으로 인정되고 있다. 우리 민법 제111조에서는 상대방 있는 의
사표시는 그 통지가 상대방에 도달한 때로부터 그 효력이 생기고, 표의자가
그 통지를 발한 후 사망하거나 행위능력을 상실하여도 의사표시의 효력에
는 영향을 미치지 아니한다고 규정하여 도달주의원칙을 채택하고 있다. 도
달이란 상대방의 지배권내에 들어가 사회관념상 요지할 수 있는 상태에 이
른 것을 의미하므로 반드시 상대방이 그 의사표시 내용을 요지하여야 한다
거나 의사표시의 내용이 들어 있는 문서를 물리적으로 취득하여야만 될 필
요는 없다고 본다.

물론 우리 민·상법에서는 도달주의원칙에 대한 예외로서 발신주의 특례
로서 규정하고 있는 사례도 있다. 발신주의는 원격지에 떨어져 있는 당사자
간에 거래의 신속성을 보장하고, 다수인에게 동일내용을 동시에 통지하여야

---

40) 공문서의 송달은 우편·교부 등의 방법에 의하되, 송달받을 자의 주소·거소·영업소 또는 사무소(이하
'주소 등'이라 한다)로 한다. 다만, 대표자 또는 대리인에 대한 송달은 그의 주소 등으로 할 수 있다. 행
정청은 신속을 요하는 등 필요하다고 인정하는 경우에는 제1항의 규정에 불구하고 전신·모사전송 또
는 전화에 의한 방법으로 송달할 수 있다(행정절차법 제14조).

할 경우 의사표시의 효력발생시기를 일률적으로 법정할 수 있는 등의 장점이 있다. 구체적인 예를 들면, 민법 제454조에서는 제3자가 채무자와의 계약으로 채무를 인수한 경우에는 채권자의 승낙에 의하여 그 효력이 생긴다고 규정하고, 이어서 제455조에서는 이 경우 채권자가 최고의 상대방인 제3자나 채무자에 대하여 행하는 승낙여부의 확답은 상당한 기간 내에 발송하지 아니하면 거절한 것으로 본다고 규정하고 있다. 즉 채권자의 채무인수에 대한 승낙여부의 확답이란 의사표시에 발신주의를 허용하고 있다. 또한 민법 제531조에서는 격지자 간의 계약은 승낙의 통지를 발송한 때에 성립한다고 규정하고 있고, 상법 제52조에서는 격지자 간의 계약의 청약은 승낙기간이 없으면 상대방이 상당한 기간 내에 승낙의 통지를 발송하지 아니한 때에는 그 효력을 잃는다고 규정하고 있다. 이들 역시 격지자 간의 법률행위의 성립에 관하여 예외적으로 발신주의를 허용한 것이다. 이들 민상법상의 발신주의 조항은 모두 대등한 법률관계의 당사자 간에 균형을 유지하기 위하여 보완적인 제도로서 채택된 것이다.

결론적으로, 가지정의 처분효력발생시점을 발신주의로 정하고 있는 현행규정은 가지정행위에 대하여 본지정행위에 준하는 각종 행정규제가 따르도록 규율되는 대상이란 점에서 소유자 등 이해관계인의 권익을 현저하게 침해할 수 있으므로 그 지정행위의 통지가 소유자 등에게 도달된 시기에 효력이 발생하도록 개선되어야 타당하다고 본다.

4. 假指定의 官報告示省略의 問題點 및 改善方案

이미 살펴본 바와 같이 가지정행위의 경우에도 그에 따른 법률상의 금지·제한이나 의무부과 및 벌칙적용에 있어서는 거의 지정문화재와 유사한 수준으로 규율되고 있다. 가지정행위를 하는 처분청으로서는 모두 파악할 수 없는 다수의 이해관계인의 권리·의무관계나 그 밖의 이익에 중대한 영

향을 미칠 수 있으므로 일반인에게 널리 알려 줄 필요가 있다. 가지정시에
도 관보고시를 생략하지 말고 본지정행위의 경우와 같이 이를 고시하도록
관련규정을 개선할 필요가 있다고 본다.

Ⅳ. 文化財의 保護·管理制度

1. 文化財管理基本計劃 및 管理原則

　문화재청장은 시·도지사와의 협의를 거쳐 국가지정문화재의 보존·관리
및 활용에 관한 기본계획을 수립할 수 있다(법 제13조의2). 기본계획에는
문화재의 보수·정비에 관한 사항, 문화재 주변환경의 보호에 관한 사항,
그 밖에 문화재의 보존·관리 및 활용에 필요한 사항이 포함되어야 한다.
문화재청장은 기본계획을 수립하고자 할 때에는 미리 문화재위원회의 심의
를 거쳐야 하고, 필요한 경우에는 시·도지사에게 관할구역 안의 국가지정
문화재에 대한 자료의 제출을 요구할 수 있고, 시·도지사는 자료의 제출
을 요구받은 때에는 요구받은 날부터 6월 이내에 이에 관한 사항을 제출하
여야 한다. 기본계획을 수립한 경우에는 문화재청장은 그 기본계획을 시·
도지사에게 통보하여야 하며, 시·도지사는 그 기본계획에 따른 세부시행
계획을 수립·시행하여야 한다.
　문화재청장은 국가지정문화재의 소유자가 불명하거나 그 소유자 또는 관
리자에 의한 관리가 곤란 또는 부적당하다고 인정될 때에는 지방자치단체
나 그 문화재를 관리함에 적당한 법인 또는 단체(이하 '지방자치단체 등')를
지정하여 당해 국가지정문화재를 관리하게 할 수 있다. 지방자치단체 등을
지정할 경우에 그 문화재의 소유자가 있을 때에는 그 의견을 들어 이를 참

작하여야 하며, 지정하고자 하는 지방자치단체 등의 의견을 들어야 한다. 문화재청장이 지방자치단체 등을 지정한 때에는 지체 없이 그 취지를 관보에 고시하고, 국가지정문화재의 소유자 또는 관리자와 당해지방자치단체 등에게 이를 통지하여야 한다. 국가지정문화재의 소유자 또는 관리자는 정당한 사유 없이 지정된 지방자치단체 등(이하 '관리단체')의 관리행위를 방해하여서는 아니 된다. 관리단체가 국가지정문화재를 관리함에 있어서 필요한 경비는 이 법에 특별한 규정이 없는 한 당해관리단체의 부담으로 하되, 관리단체가 부담능력이 없는 경우에는 국가 또는 지방자치단체가 이를 부담할 수 있다.

2. 文化財修理制度

국가지정문화재의 소유자(관리단체가 지정되어 있을 때에는 그 관리단체)가 당해문화재를 수리[41]하고자 할 때에는 문화재청에 등록한 문화재수리기술자·문화재수리기능자 또는 문화재수리업자로 하여금 수리하게 하여야 한다. 다만, 당해문화재의 보존에 영향을 미치지 아니하는 경미한 수리를 하는 경우에는 그러하지 아니하다. 여기서 문화재수리기술자란 국가지정문화재의 수리에 관한 기술적인 업무를 담당하며, 문화재수리기능자의 작업을 지도·감독하는 자를 말한다. 문화재수리기능자란 문화재수리기술자의 감독하에 국가지정문화재의 수리에 관한 업무를 담당하는 자를 말한다. 그리고 문화재수리업자란 일정한 자격 또는 요건을 갖추어 문화재수리영업을 하기 위하여 문화재청에 등록한 자를 말한다.

현행법령상 문화재수리기술자는 12종, 문화재수리기능자는 18종, 문화재수리업자는 12종으로 구성되어 있다. 이들의 구체적인 종류를 살펴보면 다

---

41) '수리'라 함은 국가지정문화재의 보수·복원 및 이를 위한 실측·설계와 손상을 방지하기 위한 조치를 말한다(문화재보호법시행령 제6조).

음과 같다.

문화재수리기술자의 종류 및 그 담당업무를 살펴보면, 보수기술자(건조물의 수리, 이에 따른 원형고증조사, 경미한 유구조사 및 보고서 작성 등의 관련업무를 담당), 단청기술자(건조물의 단청·포벽·불벽·벽화 등에 대한 수리, 원형고증조사 및 보고서 작성 등의 관련업무를 담당), 실측·설계기술자(문화재의 수리와 실측을 위한 설계도 작성, 이에 따른 간단한 터파기 및 보고서 작성 등의 관련업무를 담당),[42] 조경기술자(전통조경의 계획과 시공, 이에 따른 원형고증조사 및 보고서 작성 등의 관련업무를 담당), 조각기술자(공예품 등의 수리, 이와 관련된 전통기법의 연구·조사·제작 및 보고서 작성 등의 관련업무를 담당), 표구기술자(전적·서적·고문서·회화류 등의 보존을 위한 표구·수리, 이와 관련된 전통기법의 연구·조사·제작 및 보고서 작성 등의 관련업무를 담당), 칠공기술자(미술품·공예품·조각품 등의 보존을 위한 칠·수리, 이와 관련된 전통기법의 연구·조사 및 보고서 작성 등의 관련업무를 담당), 도금기술자(미술품·공예품·조각품 등의 보존을 위한 도금·수리, 이와 관련된 전통기법의 연구·조사 및 보고서 작성 등의 관련업무를 담당), 모사기술자(전적·서적·고문서·회화류 및 건조물의 조각·문양 등의 모사·수리, 이와 관련된 전통기법의 연구·조사 및 보고서 작성 등의 관련업무를 담당), 보존과학기술(문화재의 원형 및 원재질의 과학적 보존을 위한 수리, 이와 관련된 조사 및 보고서 작성 등의 관련업무를 담당), 식물보호기술자(문화재, 그 보호구역의 생태계 및 식물의 보존을 위한 병충해 방제, 방해물 제거, 토양개량, 식물의 외과 및 뿌리수술 등과 이에 따른 진단, 식물 보호에 관한 설계도 및 보고서 작성 등의 관련업무를 담당), 박제 및 표본기술자(천연기념물로 지정된 동·식물의 자료보존 등을 위한 박제·표본제작과 이에 따른 연구 및 보고서 작성 등의 관련업무를 담당)의 12종으로 구성되어 있다(영 제7조 제1항). 이들 수리기술자는 실측·감리업자에 소속되어 해당분야의 문화재수리에 관한 감

---

42) 다만, 식물보호기술자의 업무영역에 속하는 식물보호에 관한 실측·설계업무를 제외한다.

리를 할 수 있다.

문화재수리기능자 종류는 한식목공(대목수 및 소목수), 한식석공(가공석공 및 쌓기 석공), 화공, 드잡이공, 번와와공, 제작와공, 한식미장공, 철물공, 조각공(목조각공 및 석조각공), 칠공, 도금공, 표구공, 조경공, 세척공, 보존과학공(훈증공 및 보존처리공), 식물보호공, 실측·설계사보, 박제 및 표본제작공의 18종으로 구성되어 있다(영 제7조의2).

문화재수리업자의 종류는 보수단청업자, 실측·설계업자, 조경업자, 조각업자, 표구업자, 칠공업자, 도금업자, 모사업자, 보존과학업자, 식물보호업자, 실측·감리업자, 박제 및 표본제작업자의 12종이다(영 제7조의3).

문화재수리기술자에 대하여는 우리 문화재보호법에서는 자격시험제도 및 업무등록제도를 채택하고 있다. 문화재수리기술자가 되고자 하는 자는 해당 기술분야별 문화재수리기술자자격시험에 합격하여야 한다. 이 경우 문화재의 수리를 위한 실측·설계도서의 작성업무를 담당하는 수리기술자 자격시험에 응시하고자 하는 자는 건축사법의 규정에 의한 건축사의 면허를 받은 자이어야 한다. 수리기술자자격시험은 서류심사·필기시험 및 면접시험으로 한다.[43] 수리기술자의 자격이 있는 자로서 문화재수리업무를 개시하고자 하는 자는 문화재청에 등록하여야 한다.[44]

문화재청장은 수리기술자가 ① 허위 그 밖의 부정한 방법으로 등록을 한 때, ② 결격사유에 해당하게 된 때, ③ 고의 또는 중대한 과실로 수리 중인 문화재를 파손하거나 수리공사를 조잡하게 함으로써 문화재를 훼손한 때, ④ 신체 또는 정신상의 장애 그 밖의 사유로 그 업무를 담당할 수 없다고 인정되는 때, ⑤ 타인에게 수리기술자등록증을 대여하거나 2이상의 문화재수리업체에 중복하여 취업한 때, ⑥ 지정된 수리재료를 사용하지 아니하거나 전통양식대로 수리하지 아니한 때, ⑦ 고의 또는 중대한 과실로 문화재

---

43) 다만, 문화재수리업무에 10년 이상 종사한 6급 이상의 공무원(6급 상당 이상의 별정직 및 계약직 공무원을 포함)으로서 문화재수리기술전문교육을 이수한 자 및 고등교육법 제59조의 규정에 의한 각종학교로서 전통문화전문인을 양성하기 위하여 설치된 학교를 졸업한 자(졸업예정자를 포함)에 대하여는 해당 기술분야의 자격시험 중 필기시험을 면제할 수 있다(법 제18조제3항 단서).

44) 수리기술자의 등록이 취소된 자는 그 취소된 날부터 2년 이내에 다시 등록할 수 없다(법 제18조의4제2항).

의 수리를 위한 실측·설계도서를 기술기준에 위반하여 부실하게 작성함으로써 문화재의 원형을 훼손하게 하거나 훼손하게 할 우려가 명백히 있다고 인정되는 때에는 그 등록을 취소하거나 2년 이내의 기간을 정하여 그 업무의 정지를 명할 수 있다.[45]

문화재수리기능자의 경우에도 문화재수리기술자와 마찬가지로 자격시험제도 및 업무등록제도를 채택하고 있다. 문화재수리기능자가 되고자 하는 자는 해당기능분야별 문화재수리기능자자격시험에 합격하여야 한다. 문화재수리기술자에 대한 등록 및 등록취소에 관한 규정은 수리기능자의 등록 및 등록취소에 관하여 준용된다.[46]

문화재수리업에 대하여는 영업등록제를 채택하고 있다. 문화재수리를 업으로 하고자 하는 자는 일정한 자격 또는 요건을 갖추어 문화재청에 등록하여야 한다(법 제18조의8제1항). 다만, 결격사유에 해당되는 자, 문화재수리업자의 등록이 취소된 날부터 2년이 경과되지 아니한 자, 건설산업기본법·건축사법에 위반하여 영업정지처분 중에 있거나 건축사사무소의 업무정지명령을 받고 있는 자의 경우에는 등록할 수 없다.

현행 문화재수리기술자의 업무개시등록제[47] 및 문화재수리업자의 등록제[48]를 비교·검토하면, 이들 2개의 등록제도는 기본적으로 모두 영업등록의 의미가 있다는 점에서 중복규정 등의 모순점을 가지고 있다고 보인다. 법 제18조의4제1항의 수리기술자 업무개시등록제를 수리기술자 '자격등록제'로 정비하여 양 등록제를 체계화하고, 법 제18조의8제1항에서 수리기술자가 문화재소유자에게 고용되어 일하는 경우에도 꼭 필요하다면 그 영업

---

45) 다만, ① 허위 그 밖의 부정한 방법으로 등록을 한 때, ② 결격사유에 해당하게 된 때에는 그 등록을 취소하여야 한다.

46) 다만, 문화재수리기술자의 결격사유에 관련된 등록 및 등록취소에 관한 규정은 준용에서 제외된다(법 제18조의7).

47) 법 제18조의4(수리기술자의 등록 등) ① 수리기술자의 자격이 있는 자로서 문화재수리업무를 개시하고자 하는 자는 문화재청장에게 등록하여야 하며, 그 등록사항 중 문화관광부령이 정하는 중요사항의 변경이 있는 때에는 변경일부터 15일 이내에 문화재청장에게 변경신고를 하여야 한다.

48) 법 제18조의8(문화재수리업자의 등록 등) ① 문화재수리를 업으로 하고자 하는 자는 대통령령이 정하는 기술능력·자격 그 밖의 요건을 갖추어 시·도지사에게 등록하여야 하며, 그 등록사항 중 문화관광부령이 정하는 중요사항의 변경이 있는 때에는 변경일부터 15일 이내에 시·도지사에게 변경신고를 하여야 한다.

등록에 준하여 등록하도록 보완하는 방향으로 개선·정비할 필요가 있다고 생각된다.

등록자격 및 요건을 구체적으로 살펴보면, 문화재수리업의 등록을 하고자 하는 자는 일정한 수리기능자 및 상시근무하는 수리기술자를 보유하여야 한다. 수리기능자 및 수리기술자요건 이외에 보수단청업자 등록신청의 경우에는 건설산업기본법의 규정에 의하여 일반건설업 중 토목건축공사업의 등록을 한 자 또는 토목공사업 및 건축공사업의 등록을 한 자이어야 하고, 실측·설계업자 등록신청의 경우에는 실측·설계기술자로서 건축사법의 규정에 의하여 건축사사무소의 등록을 한 자이어야 하며, 조경업자 등록신청의 경우에는 건설산업기본법의 규정에 의하여 일반건설업 중 조경공사업, 전문건설업 중 조경식재공사업 또는 조경시설물설치공사업의 등록을 한 자이어야 하고, 실측·감리업자 등록신청의 경우에는 실측·설계업자로서 등록을 한 자이어야 하며, 박제 및 표본제작업자 등록신청의 경우에는 조수보호및수렵에관한법률에 의한 박제업자의 등록을 한 자이어야 하도록 하는 자격요건을 규정하고 있다.

문화재청장은 문화재수리업자가 ① 허위 기타 부정한 방법으로 등록을 한 때, ② 결격사유에 해당하게 된 때, ③ 관련일반건설업면허 등 소정의 자격 또는 요건을 갖추지 못하게 된 때, ④ 건설산업기본법에 의하여 건설업의 면허가 취소되거나 건축사법에 의하여 건축사사무소의 등록이 취소된 때에는 그 등록을 취소하여야 하고, ⑤ 고의 또는 중대한 과실로 수리 중의 문화재를 파손하거나 수리공사를 조잡하게 함으로써 문화재를 훼손한 때, ⑥ 타인에게 수리업자등록증을 대여한 때, ⑦ 도급받은 공사를 일괄하여 타인에게 하도급한 때, ⑧ 도급받은 공사의 일부를 건설산업기본법 제29조 또는 제30조의 규정에 위반하여 하도급한 때, ⑨ 하자담보책임을 이행하지 아니한 때, ⑩ 하자담보책임기간 중 수리업자의 귀책사유로 공사비의 1할 이상에 해당하는 규모의 하자가 2회 이상 발생한 때, ⑪ 고의 또는 중대한 과실로 문화재의 수리를 위한 실측·설계도서를 기술기준에 위반하여 부실하게 작성함으로써 문화재의 원형을 훼손하게 하거나 훼손하게 할 우려가 명백히 있다고 인정되는 때에는 그 등록을 취소하거나 6월 이내의 기간을 정하여 그 영업의 정지를 명할 수 있다. 또한 문화재청장은 수리업자가 건설산업기본법 또는 건축사법에 위반하여 영업정지처분이나 건축사사무소의 업무정지명령을 받은 경우에는 그 기간 중 영업의 정지를 명하여야 한다.

그 밖에 문화재보호법에서는 문화재수리업무와는 구분하여 천연기념물인 동물의 보호조치를 위하여 특별히 동물치료소의 지정·운영제도를 두고 있다. 즉 천연기념물인 동물이 조난당한 경우 구조를 위한 운반·약물투여·수술·사육 및 야생적응훈련 등(이하 '치료')은 문화재청장이 지정하는 동물치료소로 하여금 치료하게 할 수 있고, 문화재청장은 동물의 조난 등으로 긴급한 보호가 필요한 때에는 동물치료소로 하여금 현상변경허가 없이 먼저 치료한 후 그 결과를 보고하게 할 수 있다(법 제18조의11).

3. 文化財修理用役·施工評價制度

수리업자의 기술수준 및 문화재수리공사의 품질을 높이기 위하여 문화재수리용역사업 또는 수리공사를 발주한 문화재청장 또는 지방자치단체의 장(이하 '발주청')은 당해 문화재수리용역사업 또는 수리공사 중 용역사업의 경우에는 사업계약금액이 3천만 원 이상인 사업, 수리공사의 경우에는 공사계약금액이 10억 원 이상인 공사에 대하여[49] 평가를 실시할 수 있다. 평가결과가 우수한 용역사업 또는 수리공사의 수리업자에 대하여는 일정기간을 정하여 우수업자로 지정할 수 있다. 발주청은 그가 시행하는 문화재수리용역사업 또는 수리공사의 발주에 있어서 우수업자를 우수업자 지정기간 동안 우대할 수 있다. 발주청은 평가를 실시하기 위하여 필요한 경우에는 문

---

49) 다만, 국보 또는 보물로 지정된 문화재의 수리공사에 대하여는 그 역사적·학술적·건축적 특성을 고려하여 그 공사계약금액이 10억 원 미만인 공사에 대하여도 평가를 실시할 수 있다.

화재수리현장 등을 직접 점검하거나 수리업자에 대하여 평가에 필요한 자료를 제출하게 할 수 있다.

용역사업 또는 수리공사 등에 대한 평가의 공정성과 전문성을 확보하기 위하여 문화재청장과 시·도지사 소속하에 각각 문화재기술위원회를 설치·운영할 수 있다. 용역사업 또는 수리공사 등에 대한 평가를 실시하고자 하는 발주청은 기술위원회의 심의를 거쳐야 한다. 이 경우 발주청이 시장·군수·구청장인 경우에는 관할 시·도지사 소속하에 설치된 기술위원회의 심의를 거쳐야 한다.

4. 重要無形文化財의 保護·育成制度

국가는 전통문화의 계승·발전을 위하여 중요무형문화재를 보호·육성하여야 한다. 문화재청장은 중요무형문화재의 전승·보존을 위하여 당해중요무형문화재의 보유자로 하여금 그 보유 기·예능의 전수교육을 실시하게 할 수 있다. 전수교육에 필요한 경비는 예산의 범위 안에서 국가가 부담할 수 있고, 문화재청장은 중요무형문화재의 명예보유자에게 특별지원금을 교부할 수도 있다(법 제24조). 문화재청장은 중요무형문화재의 보유자 또는 보유단체로 하여금 해당 중요무형문화재의 전수교육을 3년 이상 받은 자에 대하여 기능 또는 예능을 심사하여 그 기능 또는 예능이 상당한 수준에 이르렀다고 판단되는 자에게 전수교육이수증을 교부하게 할 수 있다. 문화재청장은 중요무형문화재의 보유자 또는 보유단체의 전수교육을 보조하기 위하여 전수교육이수증을 교부받은 자 중에서 중요무형문화재 전수교육조교를 선정할 수 있다. 전수교육조교에 대하여는 예산의 범위 안에서 전수교육을 보조하는 데 소요되는 경비를 지급할 수 있다. 문화재청장은 중요무형문화재의 전수교육을 받는 자 중에서 그 중요무형문화재 보유자 또는 보유단체의 추천을 받아 전수장학생을 선정할 수 있다.

5. 文化財保護를 위한 行政規制·命令制度

　문화재보호법은 문화재의 대외반출, 포획·채취, 현상변경행위 등 문화재
의 보호·보존에 바람직하지 못한 영향을 줄 우려가 있는 행위에 대하여는
정부의 허가를 받은 경우에 한하여 이를 허용하고 있다. 국가지정문화재에
대하여 ① 명승·천연기념물로 지정 또는 가지정된 구역 또는 그 보호구역
안에서 동물·식물·광물을 포획·채취하거나 이를 그 구역 밖으로 반출하
는 행위, ② 국가지정문화재를 척본 또는 영인하거나 그 보존에 영향을 미
칠 우려가 있는 촬영을 하는 행위, ③ 국가지정문화재(보호물·보호구역과
천연기념물 중 죽은 것을 포함)의 현상을 변경(천연기념물을 표본·박제하는
행위를 포함)하거나 그 보존에 영향을 미칠 우려가 있는 행위로서 문화관광
부령이 정하는 일정한 행위를 하고자 하는 자는 문화재청장의 허가를 받아
야 한다. 허가사항을 변경하는 경우에도 마찬가지로 허가를 받아야 한다.

　위 허가대상의 범위 중 ③에서 국가지정문화재의 현상을 변경하는 행위
라 함은 수리·정비·복구·보존처리 또는 철거하는 행위, 포획·채취·사
육하거나 표본·박제하는 행위, 국가지정문화재 또는 보호구역의 안에서
이루어지는 건축물 또는 도로·관로·전선·공작물·지하구조물 등 각종
시설물을 신축·증축·개축·이축 또는 용도 변경하는 행위, 수목을 심거
나 제거하는 행위 등의 일정한 행위를 말하고, 국가지정문화재의 보존에 영
향을 미칠 우려가 있는 행위라 함은 국가지정문화재로 지정된 지역에 있는
수로의 수질 및 수량에 영향을 줄 수 있는 수계의 상류에서 행하여지는 건
축공사 또는 제방축조공사 등의 행위, 국가지정문화재의 외곽경계로부터
500미터 이내의 지역에서 행하여지는 당해 국가지정문화재의 보존에 영향
을 줄 수 있는 지하 50미터 이상의 굴착행위나 소음·진동 등을 유발하거
나 대기오염 물질·화학물질·먼지 또는 열등을 방출하는 행위, 국가지정
문화재와 연결된 유적지를 훼손함으로써 국가지정문화재의 보존에 영향을
미칠 우려가 있는 행위와 같이 규칙 제18조의2에서 구체적으로 열거·규정

하는 행위들을 의미한다.

국보·보물·천연기념물 또는 중요민속자료는 국외로 수출 또는 반출할 수 없다. 다만, 문화재의 국외전시 등 국제적 문화교류를 목적으로 반출하되, 그 반출한 날로부터 2년 이내에 다시 반입할 것을 조건으로 문화재청장의 허가를 받은 때에는 국외로 반출할 수 있다. 문화재의 국외반출을 허가하고자 하는 때에는 문화재청장은 반드시 국무회의의 사전심의를 거쳐야 한다. 문화재청장은 반출허가를 받은 자가 그 반출기간의 연장을 신청한 때에는 부득이한 사유가 있다고 인정되는 경우에 한하여 2년의 범위 안에서 그 반출기간의 연장 허가할 수 있다. 미리 허가를 받아 천연기념물을 표본·박제 등으로 제작한 경우에는 문화재청장의 수출허가를 받으면 이를 수출할 수 있다.

문화재청장 또는 지방자치단체의 장은 국가지정문화재(보호물과 보호구역을 포함)의 관리·보호상 필요하다고 인정할 때에는 ① 국가지정문화재의 관리상황이 그 문화재의 보존상 부적당하거나 특히 필요하다고 인정되는 경우 그 소유자·보유자·관리자 또는 관리단체에 대한 일정한 행위금지 또는 제한, ② 국가지정문화재의 소유자 또는 관리자나 관리단체에 대한 수리 기타 필요한 시설설치 또는 장애물제거, ③ 국가지정문화재의 소유자 또는 관리자나 관리단체에 대한 위의 행위금지 또는 제한이나 필요시설의 설치 또는 장애물제거 등의 행정명령을 발할 수 있다(법 제25조제1항). 문화재청장은 국가지정문화재의 소유자 또는 관리자가 행정명령을 이행하지 아니하거나 그 소유자 또는 관리자로 하여금 행정명령을 이행하게 하는 것이 부적당하다고 인정될 때에는 국가부담으로 직접 행정명령에 해당하는 조치를 할 수 있다(법 제25조제2항). 국가는 ① 법 제25조제1항제1호·제3호 또는 제4호의 규정에 의한 행정명령의 이행으로 인하여 손실을 받은 자 및 ② 법 제25조제2항의 규정에 의한 행정명령에 해당되는 조치로 인하여 손실을 받은 자에 대하여는 그 손실을 보상하여야 한다(법 제30조).

국가지정문화재(보호물과 보호구역을 포함)의 소유자·보유자·관리자 또는 관리단체는 당해문화재에 관하여 ① 관리자를 선임 또는 해임한 때, ②

국가지정문화재의 소유자에 변경이 있은 때, ③ 소유자·보유자 또는 관리자의 성명이나 주소에 변경이 있은 때, ④ 국가지정문화재의 소재지의 지명·지번·지목·면적 등에 변경이 있은 때, ⑤ 보관장소를 변경한 때, ⑥ 국가지정문화재가 멸실·도난 또는 훼손된 때, ⑦ 허가받고 문화재를 반출한 후 이를 다시 반입한 때, ⑧ 허가를 받고 그 문화재의 현장변경 그 밖의 행위에 착수하거나 완료한 때, ⑨ 동·식물의 종이 천연기념물로 지정되는 경우 그 지정일 이전에 표본이나 박제를 소유하고 있는 때에는 그 사실 및 경위를 문화재청장에게 신고하여야 한다.[50]

V. 埋藏文化財의 發掘·保護制度

1. 發見申告 및 發掘許可制度

가. 發見申告制度

매장문화재란 토지·해저 또는 건조물 등에 포장된 문화재를 말한다(법 제43조제1항). 토지·해저 또는 건조물 등에 포장된 매장문화재를 발견한 때에는 그 발견자 또는 토지·해저나 건조물 등의 소유자·점유자·관리자는 그 현장을 변경함이 없이 발견사실을 문화재청장에게 신고[51]할 의무가 있다.

---

50) 다만, ① 관리자를 선임 또는 해임한 때에는 소유자와 관리자가 공동으로, ② 국가지정문화재의 소유자에 변경이 있은 때에는 신·구소유자가 각각 연서로 신고하여야 한다.
51) 매장문화재의 발견신고는 발견한 날로부터 7일 이내에 하여야 하고, 동 신고는 이를 시·도지사, 시장·군수·구청장, 읍·면·동장, 경찰관서장에게 할 수 있으며, 이들 행정기관장에게 신고가 접수된 날에 문화재청장에게 신고한 날로 본다. 매장문화재 발견신고를 받은 행정기관장은 지체 없이 이를 문화재청장에게 보고하여야 한다(문화재보호법시행령 제29조).

나. 發掘禁止 및 例外的 發掘許可制度

(1) 發掘禁止原則 및 例外的 發掘許可方式

우리나라 문화재보호법에서는 매장문화재에 대하여는 원칙적으로 발굴을 금지시키고 있다. 그리고 발굴금지에 대한 예외로서 ① 연구의 목적으로 발굴하는 경우, ② 건설공사·토목공사를 위하여 부득이 발굴할 필요가 있는 경우, ③ 건설공사·토목공사 시행 중 그 토지 및 해저에 매장문화재가 포장된 것으로 인정된 경우로서 그 공사를 계속하기 위하여 부득이 발굴할 필요가 있는 경우에 한하여 문화재청장의 허가를 받아 발굴할 수 있다(법 제44조제1항). 따라서 예외적으로 매장문화재를 발굴할 수 있는 발굴허용제도는 이를 크게 ① 연구목적 허가발굴, ② 공사시행자경비부담조건 허가발굴, ③ 공사자경비부담조건 발굴허가 후 정부발굴 또는 지정자발굴, ④ 국가의 직접발굴의 4가지 방식으로 구분할 수 있다.

고분·패총·고생물자료·천연동굴 그 밖에 매장문화재가 포장되어 있는 것으로 인정되는 토지 및 해저는 원칙적으로 이를 발굴할 수 없다. 여기서 '매장문화재가 포장되어 있는 것으로 인정되는 토지 및 해저'란 앞부분의 고분·패총·고생물자료·천연동굴이 매장문화재가 포장되어 있는 것으로 인정되는 토지나 해저의 예시로서 열거한 것으로 보아야 하고, 토지나 해저의 내부에 실제로 매장문화재를 포장하고 있는지 여부에 불구하고 원칙적으로 그 발굴이 금지되는 대상이라고 할 것이다. 대법원판례[52]는 구문화재보호법[53] 제44조제1항 본문은 "패총·고분 기타 매장문화재가 포장되어 있는 것으로 인정되는 토지 및 해저는 이를 발굴할 수 없다."고 규정하고 있는바, 여기에서 패총이나 고분은 매장문화재가 포장되어 있는 것으로 인정되는 토지의 예로서 열거한 것으로 보아야 하므로, 고분에 해당하는 한 그 안에 실제로 매장문화재를 포장하고 있는지 여부에 불구하고 원칙적으로

---

52) 대법원 2000. 10. 27. 선고 99두264 판결, 유적발굴허가신청불허가처분취소.
53) 1999. 1. 29. 법률 제5719호로 개정되기 이전의 법률을 말한다.

그 발굴이 금지되는 대상이라고 본다.

발굴허가를 받은 자가 그 발굴을 완료한 때에 문화재청장은 발굴된 문화재의 보존·관리 등에 필요한 사항을 지시할 수 있다. 건설공사·토목공사와 관련 있는 지역에서의 발굴의 경우 문화재청장 그 문화재의 보존상 필요하다고 인정할 때에는 이를 직접 발굴하거나 문화재청장이 지정하는 자로 하여금 발굴하게 할 수도 있다. 문화재청의 직접발굴이나 지정자발굴 시에도 그 발굴에 소요되는 경비는 공사시행자가 부담하되, 다만, 다음 각 호[54]의 1에 해당되는 건설공사로 인한 발굴에 소요되는 경비는 예산의 범위 내에서 국가 또는 지방자치단체가 부담할 수 있도록 하고 있다.

1. 건축법시행령 별표 1 제1호의 규정에 의한 단독주택으로서 대지면적이 495제곱미터 이하이고, 건축연면적이 264제곱미터 이하인 건축물의 건설공사. 다만, 국가·지방자치단체·대한주택공사·한국토지공사 또는 지방공기업법 제49조의 규정에 의하여 주택건설사업을 목적으로 설립된 지방공사나 주택건설촉진법 제6조제1항 본문의 규정에 의하여 등록한 주택건설사업자가 시행하는 건설공사를 제외한다.

2. 농어촌발전특별조치법시행령 제3조의 규정에 의한 농업인 또는 어업인이 그 사업목적에 활용하기 위하여 설치하는 시설물로서 건축연면적이 661제곱미터 이하인 시설물의 건설공사

3. 개인사업자가 자기의 사업목적에 활용하기 위하여 건축하는 건축물로서 대지면적이 330제곱미터 이하이고, 건축연면적(지하층의 면적을 제외한다)이 264제곱미터 이하인 건축물의 건설공사

4. 법 제44조제3항의 규정에 의하여 문화재청장이 발굴된 문화재의 보존·관리 등에 필요한 사항을 지시함에 따라 사업시행을 할 수 없게 된 경우의 건설공사. 다만, 국가·지방자치단체·공공법인 및 중소기업기본법시행령 제3조의 규정에 의한 중소기업의 범위를 넘는 기업이 시행하는 건설공사를 제외한다.

---

54) 문화재보호법시행령 제31조의2.

문화재청장은 필요하다고 인정할 때에는 매장문화재가 포장되어 있는 것으로 인정되는 토지 및 해저를 직접 발굴할 수 있다. 이 경우 문화재청장은 그 토지의 소유자 또는 점유자에게 발굴의 목적·방법·착수시기 그 밖의 필요한 사항을 기재한 발굴통지서를 교부하여야 하며, 토지의 소유자·관리자 또는 토지 및 해면의 점유자는 국가의 발굴행위를 거부·방해 또는 기피하여서는 아니 된다(법 제45조).

발굴허가를 함에 있어서는 필요한 사항을 지시할 수 있으며, 허가를 한 경우 필요하다고 인정할 때에는 발굴의 정지 또는 중지를 명하거나 그 허가를 취소할 수 있다. 지시 및 발굴정지 또는 중지명령의 요건은 '필요한 사항' 또는 '필요한 경우'라는 막연한 공익목적으로 정하고 있어 문화재청장의 재량판단이 광범위하게 보장되어 있다. 민간사업시행자인 건설공사·토목공사 시행자에 대하여 과도한 규제나 간섭으로 비추어질 우려가 있으므로 이와 같은 요건규정은 구체적이고 명확한 내용으로 개선·보완되어야 할 것으로 생각된다.

(2) 發掘許可의 性質

발굴허가는 행정청의 문화재보호에 따르는 전문적·기술적 판단이 요청되는 재량행위라고 본다. 관련판례[55]는 구문화재보호법[56] 제44조제1항 단서 제3호의 규정에 의하여 문화체육부장관 또는 그 권한을 위임받은 문화재관리국장 등이 건설공사를 계속하기 위한 발굴허가신청에 대하여 그 공사를 계속하기 위하여 부득이 발굴할 필요가 있는지의 여부를 결정하여 발굴을 허가하거나 이를 허가하지 아니함으로써 원형 그대로 매장되어 있는 상태를 유지하는 조치는 허가권자의 재량행위에 속하는 것이므로, 행정청은 발굴허가가 신청된 고분 등의 역사적 의의와 현상, 주변의 문화적 상황 등을 고려하여 역사적으로 보존되어 온 매장문화재의 현상이 파괴되어 다시

---

55) 대법원 2000. 10. 27. 선고 99두264 판결, 유적발굴허가신청불허가처분취소.
56) 1999. 1. 29. 법률 제5719호로 개정되기 이전의 법률을 말한다.

는 회복할 수 없게 되거나 관련된 역사문화자료가 멸실되는 것을 방지하고 그 원형을 보존하기 위한 공익상의 필요에 기하여 그로 인한 개인의 재산권 침해 등 불이익이 훨씬 크다고 여겨지는 경우가 아닌 한 발굴을 허가하지 아니할 수 있다 할 것이고, 행정청이 매장문화재의 원형보존이라는 목표를 추구하기 위하여 문화재보호법 등 관계법령이 정하는 바에 따라 내린 전문적·기술적 판단은 특별히 다른 사정이 없는 한 이를 최대한 존중하여야 한다고 본다.

위 판례에서 대법원은 위 동법 44조제1항 단서 제3호의 규정에 의한 경주 선도산 인근토지에 대한 발굴불허가처분에 대하여 이 사건 토지 주변인 선도산에는 신라시대의 주요한 역사·문화적 유적이 다수 소재하여 그 문화유적과 역사적 경관을 보존할 필요가 있고, 이 사건 토지에 소재한 고분들 역시 그 조성시기와구조 등에 비추어 그 역사적 가치가 상당하다고 여겨지는 등 이 사건에 나타난 제반 사정 및 토지굴착을 수반하는 발굴을 할 경우 매장문화재의 현상이 파괴되고 역사문화자료가 멸실될 수 있어 그 원형을 보존하는 것이 문화재 보호 및 관리의 대원칙인 점에 비추어 볼 때, 비록 원고가 위 고분을 발굴할 수 없음으로 인하여 종합의료시설공사 중 일부에 대한 공사를 진행할 수 없게 되어 경제적인 손해를 입게 된다 하더라도 그 손해에 비하여 이 사건 처분으로 달성하려 하는 공익이 결코 적다고 할 수 없으므로, 이 사건 불허가처분에 어떠한 재량권의 일탈 또는 남용의 위법은 없다고 본다.

다. 發見文化財에 대한 處理節次

매장문화재의 발견신고가 있거나 발굴허가를 받아 시행하는 발굴 또는 국가의 직접발굴이나 지표조사로 인하여 문화재가 발견된 때에는 문화재청장은 당해문화재의 소유자가 판명된 경우에는 문화재의 발견신고를 받았거나 발굴허가에 의한 발굴 또는 지표조사로 인하여 문화재가 발견된 경우에는 그 발견자 또는 발굴자로 하여금 그 소유자에게 반환하게 하고, 발굴허가에 의한 직접발굴이나 지정자발굴 또는 국가의 직접발굴로 인하여 문화재가 발견된 경우에는 문화재청장이 그 소유자에게 반환하도록 한다. 다만, 소유자가 판명되지 아니한 경우에는 유실물법 제13조에서 준용하는 동법 제1조제1항의 규정에 불구하고 관할경찰서장에게 이를 통지하여야 된다. 경찰서장은 통지를 받은 때에는 지체 없이 당해문화재에 관하여 유실물법 제13조에서 준용하는 동법 제1조제2항의 규정에 의한 공고를 하여야 한다(법 제46조).

유실물법 제1조제1항에서는 타인이 유실한 물건을 습득한 자는 이를 급속히 유실자 또는 소유자 그 밖의 물건회복의 청구권을 가진 자에게 반환하거나 경찰관서(지서·파출소·출장소 포함)에 제출하여야 하되, 다만, 법률에 의하여 소유 또는 소지가 금지된 물건은 그 반환을 요하지 아니한다고 규정하고, 동조 제2항에서는 물건을 경찰서에 제출한 때에는 경찰서장은 물건의 반환을 받을 자에게 이를 반환하여야 하며, 이 경우 반환을 받을 자의 성명이나 주거를 알 수 없을 때에는 공고[57]하여야 한다. 유실물법 제13조에서는 매장물에 관하여는 동법 제10조[58]의 규정을 제외하고는 본법의 습득물에 관하 규정을 준용한다고 규정하고 있다. 민법 제255조에서는 학술·기예 또는 고고의 중요한 재료가 되는 물건에 대하여는 이를 국유로 한다. 이 경우 습득자·발견자 및 매장물이 발견된 토지 그 밖의 물건의 소유자는 국가에 대하여 적당한 보상을 청구할 수 있다고 규정하고 있는바,

---

57) 습득물의 공고는 일정한 서식에 의하여 제출받은 날로부터 14일간 당해 경찰서의 게시판에 게시하여야 한다. 경찰서장이 습득물을 제출받은 때에는 습득물(매장물)관리카드에 기재하여 보관 처리하고, 청구권자(유실자 또는 소유권자 그 밖의 물건회수의 청구권을 가진 자)의 요구가 있으면 언제든지 열람하게 하여야 한다. 경찰서장은 제출받은 습득물이 특히 귀중한 물건이라고 인정되는 것은 게시판에 의한 공고와 동시에 일간신문 또는 방송으로 공고하여야 한다(유실물법시행령 제3조).

58) 유실물법 제10조에서는 선박·차량·건축물등내의 습득에 관한 특례조항으로서 관리자가 있는 선박·차량이나 건축물 그 밖의 공중의 통행을 금지한 구내에서 타인의 물건을 습득한 자는 그 물건을 관리자에게 교부하여야 하고, 이 경우 선박·차량이나 건축물 등의 점유자를 습득자로 하며, 자기가 관리하는 장소에서 타인의 물건을 습득한 경우에도 또한 선박·차량이나 건축물 등의 점유자를 습득자로 본다. 이 경우 보상금은 위의 점유자와 실제로 물건을 습득한 자가 절반하며, 민법 제253조의 규정에 의하여 소유권을 취득하는 경우에는 선박·차량이나 건축물 등의 점유자인 습득자와 사실상의 습득자는 절반하여 그 소유권을 취득한다고 규정하고 있다.

매장물이 민법 제255조에 규정하는 물건인 경우에는 국고는 매장물을 발견한 자와 매장물이 발견된 토지의 소유자에게 통지하여 그 가액에 상당한 금액을 반분하여 각자에게 지급하여야 하되, 다만 매장물을 발견한 자와 매장물이 발견된 토지의 소유자가 같은 때에는 그 전액을 지급하여야 하고, 지급금액에 불복이 있는 자는 그 통지를 받은 날로부터 6월 이내에 민사소송을 제기할 수 있다고 규정하고 있다.

유실물법에 의하여 매장물 또는 유실물로서 경찰서장에게 제출된 물건이 문화재로 인정되는 경우에는 경찰서장은 유실물법의 규정에 의하여 이를 공고함과 동시에 문화재로 인정되는 매장물 또는 유실물이 제출된 사실을 문화재청장에게 보고하고, 그 물건을 소유자에게 반환하는 경우를 제외하고는 제출받은 날로부터 20일 이내에 문화재청장에게 제출하여야 한다. 문화재청장은 경찰서장으로부터 제출된 물건을 감정하고, 당해물건이 문화재인 경우, 소유자가 판명되지 아니한 때에는 그 물건이 문화재라는 취지를 경찰서장에게 통지하고, 소유자가 판명된 때에는 그 물건이 문화재라는 취지를 첨부하여 당해물건을 경찰서장에게 반환하며, 당해물건이 문화재가 아닌 경우에는 그 물건이 문화재가 아니라는 취지를 첨부하여 당해물건을 경찰서장에게 반환한다(법 제47조).

소유자가 판명되지 아니한 문화재를 통지받고 관할경찰서장이 유실물법 제13조의 규정에 따라 행하는 공고 및 유실물법에 의하여 매장물 또는 유실물로서 경찰서장에게 제출된 물건이 문화재로 인정되는 경우에 경찰서장이 유실물법의 규정에 의하여 행하는 공고의 경우 30일 이내에 소유자가 판명되지 아니하면 국가에서 직접 보존할 필요가 있는 문화재의 경우에는 민법 제253조 및 제254조의 규정에 불구하고 국가에 귀속된다. 이 경우 문화재청장은 당해문화재의 발견자·습득자 및 발견된 토지·건조물 등의 소유자에 대하여 유실물법 제13조의 규정에 의하여 보상금을 지급한다. 발견자 또는 습득자와 토지 또는 건조물 등의 소유자가 동일인이 아닌 때에는 보상금을 균분하여 지급한다. 다만, 발견 또는 습득에 있어서 경비를 지출한 때에는 그 지급액에 차등을 둘 수 있다. 문화재청장은 국가에 귀속한 문화재로서 국가에서 직접 보존할 필요가 없다고 인정되는 경우에는 당해문화재의 발견자 또는 습득자와 그 문화재가 발견된 토지 또는 건조물 등의 소유자에게 보상금을 지급하지 아니하고 이를 양여할 수 있다. 문화재청장은 국가귀속에 관한 업무를 적절·신속하게 이행하기 위하여 당해문화재의 발견자·습득자 및 발견된 토지·건조물 등의 소유자등에게 필요한 사항을 지시할 수 있다(법 제48조).

국가·지방자치단체 또는 민법이나 특별법에 의하여 설립된 비영리법인·특수법인은 문화재청장이 고시하는 문화재관련 전문기관의 지표조사결과 매장문화재가 포장된 것으로 판정된 지역에서 일정한 개발사업, 즉 지표의 원형변경 등(절토·복토·굴착·수몰 등)의 현상변경을 초래하는 사업으로서 사업면적이 15만 제곱미터 이상인 사업[59]을 하고자 하는 경우에는 미리 문화재청장과 협의하여야 한다. 문화재청장은 매장문화재의 보호를 위하여 필요하다고 인정될 경우에는 개발사업을 하고자 하는 자에게 그 사업시행에 대하여 필요한 조치를 할 것을 명할 수 있고, 지방자치단체의 장은 매장문화재가 포장된 것으로 인정되는 지역에서 개발사업에 해당되지 아니하는 건설공사의 인·허가 등을 할 경우에는 미리 매장문화재 포장 여부와 그 보호방안을 검토하여야 하며, 매장문화재 및 주변의 경관보호를 위하여 필요하다고 인정되는 경우에는 당해건설공사에 대한 인·허가 등을 하지 아니할 수 있다(법 제48조의2).

---

59) 다만, 개발 등에 의하여 이미 원형이 변경된 지역은 사업면적에서 이를 제외한다.

VI. 文化財保護에 관한 國際規範

1. 國際規範의 形成背景 및 過程

인류문화의 공통유산으로서 민족 간·국가 간에 상대민족이나 상대국가의 문화를 이해하거나 감상하고 비교하며 문화적 다양성을 흡수할 수 있도록 문화재를 자유스럽게 반입·반출할 수 있도록 하여야 할 것이다. 그러나 일부국가들은 인류공통의 유산인 문화재를 부의 축적 수단으로 생각하여 도난·도굴·약탈과 같은 불법과 탈법의 수단을 통하여 문화재보호에 크나큰 장애를 만들어 왔다.

고대국가 간에는 무력전쟁을 통하여 전리품으로서 패전국의 문화재를 취득하는 것은 당연시되기도 하였다. 존 로크와 같은 계몽주의 정치사상을 펼친 학자들은 약탈되거나 다른 곳으로 반출된 문화재는 본래의 소재지에로 귀환되어야 한다는 강한 신념을 가지고 있었던 것으로 보인다. 예술적인 문화재는 그 본래의 소재지국에서 인간의 탐미적·지적 욕구를 충족시켜 줄 수 있도록 보존되어야 하며 결코 약탈의 대상이 될 수 없다는 것이다. 19세기까지는 이 같은 인문학자들의 주장에도 불구하고 약탈하거나 매집한 문화재를 마치 자국의 문화유산과 같은 것이라고 하는 수집자소유주의(collection doctrine)가 팽배하기도 하였다.[60]

제1차 세계대전 종전 후 1919년의 베르사유협약 1차대전은 물론 1870년 보불전쟁 당시에 이루어진 문화재반출에 대하여도 문화재반입국이 책임을 지도록 하였고(협약 제245조), 샹제르망조약에서는 오스트리아가 1718년까지 소급하여 반입문화재를 다시 그 소재지국에 반환하도록 의무화하는 규정을 두게 되었다. 제2차 세계대전 종전 후 브레튼우즈회의에서 채택한 최

---

60) 金泰雲, 앞의 논문, p.122 이하

종의정서에서는 연합국들은 주축국들에 대하여 문화재반출의 사유가 외형적으로는 합법적인 것이었다고 하더라도 주축국 점령지역에서 반출되었던 모든 문화재는 이를 원소재지국으로 반환하도록 규정하였다.

2차 대전 이후에는 UN과 그 산하전문기구인 UNESCO 그리고 ICOM (International Council of Musem)를 비롯한 비정부기구(Non-Governmental Organization)를 중심으로 보다 체계적으로 문화재보호운동에 적극 나서기 시작하였다. UNESCO는 국가 간의 교육·과학·문화증진을 통하여 세계평화와 안전에 이바지하기 위하여 설립된 국제기구로서 문화유산국(Division of Cultral Heritage)을 설치·운영하면서 1899년 및 1907년 Hague협약을 개정하기 위한 입법활동을 전개하였다. 그 결과로서 1954년 체결된 전쟁문화재에 관한 협약(The Convention for the protection of cultural property in the event of armed conflicts)은 문화재보호에 관한 최초의 본격적인 협약으로 인정받게 되었다. 동 협약은 문화재의 소유·보존에 있어서는 모든 형태의 공격행위로부터 문화재를 보호하기 위한 조항들을 규정하고 있으며, 전시뿐만이 아니라 평시에 있어서의 문화재 보호규정도 함께 마련하였다.

1960년대에 와서는 평시에도 적용될 수 있는 문화재 보호체제를 마련하기 위한 국제적인 문화재보호운동이 UN경제사회이사회를 중심으로 활발하게 전개되면서 하나의 민족국가의 유산으로 인정되는 문화재 반환에 관한 규제의견들이 논의되었다. 그 결과로 문화재의 국제불법유통에 관한 규제협약이 1970년도에 탄생하게 되었다.

2. 文化財不法搬出入·所有權讓渡禁止協約

1970년 문화재의불법반출입및소유권양도의금지와예방수단에관한협약 (Convention on the Means of Prohibiting and Preventing the Illicit Import, Export and Transfer of Ownership of Cultural Property)[61]는 그 전문에서 문

화재는 인류문명과 국민문화의 기본요소의 하나를 이루며, 그 참된 가치는 그 기원·역사 및 전통에 관한 모든 정보와 관련하여서만 평가될 수 있고, 자국의 영역 안에 존재하는 문화재를 도난·도굴 및 불법적인 반출의 위험으로부터 보호하는 것은 모든 국가에 부과된 책임이며, 이러한 위험을 회피하기 위하여 모든 국가가 자국의 고유문화 유산과 다른 모든 국가의 문화유산을 존중할 도덕적 의무감을 가져야 할 것이고, 문화재의 불법적인 반입과 반출 및 소유권의 양도가 국가 간의 상호 이해에 장애가 되며, 문화유산의 보호를 위해서는 긴밀히 협력하는 국가 간에 국내적·국제적으로 조직화되어야 효과적이라는 점들을 고려하였음을 밝히고 있다. 동 협약의 주요 내용은 ① 문화재의 개념정의(제1조), ② 불법반출입·소유권 이전의 악습 중지약속(제2조), ③ 불법반출입·소유권이전행위의 불법인정(제3조), ④ 반출허가증명서제도의 시행, ⑤ 무허가반출금지 및 도난문화재의 반입금지 위반자에 대한 형벌 및 행정제재 부과, ⑥ 외국군대에 의한 불법반출·소유권이전의 불법간주, ⑦ 유실·도난문화재의 회복소송인정 등이다.

이들 내용을 구체적으로 살펴보면 다음과 같다. 즉 이 협약의 당사국은 문화재의 불법적인 반입과 반출 및 소유권의 양도가 그 문화재 출처국의 문화유산을 고갈시키는 주된 원인의 하나이며, 국제협력은 이로부터 발생하는 여러 위험으로부터 각국의 문화재를 보호하는 가장 효과적인 방법의 하나임을 인정하고, 협약 당사국은 자의적 방법으로, 특히 현행 악습의 중지로 그 원인을 제거하고 필요한 복구를 하도록 협조함으로써 악습에 반대할 것을 약속하기로 한다(제2조). 협약 당사국이 이 협약상의 규정에 위반하여 문화재를 반입·반출 또는 소유권 양도를 함은 불법으로 한다(제3조). 이 협약의 당사국은 ① 문제된 문화재의 반출이 반출국 정부로부터 허가되었음을 명시하는 적절한 반출허가증명서 제도를 도입할 것, ② 반출허가증명서는 국내법 규정에 따라 반출되는 문화재의 모든 품목을 포함할 것, ③ 반출허가증명서에 포함되지 아니한 문화재의 반출을 금지할 것, ④ 무허가

---

61) 1970. 11. 14. 제16차 유네스코총회에서 채택되었다.

반출행위 금지를 적절한 방법으로 문화재의 반출 또는 반입할 가능성이 있는 사람들에게 주지시킬 것을 약속하기로 한다(제6조). 이 협약 당사국은 무허가반출금지 및 도난문화재의 반입금지에 대한 위반행위가 이루어진 경우에는 그에 대하여 책임을 져야 하는 자에게 형벌 및 행정제재를 부과할 것을 약속하기로 한다(제8조). 외국군대에 의한 일국의 점령으로부터 직접적으로 또는 간접적으로 발생하는 강제적인 문화재의 반출과 소유권의 양도는 불법으로 간주된다(제11조). 이 협약의 당사국은 각국의 법률에 따라 ① 문화재의 불법적 반입·반출을 조성할 우려가 있는 문화재 소유권의 양도를 모든 적절한 수단에 의하여 방지하고, ② 당사국의 주무관청은 불법반출된 문화재의 적법한 소유자에로의 가능한 조기반환을 촉진하는 데에 협력할 것을 보장하며, ③ 적법한 소유자 또는 그 대리인이 제기하는 유실·도난된 문화재의 회복을 위한 소송을 인정하고, ④ 이 협약의 각 당사국의 파기할 수 없는 권리로서 특정한 문화재를 양도불능인 것으로서 사실상 반출되어서는 안 되는 것으로 분류하고 선언할 권리를 인정하며, 동 문화재가 반출되었을 경우 반입국에 대하여 그 회복을 용이할 것을 약속한다(제13조).

그 밖에도 1974년 UNESCO는 문화재 표준목록자료집을 발간한 바 있으며, 1976년 제19차 총회에서는 문화재의 국제적 교환에 관한 권고안을 채택하기도 하였다. 1978년 제20차 총회에서는 불법반출문화재반환촉진정부간위원회[62]가 설립되어 문화재회복을 위한 양자협약 체결의 장려, 문화재박물관의 설립 및 자문요원의 양성, 문화재이 교환촉진 등의 활동을 수행하여 오고 있다. 한편 ICOM[63]도 UNESCO와 공동보조를 맞추어 1960년대 이후 문화재의 불법유출, 반입규제 및 문화재회복을 위한 국제활동을 전개하여 오고 있으며, 박물관국제교류계획을 추진하여 1976년 UNESCO의 문화재의 국제적 교류에 관한 결의를 이끄는 역할을 한 바도 있다.[64] 이에 따라 구체

---

62) Intergovernmental Committee for Promoting the Return of Cultural Property to its countries of origin or its Restitution in case of illicit Appropriation.

63) International Council of Museums.

64) Louis Monreal, Problems and possibilities in recovering dispersed cultural heritages, 31Museum 1, p.49.

적인 반환성과가 미국·오스트리아·뉴질랜드 등 일부국가에서 이루어진 바 있다.[65]

3. 世界文化및自然遺産保護에관한協約

세계문화및자연유산보호에관한협약(Convention concerning the Protection of the World Cultural and Natural Heritage)[66]은 그 전문에서 문화유산 및 자연유산이 그 자체의 쇠퇴원인뿐만 아니라 한층 무서운 손상 또는 파괴현상을 수반하여 사태를 악화시키는 사회적 및 경제적 환경의 변화에 의하여서도 점차 더 파괴의 위협을 받고 있고, 그 어떤 품목의 손괴 또는 손실도 세계의 모든 국가유산의 빈곤화를 초래하며, 동 기구가 세계 유산의 보존 및 보호를 확보하고, 관계국가에 대하여 필요한 국제협약을 권고함으로써 관련지식을 유지·증진 및 보급할 것을 동 기구의 헌장이 규정하고 있음을 상기하고, 현저한 보편적 가치를 가진 문화유산 및 자연유산을 위협하는 새로운 위험에 비추어, 관계국에 의한 조치를 대신하는 것은 아니지만 그에 대한 유효한 보충적 수단이 될 공동원조를 부여할 필요성이 있으며, 이에 항구적 기초 위에 현대의 과학적 방법에 따라 조직된 효과적 문화유산공동 보호체제를 확립하기 위하여 체결되는 것임을 천명하고 있다.

동 협약에서는 문화유산 및 자연유산의 개념을 각각 정의하고 있다. '문화유산'이라 함은 ① 기념물(건축물, 기념적 의의를 갖는 있는 조각 및 회화, 고고학적 성격을 띠고 있는 유물 및 구조물, 금석문, 혈거 유적지 및 혼합유적지 중 역사, 예술 및 학문적으로 현저한 세계적 가치를 갖는 있는 유

산), ② 건조물군(독립된 또는 연속된 구조물들, 그 건축성·균질성 또는 풍경 안의 위치로부터 역사상·미술상 현저한 보편적 가치를 갖고 있는 유산), ③ 유적지(인공의 소산 또는 인공과 자연의 결합의 소산 및 고고학적 유적을 포함한 구역에서 역사상·관상상·민족학상 또는 인류학상 현저한 보편적 가치를 갖고 있는 유산)의 3개 군으로 정의하고 있다(협약 제2조).

또한, 자연유산이라 함은 ① 무기적 또는 생물학적 생성물들로부터 이룩된 자연의 기념물로서 관상상 또는 과학상 현저한 보편적 가치를 갖는 것, ② 지질학적 및 지문학적 생성물과 이와 함께 위협에 처해 있는 동물 및 생물의 종의 생식지 및 자생지로서 특히 특정 구역에서 과학상, 보존상 나아가서 자연의 미관상 현저한 보편적 가치를 갖는 것, ③ 과학·보존·자연미의 시각에서 볼 때 뛰어난 보편적 가치를 주는 정확히 드러난 자연지역이나 자연유적지의 3개 군으로 말한다(협약 제2조).

동 협약의 주요내용은 체약국의 자국 내 문화 및 자연유산의 현황조사·보존, 위험으로부터의 유산보호방안의 수립, 유산손상위험조치의 금지약속, 세계유산위원회의 설치 및 세계유산목록의 작성·공표, 체약국의 잠정세계유산목록의 작성·제출, '위험에 빠진 세계유산일람표'의 작성·공표, 세계유산기금의 설립 등이다. 이들 내용을 구체적으로 살펴보면 다음과 같다. 즉 각 체약국은 자국 영토 안에 위치한 여러 유산을 조사 및 파악하여야 하고(협약 제3조), 각 체약국은 자국 내에 위치한 문화 및 자연유산을 식별하고 이를 보호·보존·활용하고 청소년세대에 전승시키는 것이 자국에 과하여진 최우선적 의무라는 것을 인식하고, 자국이 갖는 모든 능력을 활용하고 국제적 원조 및 협력을 얻어 동 의무를 이행하도록 한다(제4조). 학문적·기술적 연구 및 조사를 발전시키고 자국의 문화 또는 자연유산을 위협하는 위험에 대처하기 위한 구체적 보호방안을 수립한다(제5조). 체약국은 문화 및 자연유산이 곧 세계의 유산이라는 것, 따라서 그 유산의 보호에 협력하는 것이 국제사회 전체의 의무라는 것을 인식하고, 그 유산이 영토 내에 위치하는 국가의 주권은 충분히 존중되도록 하고 또 국내법이 정한 재산권은 침해되지 아니한다.(제6조제1항). 각 체약국은 문화 및 자연유산으로서 다른 체약국의 영토 안에 위치하는 유산에 직접 또는 간접으로 손상을 입힐 위험이 있는 조치를 고의로 취하지 아니할 것을 약속한다(제6조제3항).

현저한 보편적 가치를 갖는 문화 및 자연유산의 보호를 위하여 정부간위원회(세계유산위원회)를 UNESCO 내에 설치한다(제8조제1항). 체약국은 될 수 있는 한, 자국 영토안의 문화 및 자연유산 중 세계유산목록에 포함될 가치가 있는 잠정목록을 세계유산위원회에 제출하여야 하며, 동 목록은 최종적인 것이 아니며 목록제출에는 해당 유산의 소재지 및 중요성에 관한 자료를 포함되도록 하고, 세계유산위원회는 제출받은 잠정목록에 기초하여 문화 및 자연유산을 구성하는 유물로 '세계유산일람표'를 작성하여 공표하되, 매년 갱신한다(제11조제1항 및 제2항). 세계유산일람표에 유산을 등록함에 있어서는 해당국의 동의를 필요로 하며, 2개 국가 이상의 국가가 주권 및 관할권을 주장하고 있는 영역 안에 존재하는 유산의 등록은 해당 당사국의 권리에 영향을 미치지 아니한다(제11조제3항). 세계유산위원회는 사정에 의하여 필요한 경우에는 세계유산일람표에 등록된 유산 중 중요한 보존작업이 요구되고 지원을 요청받은 유산은 이를 '위험에 빠진 세계유산일람표'로 작성하여 공표한다(제11조제4항).[67] 현저한 보편적 가치를 갖고 있는 세계문화 및 자연유산을 위한 기금(세계유산기금)을 설립·운영한다(제15조).

4. 國際協約規定의 國內法反映

국내에서는 지난 1982년 개정문화재보호법 제78조에서 국제문화재보호운동에 부응하기 위하여 인류공동의 문화유산인 모든 나라의 문화재를 보호

---

67) "위험에 빠진 세계유산일람표"에는 문화 및 자연유산 중 심각하고 중대한 위험에 처한 유산만을 등록하여야 하는바, 그 위험으로 손괴가 진행됨에 따른 멸실의 위험, 대규모 공적·사적 공사, 급격한 도시개발 또는 관광 개발을 위한 공사, 토지의 이용 또는 소유권의 변동에 기인된 파괴, 미상원인에 따른 중대한 변화, 여러 가지 이유에 의한 방기, 무력분쟁의 발생 또는 위협, 재난 및 대변동, 대화재, 지진, 흙 사태, 화산의 분출, 수위의 변화, 홍수 및 해일과 같은 중대하고 특별한 위험이 존재하는 경우 등이 등록대상이 된다. 언제라도 긴급한 경우에는 "위험에 빠진 세계유산일람표"에 새롭게 등록할 수 있다. 동 일람표에 포함될 유산의 세부등재기준은 세계유산위원회가 구체적으로 정한다.

한다는 기본입장을 천명하고, 외국의 지정보호대상 문화재를 국내에 반입하고자 할 때에는 반출국내에서 적법하게 수집된 문화재에 한하도록 규정하며, 불법으로 외국으로부터 반출되어 국내 반입된 문화재는 문화공보부 장관이 이를 유치·보관한 후에 해당국가 정부의 의사에 따라 반환할 수 있는 조치를 강구하도록 하는 규정을 마련한 바 있다. 현행 문화재보호법 제78조에서도 동 내용을 이어받아 규정함으로써 국제협약정신을 국내법에 반영하고 있다. 즉 인류의 문화유산을 보존하고 국가 간의 우의를 증진하기 위하여 대한민국이 가입한 문화재보호에관한국제조약에 가입된 외국의 법령에 의하여 문화재로 지정·보호되는 문화재(이하 '외국문화재')는 조약과 이 법이 정하는 바에 의하여 보호되어야 한다고 명시하고, 문화재청장은 국내로 반입하고자 하거나 이미 반입된 외국문화재가 당해 반출국으로부터 불법반출된 것으로 인정할 만한 상당한 이유가 있는 때에는 그 문화재를 유치할 수 있으며, 당해 외국문화재를 박물관 등에 보관·관리하여야 하고, 보관 중인 외국문화재가 그 반출국으로부터 적법하게 반출된 것임이 확인된 때와 그 외국문화재가 불법반출된 것임이 확인되었으나 당해 반출국이 그 문화재를 회수하고자 하는 의사가 없음이 분명한 때에는 지체 없이 이를 그 소유자 또는 점유자에게 반환하여야 하며, 문화재청장은 외국문화재의 반출국으로부터 대한민국에 반입된 외국문화재가 자국으로부터 불법반출된 것임을 증명하고 조약에 의한 정당한 절차에 의하여 그 반환을 요청하는 경우 또는 조약에 의한 반환의무를 이행하는 경우에는 관계기관의 협조를 얻어 조약이 정하는 바에 따라 당해 문화재가 반출국에 반환될 수 있도록 조치하도록 규정하고 있다.

2002년 12월 개정·공포된 문화재보호법[68]에서는 세계문화및자연유산보호에관한협약(Convention concerning the Protection of the World Cultural

---

68) 고흥길 의원(2001. 6. 29. 발의), 이미경 의원(2001. 11. 17. 발의)이 각각 대표발의한 개정법률안은 제225회 국회(정기회) 제12차 문화관광위원회(2001. 11. 26.)에, 심규철의원(2001. 12. 11. 발의)이 발의한 개정법률안과 정부가 제출(2001. 11. 26.)한 개정법률안은 제228회 국회임시회 제1차 문화관광위원회(2002. 3. 14.)에 상정된 바 있으나, 4건의 법률안을 모두 본회의에 부의하지 아니하기로 하고, 문화관광위원장이 제안한 대안으로 국회 본회의에서 2002. 11. 12. 의결된 바 있다.

and Natural Heritage)의 국내이행을 위하여 세계유산의 등록 및 보호에 관한 규정을 신설하였다. 동 개정법률 제78조의2에서는 문화유산 및 자연유산의 등록신청절차, 문화재의 국외선양사업 추진, 등록세계문화유산의 국가지정문화재에 준한 관리 등에 관한 규정을 두었다. 문화재청장은 협약 제11조의 규정에 의하여 현저한 인류보편적 가치를 갖는 문화유산 및 자연유산을 세계유산으로 국제연합교육과학문화기구 세계유산위원회에 등록 신청할 수 있도록 하고, 자연유산을 세계유산으로 등록 신청하고자 하는 때에는 관계중앙행정기관과의 협의를 거치도록 규정하고, 문화재청장은 세계기록유산의 등록, 인류구전 및 무형유산걸작의 선정 등을 비롯하여 인류 문화유산의 보존 및 문화재의 국외선양사업에 적극 노력하여야 한다.

세계문화유산 및 자연유산으로 등록하게 될 경우에는 여러 가지 기대효과가 예상된다. 구체적으로, 국내·외로부터의 인터넷열람 등 문화적·지적 관심의 대상으로 부각되고 관광객이 크게 증가하는 등 우리나라의 문화를 국내는 물론 외국에 소개·홍보하게 되는 효과가 크게 기대되며, 관광산업의 활성화 및 고용기회 확대효과도 기대된다. 정부의 추가적인 관심과 지원으로 해당지역의 계획과 관리를 향상시킬 수도 있고, 또한 해당지역 및 우리나라의 자부심을 고취시키는 계기가 될 수 있다. UNESCO 산하 세계유산위원회는 국제적인 문화유산의 보존·보호를 전담하는 국제기구로서 우리나라의 세계적인 문화유산 및 자연유산의 과학적인 보존·관리에 대하여 그 기술적·재정적인 지원을 도모할 수 있고, 세계기록유산 로고의 사용이나 유네스코의 인터넷홈페이지 등을 통하여 장기적인 대외홍보를 강화할 수 있다고 본다.

국가 또는 지방자치단체는 세계유산 등으로 등록 또는 선정된 문화재(이하 '등록세계유산 등')는 그 성질의 구분에 따라 그 등록 또는 선정된 때부터 지정된 국가지정문화재에 준하여 유지·관리하여야 하며,[69] 문화재청장은 세계유산 및 그 주변경관에 영향을 미칠 우려가 있는 행위를 방지하기

---

69) 보물·국보, 중요무형문화재, 사적·명승지·천연기념물, 중요민속자료로 지정된 경우에 준하여 유지·관리되어야 한다는 취지이다.

위하여 필요한 조치를 할 것을 명할 수 있는 행정명령제도를 도입하였다. 현재 우리 정부는 세계문화유산으로서는 창덕궁, 화성, 석굴암·불국사, 해인사 장경판전, 종묘, 경주역사유적지구, 고인돌유적(고창·화순·강화) 7건을, 세계기록유산으로서는 훈민정음, 조선왕조실록, 직지심체요절, 승정원일기 4건을, 세계무형유산으로서는 종묘제례 및 종묘제례악 1건 모두 12건을 등록한 바 있다.[70]

VII. 文化財保護法違反에 대한 主要罰則制度

문화재보호법에서는 동법에서 정하고 있는 각종 행위금지·제한이나 동법에 의한 일정한 행정처분에 위반하는 경우에는 벌칙을 적용하도록 함으로써 문화재보호법의 실효성을 확보하고자 한다. 중대한 위반행위에 대하여는 징역·벌금·몰수형과 같은 행정형벌로, 상대적으로 가벼운 위반행위로서 행정상의 목적달성에 지장을 주는 위반행위에 대하여는 과태료로 규율하도록 하고 있다. 무허가수출죄(법 제80조), 허위지정등 유도죄(법 제80조의2), 손상·은닉 등의 죄(법 제81조), 도굴 등의 죄(법 제82조), 일수죄(법 제85조 및 제86조), 구역외무허가반출 등의 죄(법 제89조), 행정명령위반 등의 죄(법 제90조), 관리행위위반 등의 죄(법 제91조) 등이 있고, 일부 미수범 및 과실범에 대한 처벌규정(법 제87조 및 제88조)과 양벌규정(법 제94조)을 마련하고 있고, 과태료는 비교적 경미한 신고위반행위에 대하여 부과할 수 있는 규정(법 제93조)을 두고 있다.

특히, 법 제81조 및 제82조의 문화재의 손상·절취·은닉죄 및 도굴관련죄에 관하여 구체적으로 살펴보면, 법 제81조에서는 국가지정문화재(중요무형문화재를 제외)로 지정된 문화재를 손상·절취 또는 은닉하거나 기타의

---

70) http://www.ocp.go.kr/

방법으로 그 효용을 해한 자는 3년 이상의 유기징역에 처하고, 그 밖의 지정문화재 또는 가지정문화재(건조물을 제외)를 손상·절취 또는 은닉하거나 그 밖의 방법으로 그 효용을 해한 자나 일반동산문화재인 것을 알고 일반동산문화재를 손상·절취 또는 은닉하거나 그 밖의 방법으로 그 효용을 해한 자는 2년 이상의 유기징역에 처하며, 현상변경의 허가 또는 변경허가를 받지 아니하고 천연기념물을 박제 또는 표본으로 제작한 자 및 이상의 벌칙에 반한 행위임을 알고 그 문화재를 취득·양도·양수 또는 운반한 자나 알선한 자에 대하여는 2년 이상의 유기징역 또는 2천만 원 이상 1억 5천만 원 이하의 벌금에 처한다고 규정하고 있다.

또한, 법 제82조에서는 지정문화재 또는 가지정문화재의 보호물 또는 보호구역 안에서 허가 없이 매장문화재를 발굴한 자는 5년 이상의 유기징역에 처하고, 보호물 또는 보호구역 밖의 장소에서 허가 없이 매장문화재를 발굴한 자나 이미 확인되었거나 발굴 중인 매장문화재포장지역의 현상을 변경한 자 및 매장문화재발굴의 정지 또는 중지명령에 위반한 자는 10년 이하의 징역 또는 1억 원 이하의 벌금에 처하며, 이상의 벌칙규정에 위반하여 발굴되었거나 현상 변경된 문화재를 그 정을 알고 유상이나 무상으로 양수·양도·취득·운반·보유 또는 보관한 자나 알선한 자는 7년 이하의 징역 또는 7천만 원 이하의 벌금에 처하고, 매장문화재를 발견한 후 이를 신고하지 아니하고 은닉 또는 처분하거나 현상을 변경한 자는 3년 이하의 징역 또는 3천만 원 이하의 벌금에 처한다고 규정하고 있다.

이들 법 제81조 및 제82조의 문화재의 손상·절취·은닉죄 및 도굴 관련죄에 관련하여 종래 이들 위반행위는 다른 문화재관련범죄의 경우보다 죄질의 정도가 무겁고 문화재보호를 해하는 정도가 현저하다고 생각되지만, 판례에 따라 형성된 불가벌적 사후행위론에 의하여 현실적으로 일부 위반자를 처벌하지 못하는 사례가 나타남에 따라 그동안 입법론적인 개선방안이 제기되어 온 바 있다. 은닉죄 또는 보유·보관죄 등의 경우 종래 문화재를 절취·도굴하여 은닉 등을 저지른 경우 이들을 실체적 경합범으로 처벌하여 옴에 따라 사전위반행위인 절취·도굴의 공소시효가 완성된 이후에는 은닉죄 등만을 따로 처벌할 수 없게 되는 문제점, 이른바 '불가벌적 사후행위론'이 제기된다. 과연 절취·도굴 등의 행위와 별개로 은닉죄 등만을 분리하여 처벌할 수 있는지 여부 등에 의문이 생기는 면이 있는바, 과거 학계에서는 장물죄에 있어서 본범에 대한 공소시효가 완성되더라도 장물성은 계속 인정된다는 것이 통설이었다. 그러나 1980년대 후반 대법원판례에서는 도굴범에 대한 공소시효가 완성된 경우 당해 도굴품에 대한 문화재보호법상 장물성은 소멸한다는 견해를 취하게 되었다.

관련대법원판례[71]를 구체적으로 살펴보면, 구문화재보호법 제82조제3항·제4항의 위반죄는 허가 없이 발굴되었거나 현상 변경된 문화재를 유상이나 무상으로 양도·취득·운반 또는 보관한 자나 이들 행위를 알선한 자를 처벌하는 규정으로서 반드시 문화재가 허가 없이 발굴된 것 또는 현상 변경된 것임을 그 구성요건으로 하고 있으므로 피고인들을 동 위반죄로 처벌하기 위해서는 이 사건 문화재가 허가 없이 발굴된 문화재라고 인정할 확실한 증거가 있어야 할 뿐만 아니라 가사 이 사건문화재가 허가 없이 발굴된 것이라고 가정하더라도 허가 없이 발굴된 문화재는 영구하게 동 위반죄의 대상이 되는, 이른바 장물성을 계속 보유한다고는 할 수 없고, 허가 없이 발굴한 본범에 대하여 공소시효가 완성되어 국가형벌권을 발동할 수가 없게 됨에 따라 그 위반물품에 대하여 몰수 또는 추징도 할 수 없는 시점에 이르렀을 때에는 그 위반물품에 대한 이른바 문화재보호법상의 장물성도 잃게 되는 것이라고 봄이 상당하다고 보는 견해를 취한다. 따라서 위 문화재의 양도예비나 양도알선예비 당시 동 문화재를 허가 없이 발굴한 본범에 대한 공소시효가 완성되었다면, 이를 양도하거나 양도 알선할 목적으로 예비하였다고 하더라도 이를 위의 벌칙위반으로 처벌할 수 없다고 본다.

또한, 구문화재보호법 제82조(도굴 등의 죄)의 구조를 살펴보면 제1항은 지정문화재 또는 가지정문화재의 보호물 또는 보호구역 안에서 허가 없이 매장문화재를 발굴함을 구성요건으로 하고, 제2항은 그 이외의 지역에서 허

---

71) 대법원 1987. 10. 13. 선고 87도538 판결, 문화재보호법위반.

가 없이 매장문화재를 발굴하거나 발굴정지·중지명령에 위반함을 구성요건으로 하며, 제3항은 위 규정에 위반하여 취득한 매장문화재를 그 정을 알고 유상·무상으로 양도·취득·운반·보관·알선함을 구성요건으로 하는 바, 도굴문화재장물죄가 성립하기 위해서는 위 제1항 또는 제2항에 위배된 도굴문화재임을 전제로 하는 것이므로 위 제1한 또는 제2항의 도굴죄가 입법화되기 전인 1933. 8.경 혹은 1973. 2. 5. 이전에 이미 도굴된 문화재는 도굴문화재장물죄의 처벌대상이 되지 아니하고, 따라서 이 사건 문화재는 1933. 8.경 혹은 1973. 2. 5. 이후에 발굴된 문화재임의 증명이 없는 이상 도굴문화재장물죄로 처벌할 수 없음은 소급입법금지 원칙상 당연하다고 본다.

가사 피고인들이 본건 문화재들이 도굴품임을 알고 양도알선을 목적으로 예비행위를 했다고 가정하더라도 동 문화재들이 언제, 누구에 의하여 도굴된 것인지 확정함이 없거나 피고인들의 위 예비행위 당시 도굴범에 대한 공소시효가 완성된 여부가 확정되지 아니한 이상 도굴문화재장물죄로 처벌할 수는 없는바, 이는 관세법상 밀수품이 언제, 누구에 의하여 관세포탈된 것인지 확정함이 없거나 관세 포탈물을 매수 당시 관세 포탈한 물건으로 알고 취득하였다 하더라도 그 확정이 되지 아니한 이상 주관적으로 관세 포탈한 물건으로 알고 취득하였다 하더라도 관세법으로 처벌할 수 없다는 것이 대법원의 확고한 태도[72]임에 비추어 볼 때 구문화재보호법 제82조 제3항의 도굴문화재장물죄는 형법상 장물죄 및 관세법상 밀수품취득죄와 조금도 다를 바 없는 구성요건구조를 이루고 있고, 그 입법취지도 동일하므로 따라서 도굴범에 대한 공소시효가 완성되면 도굴문화재의 장물성은 상실되므로 그 이후에는 도굴문화재장물죄로 처벌할 수 없다고 본다.

이와 같은 대법원판례의 견해에 따라, 정부 내에서는 그동안 설령 절취·도굴 등의 범죄자가 공소시효의 완성 등으로 처벌받지 아니하게 되는 경우라도 그 다른 은닉·양도·취득·운반·보유·보관 또는 알선한 는 그 은닉 등의 위반자로서 처벌하도록 하여야 한다는 의견을 제시되어 왔다.[73][74]

---

72) 대법원 1983. 4. 12. 선고 83도477판결; 1981. 4. 14. 선고 81도75 판결.
73) 법제처, 「문화재보호법중개정법률안 심사경과보고서」(2002. 10. 30.).

문화재 은닉범을 적발하고도 본범의 공소시효가 완성되었다고 하여 이를 처벌하지 못한 사례[75]가 많기 때문에 사적으로 장구한 국가의 유산인 문화재 보호의 목적을 제대로 달성하지 못하고, 대부분의 문화재전문절도범이나 도굴범에 대한 단속·처벌이 이루어지지 못하여 왔다. 절취 및 도굴의 본범죄에 대한 공소시효가 지나기를 기다려 장기간 문화재를 은닉·보관하였다가 시장에 처분하는 사례가 대부분이고, 피해자인 사찰 및 박물관 등에서는 절취 및 도굴된 문화재임을 알면서도 범인으로부터 다시 매입하고 있는 실정이었다.

정부에서는 이와 같은 문제점을 개선하기 위한 문화재보호법개정안을 2001. 11. 국회에 제출한 바 있고, 2003년 1월 1일부터 시행되는 개정법률에 그동안의 논의사항이 반영되어 은닉죄나 보관·보유죄의 경우에는 그전에 타인에 의하여 행하여진 손상·절취·은닉이나 도굴·현상변경·양도·양수·취득·운반·보유 또는 보관행위가 처벌되지 아니하는 경우에도 이들 위반행위를 처벌할 수 있도록 규정되어 있다.

한편, 문화재보호법의 실효성을 확보하는 방안으로서는 공소시효기간을 연장하는 방안을 생각하여 볼 수 있다. 이는 형사소송법상의 시효기간에 대한 특례를 마련하는 방안으로서 다른 형벌과의 균형문제 등 형벌체계에 혼란을 줄 우려가 있다는 점 때문에 반대의견이 있으나, 공소시효기간만을 연장하는 것이 아니라 벌칙을 다른 위반사범의 경우와 균형을 맞추어 자동적으로 공소시효기간이 연장되도록 하는 방안은 적극 검토할 필요가 있다고 본다. 문화재보호법상 문화재절취죄의 경우에는 3년 이상의 유기징역에 해당되므로 공소시효는 3년이 되고, 문화재도굴죄의 경우에는 5년 이상의 유기징역에 해당되므로 공소시효는 5년이 되는바, 이들은 문화재에 대한 같은 절도죄로서 절취죄와 도굴죄의 형량 및 시효기간이 각각 다르므로 절취죄

---

74) 이와 관련하여, 문화재절취·도굴 범인이 범행 후에 문화재를 은닉한 경우를 절도죄와 은닉죄의 실체적 경합범으로 처벌하게 되어 은닉행위는 이른바 절도죄의 불가벌적 사후행위로서 별도로 처벌할 수 없다는 형법이론에 반하여 이중처벌 문제가 생긴다는 일부 반대의견이 주장되기도 한다.

75) 문화재사범 수사검사들이 이를 그동안 문화재사범 처벌법체계상의 문제점으로 지적하여 정부에 입법사항으로 건의하여 온 바 있다.

의 형량을 도굴죄와 동일한 수준으로 상향조정하여 결과적으로 시효기간을 연장하도록 함으로써 3년의 단기시효기간 때문에 발생하는 문화재절취범의 예방에 기여할 것으로 생각된다.

그 밖에 문화재보호법에는 문화재절취·도굴의 상습전문범과 1회적인 우발범을 구분하지 아니하고 동일벌칙을 적용함으로써 상습적인 전문절취·도굴범으로부터 문화재를 보호함에 있어 적절하게 대처하지 못하는 측면이 있다고 사료된다. 현행 문화재의 개념은 앞에서 살펴본 바와 같이 매우 추상적이고 모호하여 일반국민이 특정한 물건에 대하여 문화재보호법상의 문화재에 해당되는지 여부를 명확하게 파악하기란 그리 용이하지 못하고, 관련판례도 앞에서 살펴본 바와 같이 그와 같은 문제점을 지적하고 있으므로 선량한 일반시민이라고 하더라도 1회적·우발적인 위반행위가 이루어질 가능성은 그만큼 높다고 하겠다. 이와 같은 문제점은 상습전문절취·도굴범에 대한 형량을 강화하는 데 하나의 걸림돌로 작용하는 측면이 있다. 현행 벌칙체계를 개선하여 문화재위반사범을 상습전문위반범과 1회적·우발적위반사범으로 구분하고, 그 전제하에 상습전문위반범에 대한 강화된 벌칙과 1회적·우발적인 위반범에 대한 완화된 벌칙으로 이원화하여 운영하는 방안을 적극 검토할 필요가 있으며, 따라서 상습전문범에 대하여 강력하게 대처할 수 있다고 본다.

행정심판법의 개정방안 연구[1]

　- 행정심판대상의 범위 및 확대문제를 중심으로

Ⅰ. 머리말

　행정심판법·행정소송법상에서는 강학상의 행정행위에 유사한 개념으로서 '처분'이라는 용어가 사용되고 있다. 행정심판법·행정소송법상에서 '처분'이라 함은 행정청이 행하는 구체적 사실에 관한 법집행으로서의 공권력의 행사 또는 그 거부와 그 밖에 이에 준하는 행정작용을 말한다고 규정하고 있다. 행정절차법상에서도 처분이란 용어를 사용하고 있으며, 행정쟁송법과 마찬가지로 '처분'이라 함은 행정청이 행하는 구체적 사실에 관한 법집행으로서의 공권력의 행사 또는 그 거부와 기타 이에 준하는 행정작용을 말한다고 규정하고 있다. 행정쟁송법상의 '처분' 개념은 행정절차법의 경우와 마찬가지로 강학상 또는 실체법상의 행정행위 개념보다 형식적으로, 내용적으로 그 의미가 더 확장되어 있다.

　행정심판법 제2조제1항에서 정한 처분의 개념정의에서는 '행정청이 행하는 구체적 사실에 관한 법집행으로서의 공권력의 행사 또는 그 거부'는 물론 이에 준하는 행정작용까지 포함시키고 있다. 이와 같은 개념의 처분에 대하여는 동법 또는 다른 법률에 행정심판의 대상으로부터 제외하는 특별한 규정이 없는 한 동법에 따른 행정심판을 제기할 수 있도록 규정하고 있

---

1) 이 글은 『법제』(법제처, 2005년 10월호)에 게재한 저자의 논문을 일부 재정리한 것이다.

다. 그리고 동법에 의한 행정심판은 행정청의 위법 또는 부당한 처분의 취소 또는 변경을 하는 취소심판, 행정청의 처분의 효력 유무 또는 존재 여부에 대한 확인을 하는 무효 등 확인심판, 행정청의 위법 또는 부당한 거부처분이나 부작위에 대하여 일정한 처분을 하도록 하는 의무이행심판으로 구분하고 있다. 행정심판을 제기할 수 있는 사항을 한정해서 명시하지 아니하고 모든 처분에 대하여 행정심판을 제기할 수 있게 하고 있다. 국민의 권익구제의 범위를 넓게 규정한다는 점에서 개괄주의를 도입하였다고 본다. 물론, 대통령의 처분·부작위에 대하여는 특별한 규정이 있는 경우를 제외하고는 행정심판을 제기할 수 없다고 규정하는 등 예외를 허용하고 있다.

이하, 행정심판의 처분개념 및 범위, 행정심판법상의 처분 유형 및 구체적 범위, 처분성 인정범위의 확대 및 관련사례분석, 직접적·구체적 효력을 갖는 법규범과 처분성인정, 행정소송법개정안과 쟁송대상 확대문제 등을 중심으로 살펴보고자 한다.

II. 행정심판대상인 처분 개념 및 범위

1. 처분 개념에 대한 전통적인 견해

전통적으로 처분 개념에 관하여는 행정행위론을 중심으로 한 실체법적 관점에서 논의되어 오고 있다. 행정처분의 개념에 관하여는 종래의 실체법적 개념설이 지배적인 지위를 점하였다. 행정심판법 해석론으로서의 실체법적 개념설은 행정쟁송법상 처분의 개념을 실체법이론상 행정행위의 개념과 일치시키고자 하는 것으로 취소의 쟁송을 엄격한 행정행위 개념에 한정하여 허용하고자 한다. 행정행위에 관하여는 종래 행정행위나 사법행위가 모두 동일한 법률효과를 발생시키기 위한 요건이라는 관점에서 본질적 차이점이 없으므로 독자적인 행정행위의 개념은 불필요하다고 보고 그 개념을 부정하는 학설(순수법학파의 법일원론)도 있었으나, 오늘날 행정법학에서는 일반적으로 행정행위의 고유하고 독자적인 개념을 인정하고 있다.[2]

종래 행정행위 개념에는 최광의·광의·협의·최협의로 구분되어 왔다. 최광의로는 행정주체가 행하는 일체의 행위(공법행위·입법행위·사실행위·통치행위·사법행위)를, 광의로는 행정주체가 행하는 공법행위(행정상 입법행위·사법행위, 협의의 행정행위)를, 협의로는 행정주체가 구체적 사실에 관한 법집행으로서 행하는 공법행위(행정행위, 공법상 계약·합동행위)를, 최협의로는 행정주체가 법 아래서 구체적인 법집행으로 행하는 권력적 단독행위를 행정행위(법률행위적 행정행위 및 준법률행위적 행정행위)로 구분하여 왔다. 최협의의 개념이 종래 통설·판례의 입장이다. 여기서, 행정청이란 행정주체의 의사를 외부에 결정·표시할 수 있는 권한을 가진 기관을 말하고, 법적행위란 법적 효과를 발생·변경·소멸시키는 행위를 말하며, 구체적 사실에 관한 법집행이란 개별적·구체적 규율의 성질을 가지는 것이므로 일반적·추상적 규율이라고 보는 행정입법의 경우는 제외된다. 이와 같은 실체법적 개념설에 입각할 때 처분의 구체적 범위는 법률행위적 행정행위 및 준법률행위적 행정행위 그 밖에 권력적 사실행위까지 포함된다고 본다.

2. 처분 개념을 확대하려는 견해

행정심판법의 제정이나 처분개념 확대이론의 등장[3]으로 처분의 구체적

---

2) 박윤흔, 「최신행정법강의(상)」, 2004, p.296 이하.
    홍준형, 「행정법총론」, 2001, p.172 이하.
    김성수, 「일반행정법」, 2001, p.161 이하.
    박균성, 「행정법론(상)」, 2003, p.225 이하.

대상범위를 확장하려는 쟁송법적 개념설 또는 형식적 개념설이 제기되어 왔다.[4] 실체법상의 행정행위 개념과 별도로 행정소송의 대상을 확대하기 위하여 쟁송법상의 행정행위 개념을 정립하려는 입장에서는 실체법상 행정행위 이외에 행정입법, 구속적 행정계획, 사실행위 등 국민생활을 일방적으로 규율하는 행위 등도 취소소송의 대상이 된다고 보고자 한다. 행정청의 공권력행사나 그 거부에 준하는 행정작용은 행정작용 중 공권력행사작용 또는 거부처분에 해당되지는 아니하더라도 행정청의 대외작용으로서 개인의 권익에 구체적인 영향을 미치는 작용을 가리키는 것이다.

행정심판법에서 처분의 범위를 행정청의 공권력행사 및 그 거부처분 외에 그에 준하는 행정작용까지 포함시킨 것은 현대 산업사회에 있어서의 행정작용의 광역화·다양화와 전문화·적극화 경향에 따라 미처 예상하지 못한 새로운 유형의 작용이 출현하더라도 이를 행정심판의 대상으로 할 수 있도록 하여 행정구제의 대상 폭을 넓히려는 취지라고 하겠다. 전통적으로 행정법에서 취소심판 대상으로서 공정력을 갖는 행정처분을 실체법적 행정행위라고 규정하고, 공권력행사의 실체로 보기는 어려우나 행정상 목적을 달성하기 위하여 사인의 법익을 침해하거나 사실상의 지배력을 가지는 행정작용을 형식적 행정행위라고 규정하고 이들 실체법적 행정행위와 함께 형식적 행정행위도 이를 취소심판 대상으로 보고자 한다.[5]

그러나 쟁송법적 개념설에 대하여 처분개념의 범위를 확대하는 것이 곧 권리구제를 확대하는 것이라고 단정할 수 없으며, 다양한 행정작용에 대하여는 항고쟁송 이외에 당사자쟁송·민사소송과 같은 다른 구제수단이 보장되면 족하다고 볼 것이라는 점, 쟁송법적 개념설은 공권력행사의 범위에 비권력적 작용을 포함시키게 되어 공권력행사에의 해당 여부를 행위의 법적 효과가 아니라 사실상 영향 여부에 따라 판단할 수밖에 없게 되는 점 등에서 문제점을 제기한다.

---

3) 김남진, "처분성확대론과 당사자소송활용론", 「고시연구」 2005년 3월호, p.19 - 23.
4) 김성수, 앞의 책, p.163 - 166.
   박균성, 앞의 책, p.226 - 229.
5) 박균성, 「행정구제법」, 2002, p.291.

3. 행정심판대상으로서의 위법 또는 부당한 처분

행정심판의 대상이 되는 처분은 위법 또는 부당한 처분이다. 위법한 처분이란 합법성의 요건을 갖추지 못한 처분을 말하며, 부당한 처분이란 재량처분에 있어서 합목적성을 갖추지 못한 처분이다. 특히, 부당한 처분이란 재량처분에 있어서 위법의 문제는 없으나 재량규범의 수권목적에 비추어 볼 때 그 합목적성을 결하는 경우를 말한다. 위법의 문제는 법률문제로서 합법성의 충족 여부를 구별하는 것이고, 부당의 문제는 재량문제로서 합목적성의 충족 여부를 구별하는 것이다. 일반적으로 근거법규에 위반되는 행위, 행정법의 일반법원칙에 위배되는 행위, 기속법규에 위배되는 행위 등은 위법이라고 보며, 재량에 위배되는 행위는 부당이라고 본다. 행정소송법 제27조에서는 행정청의 재량에 속하는 처분이라도 재량권의 한계를 넘거나 그 남용이 있는 때에는 법원은 이를 취소할 수 있다고 규정하고 있다. 재량문제는 그 일탈·남용 또는 장기간 불행사와 같은 위법의 경우를 제외하고는 사법심사의 대상이 되지 아니함을 명문화하고 있다. 부당한 행정처분은 행정심판에 의하여서만 구제가 가능하다. 행정처분이 부당한지 여부에 관하여는 어떤 판단기준에 의하여야 할 것인가가 문제이다. 재량행위에 있어서 위법성과 부당성의 구별이 용이하지 아니하고 그 경계가 모호하다. 부당성 여부의 판단은 합목적성의 충족 여부를 가리는 일이며, 이는 재량권을 수권한 법규범의 입법목적과 취지, 재량권의 행사기준, 관련조항의 유기적 검토 및 법의 일반원칙 등을 종합 적용하여 판단할 필요가 있다.

부당한 처분의 청구인적격과 관련하여 심판제기요건으로서의 법률상 이익에 관한 내용과 취소심판의 개념정의가 서로 일치하지 못하는 점에 관하여 개정논의가 제기되고 있다. 행정심판법 제9조(청구인적격) 제1항에서는 취소심판청구는 처분의 취소 또는 변경을 구할 '법률상 이익'이 있는 자가 제기할 수 있다고 규정하고 있는 반면 동법 제4조(행정심판의 종류) 제1호에서는 취소심판을 행정청의 '위법 또는 부당한 처분의 취소 또는 변경'을 하는 심판이라고 규정하고 있다. 부당한 처분에 대하여 심판을 제기하기 위해서는 위법한 처분의 경우와 마찬가지로 법률상 이익을 침해받은 경우이어야 한다는 점이다. 부당한 처분의 경우 위 조항의 문언대로 보면, 청구인 적격이 인정되기 어렵게 되므로, 동법 제9조제1항은 결국 동법 제1조의 목적규정 및 제4조제1호의 취소심판 개념정의규정과 조화되지 못하므로 개정이 필요하다는 견해가 제시되고 있는바,[6] 적절한 지적이라고 생각된다.

행정심판법 제4조제3호에서는 '의무이행심판'을 행정청의 위법 또는 부당한 거부처분이나 부작위에 대하여 일정한 처분을 하도록 하는 심판이라고 규정하고 있으나, 동법 제2조제1항제2호에서는 '부작위'라 함은 행정청이 당사자의 신청에 대하여 상당한 기간 내에 일정한 처분을 하여야 할 법률상 의무가 있음에도 불구하고 이를 하지 아니하는 것을 말한다고 규정하고 있다. 여기서 부작위의 개념을 위법한 부작위, 즉 법률상 의무가 있음에도 불구하고 그 의무를 행하지 아니하는 '위법한 부작위'에 대하여서만 의무이행심판의 대상으로 규정하고 있다. 이는 의무이행심판의 대상으로서 정한 '부작위'의 범위보다 '부작위' 자체의 개념을 협소하게 규정함으로써 부당한 부작위에 대하여 행정심판을 제기할 수 없게 된다는 문제점이 제기되고 있어,[7] 이에 대한 개정·보완이 필요하다고 본다.

4. 행정심판대상에서 제외되는 처분 범위

행정심판법상 처분 요건에 해당되는 행위로서 위법·부당한 행위인 경우에는 행정심판의 대상이 된다. 그러나 이와 같은 행위에 해당될지라도 행정심판법에서는 대통령의 처분 또는 부작위, 행정심판의 재결의 경우 또는 다른 법률에서 특별행정심판절차를 정한 경우에는 동법에 의한 심판청구대상

---

6) 유지태, "행정심판의 대상으로서의 부당한 처분", 「사법행정」 1992년2월호, p.60 - 63.
7) 강구철, "자율적 권익구제를 위한 행정심판제도의 개선방안", p.9.

에서 이를 제외하고 있다. 대통령의 처분 또는 부작위에 대하여는 동법 제3조제2항에 의하여 법률에 특별한 규정이 없는 한 행정심판을 제기할 수 없다고 규정하고 있다. 행정심판의 재결은 동법 제39조에 따라 다시 행정심판의 대상으로 삼을 수 없다. 이는 동일한 사건에 대하여 다시 심판하지 아니함으로써 무용한 행정심판의 반복을 피하기 위한 것이다. 행정심판의 재결 자체에 불복할 경우에는 행정소송법 제19조에 의하여 그 재결 자체에 고유한 위법이 있음을 이유로 직접 재결에 대한 취소소송을 제기하거나, 원처분의 위법을 이유로 원처분의 취소나 변경을 구하는 행정소송을 제기할 수 있다. 다른 법률에서 특별한 불복절차를 규정하고 있는 경우에는 행정심판법에 의한 행정심판을 제기할 수 없다. 다른 법률에 의한 특별행정심판절차는 토지수용관계법에 의한 토지수용재결절차, 국가공무원법에 의한 소청심사절차, 특허법에 의한 특허심판 등이 있다.

Ⅲ. 행정심판법상 처분 유형 및 구체적 범위

1. 일반적인 처분 유형

행정심판대상이 되는 처분의 요건은 구체적 사실에 관한 법집행행위이어야 하고, 공권력의 행사 또는 그 거부나 그 밖에 이에 준하는 행정작용이어야 한다. 따라서 행정심판의 대상이 되는 처분의 유형은 일반적으로 공권력의 행사, 거부, 그 밖에 이에 준하는 행정작용의 3개 유형으로 구분할 수 있다.

구체적 사실에 관한 법집행으로서 '공권력의 행사'란 행정청이 행하는 권력적 행정작용을 가리키는바, 행정처분이 일반적이고 권력적 사실행위도 포함된다. 권력적 사실행위란 특정한 행정목적을 달성하기 위하여 행정청이 일방적 의사결정에 의하여 국민의 신체·재산에 실력을 가하여 목적을 실현하는 행정작용이다.

구체적 사실에 관한 법집행으로서 행하는 '거부' 또는 '거부처분'이란 소극적 공권력행사로서 신청인의 요구의사에 반하여 현재의 법률상태를 변동시키지 아니하고자 하는 의사표시를 말한다. 거부처분에는 명시적 거부의사를 표시하는 경우는 물론이고, 상당한 기간 처분 자체를 행하지 아니하는 이른바, 권한의 불행사의 경우까지 거부처분의 개념에 포함시키고 있다.

구체적 사실에 관한 법집행으로서 행하는 공권력의 행사 또는 그 거부에 '준하는 행정작용'이란 엄밀한 의미에서는 공권력의 행사 또는 그 거부로 보기 어려운 점이 인정되지만, 권리구제의 필요성이 요청되는 경우에는 행정쟁송법에서는 이른바, 쟁송법적 개념설이 지적하는 바와 같이 행정심판대상인 처분의 개념을 확장하여 그에 포함시키고자 한다. 일정한 행정작용이 엄밀한 의미에서 공권력행사로서의 실체를 갖추지 못한 경우라고 하더라도 구제수단이 달리 없는 경우에 적용될 수 있는 확대된 개념이라고 할 것이다.

판례[8]에 따르면, 행정청의 어떤 행위를 행정처분으로 볼 것이냐의 문제는 추상적·일반적으로 결정할 수 없고, 구체적인 경우 행정처분은 행정청이 공권력의 주체로서 행하는 구체적 사실에 관한 법집행으로서 국민의 권리의무에 직접 영향을 미치는 행위라는 점을 고려하고 행정처분이 그 주체, 내용, 절차, 형식에 있어서 어느 정도 성립 내지 효력요건을 충족하느냐에 따라 개별적으로 결정하여야 하며, 행정청의 어떤 행위가 법적 근거도 없이 객관적으로 국민에게 불이익을 주는 행정처분과 같은 외형을 갖추고 있고, 그 행위의 상대방이 이를 행정처분으로 인식할 정도라면 그로 인하여 파생되는 국민의 불이익 내지 불안감을 제거시켜 주기 위한 구제수단이 필요한 점에 비추어 볼 때 행정청의 행위로 인하여 그 상대방이 입는 불이익 내지 불안이 있는지 여부도 그 당시에 있어서의 법치행정의 정도와 국민의 권리

---

8) 대법원 1993. 12. 10. 93누12619.

의식수준 등은 물론 행위에 관련된 당해 행정청의 태도 등도 고려하여 판단하여야 할 필요가 있다고 할 것이다.

2. 처분성 인정의 구체적 범위

앞에서 살펴본 바와 같이, 행정심판의 대상이 되는 처분의 유형은 공권력의 행사, 거부, 그 밖에 이에 준하는 행정작용으로 구분된다. 이들 행정심판법상 처분 개념에는 구체적으로 전형적인 행정처분에 해당되는 경우뿐만이 아니라 학계의 이론이나 판례[9]에 의하여 처분 개념에 포섭되거나 처분과비처분의 경계선상에서 놓여 있어 그 처분성 인정 여부에 관하여 활발한 찬반논의가 제기되는 경우도 적지 아니하다. 대표적인 몇 가지 사례를 든다면, 전통적으로 처분성이 인정되지 아니하여 왔으나 직접적·구체적인 효력을 갖는 경우로서 행정입법 또는 법규명령, 공부등재와 같은 사실행위 등이 있다.

행정입법은 넓은 의미에서 행정부가 일반적·추상적 법규범을 정립하는 작용으로서 구체적 사실에 관한 법집행행위에 해당되지 아니하므로 전통적인 견해에 의하면 행정처분에 해당되지 아니한다. 종래 판례 역시 그와 같은 견해를 취하여 왔다. 즉 행정청의 위법한 처분 등의 취소 또는 변경을 구하는 취소소송의 대상이 될 수 있는 것은 구체적인 권리의무에 관한 분쟁이어야 하고 일반적, 추상적인 법령이나 규칙 등은 그 자체로서 국민의 구체적인 권리의무에 직접적 변동을 초래케 하는 것이 아니므로 그 대상이 될 수 없다.[10] 그러나 국민의 권리의식이 신장되면서 예외적으로 판례는 직접적·구체적으로 일반국민의 법률관계에 변동을 초래하는 법규명령에 대하여는 비록 법규명령이라는 형식을 갖추고 있다고 하더라도 그 처분성을

---

9) 조용호, "항고소송의 대상인 행정처분(판례를 중심으로)", 「재판자료」 제67집, 1995, p.103 - 167.
   박균성, 앞의 책, 289 - 305면.
10) 대법원 1992. 3. 10. 91누12639.

인정하고 있어 주목된다. 상세히 후술하고자 한다.

행정청의 알선·권고·경고·통지·질의회신·권유·희망표시·행정지도 등과 같은 행위는 직접적으로 어떤 법률효과를 발생시키지 아니하므로 일반적으로 처분성이 인정되지 아니한다.[11] 사실행위에는 이 같은 대외행위뿐만이 아니라 대내행위도 포함된다. 대내행위인 사실행위란 행정청의 행위가 대외적으로 아직 표시되지 아니하고 내부적인 의사결정과정이 진행 중이거나 내부결정과정만 마친 경우에는 이로써 일반국민의 권리·의무에 직접 영향을 미치지 아니하는 경우를 말한다. 행정청 간에 또는 행정청의 내부 조직부서 간에 행하는 승인·협의·동의·지시 등의 행위 역시 행정내부의 사실행위에 불과할 뿐이어서 행정심판의 대상이 되는 처분으로 보지 아니한다. 재결례에 따르면,[12] 도시계획결정의 효력은 도시계획결정의 고시로 인하여 비로소 생기는 것이라 할 것이고,[13] 따라서 그 이전 절차인 도시계획의 입안이나 그 공람공고 등은 그 자체로서 실체상의 권리·의무관계에 직접적인 변동을 가져오는 처분이 아니라 할 것이므로, 도시계획시설결정안의 취소를 구하는 청구인의 이 건 청구는 행정심판의 대상이 되지 아니한다.

전통적인 실체법적 처분설에 입각한 판례들은 행정내부 또는 행정외부에서 행하는 행정청의 각종 사실작용에 대하여 엄격한 개념을 적용하여 그 처분성을 인정하지 아니하여 왔다. 사실행위로서 종래 판례가 처분성을 인정하지 아니한 구체적인 사례들을 살펴보면, 알선·권고·사실상의 통지 등(대법원 1967. 6. 27. 67누44), 자동차등록번호표 및 검사증반납 요구(대법원 1978. 9. 26. 78누265), 권고 내지 협조요청 행위(대법원 1980. 10. 27. 80누395), 질의회답(대법원 1983. 2. 22. 83누22), 당연퇴직의 통지(대법원 1992. 1. 21. 91누2687), 단순 권유 또는 사실상의 통지(대법원 1986. 7. 8. 86누281), 법령해석질의에 대한 회신(대법원 1992. 10. 13. 91누2441), 행정 내부에서의 행위나 알선·권유·사실상의 통지(대법원 1993. 10. 26. 93누

---

11) 유지태, "사실행위와 권리보호", 「사법행정」 92년 11월호, p.26 - 28.
12) 국행심 1997. 4. 25. 의결, 97-259.
13) 대법원 1993. 2. 9. 92누5607.

6331) 등 매우 다양하다.[14] 물론 이들 종래 판례는 대부분 아직도 유효하다. 그러나 국민의 권리의식이 신장되면서 예외적으로 직접적·구체적으로 일반국민의 권리·의무나 법률관계에 변동을 초래하는 행위에 해당되는 경우에는 정쟁송의 확대를 위해서 전통적인 처분 개념의 한계를 극복하면서 적극적으로 처분 개념의 영역을 확장하고자 한다. 이하에서는 장을 바꾸어 이와 같은 처분성 인정범위의 확대에 관련된 몇 가지 대표적 사례를 중심으로 고찰하고자 한다.

IV. 처분성 인정범위의 확대 및 관련 사례분석

1. 행정규칙에 근거한 행위의 처분성 인정

가. 행정규칙의 법적 성질

행정규칙은 행정주체가 일반추상적인 규범을 제정하는 작용 또는 그 규범 자체를 의미하는 행정입법의 한 유형에 해당되지만, 그 규범으로서의 효력에 대내적인 것에 한정되므로 대외적 효력을 갖는 행정입법과 구별된다. 종래 '행정규칙'이란 행정조직 내부 특별행정법관계 내부에서 대내적 활동을 규율하는 일반추상적인 명령으로서 법규적 성질을 갖지 아니하는 규범을 말한다. 행정쟁송법상 처분이란 대외적 효력을 갖는 것으로서 일반국민의 권리·의무에 변동을 가져오는 행정작용이므로 전통적으로 대내적 효력만 가지는 행정규칙을 근거로 하여 행정처분을 발할 수는 없다는 견해가 지배적이며, 판례와 통설이다.

---

14) 법제처, 「행정심판의 이론과실제」, 2002, p.93-147.

행정규칙에 대하여는 종래 법규로서의 성질을 모두 부인하는 비법규설을 주장하기도 하였으나, 오늘날 보편적으로 법규설이 널리 인정되고 있는바, 행정규칙이 법규의 성질을 가지지만 외부법(Außenrechtssätze)으로서의 효력은 없고 단지 내부법(Innenrechtssätze)으로서의 효력밖에 가지지 않는다는 견해(내부법설), 법규의 공백현상이 존재하는 행정영역에서 행정규칙은 행정의 계속성을 보장하여야 할 필요성이 있다는 논거에 따라 잠정적인 외부효를 갖는다는 견해(외부법설)가 제시된다.[15] 생각건대, 내부법으로서의 효력은 인정되지만, 대외적인 효력을 갖기 위해서는 헌법 제37조제2항에 의하여 기본권을 침해하는 사항(입법사항)은 법률에 직접 규정하거나 적어도 위임입법의 방식에 의하여 수권받아 행정규칙에서 규정하여야 할 것이며, 이 경우에는 행정규칙의 형식으로 발하는 법규명령이라고 하겠다.

나. 행정규칙에 근거한 행위에 대한 처분성인정

행정처분은 대외적 효력을 전제로 하므로 외부법으로서의 효력을 가지는 법규에 근거하여야 한다. 그러면, 외부법으로서의 효력을 가지는 법규로서 법률이나 그 위임에 의한 법규명령 또는 법규명령으로서의 효력을 가지는 행정규칙에 근거하지 아니하는 행정청의 행위는 이를 행정쟁송법상 행정쟁송의 대상이 되는 처분으로 보아야 하는가? 대법원 판례[16]는 어떠한 처분의 근거가 행정규칙에 규정되어 있다고 하더라도 그 처분의 상대방의 권리·의무에 직접 영향을 미치는 행위라면 항고소송의 대상이 된다고 본다. 위 판례에 의하면, 항고소송의 대상이 되는 행정처분이라 함은 원칙적으로 행정청의 공법상 행위로서 특정 사항에 대하여 법규에 의한 권리의 설정 또는 의무의 부담을 명하거나 그 밖의 법률상 효과를 발생하게 하는 등으로 일반 국민의 권리·의무에 직접 영향을 미치는 행위를 가리키는 것이지

---

15) 김성수, 앞의 책, p.348 이하.

16) 대법원 1984. 2. 14. 선고 82누370 판결, 1993. 12. 10. 선고 93누12619 판결, 2002. 7. 26. 선고 2001두3532 판결, 2004. 11. 26. 선고 2003두10251, 10268 판결 등.

만, 어떠한 처분의 근거가 행정규칙에 규정되어 있다고 하더라도, 그 처분이 상대방에게 권리의 설정 또는 의무의 부담을 명하거나 그 밖의 법적인 효과를 발생하게 하는 등으로 그 상대방의 권리·의무에 직접 영향을 미치는 행위라면, 이 경우에도 항고소송의 대상이 되는 행정처분에 해당한다. 이는 행정규칙에 근거한 행정청의 행위에 대하여 항고쟁송의 대상이 되는 처분성을 인정한 것이다.

[판례요지]

각 항공노선에 대한 운수권배분처분은 관련 잠정협정 등과 행정규칙인 관련 지침에 근거하는 것으로서 상대방에게 권리의 설정 또는 의무의 부담을 명하거나 기타 법적 효과를 발생하게 하는 등으로 원고의 권리·의무에 직접 영향을 미치는 행위로서 항고소송의 대상이 되는 행정처분에 해당한다(대법원 2004. 11. 26. 선고 2003두10251, 10268 판결).

2. 사실행위의 처분성 인정문제

가. 행정청의 사실행위와 그 법적 성질

행정법상 사실행위의 개념은 정립되어 일정한 의미를 갖는다고 볼 수 없고, 또한 다양한 행위형식을 포괄하는 개념이어서 일률적으로 논하기 어려운 점이 있으나, 일반적으로 행정법상 사실행위(Verwaltungsrealackt)란 법적 효과의 발생을 목적으로 하는 것이 아니라 사실상의 결과를 가져오기 위한 목적으로 행하는 행정작용이라고 정의할 수 있다. 국가나 지방자치단체는 그 행정상의 목적을 달성하기 위하여 언제나 행정법상의 공권력 발동이나 법적 행위만을 수행하는 것은 아니며, 다양한 사실행위를 통하여 행정상의 목적을 달성하게 된다. 행정법상 사실행위에는 입장표명·조사보고 등 지식·정보의 표시·고지행위, 비공식적 조정·설득, 행정지도, 경고, 추천 (Emphelungen)[17] 등의 비구속적 영향력행사, 문서관리·시설관리행위·금전지급·등 단순한 사실행위 등이 포함된다. 사실행위는 권력적 사실행위와 비권력적 사실행위, 내부사실행위와 위부사실행위, 독립적 사실행위와 집행적 사실행위 등으로 구분할 수 있다.

사실행위는 통상 처분성이 없으므로 일반적으로 행정심판의 대상이 되지 아니한다. 그러나 사실행위라고 할지라도 권력적 사실행위, 공적 경고 등의 경우에는 공권력의 행사에 해당되거나 사실적·법적 불이익의 효과가 적지 아니하여 행정심판법상 심판대상이 되는 처분으로 볼 수 있는지 여부가 문제가 된다. 국민의 신체·재산에 대하여 물리적 강제력을 발동하는 이른바, 직접강제와 같은 권력적 사실행위의 경우에는 사실요소(강제수단행사)와 법적요소(수인하명)가 결합되어 있어 구체적 사실에 관한 법집행으로서 행하는 공권력의 행사에 해당한다고 본다. 권력적 사실행위의 경우 그 처분성을 인정하여 행정쟁송의 대상으로 인정하더라도[18] 단기간에 행위가 종결되어 소의 이익이 소멸되는 문제점이 발생한다. 이하, 사실행위로서 공적 경고 및 지목변경행위에 관련된 사례를 중심으로 살펴보고자 한다.

나. 지목변경행위 등의 처분성 인정문제

저적공부에의 등재·변경·말소 등의 행위에 대하여 종래 이론상으로는 이들 행위를 준법률행위적 행정행위로서의 공증에 해당된다고 보았고, 판례

---

17) 관계법령에서 추천을 받을 의무를 부과하거나 추천 받아야 일정한 법률적 행위를 할 수 있도록 허용되는 경우에는 여기서 말하는 단순 사실행위로서의 추천과는 구별되어야 한다. 실례를 들면, 공연법 제6조의 외국인의 국내공연추천제 등이 그에 해당된다. 공연법 제6조(외국인의 국내공연 추천) ① 국내에서 공연하고자 하는 외국인 또는 외국인을 국내에 초청하여 공연하고자 하는 자는 위원회의 추천을 받아야 한다. 추천받은 사항을 변경하고자 하는 때에도 또한 같다.(이하 생략).

18) 적극설은 권력적 사실행위에 의하여 발생하는 수인의무를 거부하기 위하여 취소쟁송의 제기가 가능하다고 보는 반면, 소극설은 법률효과의 발생이 없으므로 법률효과를 소멸시키고자 하는 취소소송은 곤란하고, 결과제거청구권 등을 근거로 하여 당사자소송 내지 이행소송을 제기하여야 할 것이라고 본다(조용호, 앞의 논문, 127면).

는 이들 행위를 지적법에서 명문의 신청권 규정을 두고 있음에도 불구하고 행정내부의 사실행위에 불과한 것으로 보아 왔다. 그러나 근래 판례는 지목변경행위에 대하여 그 처분성을 인정하고 있어 권리구제의 지평을 좀 더 넓혀 가는 계기가 되었다. 구 지적법 제20조(지목변경신청)에서는 "토지의 지목이 다르게 된 때에는 토지소유자는 대통령령이 정하는 바에 의하여 60일 이내에 소관청에 지목변경을 신청하여야 한다." 규정되어 있고, 동법 제38조(등록사항의 정정) 제2항에서는 토지소유자는 지적 공부의 등록사항에 오류가 있음을 발견한 때에는 소관청에 그 정정을 신청할 수 있다고 규정되어 있다.[19]

(1) 헌법재판소의 지목변경행위에 대한 처분성인정

과거 대법원의 입장은 일관되게 장부기장변경신청 거부행위에 관하여 그 처분성을 부정하여 왔다. 대법원은 1960년대부터 장부기장행위 등에 대하여 이를 처분으로 보지 아니하는 판결을 지속적으로 내려왔다. 구체적으로 종래 토지대장·지적도·임야대장·임야도 등의 지적 공부, 가옥대장·건축물관리대장, 하천대장, 공무원연금카드, 국·공립병원입원기록부, 온천관리대장, 광업원부, 어업권원부 등에의 등록·등재, 변경등록·등재, 말소, 분필, 분할, 경계선변경, 조제 등에 대하여 처분성을 인정하지 않았다. 물론 대법원은 토지분할신청의 거부행위, 건축주명의변경신고수리의 거부행위, 환지등기촉탁의 거부행위 등과 같은 장부기장행위에 대하여 일부 예외적으로 처분성을 인정하여 왔다. 예외를 인정하게 된 것은 권리자를 보호할 필요성이 있는 경우로서 항고소송을 제외하면 다름 구제수단이 거의 존재하지 않기 때문이었다.

그러나 헌법재판소의 1999년 이후 결정[20]은 지적법 제38조제2항과 제20조의 규정에 따라 지목정정 또는 지목변경신청 등의 행정처분을 요구할 수

---

19) 2001. 1. 26. 법률 제6389호로 전문개정되기 전의 것을 말한다.

20) 헌재 1999. 6. 24. 선고 97헌마315 결정, 헌재 2001. 1. 18. 선고 99헌마703 결정, 2002. 1. 31. 선고 99헌마563 결정 등.

있는 권리로서 인정하면서 동 신청권을 단지 단순한 사실행위에 불과한 것으로 보아 온 종래 대법원 판결을 부정하게 되었다. 나아가 지목변경신청에 대하여 법규상 신청권이 명문화되어 있지 아니하더라도 조리상 신청권을 인정하여야 한다고 보는 견해를 취했다.

위 결정에 따르면, 구 지적법 제38조제2항에 의하면 토지소유자에게는 지적 공부의 등록사항에 대한 정정신청의 권리가 부여되어 있고, 이에 대응하여 소관청은 소유자의 정정신청이 있으면 등록사항에 오류가 있는지를 조사한 다음 오류가 있을 경우에는 등록사항을 정정하여야 할 의무가 있는바, 피청구인의 반려행위는 지적 관리업무를 담당하고 있는 행정청의 지위에서 청구인의 등록사항 정정신청을 확정적으로 거부하는 의사를 밝힌 것으로서 공권력의 행사인 거부처분이라 할 것이므로 헌법재판소법 제68조제1항 소정의 공권력의 행사에 해당한다고 본다. 지목은 토지에 대한 공법상의 규제, 공시지가의 산정, 손실보상가액의 산정 등 각종 토지행정의 기초로서 공법상의 법률관계에 법률상·사실상의 영향을 미치고 있으며, 토지소유자는 지목을 토대로 한 각종 토지행정으로 인하여 토지의 사용·수익·처분에 일정한 제한을 받게 되므로, 지목은 단순히 토지에 관한 사실적·경제적 이해관계에만 영향을 미치는 것이 아니라 토지의 사용·수익·처분을 내용으로 하는 토지소유권을 제대로 행사하기 위한 전제요건으로서 토지소유자의 실체적 권리관계에 밀접히 관련되어 있다고 할 것이고, 따라서 지목에 관한 등록이나 등록변경 또는 등록의 정정은 단순히 토지행정의 편의나 사실증명의 자료로 삼기 위한 것에 그치는 것이 아니라, 해당 토지소유자의 재산권에 크건 작건 영향을 미친다고 볼 것이며, 정당한 지목을 등록함으로써 토지소유자가 누리게 될 이익은 국가가 헌법 제23조에 따라 보장하여 주어야 할 재산권의 한 내포로 봄이 상당하다.

물론, 이 사건에 대하여는 헌법재판소법 제68조 제1항 소정의 공권력의 행사 또는 불행사에 해당하기 위해서는 공권력의 행사 또는 불행사로 볼 만한 작위 또는 부작위가 존재하고, 이로 인하여 새로이 기본권이 침해되는 형성적 효력이 있어야 하는바, 토지의 지목을 변경하는 행위가 일반적으로 토지 소유자의 권리관계에 영향을 미친다고 할 수 없고, 지목변경행위가 공권력의 행사에 해당하는지 여부는 개별적인 사안에 따라 과연 토지 소유자의 권리관계에 영향을 미치는지 여부에 따라 판단하여야 할 것인데, 이 사건 토지의 지목변경으로 인하여 토지 소유자의 권리관계에 영향을 미친다는 점을 인정할 만한 자료가 없으므로 그 지목변경행위는 형성적 효력이 없고, 따라서 헌법재판소법 제68조제1항 소정의 공권력의 행사에 해당하지 아니한다는 요지의 반대의견이 있었다.

(2) 대법원의 지목변경행위에 대한 처분성인정

이후 대법원 판례[21]에서도 구 지적법 제20조, 제38조제2항의 규정은 토지소유자에게 지목변경신청권과 지목정정신청권을 부여한 것이라는 입장을 보여 주고 있다. 지목은 토지에 대한 공법상의 규제, 개발부담금의 부과대상, 지방세의 과세대상, 공시지가의 산정, 손실보상가액의 산정 등 토지행정의 기초로서 공법상의 법률관계에 영향을 미치고, 토지소유자는 지목을 토대로 토지의 사용·수익·처분에 일정한 제한을 받게 되는 점 등을 고려하면, 지목은 토지소유권을 제대로 행사하기 위한 전제요건으로서 토지소유자의 실체적 권리관계에 밀접하게 관련되어 있으므로 지적공부 소관청의 지목변경신청 반려행위는 국민의 권리관계에 영향을 미치는 것으로서 항고소송의 대상이 되는 행정처분에 해당한다는 것이다.

종래 대법원은 행정상 신청에 대한 행정청의 거부행위가 항고쟁송의 대상이 되기 위해서는 신청인에게 법규상 또는 조리상의 신청권이 있어야 하고, 행정청의 거부행위가 공권력의 행사에 해당되며, 행정청의 거부행위가 신청인의 법률관계에 영향을 미치는 것이어야 한다는 견해를 유지하였으나, 이 판결은 비록 지목의 설정·변경은 당해 토지의 소유권의 득실변경이라는 실체법상의 변동을 초래하는 것은 아니라고 하더라도 토지소유권을 제대로 행사하기 위한 전제요건으로서 토지소유자의 실체적 권리관계에 밀접

---

21) 2004. 2. 22. 선고 2003두9015 판결.

하게 관련되어 있어 행정청의 지목변경신청 거부행위는 항고쟁송의 대상이 되는 행정처분에 해당하는 것으로 봄으로써 그동안 제시되어 온 학계의 견해를 받아들인 것이라고 하겠다.

다. 지목변경행위 등의 처분성인정 요건

위 헌법재판소와 대법원의 견해에 따르면, 행정청이 국민의 적극적 행위신청에 대하여 거부하는 행위가 항고소송의 대상이 되는 행정처분에 해당하기 위해서는 행정청이 신청에 대하여 행하는 거부행위가 공권력의 행사 또는 이에 준하는 행정작용이어야 할 것이고, 동시에 그 거부행위가 신청인의 법률관계에 어떤 변동을 일으키는 것이어야 할 것이며, 그 신청인에게 그 행위발동을 요구할 법규상 또는 조리상의 신청권이 있어야만 한다는 취지로 볼 수 있다.

행정청이 신청인으로부터 신청을 받고서 한 거부행위가 행정처분이 되기 위해서는 먼저 신청인이 행정청에 대하여 신청에 따른 행정행위를 하여 줄 것을 요구할 수 있는 법규상 또는 조리상 권리가 있어야 하는 것이며, 이러한 근거 없이 한 신청인의 신청을 행정청이 받아들이지 아니하고 거부한 경우에도 이로 인하여 신청인의 권리나 법적 이익에 어떤 영향을 주는 것은 아니므로 이를 행정처분이라 볼 수 없다. 신청한 행정처분이 신청인의 구체적 권리·의무와 밀접한 관련이 있고 그 거부로 인하여 받게 될 현실적 불이익이 커서 법규상으로 신청권을 부여하여야 할 정도에 이르는 경우에는 조리상의 신청권이 예외적으로 인정되어야 할 것이다. 조리상의 신청권을 인정한 구체적인 사례로서는 주민등록법상의 전입신고수리,[22] 공사 중지 명령의 원인 해소에 따른 해제 요구,[23] 환지등기촉탁신청,[24] 검사임용신

---

22) 대법원 2002. 7. 9. 선고 2002두1748 판결.

23) 대법원 1993. 11. 9. 선고 93누8283 판결, 1997. 12. 26. 선고 96누17745 판결.

24) 대법원 99두11349 판결.

청자에 대한 전형결과 임용 여부의 응답[25] 등의 경우를 들 수 있다. 다만, 이해관련 다수관계인 사이에 이해 조절이 필요하거나 추상적 법률관계와 관련되는 경우로서 이와 같은 조리상 신청권을 인정하는 것이 오히려 법률생활의 안정을 위협하게 될 경우에는 조리상의 신청권을 허용하는 것이 부적절한 측면도 있다.[26]

항고쟁송의 대상이 되는 행정처분이란 행정청의 공법상 행위로서 특정사항에 대하여 법규에 의한 권리의 설정 또는 의무의 부담을 명하거나, 그 밖의 법률상 효과를 발생하게 하는 등 국민의 권리·의무에 직접 관계가 있는 행위를 가리키는 것이고, 상대방 또는 그 밖의 관계자들의 법률상 지위에 직접적인 법률적 변동을 일으키지 아니하는 행위는 항고쟁송의 대상이 되는 행정처분이 아니라고 할 것이다.[27] 신청인의 법률관계에 직접 관계가 있는 행위란 신청인의 권리·의무에 직접 영향이 있는 법적 행위 또는 신청인의 실체상의 권리관계에 영향이 있는 행위라는 의미로 보아야 할 것이다.

3. 부관의 독립적 심판대상 인정문제

가. 부관의 법적 성질 및 효력

행정법상 '부관'(附款)이라 함은 하나의 행정처분의 법률적 효과의 일부 또는 전부를 제한하기 위하여 또는 당해 행정처분을 전제로 일정한 의무를 부과하기 위하여 그 주된 의사표시에 부가하는 종적인 의사표시 또는 종적인 규율을 말한다. 행정실무상 조건·부담·기간·기한 또는 부관 등의 용어가 빈번하게 사용되고 있다. 이들을 총칭하여 넓은 의미의 '부관'이라고

---

25) 대법원 1991. 2. 12. 선고 90누5825 판결.

26) 박해식, "지목변경신청반려행위의 처분성(2004. 2. 22. 선고 2003두9015 판결: 공2004상, 907)," 「대법원판례해설」 50호, 법원도서관, 2004, p.226.

27) 대법원 1999. 10. 22. 선고 98두18435 판결 등.

부를 수 있다. 행정처분상의 부관은 구체적으로 조건, 기한, 부담, 철회권의 유보, 법률효과의 일부배제, 보충권의 유보 등으로 구분하여 볼 수 있다. 법정부관이란 법령상에서 행정처분을 하는 권한자에게 일정한 부관을 붙일 수 있는 권한을 부여함에 따라 그에 근거하여 행정처분에 종된 의사표시를 부가하는 것을 말하며, 따라서 이는 강학상의 부관과는 법적 성질을 달리한다고 본다.

부관은 본체인 행정처분의 상대방의 동의 여부에 관계없이 그 효력이 발생한다. 부관인 조건을 고의로 위반한 경우에는 그 위반행위의 정도가 무겁다고 보아 면허를 취소하는 것은 비록 행정처분의 상대방의 경제적 손실 등과 같은 제반사정을 참작하더라도 처분청의 재량권의 정당한 행사라고 본다. 부관 중 취소권, 즉 이미 성립한 행정처분을 그 후에 발생한 새로운 사정에 의하여 취소할 것을 유보한 경우 그 취소 사유는 법령에 명시적인 근거가 있는 경우가 아니라도 의무 위반이 있는 경우, 사정변경이 있는 경우, 좁은 의미의 취소권이 유보된 경우, 또는 중대한 공익상의 필요가 발생한 경우에는 당해 행정처분을 한 행정청이 이를 취소할 수 있다. 부관은 그 스스로의 흠이나 본체인 행정처분과의 관계에서 무효가 될 수 있다. 부관의 무효가 당해 행정처분의 효력에 어떤 영향을 주는가 하는 점에 관하여 살펴보면, 제1설은 본체인 행정처분에 아무런 영향을 주지 아니하고 부관 없는 단순 행정처분만 그 효력을 발생한다는 견해, 제2설은 본체인 행정처분이 무효가 된다는 견해가 있으나, 통설로서 제3설은 원칙적으로 본체인 행정처분만 효력이 발생하겠으나 그 부관이 당해 행정처분에 있어서 없어서는 안 될 본질적 요소를 담고 있어 불가분적인 관계가 성립되는 것이라면 그 부관의 무효는 본체인 행정처분까지도 무효로 되게 한다고 본다.

나. 부관의 독립적 심판대상 허용문제

흠 있는 부관은 독립한 행정쟁송의 대상이 될 수 있는가의 여부에 관하여는 찬반양론이 있다. 첫째, 부인설은 부관은 주된 의사표시인 행정처분에 부가되어 그 일부분을 구성하고 있는바, 행정소송법 제2조제1항 또는 행정심판법 제2조제1항등을 살펴볼 때, 행정소송이나 행정심판의 대상을 '처분' 등으로 규정하고 있을 뿐, 부관에 관하여는 아무런 언급이 없는 점, 본체인 행정처분에 붙어 있는 종된 의사표시인 부관은 원칙적으로 그 자체만으로는 하나의 독립된 쟁송대상이 된다고 볼 수 없는 점, 부관이 붙어 있는 행정처분의 경우 그 전체를 1건의 행정처분으로 보아 부관 자체에 한정하여서만 불복하는 경우에는 당해 행정처분의 내용 중 부관인 부분에 대한 일부취소의 소를, 부관의 내용이 행정처분 본체와 불가분적인 관계에 있는 경우에는 그 전부취소의 소를 제기하여야 될 것이라는 점에서 부관을 독립적 쟁송대상으로 볼 수 없다는 견해이다.

둘째, 부담독립설은 원칙적으로는 부인하면서도 예외적으로 '부담'의 경우에는 다른 부관의 종류와는 달라서, 행정처분의 본체와 불가분적인 관계에 있는 것은 아니고 내용상으로 부관 그 자체가 어느 정도 독자적인 행정처분이라고 볼 수 있다는 관점에서 부담의 경우에 한정하여 예외적으로 본체인 행정처분과 구분하여 독립적 쟁송의 대상이 된다는 견해이다. 부담독립설이 통설·판례이다.

대법원 판례는 행정처분의 부관은 그 행정처분 본체의 일반적인 효력이나 효과를 제한하기 위하여 주된 의사표시의 내용에 부가되는 종된 의사표시며 부관 자체만으로서 직접 법률적 효과를 발생하는 독립처분이 아니므로 현행 행정쟁송제도하에서는 부관만을 독립된 쟁송의 대상으로 삼을 수 없음이 원칙이나 그 상대방에게 일정의무를 부과하는 행정청의 의사표시인 부담의 경우에는 다른 부관들과는 달리 행정처분의 불가분적인 요소가 아니고 그 존속이 본체인 행정처분의 존재를 전제로 하는 것일 뿐이어서 부담 그 자체로서 행정쟁송의 대상이 될 수 있다고 본다.

[판례요지1]

행정처분의 부관은 행정처분의 일반적인 효력이나 효과를 제한하기 위하여 의사표시의 주된 내용에 부가되는 종된 의사표시며, 그 자체로서 직접 법적효과를 발생하는 독립처분이 아니므로 현행 행정쟁송제도하에 서는 부관만을 독립된 쟁송의 대상으로 삼을 수 없음이 원칙이나 행정처분의 부관 중에서 행정처분에 부수하여 그 상대방에게 일정의무를 부과하는 행정청의 의사표시인 부담의 경우에는 다른 부관들과는 달리 행정처분의 불가분적인 요소가 아니고 그 존속이 본체인 행정처분의 존재를 전제로 하는 것일 뿐이어서 부담 그 자체로서 행정쟁송의 대상이 될 수 있다(대법원 1992. 1. 21. 91누1264).

[판례요지2]

어업면허처분을 함에 있어 그 면허의 유효기간을 1년으로 정한 경우, 면허의 유효기간은 행정청이 당해 어업면허처분의 효력을 제한하기 위한 행정처분의 부관은 독립하여 행정소송의 대상이 될 수 없는 것이므로 당해 어업면허처분 중 그 면허유효기간만의 취소를 구하는 청구는 허용될 수 없다(대법원 1986. 8. 19. 86누202).

4. 과태료처분 및 이의신청에 대한 불복수단검토

가. 과태료부과처분의 법적 성질

과태료(행정상 과태료)는 행정상 질서벌에 해당하는 질서위반행위에 대한 제재이다. 과태료는 행정상의 의무에 대한 위반정도가 비교적 경미하여 직접적으로 행정목적이나 사회목적을 침해하지 아니하지만 간접적으로 행정상의 질서에 장애를 초래할 위험성이 존재하는 정도의 단순·경미한 의무위반행위에 대하여 과하는 금전적 제재라고 할 것이다. 과태료는 과징금·벌금·과료·범칙금·이행강제금·변간금 등의 개념과 구분된다. 특히, 과징금은 금전벌의 특수한 형태로서의 과태료와 유사한 점이 인정되지만, 과태료는 행정상의 의무위반행위에 대한 질서벌의 성질을 갖는 데 반하여 과징금은 행정상 의무위반 시 그 이행을 확보하기 위한 행정수단으로서의 성질을 갖는 점, 과태료로 부과될 금전의 한도액은 그 가벌성의 정도에 따라서 결정되는 점이 있는 반면 과징금은 대부분 의무위반상태하의 통상적 불법영업수익의 예상범위 안에서 결정되는 점, 과태료의 부과처분에 대한 불복절차는 비송사건절차법을 적용하도록 하고 있는 데 반하여 과징금의 부과처분에 대한 불복절차는 일반적인 행정쟁송법을 적용하도록 하는 점 등에서 구별될 수 있다.[28]

행정상 과태료의 경우 1차적인 부과권을 통상 행정청이 행사하므로 행정청의 부과처분 및 행정청의 관할법원에 대한 통보가 있은 후에 행정청이 부과처분 자체를 취소·철회하거나, 행정청이 그 이의신청 통보행위를 취하·철회하는 경우가 생길 수 있다. 대법원 판례[29]는 지금까지 일관되게 과태료처분의 재판은 법원이 과태료에 처하여야 할 사실이 있다고 판단되면 비송사건절차법에 의하여 직권으로 그 절차를 개시하는 것이고 관할행정청의 통고 또는 통지는 법원의 직권발동을 촉구하는 것에 불과하여 관할행정청으로부터 이미 행한 통고 또는 통지의 취하·철회가 있다고 하더라도 그 취하·철회는 비송사건절차법에 의한 법원의 과태료 재판을 개시·진행하는 데 장애가 될 수 없다는 입장을 견지하고 있다. 행정청에 의하여 과태료가 부과되는 경우에는 법원이 시원적(始原的)으로 과태료부과권을 행사할 수는 없고, 따라서 심리결과 새로운 위반사실이 판명되더라도 법원은 시원적 과태료부과가 곤란하다는 것을 의미한다. 이 점에 대하여 과태료 재판절차의 심리과정에서 행정청이 1차 부과 처분한 위반행위와 동일성이 인정되지 아니하는 위반행위가 있는 경우에도 직권으로 위반행위에 대한 과

---

28) 한남현, 「과태료법제에 관한연구」, 대전대학교 대학원, 2004.
29) 대법원 1998. 12. 23. 98마2866 결정 등.

태료를 부과할 수 있다는 결과가 되기 때문에 이러한 해석은 각 개별 법률에서 행정청에 1차적인 부과·징수권을 부여한 규정에 명백히 반한다는 의견이 제시되고 있다.[30]

나. 과태료부과처분의 흠 및 그 불복방법

과태료 부과처분의 흠에는 주체·형식·절차 등 절차적인 흠과 처분의 내용이 문제되는 실체적 흠이 있을 수 있다. 후자는 사실관계를 오인하거나 관련 법률을 잘못 해석하여 부과하는 것으로서, 행정청이 도로교통법위반행위가 있은 자동차의 등록번호를 오인하여 다른 자동차의 소유자에게 잘못 부과한 경우 등 당연무효사유로 볼 수 있는 때가 특히 문제된다. 이러한 실체적 흠은 일반 행정처분에서 당연무효 사유에 해당하는 경우라 하더라도 과태료 부과처분에 대한 이의신청절차에서 당연히 예상하고 있고 또 이에 포함되어야 하는 이의사유이기 때문에, 이의신청에 의한 법원의 재판절차에서 또 그 절차에 의해서만 판단되어야 한다고 본다. 따라서 이의신청기간이 도과된 뒤에 당연무효 사유가 되는 실체적 흠이 있음을 이유로 과태료부과처분 무효확인소송 등을 제기할 수는 없다고 봄이 타당하다. 아래에서는 절차적 흠으로 한정하여 살펴보기로 한다.

행정청의 부과처분에 대하여 적법한 이의신청기간 내에 또는 그 기간도과 후에 행정쟁송으로서 취소쟁송을 제기할 수는 없다. 그러나 이의신청기간 내에 또는 이의신청기간 도과 후에 그 부과처분에 부존재 또는 무효의 사유에 해당되는 흠을 이유로 부존재 또는 무효를 구하는 행정심판을 제기할 수 있는지 여부에 관하여는 견해가 대립된다. 제1설은 이의신청기간 경과 후에도 이의신청을 할 수도 있겠지만, 행정쟁송도 가능하다는 견해로서, 이의신청 시에는 행정청이 각하할 수가 있는바, 이 경우에 그 이의신청 각하 처분에 대하여 행정쟁송으로 다툴 수 있다는 견해이다.[31] 제2설은 이의

---

30) 이동신, "과태료 사건의 실체법 및 절차법상 제 문제", 『사법논집』 31집, 법원도서관, 2000, p.120.

신청기간 경과 후에도 이의신청을 할 수가 있는 것이고, 불복수단으로서 이의신청만 가능하다는 견해로서, 이 견해에 대하여는 행정청에 대하여 이의신청에 대한 적부심사권을 부여하지 아니하고 법원이 이를 행사하도록 하거나 과태료 관할법원에 처분의 상대방이 직접 과태료재판 개시신청을 할 수 있도록 하는 것이 타당하다는 점을 지적한다.

이 점에 관하여 대법원 판례[32]는 과태료부과처분에 대하여 행정소송으로서 무효 확인 또는 취소의 소를 제기할 수 없다는 입장을 제시한다. 동 판례는 구 건축법[33] 제56조의2 제1항·제4항 및 제5항 등에 의하면, 건축법상의 과태료처분의 당부는 최종적으로 비송사건절차법에 의한 절차에 의하여만 판단되어야 한다고 보아야 할 것이므로, 과태료처분은 행정소송의 대상이 되는 행정처분이라고 볼 수 없으며, 따라서 원심이 동 사건 과태료 부과처분의 무효 확인 또는 취소를 구하는 부분의 소가 중복제소에 해당한다고 보아 각하한 것이 아님을 밝히고 있는바, 이는 과태료부과처분에 대하여 행정쟁송으로 그 무효·취소를 다툴 수 없음을 의미한다.

다. 이의신청의 법적 성질 및 그 불복방법

과태료를 규정한 법률에서는 행정청의 과태료 부과처분에 대한 이의신청에 관하여 이의신청권자와 이의신청의 기간·방식을 규정하고 있는바, 과태료 처분을 받은 당사자가 아닌 제3자가 이의신청을 한 경우, 기간 도과하여 이의신청을 한 경우, 이의신청서 기재사항에 흠이 있는 경우 등에 대하여 몇 가지 문제점을 살펴본다.

우선 부적법한 이의신청에 대하여 행정청은 각하할 수 있는지 여부에 관하여 제1설은 부적법한 이의신청에 대하여 행정청은 과태료 근거법령에 이

---

31) 물론 이 경우 과태료처분을 받은 자는 과태료 관할법원에 직접 과태료재판의 개시신청을 할 수 있다는 견해도 있다. 이동신, 앞의 논문, 125면.
32) 대법원 1995. 7. 28. 선고 95누2623 판결.
33) 1991. 5. 31. 법률 제4381호로 전문개정되기 전의 법률을 말한다.

의신청권자와 이의신청의 기간·방식을 규정하고 있는 이상 당해 행정청은 부적법하다는 이유로 각하(반려)할 수 있고, 법원의 경우 재판의 불개시결정 또는 이의신청의 각하결정을 하여야 한다는 견해 또는 이의신청방식에 관한 흠은 이를 보완 또는 보정이 가능하다고 볼 것이므로 당해 행정청 또는 법원은 보완 또는 보정을 하도록 한 후 그에 불응하는 경우 그 이의신청을 각하(반려)결정할 수 있다는 견해이다. 이에 반하여, 제2설은 행정청의 관할법원에 대한 통지는 직권에 의한 과태료재판절차의 개시를 촉구하는 것에 불과하므로, 부적법한 이의신청인지 여부에 불구하고 일단 행정청의 통지가 있는 이상은 이의신청의 적법 여부가 과태료재판절차 개시요건이 되지 못하며, 행정청의 부과처분절차상의 부존재·무효사유인 흠 여부에 대하여는 문제 삼지 아니하면서 이의신청의 경우에만 그 적법성 여부를 문제 삼는 것은 논리적 모순이라는 견해이다. 과태료재판절차가 법원의 직권에 의하여 진행되는 점, 이의신청을 행정소송의 소 제기의 수준으로 엄격하게 보아야 할 볼 근거가 없고, 과태료부과처분의 자체의 흠도 재판절차에서 경시되는 점 등을 고려하여 적부심사기준을 완화하여야 된다는 견해가 제시되고 있다.[34] 따라서 행정청은 부적법한 이의신청에 대하여 각하(반려)할 수 있다고 하겠으나, 부적합한 이의신청을 관할 법원에 통보한 경우에는 관할법원은 이의신청의 적법 여부에 관계없이 과태료재판절차를 개시하여야 할 것인바, 행정청이 부적법한 이의신청을 각하할 수 있는지 또는 법원에 통보를 하지 아니할 수 있는지 여부에 관하여 의문이 생긴다. 이 점에 관하여 제1설은 명문규정은 없지만, 부적법한 이의신청에 대하여는 행정청은 각하하든지 법원에 통보를 하지 아니할 수 있다는 견해이고, 반면 제2설은 근거법령에 부적법한 이의신청을 각하할 수 있는 규정이나 통보를 하지 아니할 수 있다는 규정이 없고, 과태료재판과는 별도로 이의신청거부(반려)처분에 대하여 일반적 행정쟁송의 방법에 의하여 불복하도록 하게 되면 불복절차의 번잡성이 크므로 불합리하다는 견해인바, 보완을 할 수 없는 흠이 있

---

34) 이동신, 앞의 논문, p.130.

는 경우에는 이의신청반려나 각하처분을 할 수 있다고 본다.

그러면, 이와 같은 행정청의 이의신청반려 또는 각하처분에 대하여는 행정쟁송에 의하여 불복할 수 있는가? 제1설은 각하처분에 대하여 행정처분 일반의 불복방법인 행정쟁송에 의하여 불복할 수 있다는 견해, 제2설은 과태료처분의 상대방이 적법한 이의신청이 있었음을 소명하여 법원에 직접 과태료재판절차의 개시를 신청할 수 있고, 이 경우 법원은 직권으로 과태료 재판절차를 개시할 수 있다는 견해, 두 가지 불복방법을 함께 허용할 필요가 있다는 절충설 등이 제시되는바,[35] 각하(반려)처분에 대하여 행정심판이나 행정소송으로 다툴 수 있다고 하고, 또한 인용재결이나 승소판결을 받는다고 하더라도 이의신청인은 그에 따라 다시 행정청의 통보를 거쳐 법원의 과태료재판을 받아야 하게 되므로 절차의 번잡성을 피할 수 없어 불복방법으로서의 실익이 적다.

행정청의 과태료부과처분에 부존재 또는 무효사유에 해당하는 흠이 있는 경우에는 이의신청기간이 경과되더라도 그 처분이 적법하게 확정된 것이 아니라고 할 것이므로 이의신청을 할 수 있다고 본다. 이의신청권자가 이의 신청을 함에 따라 행정청이 관할 법원에 통지를 한 경우에는 그 과태료부과처분의 효력은 당연히 상실되므로 이후 행정청은 이미 소멸된 과태료부과처분에 대하여 취소·철회하는 결과가 될 뿐이다. 또한, 이의신청을 취하에 관하여는 통상 근거법령에 명문규정은 없어 이의신청의 취하를 인정할 수 있는지 여부에 관하여 의문이 있으나, 행정청이 법원에 이의신청을 통보한 후에 법원이 과태료재판을 함에 있어 불이익변경금지원칙이 적용되지 아니하여 행정청의 과태료처분 금액보다 더 높은 금액의 과태료결정을 받을 가능성이 있는바, 취하를 인정하는 것이 적절하고, 취하된 경우에는 당초의 과태료처분이 확정된다고 본다.

---

35) 이동신, 앞의 논문, p.131.

V. 직접적·구체적 효력을 갖는 법규범과 처분성 인정

1. 직접적·구체적 효력을 갖는 법규범

가. 직접적·구체적 효력을 갖는 법규범 개념

법률과 법률의 위임을 받아 정한 대통령령·총리령·부령 등의 법규명령은 일반적·추상적 법규범을 정립하는 것이므로 일반국민에 대하여 직접적·구체적인 권리·의무나 법률관계의 변동을 발생시키기 위해서는 행정청의 개별적·구체적인 법집행행위인 처분을 필요로 한다. 행정청의 처분은 법규와 일반국민의 법률관계 사이를 매개하는 기능을 담당한다. 그러나 이와 같은 법률이나 법률의 위임을 받아 정한 대통령령·총리령·부령 중에는 일반국민에 대하여 직접적·구체적인 권리·의무나 법률관계의 변동을 발생시키는 효력을 갖는 규정들이 적지 아니하다. '직접적' 효력이란 행정처분이라는 매개를 거치지 아니하고 법규범이 바로 일반 국민의 법률관계에 변동을 초래하는 효력이라고 할 수 있고, '구체적' 효력이란 추상적효력을 갖는 통상의 법규범의 경우와는 달리 특정한 대상자의 법률관계에 특정한 변동을 초래하는 효력이라고 할 수 있다.

구체적인 입법례를 들면, 도로교통법 제82조제2항제1호에서는 동법 제43조 또는 제96조제3항의 규정을 위반하여 자동차등을 운전한 경우에는 그위반한 날부터 2년(사람을 사상한 후 제54조제1항 및 제2항의 규정을 위반한 경우에는 그 위반한 날부터 5년)이 지나지 아니하면 운전면허를 받을수 없다고 규정하고 있다. 이는 도로교통법이 일정한 규정을 위반한 경우에 개별적·구체적인 행정처분을 행하지 아니하고 위 규정에 근거하여 직접적·구체적으로 운전자 등의 운전면허을시자격을 일정한 기간 동안 박탈하는 것으로서 위 도로교통법 제82조의 규정은 직접적·구체적으로 일반국민의 권리·의무나 법률관계의 변동을 발생시키기는 효력을 갖는 것이다. 행정심판실무상으로, 운전면허 응시자격을 박탈당하였다고 하여 행정심판을 제기하는 경우, 법률의 규정에서 직접적으로 효력이 발생하는 것이어서 행정청이 개별적·구체적 법집행행위로서 하는 행위가 아니라거나, 또는 행정청은 법률에서 정한 그 결격기간을 행정상 편의를 위하여 내부적으로 기록·정리하는 사실행위를 하는 것에 불과하다는 이유로 처분성이 없다고 보아 각하하고 있다.

이 경우, 일반국민은 국가 또는 그 밖의 행정주체로부터 직접적·구체적으로 그 권리·의무나 법률관계에 어떤 변동을 가져오는 침해를 받고서도 행정일반의 구제수단인 행정쟁송제도에 의하여 구제받을 수 없게 된다. 예외적으로 국가나 그 밖의 행정주체의 불법행위에 기한 손해배상이나 손실보상을 청구하는 방법을 생각할 수 있으나, 간접적·우회적인 구제수단에 불과하다. 또한, 국가나 그 밖의 행정주체에 의한 위법한 공권력의 행사에 해당되므로 헌법소원을 제기할 수 있겠으나, 이 역시 심급제가 적용되지 못하는 등 한계가 있다.

나. 법규명령의 성질을 갖는 행정규칙

법규명령의 성질을 갖는 행정규칙이란 훈령·예규·고시 등 행정규칙의 형식을 취하지만, 법률 또는 법률의 위임을 받은 명령으로부터 수권을 받아 입법사항을 정하는 것을 말하며, 위임입법의 한 방식으로서 일반추상적인 규율내용을 정한다. 위임입법에 특별히 흠이 없다면 이와 같은 행정규칙은 대외적인 구속력을 갖는다. 따라서 행정청은 이와 같은 행정규칙을 근거로 하여 구체적 사실에 관한 법집행으로서의 공권력을 행사할 수 있다. 법규명령의 성질을 갖는 행정규칙은 그 규정내용이 일반추상적이므로 일반국민에 대하여 직접적·구체적인 권리·의무나 법률관계의 변동을 발생시키기 위해서는 행정청의 개별적·구체적인 법집행행위인 처분을 필요로 한다. 여기서 행정청의 처분은 법규와 일반국민의 법률관계 사이를 매개하는 기능을 담당한다.

그런데, 법률이나 그 위임을 받은 법규명령에서는 일반추상적인 규율내용만을 정하는 것이 아니라 때때로 일반적·구체적 규율내용을 정하는 경우가 흔하다. 그와 같은 법률이나 법규명령은 행정청의 처분이라는 매개 없이도 일반국민에 대하여 직접적·구체적인 권리·의무나 법률관계의 변동을 일으킨다. 행정심판법 및 행정소송법에서는 '처분'이라는 개념을 행정청이 행하는 구체적 사실에 관한 법집행으로서의 공권력의 행사 또는 그 거부와 그 밖에 이에 준하는 행정작용으로 정의하고, 처분에 대하여만 행정쟁송을 허용하고 있다. 비록 행정처분의 형식이 아니라 법률이나 법규명령의 형식이라고 하더라도 일반국민에 대하여 직접적·구체적인 권리·의무나 법률관계의 변동을 일으키는 것이므로 행정쟁송과 같은 적절한 불복절차를 보장함이 기본권보장 및 행정의 법률적합성원칙에 부합된다고 볼 것이다.

근래 대법원 판례는 행정청이 발한 고시에 대하여 일반처분으로서의 성질을 갖는다고 보거나 지방자치단체가 제정한 조례에 대하여 처분성을 인정하고 있어 행정쟁송의 대상범위가 확장되고 있음을 알 수 있다.

2. 직접적·구체적 효력을 갖는 법규범에 대한 처분성인정

가. 법규명령의 성질을 갖는 고시에 대한 처분성인정

고시는 행정규칙의 한 종류로서, 법률의 위임을 받은 경우에는 예외적으로 법규명령의 성질을 가지지만, 위임받지 아니한 사항을 정한 고시는 행정규칙 일반의 성질을 갖는다. 행정규칙의 성질을 갖는 고시는 대외법으로서의 효력이 인정되지 아니하지만, 법규명령의 효력을 갖는 고시는 행정청이 그에 근거하여 행정처분을 발함에 있어 그 근거법규가 된다. 그런데, 고시가 구체적인 처분의 근거법규로서 기능하는 것이 아니라 고시 자체가 별도의 집행절차를 거치지 아니하고 국민의 권리·의무에 직접적·구체적 변동을 가져오는 경우에는 그와 같은 고시의 성질을 어떻게 보아야 하는가? 고시는 통상 대내법으로서 기능을 하든지 혹은 대외법으로서 기능하든지 일반추상적인 규율내용을 담고 있으므로 '구체적 사실에 관한 법집행'으로서의 성질을 갖지 아니한다. 그러나 경우에 따라 행정주체는 고시에서 '구체적 사실에 관한 법집행'에 관한 내용을 정하는 경우가 있다. 이 경우 고시는 이미 일반추상적인 규율내용을 정한 것이 아니므로 과연 행정입법에 해당한다고 볼 수 있는지 의문이 생긴다. 규범의 정립작용이라기보다는 처분적·집행적 성질이 강하므로 일반처분에 가까운 것이라고 본다. 대법원 판례[36]는 어떠한 고시가 일반적·추상적 성격을 가질 때에는 법규명령 또는 행정규칙에 해당할 것이지만, 다른 집행행위의 매개 없이 그 자체로서 직접 국민의 구체적인 권리의무나 법률관계를 규율하는 성격을 가질 때에는 행정처분에 해당한다고 본다.

[판례요지]

이 사건 고시 중 상한금액부분은 그 자체로서 국민건강보험가입자 또는 국민건강보험공단과 요양기관에 대하여 지불하여야 하거나 상환받을 수 있는 약제비용의 증감이라는 법률상 이익에 직접적인 영향을 미치는 일반처분의 성질을 띠는 것이다(대법원 2004. 5. 12. 자 2003무41 결정).

나. 자치입법인 조례에 대한 처분성인정

조례는 헌법이 보장하는 지방자치제도에 의하여 지방자치단체가 제정하는 자치입법이다. 지방자치단체는 헌법 제117조제1항 및 지방자치법 제15

---

36) 대법원 2004. 5. 12. 자 2003무41 결정.

조 본문에 근거하여 그 입법기관인 지방의회의 의결에 의하여 조례를 제정한다. 조례는 법규범이므로 일반추상적인 규율내용을 정하고 있다. 조례 중 자치조례란 헌법 제117조제1항과 지방자치법 제15조에 근거를 두고 정하는 자치사무에 관한 조례를 말하며 자주법으로서의 성격이 강하다. 위임조례란 행정법령의 각 개별조항에서 지방행정에 관한 일정한 사항의 규율을 조례에 위임하고 있는 경우에 그러한 위임에 따라 제정되는 조례를 말한다. 위임조례는 자주입법이라기보다는 지방적 사무에 관하여 정하는 위임입법 형식의 국가법령의 일부라 할 것이다. 위임조례는 중앙정부에 있어서 대통령령·총리령·부령이나 또는 법규명령의 성질을 갖는 행정규칙의 경우와 같은 위임입법 방식과 마찬가지로 법률의 위임을 받아서 정하는 행정입법의 한 방식으로서의 성질을 갖는다. 넓은 의미에서 법규명령과 유사한 행정입법의 한 형식이다.

조례는 법률이나 법규명령과 마찬가지로 일반적으로 행정처분이라는 매개를 통하여 비로소 일반주민의 권리·의무나 법률관계에 대하여 변동을 일으킬 수 있다. 그러나 조례가 '구체적 사실에 관한 법집행'에 관한 내용을 정하는 경우가 있다. 이 경우 조례는 이미 일반추상적인 규율내용을 정한 것은 아니어서 과연 입법작용에 해당되므로 구체적인 처분성이 없다고 보아야만 하는지 의문이 생긴다. 형식적으로는 법규범의 정립작용이라는 측면을 부인할 수 없겠으나, 구체적·처분적 성질이 강하므로 조례 역시 일반처분에 가까운 것이라고 볼 수 있다. 대법원 판례[37]는 조례가 집행행위의 개입 없이도 그 자체로서 직접 국민의 구체적인 권리의무나 법적 이익에 영향을 미치는 등의 법률상 효과를 발생하는 경우 그 조례는 항고소송의 대상이 되는 행정처분에 해당된다고 본다.

[판례요지]

조례가 집행행위의 개입 없이도 그 자체로서 직접 국민의 구체적인 권리

---

37) 대법원 1996. 9. 20. 선고 95누8003 판결.

의무나 법적 이익에 영향을 미치는 등의 법률상 효과를 발생하는 경우 그 조례는 항고소송의 대상이 되는 행정처분에 해당하고, 이러한 조례에 대한 무효확인소송을 제기함에 있어서 행정소송법 제38조제1항, 제13조에 의하여 피고적격이 있는 처분 등을 행한 행정청은, 행정주체인 지방자치단체 또는 지방자치단체의 내부적 의결기관으로서 지방자치단체의 의사를 외부에 표시할 권한이 없는 지방의회가 아니라, 지방자치단체의 집행기관으로서 조례로서의 효력을 발생시키는 공포권이 있는 지방자치단체의 장이다(대법원 1996. 9. 20. 선고 95누8003 판결).

VI. 행정소송법 개정논의와 쟁송대상범위 확대문제

1. 행정소송법 개정논의

대법원을 중심으로 최근 공청회의 개최 등 행정소송법 개정논의가 활발하게 전개되고 있다.[38] 공청회에서 제시된 행정소송법 개정시안에서는 행정소송의 대상이 되는 처분의 범위를 확장하기 위하여 현행 제2조의 '처분'에 대체하여 개정안 제2조제1항제1호에서는 '행정행위 등'이란 개념을 도입하고 그 '행정행위 등'을 "행정청이 행하는 법적 · 사실적 행위로서의 공권력의 행사 또는 그 거부와 그 밖에 이에 준하는 행정작용(이하 '행정행위'라 한다) 및 행정심판에 대한 재결을 말한다."고 규정하여 권력적 사실행위 등이 항고소송의 대상에 포함되는 점을 명백히 하는 등 행정소송의 대상범위를 대폭 확대하면서 법적 행위뿐만이 아니라 사실적 행위까지 포함시키고, 현행 규정에 명시되어 있는 '구체적 사실에 관한 법집행'이란 요건을 삭제

---

38) 대법원, 「행정소송법개정안 공청회 자료집」, 2004.

하여 구체적 사실에 관한 법집행에 해당되지 아니하는 공권력의 행사까지 확장하여 행정소송의 대상으로 하고자 한다.[39) 따라서 행정행위 등의 범위에는 협의의 처분은 물론 권력적 사실행위와 법규명령 등이 포함되며, 이들을 모두 취소소송·무효 등 확인소송·의무이행소송·예방적금지소송의 대상으로 하고자 한다.

행정심판법은 심판대상이 되는 '처분'의 개념을 행정소송법과 동일하게 운영하고 있어 행정소송법과 함께 일괄개정하여야 할 것이지만, 행정심판제도는 행정의 적법성 확보를 목적으로 하는 점 및 행정부에 의한 행정의 자율감독을 수행하는 점에 착안하여 심판대상인 현행의 '처분' 개념을 '행정행위 등'의 개념으로 확장하는 것이 타당한지 여부를 신중히 검토할 필요가 있다. 기본적으로 행정쟁송의 대상범위를 대폭 확장하여 국민의 권익구제를 확대·강화하는 것이므로 매우 바람직하다고 본다. 다만, 국민의 권익구제 확대라는 측면을 지나치게 강조하다 보면 무리하게 행정쟁송의 범위를 확장하게 되어 국가행정의 기조를 혼란스럽게 할 우려가 있지 않을까 하는 관점에서 매우 신중한 입법이 요청된다.

2. '행정행위 등'의 개념 도입 및 법규명령에 대한 쟁송허용방안

행정소송법 개정안을 검토하면서 처분개념 및 쟁송대상의 확대 필요성으로서 제시한 주장을 살펴보면, 그동안의 판례는 현행법상의 처분개념을 행정청의 공법상 행위로서 국민의 법률상 지위에 직접적인 법률적 변동을 일으키는 행위라고 정의하여 협소하게 운영하여 온 점, 일반국민의 법률상 지위에 직접적으로 사실상의 영향을 미치는 공권력행사에 대하여는 항고소송을 제기할 수 없게 되는 점, 법집행행위에 대한 항고소송의 제기를 기대하기 어려운 법규명령 등에 대하여서까지도 집행행위에 대한 항고소송 제기

---

39) 대법원, 앞의 책, p.203면.

를 하여야만 권익구제를 받을 수 있는 점, 법규명령이나 권력적 사실행위 등 다양한 행정작용에 대하여 항고소송 대상으로 포착함으로써 권익구제를 확대하고 행정의 적법성보장을 강화할 필요가 있는 점, 법규명령에 대하여 법원심사가 부수적일 수밖에 없는 현행법의 문제점, 행정법규에 대한 해석·심리에 있어서의 전문성 강화의 필요성, 심급의 이익 등을 고려하여 국민의 권익구제에 더욱 충실할 수 있는 점 등을 제시한다.

특히, 위 개정안에서는 법규명령과 관련하여 안 제2조제3호에서는 행정행위로서 '명령 등'이란 '국가기관의 명령규칙 및 지방자치단체의 조례규칙'으로 정의하고, 법규명령을 대상으로 하는 취소소송에 관하여는 개정안 제2장제6절에서 그 특성을 고려하여 특례를 두었는바, 안 제36조(재판관할)에서는 명령 등(법규명령)의 취소소송의 제1심 관할법원은 피고의 소재지를 관할하는 고등법원으로 한다고 규정하고, 안 제37조(소송절차의 중지)에서는 명령 등에 대한 취소소송과 그 명령 등을 집행하는 행정행위에 대한 항고소송이 법원에 동시에 계속 중일 때에는 명령 등을 집행하는 행정행위에 대한 항고소송이 계속 중인 법원은 결정으로 명령 등에 대한 취소소송이 종결될 때까지 소송절차를 중지하도록 명할 수 있다고 규정하며, 안 제39조(관계기관의 의견제출) 법무부장관·법제처장 및 관계행정청은 법원에 의견서를 제출할 수 있도록 규정하고, 안 제40조(취소판결의 효력)에서는 확정판결에 의하여 명령 등이 취소된 때에도 그 명령 등에 근거한 재판 또는 행정행위가 이미 확정된 경우에는 그 효력에 영향을 미치지 아니하되, 다만 그 재판 또는 행정행위를 집행할 수 없다고 명시하며, 확정판결에 의하여 명령 등이 취소된 때에는 그 명령 등에 근거한 유죄의 확정판결에 대하여 형사소송법의 규정에 따라 재심을 청구할 수 있도록 규정하였다.[40]

---

40) 대법원, 앞의 책, p.222 이하.

3. 직접적·구체적 법규범에 대한 행정쟁송허용 필요성검토

이미 살펴본 바대로, 대법원 판례는 고시와 같이 법규명령의 성질을 갖는 행정규칙에 대하여 일반 국민의 법률과계에 대하여 처분이라는 매개 없이 직접적·구체적 변동을 가져온다는 이유로 그 처분성을 인정한 바 있고, 지방자치단체가 제정한 조례에 대하여도 역시 유사한 이유로 그 처분성을 인정하였다. 대법원은 법률이나 대통령령·총리령·부령과 같은 형식적 의미의 법규명령에 대하여는 비록 이들이 일반국민에 대하여 직접적·구체적인 법률관계상의 변동을 가져오는 경우라고 할지라도 행정쟁송의 대상으로 인정하지 아니하였다. 이들 법률이나 대통령령·총리령·부령은 법규범으로서의 형식성이 강하고, 행정쟁송법상 쟁송제기의 대상을 '구체적 사실에 관한 법집행으로서 공권력의 행사' 등인 '처분'으로 한정하고 있기 때문에 행정쟁송법상 '처분'의 범주에 포함시키는 것이 무리이기 때문이다. 따라서 이들 법률이나 대통령령·총리령·부령에 의하여 일반 국민이 직접적·구체적으로 기본권을 침해받는 경우에는 행정쟁송의 수단으로서는 불복할 수 없는 문제점이 있다.

행정소송의 대상으로 규정하고 있는 현행법상의 '처분' 개념의 협소함에도 불구하고 권익구제의 범위를 확장하기 위하여 대법원은 법률이나 대통령령·총리령·부령과 같이 법규범으로서의 형식성이 미흡한 행정규칙 중 위임입법에 해당하는 고시에 대하여 일반국민의 법률관계에 직접적·구체적인 변동을 가져온다는 논거를 들어 그 처분성을 인정하였고, 나아가 조례에 대해서까지 유사한 논거를 들어 역시 그 처분성을 인정하였다. 이들 판례는 행정법령에 의하여 직접적·구체적으로 국민의 침해하는 사례가 보편화되어 있음에도 불구하고 현행 행정쟁송제도는 쟁송제기가 가능한 대상범위를 '처분'만으로 협소하게 한정시키는 규정을 계속 유지함으로써 국민의 권익구제가 미흡하게 되고 있는 점을 인정하고, 그 처분성의 범위를 확장하고자 하는 노력의 일환으로 본다. 이와 같은 취지에서 행정소송법 개정안에서 그 소송대상범위를 확대하기 위하여 '행정행위 등'의 개념을 도입하면서 법규명령을 포함시킨 것은 법령이 직접적·구체적으로 국민의 기본권을 침해하는 경우에 행정쟁송을 통하여 불복할 수 있도록 함으로써 행정쟁송의 사각지대를 제거하려는 시도라고 할 것이다.

한편, 헌재 결정례[41]는 조례에 의하여 직접적으로 권리를 침해당한 자는 헌법소원을 제기할 수 있다는 견해이다. 동 결정례에 의하면, 조례는 지방자치단체가 그 자치입법권에 근거하여 자주적으로 지방의회의 의결을 거쳐 제정한 법규이기 때문에 조례 자체로 인하여 직접 그리고 현재 자기의 기본권을 침해받은 자는 그 권리구제의 수단으로서 조례에 대한 헌법소원을 제기할 수 있다. 또 다른 헌재 결정례[42]는 헌법소원의 대상이 되는 공권력의 행사에는 입법작용까지 포함됨을 분명히 판시하고 있다. 즉 헌법재판소법 제68조제1항에서 말하는 '공권력'에는 입법작용까지 포함되며, 지방자치단체에서 제정하는 조례도 불특정다수인에 대하여 구속력을 가지는 법규이므로 조례제정행위도 입법작용의 일종으로서 헌법소원의 대상이 된다는 입장이다. 헌법재판소법 제68조에서는 '공권력의 행사 또는 불행사'로 인하여 헌법상 보장된 기본권을 침해받은 자는 법원의 재판을 제외하고는 헌법재판소에 헌법소원심판을 청구할 수 있도록 보장하고 있다. 다만, 다른 법률에 구제절차가 있는 경우에는 그 절차를 모두 거친 후가 아니면 청구할 수 없다. 헌법재판소법에서는 '공권력의 행사 또는 불행사'에 의하여 기본권을 침해 받으면 그것이 법규범이든지 또는 개별적·구체적 행정처분이든지 이를 묻지 아니하고 헌법소원의 대상으로 하고 있다. 따라서 판례상으로 볼 때 법률이나 대통령령·총리령·부령에 의한 공권력의 행사 또는 불행사에 의하여 직접적·구체적으로 기본권을 침해당한 경우에는 헌법소원을 제기하여 구제받을 수 있겠으나, 행정쟁송제도가 갖는 장점을 활용할 수 없어 헌법소원제도만으로는 충분하지 못한 점이 있다. 행정쟁송의 경우 헌법소원과는 달리 심급제가 적용되므로 청구의 기회가 충분히 보장되는 점, 행정부

---

41) 헌법재판소 1995. 4. 20. 92헌마264, 279 전원재판부.
42) 헌법재판소 1994. 12. 29. 92헌마216 전원재판부.

가 자기통제·자기감독의 기능을 수행하므로 부당한 침해의 경우 등 구제범위가 넓은 점 등에서 행정쟁송에 의한 구제가 보다 바람직한 측면이 있다.

4. 행정쟁송대상 확대에 따른 문제점

그러나 행정쟁송의 대상범위를 대폭 확장하면서 권익구제 확대라는 측면을 강조하다 보면 무리하게 행정쟁송의 범위를 확장하게 되어 행정법령의 집행상 혼란을 초래하고 행정의 불확실성이 증대되는 점, 행정상 의사결정 과정이 과도하게 지연될 우려가 있는 점, 일반국민의 행정에 대한 신뢰가 저하되고 법률생활의 안정을 해칠 우려가 있는 점, 급변하는 행정환경에 행정부가 적극 대처하기 어렵고 시행착오가 빈발할 우려가 있는 점 등에서 '처분' 개념을 법규명령까지 포함하는 '행정행위 등'의 개념으로 확장하는 문제는 보다 신중한 검토과정이 요청된다고 본다.

특히, 안 제40조(취소판결의 효력)에서는 확정판결에 의하여 명령 등이 취소된 때에도 그 명령 등에 근거한 재판 또는 행정행위가 이미 확정된 경우에는 그 효력에 영향을 미치지 아니하되, 다만 그 재판 또는 행정행위를 집행할 수 없다고 명시하고 있는바, 명령 등이 취소된 때에는 그 취소시점을 기준으로 재판이나 행정처분이 이미 확정된 경우에는 위법한 명령 등에 의하여 판단한 재판이나 행정처분에 대하여 그 근거인 명령 등이 취소되어 소멸되더라도 그 효력에는 영향을 주지 아니하게 되므로 결국 위법한 명령 등(법규명령)이 적법하다는 전제하에 확정한 판결을 그대로 인정하거나 위법한 명령 등(법규명령)에 근거한 행정처분을 적법한 것으로 확정시키는 효과가 있다. 이는 위법하거나 위법한 명령 등에 근거한 판결이나 행정처분을 적법한 것으로 추인하는 결과가 된다.

또한 행정행위가 확정된 경우란 재판이 확정된 경우란 문언과는 달리 매우 불확정적인 개념이다. 행정행위의 '확정'이 구체적으로 분명하지 아니하나 ‘재판 또는 행정행위가 이미 확정된 경우’라고 표현하고 있어 재판에 의하지 아니하고 행정행위가 확정되는 경우를 상정하고 있으므로 처분의 상대방이 더 이상 다툴 수 없게 되는 불가쟁력이 발생한 경우를 가리킨다고 볼 수 있겠으나, 달리 처분청에 의하여 취소·철회 또는 변경되는 경우도 있을 수 있어 불가변력이나 불가쟁력이 발생한 경우를 가리킨다고 보는 견해도 제시될 수 있을 것이다. 불가변력은 처분 행정청이 더 이상 당해 행정처분을 직권으로 취소·철회 또는 변경할 수 없는 때에 발생하는 것이지만, 취소의 원인인 흠이 계속 잠복하여 있다가 상당한 기간이 경과한 후에 발견될 수 있어 그 불가변력의 발생시점을 명확하게 결정하기 곤란한 점, 철회의 경우 일반적으로 또는 판례상 법령의 제정·개폐가 있는 경우, 철회권이 유보된 경우, 당사자의 신청 또는 동의가 있는 경우, 처분상대방이 의무를 위반한 경우, 일정기간까지 권리행사 또는 사업 착수가 이루어지지 못한 경우, 목적달성이 불가능하다고 판명된 경우, 사정변경으로 행정행위를 존속시키는 것이 공익상 중대한 장애가 되는 경우, 행정행위 당시에 그 전제로서 존재하던 사실이 변경이 된 경우 등 매우 다양한 사유에 따라 처분행정청이 철회권을 행사할 수 있다는 측면에서 그 철회시점을 확정하기 어렵고, 따라서 그 행정처분이 존속되는 한 철회의 가능성은 언제나 상존하고 있다는 점을 염두에 두어야 할 것이라고 생각한다.

판례는 행정청이 일단 행정처분을 한 경우 행정처분을 자의로 철회할 수 없다고 하면서도 예외적으로 법령에 규정이 있는 때, 행정처분에 흠가 있는 때 등 특별한 사유가 있는 경우에는 철회가 가능함을 확인하고 있다. 불가변력의 경우에는 처분 행정청이나 그 직근상급감독청의 취소·철회 또는 변경의사에 따라 불가변력의 효력이 발생하기도 하고 발생하지 아니하기도 할 것이다. 반면에 불가쟁력의 경우에는 당해 행정처분의 상대방의 불복제기의사에 의하여 다소 그 확정시점이 달라질 수는 있겠으나, 관할법원의 판결의 확정이나 쟁송제기기간의 경과에 의하여 일정한 시기에 행정처분이 확정된다고 볼 수 있다. 불가쟁력이 발생하더라도 처분 행정청에 의하여 당해 행정처분이 철회·변경될 수 있고, 불가변력이 발생하더라도 처분의 상대방에 의하여 쟁송이 제기될 수 있는 점에서 불가쟁력(형식적 확정력)과 불가변력(실질적 확정력)은 사로 다른 여러 가지 특징을 갖는다. 불가변력은 전통적으로 소송법적 확정력이 있거나 준사법적인 성질을 갖는 행위에 대하여 인정되어 왔으며, 근래에는 수익적 행정행위, 취소에 의하여 공공복리가 침해되는 행정행위의 경우에도 인정되어야 한다는 견해가 제시되고 있는 점에서 그 적용범위가 한정되는 특징이 있다. 따라서 재판의 확정의 경우와는 달리 그 명령 등에 근거한 행정행위가 확정되는 시점이란 매우 불확정적인 개념을 기준으로 명령 등에 근거한 행정처분의 효력가부를 결정하기 어렵다고 본다.

안 제40조에서는 확정판결에 의하여 명령 등이 취소된 때에는 그 명령 등에 근거한 재판 또는 행정행위가 이미 확정되었다고 하더라도 그 재판 또는 행정행위를 집행할 수 없다고 명시하고 있는바, 이미 집행한 경우에는 구제받지 못하는 반면 미집행 상태에 있는 경우에는 구제대상이 되므로 과다한 세금부과처분과 같은 경우 등 중대한 이해관계가 걸려 있는 동시에 위법의 의심이 가는 행정처분의 경우에는 그 법집행이 신속하게 이루어지지 못하게 되는 등 행정상 부작용이 클 것으로 예상된다.

Ⅶ. 결 어

일반국민의 권리의식이 높아지고, 입법 행정 사법의 전 영역에서 국민의 권익구제 확대에 대한 논의가 활발하게 전개되고 있다. 앞에서 살펴본 바와 같이, 그동안 헌재 결정례, 대법원 판례, 행정심판 재결례 등을 통하여 전통적인 견해에 의한 처분성 인정개념과 행정쟁송 대상범위를 계속 확장하려는 노력이 이어져 왔다. 학계에서도 국민의 권익구제에 부적합하거나 미흡한 점이 보이는 종래의 처분성 인정 개념 내지 행정쟁송 대상범위에 관한 종래 이론을 비판하면서 새로운 관점과 보다 확장된 균형점을 찾고자 하는 이론이 제시되고 있다. 이에 맞추어 행정심판법상의 처분 개념 및 처분성 인정범위를 행정소송법 개정과 연계시켜 확장하는 방안을 적극 검토하여야 할 것이다. 특히 직접적·구체적 효력을 갖는 법규명령으로서 일반 국민에 대하여 구체적으로 권리침해 또는 법률관계에의 변동을 가져오는 경우에는 적절하고 일반적 불복방법으로서의 행정심판제기를 허용하는 방안을 향후 신중하게 검토할 필요가 있다고 본다.

Ⅰ. 序 言

行政權限은 이를 법률상의 권한자가 직접 행사하여야 할 것이지만, 오늘날의 행정이 고도의 전문성·기술성·복잡성을 그 특징으로 하고 있는 점, 과도한 중앙집권화현상을 억제하며 지방자치단체와 民間의 자율적인 활동을 立法政策的으로 촉진할 필요성이 있는 점 등에서 행정권한을 하급행정기관, 다른 관련행정기관, 지방자치단체, 민간법인·단체에 대폭 위임·위탁 또는 대행시키고 있다.

이 글에서는 행정권한을 법률상 본래의 권한자가 아닌 다른 자가 행사하는 경우로서, 현재 대다수 행정법령에서 도입하고 있는 행정권한의 委任·委託制度와 종래의 代理制度, 그리고 최근 더욱 활용도가 높아지고 있는 행정권한의 代行制度에 관하여 관련이론과 立法事例 및 判例를 중심으로 검토하고자 한다.

---

1) 이 글은 『법제』(법제처, 통권 제 512호, 2000년 8월)에 게재한 저자의 논문을 일부 재정리한 것이다.

II. 行政權限의 委任

1. 委任의 意義

行政權限의 委任이란 강학상 행정기관이 행정권한의 일부를 그 하급행정기관에 주어, 그 수임기관이 자신의 권한으로서 이를 행사할 수 있도록 하는 것이다.[2] 이때 법적으로는 위임기관의 권한으로 계속 留保된 상태이며, 이런 점에서 행정권한을 어느 한 행정기관에서 다른 행정기관으로 移讓하는 경우와는 구별된다.

실정법상으로는 행정권한의 위임과 위탁 또는 민간위탁으로 구분하여 일응 사용되는 것으로 보여 개념상의 혼란을 가져오는 측면이 있다. 실정법상 '委任'에 관한 개념정의로서, 행정권한의위임및위탁에관한규정(이하 '위임위탁규정') 제2조제1호에서 '委任'이라 함은 각종 법률에 규정된 행정기관의 장의 권한 중 일부를 그 보조기관 또는 하급행정기관의 장이나 지방자치단체의 장에게 맡겨, 그의 권한과 책임하에 행사하도록 하는 것으로 정의하고 있다. 이는 강학상의 개념보다 매우 한정된 개념으로 보인다.

행정권한이 위임되면 그 권한은 위임받은 범위 안에서 사실상 수임기관의 권한으로 이관된다. 따라서 受任機關은 자신의 名義와 責任하에 위임받은 권한을 행사한다. 수임기관은 일반적으로 위임기관의 행정상 감독을 받는 지위에 있는 하급행정기관 또는 위임기관의 보조기관이 되지만, 강학상의 '위임'에는 예외적으로 위임기관의 指揮·監督하에 있지 아니한 행정기관이나 私人이 될 수도 있다.

위임위탁규정 제5조에서는 수임기관은 수임사무의 처리에 있어 법령을

---

2) 石琮顯, 『一般行政法(下)』, 1996년도. p.34.-35.
   朴英道, 『立法技術의 理論과 實際』立法理論研究(Ⅴ), 한국법제연구원, p.304.
   村上武則, 『基本行政法』1995年, 35頁.
   左藤立夫, 『行政法總論』19794年, 152頁.

준수하고, 수임사무를 성실히 수행하여야 한다고 규정하고 있다.

2. 行政權限의 委任과 代理의 區別

행정권한의 위임의 경우 그 권한이 수임기관으로 이전되지만, 대리의 경우에는 행정기관의 권한 자체는 당해 행정기관에 귀속되어 있고, 행정권한의 위임의 경우에는 법령상의 근거를 요하지만, 대리의 경우에는 권한의 귀속에 변화가 없으므로 반드시 법령상 근거를 요하지는 아니하며, 행정권한의 위임의 경우 수임기관이 주로 하급행정기관이 되지만, 대리에 있어서는 대리기관이 주로 피대리기관의 보조기관이 되는 것이 일반적이다.

3. 行政權限의 委任과 內部委任·委任專決의 區別

가. 委任과 內部委任

행정권한의 委任은 행정기관이 법률에 따라 특정권한을 다른 행정기관에 이전하여 수임기관의 권한으로 행사하도록 하는 것이나, 행정권한의 內部委任은 행정기관의 내부적인 사무처리의 편의를 도모하기 위하여 그의 보조기관 또는 하급행정기관으로 하여금 그의 권한을 사실상 행사하도록 하는 데 그치는 것이다.

따라서 委任의 경우에는 수임기관이 자신의 이름으로 그 권한을 행사할 수 있지만, 內部委任의 경우에는 수임기관은 위임기관의 이름으로만 그 권한을 행사할 수 있을 뿐, 자신의 이름으로는 그 권한을 행사할 수 없다. 그리고 행정권한의 위임은 위와 같이 권한의 법적인 귀속을 변경하는 것인

만큼 법률이 위임을 허용하고 있는 경우에 한하여만 인정된다고 보아야 할 것이다.[3]

구체적인 判例로서 석유판매업허가취소처분 취소사건 대법원 판결[4]에서 시장·군수가 시·도지사로부터 내부위임받은 석유판매업의 許可取消權限은 이를 도지사의 이름으로 사실상 대행하여 행사하는 것은 별론으로 하고, 자기의 이름으로 그 권한을 행사할 수는 없다고 본다.

또한, 부동산압류처분 취소사건에 대한 대법원 판례[5]를 살펴보면, 체납취득세에 대한 押留處分權限은 도지사로부터 시장에게 권한이 위임된 것이고, 시장으로부터 압류처분권한을 내부위임받은 데 불과한 구청장으로서는 시장 명의로 압류처분을 대행처리할 수 있을 뿐이고 자신의 명의로 이를 할 수 없다 할 것이므로, 구청장이 자신의 명의로 한 押留處分은 권한 없는 자에 의하여 행하여진 違法無效의 처분이라고 본다.[6]

나. 委任과 委任專決

한편, 행정권한의 위임은 수임기관에 권한을 이전하는 것이지만, 위임전결은 당해 행정기관의 보조기관 등이 당해 행정기관의 이름으로 그 권한을 사실상 대리행사하는 것인 점에서 차이가 있다.

---

3) 참고판례: 대법원 1986. 12. 9. 선고, 86누569 판결; 1987. 5. 26. 선고, 86누757 판결; 1989. 3. 14.선고, 88누10985 판결 등

4) 대법원 1989. 9. 12. 제3부 판결 89누671

5) 대법원 1993. 5. 27. 제3부 판결 93누6621

6) 참고판례: 대법원 1989. 3. 14. 선고, 88누10985판결(공1989, 630); 1989. 9. 12. 선고, 89누671 판결(공 1989, 1507); 1992. 4. 24. 선고, 91누5792판결(공1992, 1731)
　　원심판결: 부산고등법원 1993. 2. 17. 선고, 91구2670판결

4. 委任의 根據 및 限界

　행정권한의 위임은 법령에 의한 권한분배내용을 실질적으로 변경하는 것이라는 점에서 법령근거를 요한다. 政府組織法 제6조에서는 행정권한의 委任에 관한 기본적인 사항을 규정하고 있다. 행정기관은 법령이 정하는 바에 의하여 그 소관사무의 일부를 보조기관 또는 하급행정기관에 委任하거나 다른 행정기관·지방자치단체 또는 그 기관에 위탁 또는 위임할 수 있다고 규정하고 있다. 위임위탁규정은 行政能率의 향상, 행정사무의 간소화와 행정기관의 권한 및 책임을 일치시키기 위하여 각종 법률에 규정된 행정기관의 권한 중 일부를 그 보조기관 또는 하급행정기관의 장에게 위임하거나 다른 행정기관의 장 또는 지방자치단체의 장에게 위임 또는 위탁할 권한을 정하고 있다.

　국가기관의 행정권한에 대한 지방자치단체의 장에 대한 위임에 관하여 지방자치법 제95조제1항에 의하면, 지방자치단체의 장은 조례가 정하는 바에 의하여 그 권한에 속하는 사무의 일부를 보조기관·소속행정기관 또는 하부행정기관에 위임할 수 있다. 행정권한의 위임은 권한의 법적인 歸屬을 변경하는 것인 만큼 법률이 위임을 허용하고 있는 경우에 한하여만 인정된다고 보아야 할 것이고,[7] 그에 반하는 행정행위는 無權限에 의한 행위로서 無效로 본다. 위임을 하는 경우에는 법의 명시적 근거와 공시를 할 필요가 있으며, 권한의 全部나 主要部分을 위임하는 것은 위임기관의 권한의 소멸을 초래하는 것이므로 허용되지 아니한다.[8]

　大法院判例[9]는 대기환경보전법의 개정 후 그에 따른 운행차의 개선명령에 관한 시·도지사의 권한을 시장·군수에게 위임하는 내용의 새로운 조

---

7) 참고판례: 대법원 1986. 12. 9. 선고, 86누569 판결; 1987. 5. 26. 선고, 86누757 판결; 1989. 3. 14.선고, 88누10985 판결 등

8) 村上武則, 前揭書, 35頁(⋯⋯ 權限を全部または主要部分を委任することは、委任行政廳の權限の消滅を来すため許されないと解されている。)

9) 대기환경보전법위반사건; 1996. 2. 13. 선고, 95도1993 판결

례가 제정되지 아니한 이상, 군수가 행한 개선명령은 적법한 위임 없이 권한 없는 자에 의하여 행하여진 것이므로 當然無效가 된다는 것이다.[10)

5. 委任의 原則 및 基準

위임위탁규정 제3조에서는 行政權限 委任基準을 제시하고 있다. 행정기관의 장은 허가·인가·등록 등 민원에 관한 사무, 정책의 구체화에 따른 집행사무와 일상적으로 반복되는 상규적 사무로서 그가 직접 시행하여야 할 사무를 제외하고는, 그 권한의 일부를 그 보조기관이나 하급행정기관의 장, 다른 행정기관의 장, 지방자치단체의 장에게 위임 또는 위탁하여야 한다는 原則을 규정하고 있다.

행정기관의 장은 행정권한을 위임하고자 하는 때에는, 위임하기 전에 수임기관의 受任能力 여부를 점검하고 필요한 인력 및 예산을 이관하도록 하여야 한다. 행정기관의 장은 행정권한을 위임하고자 하는 때에는, 위임하기 전에 단순한 사무인 경우를 제외하고는 수임기관에 대하여 수임사무처리에 필요한 교육을 실시하여야 하며, 수임사무의 처리지침을 시달하여야 한다.

6. 受任權限의 再委任

정부조직법 제6조에서는 위임 또는 위탁을 받은 기관은 특히 필요한 때에는 위임 또는 위탁을 받은 사무의 일부를 보조기관 또는 하급행정기관에 再委任할 수 있다고 규정하고 있다. 위임위탁규정 제4조에서는 특별시장·

---

10) 참고판례: 대법원 1995. 7. 11. 선고, 94누4615 전원합의체판결
  원심판결: 창원지법 1995. 7. 28. 선고, 95노538 판결

광역시장·도지사 또는 시장·군수·구청장은 행정의 능률향상과 주민의 편의를 위하여 필요하다고 인정되는 때에는, 수임사무의 일부를 그 위임기관의 장의 승인을 얻어 규칙이 정하는 바에 따라 시장·군수·구청장 또는 읍·면·동장 기타 소속기관의 장에게 再委任할 수 있도록 하고 있다.

따라서 국가행정기관의 권한은 그 위임기관의 장의 승인을 얻지 아니하고 재위임하는 경우에는, 그에 따른 행정행위는 무권한 행위로서 當然無效 또는 취소대상이 된다. 당해 지방자치단체가 조례로 수임사무를 재위임하더라도 그 효력이 인정되지 못한다. 대법원 판례[11])에서는 도시재개발법에 의한 사업시행변경인가, 관리처분계획인가, 고시에 관한 사무는 국가사무로서 지방자치단체의 장에게 위임된 이른바 機關委任事務에 해당하므로, 시·도지사가 지방자치단체의 조례에 의하여 이를 구청장 등에게 재위임할 수는 없으며[12]), 정부조직법 제5조제1항 및 이에 기한 위임위탁규정 제4조에 의하여 위임기관의 장의 승인을 얻은 후, 지방자치단체의 장이 제정하는 규칙이 정하는 바에 따라 再委任하는 것만이 가능하다고 본다.[13]

7. 再委任의 無效와 行政行爲의 效力

국가행정기관의 권한을 위임받은 지방자치단체의 장은 당해 위임기관의 承認을 얻지 아니하고 재위임하는 경우에는 그 재위임은 무효가 된다. 당해 지방자치단체가 설령 條例로 재위임하더라도 그 효력이 인정되지 못한다. 그렇다면 이 경우 무효가 된 재위임에 따라 행한 행정처분의 효력은 當然無效가 되는가? 當然無效의 판단기준은 무엇이고, 당연무효의 원인인 명

---

11) 토지수용무효확인사건: 1995. 11. 14. 선고 94누13572 판결

12) 機關委任事務는 이른바 국가사무이므로 地方自治法 제11조의 國家事務處理禁止原則에 반한다. 李相喆, "條例의 規律範圍 및 限界", 「자치입법실무강의 제2집」, 법제처, 1997년도, p.95-97.

13) 참고판례: 대법원 1990. 7. 27. 선고 89누6846 판결(공1990, 1806); 대법원 1992. 7. 28. 선고 92추31 판결(공1992, 2575); 대법원 1995. 7. 11. 선고 94누4615 판결(공1995하, 2633) 원심판결: 서울고등법원 1994. 9. 16. 선고 93구17814 판결

백성의 판단기준은 무엇인가? 사법부내에서도 이 문제에 관하여는 ① 否定說, ② 肯定說로 나뉘어 상당한 대립을 보인다. 건설영업정지처분무효확인 사건14)에 관한 대법원 판례를 중심으로 살펴본다.

가. 當然無效의 判斷基準

(1) 否定說

부정설은 하자있는 행정처분이 당연무효가 되기 위하여는 그 하자가 법규의 重要部分을 위반한 重大한 것으로서 동시에 객관적으로 明白한 것이어야 하고, 그 하자가 중대하고 명백한 것인지 여부를 판단함에 있어서는 그 법규의 목적·의미·기능 등을 目的論的으로 고찰하고 아울러 구체적 사안 자체의 특수성에 관하여도 합리적으로 고찰하여야 할 것이라는 견해15)이다.

(2) 肯定說

행정행위의 無效事由를 판단하는 기준으로서의 明白性은 행정처분의 법적 안정성 확보를 통하여 행정의 원활한 수행을 도모하는 한편 그 행정처분을 유효한 것으로 믿은 제3자나 公共의 信賴를 보호하여야 할 필요가 있는 경우에 補充的으로 요구되는 것이며, 그와 같은 필요가 없거나 하자가 매우 중대하여 그와 같은 필요에 비하여 처분 상대방의 權益을 구제하고 위법한 결과를 시정할 필요성이 훨씬 더 큰 경우라면, 그 하자가 明白하지 아니하더라도 그와 같이 중대한 하자를 가진 행정처분은 당연무효라고 보아야 한다.

---

14) 1995. 7. 11. 전원합의체판결 94누4615
15) 참고판례: 대법원 1985. 7. 23. 선고, 84누419 판결; 1993. 12. 7. 선고, 93누11432 판결 등

나. 흠의 明白性有無

(1) 否定說

조례제정권의 범위를 벗어나 국가사무의 재위임을 규정한 무효인 행정권한위임조례에 근거하여 행정처분을 한 경우, 그 하자가 重大하다고 할 것이나, 지방자치단체의 사무에 관한 조례와 규칙은 조례가 보다 상위규범이라고 할 수 있고, 또한 憲法 제117조제2항의 '規則'에는 지방자치단체의 조례와 규칙이 모두 포함되는 등 이른바 규칙의 개념이 경우에 따라 상이하게 해석되는 점 등에 비추어 보면, 행정처분의 재위임과정의 하자가 객관적으로 明白한 것이라고 할 수 없으므로, 이로 인한 하자는 결국 당연무효사유는 아니라고 보는 견해이다.

(2) 肯定說

건설업영업정지처분과 같은 행정처분은 그 상대방으로 하여금 적극적으로 어떠한 행위를 할 수 있도록 금지를 해제하거나 권능을 부여하는 것이 아니라, 소극적으로 허가된 행위를 할 수 없도록 금지 내지 정지함에 그치고 있어, 그 처분의 존재를 신뢰하는 제3자의 보호나 행정법 질서에 대한 公共의 信賴를 고려할 필요가 크지 아니하다는 점, 처분권한의 위임에 관한 조례가 무효이어서 결국 처분청에게 권한이 없다는 것은 극히 重大한 하자에 해당하는 것으로 보아야 할 것이라는 점, 다수의견에 의하면 위 영업정지처분과 유사하게 규칙으로 정하여야 할 것을 조례로 정하였거나 상위규범에 위반하여 무효인 법령에 기하여 행정처분이 행하여진 경우에 그 처분이 무효로 판단될 가능성은 거의 없는바, 지방자치의 전면적인 실시와 行政權限의 하향분산화 추세에 따라 앞으로 위와 같은 성격의 하자를 가지는 행정처분이 늘어날 것으로 예상되는 상황에서 이에 대한 법원의 태도를 엄정하게 유지함으로써 행정의 法適合性과 국민의 權利救濟 실현을 도모하여야 할 현실적인 필요성도 적지 아니하다는 점 등을 종합적으로 고려할 때, 위 영업정지처분은 그 처분의 성질이나 하자의 重大性에 비추어 그 하자가 외관상 明白하지 아니하더라도 당연무효라고 보아야 한다는 견해이다.

다. 判決要旨

대법원은 위 판결에서 否定說의 입장을 취하고 있다. 하자있는 행정처분이 當然無效가 되기 위하여는 법규의 중요부분을 위반한 重大한 것으로서 동시에 객관적으로 明白한 것이어야 하되, 이는 법규의 목적·의미·기능 등을 目的論的, 合理的으로 고찰하여야 하며, 조례제정권의 범위를 벗어나 국가사무를 재위임한 조례에 근거하여 행정처분을 한 경우16) 그 하자가 중대하다고 할 것이나, 憲法 제117조제2항의 '規則'에는 지방자치단체의 조례와 규칙이 모두 포함되는 등 이른바 규칙의 개념이 경우에 따라 상이하게 해석되는 점 등에 비추어 재위임과정의 하자가 明白한 것이라고 할 수 없으므로 결국 당연무효사유가 되지 아니한다고 하였다.17)

8. 權限行使의 責任所在 및 名義表示

위임위탁규정 제8조에서는 수임사무의 처리에 관한 責任은 수임기관에게 있으며, 위임기관의 장은 그에 대한 監督責任을 진다고 규정하고 있다. 수임사무에 관한 권한을 행사함에 있어서는 사무관리규정 제13조의 규정에 의하여 수임기관의 名義로 시행하여야 한다.

---

16) 李相喆, "條例의 效力論議와 無效原因", 「자치입법실무강의 제3집」, 법제처, 1998년도, p.76 – 79.
17) 참고판례: 대법원 1985. 7. 23. 선고, 84누419판결(공1985, 1193); 1993. 12. 7. 선고, 93누11432판결(공1994상, 369); 1994. 10. 28. 선고, 92누9463판결(공1994하, 3139)
   원심판결: 서울고등법원 1994. 2. 16. 선고, 93구20643 판결.

9. 委任機關의 指揮・監督權

위임위탁규정 제6조에 의하여 위임기관은 수임기관의 수임사무처리에 대하여 指揮・監督하고, 그 처리가 違法 또는 不當하다고 인정되는 때에는 이를 取消하거나 停止시킬 수 있다. 위임위탁규정 제9조에 의하여 위임기관은 위임사무의 처리에 있어 적정성을 확보하기 위하여 필요한 경우에는 수임기관의 수임사무처리상황을 수시로 監査할 수 있다.

위임위탁규정 제7조에서는 수임사무의 처리에 관하여 위임기관은 수임기관에 대하여 事前承認을 얻거나 協議를 할 것을 요구할 수 없다. 다만, 위임기관이 행정자치부장관과 협의하여 정하는 사항에 대한 한시적인 사전승인이나 협의의 요구의 경우는 예외로 한다.

III. 行政權限의 委託

1. 委託의 意義

委託이란 넓은 의미에서 행정기관의 권한을 다른 행정기관이나 법인・단체 또는 그 기관이나 개인에게 맡겨 그의 名義와 責任하에 행사하도록 하는 것을 말한다. 이는 일단 강학상의 위임의 성질에 속하는 것으로 보인다.[18] 위탁 중에서 법인・단체 또는 그 기관이나 개인에게 위탁할 때 이를 위임위탁규정에서 '民間委託'이라 칭한다.

수탁기관은 수탁사무의 처리에 관한 책임을 지는 지위에 있으며, 위탁기

---

18) 朴英道, 앞의 책, p.305 - 306.

관의 장은 그에 대한 監督責任을 진다. 수탁사무에 관한 권한을 행사함에 있어서는 사무관리규정 제13조의 규정에 의하여 수탁기관의 名義로 이를 시행하여야 한다.

이 같은 委託은 行政權限을 본래의 권한자에게 그대로 유보한 상태에서 권한자 외의 자에게 그 명의와 책임하에 행사하도록 한다는

점에서 동일하지만, 委任이 주로 하급행정기관이나 소속 보조기관을 수임기관으로 함에 비하여, 委託은 주로 다른 행정기관이나 법인·단체 또는 사인을 수탁기관으로 한다는 점에서 차이점이 있다고 보인다. 위탁은 일반적으로 대등한 관계에 있는 다른 행정기관이나 법인·단체에 대하여 이루어진다.19)

2. 政府組織法 및 委任委託規程

정부조직법 제6조에서는 행정권한의 委託에 관한 기본적인 사항을 규정하고 있다. 행정기관은 법령이 정하는 바에 의하여 그 소관사무의 일부를 다른 행정기관·지방자치단체 또는 그 기관에 위탁할 수 있다. 이 경우 委託을 받은 기관은 특히 필요한 때에는 법령이 정하는 바에 의하여 위탁을 받은 사무의 일부를 보조기관 또는 하급행정기관에 재위임할 수 있다.

행정기관은 법령이 정하는 바에 의하여 그 소관사무중 조사·검사·검정·관리업무 등 國民의 權利·義務와 직접 관계되지 아니하는 사무를 지방자치단체가 아닌 법인·단체 또는 그 기관이나 개인에게 委託할 수 있다.

위임위탁규정 제2조에 의하면, '委託'이라 함은 각종 법률에 규정된 행정기관의 장의 권한 중 일부를 다른 행정기관의 장에게 맡겨 그의 권한과 책임하에 행사하도록 하는 것을 말한다고 정의하고 있다. '民間委託'이라 함은 각종 법률에 규정된 행정기관의 사무 중 일부를 지방자치단체가 아닌 법인·단체 또는 그 기관이나 개인에게 맡겨 그의 명의와 책임하에 행사하도

---

19) 左藤立夫, 前揭書, 152頁.

록 하는 것을 말한다.

위임위탁규정은 행정능률의 향상, 행정사무의 간소화와 행정기관의 권한 및 책임을 일치시키기 위하여 각종 법률에 규정된 행정기관의 권한 중 일부를 다른 행정기관의 장 또는 지방자치단체의 장에게 委託할 권한을 정하고, 民間의 자율적인 行政參與의 機會를 확대하기 위하여 행정기관의 소관사무 중 일부를 지방자치단체가 아닌 법인·단체 또는 그 기관이나 개인에게 위탁할 사무를 규정하고 있다.

3. 委託의 基準 및 指揮·監督

가. 委託의 基準

위임위탁기준 제3조에 의하면, 행정기관의 장은 허가·인가·등록 등 민원에 관한 사무, 정책의 구체화에 따른 執行事務와 일상적으로 반복되는 常規的 事務로서 그가 직접 시행하여야 할 사무를 제외하고는 그 권한의 일부를 다른 행정기관의 장, 지방자치단체의 장에게 위탁하도록 하고 있다.

행정기관의 장은 행정권한을 위탁하고자 하는 때에는 위탁하기 전에 단순한 사무인 경우를 제외하고는 수탁기관에 대하여 수탁사무처리에 필요한 교육을 실시하여야 하며, 수탁사무의 처리지침을 시달하여야 한다.

또한 위임위탁규정 제5조에서는 수탁기관은 수탁사무의 처리에 있어 법령을 준수하고, 수탁사무를 誠實히 수행하여야 한다고 규정하고 있다.

나. 委託機關의 指揮·監督

위임위탁규정 제6조에 의하면, 위탁기관은 수탁기관의 수탁사무처리에 대하여 指揮·監督하고, 그 처리가 위법 또는 부당하다고 인정되는 때에는 이를 취소하거나 정지시킬 수 있다.

위임위탁규정 제7조에서는 위탁기관은 수탁사무의 처리에 관하여 수탁기관에 대하여 원칙적으로 事前承認을 얻거나 協議를 할 것을 요구할 수 없도록 하고 있다. 다만, 위탁기관이 행정자치부장관과 협의하여 정하는 사항에 대한 한시적인 사전승인이나 협의의 요구를 하는 경우는 그러하지 아니하다.

위탁기관은 위탁사무의 처리에 있어 적정성을 확보하기 위하여 필요한 경우에는 수탁기관의 수탁사무처리의 상황을 수시로 監査할 수 있다.

4. 民間委託

위임위탁규정 제10조에서는 민간위탁사무에 관하여는 다른 법령에 특별한 규정이 없는 한 동령이 정하는 바에 의한다고 하여, 위임위탁규정이 民間委託에 관한 일반법령임을 명시하고 있다.

가. 民間委託의 基準

행정기관은 법령이 정하는 바에 따라 그 소관사무중 조사·검사·검정·관리업무 등 국민의 권리·의무와 직접 관계되지 아니하는 다음 각 호의 사무를 民間委託할 수 있다.

1. 단순사실행위인 行政作用
2. 공익성보다 능률성이 현저히 요청되는 사무
3. 특수한 전문지식 및 기술을 요하는 사무
4. 기타 國民生活과 직결된 단순행정사무

행정기관은 이들 사무에 대하여 民間委託의 필요성 및 타당성 등을 정기적·종합적으로 판단하여 필요한 때에 민간위탁을 하여야 한다. 행정기관은 이들 위탁대상사무를 민간위탁한 때에는 수탁사무의 처리에 필요한 사무처리지침을 시달하고, 수탁사무의 처리에 필요한 적절한 조치를 하여야 한다.

나. 民間委託對象機關의 選定基準

위임위탁규정 제12조에서는 민간위탁대상기관의 選定基準을 규정하고 있다. 행정기관은 민간위탁사무의 수탁자를 선정하고자 하는 때에는 인력과 기구, 재정적인 부담능력, 시설과 장비, 기술보유의 정도, 책임능력과 공신력, 지역 간 균형분포 등을 종합적으로 검토하여 적정한 기관을 民間受託機關으로 선정하여야 한다.

행정기관은 행정사무를 민간위탁하는 경우에는 사무처리의 지연, 불필요한 서류의 요구, 처리기준의 불공정, 수수료의 부당징수 등 문제점을 종합적으로 검토하여 이를 방지할 보완조치를 강구하여야 한다.

다. 民間受託機關에 대한 指揮·監督

위탁기관은 민간위탁사무의 처리에 대하여 民間受託機關을 지휘·감독하며, 필요하다고 인정되는 때에는 민간수탁기관에 대하여 위탁한 사무에 관하여 필요한 지시를 하거나 조치를 명할 수 있다. 위탁기관은 民間受託機關에 대하여 필요한 사항을 보고하게 할 수 있다.

위탁기관은 민간수탁기관의 수탁사무의 처리가 위법 또는 부당하다고 인정되는 때에는 그 처분을 취소하거나 정지시킬 수 있다. 위탁기관이 당해 위탁사무를 取消 또는 停止시키고자 하는 때에는 그 취소 또는 정지의 사유를 문서로 민간수탁기관에 통보하고 사전에 의견진술의 기회를 주어야 한다.

민간수탁기관은 수탁사무의 종류별로 처리부서·처리기간·처리절차·처리기준·구비서류·서식과 수수료 등을 구분하여 명시한 사무편람을 작성·비치하여야 한다. 민간수탁기관은 事務便覽을 작성한 때에는 위탁기관의 承認을 얻어야 한다.

위탁기관의 장은 민간위탁사무의 처리결과에 대하여 매년 1회 이상 감사를 하여야 한다. 위탁기관의 장은 감사결과 민간위탁사무의 처리가 위법 또는 부당하다고 인정되는 때에는 민간수탁기관에 대하여 적절한 是正措置를 할 수 있고, 관계임원 및 직원에 대하여는 인사조치를 요구할 수 있다.

5. 民間委託 可能範圍의 審査事例

民間委託의 범위는 구체적으로 어디까지 가능한지 여부에 관하여는 개별적·구체적 사안을 살펴 판단하여야 할 것이다. 이에 국제협력요원에관한법률시행령[20]의 실제 審査事例를 중심으로 살펴본다.

가. 主務部案

국제협력요원에관한법률 제15조에서는 동법에 의한 외교통상부장관의 권한 중 일부를 대통령령이 정하는 바에 따라 韓國國際協力團 總裁에게 위탁할 수 있도록 함에 따라서 주무부는 동법시행령중개정령안 제16조제4항에 국제협력요원(公益勤務要員 및 國際協力醫師)의 복무·관리에 관한 외교통상부장관의 권한 중 국제협력요원의 소환·근무지변경·중도귀국 및 복무기간연장명령 등의 사무를 한국국제협력단 총재에게 추가위탁하는 내용을 반영하였다.

---

20) 法制處, 「國際協力要員에관한法律施行令中改正令案 審査經過報告」(1999. 1.) 참조.

나. 問題點 및 檢討着眼事項

국제협력요원의 복무·관리에 관한 행정권한의 경우 국민의 권리·의무에 관한 사항은 이를 위탁대상으로 할 수 없도록 금지하고 있는 政府組織法 제6조제3항에 비추어 위탁대상이 될 수 있는지 여부에 관하여 의문이 제기된다.

따라서 착안사항으로서 ① 국제협력요원은 법률상 의무복무를 하는 신분으로서 넓은 의미의 公務從事者에 해당되므로 이를 일반국민과는 동등하게 볼 수 없는 점, ② 현실적으로 국제협력단 총재가 국제협력요원의 전반적인 복무·관리사무를 담당하고 있으며, 그중 위탁근거가 누락된 일부사무에 대하여 이를 추가·보완하려는 것인 점, ③ 외교통상부가 동 사무를 전반적으로 직접 처리하게 할 것인지 여부와 관련하여 위탁근거 전반을 삭제하는 것이 타당한지 여부의 문제는 업무전반에 걸쳐 신중하게 검토·결정할 필요가 있는 점, ④ 그 외에 관련부처인 행정자치부와는 위탁사무처리 시에 事後報告하도록 하는 조항을 신설하는 조건으로 상호 합의한 점[21] 등을 전체적으로 고려하여 具體的인 委託範圍를 정하는 것이 타당하다고 보았다.

다. 審査結果

심사결과 '국제협력요원의 召喚, 복무분야의 재지정요청, 복무기간 연장명령'에 관한 사무는 국제협력요원의 권리·의무와 관련되어 있어 民間委託의 대상으로는 不適切하다고 사료되어 이를 외교통상부장관이 직접 행사하되, 기타 사무에 관한 외교통상부장관의 권한은 이를 위탁하도록 하는 내용으로 審査案을 정리하였다.

---

21) 관계부처인 행정자치부에서는 政府組織法 제6조제3항에 비추어 委託이 곤란하다는 의견을 제시하여 왔으나, 99. 1. 11. 한국국제협력단 총재가 위탁사무를 처리한 때에는 그 결과를 외교통상부장관에게 事後報告하도록 하는 조항을 추가하는 조건으로 상호 합의하였다.

Ⅳ. 行政權限의 代理

1. 代理의 意義

　행정기관의 권한은 行政機關法定主義 및 權限不變更原則상 그 행정기관이 자신의 명의와 책임으로 이를 행사하여야 한다. 그러나 불의의 사고가 발생하거나 행정의 합리적·효율적인 수행을 위하여 필요한 경우에는, 그 행정기관의 권한을 소속 補助機關이나 다른 行政機關 등에게 권한을 가진 본래의 행정기관을 위한 권한행사라는 사실을 표시하면서 자신의 명의로 당해 행정권한을 행사하게 할 수 있으며, 이 경우 행정권한을 가진 본래의 행정기관이 아닌 자가 그 본래의 행정기관의 권한을 행사하는 행위를 '行政權限의 代理'라고 한다.[22] 이 같은 행정권한의 대리에는 授權代理와 法定代理가 있으며, 법정대리에는 협의의 法定代理와 指定代理가 있다.

2. 代理와 委任·委任專決의 區別

　行政權限의 代理는 행정기관의 권한 자체를 다른 행정기관으로 이전하는 것은 아니므로 권한소재의 변경을 수반하지 아니하지만, 行政權限의 委任은 그 권한을 수임기관으로 이전하는 것이므로 권한소재의 변경이 수반되며 따라서 위임이 행하여진 이후에는 수임기관의 권한으로 된다.

　行政權限의 代理는 그 권한의 전부 또는 일부를 대리권자가 피대리기관

---

22) 石琮顯, 앞의 책 p.30.
　　石琮顯 교수는 行政權限의 代理를 '權限의 代行' 또는 '職務代行'이라고도 지칭한다고 본다. 그 실례로서 실정법상 다수의 합의제 행정기관이나 자문기관인 각종 위원회를 규정한 법령에서는 통상부위원장은 위원장의 직무를 '代行'한다는 형태로 규정하고 있는데, 이들은 후술하는 바와 같이 講學상 行政權限의 代理에 해당된다고 보아야 한다.

의 행위라는 사실을 표시하고 대리권을 행사하므로 반드시 법령에 그 명시적 근거를 요하는 것으로는 볼 수 없다. 이에 반하여 行政權限의 委任은 권한의 소재가 이전·변경되는 것으로서 본래 권한부여법령에서 정한 권한분배를 변경하는 의미가 있으므로 법령상의 위임근거를 필요로 한다. 行政權限의 代理는 통상 피대리기관의 보조기관이 행사하지만, 行政權限의 위임은 통상 하급행정기관이 수임기관이 되어 위임받은 권한을 행사한다.

委任專決이란 행정기관의 소속 보조기관 등이 당해 행정기관의 이름으로 그 행정권한을 내부적으로 사실상 대리하여 행사하는 것을 말한다. 행정권한의 대리에 있어서는 대리인이 대리행위임을 표시하고 대리권한을 행사하지만, 委任專決에 있어서는 굳이 대리행위임을 표시하지 아니하고 당해 행정기관의 명의로 그 권한을 행사하며, 행정권한의 대리는

상대적으로 위임전결에 비하여 대외적·법률적인 행위의 성질을 지닌다고 보이는 반면, 위임전결은 상대적으로 대내적·사실적인 행위의 성질을 지닌다고 보인다.

代決이란 행정기관의 구성원이 일시적으로 부재중인 때에 그 보조기관이 당해 행정기관에 대신하여 외부에 代決한다는 특별한 표시 없이 결재하는 행위로서 행정의 효율성을 높이기 위한 행정조직의 사무처리방식이다. 행정권한의 대리에 있어서는 대리인은 대리행위임을 표시하고 대리권한을 행사하지만 代決에 있어서는 대리행위임을 표시하지 아니하고 당해 행정기관의 명의로 그 권한을 행사하며, 행정권한의 대리는 상대적으로 위임전결에 비하여 대외적·법률적인 행위의 성질을 지닌다고 보이는 반면, 대결은 위임전결의 경우와 마찬가지로 상대적으로 대내적·사실적인 행위의 성질을 지닌다고 보인다.

3. 授權代理

  授權代理란 피대리기관의 수권행위에 근거하여 성립되는 대리관계를 말한다.[23] 수권대리는 법령에 명문의 근거규정이 있는 경우에는 당연히 가능하지만, 법령에 명문의 근거규정이 없는 경우까지 가능한 것인지 여부에 관하여 國內 學界에서는 그 견해가 積極說과 消極說로 대립되고 있다.[24]

  積極說은 행정기관의 권한이 법령에 개별적·구체적으로 명시되어 있지 아니한 경우에는 당해법령이 그 모든 권한행사를 반드시 당해 행정기관이 직접 행사할 것을 요구하지 아니하기 때문에 그 일반적·추상적인 권한 중 일부분에 대하여는 명문의 근거규정이 없다고 할지라도 수권행위가 가능하다고 본다.

  消極說은 법령에 명시적 근거가 없는 경우에는 수권대리가 허용되지 아니한다고 한다. 행정권한은 본래 당해 행정기관이 스스로 행사하여야 하는 것이며, 行政權限法定主義에 비추어 볼 때 대리 역시 행정권한의 行使主體에 변경을 가져온다는 점에서 법령상의 근거가 요구된다는 견해이다. 생각건대, 행정권한법정주의 정신에 비추어 볼 때 법령상의 근거가 없는 경우까지 무한정 수권대리를 허용할 수는 없다고 보이고, 그 같은 授權代理가 허용되는 경우에는 행정상 부작용이 수반될 수도 있다.

  대리자가 授權代理에 의한 권한을 행사하는 때에는 당해 대리자가 그 권한행사에 대하여 책임을 진다. 피대리기관은 수권행위의 違法·不當에 관련하여 대리인 選任·監督에 따른 책임이 있다.

---

23) 村上武則, 前揭書, 34頁. 委任代理 또는 任意代理라고 지칭되기도 한다.

24) 金道昶, 『一般行政法論(下)』, 1993년도, p.73.
    石琮顯, 앞의 책, p.31 - 32.

4. 法定代理

가. 法定代理의 意義

法定代理는 어느 행정기관의 행정권한이 법령의 규정에 의한 일정사실의 발생으로 당연히 특정인과의 사이에 代理關係가 성립하거나 또는 일정한 자의 지정행위에 의하여 특정인과의 사이에 代理關係가 성립하는 경우에 있어서 그 대리관계를 말한다.[25] 이에 관한 일반법령으로서 職務代理規程이 있다.

이들 대리를 행하는 자는 그 권한행사에 상당하는 책임을 진다. 법정대리는 대리자의 지정방법을 기준으로 俠義의 法定代理와 指定代理로 구분한다. 俠義의 法定代理는 법령의 규정에 의한 일정사실의 발생으로 당연히 대리관계가 성립하는 경우를 말한다.

나. 法定代理의 立法例

俠義의 法定代理의 입법례를 들면, 대통령이 궐위되거나 사고로 인하여 직무를 수행할 수 없을 때에는 국무총리, 법률에 정한 국무위원의 순으로 그 권한을 대리하도록 지정한 憲法 제71조, 국무총리가 사고로 인하여 직무를 수행할 수 없을 때에는 제26조제1항에 규정된 순서에 따라 國務委員이 그 직무를 代理하도록 규정한 정부조직법 제23조, 행정기관의 장 또는 직원의 궐원·출장 또는 사고가 있을 때에 일정한 자가 대리하도록 규정한 職務代理規程 제3조 등이 있다. 헌법이나 정부조직법 등에서는 '代行'한다는 표현을 쓰고 있으나, 이는 후술하는 바와 같이 강학상 '代理'로 보아야 한다.

---

25) 石琮顯, 앞의 책, p.33 – 34.
　　村上武則, 前揭書, 35頁.

다. 法定代理의 代理權範圍

법정대리의 代理權의 범위는 피대리기관의 권한의 전부에 미치고, 대리자 자신의 책임하에 그 행정권한을 행사한다. 피대리기관의 지위에 있는 자가 존재하지 아니하므로 대리자는 피대리기관의 지휘·감독을 받지 아니한다.

또한, 대리자는 그 대리권의 일부에 대하여 타인으로 하여금 다시 대리권을 부여하여 複代理하게 할 수 있으며, 당해 複代理의 성질은 任意代理로 본다.

5. 指定代理

가. 指定代理의 意義

指定代理는 법령의 규정에 의한 일정사실이 발생된 때에 일정한 자의 대리자 지정행위에 의하여 대리관계가 성립하는 경우를 말한다.[26]

나. 指定代理의 立法例

指定代理의 입법례를 살펴보면, 국무총리가 사고로 인하여 직무를 수행할 수 없을 때에는 대통령이 指名하는 국무위원이 그 직무를 대리하도록 한 정부조직법 제23조, 행정기관의 지위에 있는 자가 사고가 있을 때에, 직근 상급관청의 장이 사고가 발생한 행정기관의 직원 중 상위서열에 있는 직원을 대리자로 지정하도록 한 職務代理規程 제4조, 국회공무원이 사고(缺

---

26) 石琮顯, 앞의 책, p.33 - 34.
　　村上武則, 前揭書, 34頁.

員·出張·休暇 또는 기타 사유)로 부재중일 때에 소속기관의 장이 대리자를 지정하도록 규정한 국회의 職務代理規程 제4조 등이 있다.

직무대리규정 제4조에서는 대리할 자가 확정되지 아니할 경우 기관의 장이 사고가 있을 때에는 직근 상급기관의 장이 사고가 발생한 기관의 직원 중 상위서열의 직원을 대리할 자로 지정하고, 기관의 장 이외의 직원이 사고가 있을 때에는 소속기관장이 원칙적으로 소속직원 중 상위서열의 직원을 대리할 자로 지정하도록 규정하고 있다.

다. 職務代理의 制限事例檢討

指定代理의 경우 그 행정사무의 성질상 대리권의 범위에 일정한 제한을 가할 수 있다. 檢察廳法 제32조에서는 사법연수원생이나 검찰수사서기관 등에게 검사의 직무를 대리하도록 하면서 법원조직법에 의한 合議部의 管轄事件은 이를 대리할 수 없도록 제한하고 있다. 관련판례에서도 이 같은 검사직무대리의 制限의 性質에 비추어 검사직무대리는 합의부 심판사건의 피고인에 대한 수사를 할 수 없고, 그에 따른 피의자신문조서를 증거로 할 수 없다고 본다.

대법원 판례에 따르면, 검사직무대리자는 법원조직법에 규정된 합의부의 심판사건에 관하여서는 기소·불기소 등의 최종적 결정을 할 수 없으므로 검사직무대리자가 작성한 합의부사건의 피고인에 대한 被疑者訊問調書는 증거로 할 수 없다.[27]

집달관의 직무대리의 경우 부동산 평가감정의 경험이 있는 자로 감정인으로서의 자격이 있을 뿐 아니라 경매법원의 명령에 의하여 감정인으로 경

---

27) 大法院, 1978. 2. 28 제3부 판결 78도49
증거의 취사판단은 사실심 법관의 전권에 속하는 것인바, 검사의 직무대리자는 法院組織法에 의한 합의부관할 심판사건은 처리하지 못한다는 檢察廳法 제13조제4항의 규정은 검사의 직무대리자는 합의부관할 심판사건에 관하여서는 기소·불기소 등의 최종적 결정을 할 수 없음은 물론 수사도 할 수 없다는 취지라고 할 것이니, 원심이 검사직무대리자가 작성한 피고인에 대한 제1회 피의자신문조서는 强行法規에 위배되어 이건 범죄사실을 인정하는 증거로 할 수 없다.

매부동산의 평가를 할 직무권한이 있음은 구집달리법 제5조의 해석상 당연하다 할 것이다.[28]

라. 指定代理와 署理

지정대리는 통상 피대리기관의 지위에 있는 자에게 일시적인 사고가 발생한 경우에 성립되지만, 피대리기관의 지위에 있는 자가 사망·면직에 의하여 궐위된 경우 그 후임자를 正式任命하기 전에 잠정적으로 대리할 자를 지정하는 경우가 있다. 이 경우 특히 署理라는 용어를 사용한다.

署理는 피대리기관의 권한을 행사하고 그 권한행사는 피대리기관의 행위로 된다는 측면에서 지정대리에 속하지만, 대리권의 발생원인이 피대리기관의 지위에 있는 자가 闕位되었다는 사실이라는 점에서 통상의 지정대리와 상대적으로 구별될 수 있다.

通說은 행정권한의 대리의 본질에 대하여 이를 자연인의 '人格의 代理'로 보지 아니하고, 국가의 '行政權限의 代理'로 파악한다.[29] 행정기관에 의한 행정권한의 행사는 그 법률적 효과가 窮極的으로 국가에 歸屬되는 점, 국가는 행정기관의 지위에 있는 자연인의 사망·면직 여부와는 무관하게 항상 繼續的 實體로서 존재하는 점 등에 비추어 해당 행정기관의 대리관계의 성립에 본질적인 영향을 주지 못하기 때문이라고 하겠다.

그러나 일부 행정기관의 이른바 機關人格을 인정하고 대리의 본질을 人格의 代理로 보는 견해는 서리의 경우 피대리기관의 지위에 있는 자가 존재하지 아니하므로 대리관계가 성립될 수 없다고 지적한다.

---

28) 대법원 1969. 11. 15. 자 69마692 결정: 재항고기각
29) 石琮顯, 앞의 책, p.34.

Ⅴ. 行政權限의 代行

1. 代行의 意義

행정권한의 대행이란 행정법 이론상 확고하게 정립되어 있는 개념이라고 보기 어렵고, 실정법상으로 다양한 의미로 규정되고 있어 혼란을 주는 측면도 있다고 보인다. 따라서 어떤 통일적인 개념정의를 내리는 것이 어렵다고 보아야 한다.

그러나 현재 委任·委託 못지않게 대다수의 행정법령에서 이 같은 대행제도가 규정되어 있는 실정이다. 여기서는 이들 다수 행정법령에서 규정하고 있는 '代行'制度에 관하여 공통점이 있다고 생각되는 내용을 바탕으로 잠정적인 개념정의를 내려 보고자 한다.

행정법령에 나타난 대행제도의 주류를 이루는 규정들에 기초하여, 행정권한의 '代行'이란 행정기관이 법령상의 권한을 그 명의와 책임하에 행사하되, 권한의 행사에 따른 실무를 대행기관으로 하여금 행하게 하거나, 대행기관이 그 명의와 책임하에 권한을 행사하되 그 법률적 효과가 본래의 권한자인 행정기관이 행한 것으로 보도록 의제하는 것이라고 일단 정의하고자 한다. 여기서 대행기관이란 행정기관·보조기관·법인 또는 사인이 될 수 있다고 보인다. 따라서 후술하는 제1유형과 제2유형의 대행이 위의 개념에 포함된다.

행정기관의 권한은 다른 행정기관에 의하여 침해받지 아니하는 것이 원칙이며, 상급행정기관이라고 해서 법령에 특별한 근거 없이 하급행정기관의 권한을 대행할 수 없으며, 이를 權限不變更의 原則(Grundsatz der Unabänderlichkeit der Kompetenz)이라고 한다.[30]

---

30) 左藤立夫, 前揭書, 147頁.

대법원판례는 행정권한을 당해 권한자가 행사함에 있어 소속 하급행정기관이 당해 처분의 통지 등을 행하는 사실행위의 경우도 이를 대행으로 본다. 즉 군수가 농지의보전및이용에관한법률에 의하여 특정지역의 주민들을 대리경작자로 지정한 행위는 그 주민들에게 유휴농지를 경작할 수 있는 권리를 부여하는 행정처분인바, 이에 따라 그 지역의 읍·면장이 영농할 세대를 선정하는 행위는 동 행정처분의 통지를 대행하는 사실행위에 불과하다고 본다.[31]

2. 代行과 委任·委託·代理의 區別

가. 代行과 委任·委託

行政權限의 代行은 위임·위탁과 개념상 구별된다. 委任·委託이란 행정기관의 법령상 권한의 일부를 그 하급행정기관 등에 주어 그 수임기관이 자신의 권한으로서 이를 행사할 수 있도록 하되, 법적으로는 위임기관의 권한으로 계속 유보된 상태를 유지하는 것이다.

이에 반하여 代行이란 행정기관이 법령상의 권한을 그 명의와 책임하에 행사하되 권한의 행사에 따른 실무를 대행기관으로 하여금 행하게 하거나, 대행기관이 그 명의와 책임하에 권한을 행사하되 그 법률적 효과가 본래의 권한자인 행정기관이 행한 것으로 보도록 의제하는 것이다.

따라서 委任·委託의 경우 수임기관이 자신의 名義와 責任하에 수임권한을 행사하지만, 대행의 경우 대행기관은 자신의 명의와 책임하에 대행권한을 대외적으로 행사하는 것은 아니며, 자신의 명의로 이를 사실상 행사하더라도 그 법률적 효과는 마치 본래의 권한자인 행정기관이 그 代行權限을 직접 행사한 것처럼 의제되는 점에서 구별된다.[32]

---

31) 영농권지정처분무효 확인: 1980. 9. 9. 제3부 판결 80누308

공기업의경영구조개선및민영화에관한법률 제20조에서는 정부·정부투자기관 또는 한국산업은행이 소유하고 있는 주식은 금융기관·증권회사 등 일정기관에 委託하여 매각하거나 이들로 하여금 매각을 代行하게 할 수 있다고 규정하여 委託 및 代行의 2가지 제도를 구분하여 시행하고 있다. 수산업법 제79조의4제3항, 선박안전법 제7조 등에서도 유사하게 委託 및 代行의 두 가지 제도를 병행하고 있다.

나. 代行과 代理

代理는 본래의 행정기관을 위한 것임을 표시하면서 대리기관이 자신의 명의로 권한을 행사하지만, 代行은 본래의 행정기관이 자신의 명의로 권한을 행사하되 사실상의 실무를 대행기관으로 하여금 행하게 하는 면에서, 또는 대행기관이 그 名義와 責任하에 권한을 행사하되 그 법률적 효과가 본래의 권한자인 행정기관이 행한 것으로 보도록 擬制하는 면에서 明白한 차이점이 있다.

3. 代行의 몇 가지 類型

가. 第1類型의 代行

代行에는 크게 세 가지의 유형으로 구분될 수 있다. 첫 번째 유형은 '행정기관이 법령상의 권한을 그 명의와 책임하에 행사하되 권한의 행사에 따

---

32) 대행과 위탁을 混用하여 쓰는 立法例도 있다. 국유철도의운영에관한특례법 제25조 등
　　제25조 (施設物 設置의 代行) 철도청장은 제24조의 규정에 의하여 점용허가를 받은 자(이하 '점용허가를 받은 자'라 한다)가 설치하고자 하는 시설물의 전부 또는 일부가 철도운용에 관계되는 경우에는 占用許可를 받은 자의 부담으로 그 委託을 받아 이를 직접 설치할 수 있다.

른 실무를 代行機關으로 하여금 행하게 하는 것'이다. 예를 들면, 糧穀管理法 제24조에서 농림부장관은 정부관리양곡의 수출·수입·매매·저장·출납·수송·가공 및 양곡의 매입약정체결·선금지급 등의 업무를 효율적으로 수행하기 위하여 농림부장관이 지정하는 대행기관으로 하여금 당해 업무를 代行할 수 있도록 하고 있다.

또 다른 立法例로서 旅券法 제15조를 들 수 있다. 여권은 외국에 나가는 국민에 대하여 정부가 대한민국의 국민임을 증명하여 주는 것으로서 일종의 公證行爲에 해당된다. 따라서 외교통상부장관의 여권발급권한은 국가사무로서 이를 지방자치단체에 위임하는 것은 부적절한 측면이 있다.

왜냐하면, 시·도지사나 시장·군수·구청장이 당해 지방자치단체의 住民임을 증명하는 것이 아니라 우리나라의 國民임을 증명해 주는 권한을 자신들의 권한으로 행사하는 것은 부적절하다고 생각되기 때문이다. 따라서 旅券法에서는 외교통상부장관의 여권발급권한을 시·도지사에게 위임하는 것이 부적절하다고 보아 동 권한을 시·도지사가 代行하도록 규정하고 있다.

이 첫 번째 유형은 가장 一般的인 대행의 類型이다. 그러나 이 같은 유형의 代行制度에 관하여 一般法도 정립되어 있지 못할 뿐만 아니라 각 個別法에서도 구체적이고 명확한 규정을 마련하지 못하고 있는 것이 현실이다.

나. 第2類型의 代行

두 번째의 유형은 '代行機關이 그 명의와 책임하에 권한을 행사하되 그 법률적 효과가 본래의 권한자인 행정기관이 행한 것으로 보도록 擬制하는 것'이다. 국세징수법 제61조, 고속국도법 제6조, 산업재해보상보험법 제74조 등에서 이를 찾아볼 수 있다.

(1) 國稅徵收法 第61條

국세징수법 제61조에서는 稅務署長은 압류한 동산·유가증권·부동산·

무체재산권과 체납자에게 代位하여 받은 물건을 公賣에 붙이도록 규정하고 있다. 다만, 세무서장은 압류한 재산의 공매에 專門知識이 필요하거나 기타 특수한 사정이 있어 직접 공매하기에 적당하지 아니하다고 인정되는 때에는 금융기관부실자산등의효율적처리및한국자산관리공사의설립에관한법률에 의하여 설립된 한국자산관리공사로 하여금 이를 대행하게 할 수 있으며 이 경우의 公賣는 세무서장이 한 것으로 본다고 규정하고 있다.

한국자산관리공사가 압류재산의 公賣를 代行하는 경우에는 '세무서장'은 '한국자산관리공사'로, '세무공무원'은 '한국자산관리공사의 직원(임원포함)'으로, '공매를 집행하는 공무원'은 '공매를 대행하는 한국자산관리공사의 직원'으로, '세무서'는 '한국자산관리공사의 본점 또는 지점'으로 각각 본다고 명시하고 있다.

세무서장은 한국자산관리공사가 공매를 대행하는 경우에는 일정한 수수료를 지급할 수 있고, 한국자산관리공사의 직원은 刑法 기타 법률에 의한 벌칙의 적용에 있어서 이를 세무공무원으로 본다고 규정하고 있다.

(2) 高速國道法 第6條

고속국도법 제6조에서는 건설교통부장관은 동법과 도로법 기타 도로에 관한 법률에 규정된 高速國道에 관한 그의 權限의 한국도로공사로 하여금 代行하게 할 수 있도록 하고, 한국도로공사는 고속국도에 관한 건설교통부장관의 권한을 대행하는 경우에 그 대행하는 범위 내에서 동법과 도로법 기타 도로에 관한 法律의 적용에 있어서는 당해 高速國道의 管理廳으로 본다고 규정하고 있다.

(3) 産業災害補償保險法 第74條

산업재해보상보험법 제74조에서 産業災害補償保險管理公團은 보험료 기타 징수금의 독촉을 받은 자가 그 기한 내에 보험료 기타 징수금을 납부하지 아니한 때에는 노동부장관의 承認을 얻어 國稅滯納處分의 例에 의하여 이를 징수할 수 있도록 규정하고, 이 경우 공단은 체납처분의 예에 따라 압류한 재산의 公賣에 전문지식이 필요하거나 기타 특수한 사정이 있어 직접 공매하기에 적당하지 아니하다고 인정하는 때에는 금융기관부실자산등의효율적처리및한국자산관리공사의설립에관한법률에 의하여 설립된 한국자산관리공사로 하여금 이를 代行하게 할 수 있으며, 이 경우의 공매는 공단이 한 것으로 본다고 규정하고 있다.

이 경우 공단은 한국자산관리공사사가 공매를 대행하는 경우에는 일정한 수수료를 지급할 수 있고, 동 공사의 임·직원은 刑法 제129조 내지 제132조의 적용에 있어서는 이를 公務員으로 본다고 규정하고 있다.

다. 第3類型의 代行

세 번째 유형은 職務代理와 같은 의미로 사용되는 경우인바, 대행이라는 용어를 쓰지만 이는 앞에서 정의한 '代行'의 개념과 구분된다. 헌법을 비롯하여 다수법령에서 '代行'한다는 표현을 쓰고 있으나, 이는 강학상 '法定代理'로 보아야 할 것이다.

구체적인 예를 들면, 소비자보호법 제32조에서 원장은 한국소비자보호원을 대표하고 한국소비자보호원의 업무를 총괄하는데, 원장이 사고가 있을 때에는 평상시 원장을 보좌하는 부원장이 그 직무를 대행한다고 규정하고, 원장·부원장이 모두 사고가 있을 때에는 정관이 정하는 순위에 따라 이사가 그 직무를 대행한다고 규정하고 있다.

기타 행정객체인 사인의 행정법령상 의무를 '代行'하도록 하는 경우도 있다. 이 경우 통상 전문적·기술적인 자격을 갖춘 자를 代行事業者로 등록·지정하도록 하는 등의 관련규정을 두고 있으나, 이 역시 '행정권한'의 대행과는 명백히 구별된다. 수질환경보전법 제44조의 測定代行業者 登錄制度 등을 예로 들 수 있다.[33]

---

33) 水質環境保全法

4. 關聯判例檢討

　행정권한을 代行하는 경우에는 본래의 권한자인 행정기관의 지휘·감독을 받아야 하는지 여부에 관하여 전술한 제1유형의 대행의 경우에는 그 성질상 대행기관이 사실상 實務를 담당하는 것이므로 권한자의 지시와 감독을 요한다고 생각되며 따라서 본래의 권한자의 지휘·감독을 받아야 할 것으로 보인다. 그러나 제2유형의 대행의 경우 관련법령에서 특별히 明文規定을 두지 않는 한 본래의 권한자의 지휘·감독을 받을 필요는 없다고 생각된다. 대행기관이 독자적으로 권한을 행사한 경우 이는 곧 본래의 권한자가 그 권한을 행사한 것으로 擬制되기 때문이다.

　행정권한의 위임·위탁의 경우에는 위임위탁규정 제6조의 규정에 의하여 일반적으로 위임·위탁기관이 수임·수탁기관에 대하여 지휘·감독권을 행사할 수 있다는 점에서 제2유형의 대행의 경우 이들과 차이점이 있다고 본다.

　大法院 判例는 한국자산관리공사의 전신인 구 성업공사가 세무서장으로부터 의뢰받은 국세압류재산의 공매에 관하여 세무서장의 지휘·감독을 받지 아니하고 자기의 權限으로 公賣를 할 수 있다고 본다. 제2차납세의무자지정납부통고처분등무효확인 사건[34]에서 구 성업공사는 세무서장으로부터 의뢰받은 國稅押留財産의 公賣에 관하여 세무서장의 지휘·감독을 받지 아니하고 공매처분무효확인소송에 있어서 공매처분을 대행한 구 성업공사의 피고적격을 긍정한 것은 정당하다고 판시한 바 있다.

제44조(測定代行業의 登錄) ① 오염물질의 자가측정업무를 代行하고자 하는 자(이하 '測定代行業者'라 한다)는 환경부령이 정하는 자본금·기술능력·시설 및 장비를 갖추어 환경부장관에게 登錄을 하여야 한다. 등록한 사항 중 환경부령이 정하는 중요사항을 변경하고자 할 때에도 또한 같다.
　③·⑤(생략)

34) 대법원 1989. 10. 13. 제3부 판결 89누1933
34) 원판결: 서울고등법원 1989. 2. 20. 선고, 86구1000판결

VI. 結 語

委任·委託·代理·代行이란 결국 행정기관이 자신의 권한을 법적으로는 자기에게 귀속시킨 상태에서 이를 직접 행사하지 아니하고 다른 행정기관이나 민간법인·단체 등에 맡겨 처리하는 行政權限의 行使方法이라 하겠다. 이들은 각자 서로 다른 특징들을 지니고 있어 각 개별법마다 입안·심사 시보다 당해 법령에 적합한 수단을 채택하도록 하여야 될 것이다.

우리나라 실정법상 委任·委託制度는 현재 매우 활성화되어 가고 있다. 그러나 이들 제도가 아직까지 개념상의 혼란이 완전히 정리되지 못하고 있고, 民間委託의 경우 구체적인 위탁가능범위에 관하여 명확한 基準이 제시되지 못하고 있는 등 제반문제점들을 내포하고 있어 그 조속한 해결방안이 제시되어야 할 것이다.

특히 代行制度의 경우 수많은 행정법령에서 이를 도입·활용하고 있다. 그러나 행정법령을 보다 합리적으로 제정하여 정착시키고, 一線實務者들이 대행제도를 명확하게 해석·적용하도록 하기 위하여는 이에 관한 보다 체계적이고 정교한 實務理論을 발전시켜 나아가야 할 것이다.

5 ILO동일임금협약과 관련노동법령 · 판례 연구1)

Ⅰ. ILO勞動關係協約槪觀

國際勞動機構(ILO)는 1944년 5월 10일 美國 필라델피아에서 채택된 憲章에 의하여 설립된 국제기구로서 汎世界的으로 世界平和와 和合을 위협하는 세계 다수인들의 불의 · 고난 · 궁핍을 초래하는 원인이 되는 근로자들의 勤勞條件과 環境을 개선하기 위한 目的2)을 가지고 있다. ILO는 현재까지 총 181건에 이르는 근로조건의 개선을 위한 國際協約의 체결을 추진하여 오면서 많은 노력을 기울여 왔다. 이들 조약 중 우리 정부에서 현재 批准檢討對象으로 파악하고 있는 協約은 전체적으로 93건에 이르고 있는바,3) 7건의 協約은 이미 시행중이거나 國內節次를 거쳐 批准을 마친 상태에 있다. 이를 구체적으로 살펴보면, 제73호 '船員健康診斷에관한協約'(1992. 12. 비준), 제81호 '勤勞監督協約'(1992. 12. 비준), 제122호 '雇傭政策協約'(1992. 12. 비준), 제142호 '人的資源開發協約'(1994. 1. 비준), 제100호 '同一勞動同一賃金協約'(97. 12. 8. 비준), 제150호 '勞動行政協約'(97. 12. 8. 비준), 제160호 '勞動統計協約'(97. 12. 8. 비준) 등 7건이다. 그리고 정부에서는 현재 제138호 '就業最低年齡協約', 제29호 및 제105호 '强制勤勞禁止協約', 제111호 '雇傭상의差別待遇禁止協約' 등의 비준을 추진하는 것을 비롯하

---

1) 이 글은 『법제』(법제처, 통권 제484호, 1998년 4월호)에 게재한 저자의 논문을 일부 재정리한 것이다.
2) ILO의 구체적인 설립목적은 憲章의 부속서인 '國際勞動機構의目的에관한宣言'에 상세히 규정되어 있다.
3) 비준검토대상 협약에서 제외되는 協約들은 死文化 · 廢棄되거나 개정대상이 되는 협약 60건, 植民地關聯 협약 12건, 효력미발생 협약 16건 등 88건이다.

여 ILO總會 및 각종관련회의에 적극 참여 중에 있고, 특히 1996년도 제83차 ILO總會에서는 우리나라가 3년 임기의 理事國으로 선출되어 國際勞動政策의 決定過程에서 더욱 중요한 역할과 사명을 수행하는 계기로 발전하고 있다. 현재 제29호 및 제105호 '强制勤勞禁止協約', 제111호 '雇傭상의 差別待遇禁止協約'의 경우에는 정부에서 ILO의 관련 專門家들에게 자문까지 의뢰하는 등 정부에서는 적극적으로 가입비준을 추진하고 있다. 특히 UN, ILO, OECD 등 國際機構에서는 7건의 ILO協約을 基本人權에 관련된 '核心協約'으로 분류하여 전 ILO會員國들이 이를 批准하도록 촉구하여 오고 있다.[4] 이들 7건의 核心協約(core labor standards)은 結社의自由에관한協約(제87호), 團體交涉權保護에관한協約(제98호), 强制勤勞禁止에관한協約(제29호, 제105호), 兒童勤勞廢止에관한協約(제138호), 雇傭상差別禁止에관한協約(제100호, 제111호)를 말한다.[5]

---

4) 이와 관련하여 ILO會員國의 協約批准 현황을 살펴보면, 총 협약비준건수는 1996. 12. 31. 현재 6,390건에 이르고 있으며, 이는 ILO회원국 평균 36.7건이 된다. OECD회원국의 평균비준건수는 66건으로 ILO회원국의 비준건수의 약 2배에 육박하고 있다(勞動部, 「ILO協約批准 關聯 參考資料」, 1997년 9월).

5) 참고로, 세계 100개국 이상의 회원국을 이미 확보하고 있는 주요협약은 다음과 같다(勞動部, 앞의 자료).
　제11호 農業勤勞者結社및組合權協約(118개국 가입)
　제14호 工業部門週休適用協約(115개국)
　제19호 내외국인균등대우협약(117개국)
　제26호 最低賃金制度수립에관한協約(100개국)
　제29호 强制勤勞禁止協約(140개국)
　제81호 勤勞監督協約(119개국)
　제87호 결사의자유및단결권보호협약(118개국)
　제98호 團結權및團體交涉協約(132개국)
　제100호 同一勞動同一賃金協約(126개국)
　제105호 强制勤勞廢止協約(119개국)
　제111호 雇傭상의差別待遇禁止協約(122개국) 등

II. 男女同一勞動同一賃金協約

1. 加入背景

1997년 12월 8일 우리 정부가 批准한 男女同一勞動同一賃金協約(이하 '協約')[6]은 그 前文[7]에서 천명하고 있는 바와 같이 1951년 6월 29일 國際 勞動機構 제34차 회기 總會에서 동일가치의 노동에 대한 남녀근로자의 同 一報酬 原則에 관한 제안을 國際協約으로 채택할 것을 결의함에 따라 체 결된 것으로서 그 주된 目的은 중요한 근로조건의 하나인 賃金分野에서 남녀 간의 平等井神을 구현하기 위한 노력을 국제적으로 전개하려는 것이 다. 우리 政府에서는 1991년도 ILO 가입을 비롯하여 그동안 勞動政策分野 에 있어서의 國際協力基盤을 확립하고, 국제적인 노사관계개선노력의 추세 에 적극 부응하기 위하여 지속적인 政策硏究와 制度改善을 추진하여 오고 있다. 특히 1997년도에는 이 협약을 비롯하여 勞動行政協約, 勞動統計協 約에 비준하는 등 성과를 올리게 되었다. 또한 ILO의 주요협약의 비준추진 을 위한 관련정책과 아울러 國際基準(international standards)에 부응하도록 하기 위하여 필요한 法制改善에 지속적인 노력을 기울이고 있다.

이 협약의 批准을 推進하여 온 經過를 살펴보면, 1991년 12월 國際勞動 機構 加入 이후 본격적으로 協約內容을 檢討하여 오면서 1994년 2월 수 립한 바 있는 中期計劃인 第1次勤勞女性福祉基本計劃(1994년 – 1997년)에

---

6) 이 協約의 정식제명은 "同一價値의勞動에대한男女勤勞者의同一報酬에관한協約(國際勞動機構協約 第100號)"(Convention No.100 Convention concerning Equal Remuneration for Men and Women Workers for Work of Equal Value)이다.

7) 協約前文은 다음과 같다.
"國際勞動機構의 總會는, 국제노동사무국의 이사회가 제네바에서 1951년 6월 6일 소집한 제34차 회 기에서, 회기 의사일정의 제7의제인 同一價値의 勞動에 대한 男女勤勞者의 同一報酬 原則에 관한 제 안의 채택을 결정하고, 이 제안이 國際協約의 형식을 취할 것을 결의하여, 1951년의 동일보수협약이라 고 하는 다음의 협약을 1951년 6월 29일 채택한다."

同 協約批准方案을 반영하였다. 우리 정부는 1996년 4월 協約批准을 정식으로 推進하기로 확정하고, 1997년 3월에는 15개 關係中央部處와 協議를 마치고, 1997년 10월에는 法制處 審査[8]를 거쳐 國務會議의 審議를 통과하게 되었다. 정부는 1997년 12월 비준서를 ILO 사무국에 송부하여 登錄節次를 마친 바 있다.

이 協約의 批准推進背景을 살펴보면,[9] 이 協約은 동일가치근로에 대한 남녀근로자 간에 同一賃金을 보장하기 위하여 1951년 ILO 총회에서 채택되었고, 1996년 말 현재 세계 126개국이 회원국으로 가입되어 있는바, 우리나라가 이 협약에 批准함으로써 국내에서 國際基準에 맞추어 勤勞者의 報酬面에서 男女平等을 보장하고 나아가 女性의 雇傭擴大를 촉진시킬 뿐만 아니라 새롭게 형성되는 國際經濟秩序에 적극 참여하려는 것임을 알 수 있다.

이 協約은 ILO와 主要國際機構에서 분류한 7개 核心協約(core labor standards)의 하나로서, 최근 ILO에서는 각 회원국 정부에 대하여 이의 批准과 國內履行을 적극 촉구하고 있는 상황이다. 또한 이 협약의 내용은 우리나라 憲法, 勤勞基準法, 男女雇傭平等法 등 국내노동관련법률에서 이미 협약내용에 적합하게 관련규정을 마련하여 운영하여 오고 있다는 점 등에서 이 협약의 비준에 따라 특별히 추가적인 立法措置가 필요한 것은 아니므로 보다 빠른 시기에 이를 추진할 수 있었다고 본다.[10]

---

8) 法制處, 「協約案審査回信」 資料(1997. 10. 28.) 참조.

9) 法制處, 앞의 資料 참조.

10) 勞動部, 「批准對象 ILO協約內容 및 國內現況」(1997. 6.)
　　勞動部, 「ILO協約批准 關聯 參考資料」(1997. 9.)
　　法制處, 앞의 자료 등 참조.

2. 主要內容

가. 基本槪念

이 협약에서 '同一價値勞動에 대한 男女勤勞者의 同一報酬原則'을 규정함에 있어 우선 '報酬'란 구체적으로 어느 범위까지인지 여부, '同一價値勞動에 대한 男女勤勞者의 同一報酬'란 무엇을 의미하는지 여부에 관하여 명확한 개념정의가 필요하다. 협약 제1조에서는 이 협약의 목적상, '보수'라 함은 통상, 기본 또는 최저의 임금이나 봉급 그리고 고용을 이유로 지불하는 모든 추가적 급여를 말하고(the term "remuneration" includes the ordinary, basic or minimum wage or salary and any additional emoluments whatsoever payable directly or indirectly, whether in cash or in kind, by the employer to the worker and arising out of the worker's employment), '동일가치의 노동에 대한 남녀근로자의 동일보수'라 함은 성별에 따른 차별 없이 정하여진 보수액을 말한다(the term "equal remuneration for men and women workers for work of equal value" refers to rates of remuneration established without discrimination based or sex)고 규정하고 있다.[11]

나. '同一價値勞動에 대한 男女勤勞者의 同一報酬原則(the principle of equal remuneration)'

이 협약의 中心條項으로서 제2조에서는 會員國은 自國에서 報酬額을

11) 여기서 참고로 ILO憲章 제37조제1항에서는 회원국 간의 이 憲章 및 附屬協約의 해석에 관련된 분쟁은 國際司法裁判所에 회부되어 결정된다고 규정하고 있어 이 협약의 解釋・適用에 관한 궁극적인 권한은 國際司法裁判所에 있다고 보는 것이 타당하다. 다만, 국제노동사무국에서는 이와 같은 國際司法裁判所에 해석권한이 유보되어 있음을 전제로 각 회원국정부와의 실무적인 원활한 협조를 위하여 동사무국의 견해를 표명하는 경우가 있다. 통상 국제노동사무국의 覺書(memorandom) 혹은 官報(offcial bulletin)의 형태로 표명된다. 이 협약의 解釋・適用에 관한 문제도 역시 마찬가지로 그 궁극적인 해석권은 국제사법재판소에 있다고 보아야 할 것이다.

決定하기 위하여 사용되는 方法과 一致하는 限度 안에서 '同一價値勞動에 대한 男女勤勞者의 同一報酬原則'을 모든 勤勞者에게 적용할 것을 保障하고 있다. 회원국은 근로자에 대한 보수액을 결정하기 위하여 사용되고 있는 방법에 적합한 수단으로(by means appropriate to the methods in operation for determining rates of remuneration) 同一價値의 勞動에 대한 男女勤勞者의 同一報酬 原則(the principle of equal remuneration for men and women workers for work of equal value)을 모든 勤勞者에게 適用할 것을 促進하며, 이 方法과 양립하는 한(in so far as is consistent with such methods) 그 적용을 보장한다. 또한 이 原則은 (가) 國內法令(national laws or regulations),(나) 합법적으로 制定되었거나 인정된 賃金決定體系(legally established or recognised machinery for wage determination), (다) 사용자와 노동자 간의 團體協約(collective agreements between employers and workers), (라) 상기 각종 수단의 조합(a combination of these various means) 등에 의하여 적용될 수 있도록 규정하였다.[12]

다. 職務評價의 客觀性(objective appraisal of jobs) 保障

협약 제3조에서는 會員國은 이 協約의 規定을 이행하는 데 도움이 되도록 客觀的인 職務評價의 확립의 獎勵를 위한 措置를 취하도록 하고 있다. 이 협약의 규정을 이행하는 데 도움이 될 경우에는, 수행되는 勞動을 기초로 한 客觀的인 職務評價(objective appraisal of jobs)를 장려하기 위한 조치를 취하도록 하고, 이 평가 시에 따라야 할 방법은 報酬額의 결정을 담당하는 機關이 결정할 수 있으며, 報酬額이 團體協約(collective agreements)에 의하여 결정될 경우에는, 그 團體協約의 當事者가 결정할 수 있도록 규정하고 있다. 勤勞者 간 報酬額의 차이는 客觀的인 評價로 볼 때 性別에 관

---

12) 男女의 平等待遇에 관하여는 朴洪圭, 『勞動法論』 p.714－729; 李相潤, 『勞動法』, p.337－343. 등 참조.

계없이 행하여지는 勞動의 차이와 일치하는 경우에는 이를 '同一價値勞動에 대한 男女勤勞者의 同一報酬原則'에 위배되는 것으로 보지 아니하도록 하고 있다(Differential rates between workers which correspond, without regard to sex, to differences, as determined by such objective appraisal, in the work to be performed shall not be considered as being contrary to the principle of equal remuneration for men and women workers for work of equal value).

라. 勞·使·政의 相互協力原則

협정 제4조에서는 會員國은 이 협약의 규정을 이행할 목적으로 관련 使用者團體 및 勤勞者團體와 적절히 協力하여야 한다는 原則(Each Member shall co-operate as appropriate with the employers' and workers' organisations concerned for the purpose of giving effect to the provisions of this Convention)을 규정하고 있다. 노사문제는 기본적으로 공익을 대표하는 정부와 근로자를 대표하는 勤勞者團體 및 사업자를 대표하는 使用者團體의 3者 상호 간에 항상 원활한 協議와 協商을 통하여 해소하는 것이 무엇보다도 중요하다. 또한 國際協約과 國內勞動法令과 制度를 무리 없이 施行하기 위하여서도 이 같은 협력정신은 필요한 것이라고 본다.

마. 發效·正本 및 改正審議 등

이 협약의 발효 후에 비준하는 會員國에 대하여는 그 批准書(The formal ratifications of this Convention)를 登錄한 날부터 12月 후에 發效되도록 규정하고 있다.[13] 그리고 이 協約文의 正本으로서 英文本과 佛文本은 同等

---

13) 협약 제6조제2항에서는 이 협약의 최초 발효일에 관하여는 "2개 회원국이 사무국장에게 비준을 등록한 날부터 12월 후에 발효한다."고 규정하고 있다.

하게 效力을 지닌다(The English and French versions of the text of this Convention are equally authoritative)고 규정하고 있다.14) 이 협약에 가입하는 국가는 그 批准書를 국제노동사무국장에게 송부하여 등록을 마쳐야 한다. 그리고 協約은 국제노동사무국장에게 批准이 登錄된 국제노동기구 회원국만을 覊束한다. 이 협약을 비준한 회원국은 이 협약의 발효일부터 10년이 만료한 후 국제노동사무국장에게 문서를 登錄함으로써 협약을 폐기할 수 있는데, 협약의 폐기는 등록일부터 1년 후에 발효한다. 국제노동사무국 理事會(the Governing Body of the International Labour Office)는 필요하다고 인정되는 경우 協約의 履行에 관한 報告書(a report on the working of this Convention)를 總會에 제출하며, 협약의 全部 또는 一部改正(revision in whole or in part)에 관한 문제를 總會의 議題로 상정할 것인지 여부를 심의하도록 하고 있다.

Ⅲ. 協約案 審査經過

1. 審査經過槪要

이 協約은 우리나라가 비준·가입함으로써 임금분야에서 男女平等을 보장하고 女性의 雇傭擴大를 촉진시고, 무역과 노동을 연계하려는 새로운 國際經濟秩序의 형성과정에 능동적으로 참여하려는 것이다. 이 협약안은 검토과정에서 第3條第2項 등 일부조항의 내용이 立法事項에 해당될 수도 있지 아니하느냐 하는 의문이 제기된 바 있으나, 심사결과 이 협약안은 別途의 立法措置나 국내법에 대한 特例 기타 立法事項 등을 포함한다고 볼 수

---

14) 협약 제14조.

없다는 결론에 노달하였다. 따라서 憲法 제60조제1항의 규정에 의하여 國會의 同意를 얻어야 할 조약에 해당되지 아니한다는 심사결과를 외무부에 회신하였다.[15]

2. 國會同意對象 立法事項의 具體的範圍

우리 憲法의 조약관련조항을 살펴보면, 제66조제1항에서는 "大統領은 國家의 元首이며, 外國에 대하여 國家를 代表한다."고 규정하고, 第73條에서는 "大統領은 條約을 체결·批准하고, 外交使節을 信任·접수 또는 派遣하며, 宣戰布告와 講和를 한다."고 규정하여 대통령에게 外交權의 중요한 내용의 하나로서 條約締結·批准權을 명시하고 있다. 또한 제89조제3호에서는 대통령이 조약을 체결하고자 할 경우에는 國務會議의 審議를 반드시 거쳐야 하도록 明文化하고 있다. 물론 이는 국무회의의 法的性質은 심의기관에 불과하다는 지적이 있으나, 그럼에도 불구하고 헌법 제89조 각 호에 열거하는 主要國政事項에 관하여는 全國務委員이 참여하는 회의에서 보다 신중하게 衆智를 모아 처리하여야 할 것이라는 당위성이 전제되어 있다고 본다. 제60조제1항에서는 國會는 '相互援助 또는 安全保障에 관한 條約, 중요한 國際組織에 관한 條約, 友好通商航海條約, 主權의 制約에 관한 條約, 講和條約, 國家나 國民에게 중대한 財政的 부담을 지우는 條約 또는 立法事項에 관한 條約'의 체결·비준에 대한 同意權을 가진다고 규정하고 있다. 국회가 조약체결·비준안에 同意하고자 할 때에는 재석의원 과반수의 출석에 출석의원 과반수의 찬성이 필요로 한다.

조약의 체결비준에 있어서 國會의 同意 또는 承認을 얻도록 하고 있는 條約의 구체적 범위는 국가마다 다른데, 우리나라 憲法은 국회의 동의를 요하는 條約을 열거·규정하고 있다는 점에서 프랑스·이태리·독일의 경

---

15) 法制處, 앞의 자료 참조.

우와 대체로 같다고 볼 수 있으나, 우리나라의 경우에는 이들 국가의 경우보다는 國會의 同意를 요하는 條約의 범위가 매우 廣範圍하므로 실질적인 측면에서는 모든 조약이 國會의 同意를 얻어야 한다고 규정한 美國[16]·네덜란드·日本[17] 등의 憲法과 큰 차이가 없다고 보아야 한다.[18] 우리나라와 같이 三權分立體制를 근간으로 하는 국가에서는 대체로 조약의 체결·비준은 국가원수의 固有한 權限으로 규정하면서도 그 조약의 체결·비준에 대하여는 민주적인 統制原理에 바탕을 두고 동의제도 또는 그와 유사한 立法機關의 참여절차를 확립하여 놓고 있다. 조약체결행위는 대외적으로는 외국정부나 국제기구와의 對外交涉過程으로서 외교적인 성격이 강한 측면이 인정되지만, 이는 대내적으로 政府의 의사결정과정을 통하여 국민의 권리·의무에 영향을 미치고, 國內法과 동일한 效力을 가지는 法型式에 해당된다.[19] 따라서 대통령의 外交權의 행사에 있어서 민주적 통제절차로서 일정 범위의 조약에 대하여는 國會의 同意를 얻도록 하는 장치를 마련한 것이다.

立法事項이란 구체적으로 무엇인지 또는 立法事項의 구체적 범위를 어디까지로 볼 것인지에 관하여는 학계와 실무계에서 의견의 일치를 보이고 있는 것은 아니다. 立法事項의 범위에 관하여는 國內法의 改正·變更을 요하는 사항, 국내법의 制定 없이는 국내적으로 施行不可能한 사항, 國內法으로서 規律하여야 할 사항 등을 포함시킬 수 있다.[20] 특히 국민의 권리·의무에 관한 사항 또는 국민의 권리·의무에 중요한 영향을 미치는 사항을 규율하는 조약내용은 그 중요성에 비추어 국가입법기관인 國會의 議決을 거쳐 법률로 정하여야 할 내용에 상응하는 것으로 보아야 될 것이다.

---

16) The Constitution of the United States ARTICLE Ⅱ Section 2.

17) 日本憲法 第61條에서 條約案의 國會承認節次에 관한 사항을 규정하고 있는바, 일본의 국회는 參議院과 衆議院으로 구성되어 있어 參議院에서 衆議院의 의결과 다르게 의결된 경우에는 兩院協議會를 통하여서도 합의를 보지 못하는 경우 또는 參議院에서 衆議院의 可決案을 접수한 후 30日(휴회기간 제외) 이내에 의결하지 아니한 경우에는 衆議院의 可決案을 그대로 國會가 議決한 것으로 하도록 하고 있다. 第61條(條約の承認と衆議院の優越).

18) 文俊朝, 『條約의 締結節次와 施行에 관한 研究』, 한국법제연구원 연구보고 제94-2, p.75-77.

19) 李相喆, "條約審査業務發展方案 研究", 法制處, 「法制」 제477호(1997년 9월호) 참조.

20) 文俊朝, 앞의 책, p.87.

조약의 내용이 국내법에 저촉되거나 국내법에 근거가 없이 국민의 권리·
의무사항을 정하는 경우 이는 立法事項을 포함하는 조약으로서 國會의 同
意를 얻어야 할 것이다.

　立法事項에 관하여 넓은 의미로 보려는 견해로서 조약의 내용이 국내법
에 저촉되지 아니하더라도 조약체결 이후에는 현행의 국내법의 규정상태를
그대로 유지할 필요가 있을 경우에는 국내의 입법활동을 제약하거나 기속
하는 효과가 나타나므로 이를 입법사항으로 보아야 된다고 한다. 우리 憲法
體制는 大統領이 條約締結·批准權을 행사하되, 憲法에서 열거·한정하
고 있는 일정범위의 主要條約에 대하여는 국회의 동의를 요구하고 있는 점
등에서 볼 때 넓은 의미의 모든 입법사항을 국회동의대상을 보는 것은 헌
법의 취지에 맞지 아니한다는 의견도 제시되고 있다.21) 생각건대, 대다수의
조약은 직접적으로 또는 간접적으로 국민의 권리·의무에 관련된 내용을
규정하고 있어 이들을 모두 憲法 제60조제1항의 규정에 의한 立法事項을
포함하는 조약으로 보는 데에는 논란의 소지가 있다고 본다.

3. 立法事項 審査事例

　그동안 法制處에서 審査한 조약안 중 立法事項의 구체적 범위의 판단에
참고가 될 수 있는 몇 가지 審査事例를 살펴보자. 우선 韓·EU基本協力
協定案(1996. 10. 28. 署名, 미발효)의 경우, 우리나라는 指定貨物을 우리
나라 선박에 우선 積取하도록 義務化하는 제도를 終了시키기로 하고, 건화
물 및 액체화물의 벌크交易과 定期交易에 관하여 앞으로는 제3국과 兩者
協定 체결 시 貨物分配積取條項의 도입을 억제하도록 하는 내용은 현행
海運産業育成法에 저촉되거나 기타 우리나라의 立法權을 제약하는 규정이
라고 보았고, 또한 체약당사자는 知的·産業 및 商業財産權을 보호하도록

---

21) 文俊朝, 앞의 책, p.88.

하고, 1998년 7월까지 新品種 등의 보호를 위한 種子産業法 및 특정지명의 사용권리 등 보호를 위한 地理的表示保護法을 제정·시행하기로 하는 내용도 이를 우리나라의 立法權을 제약하는 사항에 해당된다고 보았다.

國際紛爭의平和的解決에관한協約案(加入推進 중)의 경우, 證人 및 鑑定人은 당사국의 청구에 의하여 또는 調査委員會의 職權으로 召喚되고, 證人의 신문은 委員長이 행하되, 證人에 관한 모든 정보를 얻기 위한 質問을 할 수 있다고 규정한 내용은 우리나라 헌법이 보장하는 국민의 權利를 제약하는 것으로서 立法事項에 해당된다고 보았고, 仲裁法廷의 仲裁裁判官에게 外交關係에관한비엔나協約 22)에서 보는 바와 같이 각종 면제·특권을 부여하는 내용은 우리나라의 主權을 制約할 뿐만이 아니라 국내 稅法·刑事法 등 다수 法律에 대한 特例를 허용하려는 것으로 立法事項을 포함하는 내용으로 보았다.

韓·러시아公館敷地交換協定(조약 제1438호 1997. 12. 9. 공포, 1997. 12. 28. 발효)의 경우에는 양국은 外交公館敷地를 99年간 長期賃借·交換하기로 하고, 임차부지는 이 협정에 규정된 목적이외에 다른 목적으로 사용될 없고, 그 賃貸期間을 99年으로 정하는 것은 國有財産法의 관련규정에 대한 特例로서 立法事項에 해당된다고 보았고, 공관부지의 賃貸借契約은 相互合意에 따라 부지소유권의 交換協定으로 代替될 수 있고, 양국 간에 제공하기로 한 임차부지의 年間 賃借料는 미화 1불로 한다고 규정한 내용은 국유재산법의 해당조항에 대한 특례를 정하는 것으로 立法事項에 해당된다고 보았다.

韓·러시아刑事司法共助條約의 경우에는 사법공조의 피요청국은 그 一般刑事法상에는 犯罪가 되지 아니하나 軍事法상에서는 犯罪가 되는 경우 (the request relates to an offence under military law which would not be an

---

22) 例를 들면, 제29조(身體不可侵과 逮捕·拘禁 免除), 제30조(個人住居·書類·財産의 不可侵特權), 제31조(刑事 및 일부 民事·行政裁判 管轄權으로부터의 免除), 제33조(社會保障 제규정에 의한 義務 免除), 제34조(租稅·賦課金의 免除), 제35조(公共役務·徵發 기타 조사부담면제), 제36조(物品 搬入에 따른 關稅·租稅·賦課金 면제) 등과 같이 外交官에 대한 각종 免除·特權을 부여하는 규정을 두고 있다.

offence under ordinary criminal law)의 그 범죄에 관한 共助要請을 받은 때에는 이를 拒絕할 수 있다는 내용은 이를 國際刑事司法共助法에서 정한 공조거절사유 외에 새로운 共助拒絕事由를 규정하려는 것으로서 立法事項에 해당된다고 보았다.

韓·이스라엘 二重課稅防止協定(조약 제 1440호 1997. 12. 9. 공포, 1997. 12. 13. 발효)의 경우에는 일방체약국에서 발생하여 타방체약국의 거주자에게 지급되는 利子所得에 대한 租稅의 稅率이 10퍼센트를 超過할 수 없도록 하는 규정은 이를 所得稅法상의 稅率에 대한 特例를 정하는 것으로서 立法事項에 해당된다고 보았다.

4. 協約案 審査結果

가. 協約案 第2條[23]

協約案은 회원국은 보수액의 결정방법에 적합한 수단에 의하여 '同一價値勞動에 대한 男女勤勞者의 同一報酬原則(equal remuneration for men and women workers for work of equal value)'이 모든 근로자에게 적용되도록 촉진하고, 동 決定方法과 一致하는 범위 안에서 그 적용을 保障한다 (Each Member shall, by means appropriate to the methods in operation for determining rates of remuneration, promote and, in so far as is consistent with such methods, ensure the application to all workers of the principle of equal remuneration……)고 규정하고 있다. 살펴보건대, 우리 憲法 第11條第1項에서는 모든 國民은 法 앞에 平等하고, 누구든지 性別 등에 의하여 政治的·經濟的 생활 기타 모든 영역에서 差別받지 아니함을 선언하고 있다. 그리고 국내법령에서는 구체적인 性別에 의한 差別禁止規定을 두고 있는

23) 法制處, 앞의 자료 p.1 - 2.

바, 노동 분야에서는 勤勞基準法, 男女雇傭平等法, 勞動組合및勞動關係調整法 등에서 이에 관한 규정을 마련하여 놓고 있다. 勤勞基準法 第5條에서는 使用者는 勤勞者에 대하여 男女의 差別的 대우를 하지 못하도록 禁止하고 있고, 男女雇傭平等法 制6條의 2第1項에서는 事業主는 同一한 事業 내의 同一價値의 勞動에 대하여는 동일한 賃金을 지급하여야 하도록 규정하고 있다. 組合및勞動關係調整法 第9條에서는 組合員은 어떠한 경우에도 性別 등에 의하여 差別待遇를 받지 아니한다고 명시하고 있다. 따라서 조약안 제2조제1항의 요지는 會員國은 자국의 근로자보수액의 결정방법과 일치하는 범위 안에서 '同一價値勞動에 대한 男女勤勞者의 同一報酬原則'(equal remuneration for men and women workers for work of equal value)이 모든 근로자에게 적용되도록 하는 보장의무를 부과하는 내용인바, 국내법에서는 이미 살펴본 바와 같이 憲法 제11조제1항, 勤勞基準法 제5조, 男女雇傭平等法 제6조의 2제1항, 勞動組合및勞動關係調整法 제9조 등에 의하여 男女差別禁止 및 위의 同一報酬原則이 준수되도록 보장하고 있음을 알 수 있다. 다만, 勤勞基準法 제10조제1항 및 男女雇傭平等法 제3조제1항에서는 5인 미만 常時勤勞者 雇傭 事業場을 그 적용대상에서 제외하고 있는 점이 있으나, 그 경우에도 역시 憲法 제11조제1항, 勞動組合및勞動關係調整法 제9조에 의하여 男女差別이 금지되고 있는 점, 이 협약안 제2조제2항에서 보수액의 決定手段으로서 합법적으로 인정된 賃金決定體系 기타 다양한 수단을 적용할 수 있도록 허용하고 있는 점 등을 종합적으로 참작할 때 이는 현행 國內 法體系에 맞지 아니하거나 또는 그에 대한 特例를 규정하는 내용으로는 보기 어려운 점이 인정된다.

나. 協約案 第3條第2項[24)]

協約案은 職務評價의 방법은 보수액의 결정을 담당하는 기관이 결정할

---

24) 法制處, 앞의 자료 p.3 - 4.

수 있고, 보수액이 團體協約에 의하여 결정될 경우에는 그 당사자가 결정할 수 있도록 하고 있다. 살펴보건대, 男女雇傭平等法 제6조의2제항에서는 事業主는 동일한 사업 내의 同一價値의 勞動에 대하여는 동일한 임금을 지급하여야 하도록 하고, 동조제2항에서는 同一價値의 勞動基準은 직무수행에서 요구되는 技術・勞力・責任 및 作業條件 등으로 하고, 事業主가 그 기준을 정함에 있어서는 苦衷處理機關의 근로자를 대표하는 자의 의견을 반드시 듣도록 하고 있다. 여기서 협약안에서 규정한 '職務評價의 방법'은 男女雇傭平等法 제6조의2제2항에서 규정하고 있는 '同一價値의 勞動基準'에 해당되는 것으로 볼 수 있다. 한편 勞動組合및勞動關係調整法 제33조에서는 團體協約에서 정한 근로조건 등에 위반하는 就業規則 또는 勤勞契約의 부분은 無效가 되고, 그 無效가 된 부분은 團體協約에서 정한 기준이 적용되도록 규정하고 있다. 따라서 보수액의 결정을 담당하는 기관은 통상 使用者(사업주)라고 보아야 할 것이고, 협약안에서 규정한 '職務評價의 방법'은 男女雇傭平等法 제6조의2제2항에서 규정하고 있는 '同一價値의 勞動基準'에 해당되는 것으로 국내법상 事業主가 就業規則에서 이를 정하도록 하고 있다고 볼 수 있다. 물론 경우에 따라서는 개별 勤勞契約에서 보수액의 결정・계산 및 지급방법 등의 기준을 정할 수도 있으므로 이때에는 당해 개별 勤勞契約에서 '同一價値의 勞動基準'에 관한 사항을 정한다고 보겠다. 그런데, 노사 간에 이 같은 就業規則이나 개별 勤勞契約의 내용과 다른 團體協約을 체결하는 경우에는 勞動組合및勞動關係調整法 제33조에 의하여 당해 團體協約에 위반되는 就業規則이나 勤勞契約의 관련부분은 無效가 된다. 그리고 그 無效가 된 부분의 경우에는 동 단체협약이나 勤勞契約에 정한 기준이 적용되는 것이다. 그렇다면, 통상 사업주가 보수액의 결정기준이 되는 職務評價의 방법을 정하겠으나, 團體協約의 當事者인 노사 쌍방의 合意에 의하여 보수액의 결정기준으로서 職務評價의 방법이 결정되는 경우에는 국내법상 그에 優先的 效力을 부여하고 있는 점 등에 비추어 볼 때 협정안 제32조의 2는 男女雇傭平等法 제6조의2제2항 기타 국내법에 대한 特例를 규정하는 등 立法事項에 해당되는 내용으로 볼 수 없다.

다. 審査意見

이 協約案은 근로자의 임금분야에서 男女平等을 보장하고 여성의 고용
확대를 촉진시키며 나아가 새로운 國際經濟秩序의 형성과정에 능동적으로
참여하려는 것으로서 別途의 立法措置를 요하거나 國內法에 대한 特例를
규정하는 내용의 立法事項 등을 포함한다고 볼 수 없고, 따라서 憲法 제60
조제1항의 규정에 의하여 국회의 同意를 얻어야 할 條約에 해당되지 아니
한다.

IV. 同一賃金協約과 關聯國內法制

1. 協約과 憲法 第32條

우리나라 憲法 第32條를 살펴보면, 모든 國民은 勤勞의 權利를 가진다.
國家는 사회적·경제적 방법으로 근로자의 雇傭의 증진과 적정임금의 보
장에 노력하여야 하며, 法律이 정하는 바에 의하여 最低賃金制를 시행하여
야 한다. 모든 국민은 勤勞의 義務를 진다. 國家는 勤勞의 義務의 내용과
조건을 民主主義 原則에 따라 法律로 정한다. 勤勞條件의 基準은 人間의
尊嚴性을 보장하도록 法律로 정한다. 女子의 勤勞는 특별한 보호를 받으
며, 雇傭·賃金 및 勤勞條件에 있어서 부당한 차별을 받지 아니한다. 年少
者의 勤勞는 특별한 보호를 받는다고 규정되어 있다.[25) 여기에서, 女子의

勤勞는 득별한 보호를 받으며, 雇傭·賃金 및 勤勞條件에 있어서 부당한 차별을 받지 아니한다고 규정한 취지는 여성근로자는 성인남성근로자에 비하여 취약한 인정하고 그에 따라 특별한 보호를 하는 것이 오히려 평등관념에 비추어 타당한 점이 있고, 社會通念상 不合理하고 不當한 여성차별대우가 발생할 우려가 있는바, 이를 방지하기 위한 것이다. 이 협약의 남녀간 임금차별금지규정의 취지는 우리 헌법 제32조의 여성근로자보호정신에 합치되며, 그 정신의 구현에 이바지하는 내용이다.

2. 協約과 勤勞基準法

勤勞基準法의 입법목적은 憲法에 의하여 勤勞條件의 기준을 정함으로써 勤勞者의 기본적 생활을 보장·향상시키려는 데에 있다.[26] 이에 따라 同法 제5조에서는 均等處遇原則으로서 使用者는 勤勞者에 대하여 男女의 差別的 待遇를 하지 못하며 國籍·信仰 또는 社會的 身分을 이유로 勤勞條件에 대한 差別的 處遇를 하지 못한다고 규정하고 있다. 同法에서 정하는 이같은 勤勞條件은 물론 最低基準이므로 勤勞關係當事者는 이 기준을 이유로 勤勞條件을 低下시킬 수 없다.[27] 勤勞條件은 勤勞者와 使用者가 동등한 地位에서 自由意思에 의하여 決定하여야 하고, 勤勞者와 使用者는 團體協約·就業規則과 勤勞契約을 준수하여야 할 법적 의무가 있으므로[28] 쌍방은 이들을 성실하게 이행하여야 할 것이다.

그런데, 同法 第10條에서는 "이 法은 常時 5人 이상의 勤勞者를 사용하는 모든 事業 또는 事業場에 적용한다. 다만, 同居의 親族만을 사용하는

---

25) 日本憲法은 제27조에서 勤勞條件 및 兒童酷使禁止規定 등을 두고 있다.
　　第27條(勤勞의 權利·義務, 勞動條件, 兒童酷使의 禁止).
26) 勤勞基準法 제1조
27) 勤勞基準法 제2조
28) 勤勞基準法 제3조 및 제4조

事業 또는 事業場과 家事使用人에 대하여는 적용하지 아니한다."고 하여
동법의 적용대상에서 同居의 親族만을 사용하는 事業 또는 事業場과 家事
使用人에 대하여는 적용을 배제하고 있고, "常時 4人 이하의 勤勞者를 사
용하는 事業 또는 事業場에 대하여는 大統領令이 정하는 바에 따라 이 法
의 一部規定을 적용할 수 있다."고 규정하여 상시근로자 4인 미만 사업장
에 대하여는 일부조항만을 적용하도록 하고 있다.[29] 이 같은 규정에 비추어
볼 때, 이 협약의 내용은 모든 사업장에 적용하도록 규정하고 있어 국내법
인 근로기준법과의 저촉우려가 있다는 지적이 있으나, 이미 심의경과에서
살펴본 바와 같이, 협약 제2조에서 남녀동일보수를 결정하는 다양한 형태로
서 關係法令이나 團體交涉 기타 賃金決定制度 등의 방법을 인정하고 있
는 점, 협약의 附屬勸告(제90호) 제4조에서도 모든 근로자에 대한 협약의
즉각적인 적용의 현실적인 어려움을 인정하고 있는 점 등에 비추어 볼 때
상호 상충되는 것으로 볼 수는 없다.

3. 協約과 男女雇用平等法

男女雇傭平等法은 憲法의 평등이념에 따라 고용에 있어서 男女의 평등
한 機會 및 대우를 보장하는 한편 母性을 보호하고 職業能力을 개발하여
勤勞女性의 지위향상과 복지증진에 기여함을 그 立法目的으로 하고 있다.
또한 동법은 勤勞女性은 경제 및 사회발전에 기여하며 다음 世代의 出産
과 養育에 중요한 役割을 담당하는 자이므로 母性을 보호받으면서 性別에
의한 차별 없이 그 能力을 職場生活에서 최대한 발휘할 수 있도록 하는
것을 기본이념으로 설정하고 있다. 동법 제2조의 2에서 事業主는 동일한
事業 내의 同一價値의 勞動에 대하여는 동일한 임금을 지급하여야 하고,

---

29) 동법시행령 제1조의2에서는 同法 제10조제2항의 규정에 의하여 상시 4인 이하의 근로자를 사용하는
사업 또는 사업장에 적용하는 동법의 해당규정은 별표 1과 같다고 규정하고 있다.

478

同一價値勞動의 基準은 직무수행에서 要求되는 技術·勞力·責任 및 作業條件 등으로 하며, 事業主가 그 기준을 정함에 있어 苦衷處理機關의 勤勞者를 代表하는 者의 의견을 들어야 하도록 규정하고 있다. 賃金差別을 목적으로 사업주에 의하여 設立된 別個의 事業은 동일한 事業으로 본다. 또한 동법 제6조의 3에서는 事業主는 賃金 외에 勤勞者의 生活을 보조하기 위한 金品의 지급 또는 資金의 融資에 있어서 女性인 것을 이유로 男性과 差別待遇를 하여서는 아니 된다고 규정하고 있다. 여기서 '差別'이라 함은 事業主가 勤勞者에게 性別, 婚姻 또는 가족상의 地位, 姙娠 등의 사유로 合理的인 이유 없이 採用 또는 勤勞의 조건을 달리하거나 기타 불이익한 措置를 취하는 것을 말한다. 다만, 勤勞女性에 대한 모성보호는 이를 差別로 보지 아니하고, 現存하는 差別을 解消하기 위하여 국가·지방자치단체 또는 사업주가 暫定的으로 특정 性의 勤勞者를 우대하는 措置를 취하는 것도 이를 差別로 보지 아니하도록 하고 있다.

그러나 勤勞女性은 職業人으로서의 자각을 가지고 스스로 그 能力의 開發과 향상을 도모하고 이를 職場生活에서 발휘하도록 노력하여야 할 것이다. 事業主는 물론 국가 및 지방자치단체는 근로여성의 地位向上과 福祉增進에 노력하여야 한다. 국가와 지방자치단체는 근로여성의 복지에 대하여 국민의 관심과 理解를 증진시키고 근로여성이 職業人으로서 요구되는 能力을 갖도록 하는 개발활동을 행하여야 하며, 勤勞女性의 능력발휘를 저해하는 모든 要因을 해소하기 위하여 필요한 노력을 하여야 할 것이다. 동법에서는 이와 같은 자율적인 노력과 국가 및 지방자치단체의 관련시책추진의무를 규정하여 놓고 있다. 다만, 同法은 勤勞基準法의 適用을 받는 事業 또는 事業場에 適用하되, 大統領令이 정하는 事業에는 適用하지 아니하도록 하고 있어 근로기준법과 같이 동법의 적용범위 역시 한정되어 있는 문제점이 있으나, 이미 앞에서 검토한 바와 같은 이유로 이 협약과의 관계에서 특별히 상충되는 내용은 없다고 본다.

4. 協約과 勞動組合및勞動關係調整法

　勞動組合및勞動關係調整法은 憲法에 의한 근로자의 團結權·團體交涉權 및 團體行動權을 보장하여 勤勞條件의 유지·개선과 勤勞者의 경제적·사회적 지위의 향상을 도모하고, 勞動關係를 공정하게 조정하여 노동쟁의를 예방·해결하려는 데에 그 立法目的이 있다.30) 이 협약과 관련하여 두 가지의 규정을 살펴볼 필요가 있다. 첫째, 동법 제9조에서는 勞動組合의 組合員은 어떠한 경우에도 人種·宗敎·性別·政黨 또는 身分에 의하여 差別待遇를 받지 아니한다는 組合員差別禁止原則을 규정하고 있다. 여기서 특히 性別에 의한 남녀 간의 차별대우금지에 관하여는 이미 앞에서 검토한 바와 같다고 볼 수 있다. 둘째, 제33조에서는 團體協約에 정한 勤勞條件 기타 勤勞者의 待遇에 관한 기준에 위반하는 就業規則 또는 勤勞契約의 부분은 無效로 한다고 규정하고, 이같이 無效로 된 부분이나 勤勞契約에 規定되지 아니한 사항의 경우에는 그 就業規則 또는 勤勞契約의 부분은 團體協約에 정한 기준에 의하도록 하여 團體協約에 優先的 效力을 부여하고 있다. 이와 관련하여 團體協約의 解釋 또는 이행방법에 관하여 관계 當事者間에 의견의 不一致가 있는 때에는 當事者 雙方 또는 團體協約에 정하는 바에 의하여 어느 一方이 勞動委員會에 그 解釋 또는 이행방법에 관한 見解의 제시를 요청할 수 있도록 규정하고 있다. 勞動委員會는 요청을 받은 날부터 30日 이내에 명확한 見解를 제시하여야 하고, 이같이 勞動委員會가 제시한 解釋 또는 이행방법에 관한 見解에 대하여는 仲裁裁定과 동일한 효력을 부여하고 있다.31) 이들 관련규정이 협약과 특별히 상충되는 등의 문제점은 없다.

---

30) 勞動組合및勞動關係調整法 제1조
31) 勞動組合및勞動關係調整法 제34조.

Ⅴ. 男女 간 差別待遇 등 關聯判例

1. 不合理한 男女差別로 본 就業規則例

[關聯判例]

勤勞基準法 제5조에서 말하는 남녀 간의 差別的인 待遇란 합리적인 이유 없이 男性 또는 女性이란 이유만으로 不當하게 差別待遇하는 것을 의미한다고 할 것이므로 就業規則인 人事規程의 규정내용이 합리적인 이유 없이 女性勤勞者들로 하여금 早期退職하도록 부당하게 낮은 停年을 정한 것이라면 이는 同法의 男女差別禁止規定에 반하여 無效가 된다(정년퇴직 무효확인, 1982. 12. 27. 제2부 판결 85다카657).

[判決要旨]

勤勞基準法 제97조제1항에서는 就業規則은 법령에 반할 수 없다고 규정하고 있고, 同法 제5조에서는 사용자는 근로자에 대하여 남녀의 차별적 대우를 하지 못하며 國籍·信仰 또는 社會的 身分을 이유로 勤勞條件에 대한 차별적 대우를 하지 못한다고 규정하고 있는바, 위 법조에서 말하는 남녀 간의 차별적인 대우란 합리적인 이유 없이 남성 또는 여성이라는 이유만으로 부당하게 差別待遇하는 것을 의미한다 할 것이므로 被告公社의 就業規則이라 할 수 있는 人事規程의 규정내용이 여성이라는 이유만으로 불합리한 差別內容을 정한 것이라면 무효라 할 것이다.

그런데, 被告公社의 交換職列에 대하여는 原審認定과 같이 과거부터 낮은 정년을 정하여 오기는 하였지만 이와 같은 사실만 가지고는 그것이 바로 여성에 대한 合理的인 理由없는 부당한 차별이 아니라는 이유로 삼기는 어렵다고 보이므로 이들 직종근로자의 勤勞內容, 이용자에 대한 役割,

특별한 服務規律이 필요한 여부나 인력수급사정 등 이들 근로자와 被告公社에 관한 여러 사정을 모두 고려하여 정년을 그렇게 낮게 정할 상당한 이유가 있었는지 아니면 합리적인 이유 없이 부당하게 낮은 정년을 정한 것인지의 여부 등을 상세히 검토하여 보아야 할 것이며 위의 모든 사정들을 종합하여 女性專用職種으로 보이는 데도 합리적인 이유 없이 여성근로자들이 早期退職하도록 부당하게 낮은 정년을 정한 것이라면 이는 위 근로기준법의 男女差別禁止規定에 해당되어 無效로 보아야 한다.

2. 社會通念상 부당한 男女差別로 보지 아니한 就業規則例

[關聯判例]

一般職 職員의 停年을 58세로 규정하면서 電話交換職列 職員만은 停年을 53세로 규정하여 5年간의 停年差等을 둔 것은 社會通念상 合理性이 있다(대법원판례; 부당해고구제재심판정취소, 1996. 8. 23. 선고 94누13589 판결).

[判決要旨]

男女雇傭平等法 제8조제1항, 제2조의 2제1항에서는 事業主가 勤勞者의 停年 및 解雇에 관하여 女性인 것을 이유로 합리적 이유 없이 남성과 差別하는 것을 금지하고 있고, 勤勞基準法 제5조에서는 사용자는 근로자에 대하여 男女의 差別的 待遇를 하지 못하며, 國籍·信仰 또는 社會的 身分을 이유로 하여 하여 勤勞條件에 대한 차별적 처우를 하지 못한다고 규정하고 있다. 勤勞基準法 제5조에서 말하는 男女의 差別的 待遇란 합리적인 이유 없이 男性 또는 女性이라는 理由만으로 부당하게 差別待遇하는 것을 의미한다.[32]

交換職列 職員 87.1퍼센트가 현재의 정년이 適正하거나 오히려 短縮하여야 한다는 의견인 사실, 원고회사의 경우 교환업무의 自動化에 따라 교환직렬에 剩餘人力이 발생하여 신규채용을 中止하고 있을 뿐만 아니라 상당수는 교환직렬의 업무가 아닌 고장신고업무, 전화국 창구보조업무 등을 담당하고 있고 이에 의한 원고의 인건비 증가분도 상당한 사실, 이에 반하여 교환직렬의 경우와는 달리 일반직의 다른 직렬의 경우에는 잉여인력이 발생하지 아니하여 신규채용이 이루어져 온 사실, 교환직렬의 정년을 다른 직렬의 경우와 같이 58세로 연장하면 교환직렬은 더욱 高齡化되고, 신규인력의 유입이 어려워짐에 따라 年功序列制를 채택하고 있는 원고회사의 雇傭費用은 증가되고 상대적으로 生産性은 낮아질 수밖에 없는 사실 등을 살펴볼 때, 교환직렬 직원에 대하여 다른 일반직 직원과 비교하여 5년간의 停年差等을 둔 것이 社會通念상 합리성이 없다고 단정하기는 어렵다.

3. 性別 作業區分·勤勞條件의 명확한 구분 없이 男女 간 差等停年을 규정한 團體協約 및 就業規則例

[關聯判例]

性別 作業區分이나 勤勞條件의 구분을 명확히 하지 아니한 채 男女를 差別하여 정년을 규정한 團體協約 및 就業規則은 勤勞基準法 제5조와 男女雇傭平等法 제8조 제1항에 違背되어 無效이다(대법원판례; 부당해고구제재심판정취소, 1993. 4. 9. 제3부 판결 92누15765).

---

32) 參考判例: 대법원 1988. 12. 27. 선고 85다카657 판결(공1989, 217)
   대법원 1991. 4. 9. 선고 90다16245 판결(공1991, 1348)
   대법원 1993. 4. 9. 선고 92누15765 판결(공1993상, 1406)

[判例要旨]

원고회사의 團體協約 제21조에서는 "조합원의 정년은 남자 55세, 여자 53세로 하되 일반직 부서에 해당되는 조합원은 제외된다. 일반직 부서는 3차검사부, 최종검사부, 기계부를 제외한 부서를 말한다."라고 정하고 있고, 就業規則 제12조제1항에서는 종업원의 停年退職年齡은 남자 만 55세, 여자 만 53세가 되는 다음날로 한다고 규정하고 있다. 각 규정의 해석상 원고회사는 그 소속 근로자의 정년에 대하여 原則的으로 남녀를 달리 취급하여 남자는 55세, 여자는 53세로 하되, 3차검사부, 최종검사부, 기계부를 제외한 7개 일반부서의 근로자의 경우에는 그 적용을 배제하여 남녀 모두 55세로 정하고 있는바, 위 3개 부서에 관하여 性別 作業區分이나 勤勞條件의 區分을 명확히 하지 아니한 채 男女를 差別하여 정년을 규정한 것은 합리적인 이유 없이 男女의 差別的 待遇를 하지 못하도록 한 勤勞基準法 제5조와 근로자의 停年에 관하여 여성인 것을 이유로 남성과 差別하여서는 아니 된다고 한 男女雇傭平等法 제8조 등의 强行法規에 위배되므로 無效이다.

4. 憲法상 平等原則의 解釋基準

[關聯判例]

法 앞에서 平等하다는 헌법규정의 취지는 個個人의 국민은 經濟的·社會的 조건에 따라 차이가 있으므로 一般社會觀念상 合理的인 근거 있는 差等까지를 금지한다는 뜻으로까지 볼 수는 없다(하급심판례; 서울고등법원, 1985. 2. 15. 선고, 83나3100판결).

[判決要旨]

憲法 제10조(현행헌법 제11조)제1항에서 규정한 法 앞에서 平等하다는 취지는 모든 국민을 絶對的으로 平等하게 대우하여야 한다는 것이 아니고 人間으로서의 尊嚴性과 人格的 價値에 있어서 平等하며 性別 또는 사회적 신분 등의 차이로 인하여 不利益한 대우를 받아서는 안 된다는 大原則을 표현한 것이고, 구체적인 인간으로서의 個個人의 국민은 經濟的·社會的 기타 여러 가지 조건에 따라 차이가 있으므로 구체적인 차이에 따른 一般社會의 觀念상 合理的인 근거 있는 差等까지를 금지하는 것은 아니다.

VI. 結 語

이상 同一勞動同一報酬協約의 加入背景 및 주요내용 그리고 審査經過 등을 살펴보았다. 심의경과 중 특히 國會同意對象인 立法事項의 구체적 범위와 이 협약의 경우 立法事項에의 해당 여부에 관한 審査結果에 관하여 구체적으로 살펴보았다. 또한 이 협약과 밀접한 관련을 가지는 憲法 제32조와 기타 男女雇傭平等法 등 관련 國內法 및 男女差別에 관련된 判例動向를 간략하게 살펴보았는바, 이 협약을 비롯한 ILO관련협약들은 아직도 도입초기 혹은 준비기에 와 있는 상태이므로 향후 지속적인 실무연구와 대비가 요청된다. 아울러 향후 비준검토대상으로 선정된 협약에 대하여는 보다 체계적인 검토와 아울러 國際基準에 적합하게 國內關聯勞動法制를 계속 정비·보완하여 협약가입에 대비하고, 國際化時代에 적극 대응할 수 있도록 하여야 할 것이라는 점을 첨언하여 두고자 한다.

附錄 : 立法事項 參考審査例

1. 韓·EU基本協力協定[1]

[締結意義]

우리나라가 이 協定의 체결을 통하여 歐洲聯合과 정치·경제·사회 등의 제 분야에서 기본적인 協力關係를 정립하고 이를 통하여 우리나라의 지속적인 성장과 貿易의 多邊化를 제고하려는 것임.

[審査事例]

가. 國際海運分野에서의 國籍船優先積取制度의 廢止 및 差別立法의 억제

협정안 제7조제1항(나)에서 우리나라는 指定貨物을 우리나라 선박에 우선 積取하도록 義務化하는 제도를 1998년 12월 31일까지 終了시키기로 하고, 동조 제2항에서는 건화물 및 액체화물의 벌크交易과 定期交易에 관하여 앞으로는 제3국과 兩者協定 체결 시에는 貨物分配積取條項의 도입을 억제하며, 기타 자국민과 타방국민 사이에 差別하는 立法措置 등을 억제하기로 하는 내용이다. 海運産業育成法 제16조제1항 본문에서는 선박을 이용하여 대통령령이 정하는 主要貨物(지정화물)을 운송하고자 하는 자는

---

1) 法制處, 審査回信資料(1996. 6. 25.). 정식제명은 "大韓民國과歐洲共同體및그會員國간의貿易과協力을위한基本協力協定"(FRAMEWORK AGREEMENT FOR TRADE AND COOPERATION BETWEEN THE EUROPEAN COMMUNITY AND ITS MEMBERSTATES, ON THE ONE HAND, AND THE REPUBLIC OF KOREA ON THE OTHER)이다.

大韓民國 船舶을 이용하도록 하고, 동법시행령 제12조에서는 指定貨物로서 원유·제철원료·비료원료·곡물류·석탄류·액화가스류 등을 규정하고 있다. 살펴보건대, 협정안에서 규정하고 있는 우리나라 海上貨物의 國籍船優先積取制度의 撤廢에 관한 내용은 현행 海運産業育成法에 저촉되는 내용으로서 협정의 내용을 이행하기 위하여는 國內法改正이 요구되며, 제3국과의 貨物分配積取에 관한 兩者協定의 도입이나 기타 差別立法의 억제에 관한 사항은 우리나라의 立法權을 제약하는 규정이라고 본다.

나. 知的·産業 및 商業財産權의 保護를 위한 種子産業保護法 및 地理的 表示保護法 제정의무

협정안 제9조에서는 체약당사자는 知的·産業 및 商業財産權을 적절하고 효과적으로 보호하도록 하고, 1996년 7월 1일까지 世界貿易機構의 무역관련지적재산권협정을 이행하기로 하며, 이와 관련하여 우리나라는 1998년 7월 1일까지 新品種 등의 보호를 위한 種子産業法 및 특정지명의 사용권리 등 보호를 위한 地理的表示保護法을 제정·시행하기로 하는 내용을 규정하였다. 우리나라는 著作權法을 改正(1995. 12. 6.법률 제5015호)하고, 문학·藝術的著作物保護를위한베른協約에 가입(1996. 8. 21. 우리나라에 발효)하여 협정안에서 요구하는 협력의무를 이행할 수 있는 여건을 마련하고 있으나, 앞으로 種子産業法 및 地理的表示保護法을 제정하도록 의무화하는 내용은 우리나라의 立法權을 제약하는 사항에 해당된다.

2. 國際紛爭의平和的解決協約[2]

[締結趣旨]

모든 國家의 안정과 모든 民族의 복지를 위한 衡平과 正義의 유지와 國

---

2) 法制處, 「審査回信資料」(1997. 5. 13.), 정식제명은 "國際紛爭의平和的解決에관한協約"(CONVENTION FOR THE PUCIFIC SETTLEMENT OF INTERNATIONAL DISPUTES)이다.

際平和를 확보하기 위하여 國家 간의 紛爭解決을 무력에 의하기보다 仲介・國際調查委員會・仲裁法廷 등을 통하여 平和的으로 해결하려는 國際的인 노력에 적극 동참함으로써, 國際法秩序의 유지 강화에 기여하고 우리나라가 國際司法機構에 進出할 수 있는 여건을 마련하려는 것임.

[審查事例]

가. 證人 및 鑑定人의 召喚 및 證人에 대한 質問權 부여규정

협약안 제25조에서는 證人 및 鑑定人은 당사국의 청구에 의하여 또는 調查委員會의 職權으로 召喚된다고 규정하고 있고, 제26조에서는 證人의 신문은 委員長이 행하되, 證人에 관한 모든 정보를 얻기 위한 質問을 할 수 있다고 규정하고 있다. 우리나라 헌법 제12조제1항에서는 국민의 身體의 自由와 法律에 의하지 아니한 拘束・심문 등을 받지 아니할 權利를 보장하고 있고, 제12조제3항에서는 逮捕・拘禁・押收・搜索을 할 때에는 法官이 발부한 令狀을 반드시 제시하여야 하도록 규정하고 있다. 물론 협약안 제25조에 의한 證人 및 鑑定人의 召還制度는 본인에게 소환에 응할 의무가 발생하지만 형사소송법 제68조 및 제74조에 의한 '召喚'과는 달리 본인의 의사에 반하여 拘束 등 强制處分할 수 있는 규정들이 없고, 强制處分이 필요하다면 분쟁당사국 간에 미리 체결하는 별도의 協約(조사위원회의 權限 등 규정)에 소환장 발부 등의 절차를 마련하여야 될 것이라고 보인다. 생각건대 협약안 제25조 및 제26조에서 調查委員會에 召喚 및 質問權을 부여하는 내용은 우리나라 헌법이 보장하는 국민의 權利를 제약하는 것으로서 立法事項에 해당된다.

나. 外交的인 特權・免除의 부여규정

협약안 제46조에서는 仲裁法廷의 仲裁裁判官은 임무수행 중 자국 이외의 지역에서 외교적인 特權과 免除를 향유하도록 보장하고 있다. 이는 外

交關係에관한비엔나協約3)에서 보는 바와 같이 외교관에게 부여하는 각종 면제·특권을 부여하려는 것이다. 중재재판관에게 외교적인 特權과 免除를 부여하려는 이와 같은 내용은 우리나라의 主權을 制約할 뿐만이 아니라 국내 稅法·刑事法 등 다수 法律에 대한 特例를 허용하려는 것으로서 立法事項을 포함하는 내용이다.

다. 國際仲裁判定에 대한 羈束力 부여

협약안 제38조에서는 체약당사국 간에 紛爭이 발생한 경우에는 사정이 허락하는 한 체약국이 이를 仲裁裁判에 회부할 것이 요망된다고 규정하고, 제56조에서는 국가원수가 중재자로 선정된 경우에는 그가 중재판결절차를 결정하도록 규정하고 있으며, 제81조 및 제84조에서는 仲裁判定의 결과는 紛爭을 確定的으로 해결하고, 紛爭當事國을 羈束한다고 규정하고 있다.4)

우리나라 民事訴訟法 제476조에서는 外國判決에 의한 强制執行은 本國 法院의 執行判決로 그 적법함을 宣告한 때에 한하여 이를 행할 수 있도록 규정하고 있고, 제477조에서는 외국판결이 대한민국의 善良한 風俗 기타 社會秩序에 반하는 등의 경우에는 이를 却下하도록 규정하고 있다. 또한 仲裁法 제13조에서는 중재당사자는 仲裁判定이 법률상 禁止事項을 내용으로 할 경우 등에 있어서는 그 取消의 訴를 法院에 제기할 수 있도록 규정하고, 제14조에서는 仲裁判定에 의한 强制執行은 역시 법원의 執行判決로 그 적법함을 宣告한 때에 한정되도록 규정하고 있다. 협약안에서 국제중재판정에 대하여 任意管轄權을 부여하고 仲裁判定의 결과는 紛爭을 確定的으로 해결하고, 紛爭當事國을 羈束한다고 규정하는 내용 등은 國內 訴訟 關係法律에 대한 特例를 허용하는 것이며, 그 중재절차 및 결과에 관한 사

---

3) 例를 들면, 제29조(身體不可侵과 逮捕·拘禁 免除), 제30조(個人住居·書類·財産의 不可侵特權), 제31조(刑事 및 일부 民事·行政裁判 管轄權으로부터의 免除), 제33조(社會保障 규정에 의한 義務 免除), 제34조(租稅·賦課金의 免除), 제35조(公共役務·徵發 기타 조사부담면제), 제36조(物品搬入에 따른 關稅·租稅·賦課金 면제) 등과 같이 外交官에 대한 각종 免除·特權을 부여하는 규정을 두고 있다.

4) 協約 제4장(제37조 내지 제90조)에서 상세하게 仲裁裁判의 節次 등에 관하여 규정하고 있다.

항은 국민의 權利를 제약할 우려가 있는 등 立法事項을 포함하는 내용이다.

3. 油類汚染損害民事責任協約[5]

[締結趣旨]

우리나라가 이미 가입한 1969년 議定書를 개정하여 선박에 의한 油類汚染事故에 폭넓게 대비하고 이에 대한 補償을 現實에 맞게 행할 수 있도록 하려는 국제적인 노력에 적극 동참하려는 것임.

[審査事例]

가. 油類汚染損害의 範圍擴大

의정서안 제2조제3호에서는 油類汚染損害의 範圍에 環境損傷으로 인한 利益喪失에 관한 사항을 새로이 추가하려는 것인바, 國內履行法律인 油類汚染損害賠償保障法 제2조제4호의 유류오염손해에 관한 定義規定은 이 의정서안 제2조제3호와 맞지 아니하므로 동법을 改正·整備하여야 할 것이므로 이는 立法事項에 해당된다.

나. 油類汚染事故의 範圍擴大

의정서안 제2조제4호에서 油類汚染事故의 範圍에 오염을 발생시킬 중대하고도 긴박한 危險에 관한 사항을 새로이 추가하려는 것인바, 油類汚染損害賠償保障法 제2조제5호의 事故에 관한 定義規定은 이 의정서 제2조제4호와 맞지 아니하므로 동법을 改正·整備하여야 할 것이므로 이는 立法事項에 해당된다.

---

5) 法制處, 審査回信資料(1996. 11. 1.). 정식제명은 "1962年油類汚染損害의民事責任에관한 國際協約改正1992年議定書"(PROTOCOL OF 1992 TO AMEND THE INTERNATIONAL CONVENSION ON CIVIL LIABILITY FOR OIL POLUTTION DAMAGE, 1969)이다.

다. 船舶所有者의 賠償責任 限度額의 상향조정

의정서안 제6조제1호에서 船舶所有者는 매 事故당 責任의 범위를 5천 톤 이하 선박에 대하여는 3백만 計算單位[6]까지로 하고, 5천 톤 초과 선박에 대하여는 이에 추가하여 매 톤당 420計算單位를 가산한 금액까지로 하되, 총금액이 5천9백7십만 計算單位를 초과하지 아니하도록 하고 있다. 油類汚染損害賠償保障法 제7조에서는 선박소유자의 責任限度額을 1톤당 133계산단위에 상당하는 금액으로 하되, 총금액은 1천400계산단위를 초과하지 못하도록 규정하고 있으므로 동조의 내용은 의정서안 제6조제1호에 맞추어 改正·整備하여야 할 것이므로 이는 立法事項에 해당된다.

4. 韓·러시아公館敷地交換協定[7]

[締結趣旨]

우리나라가 러시아聯邦과 이 협정을 체결함으로써 양국이 각각 상대국 안에 자국의 外交公館을 建築할 수 있는 敷地를 長期賃貸로 확보하여 안정적으로 外交業務를 수행하도록 하고 이를 통하여 양국의 우호관계를 더욱 증진하려는 것임.

[審査事例]

가. 外交公館敷地의 長期賃借 및 使用目的制限

협정안 제3조에서는 양국은 外交公館敷地를 99年간 長期賃借·交換하기로 하고, 임차부지는 이 협정에 규정된 목적 이외에 다른 목적으로 사용

---

6) 國際通貨基金(IMF)의 特別引出權을 의미하며, 1計算單位는 약 1.45불에 해당된다.

7) 法制處, 審査回信資料(1997. 6. 23.), 정식제명은 "外交公館建築敷地交換에관한大韓民國政府와러시아政府간의協定"(AGREEMENT BETWEEN THE GOVERNMENT OF THE REPUBLIC OF KOREA AND THE GOVERNMENT OF THE RUSSIAN FEDERATION CONCERNING EXCHANGE OF LAND LOTS FOR THE CONSTRUCTION OF DIPLOMATIC MISSION COMPOUNDS)이다.

될 수 없으며(The leased lot shall not be used for purposes other than those stipulated in this Agreement, nor transferred to a third party without the consent of the other Party), 타방국의 동의 없이 제3자에게 양도될 수 없도록 규정하였다. 국유재산법 제24조에서는 行政財産은 그 用途 또는 目的에 장애가 되지 아니하는 범위 안에서 사용 또는 수익을 許可할 수 있도록 규정하고, 제36조제1항에서는 雜種財産의 貸付期間은 조림목적의 土地의 경우에는 10年으로 하고, 그 외의 土地의 경우에는 5年으로 제한하고 있다. 임차부지에 대한 사용을 제한하고, 賃貸期間을 99年으로 정한 것은 國有財産法의 관련규정에 대한 特例를 정하는 立法事項에 해당된다.

나. 隨意契約 形態에 의한 賃貸借合意 및 賃貸料 算出方法 등에 관한 特例

협정안 제4조제1항은 협정상의 賃貸借契約은 相互合意에 따라 부지소유권의 交換協定으로 代替될 수 있다(The lease may be replaced with an agreement to exchange the ownership of the land lots by mutual consent)고 규정하였다. 國有財産法 제33조에서는 雜種財産의 契約方法은 競爭入札에 의하되, 예외적으로 대통령령이 정하는 경우[8])에는 隨意契約에 의할 수 있도록 규정하고 있다. 국유재산법 제33조 및 동법시행령 제36조 각호의 규정에 의하여 예외적으로 隨意契約에 의할 수 있도록 하는 대상에 당해 交換協定이 포함될 수 없으므로 競爭入札對象에 해당되지만, 협정안에서는 이를 러시아연방과 隨意契約의 형태로 임대하도록 하는 것이어서 국유재산법에 대한 特例를 정하는 것이다. 제5조에서는 또한 양국 간에 제공하기로 한 임차부지의 年間 賃借料는 미화 1불로 한다(The annual rent for each leased lot mentioned in Articles 1 and 2 of this Agreement shall be one(1) U.S.Dollar)고 규정하고 있는바, 이는 國有財産法 제34조에서 雜種財産의 處分價格은 時價를 참작하여 決定하도록 하고 있는 점에 비추어 볼 때 잡종재산인 대규모토지에 대하여 연간 임차료로서 미화 1불을 지급받기

---

8) 동법시행령 제36조 각 호.

492

로 합의하는 것은 국유재산법 제34조 등에 의한 貸付料 算出方法과 그 징수 관련규정에 대한 特例를 정하려는 것이다. 이와 같이 국유재산법의 해당조항에 대한 특례를 정하는 내용은 立法事項에 해당된다.

5. 韓・러시아刑事司法共助條約[9]

大韓民國과러시아聯邦간의刑事司法共助條約(TREATY BETWEEN THE REPUBLIC OF KOREA AND THE RUSSIAN FEDERATION ON MUTUAL ASSISTANCE IN CRIMINAL MATTERS)

[締結趣旨]

이 조약을 체결하여 우리나라와 러시아聯邦 兩國 간에 刑事犯罪의 豫防・搜査・起訴 및 鎭壓 등에서 相互共助를 실시함으로써 양국 간의 협력관계를 더욱 증진시키려는 것임.

[審査結果]

가. 刑事司法 共助節次에 대한 特例

조약안 제3조에서는 양국은 공조요청서를 발송・접수하는 중앙기관으로 우리나라는 법무부장관 또는 그가 지정하는 자가 되고, 러시아연방은 검찰총장이 되도록 하였다. 國際刑事司法共助法 제11조에서는 공조요청의 접수와 요청국에 대한 자료의 송부는 外務部長官이 행하되, 긴급을 요하는 사정이나 기타 특별한 사정이 있는 경우에는 法務部長官이 外務部長官의 同意를 얻어 이를 행할 수 있도록 규정하고 있도록 규정하고, 제29조에서

---

9) 法制處, 「審査回信資料」(1997. 5. 13.). 정식제명은 "大韓民國과러시아聯邦간의刑事司法共助條約" (TREATY BETWEEN THE REPUBLIC OF KOREA AND THE RUSSIAN FEDERATION ON MUTU AL ASSISTANCE IN CRIMINAL MATTERS)이다.

는 檢事는 외국에 搜査에 관한 共助要請을 하는 경우에는 法務部長官에게 공조요청을 송부하여야 하고, 司法警察官은 검사에게 신청하여 法務部長官에게 공조요청서를 송부하여야 하도록 규정하고 있다. 조약안 제3조에서 국내 공조기관으로서 法務部長官 또는 그가 지정하는 자를 규정하고 있는 데 비하여 국내법 제11조에서는 이를 원칙적으로 外務部長官으로 규정하고 있어 國內法과 상이한 내용을 규정한 特例條項이다.

나. 共助拒絶事由의 新設

조약안 제4조제1항가호에서는 피요청국은 그 一般刑事法상에는 犯罪가 되지 아니하나 軍事法상에서는 犯罪가 되는 경우(the request relates to an offence under military law which would not be an offence under ordinary criminal law)의 그 범죄에 관한 共助要請을 받은 때에는 이를 拒絶할 수 있다고 규정하고 있다. 國際刑事司法共助法 제11조에서는 共助要請의 접수와 요청국에 대한 자료의 송부는 외무부장관이 행하되, 긴급을 요하는 사정이나 특별한 사정이 있는 경우에는 법무부장관이 외무부장관의 同意를 얻어 이를 행할 수 있다고 규정하고 있다. 조약안 제4제1항가목에서 규정하고 있는 共助拒絶事由는 국내법 제6조 각호에서 규정하고 있는 공조거절사유 외에 새로운 共助拒絶事由를 규정하려는 것이며, 國際刑事司法共助法 제29조에 의한 검사의 외국에 대한 犯罪搜査要請을 制約할 우려가 있다고 생각되므로 立法事項에 해당된다.

다. 事前同意없는 取得情報・證據의 要請書記載事項外의 國內 搜査・起訴・裁判節次에의 使用禁止

조약안 제9조제1항은 요청국은 피요청국의 事前同意없이는 이 조약에 의하여 取得한 情報나 證據를 요청서에 기재되지 아니한 搜査・起訴 또는 裁判節次에 사용하여서는 아니 된다(The Requested State shall, in conformity with the its law and upon request, take testimony, or otherwise obtain statements of persons or require them to produce items of evidence for transmission to the Requesting State)고 규정하였다. 그런데 刑事訴訟法의 관련조항을 살펴보면, 우선 제195조에서 檢事는 犯罪의 嫌疑가 있다고 사료하는 때에는 犯人·犯罪事實과 證據를 搜査하여야 하도록 규정하고 있고, 제139조에서는 法院은 사실을 발견함에 필요한 때에는 아무런 조건 없이 檢證할 수 있다는 원칙적인 규정을 두고 있다. 제111조에서는 公務員이 소지·보관하는 물건이 公務상 秘密에 해당되는 경우 당해 公務所 또는 그 監督官公署의 승낙을 얻어 이를 押收할 수 있고, 국가의 중대한 이익을 해하는 경우를 제외하고는 그와 같은 승낙을 拒否할 수 없도록 하는 규정을 두고 있으며, 제199조에서는 搜査의 目的을 달성하기 위하여 필요한 調査를 할 수 있고, 公務所 등에 照會하여 필요한 사항의 報告를 요구할 수 있도록 하고 있다. 제272조에서도 法院은 職權 또는 檢事·被告人·辯護人의 신청에 의하여 公務所 등에 朝會하여 필요한 사항의 보고나 보관서류의 송부를 요구할 수 있도록 규정하고 있다. 제294조에서는 검사·피고인 또는 변호인은 서류나 물건을 증거로 제출할 수 있다고 규정하고 있다. 제295조에서 法院은 職權으로 證據調査를 할 수 있음을 규정하고 있다. 그 외에 國際刑事司法共助法 제17조제1항에서는 검사는 공조에 필요한 자료수집을 위하여 關係人의 出席·陳述, 書類·物件의 提出 등을 요구할 수 있도록 규정하고 있고, 제39조에서는 검사의 處分 등에 관하여는 刑事訴訟法을 準用하도록 하고 있다. 아울러 刑事訴訟法 제148조에서는 近親者의 刑事責任과 證言拒否에 관련된 권리보호규정을 마련하고 있고, 제149조에서는 業務상 秘密과 證言拒否에 관한 권리보호규정을 마련하고 있다. 조약안 제9조제1항의 情報 및 證據使用制限에 관한 규정은 국내법인 刑事訴訟法 제111조·제139조·제195조·제199조·제272조·제294조 및 제295조 등과 國際刑事司法共助法 제17조제1항 및 제39조에서 규정하고 있는 法院·檢察의 職權調査·檢證·照會權 등이나 피고인·변호인의 證據調査·照會申請權 등을 제한하는 내용으로서 우리 형사소송절차에 대한 例外를 허용하는 立法事項에 해당되며, 동시에 우리 정부의 刑事司法權의 행사를 制約하는 내용이라고 사료된다.

6. 韓·이스라엘二重課稅防止協定[10]

[締結趣旨]

우리나라와 이스라엘 간에 同一所得에 대한 租稅權이 競合되는 것을 조정하여 양국 간에 발생할 수 있는 租稅의 二重負擔을 방지하고, 課稅상의 紛爭의 소지를 제거하여 우리 기업의 이스라엘 진출을 확대함으로써 양국 간에 실질적인 經濟協力關係가 이루어지도록 하려는 것임.

[審査結果]

가. 所得稅法에 의한 利子所得稅率보다 낮은 稅率의 適用

협약안 제11조제2호에서 일방체약국에서 발생하여 타방체약국의 거주자에게 지급되는 利子所得에 대한 租稅를 부과함에 있어 이자 발생지인 일방국에서 과세할 경우에는 그 稅率이 10퍼센트를 超過할 수 없도록 규정하고 있다. 그런데, 所得稅法 제129조제1항제1호[11]에서는 利子所得에 대

---

10) 法制處, 審査回信資料(1996. 12. 9). 정식제명은 "大韓民國政府와이스라엘政府간의所得과資本에대한二重課稅回避와脫稅防止를위한協約"(CONVENTION BETWEEN THE GOVERMENT OF REPUBLIC OF KOREA AND THE GOVERMENT OF THE STATE OF ISREAL FOR THE AVOIDANCE OF DOUBLE TAXATION AND THE PREVENTION OF FISCAL EVASION WITH RESPECT TO TAXES ON INCOME AND CAPITAL)이다.

11) 第129條(源泉徵收稅率) ① 源泉徵收義務者가 源泉徵收하는 所得稅는 그 지급하는 所得金額 또는 收入金額에 다음 各號의 구분에 의한 稅率(이하 '源泉徵收稅率'이라 한다)을 적용하여 計算한 금액을 稅額으로 한다.
1. 利子所得金額에 대하여는 다음에 規定하는 稅率
가. 大統領令이 정하는 長期債券 또는 長期貯蓄(이하 이 號에서 '長期債券 등'이라 한다)의 利子와 割引額으로서 당해 長期債券 등을 보유한 居住者가 大統領令이 정하는 바에 의하여 당해 源泉徵收義務者에게 第14條第2項의 綜合所得課稅標準에 合算하지 아니할 것을 申請한 경우 그 利子와 割引額에 대하여는 다음의 구분에 의한 稅率〈長期債券의 發行日부터 最終償還日까지의 기간〉〈稅率〉5년 이상 10년 미만 100分의 30 10년 이상 100分의 25〈長期貯蓄의 最初契約日부터 契約滿了日까지의 기간〉〈稅率〉5년 이상 100分의 30
나. 非營業貸金의 이익에 대하여는 100分의 25

하여는 15% 내지 30%의 差等稅率에 따라 源泉徵收할 수 있도록 규정하고 있으므로 협약안 제11조제2호는 所得稅法에 대한 特例를 정하는 것으로서 立法事項에 해당된다.

나. 納稅義務免除의 特例

협약안 제15조제2호에서 일방체약국의 居住者가 타방체약국에서 雇傭되어 보수를 받는 경우 그 報酬에 대한 課稅는 고용된 자의 他方國 滯在日數가 年 183日 이하일 것 등 일정한 조건을 충족하게 될 경우에는 그 타방국에서만 課稅할 수 있도록 규정하고 있다. 所得稅法 제1조제1항제2호에서 國內居住者가 아닌 자로서 국내에 源泉所得이 있는 個人은 누구든지 納稅의 의무를 지도록 규정하고 있는바, 협약안의 내용은 소득세법의 규정에 의한 納稅義務를 일부 免除하려는 것으로서 立法事項에 해당된다.

다. 기타의 利子所得金額에 대하여는 100分의 15

3. - 7.(생략)

② - ④(생략)

Ⅰ. 研究目的

우리나라 行政法制에 課徵金制度가 도입·운영되기 시작한 지도 벌써 15년여 정도가 지났다. 그동안 우리나라 行政法制에서는 행정목적상의 필요에 따라 부과되는 여러 가지 행정법령에 의한 義務에 대한 합리적인 履行確保手段의 하나로서 課徵金制度를 광범위하게 도입·운영하여 오고 있다.

그러나 우리나라의 課徵金制度는 특히 이론적으로 그 명확한 槪念이나 性質에 관한 체계적인 정리가 요청되고 있고, 그 부과근거·주체·대상 및 요건, 부과기준 및 부과·징수절차, 歸屬 및 用途, 刑事罰 및 過怠料와의 重複制裁문제 등 여러 측면에서 보다 체계적인 연구·분석이 필요하다고 본다.

課徵金制度는 다른 行政的 制裁手段에 비하여 나름대로의 長點을 지니고 있어 향후 계속하여 개별 行政法令상 그 導入이 증가될 것으로 예상된다. 또한 바람직한 立法模型을 정립하고 課徵金관련 法令案의 立案·審査基準을 補完하여야 할 것이며, 시행과정에서 제기되는 일부 未備點 및 문제점도 이를 지속적으로 點檢·개선하여야 할 것이라고 본다.

이에 따라 우리나라 課徵金法制의 現況·問題點 및 改善事項들을 立法例를 중심으로 검토·정리하고, 특히 다양하게 존재하는 기존의 立法事例를 분류·정리하여 法制改善에 參考·活用할 수 있도록 하려는 데 연구목

---

1) 이 글은 「법제연구총서」(법제처, 제4집, 1997년 12월)에 게재한 저자의 논문을 일부 재정리한 것이다.

적이 있다.

II. 課徵金의 理論的 基礎

1. 課徵金의 槪念

가. 槪念定義

課徵金制度는 종래 行政法令상의 의무이행을 강제하는 制度로서 전통적으로 인정되어 온 行政刑罰이나 營業取消·停止處分과는 다른 새로운 의무이행확보수단의 하나로 볼 수 있다. 그러나 그 정확한 槪念에 관하여는 의견이 다양하게 개진되고 있는 실정이다.

課徵金의 槪念에 관하여는 연구자에 따라서 여러 가지로 정의되고 있는바, 경제법상 의무에 위반한 자가 당해 위반행위로 經濟的 利益을 얻을 것이 예정되어 있는 경우에 그 義務違反行爲로 인한 不法利益을 還收하기 위하여 과하는 일종의 行政制裁金, 행정청이 일정한 행정법령상의 義務에 위반한 자에 대하여 과하는 制裁로서의 金錢的 負擔, 행정법령상 義務不履行 또는 義務違反이 있는 때에 행정청이 그 의무자에게 부과·징수하는 金錢的 制裁, 국가가 그 司法權 또는 行政權에 의거하여 국민에게 부과·징수하는 金錢負擔으로서 租稅외의 것 등등으로 다양하게 定義되고 있다.[2]

생각건대, 넓은 의미에서 "課徵金"이란 "행정청이 일정한 행정법령상의 義務履行을 强制하기 위한 목적으로 그 義務違反者에 대하여 부과하는 金

---

2) 朴英道, 「立法技術의 理論과 實際」(韓國法制研究院 「연구보고 97-1」, 1997년도), p.385 - 387.
韓國法制研究院, 『課徵金制度의 現況과 改善方向』(「연구보고 93-1」, 1993년도), p. 29 - 30.

錢制裁"를 말한다고 하겠다. 그러나 좁은 의미에서는 "課徵金"이란 "행정청이 일정한 행정법령상의 義務履行을 强制하기 위한 목적으로 그 義務違反者에 대하여 營業停止處分에 갈음하여 부과하는 金錢賦課金"을 말한다고 하겠다. 이는 종래 自動車運輸事業法상의 課徵金을 비롯하여 수많은 實例를 찾아볼 수 있다.

課徵金이란 일본과 미국 등 일부외국의 행정법령에서도 그와 유사한 제도를 찾아 볼 수는 있다. 그러나 營業停止處分에 代替하여 부과·징수하는 유형의 課徵金은 우리나라 行政法令에 매우 고유하게 존재하는 行政制裁制度의 한 유형이다. 근년의 國內 立法動向을 살펴보면, 새로운 行政상의 義務履行確保手段의 일종으로서 이와 같은 課徵金制度를 도입하는 事例가 급증하고 있음을 알 수 있다. 물론 이러한 課徵金制度가 처음 도입되기에 앞서 行政의 실효성을 확보하기 위한 수단으로서 營業停止處分制度를 두지 아니한 법령에서 義務違反行爲 자체에 대하여 직접 과징금을 부과하는 유형의 제도가 먼저 도입된 바 있다. 즉 1980년 12월 31일 法律 제3320호로 제정된 獨占規制및公正去來에관한法律이 바로 그런 유형의 과징금제도를 규정한 법률이다. 그 당시 法律 제6조에서는 營業停止處分制度를 마련하지 아니한 상태에서 경제기획원장관의 價格引下命令에 불응한 市場支配的事業者에 대하여는 그 가격인상의 差額에 해당하는 금액을 바로 課徵金으로 부과하도록 하는 규정을 도입한 것이다.

그 외에 課徵金이라는 명칭은 쓰고 있지 아니하지만 環境關聯法令상의 "賦課金" 制度도 그 機能 및 法的性質의 관점에서 볼 때 일종의 課徵金으로 분류하여야 할 것이다.[3] 특히 환경규제법령에 규정된 排出賦課金制度

---

3) 韓國法制研究院, 앞의 책, p.33-34.
　　일반적으로 賦課金이란 어떤 사업을 수행하기 위한 所要經費를 다수의 이해당사자로부터 갹출하는 것을 가리키는바, 이러한 賦課金의 종류에는 오염물질을 배출하는 행위에 대하여 지불하는 排出賦課金, 환경오염에 기여하는 製品 등에 대하여 지불하는 製品賦課金, 배출물을 행정기관이 처리되는 경우 그 소요비용을 부과하는 利用者賦課金, 행정기관의 제공서비스에 대한 요금으로서의 성격을 지닌 行政賦課金, 환경오염이 적은 제품에 대하여는 세율을 낮추고 그러하지 아니한 제품에 대하여는 세율을 높여 환경오염방지목적을 추구하는 稅率差別制度 등 여러 가지 유형이 있다. 현행 우리나라 법령상 대표적인 賦課金制度로서는 환경규제의 실효성확보를 위하여 수질환경보전법·대기환경보전법 등 환경규제법령에 규정된 排出賦課金制度라고 할 것이다.

는 오염물질로 인한 환경오염 및 피해를 방지하려는 목적에서 도입된 것으로서, 이같은 賦課金은 法令違反行爲로 인하여 그 사업이 停止되어야 타당하지만 이를 停止시키지 아니하고 사업을 계속하도록 허용하되, 사업을 계속하게 함으로써 얻는 不法利得을 환수하려는 것이라고 보겠다. 따라서 賦課金制度는 명칭은 다르지만 그 기능과 성질은 課徵金制度와 매우 유사하다. 이를 課徵金制度의 일종으로 보아야 한다는 의견이 설득력을 지닌다.

여기서는 "課徵金"이라는 용어를 넓은 의미의 課徵金의 槪念으로 보고 사용하기로 하되, 이 같은 넓은 의미의 課徵金을 그 형태 및 특징을 기준으로 몇 가지의 類型으로 분류하고자 한다.

나. 類似槪念과의 區別

課徵金과 유사한 개념들로서 過怠料·罰金·不當利得稅·賦課金·犯則金 등을 들 수 있다.[4] 우선 過怠料는 行政上의 秩序罰에 해당하는 秩序違反行爲에 대한 制裁이다. 行政上의 義務에 대한 위반정도가 비교적 경미하여 직접적으로 行政目的이나 사회목적을 침해하지 아니하지만 간접적으로 行政上의 질서에 장애를 초래할 위험성이 존재하는 정도의 단순·경미한 義務違反行爲에 대하여 과하는 금전적 제재라고 할 것이다. 따라서 課徵金은 金錢罰의 특수한 형태로서의 過怠料와 유사한 점이 인정되지만, 過怠料는 行政上의 義務違反行爲에 대한 秩序罰의 성질을 갖는데 반하여 課徵金은 行政上 의무위반 시 그 이행을 확보하기 위한 行政手段으로서의 성질을 갖는 점, 過怠料로 부과될 금전의 한도액은 그 可罰性의 정도에 따라서 결정되는 반면 課徵金은 대부분 의무위반상태하의 통상적 不法營業收益의 예상 범위 안에서 결정되는 점, 過怠料의 부과처분에 대한 불복절차는 非訟事件節次法을 적용하도록 하고 있는데 반하여 課徵金의 부과처

---

4) 韓國法制硏究院, 앞의 책, p.30-35.
曺正燦, "課徵金制度에 관한 小考", 법제 제196호, 제197호, 제198호.
高明允, "金錢罰의 立法動向과 課徵金制度", 立法硏究論文集(下) 참조.

분에 대한 불복절차는 일반적인 行政爭訟法을 적용하도록 하는 점 등에서 구별될 수 있다. 그러나 현재 우리의 행정법령상 課徵金制度는 過怠料와 같이 행정법령상의 의무위반행위가 그 전제가 된다는 점에서는 공통분모를 가지고 있고, 과징금의 경우 그 부과기준이 언제나 의무위반 상태하에서의 통상적 豫想收益의 정도에 의하여 결정된다고 보기 어려운 점이 있다.

둘째, 罰金이란 司法權의 작용에 의하여 犯罪人에게 일정한 金錢納付를 명하여 당해 범죄인의 재산을 박탈하는 刑罰로서 국가형벌권에 그 이론적 기초를 두고 있다. 課徵金은 법령위반자에게 재산상의 부담을 주는 면에서는 罰金과 유사하지만 刑罰과는 그 성질이 전혀 다르다. 이론상으로는 동일법령 위반행위에 대하여 行政處分으로서 課徵金을 부과하고 동시에 刑罰인 罰金을 부과하는 것도 가능할 것이다. 그러나 실질적으로는 課徵金이나 罰金이 다 같이 위반행위자에게 경제적 부담을 주는 금전납부의무가 발생하므로 양자를 동시에 부과하는 문제는 이중부담 내지 二重處罰의 논란을 초래할 수 있다.

셋째, 不當利得稅는 租稅로서 財政收入을 그 주된 目的으로 하는 것이 아니라 정부의 統制價格에 위반하지 아니할 의무를 강제할 目的으로 부과된다. 不當利得稅法은 物價安定에관한法律이나 기타 法律에 의하여 정부가 결정·승인하는 물품의 가격, 요금의 최고액 등을 기준으로 거래단계별·지역별 구분에 따라 국세청장이 정하는 기준가액을 초과하여 거래하고 不當利得을 얻은 자에 대하여 실제 거래한 가격·요금에서 기준가액을 차감한 금액전부를 不當利得稅로 징수하도록 하고 있다. 不當利得稅는 特定基準價格에 위반하여 얻은 不當利得을 환수한다는 점에서 현행 獨占規制및公正去來에관한法律에서 규정하고 있는 課徵金制度와 매우 유사한 점이 있다. 그러나 不當利得稅는 稅金으로서 租稅法原則이 적용되고, 영업정지처분 등을 전제로 하지 아니하고 있다는 점 등에서 課徵金과는 구별된다.

넷째, 强制金이란 일정기간 내에 非對替的 行爲義務 또는 不作爲義務를 이행하지 아니하면 일정금액을 부과·징수할 것을 戒告한 후 당해 의무불이행에 대하여 과하는 金錢罰이다. 强制金이란 금전적 부담을 과할 것임을 미리 알려 행정상 의무자의 心理를 압박하여 그 의무를 강제하는 間接的인 形態의 行政強制에 속한다. 이러한 強制金은 현재의 義務不履行狀態가 존재할 뿐만 아니라 장래에도 계속 존재하게 될 경우에 그 의무이행을 強制하기 위한 목적으로 부과한다. 이와 같은 점에서 課徵金과는 큰 차이점이 있다.

다섯째, 犯則金이란 형사법령 위반자에게 罰金에 갈음하는 일정금액의 금전납부를 通告하고 납부기간 내에 이를 납부한 경우에는 해당 犯則行爲에 대하여 公訴를 提起하지 아니하고, 납부하지 아니한 경우에는 刑事處罰節次를 진행시키는 것으로 일종의 刑事上 簡便節次라고 볼 수 있다. 이 制度는 道路交通法상의 위반사건이 폭증함에 따라 이를 간이·신속하게 처리함으로써 司法府의 부담을 덜어 주고 刑事事件의 규모도 대폭 감소될 수 있도록 유도하며, 刑事處罰에 따른 국민의 불편을 덜어 주려는 취지에서 채택되었다고 본다. 이러한 犯則金은 그 성질상 制裁金의 일종으로 볼 수는 있겠으나, 이 制度는 일정한 범위의 道路交通法 위반사건에 대하여서만 적용되고 있다. 이와 같은 점에서 당연히 課徵金制度와는 본질적으로 다르다.

2. 課徵金의 類型

課徵金은 이미 槪念定義에서 살펴본 바와 같이 넓은 의미로는 행정청이 일정한 행정법령상의 義務履行을 強制하기 위한 목적으로 그 義務違反者에 대하여 부과하는 金錢制裁를 말한다. 따라서 이를 몇 가지의 類型으로 분류하여 볼 수 있다. 이는 課徵金制度가 우리 현행법령상으로 다양한 형태로 존재함을 뜻한다. 그리고 유형별로 그 法的 性質과 賦課基準 등의 측면에서 차이점들을 찾아 볼 수 있다.

연구자에 따라서는 첫째 經濟法令상의 義務違反行爲에 대하여 불법적으로 얻은 경제적 利益을 박탈하기 위하여 부과하는 類型, 둘째 다수국민이 이용하는 營業을 수행하는 자가 관련행정법령을 위반한 경우 그 營業停止 處分에 갈음하여 부과하는 類型, 셋째 명칭은 다르지만 그 法的 性質이 課徵金과 유사한 賦課金 등으로 분류하기도 한다.[5]

여기서는 課徵金의 형태 및 法的 性質 등을 보다 상세하게 살펴보기 위하여 다음과 같이 7가지의 類型으로 세분화하여 정리하여 보고자 한다.

第1類型 : 行政상 義務違反者에 대하여 營業停止處分에 갈음(代替)하여 選擇的으로 부과하는 유형

第2類型 : 行政상 義務違反者에 대하여 營業停止處分制度를 마련하지 아니하고 一義的으로 課徵金만을 부과하도록 하는 유형

第3類型 : 行政상 義務違反者에 대하여 是正命令에 갈음(代替)하여 選擇的으로 課徵金을 부과하도록 하는 유형

第4類型 : 行政상 義務違反 資格者에 대하여 資格停止處分에 갈음(代替)하여 選擇的으로 課徵金을 부과하도록 하는 유형

第5類型 : 被害價格課徵金

第6類型 : 第2類型과 같이 行政상 義務違反者에 대하여 營業停止處分制度를 마련하지 아니하고 一義的으로 課徵金의 성질과 같은 금전납부의무를 부과하되, 그 명칭은 "賦課金"이란 용어를 사용하는 유형

第7類型 : 동일법률에서 第1類型 및 第2類型이 병존하는 混合形

가. 第1類型 : 行政상 義務違反者에 대하여 營業停止處分에 갈음 (代替)하여 選擇的으로 부과하는 유형

第1類型은 협의의 課徵金에 해당하는 경우로서 自動車運輸事業法을 비

---

5) 韓國法制研究院, 앞의 책, p.51 - 61.

롯한 대다수 국내 행정법령에서 규성되어 있다. 행정청이 일정한 행정법령상의 義務履行을 強制하기 위한 목적으로 그 義務違反者에 대하여 營業 등의 停止處分에 갈음하여 부과하는 金錢制裁이다. 이와 같은 의미의 課徵金은 일본의 "國民生活安定緊扱措置法"이나 "私的獨占의禁止및公正去來의確保에관한法律"에 의한 課徵金 또는 미국의 大氣淸淨法(Clean Air Act), 農業調整法(Agricultural Adjustment Act) 등 聯邦法이나 州法에서 찾아 볼 수 있는 民事罰(civil penalty)제도와 그 性質이 상당히 다른 것이다.

第1類型을 도입·활용하는 이유는 대체로 국민의 일상생활과 밀접한 관련이 있는 분야의 營業活動이 행정청의 일방적인 營業停止處分에 의하여 정지되는 경우에 그 직접적인 제재목적은 달성할 수가 있으나, 국민의 일상 생활에 不便을 주는 副作用이 초래되는 점이 있으므로 이를 방지하기 위하여 고안되었다고 하겠다. 이는 실질적으로 해당 사업자에게 경제적 부담을 주어 행정상의 制裁 및 監督效果를 달성할 수 있을 뿐만이 아니라 그 사업자와 거래관계에 있는 일반국민의 不便을 해소시켜 주는 두 가지 목적을 달성할 수 있다.[6]

[立法例 1]

· 企業活動規制緩和에관한特別措置法

第54條의2 (排出施設 運營者에 대한 課徵金賦課의 特例) ①環境部長官은 水質環境保全法 第2條의 規定에 의한 排出施設중 製造業의 排出施設을 設置·운영하는 者에 대하여 同法 第20條第1項의 規定에 의하여 操業 停止를 명하여야 하는 경우로서 그 操業停止가 대외적인 信用·雇傭·物價등 國民經濟에 현저한 지장을 초래할 우려가 있는 경우에는 同法 第20

---

6) 課徵金制度의 導入事例의 하나로서 原子力法을 들 수 있다. 동법에 대한 課徵金制度의 導入妥當性 여부에 관하여 당시 다소 논란이 있었으나, 원자력발전사업자에게 事業停止處分을 내릴 경우 일반국민에게 막대한 피해를 줄 수 있다는 점 등에서 事業停止處分事由를 검토·선별하여 課徵金制度를 도입한 바 있다. 이에 관하여는 『원자력안전규제에 있어서 課徵金制度 導入方案에 關한 硏究』(韓國原子力安全技術院, 1991년 12월) 및 "원자력법상의 과징금과 기타 행정제재수단 도입에 관한 검토"(李相喆, 1991년도 諮問資料) 등 참조.

條의2第1項의 規定에 불구하고 操業停止處分에 갈음하여 同項의 規定에
의한 課徵金을 賦課할 수 있다.

②·④ (생략)

[立法例 2]

· 麻藥法

第53條의3 (課徵金處分) ①保健社會部長官 또는 市·道知事는 麻藥取
扱者에 대하여 第53條第1項의 規定에 의한 業務停止處分을 하게 되는 경
우에는 大統領令이 정하는 바에 따라 業務停止處分에 갈음하여 1億원이하
의 課徵金을 賦課할 수 있다. 이 경우 課徵金의 賦課는 業務停止處分으
로 인하여 國民保健에 큰 危害를 가져오거나 가져 올 우려가 있는 때에
한하며, 3回를 초과하여 賦課할 수 없다.

②·③(생략)

[立法例 3]

· 水質環境保全法

第20條의2 (課徵金 처분) ①環境部長官은 다음 各號의 1에 해당하는 排
出施設을 設置·운영하는 事業者에 대하여 第20條第1項의 規定에 의하여
操業停止를 命하여야 하는 경우로서 그 操業停止가 住民의 생활 기타 公
益에 현저한 지장을 초래할 우려가 있다고 인정되는 경우에는 操業停止處
分에 갈음하여 1億 원 이하의 課徵金을 賦課할 수 있다.

나. 第2類型 : 行政上 義務違反者에 대하여 營業停止處分制度를 마련하지 아니하고 一義的으로 課徵金만을 부과하도록 하는 유형

第2類型은 第1類型 다음으로 많은 행정법령 특히 經濟規制法令에서 도

입·운용되고 있다. 이와 같은 課徵金을 부과하는 이유는 행정법령에서 禁止·制限하고 있는 규정을 위반하는 경우에는 그 관련사업자가 불법적인 事業收益을 얻게 되는 바, 법령위반행위를 방지하고 불법영업으로 얻은 사업수익을 정부에서 환수하여 법령준수를 보장하려는 것이라고 보겠다. 第2類型의 경우에는 營業停止處分制度가 마련되어 있지 아니한 법령에서 의무위반자에 대하여 일의적으로 과징금을 부과하고 있어 그 제도의 성격 면에서 상당한 차이점이 있다. 또한 불법수익을 환수하려는 점과 아울러 행정제재를 가하려는 점이 모두 중요한 제도도입취지에 해당된다고 볼 수 있다.

第2類型에 속하는 대표적인 법령으로서는 獨占規制및公正去來에관한法律, 靑少年保護法, 下都給去來公正化에관한法律 등을 들 수 있다. 첫째, 獨占規制및公正去來에관한法律 第6條에서는 公正去來委員會는 市場支配的事業者가 濫用行爲를 한 경우에는 당해 事業者에 대하여 賣出額 또는 營業收益에 100分의 3을 곱한 금액을 초과하지 아니하는 범위 안에서 課徵金을 賦課할 수 있고, 賣出額이 없거나 賣出額의 算定이 곤란한 경우에는 10億원을 초과하지 아니하는 범위 안에서 課徵金을 賦課할 수 있도록 하고 있으며, 同法 第17條에서는 公正去來委員會는 相互出資禁止基準 또는 出資總額制限基準 등에 위반하여 株式을 취득 또는 所有한 會社에 대하여는 위반행위로 취득 또는 所有한 株式의 取得價額에 100分의 10을 초과하지 아니하는 범위 안에서 課徵金을 賦課할 수 있도록 하고, 기타 系列會社에 대한 債務保證의 制限基準, 企業結合의 制限基準 등에 위반한 경우에도 유사한 과징금부과규정을 두고 있다.

또한 同法 第22條에서는 公正去來委員會는 不當共同行爲의 禁止基準에 위반하여 不當共同行爲를 행한 事業者에 대하여 賣出額에 100分의 5를 곱한 금액을 초과하지 아니하는 범위 안에서 課徵金을 賦課할 수 있도록 하고, 同法 第24條의2에서는 公正去來委員會는 不公正去來行爲의 禁止基準에 위반하는 不公正去來行爲가 있는 경우에는 당해 事業者에 대하여 賣出額에 100分의 2를 곱한 금액을 초과하지 아니하는 범위 안에서 課徵金을 賦課할 수 있도록 하며, 同法 第28條에서는 公正去來委員會는 事

業者團體의 각종 禁止行爲基準에 위반한 때에는 당해 事業者團體에 대하여 5億원의 범위 안에서 課徵金을 賦課할 수 있도록 하고 있다.

둘째, 靑少年保護法 第49條에서는 靑少年保護委員會는 일정한 靑少年保護規定 違反犯罪를 범하여 利益을 취득한 者에 대하여 1千萬 원 이하의 課徵金을 부과할 수 있는 제도를 두고 있다. 여기서 靑少年에게 有害媒體物을 판매·배포하거나 시청·이용하게 하는 營業行爲 기타 靑少年을 유해업소에 雇用하거나 出入시키는 청소년관련위반행위는 형사범죄에 매우 가깝고 倫理的 성격이 강한 性質을 지닌다고 생각되고 課徵金의 부과기준도 1천만 원 이하로 규정되어 있어 불법수익과 반드시 일치하지 아니할 수 있다는 점에서 동법에서 규정하고 있는 課徵金制度가 범죄행위 자체에 대한 처벌적 성질이 적지 아니하고, 과징금의 부과기준도 그 위반행위의 정도 또는 罪質에 따라서 정하여진 면이 있다고 생각된다. 그러면서도 한편으로는 이들 위반행위로 인하여 관련영업자가 不法利得을 얻는다는 사실에 있어서는 일반의 경제법령위반의 경우와 다를 바 없다고 보이므로 不法利得을 還收하려는 목적으로 도입한 제도임을 부인하기도 어렵다고 본다.

셋째, 下都給去來公正化에관한法律 第25條의3에서는 公正去來委員會는 脫法行爲를 행한 原事業者 또는 下都給代金의 不當決定禁止規定 등에 위반한 原事業者 또는 受給事業者에 대하여 그 下都給代金의 2倍를 초과하지 아니하는 범위 안에서 課徵金을 賦課할 수 있도록 규정을 두고 있다. 이하 관련법률은 다음과 같다.

[立法例 1]

· 獨占規制및公正去來에관한法律

第6條 (課徵金) 公正去來委員會는 市場支配的事業者가 濫用行爲를 한 경우에는 당해 事業者에 대하여 大統領令이 정하는 賣出額(大統領令이 정하는 事業者의 경우에는 營業收益을 말한다. 이하 같다)에 100分의 3을 곱

한 금액을 초과하지 아니하는 범위 안에서 課徵金을 賦課할 수 있다. 다만, 賣出額이 없거나 賣出額의 算定이 곤란한 경우로서 大統領令이 정하는 경우(이하 "賣出額이 없는 경우등"이라 한다)에는 10億 원을 초과하지 아니하는 범위 안에서 課徵金을 賦課할 수 있다.

[立法例 2]

· 靑少年保護法

第49條 (課徵金) ①靑少年保護委員會는 第50條 및 第51條의 各號의 1에 해당하는 罪를 범하여 利益을 취득한 者에 대하여 大統領令이 정하는 바에 의하여 1千萬원이하의 課徵金의 납부를 명할 수 있다.

②第1項의 規定에 의한 課徵金의 금액 기타 필요한 사항은 大統領令으로 정한다.

③·⑤(생략)

[立法例 3]

· 下都給去來公正化에관한法律

第25條의3 (課徵金) ①公正去來委員會는 다음 各號의 1에 해당하는 原事業者 또는 受給事業者에 대하여 受給事業者에게 製造등의 委託을 한 下都給代金이나 原事業者로부터 製造등의 委託을 받은 下都給代金의 2倍를 초과하지 아니하는 범위 안에서 課徵金을 賦課할 수 있다.

1.- 4.(생략)

②(생략)

넷째, 大統領緊急財政經濟命令은 憲法 제76조제1항에 근거하여 法律的效力을 가지는 法形式으로서 이에서 第2類型의 課徵金을 부과하는 근거를 둔 경우가 있다. 舊금융실명거래및비밀보장에관한긴급재정경제명령 第7條에서는 金融機關은 實名轉換義務期間이 經過한 날 이후에 旣存非實名資

産의 名義를 實名으로 轉換하는 去來者에 대하여는 동 命令 施行日 현재의 金融資産價額에 최고 100분의 60까지의 徵收率을 適用하여 計算한 金額을 당해 金融資産으로부터 課徵金으로 源泉徵收하도록 규정하고 있다. 동 命令에서는 특히 課徵金을 일정기간 내에 납부하지 못한 경우에는 加算金까지 징수하는 규정을 두고 있다. 즉 財務部長官은 金融機關이 徵收하여야 할 課徵金을 期限 내에 납부하지 아니하거나 미달하게 납부한 경우에는 그 金融機關으로부터 납부하지 아니한 課徵金 또는 미달한 課徵金 외에 그 課徵金의 100분의 10에 해당하는 金額을 加算金으로 徵收하도록 하였다. 이 命令은 1997년 12월 31일 金融實名去來및秘密保障에관한法律이 제정되면서 同法 本則에서는 원칙적으로 課徵金制度를 삭제・정리하게 되었다. 다만, 부칙 제6조에서는 經過措置로서 旣存金融資産去來者가 동법시행 후 實名轉換하는 경우에는 舊 命令의 施行日 당시 金融資産價額에 100분의 50을 適用하여 계산한 금액을 징수하도록 하는 규정과 旣存金融資産去來者가 일정한 法定事由로 實名轉換하는 것이 곤란하다고 인정되는 경우에는 그 사유소멸일부터 1월 이내에 實名轉換하는 대상자에 대하여는 課徵金을 부과하지 아니하도록 하는 규정도 마련하여 공포일부터 시행하도록 하였다.

다. 第3類型 : 行政상 義務違反者에 대하여 是正命令에 갈음(代替)하여 選擇的으로 課徵金을 부과하도록 하는 유형

第3類型은 행정법령상 의무위반자에 대하여 是正命令과 課徵金중에서 행정청이 택일적으로 處分하도록 하고 있는 特殊한 형태의 과징금제도이다. 이는 영업정지처분을 행할 경우 초래될 시민생활의 불편을 방지하기 위한 第1類型의 課徵金과도 구별되고, 經濟關係法令에 위반한 사업자에 대하여 그 不法收益을 환수하려는 일의적인 과징금부과제도인 第2類型과도 구별된다. 對外貿易法이나 湖沼水質管理法 등 일부법령에서 이와 같은 유형을 찾아 볼 수 있다.

첫째, 對外貿易法 第39條에서는 貿易去來者의 禁止事項으로서 국내의 法令 또는 交易相對國의 法令에 의하여 보호되는 特許權·實用新案權·意匠權·商標權·著作權·著作隣接權·프로그램著作權 및 半導體集積回路의 配置設計權을 침해하는 物品을 輸出 또는 輸入하는 행위 등을 규정하고 있고, 貿易委員會는 調査結果 違反行爲가 있는 경우에는 是正措置命令 또는 課徵金의 賦課를 通商産業部長官에게 建議할 수 있도록 하여 通商産業部長官이 이를 인정하는 그 是正措置를 명하거나 3千萬 원이하의 課徵金을 賦課할 수 있도록 하고 있다.

생각건대, 이는 通商産業部長官에게 是正措置와 課徵金 중에서 선택·부과할 수 있는 裁量權을 부여하여 무역업자의 감독을 원활하게 하고자 하는 취지에서 도입된 것으로 보인다. 그러나 이 경우 무역거래자에 대한 營業停止制度 등이 없어 第1類型의 과징금제도를 마련할 수 없는 경우에 해당된다고 본다. 금지사항을 위반하여 영업활동을 하는 경우 不法收益의 발생이 예상되므로 不法收益을 환수한다는 측면에서는 第2類型의 課徵金制度와 유사한 점이 있겠으나, 第2類型의 과징금제도에 있어서는 선택적으로 부과할 수 있도록 하지 아니하고 일의적으로 부과할 수 있도록 규정하고 있으므로 차이점이 있다. 禁止事項을 위반한 영업자의 입장에서는 是正措置를 명하는 경우에는 경제적 부담을 지지 아니할 수 있는 점이 있다. 是正措置의 내용이 과거의 禁止事項違反에 의하여 이미 종료된 사업행위의 경우까지 소급하여 원상회복 등의 조치를 하여야 하는 것인지 아니면 是正措置를 행하는 시점이후에 진행 중이거나 개시될 수 있는 禁止行爲에만 적용되는 것인지 여부는 표현상 명확하지 아니한 점이 있다.

둘째, 湖沼水質管理法의 경우에는 特別放流水水質基準을 설정·고시하고 이에 違反하여 超過汚染物質을 排出하는 하수종말처리시설·폐수종말처리시설 등의 운영자에 대하여 排出賦課金을 부과·징수하거나 施設改善命令을 발할 수 있도록 규정하고 있다. 이 경우 역시 施設改善命令(是正措置)와 課徵金중에서 環境部長官이 선택·부과할 수 있는 裁量權을 부여하여 행정감독을 원활하게 수행하도록 하려는 취지에서 도입된 것으로 보인다.

[立法例 1]

· 對外貿易法

第39條 (不公正한 輸出入行爲의 금지) ①貿易去來者는 다음 各號의 1에 해당하는 행위를 하여서는 아니된다.

1. 국내의 法令 또는 交易相對國의 法令에 의하여 보호되는 特許權·實用新案權·意匠權·商標權·著作權·著作隣接權·프로그램著作權 및 半導體集積回路의 配置設計權을 침해하는 物品을 輸出 또는 輸入하는 행위

2. 原産地를 허위로 표시한 物品 또는 原産地의 표시를 損傷하거나 변경한 物品을 輸出 또는 輸入하는 행위

3. 기타 輸出入秩序를 저해할 우려가 있는 행위로서 大統領令이 정하는 행위

4. 이 法 또는 이 法에 의한 命令이나 處分에 위반하는 행위

②·③(생략)

④貿易委員會는 第3項의 規定에 의한 調査의 결과 第1項第1號 내지 第3號의 規定을 위반하는 행위가 있는 경우에는 是正措置命令 또는 課徵金의 賦課를 通商産業部長官에게 建議할 수 있다.

⑤通商産業部長官은 貿易去來者가 第1項 各號의 規定에 위반하였다고 인정하거나, 第4項의 規定에 의하여 貿易委員會로부터 建議를 받은 경우에는 是正措置를 명하거나 3千萬 원 이하의 課徵金을 賦課할 수 있다.

⑥·⑦(생략)

[立法例 2]

· 湖沼水質管理法

第10條 (特別放流水水質基準의 設定) ①(생략)

②環境部長官은 湖沼水質保全區域안에서 第1項의 規定에 의한 特別放流水水質基準을 초과하여 汚染物質을 排出하는 第1項의 規定에 의한 施設의 運營者에 대하여 排出賦課金을 賦課·徵收하거나 施設의 개선을 명할 수 있다.

③(생략)

라. 第4類型 : 行政상 義務違反 資格者에 대하여 資格停止處分에 갈음(代替)하여 選擇的으로 課徵金을 부과하도록 하는 유형

통상 課徵金은 일정한 營業行爲를 하는 事業者에 대하여 부과하고 있으나 資格取得者에 대하여 그 관련법령을 위반한 경우에 資格停止處分 대신 당해 資格取得者에게 일정금액의 課徵金을 부과·징수하도록 하는 입법례가 예외적으로 생겨나고 있다. 醫療保險法 第77條가 그 한 實例에 해당된다. 同法에서는 保健福祉部長官은 療養機關에 종사하는 者가 醫療給與基準 또는 療養給與費用의 算定基準에 위반하여 부당하게 保險給與를 하였거나 保險給與費用을 請求한 때에는 1年 이하의 免許資格의 停止處分을 할 수 있도록 규정하고 있다. 그런데 療養機關 從事者에게 이와 같은 자격정지처분을 행하는 경우에는 行政制裁를 가하여 당사자에게 行政法令을 준수하도록 유도하는 효과가 있지만 이 경우 역시 당해 療養機關의 營業活動停止의 경우와 똑같이 療養중인 사람들에게 간접적인 피해와 불편이 수반될 수 있는 문제점이 있다. 따라서 營業停止處分에 갈음하는 課徵金과 유사한 금전제재로 대체함으로써 療養중인 사람들이 계속 요양을 받으면서 당해 療養機關 從事者에게 경제적 제재를 가하는 방법으로서 資格停止制度만을 두는 경우보다는 바람직한 면이 있다고 보인다. 다른 資格關聯法令에서도 이 같은 취지의 과징금제도의 도입을 긍정적으로 검토하여 볼 필요가 있다고 생각된다.

[立法例]

· 醫療保險法

第77條 (課徵金등) ①保健福祉部長官은 療養機關에 종사하는 者가 醫療給與基準 또는 療養給與費用의 算定基準을 위반하여 부당하게 保險給與를 하였거나 保險給與費用을 請求한 때에는 1年 이하의 免許資格의 정지처분을 할 수 있다.

②保健福祉部長官은 療養機關에서 종사하는 者가 第1項의 행위로 인하여 保險者 또는 被保險者 및 被扶養者에게 부당하게 保險給與費用을 부담하게 한 경우에는 第1項의 規定에 의한 免許資格의 정지를 명하거나, 부당하게 부담하게 한 保險給與費用의 10倍에 상당하는 금액 이하의 課徵金을 賦課할 수 있다.

③ · ④(생략)

마. 第5類型 : 被害價格課徵金

課徵金의 특수한 형태의 하나로서 "被害價格課徵金"제도를 들 수 있다. 造船産業의正常的競爭條件에관한法律상의 "被害價格課徵金"제도는 外國事業者가 正常價格보다 낮은 덤핑價格으로 우리나라에 수출함으로써 결과적으로 우리나라 國內事業者들이 損失(被害)이 발생하는 것을 방지하려는 것으로서 그 부과대상자가 외국인 또는 외국법인이라는 특징이 있고, 외국과의 輸入去來에 따른 국내사업자의 經濟損失 즉 외국사업자의 經濟利得을 환수하려는 것이라고 볼 수 있다.

造船産業의正常的競爭條件에관한法律 第10條에서는 다른 協定當事國의 造船業者가 우리나라의 國民이나 法人에게 직접 또는 간접으로 對象船舶을 正常價格 이하로 販賣("被害價格行爲")하여 國內産業이 實質的인 被害를 받거나 받을 우려가 있는 경우 또는 國內産業의 확립이 實質的으로 지연("實質的 被害 등")되었음이 調査·確認되는 때에는 通商産業部長官은 正常價格과 販賣價格과의 差額에 상당하는 금액 이하의 이른바 "被害價格課徵金"을 賦課할 수 있도록 하고 있다.

[立法例]

・造船産業의正常的競爭條件에관한法律

第10條 (被害價格行爲에 대한 課徵金) ①다른 協定當事國의 造船業者가 우리나라의 國民(法人을 포함한다. 이하 같다) 또는 우리나라의 國民이 所有하거나 支配하는 法人에게 직접 또는 간접으로 對象船舶을 正常價格 이하로 販賣(이하 "被害價格行爲"라 한다)하여 國內産業이 實質的인 被害를 받거나 받을 우려가 있거나 國內産業의 확립이 實質的으로 지연(이하 "實質的 被害 등"이라 한다)되었음이 調査를 통하여 확인되는 때에는 通商産業部長官은 그 造船業者에 대하여 正常價格과 販賣價格과의 差額에 상당하는 금액 이하의 課徵金(이하 "被害價格課徵金"이라 한다)을 賦課할 수 있다.

②第1項의 規定에 의한 被害價格課徵金의 賦課與否를 決定하기 위한 調査는 通商産業部長官의 요청에 따라 對外貿易法에 의한 貿易委員會가 이를 행한다.

③大統領令이 정하는 利害關係人은 通商産業部長官에게 第1項의 規定에 의한 被害價格課徵金의 賦課與否를 決定하기 위한 調査를 요청할 수 있다.

④第1項의 規定에 의한 被害價格行爲의 존재, 正常價格 및 販賣價格, 實質的 被害 등에 관한 調査, 被害價格課徵金의 賦課 등에 관하여 필요한 사항은 大統領令으로 정한다.

바. 第6類型 : 第2類型과 같이 行政上 義務違反者에 대하여 營業
停止處分制度를 마련하지 아니하고 一義的으로 課徵金과 같은
금전납부의무를 부과하되, 그 명칭은 "賦課金"이란 용어를 사용
하는 유형

이 類型은 일정한 행정법령위반행위를 한 事業者에 대하여 그 違反行爲
에 따른 社會的 被害의 發生量을 참작하여 금전납부의무를 부과하되 그
명칭을 課徵金 대신 "賦課金"이란 용어를 사용하여 규정하고 있다. 특히
環境保護關聯法令에서 몇 가지 立法例를 찾아볼 수 있다. 水質環境保全
法, 大氣環境保全法 등에서 규정하고 있는 바와 같은 오염물질배출금지기
준에 위반하여 超過倍出한 경우에 부과하는 超過排出賦課金制度를 들 수
있고, 畜産法상의 家畜超過飼育賦課金制度의 경우에도 第5類型에 속한다
고 볼 수 있다.

賦課金을 징수하는 목적은 행정법령에 의하여 규제하는 일정제한기준을
넘어 公害物質을 배출하게 되면 그만큼 外部非經濟를 증가시켜 이를 해결
하는데 소요되는 이른바 社會的 費用(social cost)을 증가시키는 결과가 된
다. 결국 납세자인 國民의 부담이 되며, 당해 영업자에게는 그만큼 반사적
으로 不法收益을 얻는 기회가 되므로 衡平의 原則에 비추어 보아 타당하
지 아니한 것이다. 따라서 당해 영업자에 대하여 그 不法收益을 환수하고
행정적 제재를 가하려는 데에 그 목적이 있다고 생각된다.

[立法例 1]

· 水質環境保全法

第19條 (排出賦課金) ①環境部長官은 水質汚染物質로 인한 水質環境
상의 被害를 방지 또는 감소시키기 위하여 汚染物質을 排出하는 事業者
(第13條의 規定에 의하여 共同防止施設을 設置·운영하는 者 및 第25條
의 規定에 의하여 終末處理施設을 운영하는 者를 포함한다) 또는 第10條

第1項 내지 第3項의 規定에 의한 許可·變更許可를 받지 아니하거나 申告·變更申告를 하지 아니하고 排出施設을 設置 또는 변경한 者에 대하여 大統領令이 정하는 바에 따라 排出賦課金을 賦課한다.

②·⑧(생략)

[立法例 2]

· 畜産法

第30條 (減縮命令·超過飼育賦課金등) ①農林部長官 또는 市·道知事는 種畜業者 또는 登錄·許可畜産業者가 다음 各號의 1에 해당하는 때에는 飼育家畜의 감축을 명할 수 있다. 이 경우 飼育할 수 있는 家畜의 最高頭數, 超過頭數의 감축방법 또는 감축기간을 정하여 명하여야 한다.

1. 第26條第2項의 規定에 의한 登錄基準 또는 第27條第4項의 規定에 의한 登錄基準·許可基準 또는 許可上限線에 위반한 때

2. 第26條第4項 및 第27條第8項의 規定에 의한 命令에 위반한 때

②農林部長官 또는 市·道知事는 第1項의 規定에 의한 減縮命令을 이행하지 아니한 者에 대하여는 超過飼育賦課金을 납부할 것을 명하여야 한다.

③·⑤(생략)

사. 第7類型 : 동일법률에서 第1類型 및 第2類型이 병존하는 混合形의 制度

일부 법령에서는 第1類型의 과징금제도와 第2類型의 과징금제도를 혼합하여 규정한 경우도 있다. 與信專門金融業法 등에 立法例가 있다. 與信專門金融業法 第58條를 살펴보면, 財政經濟院長官은 與信專門金融會社가 그 업무범위를 벗어나 영업행위를 하거나 法定資金調達方法이 아닌 방법으로 資金調達行爲를 한 경우 또는 財政經濟院長官의 命令에 위반한 경

우에는 1億 원 이하의 課徵金을 부과할 수 있도록 하고 있으나, 信用카드業者가 營業停止事由에 해당하는 위반행위를 한 때에는 業務停止處分에 갈음하여 1億 원 이하의 課徵金을 부과할 수 있도록 두 가지의 다른 유형의 課徵金制度를 하나의 條에서 규정하고 있다.

이 경우 두 가지 유형의 課徵金制度를 混合·規定하게 된 것은 與信專門金融業者는 信用카드業·施設貸與業·割賦金融業 및 新技術事業金融業을 영위하는 다양한 사업자들로 구성되어 있는 바, 信用카드業은 許可業種이지만 施設貸與業·割賦金融業 및 新技術事業金融業은 登錄業種으로서 營業停止制度가 없다는 특징이 있다. 따라서 信用카드業의 경우에는 第1類型의 과징금제도를 活用할 수 있으나, 나머지 3개 업종인 施設貸與業·割賦金融業 및 新技術事業金融業의 경우에는 第2類型의 과징금제도를 규정하기 부적절하므로 第2類型의 과징금제도를 채택하여 일의적으로 1억 원 이하의 과징금을 부과할 수 있도록 규정한 것으로 보인다.

[立法例]

· 與信專門金融業法

第58條 (課徵金處分) ①財政經濟院長官은 與信專門金融會社가 第46條, 第47條, 第48條, 第49條第1項·第4項·第5項, 第50條 또는 第51條第1項의 規定을 위반하거나 第49條第2項의 規定에 의한 財政經濟院長官의 명령을 위반한 때에는 大統領令이 정하는 바에 따라 1億 원 이하의 課徵金을 부과할 수 있다.

②財政經濟院長官은 信用카드業者가 第57條第1項 各號의 1에 해당한 때에는 大統領令이 정하는 바에 의하여 業務停止處分에 갈음하여 1億 원 이하의 課徵金을 부과할 수 있다.

③財政經濟院長官은 다음 各號의 1에 해당할 때에는 大統領令이 정하는 바에 따라 5千萬 원 이하의 課徵金을 부과할 수 있다.

1. 施設貸與業者가 第37條의 規定에 의한 財政經濟院長官의 명령을 위

반한 때

2. 割賦金融業者가 第39條 또는 第40條의 規定을 위반한 때

3. 新技術事業金融業者가 第45條의 規定을 위반한 때

④·⑤(생략)

3. 課徵金의 法的性質

課徵金의 法的性質에 관하여는 不當利得稅說, 贖罪金說, 過怠料說 등이 제시되고 있다.[7] 우선 不當利得稅說은 課徵金은 영업정지처분에 갈음하여 또는 법령위반행위에 대하여 그 영업정지기간 또는 위반기간동안은 영업을 행할 수 없게 되거나 불법영업을 함으로써 얻게 되는 영업정지기간 중의 豫想營業所得 또는 不法利得에 대하여 부과하는 것이므로 이는 곧 부당이득에 대하여 이를 정부가 稅金으로 환수하는 不當利得稅의 경우와 유사하다는 견해이다. 또한 그 징수방법 역시 국세체납처분의 예에 의하도록 하고 있는 점도 세금의 징수방법과 같다는 점을 지적하고 있다. 不當利得稅는 不當利得稅法에 의하여 부과되고 있는데, 物價安定관한法律 第23條에서는 명문으로 동법에 의하여 정부가 지정한 最高價格은 이를 不當利得稅法 第1條의 규정에 의한 政府決定價格으로 간주하는 규정을 두어 最高價格을 초과하여 거래함으로써 발생하는 不當利得에 대하여는 세금으로 환수하도록 하고 있다.

구체적인 실례로서 獨占規制및公正去來에관한法律상의 課徵金의 경우를 들고 있다. 獨占規制및公正去來에관한法律에 의한 課徵金도 이와 같은 부당이득에 대한 일종의 조세와 유사한 것으로 파악한다. 즉 동법 第6條본문에서는 "公正去來委員會는 市場支配的事業者가 濫用行爲를 한 경우에

---

7) 安大熙, "課徵金의 法的性格과 問題點", 「法曹」 1978년 3월호
    金種斗, "現行法상 課徵金制度에 관한 考察", 「立法調査月報」 1988년 1월 및 2월호 등 참조.

는 당해 事業者에 대하여 大統領令이 정하는 賣出額(大統領令이 정하는 事業者의 경우에는 營業收益을 말한다. 이하 같다)에 100分의 3을 곱한 금액을 초과하지 아니하는 범위 안에서 課徵金을 賦課할 수 있다."고 규정하고 있는데, 이는 시장지배적 사업자가 그 지위를 남용하여 부당이득을 얻기 때문이라는 것이다.

이와 같은 不當利得稅說은 우선 租稅法의 原則상 不當利得稅란 이미 발생한 소득을 전제로 하여 그 소득을 위법행위자에게 歸屬시키는 것이 불공정하므로 이를 정부가 무상환수하는 것인바, 이는 課徵金이 장래에 발생할지 모를 불확정적인 소득을 예상하거나 구체적인 소득발생 여하에 관계없이 이를 부당이득으로 간주하고 환수하려는 것인 점에서 서로 같은 것으로 보기는 어렵다. 일반적으로 營業停止處分에 대체하여 부과하는 課徵金의 金額基準은 營業停止期間중에 얻는 이익과 무관하게 산정되고 있는바, 이 같은 점에서도 不當利得稅와 유사한 성질을 갖는 제도로 파악하기는 어렵다고 본다.

둘째, 贖罪金說은 課徵金을 납부하면 영업정지처분을 받지 아니하고 일정한 경우에는 벌금 등 행정형벌이나 행정질서벌인 과태료의 적용이 면제되어 이는 贖罪金的인 성질을 갖는다고 한다. 속죄금이란 免罪代價로서 납부하는 전근대적인 관습이었다. 課徵金의 도입초기 입법례는 課徵金을 납부하면 行政刑罰이 면제하도록 하는 규정을 두었기 때문에 課徵金을 贖罪金으로 파악하는 것이 상당한 설득력이 있었다. 최근에 와서는 課徵金을 납부한 자에 대하여 행정형벌의 적용면제근거는 삭제하고 행정질서벌인 過怠料의 부과면제근거를 두기 때문에 전형적인 속죄금적 성격은 많이 감소되었다고 본다. 課徵金은 행정제재인 營業停止處分에 갈음하는 데에서 출발하여 아직 행정질서벌의 부과를 면제하고 있으므로 그 贖罪金的 性格을 전혀 없다고 보기도 어렵다.

셋째, 過怠料說은 課徵金의 성질상 영업정지가 불가능한 업종에서 영업정지 제도가 실효성이 없어 行政制裁의 실효성을 높이기 위한 수단으로서 행정기관이 부과하는 過怠料의 일종을 본다는 견해이다. 종래에 行政形罰

은 그 行政法規違反이 직접적으로 行政目的과 사회법익을 침해하는 경우에 과하여지는 것이고 이에 반하여 行政秩序罰인 過怠料는 간접적으로 行政상의 질서에 장해를 줄 우려가 있는 정도의 단순·경미한 의무태만행위에 대한 제재로서 과하여지는 것으로 보아 왔다. 이 같은 종래의 過怠料의 개념에 의할 때, 課徵金은 직접적으로 행정목적을 침해한 경우에도 부과될 수 있으므로 과태료로 볼 수 없는 점이 지적된다. 그러나 과태료의 개념을 좀 더 넓게 볼 때에는 공통점이 크다는 의견도 있다.

課徵金은 행정형벌이 전환되어 과태료가 된 것이 아니고 영업정지처분에 갈음한다는 원칙에서 도입된 점 등을 살펴 볼 때 과태료의 개념을 다소 넓게 보더라도 이에 課徵金을 포함시키기 어렵다고 보인다. 생각건대, 營業停止處分에 갈음하는 課徵金은 그 성격을 분명하게 규명하기 어려운 점이 있으나, 營業停止處分의 성질은 수익처분의 일시적 효력정지에 해당되므로 우선 行政罰 및 過怠料와는 別個의 制度로 규정되어 온 점을 부인할 수 없고, 다만 營業停止處分을 면제하여 주는 것을 전제로 하기 때문에 어느 정도는 전통적인 의미의 속죄금과는 다르지만 일종의 贖罪金的 性格을 一面 지니고 있다고 본다.

III. 課徵金의 賦課根據·主體·對象 및 要件

課徵金의 부과근거는 개별법령마다 母法律에서 규정하고 있다. 이는 課徵金의 賦課·徵收는 課徵金의 類型의 구분 없이 공통적으로 사업자 등 국민에게 行政制裁를 가하고, 金錢納付義務를 부과하는 것이기 때문이다. 통상 營業停止處分規定과 함께 규정하고 있다.

課徵金의 賦課主體 역시 母法律에서 규정하고 있다. 이는 이론상 課徵金의 歸屬主體와 밀접한 관련성을 갖는다고 생각되지만, 통상 課徵金의

賦課主體와 歸屬主體가 언제나 일치하는 것은 아니며, 이 같은 사례를 찾아 볼 수 있는 立法例가 다수 있다. 예를 들면, 食品衛生法 第65條에서는 동법에 의하여 徵收하는 課徵金중 保健社會部長官이 賦課·徵收한 課徵金은 國家에, 市·道知事, 市長·郡守 또는 區廳長이 賦課·徵收한 課徵金은 食品振興基金에 歸屬되도록 하고 있고, 石油事業法 第14條에서는 通商產業部長官 등이 징수한 課徵金은 원칙적으로 에너지및資源事業特別會計法에 의한 에너지및資源事業特別會計에 歸屬되도록 하되, 地方自治團體의 長이 權限의 위임을 받아 課徵金을 徵收한 경우에는 해당 地方自治團體에 歸屬되도록 하고 있으며, 사료관리법시행령 제15조에서는 농림부장관이 부과·징수하는 과징금은 國家一般會計 歲入으로 계리하고, 시·도지사가 부과·징수하는 과징금은 당해 특별시·광역시 또는 도의 地方自治團體 一般會計 歲入으로 계리하도록 규정하고 있다. 보다 상세한 내용은 후술하고자 한다.

課徵金의 賦課主體는 일반적으로 主務部長官 기타 中央行政機關의 長이나 地方自治團體의 長인 市·道知事나 市長·郡守·區廳長으로 규정하고 있다. 이 경우 地方自治團體의 長에게 부여된 課徵金의 賦課·徵收權限이 과연 언제나 國家事務에 속하는 것인지 아니면 지방자치단체의 固有事務에 속하는 경우도 있는지 여부에 관하여는 의문이 생긴다. 이 문제는 특히 強制徵收節次에 있어서 國稅 또는 地方稅 滯納處分의 例에 의하도록 하고 있는 바, 물론 지방자치단체에서 강제 징수하는 경우에는 업무의 편의성 등 때문에 "地方稅 滯納의 例"에 의하도록 하는 것이 나름대로는 장점과 합리성을 가지고 있다. 그러나 "地方稅 滯納의 例"에 의하도록 하기 위해서는 그 전제로서 課徵金賦課權限 자체가 지방자치단체의 自治事務 즉 고유사무 혹은 단체위임사무에 해당되어야 할 것이라는 의견이 제시될 수도 있을 것이다. 또한 機關委任事務를 처리함에 있어서 당해 지방자치단체의 장의 법적 지위는 그 執行機關의 長의 지위가 아니라 國家事務를 委任받아 처리하는 국가의 하급행정기관의 지위에 해당한다. 따라서 지방자치단체의 장이 課徵金의 賦課·徵收權限을 위임받아 처리하는 경우 그 지방자치단체의 장은 국가행정기관의 지위에 서게 되며, 이 경우 그 사무는 지방자치단체의 고유사무에 속하지 아니하므로 條例를 제정하는 등 자치입법행위가 배제되는 점,[8] 地方稅의 課稅權은 해당 지방자치단체에 속하는 것으로서 그 강제징수 역시 지방자치단체의 自治事務에 속하는 점[9] 등을 참작할 때 국가위임사무의 처리에 관하여 지방자치단체의 자치사무에 적용되는 法律을 준용하더라도 아무런 문제가 없는지 검토하여 볼 필요가 있다. 구체적인 예를 하나 들어 보자. 國稅와 地方稅간의 淸算節次에 있어서 그 徵收順位에 관하여 살펴보면, 國稅徵收法 제81조에서는 1. 압류에 관계되는 국세·가산금·체납처분비, 2. 교부청구를 받은 "국세·가산금·체납처분비·지방세 또는 공과금"으로 되어 있으나, 方稅法 제31조에서는 地方稅優先原則을 규정하고, 동 원칙의 적용에서 제외되는 경우로서 "국세 또는 공과금"의 체납처분에 있어서 그 국세 또는 공과금의 滯納處分金額 중에서 지방세징수금을 징수하는 경우의 그 "국세 또는 공과금의 가산금 또는 체납처분비"로 규정하고 있다. 따라서 國稅로 보아 國稅滯納節次의 例에 의하도록 할 것인지 또는 地方稅로 보아 地方稅滯納節次의 例에 의하도록 할 것인지 여부에 관하여는 보다 구체적인 검토가 요청된다고 본다.

課徵金의 賦課對象은 각종 營業法令이나 經濟關聯法令을 포함하여 광범위한 행정법령의 준수의무가 있는 事業者 또는 資格者 등이다. 課徵金의 類型 중 第1類型에 속하는 과징금의 경우에는 제도적으로 營業停止處分을 부과하는 허가·인가·면허업종 등에 한정된다. 登錄·申告業種의 경우에는 원칙적으로 그 성질상 영업정지규정을 두지 아니하고 있으므로 이들 업종의 경우에는 第1類型의 課徵金制度를 도입할 수 없다고 본다. 또한 自由業種 역시 이 같은 課徵金制度를 둘 수 없다. 이들의 경우에는 법령준수를 課徵金에 의하여 擔保하고 불법영업수익도 환수할 필요가 있다고 생각될 때에는 영업정지처분을 전제로 하는 第1類型의 課徵金規定을 두기 곤란하므로 직접적으로 법령위반행위를 한 자에 대하여 일의적인 課

---

8) 李相喆, "條例의 法的性質과 規律限界", 『법제』 1997년 9월호, p.185 – 188.
9) 地方稅法 第2條.

徵金을 부과할 수 있는 第2類型의 課徵金制度를 채택하는 방안을 검토하여 볼 수 있을 것이다.

課徵金의 賦課要件은 일반적으로 母法律에서 賦課根據와 함께 규정하고 있다. 第1類型의 課徵金의 경우에는 첫째, 영업정지처분요건을 우선 규정하고, 일정한 요건에 해당될 때에는 그와 같은 영업정지처분에 갈음하여 과징금을 부과할 수 있도록 규정하는 경우도 있고, 둘째, 영업정지처분요건을 정하면서 동시에 그 요건에 해당되는 違反行爲에 대하여 營業停止處分 또는 課徵金賦課處分 중에서 선택적인 처분을 할 수 있도록 하는 경우도 있다.

첫째의 경우로서는 "營業停止가 利用者에게 심한 불편을 주거나 기타 公益을 해할 우려가 있는 때"(觀光振興法), "營業停止가 國民에게 심히 불편을 주거나 기타 公益을 해할 우려가 있다고 인정되는 경우"(有害化學物質管理法), "醫療業停止處分이 國民保健에 큰 危害를 가져오거나 가져올 우려가 있는 때"(醫療法), 資格停止의 경우로서 "保險者 또는 被保險者에게 부당하게 保險給與費用을 부담하게 한 경우"(公務員및私立學校敎職員醫療保險法)라는 등의 要件을 부여하는 立法例가 있다.

[觀光振興法]

第19條 (課徵金의 賦課) ①交通部長官은 觀光事業者가 第18條第1項各號의 1에 해당하여 事業의 정지를 하여야 하는 경우로서 그 事業의 정지가 당해 事業의 利用者등에게 심한 불편을 주거나 기타 公益을 해할 우려가 있는 때에는 大統領令이 정하는 바에 의하여 그 事業停止에 갈음하여 500萬원이하의 課徵金을 賦課할 수 있다.

②·③(생략)

[有害化學物質管理法]

第21條 (課徵金處分) ①環境部長官은 有毒物製造業者·有毒物使用業者·取扱制限有毒物製造業者 및 取扱制限有毒物使用業者에 대하여 第18

條의 規定에 의하여 營業停止를 명하여야 하는 경우로서 그 營業停止가 國民에게 심히 불편을 주거나 기타 公益을 해할 우려가 있다고 인정되는 경우에는 營業停止處分에 갈음하여 5千萬 원이하의 課徵金을 賦課할 수 있다. 이 경우 課徵金賦課는 3回를 초과할 수 없다.

②·⑤(생략)

[醫療法]

第53條의2 (課徵金處分) ①保健社會部長官·道知事 또는 市長·郡守·區廳長은 醫療機關이 第51條第1項 各號의 1에 해당하는 때에는 大統領令이 정하는 바에 따라 醫療業停止處分에 갈음하여 2千萬 원 이하의 課徵金을 賦課할 수 있다. 이 경우 課徵金의 賦課는 醫療業停止處分이 國民保健에 큰 危害를 가져오거나 가져올 우려가 있는 때에 한하며, 3回를 초과하여 賦課할 수 없다.

②·③(생략)

[公務員및私立學校敎職員醫療保險法]

第68條 (課徵金등) ①(생략)

②保健福祉部長官은 療養機關에 종사하는 者가 第1項의 행위로 인하여 保險者 또는 被保險者에게 부당하게 保險給與費用을 부담하게 한 경우에는 第1項의 規定에 의한 免許資格의 停止를 命하거나 부당하게 부담하게 한 保險給與費用의 10倍에 상당하는 금액이하의 課徵金을 賦課할 수 있다.

③·④(생략)

그 외에 각 個別行政法令에서는 그 立法目的에 따라서 필요한 과징금의 賦課要件을 特定目的에 알맞게 변용하여 규정하거나 좀 더 嚴格하게 규정하고 있는 경우도 찾아 볼 수 있다. 구체적인 立法例를 몇 가지 살펴보면, 企業活動規制緩和에관한特別措置法 第54條의2에서는 "操業停止가 대

외적인 信用·雇傭·物價등 國民經濟에 현저한 지장을 초래할 우려가 있
는 경우"를, 大氣環境保全法 第20條의2에서는 "操業停止가 住民의 생활
기타 公益에 현저한 지장을 초래할 우려가 있다고 인정되는 경우"를, 痲藥
法 第53條의3에서는 "業務停止處分으로 인하여 國民保健에 큰 危害를 가
져오거나 가져 올 우려가 있는 때"에 한하도록 하는 내용을, 肥料管理法
第21條에서는 "營業停止處分으로 肥料需給의 불균형과 이로 인한 價格의
급등을 방지하기 위하여 필요한 경우"에 한하도록 하는 내용을 각각 규정
하고 있다. 이는 課徵金制度가 도입 당시 利用者나 一般國民의 불편을 해
소하기 위해서는 부득이하다는 점이 반영된 것이어서 그 같은 불편이 없는
경우에는 營業停止處分이라는 본래의 處分手段을 행사하여야 할 것이라는
점과 執行過程에서 과징금부과제도가 濫用될 수도 있어 이를 방지하기 위
하여 그 요건을 보다 강화할 필요성이 있는 점 등에서 이 같은 要件强化
현상이 나타난다고 보겠다.

[企業活動規制緩和에관한特別措置法]

第54條의2 (排出施設 運營者에 대한 課徵金賦課의 特例) ①環境部長官
은 水質環境保全法 第2條의 規定에 의한 排出施設중 製造業의 排出施設
을 設置·운영하는 者에 대하여 同法 第20條第1項의 規定에 의하여 操業
停止를 명하여야 하는 경우로서 그 操業停止가 대외적인 信用·雇傭·物
價 등 國民經濟에 현저한 지장을 초래할 우려가 있는 경우에는 同法 第20
條의2第1項의 規定에 불구하고 操業停止處分에 갈음하여 同項의 規定에
의한 課徵金을 賦課할 수 있다.
②·④(생략)

[大氣環境保全法]

第20條의2 (課徵金 처분) ①環境部長官은 다음 各號의 1에 해당하는 排
出施設을 設置·운영하는 事業者에 대하여 第20條第1項의 規定에 의하여

操業停止를 명하여야 하는 경우로서 그 操業停止가 住民의 생활, 대외적인 信用·雇傭·物價 등 國民經濟 기타 公益에 현저한 지장을 초래할 우려가 있다고 인정되는 경우에는 操業停止處分에 갈음하여 3億원이하의 課徵金을 賦課할 수 있다.

　　1. - 6.(생략)

　　② ~ ⑤(생략)

　[麻藥法]

　　第53條의3 (課徵金處分) ①保健社會部長官 또는 市·道知事는 麻藥取扱者에 대하여 第53條第1項의 規定에 의한 業務停止處分을 하게 되는 경우에는 大統領令이 정하는 바에 따라 業務停止處分에 갈음하여 1億원이하의 課徵金을 賦課할 수 있다. 이 경우 課徵金의 賦課는 業務停止處分으로 인하여 國民保健에 큰 危害를 가져오거나 가져 올 우려가 있는 때에 한하며, 3回를 초과하여 賦課할 수 없다.

　　②·③(생략)

　[肥料管理法]

　　第21條 (課徵金處分) ①主務部長官은 肥料生產業者 또는 肥料輸入業者가 第20條第1項第8號 내지 第11號의 1에 해당하는 때에는 大統領令이 정하는 바에 의하여 營業停止處分에 갈음하여 2千萬 원 이하의 課徵金을 賦課할 수 있다. 이 경우 課徵金賦課는 營業停止處分으로 肥料需給의 불균형과 이로 인한 價格의 급등을 방지하기 위하여 필요한 경우에 한하며 3回를 초과할 수 없다.

　　②·④(생략)

　　둘째, 영업정지처분요건을 정하는 조항에서 바로 그 요건에 해당되는 違反行爲에 대하여는 營業停止處分 또는 課徵金賦課處分중에서 선택적인 처분을 할 수 있도록 규정하는 경우가 있다. 실례로서 貿易業務自動化促進에관한法律 第7條에서는 商工資源部長官은 指定事業者가 일정사유에 해당하는 때에는 指定取消나 1年이내의 전부 또는 일부의 事業停止명령 또는 1億 원 이하의 課徵金 중에서 選擇 처분할 수 있도록 하고 있다.

[貿易業務自動化促進에관한法律]

第7條 (지정의 取消등) ①商工資源部長官은 指定事業者가 다음 各號의 1에 해당하는 때에는 그 지정을 取消하거나, 1年 이내의 기간을 정하여 第5條第2項 各號의 規定에 의한 사업의 전부 또는 일부의 정지를 명하거나 1億원이하의 課徵金을 賦課할 수 있다. 다만, 第1號에 해당하는 때에는 그 지정을 取消하여야 한다.
1. 詐僞 기타 부정한 방법으로 第5條第1項의 規定에 의한 지정을 받은 때
2. 第5條第1項의 規定에 의한 基準에 미달하게 된 때
3. 이 法 또는 이 法에 의한 命令이나 처분에 위반한 때
②·③(생략)

기타 일반적으로 許可 등의 取消事由에 해당되는 경우에 있어서는 과징금을 부과할 수 없도록 하고 있다. 이는 營業停止處分과 같은 영업의 일시적인 정지사유에 머물지 아니하고 虛僞로 허가를 받는 등 보다 근본적인 법령위반으로서 위반행위의 정도가 매우 중하고 향후 영업을 하도록 허용할 수 없을 정도의 부득이한 사유로 보기 때문이라고 본다. 그 외에 동물용의약품등취급규칙과 같은 일부법령에서는 "營業施設基準이 未備한 경우"에 있어서도 課徵金을 부과할 수 없도록 규정하고 있다. 이 경우에는 營業停止處分이라는 制裁手段을 행사할 수밖에 없게 되는바, 施設基準未備狀態에서 계속 영업을 하게 허용하는 것은 營業의 質을 저하시키고, 동물의 약품의 품질관리상 문제점이 발생할 수도 있으며, 이는 一般利用者에게 불편이나 불이익을 줄 수 있기 때문에 적어도 영업을 계속 할 의사가 있다면

施設基準을 갖추어야 하도록 유도하기 위한 것이라고 생각된다.

[동물용의약품등취급규칙]

제52조 (행정처분기준) ①(생략)
②농림부장관, 시·도지사나 시장·군수 또는 구청장은 법 제71조의3제1
항의 규정을 적용함에 있어서 시설기준이 미비한 경우에는 과징금을 부과
할 수 없다.

IV. 課徵金의 賦課基準

1. 課徵金의 金額基準

課徵金의 金額基準은 어떻게 결정되는가에 관한 문제는 課徵金의 法的
性質을 어떻게 보는가 하는 점과 어떤 類型의 課徵金에 해당되는가 하는
점에 의하여 검토되어야 할 것이다. 따라서 해당 課徵金의 법적 성질 및
구체적인 類型에 따라서 달라질 수 있을 것이다. 課徵金을 不當利得稅的
인 것으로 보는 경우에는 行政法令에 위반하여 영업활동을 수행한 기간 동
안의 수입으로 예상되는 不當利得 또는 營業停止處分을 할 경우 그 영업정
지기간동안 예상되는 不當利得의 정도에 의하여 결정되어야 할 것이고, 贖
罪金的인 것으로 보는 경우에는 부당이득의 정도보다는 그 違反行爲의 輕
重 여하에 의하여 결정되어야 할 것이라고 본다. 현행 課徵金法令을 살펴
보면 매우 다양하게 課徵金의 金額基準이 결정되고 있는 점을 알 수 있다.
첫째, 法律에서 豫想不當利得을 基準으로 하여 금액기준을 직접 구체적
으로 정하거나 그 最高限度를 설정하는 유형으로서는 公務員및私立學校敎

職員醫療保險法, 對外貿易法, 舊 금융실명거래및비밀보장에관한긴급재정경제명령 등을 들 수 있다. 公務員및私立學校敎職員醫療保險法 第68條에서는 保健福祉部長官은 療養機關에 종사하는 者가 療養給與基準 또는 保險給與費用의 算定基準을 違反하여 부당하게 保險給與를 하였거나 保險給與費用을 請求한 경우에 해당되어 保險者 또는 被保險者에게 부당하게 保險給與費用을 부담하게 한 경우에는 免許資格의 停止를 命하거나 부당하게 부담하게 한 "保險給與費用의 10倍에 상당하는 금액 이하의 課徵金"을 賦課할 수 있도록 하고 있다.

[立法例]

· 公務員및私立學校敎職員醫療保險法
第68條 (課徵金등) ①(생략)
②保健福祉部長官은 療養機關에 종사하는 者가 第1項의 행위로 인하여 保險者 또는 被保險者에게 부당하게 保險給與費用을 부담하게 한 경우에는 第1項의 規定에 의한 免許資格의 停止를 命하거나 부당하게 부담하게 한 保險給與費用의 10倍에 상당하는 금액 이하의 課徵金을 賦課할 수 있다.
③·④(생략)

舊 금융실명거래및비밀보장에관한긴급재정경제명령 第7條에서는 金融機關은 實名轉換義務期間이 經過한 날 이후에 旣存非實名資産의 名義를 實名으로 轉換하는 去來者에 대하여 동 命令 施行日 현재의 金融 資産價額에 대하여 실명전환기간별로 100분의 10부터 최고율인 100의 60까지의 徵收率을 適用하여 計算한 金額을 源泉徵收하도록 하였다. 財務部長官은 金融機關이 徵收하여야 할 課徵金을 期限內에 납부하지 아니한 경우에는 그 金融機關으로부터 당해 課徵金 외에 그 課徵金의 100분의 10에 상당하는 金額의 "加算金"까지 徵收하도록 규정하였다.

[立法例]

· 금융실명거래및비밀보장에관한긴급재정경제명령(舊)

第7條 (實名轉換義務 違反者에 대한 課徵金) ①金融機關은 實名轉換 義務期間이 經過한 날 이후에 既存非實名資産의 名義를 實名으로 轉換 하는 去來者에 대하여는 이 命令 施行日(第5條第2項 但書에 해당하는 경 우에는 그 사유가 消滅된 날. 이하 이 條에서 같다) 현재의 金融 資産價額 에 다음의 徵收率을 適用하여 計算한 金額을 課徵金으로 源泉徵收하여 그 徵收日이 속하는 달의 다음달 10日까지 政府에 납부하여야 한다.

命令 施行日부터 計算한 期間	徵收率
1年이 되는 날까지	100분의 10
1年이 되는 날의 다음날부터 2年이 되는 날까지	100분의 20
2年이 되는 날의 다음날부터 3年이 되는 날까지	100분의 30
3年이 되는 날의 다음날부터 4年이 되는 날까지	100분의 40
4年이 되는 날의 다음날부터 5年이 되는 날까지	100분의 50
5年이 되는 날의 경과 후	100분의 60

②財務部長官은 第1項의 경우 金融機關이 徵收하거나 徵收하여야 할 課徵金을 期限내에 납부하지 아니하거나 미달하게 납부한 경우에는 그 金 融機關으로부터 납부하지 아니한 課徵金 또는 미달한 課徵金 외에 그 課 徵金의 100분의 10에 해당하는 金額을 加算金으로 徵收한다.

③·④(생략)

둘째, 法律에서 賦課金額의 最高限度를 설정하고 구체적인 金額基準을 大統領令에 委任하여 營業停止處分基準과 連繫시켜 규정하는 유형을 들 수 있다. 觀光宿泊施設支援등에관한特別法, 音盤및비디오物에관한法律, 醫療法 등 대다수 법률이 이 유형을 취하고 있다. 觀光宿泊施設支援등에 관한特別法 第21條에서는 文化體育部長官은 營業停止가 利用者에게 심한 불편을 주거나 기타 公益을 해할 우려가 있는 경우에는 營業停止處分에 갈음하여 3千萬 원 이하의 課徵金을 賦課할 수 있도록 하고 있다. 이 경우 특히 課徵金의 부과회수까지 제한하여 3回를 초과할 수는 없도록 하여 빈번하게 위반하는 영업자에 대하여는 과징금제도를 악용하여 脫法營業을 할 수 없도록 하는 장치를 마련하고 있다.

[立法例]

· 觀光宿泊施設支援등에관한特別法

第21條 (課徵金處分) ①文化體育部長官은 第20條의 規定에 의한 營業停止가 利用者에게 심한 불편을 주거나 기타 公益을 해할 우려가 있는 경우에는 營業停止 처분에 갈음하여 3千萬원 이하의 課徵金을 賦課할 수 있다. 이 경우 課徵金의 賦課는 3回를 초과할 수 없다.

②第1項의 規定에 의한 課徵金을 賦課하는 위반행위의 種別·정도등에 따른 課徵金의 금액 기타 필요한 사항은 大統領令으로 정한다.

③(생략)

· 관광숙박시설지원등에관한특별법시행령

제23조 (과징금을 부과할 위반행위의 종별과 과징금의 금액) ①법 제21조제2항의 규정에 의하여 과징금을 부과하는 위반행위의 종별과 정도에 따른 과징금의 금액은 별표 2와 같다.

②(생략)

音盤및비디오物에관한法律 第13條에서는 登錄廳은 登錄事業者에 대하여 營業停止處分에 갈음하여 1千萬 원 이하의 課徵金을 賦課할 수 있되, 課徵金의 金額基準으로서 그 위반행위의 種別과 정도에 따른 課徵金의 금액 등을 大統領令으로 정하도록 하고, 동법시행령 제10조에서는 "과징금의 산정기준"으로서 과징금의 금액은 "문화체육부령이 정하는 영업정지처분기준에 따라" 별표 소정의 기준을 적용·산정하도록 하고 있다.

[立法例]

·音盤및비디오物에관한法律

第13條 (課徵金의 賦課) ①登錄廳은 第4條第1項 또는 第7條第1項의 規定에 의하여 登錄을 한 者가 第12條第1項 各號의 1에 해당하는 때에는 大統領令이 정하는 바에 의하여 營業停止處分에 갈음하여 1千萬원이하의 課徵金을 賦課할 수 있다.

②第1項의 規定에 의하여 課徵金을 賦課하는 위반행위의 種別과 정도에 따른 課徵金의 금액 기타 필요한 사항은 大統領令으로 정한다.

③(생략)

·음반및비디오물에관한법률시행령

제10조 (과징금의 산정기준) ①법 제13조의 규정에 의한 과징금의 금액은 문화체육부령이 정하는 영업정지처분기준에 따라 별표 2의 기준을 적용하여 산정한다.

②(생략)

醫療法 第53條의2에서 保健社會部長官·道知事 또는 市長·郡守·區廳長은 醫療機關에 대하여 醫療業停止處分에 갈음하여 2千萬 원 이하의 課徵金을 賦課할 수 있도록 하고 있고, 그 賦課金額基準은 위반행위의 種別·정도 등에 의하여 大統領令으로 정하도록 위임하고 있다. 동법시행령 제33조에서는 과징금의 구체적인 금액기준을 위반행위의 종별·정도 등을 감안하여 보건복지부령이 정하는 의료업정지처분기준에 따라 별표 소정의 기준을 적용·산정하도록 하고 있다. 醫療法에서는 특히 課徵金의 賦課는 醫療業停止處分이 國民保健에 큰 危害를 가져오거나 가져올 우려가 있는 때에 한하여 적용 가능하도록 제한조건을 부과하고 있으며, 그 부과회수도

제한하여 3回를 초과할 수 없도록 하고 있다.

[立法例]

· 醫療法

第53條의2 (課徵金處分) ①保健社會部長官·道知事 또는 市長·郡守·區廳長은 醫療機關이 第51條第1項 各號의 1에 해당하는 때에는 大統領令이 정하는 바에 따라 醫療業停止處分에 갈음하여 2千萬원이하의 課徵金을 賦課할 수 있다. 이 경우 課徵金의 賦課는 醫療業停止處分이 國民保健에 큰 危害를 가져오거나 가져올 우려가 있는 때에 한하며, 3回를 초과하여 賦課할 수 없다.

②第1項의 規定에 의한 課徵金을 賦課하는 위반행위의 種別·정도등에 따른 課徵金의 금액 기타 필요한 사항은 大統領令으로 정한다.

③(생략)

[의료법시행령]

제33조 (과징금의 산정기준) 법 제53조의2의 규정에 의한 과징금의 금액은 위반행위의 종별·정도등을 감안하여 보건복지부령이 정하는 의료업정지처분기준에 따라 별표의 기준을 적용하여 산정한다.

한편 法律에서 賦課金額의 最高限度를 설정하고 구체적인 金額基準을 大統領令에 委任하여 규정하되, 營業停止處分基準과 連繫시키지 아니하고 독자적으로 규정하는 경우도 찾아 볼 수 있다. 이 같은 유형으로서는 觀光宿泊施設支援등에관한特別法 등을 예로 들 수 있다. 동법 第21條에서는 文化體育部長官은 營業停止가 利用者에게 심한 불편을 주거나 기타 公益을 해할 우려가 있는 경우에는 營業停止處分에 갈음하여 3千萬원이하의 課徵金을 賦課할 수 있되, 그 구체적인 賦課金額基準은 위반행위의 種別·정도 등에 따라 大統領令으로 정하도록 위임하고, 동법시행령 제23조에서는 위반행위의 종별과 정도에 따른 과징금금액기준을 영업정지처분기준과 연계시키지 아니하고 별표에 독자적으로 규정하고 있다. 實務上으로는 이와 같이 독자적으로 기준을 정하는 경우라고 하더라도 "違反行爲의 種別과 程度"라는 기준이 營業停止處分의 細部基準의 결정시에도 동일한 원리로 적용된다면 실질적으로는 양자에 대한 共通決定基準이 되므로 상호 관련성이 매우 높다 본다. 형식적으로만 分離‧規定될 뿐이고 同一原理가 적용된다고 보겠는 바, 따라서 가능하다면 같은 조항 또는 별표에서 兩者를 함께 規定하는 것이 바람직하다고 생각된다.

셋째, 石油事業法 第14條에서는 通商産業部長官은 石油精製業者 또는 石油輸出入業者에 대하여 "사업정지처분에 갈음하여 당해 登錄要件에 적합하지 아니한 기간 동안의 石油의 輸入量 또는 生産量에 해당하는 금액을 초과하지 아니하는 범위 안에서", 石油備蓄義務者에 대하여는 "사업정지처분에 갈음하여 그 備蓄義務를 이행하지 아니한 기간 동안의 備蓄義務에 미달된 量에 해당하는 금액을 초과하지 아니하는 범위 안에서" 각각 課徵金을 賦課할 수 있도록 규정하였다.

[立法例]

‧石油事業法
第14條 (課徵金) ①(생략)
②通商産業部長官은 石油精製業者 또는 石油輸出入業者가 第13條第1項第2號 또는 第13條第2項第2號에 해당하는 때에는 그에 대한 사업정지처분에 갈음하여 당해 登錄要件에 적합하지 아니한 기간 동안의 石油의 輸入量 또는 生産量에 해당하는 금액을 초과하지 아니하는 범위 안에서 課徵金을 賦課할 수 있다.
③通商産業部長官은 第17條의 規定에 의한 石油備蓄義務者가 그 備蓄義務를 이행하지 아니하는 때에는 第13條第1項 내지 第3項의 規定에 의

한 사업정지처분에 갈음하여 그 備蓄義務를 이행하지 아니한 기간 동안의 備蓄義務에 미달된 量에 해당하는 금액을 초과하지 아니하는 범위 안에서 課徵金을 賦課할 수 있다.

④·⑥(생략)

넷째, 법률에서 違反行爲의 客體가 되는 對象財産價額을 기준으로 구체적인 金額基準을 정하는 유형을 찾아 볼 수 있다. 구체적인 立法例로서는 不動産實權利者名義登記에관한法律 등을 들 수 있다. 同法 第5條에서는 위반행위를 한 名義信託者에 대하여 그 대상 "不動産價額의 100分의 30"에 해당하는 課徵金을 賦課하도록 규정하고 있다.

[立法例]

· 不動産實權利者名義登記에관한法律

第5條 (課徵金) ①다음 各號의 1에 해당하는 者에 대하여는 당해 不動産價額의 100分의 30에 해당하는 課徵金을 賦課한다.

1. 第3條第1項의 規定을 위반한 名義信託者

2. 第3條第2項의 規定을 위반한 債權者 및 同條同項의 規定에 의한 書面에 債務者를 허위로 기재하여 제출하게 한 實債務者

②·⑥(생략)

2. 課徵金의 加重輕減基準

課徵金의 구체적인 賦課基準이 법령에 명확하게 규정되어 있어도 실제 執行段階에서는 위반행위의 구체적인 情況 등에 대응하여 매우 적절한 처분을 내리기에는 바람직하지 못한 점이 있을 수 있고, 위반사업자의 違反

行爲의 輕重, 違反回數, 不法收益의 規模 등 여러 가지 현실적인 고려요소가 있을 수 있으며, 위반행위나 위반자마다 그와 같은 요소가 서로 相異할 수밖에 없는 점이 있다. 이와 같은 제요소를 법령상의 부과기준에 모두 반영할 수는 없으므로 處分基準表 이외에 부득이 加重減輕基準을 두어 융통성을 부여할 수밖에 없다고 본다.

課徵金의 加重減輕基準은 각 개별법령마다 다소 차이는 있으나, 대체로 母法律에서는 課徵金을 賦課하는 위반행위의 種別과 정도에 따른 課徵金의 금액 기타 필요한 사항을 大統領令으로 정하도록 일반적인 위임사항을 규정하고, 大統領令에서 처분기준을 정하면서 함께 규정하고 있다. 예를 들면, 音盤및비디오物에관한法律 第13條에서는 "課徵金을 賦課하는 위반행위의 種別과 정도에 따른 課徵金의 금액 기타 필요한 사항은 大統領令으로 정한다."라고 규정하고, 동법시행령 제10조에서는 "위반행위의 정도 및 위반횟수 등을 참작하여" 과징금의 금액의 2분의 1의 범위 안에서 加重 또는 減輕할 수 있되, 가중하는 경우 그 課徵金總額은 1천만 원을 초과할 수 없도록 하고 있다.

[立法例]

· 音盤및비디오物에관한法律

第13條 (課徵金의 賦課) ①(생략)

②第1項의 規定에 의하여 課徵金을 賦課하는 위반행위의 種別과 정도에 따른 課徵金의 금액 기타 필요한 사항은 大統領令으로 정한다.

③(생략)

· 음반및비디오물에관한법률시행령

제10조 (과징금의 산정기준) ①(생략)

②등록청은 위반행위의 정도 및 위반횟수등을 참작하여 제1항의 규정에 의한 과징금의 금액의 2분의 1의 범위 안에서 가중 또는 감경할 수 있다. 다만, 가중하는 경우에는 과징금의 총액은 1천만 원을 초과할 수 없다.

개별법령에 따라서는 그 입법목적에 알맞게 다소 다른 기준을 정하거나 구체적인 기준을 상세히 규정하는 경우도 있다. 예를 들면, 獨占規制및公正去來에관한法律 第55條의3第1項에서는 公正去來委員會는 課徵金을 賦課함에 있어서는 반드시 1. 위반행위의 내용 및 정도, 2. 위반행위의 기간 및 回數, 3. 위반행위로 인해 취득한 이익의 규모 등을 참작하도록 하고 있고, 觀光宿泊施設支援등에관한特別法施行令 第23조에서는 加重輕減基準으로서 위반행위의 정도 및 위반회수이외에 "사업자의 사업규모, 사업지역의 특수성"도 참작하여 가중감경할 수 있도록 하고 있다.

[立法例 1]

· 獨占規制및公正去來에관한法律

第55條의3 (課徵金 賦課) ①公正去來委員會는 이 法의 規定에 의한 課徵金을 賦課함에 있어서 다음 各號의 사항을 참작하여야 한다.

1. 위반행위의 내용 및 정도
2. 위반행위의 기간 및 回數
3. 위반행위로 인해 취득한 이익의 규모등

②·③(생략)

[立法例 2]

· 관광숙박시설지원등에관한특별법시행령

제23조 (과징금을 부과할 위반행위의 종별과 과징금의 금액) ①(생략)

②문화체육부장관은 사업자의 사업규모, 사업지역의 특수성, 위반행위의 정도 및 위반회수등을 참작하여 제1항의 규정에 의한 과징금의 금액을 그 2분의 1의 범위 안에서 가중 또는 감경할 수 있다. 다만, 가중하는 경우에도 과징금의 총액은 3천만 원을 초과할 수 없다.

V. 課徵金의 賦課·徵收節次

課徵金의 賦課·徵收節次는 일반적으로 모법률에서 근거조항만을 두고 하위법령인 大統領令에서 규정하고 있다. 예를 들면, 觀光振興法 第19條 第3項에서는 "課徵金을 賦課하는 위반행위의 種別과 정도에 따른 課徵金의 금액 기타 필요한 사항은 大統領令으로 정한다."라고 규정하고, 동법시행령 제17조에서는 과징금을 부과하고자 할 때에는 그 違反行爲의 種別과 해당과징금의 금액을 서면으로 명시하여 이를 납부할 것을 通知하도록 하고, 通知를 받은 자는 등록관청등이 정하는 收納機關에 납부통지일로부터 20일 이내에 납부하여야 하며, 과징금은 이를 分割納付할 수 없도록 하는 등의 규정을 두고 있다.

[觀光振興法]

第19條 (課徵金의 賦課) ①(생략)

②第1項의 規定에 의하여 課徵金을 賦課하는 위반행위의 種別과 정도에 따른 課徵金의 금액 기타 필요한 사항은 大統領令으로 정한다.

③(생략)

[관광진흥법시행령]

제17조 (과징금의 납부) ①등록관청등은 제16조의 규정에 의한 위반행위를 한 자에 대하여 과징금을 부과하고자 할 때에는 그 위반행위의 종별과 해당과징금의 금액을 서면으로 명시하여 이를 납부할 것을 통지하여야 한다.

②제1항의 규정에 의하여 통보를 받은 자는 등록관청등이 정하는 수납기관에 납부통지일로부터 20일 이내에 납부하여야 한다. 다만, 천재·지변 기타 부득이한 사유로 인하여 그 기간 내에 과징금을 납부할 수 없을 때에는

그 사유가 없어진 날로부터 7일 이내에 납부하여야 한다.

　③과징금은 이를 분할하여 납부할 수 없다.

　課徵金을 부과하고자 하는 경우에는 부과행정청이 違反行爲를 조사·확인한 후 違反事實·이의방법 및 이의기간등을 書面으로 명시하여 이를 납부할 것을 과징금 부과대상자에게 통지하도록 하고, 통지를 받은 자는 통지를 받은 날부터 20일 이내에 課徵金을 납부하여야 하되, 예외적으로 천재·지변 기타 부득이한 사유로 인하여 그 기간 내에 과징금을 납부할 수 없는 경우에는 그 사유가 없어진 날부터 일정기간이내에 납부하도록 하고 있다. 전기통신사업법시행령, 화물유통촉진법시행령 등 일부법령에서는 課徵金의 효율적인 賦課·徵收를 도모하기 위하여 "과징금의 독촉 및 징수" 절차를 마련하는 경우가 있다. 이는 課徵金의 강제징수절차를 보다 명확하게 규정하기 위하여 단순히 "국세체납처분의 예"에 의하도록 하는 규정만을 두지 아니하고 나아가 체납처분절차 중 督促節次에 관하여 직접 명시할 필요가 있는 사항을 규정한 것이라고 보겠다. 이 경우 강제징수 업무를 담당하는 관련공무원은 그 권한을 표시하는 證票를 지니고 이를 관계인에게 제시하도록 하는 등의 절차보완규정을 마련하고 있다.

　［立法例 1］

　·전기통신사업법시행령

　제22조 (과징금의 부과 및 납부) ①정보통신부장관은 법 제64조제1항의 규정에 의하여 과징금을 부과하고자 하는 경우에는 당해 위반행위를 조사·확인한 후 위반사실·이의방법 및 이의기간등을 서면으로 명시하여 이를 납부할 것을 과징금 부과대상자에게 통지하여야 한다.

　②제1항의 규정에 의하여 통지를 받은 자는 통지를 받은 날부터 20일 이내에 과징금을 체신관서에 납부하여야 한다. 다만, 천재·지변 기타 부득이한 사유로 인하여 그 기간 내에 과징금을 납부할 수 없는 경우에는 그 사

유가 없어진 날부터 7일 이내에 납부하여야 한다.

③제2항의 규정에 의하여 과징금의 납부를 받은 체신관서는 과징금을 납부한 자에게 과징금 영수증을 교부하여야 한다.

④과징금은 이를 분할하여 납부할 수 없다.

제23조 (과징금의 독촉 및 징수) ①정보통신부장관은 제22조제1항의 규정에 의하여 과징금의 납부통지를 받은 자가 납부기한까지 과징금을 납부하지 아니한 경우에는 납부기한이 경과한 날부터 7일 이내에 독촉장을 발부하여야 한다. 이 경우 납부기한은 독촉장을 받은 날부터 10일이내로 하여야 한다.

②정보통신부장관은 제1항의 규정에 의하여 독촉을 받은 자가 납부기한까지 과징금을 납부하지 아니한 경우에는 소속공무원으로 하여금 국세체납처분의 예에 의하여 과징금을 강제징수하게 할 수 있다. 이 경우 소속공무원은 그 권한을 표시하는 증표를 지니고 이를 관계인에게 내보여야 한다.

[立法例 2]

· 화물유통촉진법시행령

제18조 (과징금의 부과 및 납부) ①건설교통부장관은 제17조의 규정에 의한 위반행위를 한 자에 대하여 과징금을 부과하고자 하는 경우에는 당해 위반행위를 조사·확인한 후 위반사실·이의방법·이의기간등을 서면으로 명시하여 이를 납부할 것을 과징금 부과대상자에게 통지하여야 한다.

②제1항의 규정에 의하여 통지를 받은 자는 통지를 받은 날부터 20일 이내에 건설교통부장관이 정하는 수납기관에 납부하여야 한다. 다만, 천재·지변 기타 부득이한 사유로 인하여 그 기간 내에 과징금을 납부할 수 없는 경우에는 그 사유가 없어진 날부터 7일 이내에 납부하여야 한다.

③제2항의 규정에 의하여 과징금의 납부를 받은 수납기관은 과징금을 납부한 자에게 영수증을 교부하여야 한다.

④과징금의 수납기관은 제3항의 규정에 의한 과징금영수증을 교부한 때

에는 건설교통부장관에게 영수필통지서를 송부하여야 한다.

⑤과징금은 이를 분할하여 납부할 수 없다.

제19조(과징금의 독촉 및 징수) ①건설교통부장관은 법 제51조제3항의 규정에 의하여 과징금의 납부통지를 받은 자가 납부기한까지 과징금을 납부하지 아니한 경우에는 납부기한이 경과한 날부터 7일 이내에 독촉장을 발부하여야 한다. 이 경우 납부기한은 독촉장 발부일부터 10일이내로 한다.

②건설교통부장관은 제1항의 규정에 의하여 독촉을 받은 자가 납부기한까지 과징금을 납부하지 아니한 경우에는 소속공무원으로 하여금 국세체납처분의 예에 의하여 과징금을 강제징수하게 할 수 있다. 이 경우 소속공무원은 그 권한을 표시하는 증표를 지니고 이를 관계인에게 내보여야 한다.

課徵金의 類型중 제2類型에 속하는 獨占規制및公正去來에관한法律상의 과징금에서는 그 賦課·徵收節次중 納付期限延長制度, 分割納付制度, 加算金徵收制度, 徵收業務委託制度 등과 같은 독특한 규정들을 두고 있다. 納付期限延長制度와 分割納付制度는 사업자에게 사업여건악화나 자금사정악화와 같은 부득이한 사유가 발생한 경우에 사전신청에 의하여 허용하며, 추후 强制執行·破産宣告 등의 사유가 발생하는 경우에는 이를 철회할 수 있으며 필요한 擔保를 제공하게 할 수 있도록 하고 있다. 徵收業務委託制度는 公正去來委員會가 課徵金 및 加算金의 徵收 또는 滯納處分에 관한 業務를 國稅廳長에게 委託할 수 있도록 하는 제도이다.

[獨占規制및公正去來에관한法律]

第55條의4 (課徵金 納付期限의 연장 및 分割納付) ①公正去來委員會는 課徵金의 금액이 大統領令이 정하는 기준을 초과하는 경우로서 다음 各號의 1에 해당하는 사유로 인하여 課徵金을 賦課받은 者(이하 "課徵金納付義務者"라 한다)가 課徵金의 전액을 일시에 납부하기가 어렵다고 인정되는 때에는 그 納付期限을 연장하거나 分割納付하게 할 수 있다. 이 경우 필

요하다고 인정하는 때에는 擔保를 제공하게 할 수 있다.

1. 災害 또는 盜難등으로 財産에 현저한 損失을 받는 경우
2. 사업여건의 惡化로 사업이 중대한 위기에 처한 경우
3. 課徵金의 일시납부에 따라 資金事情에 현저한 어려움이 豫想되는 경우
4. 기타 第1號 내지 第3號에 준하는 사유가 있는 경우

②課徵金納付義務者가 第1項의 規定에 의한 課徵金 納付期限의 연장 또는 分割納付를 申請하고자 하는 경우에는 그 納付期限의 10日 전까지 公正去來委員會에 申請하여야 한다.

③公正去來委員會는 第1項의 規定에 의하여 納付期限이 연장되거나 分割納付가 허용된 課徵金納付義務者가 다음 各號의 1에 해당하게 된 때에는 그 納付期限의 연장 또는 分割納付 決定을 取消하고 일시에 徵收할 수 있다.

1. 分割納付 決定된 課徵金을 그 納付期限내에 납부하지 아니한 때
2. 擔保의 변경 기타 擔保保全에 필요한 公正去來委員會의 命令을 이행하지 아니한 때
3. 强制執行, 競賣의 開始, 破産宣告, 法人의 解散, 國稅 또는 地方稅의 滯納處分을 받은 때등 課徵金의 전부 또는 殘餘分을 徵收할 수 없다고 인정되는 때

④第1項 내지 第3項의 規定에 의한 課徵金 納付期限의 연장, 分割納付 또는 擔保등에 관하여 필요한 사항은 大統領令으로 정한다.

第55條의5 (課徵金 徵收 및 滯納處分) ①·②(생략)

③公正去來委員會는 第1項 및 第2項의 規定에 의한 課徵金 및 加算金의 徵收 또는 滯納處分에 관한 業務를 國稅廳長에게 委託할 수 있다.

④(생략)

무역업무자동화촉진에관한법률시행령 제11조에서는 課徵金의 賦課·徵收節次를 규정하면서 電子文書에 의하여 이를 처리하도록 하는 규정을 두고 있다. 즉 商工資源部長官은 課徵金을 부과하고자 할 때에는 이를 書面

또는 電子文書로 통지하도록 하고, 課徵金의 납부를 받은 收納機關은 領收證을 납부자에게 書面으로 교부하거나 電子文書로 送付하도록 하는 규정 등이다.

[무역업무자동화촉진에관한법률시행령]

제11조 (과징금의 납부) ①상공자원부장관은 법 제7조제2항의 규정에 의한 위반행위를 한 자에게 과징금을 부과하고자 할 때에는 그 위반행위의 종별과 해당 과징금의 금액을 명시하여 이를 납부할 것을 서면 또는 전자문서로 통지하여야 한다.

②(생략)

③제2항의 규정에 의하여 과징금의 납부를 받은 수납기관은 영수증을 납부자에게 서면으로 교부하거나 전자문서로 송부하여야 한다.

④과징금의 수납기관은 제2항의 규정에 의하여 과징금을 수납한 때에는 그 사실을 상공자원부장관에게 서면 또는 전자문서로 지체 없이 통지하여야 한다.

⑤(생략)

그 외에 造船産業의正常的競爭條件에관한法律 第10條에서는 다른 協定當事國의 造船業者가 우리나라의 國民이나 法人에게 대상선박을 正常價格이하로 販賣하여 國內産業이 實質的인 被害를 받거나 받을 우려가 있거나 國內産業의 확립이 實質的으로 지연되었음이 調査를 통하여 확인되는 때에는 通商産業部長官은 그 造船業者에 대하여 이른바 "被害價格課徵金"을 부과할 수 있는데, 課徵金賦課 여부를 결정하기 위한 調査는 通商産業部長官의 요청에 따라 對外貿易法에 의한 貿易委員會가 이를 행하도록 하고, 被害價格行爲의 존재, 正常價格 및 販賣價格, 實質的 被害 등에 관한 調査, 被害價格課徵金의 부과 등에 관하여 필요한 사항을 大統領令으로 정하도록 하고 있는 바, 이는 통상의 課徵金과 다른 부과·징수절차를 규정하고 있다고 보겠다.

경우에 따라서는 課徵金의 "物納制度"를 도입·운영하는 立法例를 찾아볼 수 있다. 不動産實權利者名義登記에관한法律에서는 1건의 不動産의 가액이 통상 높은 금액이므로 일시에 현금으로 징수하는 경우에는 원활하게 징수할 수 없을 뿐만 아니라 납부의무자의 불편이 클 것이 예상되므로 동법 제5조에서는 課徵金의 금액이 1천만을 초과하는 경우에는 그 초과부분에 대하여 物納할 수 있도록 하고 있다. 동법시행령에서는 물납을 신청하고자 하는 자는 課徵金의 金額, 物納하고자 하는 부동산의 소재지, 物納對象面積·位置·價格등을 기재한 物納申請書를 납부기한 30일 이전까지 市長·郡守 또는 區廳長에게 제출하여 許可를 받도록 하고 있다. 이 경우 物納申請書를 제출받은 市長·郡守 또는 區廳長은 15일 이내에 신청인에게 그 허가여부를 서면으로 通知하여야 하고, 物納을 신청한 不動産의 수납 가격이 課徵金의 金額을 초과하거나 그 不動産이 관리·처분상 物納받기가 심히 곤란한 경우에는 그 物納의 청구를 拒否할 수 있도록 규정하고 있다.

[不動産實權利者名義登記에관한法律]

第5條 (課徵金) ①·②(생략)
③第1項의 規定에 의한 課徵金의 금액이 大統領令이 정하는 금액을 초과하는 경우에는 그 초과하는 부분은 大統領令이 정하는 바에 의하여 이를 物納할 수 있다.
④·⑥(생략)

[부동산실권리자명의등기에관한법률시행령]

제4조 (과징금의 물납) ①법 제5조제3항에서 "대통령령이 정하는 금액"이라 함은 1천만원을 말한다.
②법 제5조제3항의 규정에 의하여 물납을 신청하고자 하는 자는 과징금의 금액, 물납하고자 하는 부동산의 소재지, 물납대상면적·위치·가격등을 기재한 물납신청서를 제3조제2항의 규정에 의한 납부기한 30일 이전까지

시장·군수 또는 구청장에게 제출하여야 한다.

　③제2항의 물납신청서를 제출받은 시장·군수 또는 구청장은 그 신청서를 받은 날부터 15일 이내에 신청인에게 그 허가여부를 서면으로 통지하여야 한다.

　④제2항의 규정에 의하여 물납을 신청한 부동산의 수납가격이 과징금의 금액을 초과하거나 그 부동산이 관리·처분상 물납받기가 심히 곤란한 경우에는 시장·군수 또는 구청장은 그 물납의 청구를 거부할 수 있다.

　⑤물납에 충당할 부동산의 수납가격은 물납허가 당시 당해 부동산의 법 제5조제2항에 의한 가액으로 한다.

　⑥제2항 및 제3항외에 물납의 절차에 관하여 필요한 사항은 총리령으로 정한다.

　課徵金제도를 도입하고 있는 行政法令에서는 일반적으로 强制徵收根據를 모법률에 규정하고 있다. 强制徵收는 國稅滯納處分의 例 또는 地方稅滯納處分의 例에 의하도록 하고 있다. 對外貿易法 등과 같이 주무부장관 기타 중앙행정기관의 장이 賦課·徵收하는 경우에는 國稅滯納處分의 例에 의하도록 하고 있고, 觀光宿泊施設支援등에관한特別法 등과 같이 그 사무를 地方自治團體의 長에게 委任한 경우와 公衆衛生法 등과 같이 처음부터 모법률에서 市·道知事 또는 市長·郡守·區廳長에게 과징금의 賦課·徵收權限을 부여한 경우에는 地方稅滯納處分의 例에 의하도록 규정하고 있다. 그러나 이미 앞에서 살펴본 바와 같이 지방자치단체의 장이 賦課·徵收하는 과징금의 경우 機關委任事務에 해당하는 것과 지방자치단체의 固有事務 혹은 團體委任事務에 해당하는 것이 있을 수 있는 바, 이들을 一律的으로 地方稅滯納處分의 例에 의하여 강제 징수하도록 하는 것이 타당한지 여부의 문제는 충분한 검토가 요청된다고 본다.

[立法例 1]

・對外貿易法
第39條 (不公正한 輸出入行爲의 금지) ①・⑥(생략)
⑦通商産業部長官은 第5項의 規定에 의한 課徵金을 賦課받은 자가 納付期限內에 納付하지 아니한 때에는 國稅滯納處分의 예에 의하여 이를 徵收할 수 있다.

[立法例 2]

・觀光宿泊施設支援등에관한特別法
第21條 (課徵金處分) ①・②(생략)
③文化體育部長官은 第1項의 規定에 의한 課徵金을 납부하여야 할 者가 納付期限까지 이를 납부하지 아니한 경우에는 國稅滯納處分의 예에 의하여 이를 徵收한다. 다만, 第24條第1項의 規定에 의하여 特別市長, 廣域市長 또는 道知事(이하 "市・道知事"라 한다)에게 權限이 위임(第24條第2項의 規定에 의하여 재위임된 경우를 포함한다)된 경우에는 市・道知事나 市長・郡守 또는 區廳長은 地方稅滯納處分의 예에 의하여 이를 徵收한다.

[立法例 3]

・公衆衛生法
第25條의2 (課徵金處分) ①・②(생략)
③市長・郡守・區廳長은 第1項의 規定에 의한 課徵金을 期限內에 납부하지 아니하는 때에는 地方稅滯納處分의 예에 의하여 이를 徵收한다.
④(생략)

VI. 課徵金의 歸屬 및 用途

1. 課徵金의 歸屬主體

課徵金은 이를 賦課·徵收하는 주체에 歸屬되는 것이 타당하다고 할 것이다. 課徵金의 歸屬主體로서는 國家와 地方自治團體를 상정할 수 있다. 이들 국가와 지방자치단체는 그 기관을 통하여 구체적인 課徵金의 賦課·徵收業務를 수행하게 된다. 여기서 課徵金을 賦課·徵收하는 분야의 해당 行政事務가 국가사무인가 또는 지방사무인가에 따라서 원칙적으로 과징금의 歸屬主體가 결정되어야 하는지 아니면 이와 아무런 관계없이 과징금의 歸屬主體를 정하더라도 이론상 문제가 되지 아니하는 것인지에 관하여는 의문의 여지가 있다. 생각건대, 課徵金은 그 부과목적에 있어서는 行政制裁 또는 不法收益 還收에 있다고 하더라도 그 수입은 관련 행정사무를 관장하는 소관기관별 收入財源으로 파악하는 것이 바람직하고, 관련 行政事務와 과징금의 歸屬主體 및 賦課·徵收機關이 다른 경우에는 행정의 능률을 도모하기 어려운 점이 있다고 본다.

課徵金의 歸屬主體로서 국가나 지방자치단체는 그 機關을 통하여 賦課·徵收業務를 처리하고 있다. 국가의 경우에는 각 中央行政機關과 소속 하급행정기관을 통하여, 지방자치단체의 경우에는 그 執行機關을 통하여 課徵金을 賦課·徵收하되, 통상 각 중앙행정기관의 경우에는 賦課·徵收業務를 그 소속 下級行政機關이나 지방자치단체의 장에 委任하여 시행하고 있다. 그런데 법률상 課徵金의 賦課根據가 主務部長官이나 시·도지사, 시장·군수·구청장 등 地方自治團體의 장으로 규정되어 있는 경우 國家事務와 自治事務가 구분되어 있다는 전제하에 이들을 하나의 條項에서 함께 규정하고 있는 것인지 또는 國家事務인데 그중에서 일부업무를 분리하여 法律에서 직접 국가의 下級行政機關의 地位를 갖는 地方自治團體

의 長에게 부여한 것인지가 명확하지 아니하다. 생각건대, 이 경우 과징금을 賦課・徵收하는 관련 行政事務의 성질이 國家事務에 해당되는지 아니면 自治事務에 해당되는지 여부 등이 중요한 판단기준이 될 수 있다고 보인다. 통상 課徵金의 귀속주체를 별도로 명시하여 규정하지 아니하는 경우가 많은데, 이 같은 법령에서는 지방자치단체의 장이 집행하는 課徵金의 賦課・徵收에 따른 세입의 歸屬主體를 결정함에 있어서 그 업무가 國家事務에 속하는지 또는 지방자치단체의 自治事務에 속하는지의 여부에 따라서 달라질 수 있을 것이다. 지방자치단체의 團體委任事務의 경우에는 본래 國家事務인데 이를 自治사무의 일환으로 하는 것이어서 課徵金의 歸屬主體문제와 관련하여 논란의 여지는 있겠으나, 현실적으로 단체위임을 하지 아니하므로 연구의 필요성은 별로 없을 것으로 본다.

우리나라 地方財政法에서는 지방자치단체가 國家事務를 위임받아 처리하면서도 중앙정부로부터 이에 수반되는 충분한 예산과 인력의 지원을 받지 못하는 점 등을 감안하여 위임사무와 관련된 課徵金의 징수재원은 이를 지방자치단체에 歸屬되도록 하는 特則을 두고 있다. 즉 同法 第28條에서는 地方自治團體가 國家 또는 다른 地方自治團體의 委任事務에 대하여 過怠料 또는 課徵金을 賦課・徵收한 경우 그 收入은 事務委任을 받은 地方自治團體의 收入으로 하도록 규정하고 있다. 다만 단서를 두어 "다른 法令에 특별한 規定"이 있는 경우 기타 非訟事件節次法에 의하여 賦課・徵收한 過怠料의 경우에는 동조항을 적용하지 아니하도록 하고 있다. 여기서 "다른 法令에 특별한 規定"이 있는 경우라 함은 과징금의 귀속주체를 명시하고 있는 법령들을 가리킨다고 보겠다.

[地方財政法]

第28條 (事務委任에 따른 過怠料등 收入의 귀속) 地方自治團體가 國家 또는 다른 地方自治團體의 委任事務에 대하여 法令이 정하는 바에 의하여 過怠料 또는 課徵金을 賦課・徵收한 경우 그 收入은 事務委任을 받은

地方自治團體의 收入으로 한다. 다만, 다른 法令에 특별한 規定이 있거나 非訟事件節次法이 정하는 바에 의하여 賦課·徵收한 過怠料의 경우에는 그러하지 아니하다.

課徵金의 歸屬主體를 明示하는 법령도 있고 그러하지 아니한 법령도 있다. 歸屬主體를 명시하는 법률의 경우에도 과징금이 마땅히 귀속되어야 할 주체에 귀속된다는 사실을 명백히 하기 위하여 규정하는 사례와 課徵金이 마땅히 귀속되어야 할 주체에 귀속시키지 아니하고 다른 주체에 귀속시키려는 特例的 性質을 부여하는 규정이 있다고 보인다. 課徵金의 歸屬主體를 明示하는 법령 중에는 첫째, 과징금의 賦課·徵收業務를 집행하는 기관이 국가기관인지 지방자치단체의 기관인지 여부에 의하여 국가 또는 지방자치단체에 歸屬되도록 하는 유형, 둘째, 관련분야지원을 목적으로 설치한 特別會計 또는 基金에 歸屬되도록 규정하는 유형, 셋째, 과징금의 징수주체가 사용하도록 하여 間接的으로 歸屬主體를 규정하는 유형으로 나누어 볼 수 있다.

第1類型 : 課徵金賦課徵收業務를 집행하는 機關의 구분에 따라 國家 또는 地方自治團體에 歸屬시키는 유형

[立法例 1]

· 食品衛生法
第65條 (課徵金 處分) ①·③(생략)
④第1項 및 第3項의 規定에 의하여 徵收한 課徵金중 保健社會部長官이 賦課·徵收한 課徵金은 國家에, 市·道知事, 市長·郡守 또는 區廳長이 賦課·徵收한 課徵金은 第71條의 規定에 의한 食品振興基金에 歸屬된다.
⑤(생략)

[立法例 2]

· 사료관리법시행령

제15조 (과징금의 부과 및 납부) ①·④(생략)

⑤제1항의 규정에 의하여 농림부장관이 부과하여 징수하는 과징금은 국가일반회계세입으로 계리하고, 시·도지사가 부과하여 징수하는 과징금은 당해 특별시·광역시 또는 도의 지방자치단체 일반회계 세입으로 계리한다.

第2類型 : 關聯分野支援을 目的으로 설치한 特別會計 또는 基金에 歸屬시키는 유형

[立法例 1]

· 大氣環境保全法

第20條의2 (課徵金 처분) ①·③(생략)

④第1項의 規定에 의하여 徵收한 課徵金은 環境改善特別會計法에 의한 環境改善特別會計의 歲入으로 한다.

⑤(생략)

[立法例 2]

· 石油事業法

第14條 (課徵金) ①·⑤(생략)

⑥第1項 내지 第3項의 規定에 의하여 課徵金으로 徵收한 금액은 에너지및資源事業特別會計法에 의한 에너지및資源事業特別會計(이하 "에너지및資源事業特別會計"라 한다)에 귀속된다. 다만, 第32條第1項의 規定에 의하여 地方自治團體의 長이 權限의 위임을 받아 課徵金을 徵收한 경우에는 地方財政法 第28條의 規定에 따라 해당 地方自治團體에 귀속된다.

第3類型 : 징수한 課徵金은 그 徵收主體가 使用하도록 하여 그 歸屬主體를 간접적으로 명시하는 유형

[立法例 1]

· 靑少年保護法

第49條 (課徵金) ①·③(생략)

④第3項의 規定에 의하여 課徵金으로 徵收한 금액은 徵收主體가 사용하되 다음 各號 이외의 用途로는 사용할 수 없다.

1. 靑少年有害環境 淨化를 위한 프로그램의 開發·普及

2. 靑少年에게 有益한 媒體物의 製作·지원

3. 民間의 靑少年善導·保護事業 및 靑少年有害環境 淨化를 위한 市民運動의 지원

⑤(생략)

[立法例 2]

· 廢棄物管理法

第29條 (課徵金處分) ①·③(생략)

④第3項의 規定에 의하여 課徵金으로 徵收한 금액은 徵收主體가 사용하되 廣域廢棄物處理施設의 확충등 大統領令이 정하는 用途로 사용하여야 한다.

[立法例 3]

· 汚水·糞尿및畜産廢水의처리에관한法律

第37條 (許可의 取消 및 課徵金賦課등) ①·④(생략)

⑤第2項의 規定에 의하여 徵收한 課徵金은 徵收主體가 사용(補助 또는 融資를 포함한다)하되, 環境保全事業외의 用途로는 이를 사용하여서는 아니된다.

2. 課徵金의 用途制限

課徵金은 그 歸屬主體에 따라 국가 또는 지방자치단체의 一般會計에 들어가는 경우에는 당연히 그 용도에 특별한 제한이 있을 수 없다. 또한 特別會計나 基金에 귀속되는 경우에는 당해 會計나 基金의 一般財源으로서 역시 그 設置目的과 用途에 알맞게 사용되면 그것으로 족할 것이다. 그러나 최근 課徵金을 규정하는 법령에서는 關聯民間部門의 支援事業이나 關聯公共事業 기타 行政業務遂行을 위한 特定用途에 한하여 사용하도록 하는 구체적인 用途制限規定을 두는 立法例가 늘어나고 있다.

自動車運輸事業法 第31條의2에서는 徵收한 課徵金은 그 徵收主體가 사용하되, 1. 僻地路線 기타 收益性이 없는 路線으로서 大統領令이 정하는 路線의 運行으로 발생한 缺損의 補塡, 2. 交通安全施設의 擴充, 3. 運輸事業者의 養成・教育訓練 기타 資質向上을 위한 施設 및 運輸從事者에 대한 指導業務의 수행을 위한 施設의 建設 및 운영, 4. 自動車運輸事業의 經營改善 기타 自動車運輸事業의 발전을 위하여 필요한 事業 이외의 用途로는 사용할 수 없도록 제한하고 있다. 또한 同法施行令 제6조에서는 그 細部使用用途를 매우 구체적으로 제한하고 있다. 青少年保護法 第49條에서는 課徵金으로 徵收한 금액은 그 徵收主體가 사용하되, 1.青少年有害環境 淨化를 위한 프로그램의 開發・普及, 2. 青少年에게 有益한 媒體物의 製作・지원, 3. 民間의 青少年善導・保護事業 및 青少年有害環境 淨化를 위한 市民運動의 지원에 한하여 사용할 수 있도록 규정하고 있다. 廢棄物管理法 第29條에서는 課徵金으로 徵收한 금액은 徵收主體가 사용하되 廣域廢棄物處理施設의 확충등 大統領令이 정하는 用途로 사용하여야 하도록 위임하고, 동법시행령에서는 구체적으로 다음과 같이 用途制限을 정하고 있다.

[폐기물관리법시행령]

제12조 (과징금의 사용용도) 법 제29조제4항의 규정에 의하여 과징금으로 징수한 금액의 사용용도는 다음 각호와 같다.

1. 법 제5조제1항의 규정에 의한 광역폐기물처리시설(지정폐기물의 공공처리시설을 포함한다)의 확충
2. 법 제12조의 규정에 의한 폐기물처리기준에 적합하지 아니하게 처리한 폐기물중 그 폐기물을 처리한 자 또는 그 폐기물의 처리를 위탁한 자를 확인할 수 없는 폐기물로 인하여 예상되는 환경상 위해의 제거를 위한 처리
3. 폐기물처리시설의 지도·점검에 필요한 시설·장비의 구입 및 운영에 소요되는 비용

水産業法 第91條의2에서는 課徵金으로 徵收한 금액은 徵收主體가 사용(보조 또는 融資를 포함)하되, 1. 漁業指導事業, 2. 沿岸水域淨化事業의 용도 외에는 사용할 수 없다고 규정하고 있다. 동법시행령에서 다음과 같이 세부용도제한규정을 두고 있다. 용도제한 이외에 課徵金의 細部用途별 使用比率까지 制限을 하는 규정을 두고 있는 것이 특징이다. 즉 행정관청은 과징금의 세부용도 및 사용비율을 정할 수 있는데 이 경우 지도단속근무수당 및 수사비는 과징금으로 징수한 총액의 20퍼센트 이상으로 정하여야 하며, 불법어업지도·단속 보조금의 경우에는 다른 행정기관에서 불법어업을 단속하여 관할행정기관에서 과징금을 징수하였을 때의 불법어업을 단속한 행정기관에 지급하는 補助金은 징수한 課徵金 總額의 30퍼센트로 하도록 하는 등의 매우 具體的인 用途制限裝置를 마련하여 두고 있다.

[수산업법시행령]

제12조의5 (과징금의 용도) ①법 제91조의2제5항의 규정에 의하여 과징금으로 징수한 금액의 용도는 다음 각호와 같다.

1. 어업지도사업

가. 어업지도선의 건조·수리

나. 불법어업의 지도·계몽 및 홍보에 필요한 경비

다. 어업지도선에 근무하는 공무원이나 지도·단속담당공무원의 지도·
   단속근무수당 및 수사비 지급

라. 어업지도선의 운영에 따른 선수품등의 구입경비

마. 불법어업지도·단속기관(중앙행정기관을 제외한다)에 대한 보조금의 지급

바. 기타 어업지도에 필요한 경비

2. 연안수역정화사업

가. 어장정화선의 건조·수리

나. 연안수역에 유입되는 오염의 제거 및 정화사업에 필요한 경비

다. 어장정리사업에 필요한 경비

라. 기타 연안수역의 정화사업에 필요한 경비

②(생략)

旅客自動車터미널法 第25條의2에서는 徵收한 課徵金은 徵收主體가 旅客自動車터미널 주변 交通施設의 整備 및 擴充 등을 위한 用途로 사용하도록 하고 구체적인 기준은 동법시행령에서 규정하고 있다. 또한 세부용도 및 사용비율은 建設交通部長官이 정할 수 있도록 포괄적으로 위임하고 있다.

[여객자동차터미널법시행령]

제5조 (과징금의 용도) ①법 제25조의2제5항의 규정에 의하여 과징금으로 징수한 금액은 다음의 용도로 사용한다.

1. 여객자동차터미널 주변교통시설의 정비 및 확충

2. 여객자동차터미널에 종사하는 종업원의 교육, 교육시설의 설치·확충
   또는 유지·관리 및 운용에 소요되는 비용의 전부 또는 일부

3. 서울특별시장·직할시장 또는 도지사(이하 "시·도지사"라 한다)가 법

제34조제1항의 규정에 의하여 건설교통부장관으로부터 위임받은 업무를 수행함에 소요되는 경비

4. 법 제31조의2의 규정에 의한 여객자동차터미널사업자협회(이하 "협회"라 한다)가 법 제34조제3항의 규정에 의하여 위탁받은 업무를 수행함에 소요되는 경비

②(생략)

3. 課徵金의 運用計劃

課徵金制度를 도입한 개별법령 중에는 課徵金의 用途制限이외에 그 運用計劃을 수립하도록 하는 立法例가 일부법령에 규정되고 있다. 이는 課徵金을 보다 計劃的·效率的으로 사용하고, 특정한 行政目的을 충족시키기 위한 것으로 보인다. 주로 교통관련법령에서 찾아 볼 수 있다. 運用計劃을 규정하고 있는 법령들을 살펴보면, 第1類型으로서 課徵金의 徵收主體가 그 特定用途에 사용하기 위한 과징금징수액의 運用計劃을 樹立·提出하도록 규정하는 유형, 第2類型으로서 行政命令으로 인하여 民間事業者에게 발생한 損失의 補償을 위하여 課徵金徵收額運用計劃에 징수한 課徵金을 포함시키도록 하는 유형 등으로 구분할 수 있다.

第1類型에 속하는 경우로서는 自動車運輸事業法, 旅客自動車터미널法 등을 들 수 있다. 自動車運輸事業法 第31條의2第6項에서는 "서울特別市長·直轄市長 또는 道知事(이하 "道知事"라 한다)는 交通部令이 정하는 바에 따라 課徵金으로 徵收한 金額의 運用計劃을 樹立·施行하여야 한다."라고 규정하고, 동법시행규칙에서는 시·도지사는 매년 10월 31일까지 다음 연도의 課徵金運用計劃을 수립하여 건설교통부장관에게 제출하여야 하고, 이와 아울러 전년도 과징금의 부과실적 및 사용실적을 매년 3월 31일까지 제출하도록 의무화하였다.

旅客自動車터미널法 第25條의2第6項에서는 "交通部長官(第25條의 規定에 의한 權限이 第34條第1項의 規定에 의하여 市‧道知事에게 委任된 경우에는 市‧道知事를 말한다)은 交通部令이 정하는 바에 의하여 課徵金으로 徵收한 금액의 運用計劃을 수립‧施行하여야 한다."고 규정하고, 동법시행규칙 제28조에서 시‧도지사는 매년 8월 31일까지 다음 연도의 課徵金運用計劃을 수립하여 交通部長官에게 제출하도록 하고, 특히 동 課徵金運用計劃에는 1. 다음 연도 과징금의 使用計劃, 2. 전년도 과징금의 사용실적, 3. 전년도 과징금의 賦課‧徵收 실적 등을 포함시키도록 규정하고 있다.

第2類型에 속하는 경우로서는 육운진흥법시행령을 들 수 있다. 동령 제13조제 2항에서는 시‧도지사가 버스노선개설명령을 하고, 그 명령으로 인하여 발생한 손실을 자동차운수사업법 제31조의2의 규정에 의한 과징금징수액으로 보상하고자 할 때에는 이를 課徵金徵收額運用計劃에 포함시키도록 규정하고 있다. 이 법령에서는 정부의 버스路線開設命令에 따른 적자를 補塡하여 주기 위하여 과징금재원을 활용하도록 하고 있다. 즉 건설교통부장관은 2이상의 시‧도지사의 管轄區域에 걸치는 버스路線開設命令을 하고자 할 때에는 관계 시‧도지사의 의견을 들어야 하고, 버스노선개설명령을 한 때에는 그 명령으로 인하여 발생할 損失에 대한 補償金을 추정산출하여 관계 시‧도지사에게 통보하도록 의무화하고 있다. 이 경우 통보를 받은 시‧도지사가 課徵金 징수액으로 補償하고자 할 때에는 이를 課徵金徵收額運用計劃에 포함시켜야 한다.

4. 徵收費用의 交付

中央行政機關의 長이 地方自治團體의 長에게 課徵金徵收事務를 委任하는 때에는 그 징수과징금의 일정비율을 徵收費用을 交付하도록 하는 경우가 다수 있다. 이는 부과‧징수되는 과징금이 당해 지방자치단체에 귀속되는 경우에는 별도로 徵收費用을 교부할 필요가 없으나, 징수된 과징금이 국가 또는 특별회계나 기금에 귀속되는 경우에는 지방자치단체의 受任事務 처리에 소요되는 인력·예산지출에 따른 지원혜택이 전혀 없게 되어 行政權限의委任및委託에관한規程 제3조제2항에서 규정하고 있는 委任의 諸原則상 바람직하지 못할 뿐만 아니라 委任機關과 受任機關간의 원활한 협조가 어려울 것이다. 우리나라에서 地方自治制度가 本格的으로 실시되면서 이와 같은 중앙정부와 지방정부간의 意見調整과 協力體制의 확립이 요청되고 있으므로 일정비율의 徵收費用 交付制度는 바람직하다고 본다.

  中央行政機關의 長이 地方自治團體의 長에게 과징금징수사무를 委任하는 때에는 그 부과징수 과징금의 일정비율을 徵收費用을 交付하도록 규정하고 있는 立法例로서는 有害化學物質管理法, 大氣環境保全法 등을 들 수 있다. 有害化學物質管理法 第21條第5項에서 環境部長官은 第44條第1項의 規定에 의하여 特別市長·廣域市長 또는 道知事에게 課徵金의 徵收에 관한 權限을 위임한 경우에는 徵收된 금액 중 일부를 大統領令이 정하는 바에 의하여 徵收費用으로 市·道知事에게 교부할 수 있도록 하고, 同法施行令 第16條에서는 징수된 과징금의 100분의 10에 해당하는 금액을 징수비용으로 시·도지사에게 교부하도록 하고 있다. 大氣環境保全法 第20條의2第5項에서는 그 徵收費用의 교부에 관한 準用規定을 마련하고 있다.

  [立法例 1]

   ·有害化學物質管理法
   第21條 (課徵金處分) ①·④(생략)
   ⑤環境部長官은 第44條第1項의 規定에 의하여 特別市長·廣域市長 또는 道知事(이하 "市·道知事"라 한다)에게 課徵金의 徵收에 관한 權限을 위임한 경우에는 徵收된 금액 중 일부를 大統領令이 정하는 바에 의하여 徵收費用으로 市·道知事에게 교부할 수 있다.
   ·유해화학물질관리법시행령

제16조 (징수비용의 교부) ①환경부장관은 법 제21조제5항의 규정에 의하여 과징금의 징수를 특별시장·광역시장·도지사(이하 "시·도지사"라 한다)에게 위임한 경우에는 징수된 과징금의 100분의 10에 해당하는 금액을 징수비용으로 시·도지사에게 교부하여야 한다.

②환경부장관은 환경개선특별회계법에 의한 환경개선특별회계로 납입된 과징금중 제1항의 규정에 의한 징수비용을 매월 정산하여 다음달 말일까지 당해 시·도에게 지급하여야 한다.

[立法例 2]

· 大氣環境保全法

第20條의2 (課徵金 처분) ①·④(생략)

⑤第19條第7項의 規定은 第54條의 規定에 의하여 課徵金의 賦課·徵收에 관한 環境部長官의 權限을 市·道知事에게 위임한 경우에 그 徵收費用의 교부에 관하여 이를 準用한다.

VII. 課徵金과 重複制裁問題

1. 課徵金과 刑事罰

현행 個別法律들을 살펴보면, 主務部長官 등의 告發措置가 있어야 公訴의 提起가 가능하도록 규정한 立法例가 일부 있다. 구체적인 예로서 航空法 第181條에서는 일정한 罰則에 관한 規定을 適用함에 있어서 關聯規定에 의하여 課徵金을 賦課할 수 있는 행위에 대하여는 交通部長官의 告發이 있어야 公訴를 제기할 수 있으며, 課徵金을 賦課한 행위에 대하여는 過

怠料를 賦課할 수 없다고 명시하고 있다. 海運法 第65條에서는 罰則을 適用함에 있어서 關聯規定에 의하여 課徵金을 賦課할 수 있는 行爲에 대하여는 海運港灣廳長의 告發이 있어야 公訴를 제기할 수 있다고 규정하고 있다. 飼料管理法 第35條의 경우에도 유사한 규정을 두고 있다.

이와 같이 일부법률에서는 課徵金을 부과하는 경우에는 行政刑罰인 罰金 등의 부과를 제한하는 特例規定을 두고 있다. 課徵金을 부과할 경우 行政刑罰을 제한하는 것은 당해 과징금을 贖罪金的 성격을 지니는 것으로 보는 전제하에서 二重制裁가 되는 것이 아닌가 하는 측면에서 제한규정을 둔 것으로 생각된다. 또한 罰金은 사업자의 입장에서 볼 때에도 외견상으로는 같은 金錢的 制裁로 보일 것이므로 課徵金을 부과하면서 罰金刑을 과하는 규정은 사업자 등의 불만을 초래할 소지가 큰 점이 있고 계속 논란이 되어 오고 있다. 생각건대, 벌금 등 行政刑罰과 課徵金은 이론상 다른 性質을 지니므로 원칙적으로 二重制裁의 문제는 발생할 수 없다고 보겠으나, 민간사업자에게 이중적인 경제부담을 준다는 측면에서 바람직하지 못한 점이 있다고 보며, 罰則과 行政處分인 營業停止 및 課徵金간에 상호체계를 보완한다는 관점에서 개선방안이 강구되어야 할 것이다.

[立法例 1]

· 航空法

第181條 (罰則適用의 特例) 第174條(第1項 및 第3項을 제외한다) 내지 第178條의 罰則에 관한 規定을 適用함에 있어서 第131條(第132條第4項, 第134條第3項, 第142條第1項·第3項 및 第150條第2項에서 準用하는 경우를 포함한다)의 規定에 의하여 課徵金을 賦課할 수 있는 행위에 대하여는 交通部長官의 告發이 있어야 公訴를 제기할 수 있으며, 課徵金을 賦課한 행위에 대하여는 過怠料를 賦課할 수 없다.

[立法例 2]

· 海運法

第65條 (罰則適用의 特例) ①第59條 내지 第61條의 罰則을 適用함에 있어서 第21條第1項(第33條에서 準用하는 경우를 포함한다) 및 第22條(第33條 및 第39條에서 準用하는 경우를 포함한다)와 第38條의 規定에 의하여 課徵金을 賦課할 수 있는 行爲에 대하여는 海運港灣廳長의 告發이 있어야 公訴를 제기할 수 있다.

[立法例 3]

· 海運法

第65條 (罰則適用의 特例) ①第59條 내지 第61條의 罰則을 適用함에 있어서 第21條第1項(第33條에서 準用하는 경우를 포함한다) 및 第22條(第33條 및 第39條에서 準用하는 경우를 포함한다)와 第38條의 規定에 의하여 課徵金을 賦課할 수 있는 行爲에 대하여는 海運港灣廳長의 告發이 있어야 公訴를 제기할 수 있다.

2. 課徵金과 過怠料

현행 개별법률들을 살펴보면, 일반적으로 課徵金을 부과하는 경우에는 行政秩序罰인 過怠料의 부과를 제한하는 特例規定을 두고 있다. 第1類型으로서, 觀光振興法 第60條에서는 過怠料에 관한 規定을 適用함에 있어서 課徵金을 賦課한 행위에 대하여는 이를 賦課할 수 없도록 規定하고 있다. 觀光振興法 第60條, 自動車運輸事業法 第76條, 公衆衛生法 第43條의 2 등의 경우에도 같은 규정을 두고 있다. 第2類型으로서 過怠料를 이미 부과한 경우 課徵金을 부과는 하되, 그 금액만큼 差減하여 課徵金을 부과하도록 하는 類型을 들 수 있는바, 不動産實權利者名義登記에관한法律 제10조를 들 수 있다.

　過怠料 역시 金錢的 制裁라는 면에서 공통점이 있다고 하더라도 過怠料는 行政上의 秩序罰에 해당하는 秩序違反行爲에 대한 制裁로서 行政上의 義務에 대한 위반정도가 비교적 경미하여 간접적으로 行政上의 질서에 장애를 초래할 위험성이 존재하는 정도의 義務違反行爲에 대하여 과하는 것이다. 따라서 課徵金은 金錢制裁의 특수한 형태로서의 過怠料와 유사한 점이 인정되지만, 過怠料는 行政上의 義務違反行爲에 대한 秩序罰의 성질을 갖는 데 반하여 課徵金은 行政上 의무위반 시 그 이행을 확보하기 위한 行政手段으로서의 성질을 갖는 점, 過怠料로 부과될 금전의 한도액은 그 可罰性의 정도에 따라서 결정되지만 課徵金은 대부분 의무위반상태하의 통상적 不法營業收益의 예상범위 안에서 결정되는 점 등에서 서로 구별된다. 다만, 현재 課徵金制度는 過怠料와 같이 행정법령상의 의무위반행위가 그 전제가 된다는 점에서 공통적이고 과징금의 경우 그 부과기준이 언제나 의무위반상태하에서의 통상적 豫想收益의 정도에 따라서만 결정되는 것은 아니므로 개선·보완의 여지가 있다고 본다. 사업자의 입장에서 볼 때 외견상으로는 같은 金錢的 制裁로 보일 것이어서 두 가지를 모두 부과하는 규정은 사업자 등의 불만을 초래할 소지가 계속 남아 있다.

第1類型 : 課徵金을 부과한 경우에는 過怠料를 부과할 수 없도록 규정하는 유형

[立法例 1]

·不動産登記特別措置法

第11條 (過怠料) ①登記權利者가 상당한 사유 없이 第2條 各項의 規定

에 의한 登記申請을 해태한 때에는 그 해태한 날 당시의 그 不動産에 대한 登錄稅額(등록세가 非課稅·免除·減輕되는 경우에는 地方稅法의 規定에 의한 不動産價額에 不動産登記稅率을 곱한 금액)의 5倍이하에 상당하는 금액의 過怠料에 處한다. 다만, 不動産實權利者名義登記에관한法律 第10條第1項의 規定에 의하여 課徵金을 賦課한 경우에는 그러하지 아니하다.

[立法例 2]

·觀光振興法
第60條 (過怠料에 관한 規定適用의 特例) 第59條의 過怠料에 관한 規定을 適用함에 있어서 第19條第1項의 規定에 의하여 課徵金을 賦課한 행위에 대하여는 過怠料를 賦課할 수 없다.
[立法例 3]

·自動車運輸事業法
第76條 (過怠料에 관한 規定適用의 特例) 第75條의 過怠料에 관한 規定을 適用함에 있어서 第31條의2의 規定에 의하여 課徵金을 賦課한 행위에 대하여는 過怠料를 賦課할 수 없다.

第2類型 : 過怠料를 이미 부과한 경우 課徵金을 부과하되, 그 금액 만큼 差減하여 課徵金을 부과하도록 하는 유형

[立法例]

不動産實權利者名義登記에관한法律
第10條 (長期未登記者에 대한 罰則등) ①不動産登記特別措置法 第2條第1項·第11條 및 同法 附則 第2條의 적용을 받는 者로서 다음 各號의 1에 의한 날부터 3年이내에 所有權移轉登記를 申請하지 아니한 登記權利

者(이하 "長期未登記者"라 한다)에 대하여는 不動産評價額의 100分의 30에 해당하는 금액(不動産登記特別措置法 第11條의 規定에 의한 過怠料가 이미 賦課된 경우에는 이를 差減한 금액을 말한다)을 課徵金으로 賦課한다. 다만, 第4條第2項 本文 및 第12條第1項의 規定에 의하여 登記의 효력이 발생하지 아니함에 따라 새로이 登記를 申請하여야 할 사유가 발생한 경우와 登記를 申請하지 못할 정당한 사유가 있는 경우에는 그러하지 아니하다.

1. 契約當事者가 서로 代價的인 債務를 부담하는 경우에는 反對給付의 이행이 사실상 완료된 날
2. 契約當事者의 一方만이 債務를 부담하는 경우에는 그 契約의 효력이 발생한 날

②·④(생략)

Ⅷ. 結 語

이상 우리나라에서 현재 도입·시행되고 있는 課徵金制度에 관하여 立法例를 중심으로 살펴보았다. 課徵金制度는 그동안 양적인 면에서는 많은 성과를 거두었다고 보겠으나, 과징금의 槪念定立과 性格糾明 등 이론적인 면에서는 보다 발전지향적인 연구가 요청되고, 이미 살펴본 바와 같이 다양한 類型의 課徵金制度가 그 입법목적과 행정상의 필요성에 따라 다소 상이한 性質과 形態로 規定·運營되고 있는 점을 알 수 있는 바, 그 類型별로 부과근거·주체·대상 및 요건, 부과기준, 부과·징수절차, 귀속 및 용도 등 전반에 걸쳐 보다 상세한 實務研究와 아울러 과징금의 각 類型별로 적합한 具體的 立法模型을 제시하는 등 지속적인 實務研究作業이 필요하다고 본다.

이상철 ————————————————————————————————

▌약 력

고려대학교 경제학과
연세대학교 행정대학원(행정학석사)
경남대학교 북한대학원 박사과정수료(남북관계법)

행정고시 합격
법제처 법제관・행정심판담당관・법령보급과장
법제심의관・심판심의관
국회사무처 법제실 국장급
정보통신부 정보통신공무원교육원 원장
(현) 지식경제부 지식경제공무원교육원 원장

대법원 특수사법제도연구위원
통일부 개성공단 법률자문위원
인터넷주소분쟁조정위원
(사) 스포츠엔터테인먼트법학회 부회장
행정고등고시 시험위원
중앙공무원교육원・국회의정연수원・국방대학원 등 출강

▌주요 논저

『개별행정법연구(上)』
『남북통일체육의 법적과제』(공저)
"기속행위와 재량행위" 외 법률논문 50여 편

개별행정법연구 下

초판인쇄 | 2009년 6월 30일
초판발행 | 2009년 6월 30일

지은이 | 이상철
펴낸이 | 채종준
펴낸곳 | 한국학술정보㈜
주 소 | 경기도 파주시 교하읍 문발리 파주출판문화정보산업단지 513-5
전 화 | 031) 908-3181(대표)
팩 스 | 031) 908-3189
홈페이지 | http://www.kstudy.com
E-mail | 출판사업부 publish@kstudy.com

등 록 | 제일산-115호(2000. 6. 19)
가 격 | 38,000원

ISBN   978-89-268-0113-0 94360 (Paper Book)
        978-89-268-0114-7 98360 (e-Book)
        978-89-268-0109-3 94360 (Paper Book Set)
        978-89-268-0110-9 98360 (e-Book Set)